Der steuerrechtliche Missbrauch in der Europäischen Union

Europäische Hochschulschriften Recht

European University Studies in Law

Publications Universitaires Européennes de Droit

Band/ Volume **6274**

Max Krümpelmann

Der steuerrechtliche Missbrauch in der Europäischen Union

Begriffsbestimmung im Lichte einer ökonomischen Betrachtungsweise zur Gewährleistung eines funktionsfähigen Binnenmarkts

PETER LANG

Bibliografische Information der Deutschen Nationalbibliothek
Die Deutsche Nationalbibliothek verzeichnet diese Publikation in der Deutschen Nationalbibliografie; detaillierte bibliografische Daten sind im Internet über http://dnb.d-nb.de abrufbar.

Zugl.: Osnabrück, Univ., Diss., 2021

Gedruckt auf alterungsbeständigem, säurefreiem Papier.

D 700
ISSN 0531-7312
ISBN 978-3-631-85460-0 (Print)
E-ISBN 978-3-631-87098-3 (E-PDF)
E-ISBN 978-3-631-87099-0 (EPUB)
DOI 10.3726/b19289

Peter Lang – Berlin · Bern · Bruxelles · New York · Oxford · Warszawa · Wien

Diese Publikation wurde begutachtet.

www.peterlang.com

Meinen Eltern

Vorwort und Danksagung

Im Internationalen Steuerrecht wird das Problem einer Gewinnverkürzung und Gewinnverlagerung seit mehreren Jahren diskutiert. Politische Lösungsansätze zeigen sich unter anderem in der sog. „Anti Tax Avoidance Directive" (kurz: „ATAD") der EU aus dem Jahre 2016. Im Juni 2021 wurde die deutsche Hinzurechnungsbesteuerung als Rechtsinstrument zur Verhinderung eines steuerrechtlichen Missbrauchs entsprechend angepasst. Damit ist die Frage zum Begriffsverständnis des „steuerrechtlichen Missbrauchs" höchst aktuell.

Die vorliegende Arbeit befasst sich mit eben dieser Fragestellung. Sie wurde im Sommersemester 2021 vom Fachbereich Rechtswissenschaften der Universität Osnabrück als Dissertation angenommen. Die mündliche Prüfung fand im Juli 2021 statt. Unmittelbar darauf wurde das Manuskript fertiggestellt.

Ein besonderer Dank gilt meinem Doktorvater Herrn Prof. Dr. *Steffen Lampert* für die Betreuung der Arbeit sowie das große Vertrauen und die Unterstützung im Laufe der Jahre. Zu großem Dank bin ich auch Frau Prof. Dr. *Heike Jochum* verpflichtet, die das Zweitgutachten zügig erstellte. Darüber hinaus bedanke ich mich für die wissenschaftliche Schule und die Zeit als studentische Hilfskraft und wissenschaftlicher Mitarbeiter am Institut für Finanz- und Steuerrecht der Universität Osnabrück. Nicht nur haben mich diese Erfahrungen erst dazu angeregt, dieses Promotionsprojekt in Angriff zu nehmen. Vielmehr diente diese Zeit auch meiner Persönlichkeitsentwicklung und wird mir deshalb für immer positiv in Erinnerung bleiben.

Danken möchte ich ferner meinem guten Freund Herrn Dr. *Eugen Mehlhaf*. Mit ihm habe ich die Begeisterung für Jura entwickelt, die mich zu neuen Zielen anspornt.

Herzlich danken möchte ich schließlich meiner gesamten Familie. Hervorheben möchte ich meinen Onkel. Dank seiner Ratschläge und Unterstützung habe ich den Weg in die Rechtswissenschaft gefunden. Mein größter Dank gebührt meinen Eltern, die nicht nur meine Ausbildung, sondern meinen gesamten bisherigen Lebensweg ermöglicht und mich bedingungslos unterstützt haben. Ihnen widme ich diese Arbeit.

Böblingen, im Oktober 2021 Max Krümpelmann

Inhaltsverzeichnis

Abkürzungsverzeichnis

a.A.	anderer Ansicht
Abb.	Abbildung
Abk.	Abkommen
ABl.	Amtsblatt der Europäischen Union (Verkündungsblatt)
Abs.	Absatz
AC	The Law Reports, Appeal Cases (Entscheidungssammlung, Vereinigtes Königreich)
AcP	Archiv für die civilistische Praxis (Zeitschrift)
a.E.	am Ende
AERev.	The American Economic Review (Zeitschrift)
AEUV	Vertrag über die Arbeitsweise der Europäischen Union
a.F.	alte Fassung
AfP	Archiv für Presserecht (Zeitschrift)
AGB	Allgemeine Geschäftsbedingungen
AGG	Allgemeines Gleichbehandlungsgesetz
AJIL	The American Journal of International Law (Zeitschrift)
AktG	Aktiengesetz
All ER	The All England Law Reports (Entscheidungssammlung, Vereinigtes Königreich)
AllgPersönlR	Allgemeines Persönlichkeitsrecht
Altbd.	Altband
a.M.	am Main
Anh.	Anhang
Anm.	Anmerkung
Antw.	Antwort
AO	Abgabenordnung
AöR	Archiv des öffentlichen Rechts (Zeitschrift)
AoM II	Annals of Mathematics, 2. Serie (Zeitschrift)
APSRev.	The American Political Science Review (Zeitschrift)

Art.	Artikel
AStG	Außensteuergesetz neue Fassung (gültig ab 30. Juni 2021)
AStG a.F.	Außensteuergesetz alte Fassung (gültig bis 29. Juni 2021)
ATAD	Anti Tax Avoidance Directive (EU)
ATAD-E	Entwurf der Anti Tax Avoidance Directive (EU)
Aufl.	Auflage
BB	Betriebs-Berater (Zeitschrift)
Bch.	Buch
Bd.	Band
Bearb.	Bearbeiter(in)
Begr.	Begründer(in) / Begründung
BEPS	Base Erosion and Profit Shifting
Ber.	Bericht
Beschl.	Beschluss
BFH	Bundesfinanzhof
BFHE	Bundesfinanzhof-Entscheidungen (Entscheidungssammlung)
BFH/NV	Bundesfinanzhof/Nicht veröffentlicht (Entscheidungssammlung)
BFuP	Betriebswirtschaftliche Forschung und Praxis (Zeitschrift)
BGB	Bürgerliches Gesetzbuch
BGBl.	Bundesgesetzblatt (Verkündungsblatt)
BGHZ	Bundesgerichtshof in Zivilsachen (Entscheidungssammlung)
BIP	Bruttoinlandsprodukt
BIT	Bulletin for International Taxation (Zeitschrift)
BMF	Bundesministerium der Finanzen
BReg.	Deutsche Bundesregierung
BRICS	Brasilien, Russland, Indien, die Volksrepublik China sowie Südafrika

BSEL	Bulletin de la Société d'études Législatives (Zeitschrift)
BStBl.	Bundessteuerblatt (Verkündungsblatt)
BT	Deutscher Bundestag
BT-Drucks.	Drucksache des Deutschen Bundestages
BTRev.	British Tax Review (Zeitschrift)
BVerfGE	Bundesverfassungsgericht-Entscheidungen (Entscheidungssammlung)
bzw.	beziehungsweise
CA	Court of Appeal (Vereinigtes Königreich)
ca.	circa
CC	Code Civil (Frankreich)
CCass.	Cour de Cassation (Frankreich)
CCCTB	Common Consolidated Corporate Tax Base
CCTB	Common Corporate Tax Base
CDFI	Cahiers de droit fiscal international (Konferenzschrift)
CE	Conseil d'État (Frankreich)
CEcon.	Cuadernos de Economía (Zeitschrift)
CES	Center for Economic Studies
CFC	Controlled Foreign Corporations / Controlled Foreign Companies
Ch	The Law Reports, Chancery Division (Entscheidungssammlung, Vereinigtes Königreich)
CLJ	The Cambridge Law Journal (Zeitschrift)
CMLRev.	Common Market Law Review (Zeitschrift)
CPE	Constitutional Political Economy (Zeitschrift)
DB	Der Betrieb (Zeitschrift)
DBA	Doppelbesteuerungsabkommen
de	Deutsche Fassung
dens.	denselben
ders.	derselbe
DF	Revue de Droit Fiscal (Zeitschrift)
dies.	dieselbe

DLJ	Duke Law Journal (Zeitschrift)
dms	Der moderne Staat (Zeitschrift)
DÖV	Die öffentliche Verwaltung (Zeitschrift)
Dok.	Dokument
DStJG	Veröffentlichungen der Deutschen Steuerjuristischen Gesellschaft e.V. (Konferenzschrift)
DStR	Deutsches Steuerrecht (Zeitschrift)
DStZ	Deutsche Steuer-Zeitung (Zeitschrift)
DStZ/A	Deutsche Steuer-Zeitung, Ausgabe A (Zeitschrift)
DVBl.	Deutsches Verwaltungsblatt (Zeitschrift)
EAG	Europäische Atomgemeinschaft
EBLRev.	European Business Law Review (Zeitschrift)
EC	European Community
ECLI	European Case Law Identifier (Urteilsidentifikator)
ECPR	European Consortium for Political Research
ECTJ	The EC Tax Journal (Zeitschrift)
ECTRev.	EC Tax Review (Zeitschrift)
EFG	Entscheidungen der Finanzgerichte (Entscheidungssammlung)
EG	Europäische Gemeinschaften
EGV	Vertrag zur Gründung der Europäischen Gemeinschaft
ehem.	ehemaliger
EJ	The Economic Journal (Zeitschrift)
EJCL	Electronic Journal of Comparative Law (Zeitschrift)
EL	Ergänzungslieferung
ELJ	European Law Journal (Zeitschrift)
ELRev.	Erasmus Law Review (Zeitschrift)
EmoryLJ	Emory Law Journal (Zeitschrift)
Empf.	Empfehlung
en	Englische Fassung
endg.	endgültig

Entsch.	Entscheidung
Entschl.	Entschließung
Entw.	Entwurf
EP	Economic Policy (Zeitschrift)
EPL	European Public Law (Zeitschrift)
Erk.	Erkenntnis
Erl.	Koordinierter Ländererlass
ERPL	European Review of Private Law (Zeitschrift)
ErwGrd.	Erwägungsgrund
EStG	Einkommensteuergesetz
ET	European Taxation (Zeitschrift)
EU	Europäische Union
EUCOTAX	European Universities Cooperating on Taxes
EuG	Gericht der Europäischen Union
EuGH	Gerichtshof der Europäischen Union
EuR	Europarecht (Zeitschrift)
Europ. Kom.	Europäische Kommission
Europ. Parl.	Europäisches Parlament
Europ. Rat	Europäischer Rat
EUV	Vertrag über die Europäische Union
EUZBBG	Gesetz über die Zusammenarbeit von Bundesregierung und Deutschem Bundestag in Angelegenheiten der Europäischen Union
EuZW	Europäische Zeitschrift für Wirtschaftsrecht (Zeitschrift)
e.V.	Eingetragener Verein
EWG	Europäische Wirtschaftsgemeinschaft
EWGV	Vertrag zur Gründung der Europäischen Wirtschaftsgemeinschaft
EWiR	Entscheidungen zum Wirtschaftsrecht (Zeitschrift)
EWR	Europäischer Wirtschaftsraum
EWRA	Abkommen über den Europäischen Wirtschaftsraum
EWS	Europäisches Wirtschafts- und Steuerrecht (Zeitschrift)

EY	Ernst & Young Global Limited
f.	folgende
FAZ	Frankfurter Allgemeine Zeitung
ff.	fortfolgende
FG	Finanzgericht
FGO	Finanzgerichtsordnung
FHTP	Forum on Harmful Tax Practices (OECD)
FinA	FinanzArchiv (Zeitschrift)
FinAussch.	Finanzausschuss (7. Ausschuss) des Deutschen Bundestages
Fn.	Fußnote
FördG	Fördergebietsgesetz
Folgenabsch.	Folgenabschätzung
FR	Finanz-Rundschau (Zeitschrift)
fr	Französische Fassung
FS	Festschrift
FSt.	Fiscal Studies (Zeitschrift)
F&E	Forschung und Entwicklung
FuRi	Fusionsrichtlinie (EU)
G20	Gruppe der zwanzig wichtigsten Industrie- und Schwellenländer
GAAR	General Anti-Abuse Rule
gem.	gemäß
Generalsekr. d.	Generalsekretariat des [Organ]
Ges.	Gesetz
GewStG	Gewerbesteuergesetz
GG	Grundgesetz
ggf.	gegebenenfalls
GJZ	Tagung der Gesellschaft Junger Zivilrechtswissenschaftler e.V. (Konferenzschrift)
GKB	Gemeinsame Körperschaftsteuer-Bemessungsgrundlage (EU)

GKB-RL-E	Entwurf der Richtlinie zur Gemeinsamen Körperschaftsteuer-Bemessungsgrundlage (EU)
GKKB	Gemeinsame Konsolidierte Körperschaftsteuer-Bemessungsgrundlage (EU)
GKKB-RL-E	Entwurf der Richtlinie zur Gemeinsamen Konsolidierten Körperschaftsteuer-Bemessungsgrundlage (EU)
GldPkt.	Gliederungspunkt(e)
GmbH	Gesellschaft mit beschränkter Haftung
GmbHR	GmbH-Rundschau (Zeitschrift)
GS	Gedächtnisschrift
Gz.	Geschäftszeichen
HCJ	High Court of Justice (Vereinigtes Königreich)
HL	House of Lords (Vereinigtes Königreich)
HLRev.	Harvard Law Review (Zeitschrift)
Hrsg.	Herausgeber(in)
i.A.	im Auftrag
I/A-Pkt.-Verm.	Vermerk zum Punkt auf der Tagesordnung des Ausschusses der Ständigen Vertreter der Regierungen der Mitgliedstaaten, der zur Annahme (ohne Aussprache) vorgelegt wird.
IBFD	International Bureau of Fiscal Documentation
IERev.	International Economic Review (Zeitschrift)
ifo	Leibniz-Institut für Wirtschaftsforschung an der Universität München
ifst	Institut Finanzen und Steuern
i.H.v.	in Höhe von
inkl.	inklusive
insb.	insbesondere
IO	International Organization (Zeitschrift)
IP	Intellectual Property
i.R.d.	im Rahmen des/der
IrT	The Irish Times (Zeitung)

i.S.d.	im Sinne des/der
i.S.e.	im Sinne eines/einer
ISR	Internationale Steuer-Rundschau (Zeitschrift)
IStR	Internationales Steuerrecht (Zeitschrift)
IStR-LB	Internationales Steuerrecht-Länderbericht (Zeitschrift)
i.S.v.	im Sinne von
IT	Informationstechnik
ITPF	International Tax and Public Finance (Zeitschrift)
ITR	Irish Tax Reports (Entscheidungssammlung, Irland)
i.V.m.	in Verbindung mit
IWB	Internationale Wirtschaftsbriefe (Zeitschrift)
IWF	Internationaler Währungsfonds
JCMS	Journal of Common Market Studies (Zeitschrift)
JCR	The Journal of Conflict Resolution (Zeitschrift)
JEEH	Journal des Économistes et des Études Humaines (Zeitschrift)
JEL	Journal of Economic Literature (Zeitschrift)
JME	Journal of Monetary Economics (Zeitschrift)
JNPÖ	Jahrbuch für Neue Politische Ökonomie (Schriftenreihe)
JoPE	Journal of Political Economy (Zeitschrift)
JoRS	Journal of Regional Science (Zeitschrift)
JoUE	Journal of Urban Economics (Zeitschrift)
JPE	Journal of Public Economics (Zeitschrift)
JStG	Jahressteuergesetz
Jura	Juristische Ausbildung (Zeitschrift)
JurA	Juristische Analysen (Zeitschrift)
JuS	Juristische Schulung (Zeitschrift)
JZ	JuristenZeitung (Zeitschrift)
Kap.	Kapitel
KMU	Kleine und mittlere Unternehmen

KritV	Kritische Vierteljahresschrift für Gesetzgebung und Rechtswissenschaft (Zeitschrift)
KStG	Körperschaftsteuergesetz
LIEI	Legal Issues of Economic Integration (Zeitschrift)
ListForum	List Forum für Wirtschafts- und Finanzpolitik (Zeitschrift)
lit.	littera
LPF	Livre des Procédures Fiscales (Frankreich)
LQRev.	Law Quarterly Review (Zeitschrift)
Mio.	Millionen
Mitt.	Mitteilung
MJIL	Michigan Journal of International Law (Zeitschrift)
Monatsber.	Monatsbericht
MPI	Max Planck Institute
MuToRi	Mutter-Tochter-Richtlinie (EU)
m.w.N.	mit weiteren Nachweisen
MwStRi	Mehrwertsteuer-Systemrichtlinie (EU)
NdsFM	Niedersächsisches Finanzministerium
N.F.	Neue Folge
NILRev.	Netherlands International Law Review (Zeitschrift)
NJW	Neue Juristische Wochenschrift (Zeitschrift)
Nr.	Nummer
NVwZ	Neue Zeitschrift für Verwaltungsrecht (Zeitschrift)
NWB	Neue Wirtschafts-Briefe für Steuer- und Wirtschaftsrecht (Zeitschrift)
NYT	The New York Times (Zeitung)
o.Ä.	oder Ähnlichem/s
OECD	Organisation for Economic Co-operation and Development
OECD-MA	Musterabkommen der Organisation for Economic Co-operation and Development
ÖStZ	Österreichische Steuerzeitung (Zeitschrift)

OJLS	Oxford Journal of Legal Studies (Zeitschrift)
Okt.	Oktober
PFQ	Public Finance Quarterly (Zeitschrift)
PIStB	Praxis Internationale Steuerberatung (Zeitschrift)
Pressemitt.	Pressemitteilung
PVS	Politische Vierteljahresschrift (Zeitschrift)
PwC	PricewaterhouseCoopers International
QBD	The Law Reports, Queen's Bench Division (Entscheidungssammlung, Vereinigtes Königreich)
QJE	The Quarterly Journal of Economics (Zeitschrift)
RabelsZ	Rabels Zeitschrift für ausländisches und internationales Privatrecht
RAO	Reichsabgabenordnung
Rat d. EG	Rat der Europäischen Gemeinschaften
Rat d. EU	Rat der Europäischen Union
Rat d. EWG	Rat der Europäischen Wirtschaftsgemeinschaft
RC	Recueil des Cours (Zeitschrift)
RDC	Revue des Contrats (Zeitschrift)
RD-Jur.	Recueil Dalloz – Titel: Recueil périodique et critique de jurisprudence, de législation et de doctrine en matière civile, commerciale, criminelle, administrative et de droit public (1924 bis 1940) / Recueil analytique de jurisprudence et de législation (1939 bis 1944) / Recueil Dalloz de doctrine, de jurisprudence et de législation (1945 bis 1955) – Teil: Jurisprudence/Analytique (Zeitschrift)
rechtl.	rechtliche(r/s)
Ref.	Referenten
RevE	Review of Economics (Zeitschrift)
RevES	The Review of Economic Studies (Zeitschrift)
RFM	Reichsfinanzministerium
Rh.	Reihe
RIW	Recht der internationalen Wirtschaft (Zeitschrift)

RJF	Revue de jurisprudence fiscale (Zeitschrift)
RJF-Dec.	Revue de jurisprudence fiscale – Teil: Décisions du mois (Zeitschrift)
RL	Richtlinie (EU)
RLJ	Revenue Law Journal (Zeitschrift)
Rn.	Randnummer
RS	Recueil Sirey – Titel: Recueil général des lois et des arrêts (Zeitschrift)
Rs.	Rechtssache
Rspr.	Rechtsprechung(en)
RStBl.	Reichssteuerblatt (Verkündungsblatt)
RTDCiv.	Revue Trimestrielle des Droit Civil (Zeitschrift)
Rz.	Randzeichen
S.	Satz / Seite
Schlussantr.	Schlussanträge
Schlussfolg.	Schlussfolgerung(en)
Schrb.	Schreiben
Sec.	Section
SJoPE	Scottish Journal of Political Economy (Zeitschrift)
Slg.	Sammlung des Gerichtshofs und Gerichts der Europäischen Union (Entscheidungssammlung)
SLRev.	Statute Law Review (Zeitschrift)
sog.	sogenannte(r)
StabG	Gesetz zur Förderung der Stabilität und des Wachstums der Wirtschaft
StÄndG	Steueränderungsgesetz
StAnpG	Steueranpassungsgesetz
StbJb	Steuerberater-Jahrbuch (Konferenzschrift)
STC	Simon's Tax Cases (Entscheidungssammlung, Vereinigtes Königreich)
StIGH	Ständiger Internationaler Gerichtshof
StuB	Steuern und Bilanzen (Zeitschrift)

StuW	Steuer und Wirtschaft (Zeitschrift)
SWI	Steuer und Wirtschaft International (Zeitschrift)
TCJA	Tax Cuts and Jobs Act (USA)
teilw.	teilweise
TEU	Treaty on European Union
Tl.	Teil
TLRev.	Tax Law Review (Zeitschrift)
TNI	Tax Notes International (Zeitschrift)
Trib. Toulouse	Tribunal de Toulouse (Frankreich)
TulLRev.	Tulane Law Review (Zeitschrift)
u.a.	unter anderem
UAbs.	Unterabsatz
Ubg	Die Unternehmensbesteuerung (Zeitschrift)
UK	United Kingdom
ULRev.	Utrecht Law Review (Zeitschrift)
UN	United Nations
UR	Umsatzsteuer-Rundschau (Zeitschrift)
Urt.	Urteil
US	United States
USA	United States of America
usw.	und so weiter
v.	vom / von
Verwaltungsanw.	Verwaltungsanweisung
vgl.	vergleiche
VO	Verordnung (EU)
Vorb.	Vorbemerkung
Vorschl.	Vorschlag
VVDStRL	Veröffentlichungen der Vereinigung der Deutschen Staatsrechtslehrer (Konferenzschrift)
VwGH	Verwaltungsgerichtshof (Österreich)
WEP	West European Politics (Zeitschrift)

WLR	The Weekly Law Reports (Entscheidungssammlung, Vereinigtes Königreich)
WP	World Politics (Zeitschrift)
WTJ	World Tax Journal (Zeitschrift)
ZEuS	Zeitschrift für Europarechtliche Studien
ZEW	Leibniz-Zentrum für Europäische Wirtschaftsforschung
ZfRV	Zeitschrift für Rechtsvergleichung
ZGR	Zeitschrift für Unternehmens- und Gesellschaftsrecht
ZHR	Zeitschrift für das gesamte Handels- und Wirtschaftsrecht
Ziff.	Ziffer
ZiLiRi	Zins- und Lizenzrichtlinie (EU)
zit.	zitiert
ZRP	Zeitschrift für Rechtspolitik

Einleitung

Das Phänomen des rechtlichen Missbrauchs ist so alt wie das Recht selbst. Bereits mit der bloßen Existenz von Rechten geht der Versuch einher, sowohl eingeräumte Rechte möglichst vorteilhaft und bis zur rechtlichen Grenze auszuüben als auch ihre Einräumung an sich durch kreative Rechtsgestaltungen überhaupt erst zu erlangen.[1] Während sich in der allgemeinen Rechtswissenschaft unterschiedliche Arten des rechtlichen Missbrauchs herausgebildet haben,[2] liegt der Fokus im besonderen Rechtsgebiet des Steuerrechts auf dem Gestaltungsmissbrauch zur Einwirkung auf die Anwendbarkeit eines Rechts[3]. Dabei eröffnet vor allem das *Unternehmen*steuerrecht diverse Möglichkeiten zur Wahl rechtlicher Gestaltungen, um einen steuerlichen Vorteil zu erschleichen bzw. eine steuerliche Belastung zu vermeiden.[4] Diese Arbeit widmet sich der Frage des rechtlichen Missbrauchs im Sinne der Rechtsanwendung[5] vornehmlich im Internationalen Unternehmensteuerrecht.

A. Problemstellung

Die Frage der Rechtsanwendung weist im Internationalen Steuerrecht, welches die Gesamtheit jener Rechtsvorschriften mit Bezug auf die Besteuerung grenzüberschreitender Sachverhalte umfasst,[6] eine besondere Brisanz auf. Treffen die Rechtssysteme verschiedener Staaten aufgrund eines grenzüberschreitenden

1 Siehe zum Phänomen des rechtlichen Missbrauchs in der römischen Epoche Fn. 108, 118.

2 Siehe hierzu *1. Teil* GldPkt. A.

3 Siehe hierzu *1. Teil* GldPkt. B V.

4 Der rechtliche Missbrauch zur Anwendbarkeit des Steuerrechts ist von jenen Fällen einer betrügerischen Handlung abzugrenzen, welche die vorgelagerte Sachverhalts*ermittlung* zur Festsetzung einer Steuerschuld betrifft. Letzteres stellt eine „*Steuerhinterziehung*" dar und ist nicht Untersuchungsgegenstand dieser Arbeit (siehe zum Begriff der „Steuerhinterziehung" *3. Teil* GldPkt. C I).

5 Die „Rechts*anwendung*" wird in dieser Arbeit wiederum in „Rechts*anwendbarkeits*tatbestände" und „Rechts*ausübungs*tatbestände" aufgeteilt (siehe hierzu *1. Teil* GldPkt. A).

6 *O. Bühler*, Prinzipien des Internationalen Steuerrechts, S. 3; *K. Vogel*, in: DStZ 1997, S. 269 (269); *G. Frotscher*, Internationales Steuerrecht, 4. Aufl. 2015, Rn. 27; *M. Lehner*, in: Vogel/Lehner (Hrsg.), DBA, 6. Aufl. 2015, Grundlagen Rn. 3; *H. Schaumburg*,

Sachverhalts aufeinander, ist das Steuersubjekt versucht, diese anhand von Rechtsgestaltungen gegeneinander auszuspielen, um eine besonders niedrige oder gar eine Nicht-Besteuerung zu erreichen. Nebst den klassischen Gestaltungsstrategien einer sog. „U-Turn"-Konstellation[7] sowie einer sog. „Aufspaltungs"-Konstellation[8] erregte letztlich vor allem eine dritte Variante besonderes mediales Interesse – die „Zwischenschaltungs"-Konstellation.[9] Die „Zwischenschaltungs"-Konstellation soll im Fokus dieser Arbeit stehen. Vor allem soll das Problem des sog. „Rule Shopping" gelöst werden, welches die Gestaltungsstrategie einer „Zwischenschaltungs"-Konstellation besonders erleichtert. Bei einer „Zwischenschaltungs"-Konstellation wird in einem Niedrigsteuerland der Europäischen Union (kurz: „EU") eine Gesellschaft als Steuersubjekt begründet, auf welches Einkünfte ausgelagert werden. Das Besteuerungssubstrat wird dem territorialen Zugriff eines anderen Mitgliedstaats zum Zwecke eines Steuervorteils entzogen. Mittels dem „Rule Shopping" wird sich zur Begründung der Gesellschaft auf die Grundfreiheiten berufen.[10] Auf diesem Weg können mobile Einkünfte – etwa Lizenzgebühren – aus internationalen Geschäften frei verlagert, von Angeboten einer Minderbesteuerung jener Einkünfte (sog.

---

in: Schaumburg (Hrsg.), Internationales Steuerrecht, 4. Aufl. 2017, Rn. 1.5; *R. Seer*, in: Tipke/Lang (Hrsg.), Steuerrecht, 23. Aufl. 2018, § 1 Rn. 83.

7 Bei einer „U-Turn"-Konstellation werden gegenläufige Geschäfte oder Handlungen so aufeinander abgestimmt, dass sie sich im Ergebnis ganz oder teilw. neutralisieren (*J. Englisch*, in: StuW 2009, S. 3 (9 f.); vgl. auch *S. Sieker*, Umgehungsgeschäfte, S. 54 f.).

8 Bei einer „Aufspaltungs"-Konstellation wird ein von Parteien als wirtschaftliche Einheit gewolltes Geschäft in einander ergänzende Teilakte aufgeteilt (*J. Englisch*, in: StuW 2009, S. 3 (9, 10); vgl. auch *S. Sieker*, Umgehungsgeschäfte, S. 53).

9 U.a. *Ch. Duhigg/D. Kocieniewski*, in: NYT v. 29.04.2012, S. A1 (A1 ff.); *R. Lindner*, in: FAZ v. 09.11.2012, S. 14 (14); *ders.*, in: FAZ v. 12.03.2013, S. 15 (15); *S. Böll/M. Dettmer/F. Dohmen/Ch. Pauly/Ch. Reiermann*, in: Spiegel v. 12.11.2012, S. 72 (72 ff.); *C. Knop*, in: FAZ v. 14.12.2012, S. 18 (18); *R. Jungbluth*, in: Zeit v. 21.02.2013, S. 21 (21 f.).

10 *D. Gosch*, in: Achatz (Hrsg.), DStJG 36 (2013), S. 201 (206); vgl. auch *EuGH*, Urt. v. 21.11.2002, Rs. C-436/00 – „*X und Y*", Slg. 2002 (de), S. I-10829 (I-10863 – Rn. 42, I-10868 – Rn. 61); Urt. v. 30.09.2003, Rs. C-167/01 – „*Inspire Art*", Slg. 2003 (de), S. I-10155 (I-10234 – Rn. 136); Urt. v. 13.12.2005, Rs. C-446/03 – „*Marks & Spencer*", Slg. 2005 (de), S. I-10837 (I-10884 – Rn. 57); Urt. v. 12.09.2006, Rs. C-196/04 – „*Cadbury Schweppes*", Slg. 2006 (de), S. I-7995 (I-8049 – Rn. 55); Urt. v. 13.03.2007, Rs. C-524/04 – „*Thin Cap Group Litigation*", Slg. 2007 (de), S. I-2107 (I-2190 – Rn. 74).

„Präferenzregime") in EU-Mitgliedstaaten besonders Gebrauch gemacht und die Gewinne schlussendlich in Steueroasen[11] thesauriert werden.[12]

I. Problembezogene Ausgangslage

Diese Gestaltungsstrategie der Konzerne[13] warf Probleme auf mehreren Ebenen auf. Naheliegend erscheint zunächst die Problematik einer gerechten Steuerbelastung auf Ebene des *Steuersubjekts*. So drängt sich die Frage auf, worin die Rechtfertigung zu erblicken ist, Einkünfte aus mobilen Faktoren einer geringeren (effektiven) Besteuerung auszusetzen, als jene aus immobilen Faktoren. Besonders medienwirksam tritt diese Ungleichbehandlung in Konflikt mit dem allgemeinen Gerechtigkeitsempfinden, indem eben jene steuerpflichtigen Einkünfte immobiler Art – etwa aus dem Faktor Arbeit – regelmäßig den einfachen Steuerzahler betreffen, während Einkünfte mobiler Art – etwa aus Kapital oder geistigem Eigentum – entweder Unternehmen oder privaten Steuerzahlern gehobenen Wohlstands vorbehalten bleiben. Diese ungleiche Besteuerung von vergleichsweise „armen" steuerpflichtigen Bürgern und vergleichsweise „reichen" Unternehmen spiegelt die Leistungsfähigkeit der Steuerpflichtigen nicht adäquat wider und erscheint insoweit als „ungerecht" oder „unfair".[14]

---

11 Als „Steueroasen" werden vor allem solche Staaten bezeichnet, die keine oder besonders niedrige Steuern auf Einkünfte oder Vermögen erheben und mithin als Standort für Unternehmen steuerlich attraktiv sind (*OECD*, Harmful Tax Competition, S. 21 – Rn. 47; *Dh. Dharmapala/J.R. Hines*, in: JPE 93 (2009), S. 1058 (1059)).

12 Die wohl bekannteste, von den Medien treffend als „double Irish with a Dutch sandwich" getaufte, Strategie war jene, wo sich ein Konzern zur Thesaurierung besonders mobiler Einkünfte – etwa aus Lizenzgebühren – zwei irischen Gesellschaften – zum einen für den Vertrieb und zum anderen für die Thesaurierung des Gewinns – und einer zwischengeschalteten niederländischen Gesellschaft – für die steuerfreie Verlagerung der Einkünfte – bediente, um so die Gewinne fast unversteuert in einem Drittland zu parken, wo die in Irland gegründete Gesellschaft ihren offiziellen Verwaltungssitz hatte (hierzu vertiefend *E.D. Kleinbard*, in: TNI 68 (2012), S. 499 (501 ff.); *R. Pinkernell*, in: StuW 2012, S. 369 (372 f.); *ders.*, Internationale Steuergestaltung im Electronic Commerce, S. 127).

13 Der Begriff des „Konzerns" ist in § 18 AktG legal definiert. In dessen Anlehnung soll in dieser Arbeit von einem „Konzern" gesprochen werden, wenn ein herrschendes Unternehmen als „Muttergesellschaft" ein oder mehrere abhängige Unternehmen als ihre „Tochtergesellschaften" unter einheitlicher Leitung zusammenfasst. Die Muttergesellschaft bildet mit ihren Tochtergesellschaften jeweils „verbundene Unternehmen" (vgl. §§ 15 ff. AktG).

14 *Europ. Kom.*, Bericht des unabhängigen Sachverständigenausschusses zur Unternehmensbesteuerung – „*Ruding Report*", S. 38.

Dabei liegt dieses „ungerechte“ Ergebnis allerdings in der positiven Rechtseinräumung jener Steuerpflichtigen selbst begründet. Namentlich lässt sich sowohl dem nationalen[15] als auch unionalen[16] Recht ein Grundsatz zur Gestaltungsfreiheit der Steuerplanung entnehmen, wonach jedem das Recht eingeräumt wird, Rechtsgestaltungen zu wählen, um möglichst wenig Steuern zahlen zu müssen. Dass diese Gestaltungsfreiheit den Unternehmen mehr Vorteile bringt, als dem einfachen Bürger, bleibt insoweit unberücksichtigt.

Die Begründung des Problems auf Ebene des Steuersubjekts legt den Grundstein für ein weiteres Problem, welches der isoliert betrachtet ökonomisch rationalen Entscheidungsfindung der Staaten geschuldet und damit der *staatlichen* Ebene zuzuordnen ist. Aufgrund der völkerrechtlich zugesprochenen Souveränität[17] bleibt es jedem Staat grundsätzlich anheimgestellt, seine Steuerrechtsordnung und damit auch die Höhe der Steuersätze für einen Steueranspruch frei zu bestimmen. Dies birgt die Gefahr, dass sich die Staaten durch das Angebot besonderer Präferenzregime zur Minderbesteuerung mobiler Einkünfte – namentlich sog. „IP-Boxen“[18] – anderer Staaten dem Druck ausgesetzt sehen, ebenfalls die Steuersätze für mobile Einkünfte zu senken, um ausländische Investoren anzulocken und schlussendlich wettbewerbsfähig zu bleiben. Es entsteht ein internationaler Steuerwettbewerb, welcher droht, in einem Unterbietungswettbewerb der Steuersätze zwischen den Staaten auszuarten, an dessen Ende gar ein Steuersatz für mobile Einkünfte stehen kann, der gegen Null geht. Dieses sog. „*race to the bottom*“ kann in ökonomischer Hinsicht einen negativen Investitionssaldo zufolge haben und zu einer Unterversorgung mit öffentlichen Gütern und mangelnden Wohlfahrtsleistungen führen. Um dies zu verhindern, werden die Staaten zu dem Mittel einer Steuerverlagerung greifen müssen, indem die Einkünfte aus immobilen Faktoren mit einem entsprechend höheren Steuersatz belastet werden.[19] Dabei steht am Ende eines solchen

---

15 Im *deutschen* Steuerrecht ergibt sich dies aus der Bezugnahme auf das Zivilrecht, welches proklamiert, sich gänzlich neue inhaltliche Gestaltungen auch außerhalb der gesetzlichen Typen auszudenken (siehe hierzu *1. Teil* GldPkt. B II).

16 Im *primären Unionsrecht* ergibt sich dies aus den Grundfreiheiten, welche den Staatsangehörigen eines Mitgliedstaats eine Marktfreiheit einräumen. U.a. gewährleistet die Niederlassungsfreiheit gem. Art. 49 ff. AEUV eine Entscheidungsfreiheit zur Gründung von Gesellschaften in allen Mitgliedstaaten (siehe hierzu *3. Teil* GldPkt. A II 1 a), C III 2 b) bb) (1)).

17 Siehe hierzu *1. Teil* GldPkt. B IV 3.

18 „IP“ steht für den englischen Begriff „Intellectual Property“.

19 Siehe hierzu *4. Teil* GldPkt. A I 2.

Kausalverlaufs nicht bloß die Verschärfung des geschilderten Problems einer *ungerechten* Besteuerung auf Ebene des Steuersubjekts. Vielmehr drohen Präferenzregime, die allein dem Zweck dienen, zusätzliche Steuereinnahmen zu generieren, eine unausgewogene Steuerverteilung des Steuersubstrats zwischen den Staaten zu begründen und damit auf dieser Ebene sowohl *ungerechter* als auch *ineffizienter* Natur zu sein.

Es lässt sich somit festhalten, dass die Gestaltungsstrategien der multinational tätigen Unternehmen mehrdimensionale Probleme aufweisen, die sowohl rechtlicher als auch ökonomischer Natur sind. Im Kern wird dabei zum einen die Entscheidungsfreiheit der *Steuersubjekte* aus dem eingeräumten Recht zur Wahl einer Rechtsgestaltung und zum anderen die Entscheidungsfreiheit der *Staaten* aus der Staatssouveränität zur Bestimmung eines Steueranspruchs adressiert. Um das Problem zu lösen, ist infolgedessen die Anwendung entweder jener *Rechte* der Steuersubjekte oder jener *Kompetenzen* der Staaten zu beschränken.

II. Rechtsbezogene Ausgangslage

Zur Beschränkung des Rechts der Gestaltungsfreiheit von Steuersubjekten bietet sich als Rechtsinstrument eine Regelung zur Verhinderung des Gestaltungsmissbrauchs an. Zur Verhinderung eines missbräuchlichen Rule Shopping dient vor allem die Hinzurechnungsbesteuerung. Ein „steuerrechtlicher Missbrauch" ist in jedem Fall dann anzunehmen, wenn die gewählte Rechtsgestaltung für ein multinational tätiges Unternehmen steuerliche Vorteile begründet, die sowohl zu ungerechten als auch ineffizienten Ergebnissen führen. Während dieses Missbrauchsverbot die ungerechte *Rechtsanwendung* der Gestaltungsfreiheit von Steuersubjekten unmittelbar adressiert und beschränkt, kann es in mittelbarer Hinsicht auch einer ineffizienten und ungerechten – ggf. ebenfalls missbräuchlichen[20] – *Kompetenzausübung*[21] entgegenwirken bzw. die Souveränität von Staaten beeinflussen, indem den ausländischen Präferenzregimen durch die Rechtsfolge einer zusätzlichen Steuerpflicht multinational tätiger

20 Siehe hierzu *3. Teil* GldPkt. B I.

21 Die *Anwendbarkeit* der Kompetenz ist hingegen nicht betroffen, da das nationale Rechtsinstrument die Staatssouveränität eines anderen Staats nicht direkt beschränken kann. Dies ist vielmehr dem zweiten Lösungsansatz – mittels eines supranationalen Rechtsaktes – vorbehalten. Stattdessen wird nur ihrer *Ausübung* die erhoffte Wirkungskraft genommen.

Unternehmen – zumindest teilweise – der „Wind aus den Segeln“ genommen wird.[22]

1. Mitgliedstaaten der EU

Zwar ist das Phänomen des Missbrauchs allen Mitgliedstaaten der EU bekannt. Allerdings bestehen hinsichtlich der konkreten rechtlichen Ausgestaltung zu dessen Bekämpfung erhebliche Diskrepanzen.[23] Überdies eignet sich ein allein nach nationalem Maßstab ausgestaltetes Rechtsinstrument nur bedingt zur Lösung eines – wie hier geschilderten – grenzüberschreitenden Problems. Staaten sind dazu geneigt, mittels eines Rechtsinstruments allein ihre *nationalen* (Fiskal-)Interessen zu verfolgen, indem sie rational dazu tendieren, stets jene dominante Strategie zu wählen, die den höchsten eigenen Nutzen verspricht. Ein für alle Staaten effizientes und gerechtes Ergebnis ist insoweit nicht möglich, wenn sich diese dominanten Strategien der einzelnen Staaten konterkarieren. Eben dies ist im Steuerrecht der Fall, wo jeder Staat wohl stets jenes Ergebnis als „gerecht“ und „effizient“ erachtet, was die höchsten eigenen Steuereinnahmen verspricht.[24] So ist nicht nur das geschilderte race to the bottom diesem Staatsegoismus geschuldet.[25] Überdies zeigt er sich auch in der Zielsetzung der nationalen Rechtsinstrumente zur Verhinderung eines steuerrechtlichen Missbrauchs. Namentlich ist an die Vorschrift einer Hinzurechnungsbesteuerung zu denken, welche in ihrer Rechtsfolge Einkünfte, die sich in einer ausländischen Tochtergesellschaft angesammelt haben, dem inländischen Besteuerungsanspruch unterwirft und damit primär dazu geeignet ist, die Abwanderung von Steuersubstrat zu verhindern,[26] ohne damit zwangsläufig auch eine objektiv betrachtet ausgewogene Aufteilung des Steuersubstrats zwischen den Staaten zu gewährleisten.[27]

Ebendies bestätigt sich bei der deutschen Regelung zur Hinzurechnungsbesteuerung gemäß §§ 7 bis 14 AStG. So soll diese Regelung einer „Steuergerechtigkeit“ in *dem* Sinne dienen, die Abschirmwirkung – also die steuerlich

---

22 Siehe hierzu am Beispiel der Hinzurechnungsbesteuerung *3. Teil* GldPkt. C III 2 b) aa).

23 Siehe hierzu *2. Teil* GldPkt. C.

24 Siehe zur Charakterisierung eines Staats als Leviathan *1. Teil* GldPkt. B IV 3 b) aa).

25 Vgl. hierzu *4. Teil* GldPkt. A I.

26 Vgl. *C. Pohl*, in: Fuhrmann (Hrsg.), AStG, 3. Aufl. 2017, Vorb. §§ 7–14 Rn. 10 f.; *J. Schönfeld*, in: IStR 2017, S. 721 (722); *J. Haun/H. Reiser/B. Cortez*, in: Haun/Kahle/Goebel/Reiser (Hrsg.), Außensteuerrecht, 41. EL 2019, Vorb. §§ 7–14 AStG Rn. 22.

27 Siehe zum Tatbestand der Hinzurechnungsbesteuerung in Deutschland *1. Teil* GldPkt. B V.

eigenständige Bewertung – einer ausländischen Tochtergesellschaft zulasten ihrer Muttergesellschaft aufzuheben, um eine gleiche Steuerbelastung unabhängig davon herzustellen, ob Einkünfte aus dem Inland oder Ausland der Muttergesellschaft bezogen werden.[28] In anderen Worten ist die mit der Hinzurechnungsbesteuerung herzustellende Gerechtigkeit darin zu erblicken, dass sich die Höhe der Steuerlast nach dem Besteuerungsniveau des Ansässigkeitsstaats der Muttergesellschaft bemisst.[29] Diese sog. „Kapitalexportneutralität"[30] spiegelt eine (Steuer-)Gerechtigkeit allerdings nur einseitig wider. Zwar kann sie seitens der einzelnen *Steuersubjekte* dahingehend angenommen werden, dass die Höhe der Besteuerung nach Maßstab des Ansässigkeitsstaats der Muttergesellschaft eine Mobilität von Einkünften hinfällig erscheinen lässt, da zwei in demselben Mitgliedstaat ansässigen Steuersubjekte unabhängig von der Herkunft ihrer Einkünfte und dem gleichen Welteinkommen auch den gleichen Steuerbetrag zahlen.[31] Allerdings lässt dieser Ansatz eine Gerechtigkeit und Effizienz auf *staatlicher* Seite weitestgehend vermissen. So folgt aus der faktischen Heraufschleusung des Steuersatzes des Niedrigsteuerlandes[32], wo die Tochtergesellschaft ansässig ist, auf jenes Niveau des Hochsteuerlandes[33], wo die Muttergesellschaft ansässig ist, lediglich die Möglichkeit zusätzlicher Steuereinnahmen zugunsten des Ansässigkeitsstaats der Muttergesellschaft. Indem die ausländische Investition der Muttergesellschaft nunmehr grundsätzlich einer inländischen Investition entspricht, wird nicht nur trotz des Mangels einer Bewertung der konkreten Kompetenzausübung des Niedrigsteuerlandes nach Maßstab ihrer Effizienz und Gerechtigkeit die Staatssouveränität zur autonomen Bestimmung des Steuerniveaus weitreichend beeinflusst und den steuerlichen Investitionsanreizen des Niedrigsteuerlandes pauschal die Wirkungskraft genommen.[34] Überdies kommen jene Steueranreize, die regelmäßig

28 *BReg.*, Ges.-Entw. v. 02.12.1971, BT-Drucks. VI/2883, S. 19 – Rn. 30; *C. Pohl*, in: Fuhrmann (Hrsg.), AStG, 3. Aufl. 2017, Vorb. §§ 7–14 Rn. 12; vgl. auch *BReg.*, Ber. v. 23.06.1964, „*Oasenbericht*", BT-Drucks. IV/2412, S. 12 f.

29 *C. Pohl*, in: Fuhrmann (Hrsg.), AStG, 3. Aufl. 2017, Vorb. §§ 7–14 Rn. 14.

30 Siehe hierzu *1. Teil* GldPkt. B IV 3 a).

31 *Europ. Kom.*, Bericht des unabhängigen Sachverständigenausschusses zur Unternehmensbesteuerung – „*Ruding Report*", S. 39.

32 Das „Niedrigsteuerland" beschreibt in dieser Arbeit einen Staat mit einer vergleichsweise niedrigen Besteuerung von Einkünften aus mobilen Faktoren.

33 Das „Hochsteuerland" beschreibt in dieser Arbeit einen Staat mit einer vergleichsweise hohen Besteuerung von Einkünften aus mobilen Faktoren.

34 Vgl. *C. Pohl*, in: Fuhrmann (Hrsg.), AStG, 3. Aufl. 2017, Vorb. §§ 7–14 Rn. 14; *J. Schönfeld*, in: IStR 2017, S. 721 (722).

der Lösung von Struktur- und Entwicklungsproblemen eines Staats dienen sollen, durch den Nachholeffekt einer Heraufschleusung des Steuersatzes gar noch jenem Fiskus des Ansässigkeitsstaats der Muttergesellschaft zugute, der als Hochsteuerland regelmäßig keine solchen Struktur- und Entwicklungsprobleme aufweist.[35] Mithin gewährleistet eine Hinzurechnungsbesteuerung auf Grundlage der Kapitalexportneutralität vor allem Industriestaaten wie Deutschland den Vorteil einer Maximierung der eigenen Steuereinnahmen, ohne das geschilderte Ausgangsproblem zu lösen.

Um das Ausgangsproblem innerhalb der EU tatsächlich lösen zu können, erscheint vor diesem Hintergrund ein abstrakt-genereller Ansatz notwendig, welcher ein EU-weit einheitliches Verständnis des „steuerrechtlichen Missbrauchs" gewährleistet und dabei unter Einbeziehung der Aspekte des Problems auf *staatlicher* Ebene die Interessen aller Mitgliedstaaten ausgewogen widerspiegelt.

2. EU

Um die problembegründende Interessenkonstellation der Mitgliedstaaten im Sinne des kollektiven Interesses aller Mitgliedstaaten zu lösen, erscheint es erforderlich, eine zwischenstaatliche Kooperation hinsichtlich bestimmter Verhaltenserwartungen auf eine konsensfähige Grundlage von Prinzipien, Normen und Regeln zu stellen.[36] Zwecks dessen sind internationalen Organisationen wie der EU eine maßgebliche Rolle zuzusprechen. Diese verfügt nicht nur über eine autonome Rechtsordnung, die selbständig neben jenen Rechtsordnungen der Mitgliedstaaten besteht und integrationsfördernde Werte und Ziele (sog. „Unionsziele") formuliert, zu denen sich die Mitgliedstaaten gemeinsam bekennen. Darüber hinaus ist diese regional agierende Organisation des europäischen Raumes zur Lösung von Verteilungskonflikten – etwa eines Steuersubstrats – auch mit einer supranationalen[37] Entscheidungskompetenz und operativen Instrumenten zu dessen Durchsetzung ausgestattet,[38]

35 *O.H. Jacobs/D. Endres/Ch. Spengel*, in: Jacobs (Begr.), Internationale Unternehmensbesteuerung, 8. Aufl. 2016, S. 22.

36 Siehe hierzu *6. Teil* GldPkt. A II 2 b) aa).

37 Die „supranationale" Entscheidung wird von der internationalen Organisation getroffen. Sie folgt aus Sicht der Gesamtorganisation einem kollektiv rationalen Ziel und ist insoweit als besonders *autonom* gegenüber den individuellen Interessen der Mitgliedstaaten anzusehen (*V. Rittberger/B. Zangl/A. Kruck*, Internationale Organisationen, 4. Aufl. 2013, S. 114; siehe hierzu *6. Teil* GldPkt. A II 2 b) aa)).

38 Siehe hierzu *3. Teil* GldPkt. A I; *6. Teil* GldPkt. A II 2 c) aa).

sodass ihr eine bedeutsame Rolle zur Schaffung eines EU-weit einheitlichen Verständnisses des rechtlichen Missbrauchs zukommt.

Der Gerichtshof der EU (kurz: „EuGH") weist einen reichhalten Bestand an Rechtsprechungen zum Missbrauch auf, dessen Grundstein bereits in den 1970er-Jahren gelegt wurde und sich seither sowohl rechtsebenen- als auch rechtsgebietsübergreifend entwickelt hat. Hierbei lässt sich ein unionsrechtliches Missbrauchskonzept herauslesen, auf welches auch in steuerrechtlichen Entscheidungen Bezug genommen wird und das im Jahre 2007 vom EuGH gar als „allgemeiner Grundsatz" des Unionsrechts bezeichnet wurde.[39] Im Bereich des Internationalen Steuerrechts der direkten Steuer ist als konkretisierende Leitentscheidung vor allem jene in der Rechtssache *Cadbury Schweppes* aus dem Jahre 2006 zu nennen, welche zu einem Fall der Hinzurechnungsbesteuerung erging und auf diesem Gebiet seither als genereller Maßstab besondere Bedeutung erlangt.[40] Der Entscheidung lässt sich entnehmen, dass der Gestaltungsfreiheit der Unternehmen innerhalb der EU ein besonders weiter Spielraum eingeräumt wird. So könne eine staatliche Maßnahme zur Verhinderung eines steuerrechtlichen Missbrauchs nur dann gerechtfertigt sein, wenn es sich bei der Rechtsgestaltung des Steuersubjekts um eine „rein künstliche, jeder wirtschaftlichen Realität bare Gestaltung" handele, welche dem alleinigen Zweck diene, einer Steuer zu entgehen, die normalerweise für durch Tätigkeiten im Inland erzielte Gewinne geschuldet sei.[41] Diese besonders enge Auslegung des Begriffs des „steuerrechtlichen Missbrauchs" ist allerdings nicht dazu geeignet, das geschilderte Problem zu lösen. Vielmehr wird die egoistische Steuerpolitik der Staaten und ein race to the bottom gar gefördert, indem die Entscheidungsfreiheit der Steuersubjekte von den einzelnen Mitgliedstaaten instrumentalisiert werden kann, um zusätzliche Steuereinnahmen zu generieren, statt eine gerechte sowie effiziente Aufteilung des Steuersubstrats zwischen den Mitgliedstaaten zu gewährleisten.[42]

---

39 *EuGH*, Urt. v. 05.07.2007, Rs. C-321/05 – „*Kofoed*", Slg. 2007 (de), S. I-5795 (I-5830 – Rn. 38); siehe hierzu *3. Teil* GldPkt. B II 3.

40 *J. Englisch*, in: Schaumburg/Englisch (Hrsg.), Europäisches Steuerrecht, Rn. 7.253; siehe hierzu *3. Teil* GldPkt. C III 2 b) bb) (1).

41 *EuGH*, Urt. v. 12.09.2006, Rs. C-196/04 – „*Cadbury Schweppes*", Slg. 2006 (de), S. I-7995 (I-8049 – Rn. 55); siehe zur Interpretation der Rspr. des EuGH (in der Rs. *Cadbury Schweppes*) *7. Teil* GldPkt. C II 1.

42 Siehe zur weiteren Kritik *3. Teil* GldPkt. C III 2 b) bb).

B. Bisherige Lösungsansätze

Während die geschilderte Rechtslage dem Problem bisher nicht Herr werden konnte, lassen neue Rechtsakte der EU, Ausarbeitungen der Organisation für wirtschaftliche Zusammenarbeit und Entwicklung (kurz: „OECD")[43] sowie eine fortwährende, vornehmlich wirtschaftspolitisch geführte Diskussion neue Lösungsansätze erkennen.

I. EU

Die Legislative der EU begnügte sich zur Harmonisierung eines einheitlichen Verständnisses des steuerrechtlichen Missbrauchs hinsichtlich der direkten Steuer lange Zeit mit „Insellösungen", indem lediglich im Rahmen jener Richtlinien, die dem Staatsangehörigen eines Mitgliedstaats Rechte einräumen, entsprechende Vorschriften kodifiziert wurden, um diese Rechte nicht missbräuchlich zu erlangen.[44] Im Jahre 2016 wurde sodann eine Richtlinie verabschiedet, die sich nunmehr die Bekämpfung von Steuervermeidungspraktiken an sich zum Ziel setzt. Dabei wurde ein Mindeststandard für die steuerrechtlichen Missbrauchsvorschriften harmonisiert, welcher unter anderem eine allgemeine Vorschrift zur Verhinderung von Missbrauch[45] sowie eine Hinzurechnungsbesteuerung[46] umfasst, während jene Rechte, die die Missbrauchsvorschrift adressiert, ggf. weiterhin nicht-harmonisierter Natur bleiben. Diese sog. „Anti Tax Avoidance Directive" (kurz: „ATAD") legt ihren Fokus vor allem darauf, den einzelnen Mitgliedstaaten eine wirksame Ausübung ihrer Steuerhoheiten zur Schaffung einer ausgewogenen Besteuerung am Ort der Gewinnerwirtschaftung und Wertschöpfung zu ermöglichen.[47]

Überdies wird ein alternativer Ansatz diskutiert, welcher dem geschilderten Problem durch die Einführung einer sog. Gemeinsamen Konsolidierten Körperschaftsteuer-Bemessungsgrundlage (kurz: „GKKB") innerhalb der EU entgegnen soll. Demnach soll eine größere Effizienz, Wirksamkeit, Einfachheit und Transparenz der Unternehmensteuersysteme in der EU sowie die Schließung von Lücken zwischen den einzelstaatlichen Systemen der

---

43 Auf Englisch: „Organisation for Economic Co-operation and Development" (*OECD*, The OECD, S. 7).

44 Siehe hierzu *6. Teil* GldPkt. A I.

45 Art. 6 ATAD.

46 Art. 7 f. ATAD.

47 *Rat d. EU*, RL v. 12.07.2016, Nr. 2016/1164 (EU) – „*ATAD I*", ABl. 2016 L 193 (de), S. 1 (1 – ErwGrd. 1); siehe hierzu *5. Teil* GldPkt. A II.

Mitgliedstaaten erzielt werden, indem es den multinational tätigen Unternehmen gestattet wird, die Gewinne des gesamten Konzerns anhand eines einzigen Regelwerks zu berechnen und für steuerliche Zwecke konsolidierte Bilanzen zu erstellen, um so die potenziellen steuerlichen Wirkungen rein konzerninterner Geschäfte auszuschalten. Die Aufteilung der steuerbaren konsolidierten Gewinne zwischen den Mitgliedstaaten soll schlussendlich anhand eines formelhaften Aufteilungsschlüssels erfolgen. Diese Lösung würde das geschilderte Problem mittels einer weitreichenden Harmonisierung von vornherein hinfällig erscheinen lassen, da eine Gewinnverlagerung keinen steuerlichen Vorteil begründen würde, sodass es insoweit auch keiner Vorschrift zur Verhinderung eines Gestaltungsmissbrauchs in diesem Sinne bedürfe.[48]

Während die ATAD also das geschilderte Ausgangsproblem mit einem harmonisierten Mindeststandard zur Beschränkung der Rechte – also der Rechtsanwendung – von Steuersubjekten zur freien Wahl einer Rechtsgestaltung zu lösen versucht, folgt die GKKB dem Ansatz einer Beschränkung der Souveränität – also der Kompetenzanwendbarkeit – von Staaten zur freien Bestimmung eines Steueranspruchs.

II. OECD

Nebst der EU widmete sich auch die OECD als weitere – allerdings global agierende und vornehmlich intergouvernemental[49] ausgestaltete[50] – internationale Organisation dem Problem der Gewinnverkürzung und Gewinnverlagerung (kurz: „BEPS“)[51] und legte den Finanzministern der G20-Staaten im Jahre 2015 zu dessen Lösung entsprechende Abschlussberichte zu 15 Aktionspunkten vor. Dabei setzte sie sich unter anderem zum Ziel, grundlegend neue Standards zu erarbeiten, um eine Verknüpfung der steuerlichen Behandlung im einen Staat

48 Siehe hierzu *5. Teil* GldPkt. B.

49 Die „intergouvernementale“ Entscheidung ist in einer Einigung zwischen den Mitgliedstaaten der internationalen Organisation zu erblicken. Der Verwaltungsstab der internationalen Organisation agiert weitestgehend nur als *Mittler* zwischen den unterschiedlichen – ggf. konfligierenden – Interessen dieser Mitgliedsaaten (*V. Rittberger/B. Zangl/A. Kruck*, Internationale Organisationen, 4. Aufl. 2013, S. 111 f.; siehe hierzu *6. Teil* GldPkt. A II 2 b) aa)).

50 Siehe hierzu *6. Teil* GldPkt. A II 2 c) aa).

51 Auf Englisch: „Base Erosion and Profit Shifting“ (*OECD*, Addressing Base Erosion and Profit Shifting, S. 5).

mit der steuerlichen Erfassung im anderen Staat zu schaffen.[52] Um namentlich die Gefahr eines race to the bottom[53] und damit einhergehende schädliche Steuerpraktiken der Steuersubjekte zu unterbinden, wurde ein sog. „Nexus-Ansatz" ausgearbeitet, dessen Sinn und Zweck darin zu erblicken ist, den Steuerpflichtigen zu eigenen wertschöpfenden Tätigkeiten anzuregen, indem ihm im Kern nur dann ein steuerlicher Vorteil aus einem Präferenzregime erwachsen soll, wenn er selbst qualifizierte Ausgaben für Forschung und Entwicklung (kurz: „F&E") getätigt hat, die zu den betroffenen mobilen Einkünften führten. Darüber hinaus wurden Empfehlungen zur Gestaltung von Hinzurechnungsbesteuerungsvorschriften erarbeitet, um die Anreize zu einer Gewinnverlagerung zu unterbinden. In diesem Zusammenhang wurden auch drei Analysen zur Feststellung wirtschaftlich „substanzieller Aktivitäten" diskutiert, welche zur Anwendbarkeit der Hinzurechnungsbesteuerung auf unterschiedliche objektive Faktoren abstellen.[54] Die EU nimmt in der ATAD ausdrücklich Bezug auf die Ergebnisse der OECD, um diese rasch und koordiniert umzusetzen.[55]

III. Literatur

In der Literatur stößt die ATAD hingegen vornehmlich auf Kritik. So wird unter anderem vertreten, dass die Wertungen aus dem Anti-BEPS-Projekt der OECD nicht auf die ATAD übertragbar seien.[56] Denn während die EU als supranationale Organisation eher die Sicht einer Gesamtorganisation zur Gewährleistung kollektiv-rationaler Ergebnisse im Interesse aller Mitgliedstaaten verfolge, nehme die OECD als intergouvernementale Organisation eher die Sicht der einzelnen Mitgliedstaaten ein, ohne jedoch einem übergeordneten Ziel zu dienen.[57] Die EU dürfe nicht zum „Advokaten der mitgliedstaatlichen

---

52 *OECD*, Aktionsplan zur Bekämpfung der Gewinnverkürzung und Gewinnverlagerung, S. 17 f.; siehe hierzu *5. Teil* GldPkt. A I 1.

53 *OECD*, Harmful Tax Competition, S. 20 – Rn. 43.

54 Siehe hierzu *5. Teil* GldPkt. A I 2.

55 *Rat d. EU*, RL v. 12.07.2016, Nr. 2016/1164 (EU) – „*ATAD I*", ABl. 2016 L 193 (de), S. 1 (1 f. – ErwGrd. 2).

56 *J. Hey*, in: Lang (Hrsg.), DStJG 41 (2018), S. 9 (11); kritisch zur Rechtmäßigkeit der Richtlinie *A.P. Dourado*, in: Intertax 2016, S. 440 (440); *St. Eilers/F. Oppel*, in: IStR 2016, S. 312 (319); *J. Hey*, in: FR 2016, S. 554 (559); *J. Lüdicke/F. Oppel*, in: DB 2016, S. 549 (550); *F. Oppel*, in: IStR 2016, S. 797 (798 f.); *G. Ginevra*, in: Intertax 2017, S. 120 (122); *J. Schönfeld*, in: IStR 2017, S. 721 (722); *Ch. Spengel/K. Stutzenberger*, in: IStR 2018, S. 37 (41).

57 *J. Englisch*, in: Schaumburg/Englisch (Hrsg.), Europäisches Steuerrecht, Rn. 7.227.

Fiskalinteressen" werden, sondern habe vielmehr die Gestaltungsfreiheit der Unternehmen in den Fokus zu stellen, um dem unionalen Interesse zur Schaffung eines Binnenmarkts zu dienen.[58]

Vor dem Hintergrund dieses binnenmarktfinalen Ansatzes wird zur Lösung des geschilderten Problems in der Literatur vornehmlich eine wirtschaftspolitische Diskussion geführt, welche sich dem Konkurrenzverhältnis zwischen dem Steuerwettbewerb und der Steuerharmonisierung widmet. In Anlehnung an die neoklassische Theorie des Steuerwettbewerbs aus der Volkswirtschaftslehre[59] wird in der Rechtswissenschaft vertreten, der Steuerwettbewerb sei durch eine weitgehende Harmonisierung der Steuersysteme zu unterbinden. Damit folgt die Literatur dem Lösungsansatz einer Beschränkung der Souveränität von Staaten zur freien Bestimmung eines Steueranspruchs. Namentlich wird gefordert, dass die Harmonisierung – über den Vorschlag der GKKB hinaus – nebst den starren Regeln einer Zuordnung der Besteuerungsbefugnisse auch ein Mindestsatz der Körperschaftsteuer zu umfassen habe, um einen race to the bottom zu unterbinden.[60]

---

58 *J. Hey*, in: StuW 2017, S. 248 (249); *dies.*, in: Lang (Hrsg.), DStJG 41 (2018), S. 9 (24, 26); vgl. auch *J. Englisch*, in: Schaumburg/Englisch (Hrsg.), Europäisches Steuerrecht, Rn. 7.227; *G. Kofler*, in: Schön/Heber (Hrsg.), Grundfragen des Europäischen Steuerrechts, S. 1 (8 f.); *W. Schön*, in: ifo Schnelldienst 15/2015, S. 3 (4 f.).

59 Nach der „neoklassischen Theorie des Steuerwettbewerbs" sei eine Harmonisierung der Steuersysteme zur Schaffung eines Gleichgewichts notwendig, da ein Steuerwettbewerb zwangsläufig dazu führe, dass Staaten keine Steuern auf Kapitalerträge erheben (*H.-W. Sinn*, in: SJoPE 41 (1994), S. 85 (99); *ders.*, in: Wirtschaftsdienst 75 (1995), S. 240 (245); *ders.*, in: Oberhauser (Hrsg.), Fiskalföderalismus in Europa, S. 9 (24 f.); *C. Fuest*, in: FinA 52 (1995), S. 478 (492 f.); *ders.*, in: RevE 48 (1997), S. 174 (190); *D. Wellisch*, Dezentrale Finanzpolitik bei hoher Mobilität, S. 75 ff.; *W.F. Richter/H. Seitz/W. Wiegard*, in: Siebert (Hrsg.), Steuerpolitik und Standortqualität, S. 13 (28 f.); *M.E. Streit/D. Kiwit*, in: Streit/Wohlgemuth (Hrsg.), Systemwettbewerb als Herausforderung an Politik und Theorie, S. 13 (22 f.); kritisch hierzu *J.M. Buchanan/D.R. Lee*, in: JEEH 5 (1994), S. 219 (230); *L. Gerken/J. Märkt/G. Schick*, Internationaler Steuerwettbewerb, S. 186 ff.).

60 *P.B. Sørensen*, in: CESifo Forum 1/2002, S. 31 (34 f.); *ders.*, in: ITPF 11 (2004), S. 91 (105 f.); *S. Cnossen*, in: BIT 2004, S. 134 (148); *Ch. Spengel*, Internationale Unternehmensbesteuerung in der Europäischen Union, S. 354 f.; *ders./W. Eggert*, in: ifo Schnelldienst 13/2004, S. 3 (6); *Sachverständigenrat*, Jahresgutachten 2004/05, Rn. 783; *U. Schreiber*, in: StuW 2004, S. 212 (226); *D. Wellisch*, in: StuW 2004, S. 267 (272 f.); *R. Maiterth*, in: StuW 2005, S. 47 (57); *O.H. Jacobs/D. Endres/Ch. Spengel*, in: Jacobs (Begr.), Internationale Unternehmensbesteuerung, 8. Aufl. 2016, S. 240; *J. Hey*, in: Lang (Hrsg.), DStJG 41 (2018), S. 9 (47 f.); vgl. auch *A. Tsouroufli*s, Die

C. Erkenntnisziele der Untersuchung

Obwohl oder gerade weil in der Literatur die Lösung des geschilderten Problems vornehmlich in einer weitreichenden Steuerharmonisierung erblickt wird, soll in dieser Arbeit der Versuch unternommen werden, die Lösung in der Alternative eines fortwährenden Steuerwettbewerbs zu finden. Dabei ist der gewählte Lösungsansatz weniger wirtschaftspolitischer, als eher rechtswissenschaftlicher Natur, indem die Rechtsordnung nicht *reformiert*, sondern das Rechtsinstrument zur Verhinderung eines steuerrechtlichen Missbrauchs im Sinne der bereits bestehenden Rechtsordnung *optimiert* werden soll. Mithin wird zur Problemlösung nicht die Beschränkung der Souveränität von *Staaten* zur freien Bestimmung eines Steueranspruchs, sondern stattdessen die Beschränkung der Rechte von *Steuersubjekten* zur freien Wahl einer Rechtsgestaltung adressiert, um eine gerechte Steuerbelastung aller Steuersubjekte sowie eine sowohl gerechte als auch effiziente Aufteilung des Steuersubstrats zwischen den Mitgliedstaaten zu gewährleisten. Die Arbeit verfolgt hierzu im Wesentlichen folgende Erkenntnisziele:

1) *Herleitung einer unionsrechtlichen Regel zur effizienten Aufteilung des Steuersubstrats zwischen den Mitgliedstaaten der EU*

   Als *erstes* Erkenntnisziel wird der Versuch unternommen, aus den ökonomisch geprägten Unionszielen eine rechtlich vorrangige Regel zur effizienten Aufteilung des Steuersubstrats zwischen den Mitgliedstaaten herzuleiten, die dem kollektiv-rationalen Interesse aller Mitgliedstaaten dient.

2) *Auswirkung der aktuellen wirtschaftspolitischen Entwicklung*

   Als *zweites* Erkenntnisziel soll untersucht werden, ob und inwieweit der harmonisierte Mindeststandard zur Bekämpfung von Steuervermeidungspraktiken gemäß der ATAD das bisher vorherrschende Verständnis des Unionsrechts und mitunter die Bewertungen der Unionsziele im Sinne der Ergebnisse des ersten Erkenntnisziels tatsächlich neu prägt und sich

---

Harmonisierung der Körperschaftsteuer in der Europäischen Union, S. 326; *Wissenschaftlicher Beirat beim BMF*, Einheitliche Bemessungsgrundlage der Körperschaftsteuer in der Europäischen Union, S. 72 ff.; *M. de Wilde*, in: ELRev. 7 (2014), S. 24 (30); a.A.: Die Harmonisierung solle sich – ganz i.S.d. GKKB-Vorschlags – auf die Bestimmungen zur Feststellung der Bemessungsgrundlage beschränken und könne zusätzlich nur einen Aufteilungsschlüssel für die Gewinnverteilung umfassen (*L. Gerken/J. Märkt/G. Schick*, Internationaler Steuerwettbewerb, S. 266; *A. Peters*, in: VVDStRL 69 (2010), S. 7 (51 – Fn. 161)).

insoweit – samt ihrer Bezugnahme auf die Ausarbeitungen der OECD – auf das unionsrechtliche Missbrauchskonzept im Bereich der direkten Steuer auswirkt. Namentlich stellt sich die Kernfrage, wie weit die Beschränkung der Gestaltungsfreiheit von Steuersubjekten nunmehr reicht und der Begriff eines „steuerrechtlichen Missbrauchs" vor diesem Hintergrund konkret auszulegen ist.

3) *Auswirkung auf das deutsche Steuerrecht*

Als *drittes* Erkenntnisziel soll schließlich untersucht werden, welche Auswirkung das nunmehrige unionale Verständnis eines „steuerrechtlichen Missbrauchs" auf das für den Einzelfall ausschlaggebende deutsche Rechtsinstrument eines Missbrauchsverbots hat.

D. Methodische Vorüberlegungen zur Untersuchung

Um den konkreten Bewertungsmaßstab eines Missbrauchsverbots besser verstehen und dessen Reichweite bestimmen zu können, ist eine rechtsmethodische Untersuchung von maßgeblicher Bedeutung. Dabei hat sich die Bewertung an der Methodenlehre jenes Rechts zu orientieren, welches dem konkreten Missbrauchskonzept zugrunde liegt. In anderen Worten fragt sich, welcher Denkweise und Erkenntnismittel sich unter Reflexion der Systematik des jeweiligen Rechts bedient wird, um einen konkreten Missbrauch festzustellen.

Trotz unterschiedlicher Methodenlehren ist allen Systemen zunächst die Ausgangsfrage gemein, ob das Rechtsinstrument des Missbrauchsverbots einen innentheoretischen oder außentheoretischen Ansatz verfolgt bzw. ob es sich hierbei nur um eine Art der Auslegung zur Bestimmung des Anwendungsbereichs eines in Frage stehenden Rechts oder eher um ein Rechtsinstitut eigenständiger bzw. rechtsfortbildender Art handelt.[61] Hinsichtlich des steuerrechtlichen Missbrauchsverbots liegt der Fokus dieser Arbeit – soviel sei bereits vorweggenommen – auf dem außentheoretischen Ansatz.[62] Mithin hat die Untersuchung im Kern nebst der konkreten rechtsmethodischen Einordnung einschlägiger Rechtsinstitute zur Verhinderung des (steuerrechtlichen) Missbrauchs vor allem die teleologischen Werte und Ziele der einzelnen

---

61 Siehe zur Frage der rechtsmethodischen Einordnung des Missbrauchskonzepts im deutschen Steuerrecht *1. Teil* GldPkt. B IV; zur Frage der rechtsmethodischen Einordnung des Missbrauchskonzepts im Unionsrecht *3. Teil* GldPkt. B II 3 d).

62 Vgl. zum deutschen Steuerrecht *1. Teil* GldPkt. B IV; zum Unionsrecht *3. Teil* GldPkt. B II 3 d) ff).

Rechtsordnungen in den Fokus zu nehmen. Unter Reflexion der Systematik des jeweiligen Rechts folgen hieraus folgende methodische Vorüberlegungen.

I. Zum Missbrauchskonzept des deutschen Rechts

Im deutschen Recht ist als Ausgangspunkt der Untersuchung des rechtsmethodischen Ansatzes eines steuerrechtlichen Missbrauchsverbots zunächst die Frage zu stellen, ob dessen Steuerrechtsordnung überhaupt eine Teleologie aufweist, die eine Rechtssicherheit auch im Rahmen der Rechtsfortbildung gewährleisten kann. Im Kern gilt es hierzu festzustellen, ob und inwieweit das deutsche Steuerrecht einer Sachgesetzlichkeit folgt, dessen (sach-)gerechte Kriterien aus einer bestimmten Sachlogik[63] der Rechtsordnung resultieren. Während gemäß der allgemeinen Gerechtigkeitsideologie der verfassungsrechtlichen Werteordnung als Sachgesetzlichkeit zur Ausgestaltung des Steuerrechts grundsätzlich das Leistungsfähigkeitsprinzip in Betracht kommt,[64] stellt sich als umstrittenes Folgeproblem die Frage, ob und wie dieses Prinzip bei grenzüberschreitenden Sachverhalten – etwa durch bereichsspezifische Gerechtigkeitsprinzipien – konkretisiert werden kann oder ob das Internationale Steuerrecht insoweit gar über eine eigene Sachgesetzlichkeit verfügt. Als mögliches Gerechtigkeitsprinzip des Internationalen Steuerrechts kommt entweder das Welteinkommensprinzip oder das Territorialitätsprinzip in Betracht.[65] Es gilt zunächst zu untersuchen, ob eines der beiden Prinzipien im Lichte der verfassungsrechtlichen Werteordnung Deutschlands ein *rechtlicher* Vorrang einzuräumen ist. Sollte diese Untersuchung zu keinem klaren Ergebnis gelangen, so bietet es sich aufgrund der grundlegenden Wirtschaftsnähe des Steuerrechts an, subsidiär auf *wirtschaftspolitische* Erwägungen abzustellen, um ein – wenn auch rechtlich zunächst nicht legitimiertes – Rangverhältnis feststellen zu können.[66]

---

63 Die „Sachlogik" stellt jenen Sinn dar, der sich in der Rechtsidee bzw. Gesetzesnorm und dem Lebenssachverhalt identisch widerspiegelt und mithin Wert und Wirklichkeit methodisch verbindet (siehe hierzu *1. Teil* GldPkt. B IV).

64 Vertiefend zum Charakter des Leistungsfähigkeitsprinzips als „Fundamentalprinzip" *J. Lang*, Die Bemessungsgrundlage der Einkommensteuer, S. 97 m.w.N.; *K. Tipke*, Steuerrechtsordnung, Bd. I, 2. Aufl. 2000, S. 469 ff.

65 Während das *Welteinkommensprinzip* auf die *gesamte* Leistungsfähigkeit – namentlich sowohl inländische als auch ausländische Einkünfte – der Steuerinländer abstellt, konzentriert sich das *Territorialitätsprinzip* auf die *inländische* Leistungsfähigkeit, indem nur die Erzielung von Einkünften im Inland Berücksichtigung findet (siehe hierzu *1. Teil* GldPkt. B IV 1, 2).

66 Siehe hierzu*1. Teil* GldPkt. B IV 3.

Dabei ist namentlich danach zu fragen, ob die Kapital*export*neutralität[67], welche auf dem Welteinkommensprinzip basiert, oder die Kapital*import*neutralität[68], dem das Territorialitätsprinzip zugrunde liegt, zu präferieren ist. Da sich beide Arten der Wettbewerbsneutralität vor allem in ihrer Auswirkung auf den Steuerwettbewerb unterscheiden, liegt der Fokus dieser Untersuchung auf der wirtschaftspolitischen Bedeutung jenes Steuerwettbewerbs für die Ausgestaltung der Steuersysteme der einzelnen Staaten.[69]

Des Weiteren sollten jene konkreten gesetzlichen Ausgestaltungen des steuerrechtlichen Missbrauchsverbots auf nationaler Ebene untersucht werden, die das geschilderte Problem adressieren könnten. Namentlich gilt es eine Vergleichung zwischen dem Steuerumgehungstatbestand gemäß § 42 AO und der Hinzurechnungsbesteuerung gemäß §§ 7 bis 14 AStG hinsichtlich der Gesetzeszwecke und Anwendungsbereiche beider Vorschriften vorzunehmen, um schließlich auf ihr Konkurrenzverhältnis schließen zu können.[70] Auf internationaler Ebene gilt es sodann abschließend zu klären, in welch einem Verhältnis ein nationales zu einem unionsrechtlichen Missbrauchskonzept steht – also ob und inwieweit sich Ersteres nach den Vorgaben des Letzteren zu richten hat.[71]

II. Zum Missbrauchskonzept des Unionsrechts

Zur Bestimmung des konkreten Bewertungsmaßstabs und der Reichweite des unionsrechtlichen Missbrauchskonzepts fragt sich als Erstes, welchem Rechtsinstitut der unionsrechtlichen Methodenlehre es genau zuzuordnen ist. Nebst dem von dem EuGH selbst erwähnten „allgemeinen Grundsatz" des Unionsrechts kommt hierbei vor allem eine Qualifikation als „allgemeiner Rechtsgrundsatz" in Betracht.[72] Als Zweites ist sodann die Frage zu stellen, in welch einem Verhältnis das unionsrechtliche Missbrauchskonzept zu

---

67 Bei einer „Kapital*export*neutralität" bemisst sich die Steuerlast nach dem Besteuerungsniveau des Ansässigkeitsstaats, sodass es dem Investor egal sein kann, ob er sein Kapital im Inland oder im Ausland investiert (siehe hierzu *1. Teil* GldPkt. B IV 3 a)).

68 Bei einer „Kapital*import*neutralität" bemisst sich die Steuerlast nach dem Besteuerungsniveau des Staats, wo die wirtschaftlichen Aktivitäten stattfinden, sodass dem Investor für eine Kapitalinvestition im Ausland steuerliche Anreize entstehen können (siehe hierzu *1. Teil* GldPkt. B IV 3 a)).

69 Siehe hierzu *1. Teil* GldPkt. B IV 3 b).

70 Siehe hierzu *1. Teil* GldPkt. B V.

71 Siehe hierzu *3. Teil*.

72 Siehe hierzu *3. Teil* GldPkt. B II 3 d) dd), ee).

anderen allgemeinen Rechtsgrundsätzen – namentlich dem Verhältnismäßigkeitsgrundsatz – steht.[73] Diese Untersuchung gewinnt im Lichte des unionalen Steuerrechts eine besondere Bedeutung, da der EuGH ungeschriebene Rechtfertigungsgründe zur Beschränkung der Entscheidungsfreiheit von Staatsangehörigen eines Mitgliedstaats – namentlich der eingeräumten Grundfreiheiten – entwickelt hat, welche unter anderem die „Verhinderung von Steuerhinterziehung und Steuerumgehung bzw. -missbrauch" sowie die „ausgewogene Aufteilung der Besteuerungsbefugnisse" umfassen. Dabei fragt sich, wie sich eben diese Rechtfertigungsebene nebst der Tatbestandsebene auch zu einer nachgelagerten Verhältnismäßigkeitsebene verhält und die Ebenen konkret auszugestalten sind, um im Ergebnis ein wirksames Gesamtkonzept zur Verhinderung des steuerrechtlichen Missbrauchs zu schaffen, welches im Sinne der Sachlogik des Unionsrechts (sach-)gerechte Ergebnisse in der Rechtsanwendung gewährleistet.[74]

1. *Notwendigkeit einer Rechtsvergleichung*

Hinsichtlich der Untersuchung einer rechtsmethodischen Einordnung des unionsrechtlichen Missbrauchskonzepts des EuGH als allgemeinen Rechtsgrundsatz erscheint eine Rechtsvergleichung notwendig. So handelt es sich bei der Herausbildung eines allgemeinen Rechtsgrundsatzes der EU um einen kreativ-schöpferischen Prozess, welcher unter anderem in der Rechtstradition der Mitgliedstaaten steht und diese als Rechtserkenntnisquelle und Inspiration nutzt.[75] Um das zum Teil nicht hinreichend ausgeformte und mehrdeutige unionsrechtliche Missbrauchskonzept des EuGH präzisieren und besser verstehen zu können, bietet sich insoweit ein Rückgriff auf die nationalrechtlichen Missbrauchskonzepte an jener Stelle an, wo sich ihre Ausgestaltung und Bedeutung aus der besonderen Eigenart der EU nicht herleiten lässt.[76]

Für die Rechtsvergleichung bietet sich eine rechtlich-funktionale Methode[77] an. Ausgangspunkt soll dabei die Suche nach nationalen Rechtsinstituten mit

---

73 Siehe hierzu *3. Teil* GldPkt. B II 3 d) ff).

74 Siehe hierzu *3. Teil* GldPkt. C III.

75 *M. Herdegen*, in: Bernitz/Nergelius/Cardner (Hrsg.), General Principles of EC Law in a Process of Development, S. 343 (346 f.); *J. Schwarze*, in: DVBl. 2011, S. 721 (723); *R. Streinz*, Europarecht, 10. Aufl. 2016, Rn. 757.

76 Siehe zur grundsätzlichen Rechtsvergleichung *2. Teil* GldPkt. C; zur Bedeutung im Rahmen des unionsrechtlichen Missbrauchskonzepts *3. Teil* GldPkt. B II 3 d) ee) (1).

77 Die „rechtlich-funktionale Methode" einer Rechtsvergleichung knüpft an einer Problematik an, welche allen Rechtssystemen bekannt ist, jedoch aufgrund ihrer

der gemeinsamen Funktion zur Verhinderung eines rechtlichen Missbrauchs sein. Zwar sollte das Problem allen Rechtssystemen der Mitgliedstaaten bekannt sein. Allerdings könnte dessen Lösungsweg aufgrund der unterschiedlichen Systematik der nationalen Rechtssysteme divergieren. Zur Feststellung des konkreten Bewertungsmaßstabs und der Reichweite der nationalen Rechtsinstitute ist der Fokus der Untersuchung mithin erneut auf die rechtsmethodische Einordnung des einschlägigen Rechtsinstituts in das Gesamtgefüge der jeweiligen Rechtsordnungen der Mitgliedstaaten zu legen.[78]

Stellvertretend für die unterschiedlichen Ausgangspositionen und Ansätze der einzelnen Mitgliedstaaten zur Verfolgung des gemeinsamen Ziels einer Verhinderung des (steuerrechtlichen) Missbrauchs bieten sich nebst der deutschen Rechtsordnung jene des französischen und englischen Rechts an. Zunächst stellen die Rechtsordnungen dieser Länder jeweils die „Mutter" der bedeutsamsten Rechtskreise Europas dar. Während der anglo-amerikanische Rechtskreis Englands, welcher sich innerhalb Europas nebst Irland[79] vor allem auf die Rechtssysteme jener Länder des Vereinigten Königreichs Großbritanniens[80] und Nordirland[81] erstreckt, dem sog. „Common Law" folgt, wird der romanische Rechtskreis Frankreichs und deutsche Rechtskreis mit dem Begriff des sog. „Civil Law"[82] umschrieben.[83] Dieses unterschiedliche Rechtsverständnis zeigt

---

unterschiedlichen Systematik auf unterschiedliche Weise gelöst wird (*K. Zweigert/H. Kötz*, Einführung in die Rechtsvergleichung, 3. Aufl. 1996, S. 33 ff.; *Ph.J. Thiele*, Steuerrechtliche Auskünfte und Zusagen, S. 5).

78 Vgl. *H.-J. Bartels*, Methode und Gegenstand intersystemarer Rechtsvergleichung, S. 77.

79 *Sh. Kilcommins*, in: Cane/Conaghan (Hrsg.), The New Oxford Companion to Law, S. 637.

80 „Großbritannien" stellt eine Union der Länder England, Wales und Schottland dar (*B. Thompson*, in: Cane/Conaghan (Hrsg.), The New Oxford Companion to Law, S. 510). Zum Common Law in Wales *R. Ireland*, in: Cane/Conaghan (Hrsg.), The New Oxford Companion to Law, S. 1231; zum teilw. Common Law in Schottland *K. Zweigert/H. Kötz*, Einführung in die Rechtsvergleichung, 3. Aufl. 1996, S. 198 ff.; *K. Reid*, in: Cane/Conaghan (Hrsg.), The New Oxford Companion to Law, S. 799, 1059; *B. Häcker*, in: JuS 2014, S. 872 (873); vertiefend zur Historie des Rechtssystems Schottlands *H.L. Macqueen/J.W. Cairns/K. Reid*, in: Cane/Conaghan (Hrsg.), The New Oxford Companion to Law, S. 1056 ff.

81 Vgl. *B. Dickson*, in: Cane/Conaghan (Hrsg.), The New Oxford Companion to Law, S. 837 f.

82 Siehe zur Bedeutung für diese Arbeit Fn. 87.

83 Die Klassifizierung von „Rechtskreisen" ist in der Literatur umstritten. Allerdings ist die Abgrenzung des Common Law zum Civil Law weitestgehend anerkannt und findet in den meisten Theorien Berücksichtigung (vgl. *K. Zweigert/H. Kötz*, Einführung

sich nicht nur in der Methodik der Rechtsanwendung bzw. Rechtsfortbildung,[84] sondern wirkt sich auch auf die Entwicklung eines Missbrauchsverbots aus. Während in England noch immer kein klares Missbrauchskonzept erkennbar erscheint, gilt das französische Recht – als Gegenpol dessen – gar als *Ursprung* einer umfassenden Konzeption der Lehre vom Rechtsmissbrauch.[85] Diese Extreme setzen sich insoweit im steuerrechtlichen Missbrauchsverbot der Länder fort.[86] Für das Unionsrecht drängen sich die weitgehenden Erkenntnisse aus der Rechtsprechung und dem Schrifttum Frankreichs als Inspirationsquelle zur Ausgestaltung eines unionsrechtlichen Missbrauchskonzepts zwar geradezu auf. Sollte der EuGH stattdessen allerdings den – wenn auch nur sporadischen – Ansätzen des englischen Fallrechts in seiner konkreten Ausgestaltung gefolgt sein, so würde sich schließlich das Folgeproblem stellen, ob und inwieweit eine solche Rechtserkenntnisquelle nunmehr weiterhin Bestand haben kann, nach dem jene Mitgliedstaaten die sich dem anglo-amerikanischen Rechtskreis

---

in die Rechtsvergleichung, 3. Aufl. 1996, S. 63, 73). Diese Arbeit folgt den Kriterien zur Klassifizierung von Rechtskreisen, welche von *K. Zweigert* und *H. Kötz* entwickelt wurden. Demnach wird vor allem auf die *historische Herkunft* und Entwicklung einer Rechtsordnung, die *spezifische juristische Denkweise* sowie die besonders *kennzeichnenden Rechtsinstitute* abgestellt. Ferner werden die Art der Rechtsquellen und ideologischen Faktoren miteinbezogen (*K. Zweigert/H. Kötz*, Einführung in die Rechtsvergleichung, 3. Aufl. 1996, S. 68). Die letzten beiden Kriterien erscheinen in der vorliegenden Untersuchung jedoch weniger wichtig und werden ausgeklammert.

84 Vgl. hierzu *2. Teil* GldPkt. A, B.

85 *J. Voyame/B. Cottier/B. Rocha*, in: Abuse of rights and equivalent concepts, S. 23 (25); siehe zum englischen Recht *2. Teil* GldPkt. A; zum französischen Recht *2. Teil* GldPkt. B.

86 Siehe zum englischen Recht *2. Teil* GldPkt. A III; zum französischen Recht *2. Teil* GldPkt. B III. Die Unterscheidung der Rechtskreise erfolgt zwar grundsätzlich nur im *Privatrecht* (*K. Zweigert/H. Kötz*, Einführung in die Rechtsvergleichung, 3. Aufl. 1996, S. 64). Allerdings ist auf diese Kategorisierung auch in dieser Arbeit zurückzugreifen. Denn das dem öffentlichen Recht zuzuordnende Steuerrecht, welches hier im Ergebnis interessieren soll, stellt hilfsweise auf zivilrechtliche Rechtsgeschäfte ab, um die dem Steuerrecht immanenten wirtschaftlichen Vorgänge zu erfassen (vgl. hierzu *1. Teil* GldPkt. B II). Eben diese Bezugnahme auf den zivilrechtlichen Inhalt spielt bei Steuerumgehungstatbeständen eine erhebliche Rolle, da die rechtsmissbräuchlichen Gestaltungen ebenfalls zivilrechtlicher Natur sind. So kommt es, dass die Steuerumgehungstatbestände in zivilrechtlich ausgerichteten Mitgliedstaaten konsequenterweise auch als Unterfall der *allgemeinen* – dem Zivilrecht entspringenden – Gesetzesumgehung angesehen werden (vgl. *Ch. Böing*, Steuerlicher Gestaltungsmissbrauch in Europa, S. 28).

zugehörig fühlen gemäß dem sog. „Brexit"-Abkommen vom 31. Januar 2020[87] – ausgenommen von Irland – aus der EU ausgetreten sind.[88]

2. *Notwendigkeit einer interdisziplinären Untersuchung unter Einbeziehung der Volkswirtschaftslehre*

Im Rahmen der Untersuchung zum Verhältnis zwischen dem unionsrechtlichen Missbrauchskonzept und dem Verhältnismäßigkeitsgrundsatz fragt sich zunächst, welche Erwägungen bereits bei der Prüfung des unionsrechtlichen Missbrauchskonzepts einbezogen werden und inwieweit anderweitige – ggf. kontradiktorische – Erwägungen auf Ebene einer nachgelagerten Verhältnismäßigkeitsprüfung noch zusätzlich zu berücksichtigen sind, um im Ergebnis ein wirksames Gesamtkonzept zur Verhinderung des steuerrechtlichen Missbrauchs zu schaffen, welches im Sinne der Sachlogik des Unionsrechts (sach-) gerechte Ergebnisse in der Rechtsanwendung gewährleistet. Da die Sachlogik den Werten und Zielen der EU entspringt, liegt der Fokus im Kern auf der umfassenden Berücksichtigung aller Unionsziele. Dabei fragt sich, ob das Unionsrecht insoweit bestimmte Gerechtigkeitsprinzipien oder gar eine alternativlose Gerechtigkeitsregel verfolgt, wonach sich der steuerrechtliche Missbrauch im Ergebnis zu bemessen hat. Entsprechend der Untersuchung im deutschen Recht ist vor dem Hintergrund des Ausgangsproblems namentlich die Kernfrage zu stellen, ob und inwieweit das Welteinkommens- und Territorialitätsprinzip unionsrechtlich legitimiert werden können oder gar eines der beiden Prinzipien ein Vorrang rechtlicher Art einzuräumen ist. Im Vergleich zu der verfassungsrechtlichen Werteordnung Deutschlands liegt der maßgebliche Unterschied nunmehr allerdings darin, dass viele – mitunter kontradiktorische – Unionsziele, in denen sich die Sachlogik des Unionsrechts ausdrückt, einem gemeinsamen *ökonomischen* Zweck und mithin im Ergebnis auch einer

---

87 *EU und EAG/Großbritannien und Nordirland*, Abk. v. 31.01.2020, ABl. 2020 L 29 (de), S. 7 ff.

88 In diesem Fall droht das Unionsrecht hinsichtlich des Missbrauchskonzepts einem grundlegend anderen Rechtsverständnis zu folgen, als ihre verbleibenden Mitgliedstaaten. Namentlich könnte daran gedacht werden, dass in diesem Fall eine Neuausrichtung des unionsrechtlichen Missbrauchskonzepts ggf. notwendig ist, um das Unionsziel einer Integration i.S.e. Angleichung und Harmonisierung der verschiedenen mitgliedstaatlichen Ordnungen zum Zwecke eines einheitlichen, europaweit wirkenden Rechtssystems tatsächlich zu erreichen, ohne dass sich die breite Mehrheit der Mitgliedstaaten der spezifischen juristischen Denkweise eines ihnen fremden Rechtskreises zu fügen hätten.

Effizienz dienlich sind,[89] in dessen Lichte die Ergebnisse des unionsrechtlichen Missbrauchskonzepts auf Ebene der Verhältnismäßigkeitsprüfung zur Gewährleistung ihrer Sachgerechtigkeit kontrolliert werden könnten.[90] Im Ergebnis könnte die unionale Sach*gerechtigkeit* also stets dann angenommen werden, wenn die Rechtsanwendung in einem konkreten Lebenssachverhalt auch eine unionale Sach*effizienz* zufolge hätte. Um diese vom Unionsrecht geforderte Sacheffizienz allerdings hinreichend zu bestimmen, bedarf es der Einbeziehung volkswirtschaftlicher Erkenntnisse.[91]

Es kann somit festgehalten werden, dass zur Gewährleistung einer effizienten und zugleich gerechten Anwendung des Unionsrechts im Lichte der Unionsziele der EU eine interdisziplinäre Untersuchung notwendig erscheint. Für den Ansatz dieser Arbeit zur Lösung des geschilderten steuerrechtlichen Ausgangsproblems mittels einer Beschränkung der Gestaltungsfreiheit der Steuersubjekte gilt es vor dem Hintergrund dieser interdisziplinären Untersuchung im Kern herauszuarbeiten, ob zur Bestimmung des Rechtsinstruments zur Verhinderung des steuerrechtlichen (Gestaltungs-)Missbrauchs dem Territorialitätsprinzip gegenüber dem Welteinkommensprinzip nebst eines möglichen wirtschaftspolitischen auch ein (unions-)*rechtlicher* Vorrang einzuräumen ist, um eine sowohl gerechte als auch effiziente Aufteilung des Steuersubstrats zwischen den Mitgliedstaaten zu gewährleisten, die sich auf eine gerechte Steuerbelastung aller Steuersubjekte auswirkt.[92]

3. Notwendigkeit einer interdisziplinären Untersuchung unter Einbeziehung der Politikwissenschaft

Abschließend fragt sich, ob und inwieweit das hier vertretene Ergebnis aus der interdisziplinären Untersuchung unter Einbeziehung der Volkswirtschaftslehre auch in der ATAD Ausdruck findet. Mit dieser Richtlinie wurde erstmals ein Mindeststandard zur direkten Steuer harmonisiert, welcher die Entscheidungsfreiheit der Steuerpflichtigen zur grenzüberschreitenden wirtschaftlichen Tätigkeit nicht zu dessen Vorteil fördert, sondern zu dessen Nachteil beschränkt. Dabei dient das Ziel der Richtlinie zur Bekämpfung von Steuervermeidungspraktiken nicht wie die bisherigen Richtlinien dem Zweck einer „Errichtung", sondern vielmehr dem „Funktionieren" eines Binnenmarkts.[93]

89 Siehe hierzu 3. *Teil* GldPkt. A II 1.
90 Siehe hierzu 3. *Teil* GldPkt. B II 3 d) ff).
91 Siehe hierzu 4. *Teil* GldPkt. B.
92 Siehe hierzu 4. *Teil* GldPkt. B II.
93 Siehe hierzu 6. *Teil* GldPkt. A II.

Mithin wird der Binnenmarkt zur Harmonisierung der direkten Steuer erstmals in einen ergebnisorientierten ökonomischen Zusammenhang gesetzt, welcher nebst dem Unionsziel zur Errichtung eines Binnenmarkts erstmals auch andere – ggf. kontradiktorische – Unionsziele[94] miteinbeziehen könnte.[95] Aus der konkreten Bedeutung des „Funktionierens" eines Binnenmarkts im Lichte der ATAD könnte sich insoweit eine Aussage über die Gewichtung dieser Unionsziele und ihre Verhältnismäßigkeit herleiten lassen.

Der auffällig weite Richtungswechsel in der Ziel- und Zwecksetzung sowie Wirkungsweise des sekundären Unionsrechts zur direkten Steuer könnte Ausdruck der bereits grob geschilderten wirtschaftspolitischen Entwicklung auf diesem Gebiet sein, welche sich in den letzten Jahren – vornehmlich bestimmt durch die internationalen Organisationen der EU und OECD – vollzogen hat. Namentlich könnte sich die Zielbestimmung des unionalen Sekundärrechts zwecks der Verwirklichung der Ziele und Werte der EU aufgrund dieser wirtschaftspolitischen Entwicklung zur Lösung des sowohl rechtlich als auch ökonomisch geprägten Ausgangsproblems in einem graduellen Prozess angepasst haben. Ob und inwieweit eine solche integrationstheoretische Anpassung der Zielbestimmung des unionalen Sekundärrechts überhaupt möglich ist, kann im Lichte der politikwissenschaftlichen Schule des Institutionalismus untersucht werden, welche zwischen einem *föderalistischen* und *funktionalistischen* Ansatz unterscheidet. Während der erste Ansatz einen *sprunghaften* Integrationsfortschritt ermöglicht, beschreibt der zweite Ansatz eben jenen graduellen Prozess.[96]

Nach dem es zunächst in einem ersten Schritt grundsätzlich zu erläutern gilt, *ob* das unionale Rechtsinstrument der Rechtsangleichung durch Richtlinien einen funktionalistischen Ansatz verfolgt,[97] gilt es in einem zweiten Schritt festzustellen, *wem* als „Akteur" der Integration grundsätzlich eine ausschlaggebende Rolle für die insoweit erforderlichen funktionalistischen Aktivitäten zugesprochen werden kann,[98] bevor sodann in einem dritten Schritt zu untersuchen ist, *wie* jene Aktivitäten der identifizierten Akteure konkret zu qualifizieren sind und welche finalen Auswirkungen diese Aktivitäten schlussendlich auf die institutionelle Form des (steuerrechtlichen) Unionsrechts – namentlich

---

94 Siehe zu den einzelnen Unionszielen und dessen Verhältnis zueinander *3. Teil* GldPkt. A II 1 c).

95 Siehe hierzu *6. Teil* GldPkt. A II 2.

96 Siehe hierzu *6. Teil* GldPkt. A II 1.

97 Siehe hierzu *6. Teil* GldPkt. A II 2 a).

98 Siehe hierzu *6. Teil* GldPkt. A II 2 b).

auf die Zielbestimmung und Wirkungsweise des unionalen Sekundärrechts zwecks der Verwirklichung der Ziele und Werte der EU – haben[99]. Dieser dritte Untersuchungsschritt lässt sich wiederum in zwei Kernfragen untergliedern. *Zum Ersten* fragt sich, ob das aus der interdisziplinären Untersuchung unter Einbeziehung der Volkswirtschaftslehre vertretene Ergebnis zur möglichen Legitimation eines (unions-)*rechtlichen* Vorrangs des Territorialitätsprinzips gegenüber dem Welteinkommensprinzip in der ATAD ihre Bestätigung findet, indem etwa das Territorialitätsprinzip als alternativloses Mittel zur Gewährleistung des „Funktionierens" eines Binnenmarkts im Sinne der Werte und Ziele der EU angesehen wird.[100] Sollte dies der Fall sein, so fragt sich *zum Zweiten*, ob sich zur Bestimmung des Rechtsinstruments einer Verhinderung des steuerrechtlichen (Gestaltungs-)Missbrauchs bzw. zur Beschränkung der Gestaltungsfreiheit von Steuersubjekten aus der ATAD – unter Bezugnahme auf die möglicherweise übertragbaren[101] Ausarbeitungen des Anti-BEPS-Projekts der OECD – oder den sonstigen wirtschaftspolitischen Vorschlägen der EU – namentlich der GKKB – gar eine konkrete Definition dieses vorrangigen Prinzips herleiten lässt, welche sich in hinreichend bestimmten Faktoren manifestiert und damit den Begriff eines „steuerrechtlichen Missbrauchs" neu bestimmt.[102]

E. Gang der Untersuchung

Im *ersten Teil* der Arbeit werden die Grundlagen des rechtlichen Missbrauchs im nationalen Recht Deutschlands erläutert. Dabei wird zunächst das allgemeine Begriffsverständnis und die rechtsmethodische Einordnung der einzelnen Arten, die ihren Ursprung im Zivilrecht finden, untersucht, bevor sodann auf die Besonderheiten des Steuerrechts eingegangen wird. Bei der steuerrechtlichen Untersuchung bildet der allgemeine Steuerumgehungstatbestand hinsichtlich seiner Voraussetzungen und rechtsmethodischen Einordnung den Ausgangspunkt, um sodann auf dessen Konkurrenzverhältnis zur deutschen Hinzurechnungsbesteuerung einzugehen. Im *zweiten Teil* folgt nach einer kurzen Erläuterung des allgemeinen Rechtsverständnisses des englischen und französischen Rechts die Darstellung ihrer entsprechenden Rechtsinstitute zur Verhinderung des allgemeinen sowie steuerrechtlichen Missbrauchs, um sodann eine

99 Siehe hierzu 6. *Teil* GldPkt. A II 2 c).
100 Siehe hierzu 6. *Teil* GldPkt. A II 2 c) cc) (2).
101 Siehe hierzu 6. *Teil* GldPkt. A II 2 c) cc) (1).
102 Siehe hierzu 6. *Teil* GldPkt. B II.

Rechtsvergleichung der drei bisher thematisieren Rechtskreise vorzunehmen. Der *dritte Teil* der Arbeit widmet sich sodann dem Unionsrecht. Vor dem Hintergrund der notwendigen Grundlagen dieser Rechtsordnung wird die allgemeine Ausgestaltung des unionsrechtlichen Missbrauchskonzepts untersucht. Nach einer Darstellung der einzelnen Arten eines rechtlichen Missbrauchs auf dieser Ebene liegt der Fokus jener Untersuchung vor allem auf der rechtsmethodischen Einordnung des – den rechtlichen Missbrauch durch Staatsangehörige eines Mitgliedstaats adressierenden – unionsrechtlichen Missbrauchskonzepts des EuGH als allgemeinen Rechtsgrundsatz sowie dessen Verhältnis zu anderen allgemeinen Rechtsgrundsätzen des Unionsrechts. In diesem Rahmen werden sodann auch die Schlussfolgerungen aus der Rechtsvergleichung des ersten und zweiten Teils gezogen, um die konkrete Rechtserkenntnisquelle des unionsrechtlichen Missbrauchskonzepts zu ermitteln und das Rechtsinstrument an gebotener Stelle zu präzisieren. Abschließend werden wiederum die entsprechenden Besonderheiten des Steuerrechts erläutert, wobei sich der bisherige Fokus der Untersuchung hinsichtlich eines Missbrauchs durch Staatsangehörige eines Mitgliedstaats wiederum auf ihre missbräuchliche Berufung auf primärrechtlich eingeräumte Rechte konkretisiert. Vor dem Hintergrund des Untersuchungsergebnisses zum Begriffsverständnis des „steuerrechtlichen Missbrauchs" im Rahmen des Primärrechts widmet sich der *vierte Teil* der Arbeit der herausgearbeiteten Kernfrage einer Gewichtung des unionalen Interesses zur Errichtung eines Binnenmarkts im Verhältnis zum grundsätzlich nationalen (Fiskal-)Interesse zur adäquaten Beteiligung am Steuersubstrat und dessen Auswirkung auf das Unionsrecht. Die Untersuchung umfasst hierbei zunächst die Bedeutung des Steuerwettbewerbs und des Territorialitätsprinzips im Lichte der Unionsziele der EU unter Einbeziehung volkswirtschaftlicher Erkenntnisse, um sodann auf die Auswirkung jenes Ergebnisses auf die für das unionale Missbrauchsverbot entscheidenden ungeschriebenen Rechtfertigungsgründe des EuGH zu schließen. Nach diesem eigenen Ansatz auf Grundlage der bisherigen Rechtslage unter Einbeziehung der Volkswirtschaftslehre wird im *fünften Teil* die aktuelle wirtschaftspolitische Entwicklung berücksichtigt, um im *sechsten Teil* ihre tatsächliche Auswirkung auf das Begriffsverständnis des „steuerrechtlichen Missbrauchs" in der EU unter Einbeziehung der politikwissenschaftlichen Lehre des Funktionalismus – als Teil der Schule des Institutionalismus – zu untersuchen. Im *siebten Teil* der Arbeit wird sich der Kreis der Untersuchung dahingehend schließen, dass vor dem Hintergrund der anfänglichen Erläuterungen aus dem ersten Teil die Auswirkung des herausgearbeiteten neuen Begriffsverständnisses des „steuerrechtlichen Missbrauchs" im Unionsrecht auf jenes Missbrauchsverständnis im deutschen Recht untersucht wird.

1. Teil: Das Begriffsverständnis des „Missbrauchs" im deutschen Recht

Bevor das Kernproblem eines steuerrechtlichen Missbrauchs in Deutschland samt den rechtlichen Besonderheiten diskutiert werden kann (*B.*), ist zunächst eine Wissensgrundlage hinsichtlich des allgemeinen Verständnisses des rechtlichen Missbrauchs im deutschen Recht zu schaffen (*A.*).

A. Grundlagen

Das Verbot des rechtlichen Missbrauchs beschäftigt sich allgemein gesprochen mit der Kernfrage, ob die Anwendbarkeit oder Ausübung eines Rechts aufgrund von konkreten Umständen zu korrigieren ist. Dabei existieren unterschiedliche Missbrauchsarten, die es zu benennen (*I.*) und rechtsmethodisch einzuordnen (*II.*) gilt, um zunächst einmal das Phänomen an sich sowie dessen rechtliches Problempotential verstehen zu können.

I. Der Begriff des „Missbrauchs"

Seinen Ursprung hat der Gedanke des rechtlichen Missbrauchs im Zivilrecht.[103] Hinsichtlich der *Ausübung* eines Rechts wird von einem sog. „Rechtsmissbrauch" gesprochen. Ausgehend von einer Untersuchung von *P. Mader* ist dieser „Rechtsmissbrauch" dann anzunehmen, wenn einerseits zwar die Inanspruchnahme eines subjektiven Rechts[104] von einer Rechtsordnung gewährt wird, diese andererseits jedoch von derselben – aus welchen Gründen auch immer – zu missbilligen und sanktionieren ist. Dies setzt voraus, dass die Ausübung des eingeräumten subjektiven Rechts des Prätendenten zu Ergebnissen führt, die mit anderen Rechtssätzen oder Wertungen der Rechtsordnung oder

---

103 Vertiefend zum historischen Hintergrund *W. Weber*, in: v. Staudinger (Begr.), BGB, Bd. II/1b, 11. Aufl. 1961, § 242 Rn. D10; *M. Steudle*, Der Rechtsmißbrauch im Arbeitsrecht, S. 12 f.; *H. Merz*, in: ZfRV 1977, S. 162 (162 f., 167); *H. Fleischer*, in: JZ 2003, S. 865 (865 ff.).

104 Unter einem „subjektiven Recht" versteht man eben solche Rechte, die einem Rechtssubjekt zur Durchsetzung seiner Interessen nach seinem Belieben eingeräumt werden und mithin eine Willensmacht verleihen (zum Begriff insb. im Zivilrecht *K. Larenz*, Methodenlehre der Rechtswissenschaft, 6. Aufl. 1991, S. 22, 30 f., 199, 465).

zumindest mit der Billigkeit bzw. einem allgemeinen Gerechtigkeitsempfinden zu kollidieren scheinen.[105] Neben der Ausnutzung eines subjektiven Rechts, erstreckt sich der Gedanke darüber hinaus auf jede andere missbräuchliche Ausnutzung günstiger Rechtslagen oder -positionen.[106] Der Rechtsmissbrauch lässt sich wiederum in zwei Arten unterteilen – den individuellen und den institutionellen Rechtsmissbrauch.[107] Hiervon abzugrenzen ist die Rechtsfigur der „Gesetzesumgehung", welche die *Anwendbarkeit* eines Rechts adressiert. Der Rechtsmissbrauch und die Gesetzesumgehung lassen sich somit auch anhand der Verhinderung von „Rechtsausübungstatbeständen" zum einen und „Rechtsanwendbarkeitstatbeständen" zum anderen unterscheiden und bilden gemeinsam ein „Missbrauchskonzept".

1. Rechtsausübungstatbestände („Rechtsmissbrauch")

a) Individueller Rechtsmissbrauch

Der individuelle Rechtsmissbrauch betrifft die Ausübung von Rechten im Rahmen eines Schuldverhältnisses oder einer rechtlichen Sonderverbindung und stellt auf die moralische Bewertung eines Verhaltens ab.[108] Ein Missbrauch ist

---

105 *P. Mader*, Rechtsmißbrauch und unzulässige Rechtsausübung, S. 20 f.

106 *L. Raiser*, in: Summum ius Summa iniuria, S. 145 (152, 164 ff.); *M. Steudle*, Der Rechtsmißbrauch im Arbeitsrecht, S. 22 m.w.N.

107 *J. Esser*, Schuldrecht, Bd. I, 4. Aufl. 1970, S. 34 ff.

108 *J. Esser*, Schuldrecht, Bd. I, 4. Aufl. 1970, S. 36; *G. Teubner*, in: Wassermann (Hrsg.), Alternativkommentar zum BGB, Bd. II, § 242 Rn. 39; *A. Teichmann*, in: Soergel (Begr.), BGB, Bd. II, 12. Aufl. 1990, § 242 Rn. 25. Bereits in der römischen Epoche wurde mit dem Rechtsinstitut der sog. *„bona fides"* vom jeweiligen Rechtsinhaber ein „normgerechtes Verhalten" erwartet (*D. Nörr*, Die Fides im römischen Völkerrecht, S. 4). Aus diesem grundlegenden römischen Normverständnis entwickelte sich sodann die rechtliche Pflicht zur Einhaltung eines Versprechens und die hiermit einhergehende Gewährleistung eines Vertrauensverhältnisses zwischen den Rechtsparteien. So wurde dem Einzelnen zum einen mit dem Recht der sog. *„bonae fidei iudicia"* die verfahrensrechtliche Möglichkeit eingeräumt, einen Anspruch auf Leistungen, welche in einem formfreien Schuldverhältnis vereinbart wurden, durchzusetzen (*Th. Duve*, in: Schmoeckel/Rückert/Zimmermann (Hrsg.), Historisch-kritischer Kommentar zum BGB, Bd. II/1, § 242 Rn. 5). Zum anderen konnte auch das Recht an sich gestaltet werden, indem mittels der bona fides ein billiges Nachlassen von einer formalen Verpflichtung oder die Begrenzung von Forderungen eines Gläubigers erwirkt wurde (*F. Wieacker*, Römische Rechtsgeschichte I, S. 476 f.; vgl. auch *Th. Duve*, in: Schmoeckel/Rückert/Zimmermann (Hrsg.), Historisch-kritischer Kommentar zum BGB, Bd. II/1, § 242 Rn. 6). Mit

insoweit dann anzunehmen, wenn die Ausübung als besonders treuwidrig zu werten ist.[109] Dies ist wiederum immer dann der Fall, wenn der Ausübungsberechtigte sein eigenes Interesse zum Interesse der anderen im Rechtsverhältnis Beteiligten ganz unverhältnismäßig überbewertet.[110] Es ist also eine Interessenabwägung in einer konkreten Konfliktsituation vorzunehmen,[111] wobei die konkret einzubeziehenden Interessen stets dem Zweck der betroffenen Rechtsgebiete anzupassen sind.[112] Ein subjektives Element – etwa eine böswillige Gesinnung oder ein arglistiges Verhalten des Handelnden – kann zwar im Rahmen der Interessenabwägung einbezogen werden. Allerdings ist es kein notwendiger Bestandteil der Prüfung.[113]

---

der sog. „*ius commune*" (siehe hierzu Fn. 375) wurde der Arglisteinwand der bona fides zunehmend mit dem materiell-rechtlichen Einwand des „Treu und Glauben" in Verbindung gebracht und kam dem modernen deutschen Verständnis zur Verhinderung eines Rechtsmissbrauchs somit zusehends näher (*S. Whittaker/R. Zimmermann*, in: Zimmermann/Whittaker (Hrsg.), Good Faith in European Contract Law, S. 7 (18); *Th. Duve*, in: Schmoeckel/Rückert/Zimmermann (Hrsg.), Historisch-kritischer Kommentar zum BGB, Bd. II/1, § 242 Rn. 16; vgl. auch *O.H.G. Wendt*, in: AcP 100 (1906), S. 1 (3 f.)).

109 *Ch. Heinrich*, in: Kern/Wadle/Schroeder/Katzenmeier (Hrsg.), FS Laufs, S. 585 (596); *D. Looschelders/D. Olzen*, in: v. Staudinger (Begr.), BGB, Bd. II, 2015, § 242 Rn. 217; *Ch. Grüneberg*, in: Palandt (Begr.), BGB, 78. Aufl. 2019, § 242 Rn. 40.

110 Vgl. *F. Wieacker*, Zur rechtstheoretischen Präzisierung des § 242 BGB, S. 35.

111 *Ch. Heinrich*, in: Kern/Wadle/Schroeder/Katzenmeier (Hrsg.), FS Laufs, S. 585 (596); *R. Bork*, Allgemeiner Teil des Bürgerlichen Gesetzbuchs, 4. Aufl. 2016, Rn. 348. Als Grundlage jener Abwägung werden verfassungsrechtliche Maßstäbe (insb. Grundrechte), allgemeine Rechtsprinzipien (insb. der Vertrauensgrundsatz), gesetzliche Grundwertungen, sozialethische Anschauungen, die Verkehrssitten, die Interessen von Dritten sowie der Öffentlichkeit und subjektive Momente in der Person des Handelnden angeführt (*Ch. Heinrich*, in: Kern/Wadle/Schroeder/Katzenmeier (Hrsg.), FS Laufs, S. 585 (600 ff.); *D. Looschelders/D. Olzen*, in: v. Staudinger (Begr.), BGB, Bd. II, 2015, § 242 Rn. 144 ff.; *M. Klöpfer*, Missbrauch im Europäischen Zivilverfahrensrecht, S. 34; *C. Schubert*, in: Säcker/Rixecker/Oetker/Limperg (Hrsg.), Münchener Kommentar, BGB, Bd. II, 8. Aufl. 2019, § 242 Rn. 48, 52 ff.; *M. Schmidt-Kessel/M. Kramme*, in: Prütting/Wegen/Weinreich (Hrsg.), BGB, 13. Aufl. 2018, § 242 Rn. 13 ff.).

112 *Ch. Heinrich*, in: Kern/Wadle/Schroeder/Katzenmeier (Hrsg.), FS Laufs, S. 585 (605 f.); *L. Böttcher*, in: Erman (Begr.), BGB, Bd. I, 15. Aufl. 2017, § 242 Rn. 14.

113 *BGH*, Urt. v. 31.01.1975, Rs. IV ZR 18/74, BGHZ 64, S. 5 (9); Urt. v. 12.11.2008, Rs. XII ZR 134/04, NJW 2009, S. 1343 (1346 – Rn. 41); *A. Teichmann*, in: Soergel (Begr.), BGB, Bd. II, 12. Aufl. 1990, § 242 Rn. 62; *M. Klöpfer*, Missbrauch im Europäischen Zivilverfahrensrecht, S. 35; *C. Schubert*, in: Säcker/Rixecker/Oetker/Limperg

b) *Institutioneller Rechtsmissbrauch*

Um die Grenze zwischen dem zulässigen „Gebrauch“ und unzulässigen „Missbrauch“ eines eingeräumten subjektiven Rechts, einer Rechtslage oder -position[114] festzustellen, wird als ausschließlich objektives Element ferner auf den Sinn und Zweck der rechtseinräumenden Norm abgestellt. Im Zentrum steht die Übereinstimmung eines Verhaltens mit den tragenden Grundprinzipien der Rechts- und Wirtschaftsordnung.[115] So ist von einem Rechtsmissbrauch institutioneller Art dann auszugehen, wenn der Berechtigte mit der Ausübung von subjektiven Rechten, Rechtslagen oder -positionen nicht dem eigentlichen Schutzzweck des jeweiligen Rechts entspricht und sich daher als nicht schutzwürdig erweist.[116]

2. *Rechtsanwendbarkeitstatbestände („Umgehungstatbestände“)*

Die sog. „Gesetzesumgehung“ differenziert zwischen einer „Tatbestandserschleichung“[117] und einer „Tatbestandsvermeidung“.[118] Mit der „Tatbestandserschleichung“ werden Voraussetzungen geschaffen, um die Anwendbarkeit

---

(Hrsg.), Münchener Kommentar, BGB, Bd. II, 8. Aufl. 2019, § 242 Rn. 50; *M. Wolf/ J. Neuner*, Allgemeiner Teil des Bürgerlichen Rechts, 11. Aufl. 2016, § 20 Rn. 81; *L. Böttcher*, in: Erman (Begr.), BGB, Bd. I, 15. Aufl. 2017, § 242 Rn. 14.

114 Mit der Ausweitung einer Anwendung des institutionellen Rechtsmissbrauchs von missbräuchlichem Gebrauch subjektiver Rechte hin zu jeglichen Rechtslagen oder -positionen wird nunmehr in der Literatur teilw. von einem „Institutsmissbrauch“ gesprochen (vertiefend hierzu *L. Raiser*, in: Summum ius Summa iniuria, S. 145 (152, 164 ff.)).

115 *J. Esser*, Schuldrecht, Bd. I, 4. Aufl. 1970, S. 36; *G. Teubner*, in: Wassermann (Hrsg.), Alternativkommentar zum BGB, Bd. II, § 242 Rn. 89; *A. Teichmann*, in: Soergel (Begr.), BGB, Bd. II, 12. Aufl. 1990, § 242 Rn. 14.

116 *J. Esser*, Schuldrecht, Bd. I, 4. Aufl. 1970, S. 35; *L. Raiser*, in: Summum ius Summa iniuria, S. 145 (151); *G.H. Roth*, in: EWiR 1998, S. 907 (908).

117 Auch „Gesetzesergehung“, „Gesetzeserschleichung“, „Normenerschleichung“ oder „Umgehung begünstigender Normen“ genannt (*M. Benecke*, Gesetzesumgehung im Zivilrecht, S. 34 f. m.w.N.).

118 In der römischen Epoche wurde die Doktrin der sog. „*fraus-legis*“ als Ursprung einer Umgehungslehre entwickelt (*M. Benecke*, Gesetzesumgehung im Zivilrecht, S. 8). Im Zeitalter der klassischen römischen Jurisprudenz wurde dem Phänomen eine klare Definition beigefügt. Eine „Gesetzesumgehung“ lag demnach dann vor, wenn das Gesetz seinem Wortlaut nach zwar nicht verletzt, dessen Inhalt und der gesetzgeberische Wille jedoch umgangen wurde (*Ch. Böing*, Steuerlicher Gestaltungsmissbrauch in Europa, S. 30).

einer vorteilhaften Norm herbeizuführen. Die „Tatbestandsvermeidung“ stellt das Gegenstück dar, indem einer nachteiligen Norm ausgewichen wird. Als verwendetes Mittel beider Typen kommt vor allem eine zweckgerichtete Tatbestandsplanung in Betracht. Hierunter ist eine entsprechende Gestaltung der tatsächlichen Anknüpfungspunkte zu verstehen, um die vorteilhaften bzw. nachteiligen Tatbestände gezielt herbeizuführen bzw. zu verhindern.[119]

Die bisherige Darstellung zeigt bereits, dass es sich streng genommen bei der Tatbestandserschleichung um keine „Umgehung“ handelt, wie es dem gewöhnlichen Sprachgebrauch entspricht. Vor allem im Zivilrecht wird sich mit der Erschleichung des Rechts aus dem einen Tatbestand nicht immer gleichzeitig einer Verpflichtung aus einem anderen Tatbestand entzogen, sodass die Tatbestandserschleichung zum Teil auch selbständig auftritt.[120] Der Oberbegriff der „Gesetzesumgehung“ muss sich somit die Kritik gefallen lassen, insoweit „gekünstelt“ zu wirken.[121] Zutreffender erscheint vor diesem Hintergrund die Kategorisierung der Tatbestandserschleichung und -vermeidung als „Rechtsanwendbarkeitstatbestände“, die sich insoweit auch passend zu den „Rechtsausübungstatbeständen“ des Rechtsmissbrauchs abgrenzen lassen.[122]

II. Rechtsmethodische Einordnung

Hinsichtlich der rechtsmethodischen Einordnung der einzelnen Rechtsbegriffe fragt sich, ob sie einer allgemeinen Rechtsmethodik zugeordnet werden können oder gar von eigenständigen Rechtsfiguren im Sinne von Rechtsinstituten auszugehen ist. Von einem „Rechtsinstitut“ ist dann zu sprechen, wenn typischen, im menschlichen Zusammenleben immer wieder in gleicher Art auftretenden Lebensverhältnissen durch eine rechtliche Regelung eine Bewertung und

---

119 *K. Schurig*, in: Heldrich/Sonnenberger (Hrsg.), FS Ferid, S. 375 (375, 400 f.); *P. Mader*, Rechtsmißbrauch und unzulässige Rechtsausübung, S. 137 f.

120 Mit entsprechenden Beispielen *G. Römer*, Gesetzesumgehung im deutschen Internationalen Privatrecht, S. 34 f.; *A. Teichmann*, Die Gesetzesumgehung, S. 48 f.

121 So *K. Ottersbach*, Rechtsmißbrauch bei den Grundfreiheiten des Europäischen Binnenmarktes, S. 45.

122 An der Idee eines Oberbegriffs ist weiterhin festzuhalten, um die Tatbestandserschleichung und -vermeidung in eine Klammer zu fassen. Denn beide Tatbestände eint nebst gleichen Mitteln einer Tatbestandsplanung auch die Rechtsfolge der Einwirkung auf die Anwendbarkeit eines Gesetzes (so wohl auch *A. Teichmann*, der allerdings trotz seiner Kritik am Begriff der „Umgehung“, diesen gleichwohl in seinem Werk „Die Gesetzesumgehung“ aus dem Jahre 1962 als Oberbegriff nutzt; zur Kritik *A. Teichmann*, Die Gesetzesumgehung, S. 48).

entsprechende Ordnung zukommen.[123] Um „eigenständiger" Natur zu sein, bedarf es überdies der Erstmaligkeit jener Bewertung. Letzteres wäre nicht gegeben, sofern bereits aus der Anwendung der allgemeinen Rechtsmethodik der einzelnen Rechtsgebiete dem Problem eine rechtlich bewertete Lösung beigebracht werden kann.

1. Rechtsausübungstatbestände („Rechtsmissbrauch")

a) Individueller Rechtsmissbrauch

Der individuelle Rechtsmissbrauch findet im Zivilrecht insbesondere über den Grundsatz von Treu und Glauben gemäß § 242 BGB seine zentrale Berücksichtigung, indem strenges Recht von Billigkeitsrechten im Einzelfall durchbrochen wird.[124] Hierbei handelt es sich um ein rechtsethisches Prinzip, das eine besondere Ausprägung des „allgemeinen Rechtsbewusstseins" darstellt. Rechtsethische Prinzipien[125] dienen einer *gesetzesübersteigenden Rechtsfortbildung*[126]. Als „objektiv-teleologische Kriterien" sind sie mitbestimmend für die Auslegung und ebenso für die Lückenausfüllung[127] von Gesetzen und Rechtsverhältnissen.[128] Rechtsethische Prinzipien stellen jedoch keine Rechtsinstitute dar, sondern lassen sich erst aus dem Zweck ableiten, der einem bereits

123 *L. Raiser*, in: Summum ius Summa iniuria, S. 145 (148); *F. Bydlinski*, Juristische Methodenlehre und Rechtsbegriff, 2. Aufl. 1991, S. 13; vgl. auch *K. Larenz*, Methodenlehre der Rechtwissenschaft, 1. Aufl. 1960, S. 327 ff.

124 Hierzu haben sich typische Fallgruppen herausgebildet. Zu nennen ist vor allem das Verbot der Rechtsausübung im Widerspruch zum eigenen früheren Verhalten (sog. „Venire contra factum proprium"; hierzu *J. Esser*, Schuldrecht, Bd. I, 4. Aufl. 1970, S. 37; *L. Raiser*, in: Summum ius Summa iniuria, S. 145 (150); *Ch. Heinrich*, in: Kern/Wadle/Schroeder/Katzenmeier (Hrsg.), FS Laufs, S. 585 (596)).

125 Auch „natürliche Rechtsgrundsätze" genannt (vgl. *F. Bydlinski*, Juristische Methodenlehre und Rechtsbegriff, 2. Aufl. 1991, S. 481 ff.).

126 Bei der „gesetzesübersteigenden Rechtsfortbildung" handelt es sich um eine Rechtsfortbildung außerhalb der gesetzlichen Regelung aber innerhalb des Rahmens der Gesamtrechtsordnung und der ihr zu Grunde liegenden Rechtsprinzipien (*K. Larenz/C.-W. Canaris*, Methodenlehre der Rechtswissenschaft, 3. Aufl. 1995, S. 232).

127 Der Unterschied zur Analogie liegt vor allem darin, dass sich aus der Analogie ein vollständiger Rechtssatz mit Tatbestand und Rechtsfolge ergibt, während die rechtsethischen Prinzipien nur eine *Werttendenz* oder einen *allgemeinen* Zweck enthalten (*F. Bydlinski*, Juristische Methodenlehre und Rechtsbegriff, 2. Aufl. 1991, S. 485).

128 *K. Larenz/C.-W. Canaris*, Methodenlehre der Rechtswissenschaft, 3. Aufl. 1995, S. 241.

bestehenden Rechtsinstitut typischerweise zugrunde liegt.[129] Vor diesem Hintergrund kann auch der individuelle Rechtsmissbrauch nicht als eigenständiges Rechtsinstitut angesehen werden. Vielmehr dienen die entwickelten Werttendenzen als Unterfall des rechtsethischen Prinzips von Treu und Glauben zur *Ergänzung* eines Rechtsinstituts.

b) Institutioneller Rechtsmissbrauch

Der institutionelle Rechtsmissbrauch ist nach *ganz herrschender Meinung* als ein Unterfall des von *K. Larenz* entwickelten wertungsjuristischen Methodenansatzes der *objektiv-teleologischen Auslegung*[130] anzusehen.[131] Die Kriterien zur Annahme dieser Art des Rechtsmissbrauchs ergeben sich aus dem Zweck und der Funktion der Norm und aus der Art und Weise der Verwirklichung des Rechts. Wie bei der teleologischen Auslegung einer Norm wird das Ziel verfolgt, den Sinn der Vorschrift zu verwirklichen und dessen Schranken zu wahren.[132] Die teleologische Auslegung lässt kein separates Institut des Rechtsmissbrauchs zur Korrektur eines gewonnenen Auslegungsergebnisses zulasten eines Betroffenen zu.[133] Wird eine Rechtsausübung vom Sinn und Zweck einer

---

129 Sofern also zum Beispiel ein Vertragsverhältnis – als ein eben solches Rechtsinstitut (hierzu *F. Bydlinski*, Juristische Methodenlehre und Rechtsbegriff, 2. Aufl. 1991, S. 13) – einzelne Regeln vermissen lässt, die für ein normales Funktionieren notwendig sind, kann zur Ergänzung auf dessen typischen und umfassenden Zweck als rechtsethisches Prinzip zurückgegriffen werden (*F. Bydlinski*, Juristische Methodenlehre und Rechtsbegriff, 2. Aufl. 1991, S. 489).

130 Grundlegend zu den objektiv-teleologischen Kriterien *K. Larenz*, Methodenlehre der Rechtswissenschaft, 6. Aufl. 1991, S. 333 ff.

131 *A. Teichmann*, Die Gesetzesumgehung, S. 77 f.; *J. Esser*, Schuldrecht, Bd. I, 4. Aufl. 1970, S. 35; *M. Steudle*, Der Rechtsmißbrauch im Arbeitsrecht, S. 26; ebenso *K. Ottersbach*, Rechtsmißbrauch bei den Grundfreiheiten des Europäischen Binnenmarktes, S. 64 f.; a.A. *P. Mader*, Rechtsmißbrauch und unzulässige Rechtsausübung, S. 72 f.

132 *A. Teichmann*, Die Gesetzesumgehung, S. 77 f.

133 So *P. Mader*, der den Rechtsmissbrauch *an der Seite* der allgemeinen methodischen Regeln zur Rechtsfindung (wie Auslegung, Analogie und teleologische Reduktion) sieht, ohne dass er diesen angehöre. Es solle in einem ersten Schritt durch Auslegung das Bestehen und der Tatbestandsinhalt eines subjektiven Rechts ermittelt werden. Als korrigierender Maßstab solle dann in einem zweiten Schritt eine Missbrauchsprüfung unter Einbeziehung weiterer Merkmale, die den Tatbestandsmerkmalen nicht angehören, vorgenommen werden. Hierbei müsse vor allem auf den konkreten Zeitpunkt einer Rechtsverwirklichung oder Rechtsausübung und auf deren Umstände wie Zeitpunkt, Art, Zweck oder Motiv abgestellt werden, um

Norm umfasst, ist ein Rechtsmissbrauch denklogisch auszuschließen. Sofern dem Sinn und Zweck nicht entsprochen wird, entfällt bereits das Erfordernis eines Korrektivs zulasten des Betroffenen.

2. Rechtsanwendbarkeitstatbestände („Umgehungstatbestände")

Auch bei der sog. Gesetzesumgehung ist mit der modernen zivilrechtlichen Methodenlehre der Charakter eines selbständigen Rechtsinstituts obsolet.[134] Neben einer richterlichen Rechtsfortbildung wird generell auch auf die Teleologie des Gesetzes abgestellt.[135] Allerdings steht in der Literatur im Streit, *welche* Methodenlehre den einzelnen Rechtsgeschäften zuzuordnen ist. Während die *herrschende Meinung* der Auffassung ist, das Problem der sog.

---

unerträgliche und von der Rechtsordnung nicht erwünschte Ergebnisse zu korrigieren (*P. Mader*, Rechtsmißbrauch und unzulässige Rechtsausübung, S. 72 f.).

134 *S. Sieker*, Umgehungsgeschäfte, S. 9; *R. Zimmermann*, The Law of Obligations, S. 704 f.; *Ch. Armbrüster*, in: Säcker/Rixecker/Oetker/Limperg (Hrsg.), Münchener Kommentar, BGB, Bd. I, 8. Aufl. 2018, § 117 Rn. 21; a.A. bzgl. der Umgehung gesetzlicher Verbote i.S.d. § 134 BGB *Th. Mayer-Maly/Ch. Armbrüster*, in: Rebmann/Säcker/Rixecker (Hrsg.), Münchener Kommentar, BGB, Bd. I, 4. Aufl. 2001, § 134 Rn. 11 ff. Im *römischen Recht* wurde noch eine strenge grammatikalische Wortlautinterpretation verlangt. Eine teleologische Gesetzesanwendung war grundsätzlich den zur Rechtsetzung befugten Instanzen vorbehalten (vertiefend hierzu *A. Teichmann*, Die Gesetzesumgehung, S. 3 ff.; *H. Honsell*, in: Medicus/Seiler (Hrsg.), FS Kaser, S. 111 (113 ff.)). Zwar erfolgte in theoretischer Hinsicht bereits zwischen der Umgehung und der Verletzung eines Gesetzes mit der Rechtsfigur der *fraus legis* eine Unterscheidung (siehe hierzu Fn. 408; *H. Honsell*, in: Medicus/Seiler (Hrsg.), FS Kaser, S. 111 (118); *O. Behrends*, Die fraus legis, S. 15). Allerdings konnten diese rechtlichen Gestaltungen nicht sanktioniert werden. So war das Zeitalter in rechtsmethodischer Hinsicht von einer strengen Wortlautauslegung geprägt (*G. Römer*, Gesetzesumgehung im deutschen Internationalen Privatrecht, S. 9 ff.; *H. Honsell*, in: Medicus/Seiler (Hrsg.), FS Kaser, S. 111 (113); *O. Behrends*, Die fraus legis, S. 3; *K. Schurig*, in: Heldrich/Sonnenberger (Hrsg.), FS Ferid, S. 375 (377)). Wurde gegen den Sinn und Zweck des Gesetzes zwar verstoßen, der Wortlaut jedoch weiterhin eingehalten, konnte dies mit rechtlichen Mitteln nicht verhindert werden (*H. Honsell*, in: Medicus/Seiler (Hrsg.), FS Kaser, S. 111 (118)).

135 Von einem selbständigen Institut auszugehen würde lediglich zu unklaren Verhältnissen der etablierten juristischen Methoden sowie einer methodischen Nachlässigkeit führen (*S. Sieker*, Umgehungsgeschäfte, S. 9 f.).

Gesetzesumgehung sei mit der Methode der Analogie zu lösen[136], wird ferner *auch vertreten*, die Auslegung sei die passende Methodik[137]. Eine *dritte Gruppe* stellt sich auf den Standpunkt, missbräuchliche Gestaltungsfälle seien sowohl mit der Methodik der Analogie als auch mit einer erweiterten Auslegung zu lösen.[138] Der herrschenden Meinung ist zuzustimmen. Unter einer „Analogie" versteht man die Übertragung einer im Gesetz gegebenen Regel auf einen vom Gesetz nicht geregelten Tatbestand, der dem im Gesetz ausdrücklich geregelten Tatbestand ähnelt. Es handelt sich dabei um eine *gesetzesimmanente richterliche Rechtsfortbildung*.[139] Während die Auslegung den Geltungsbereich eines Gesetzes ermittelt, schließt die Analogie die Lücken „praeter legem", die vom Geltungsbereich planwidrig nicht mehr erfasst sind.[140] Auslegung und Analogie sind also graduell verschiedene Stufen desselben Gedankenverfahrens der Rechtsanwendung.[141] Um eine methodische Nachlässigkeit zu vermeiden, muss die Lösung des Problems einer sog. Gesetzesumgehung somit *entweder* in der Analogie *oder* Auslegung zu finden sein. Für eine Tatbestands*vermeidung* ist charakteristisch, dass die Rechtsfolge einer Norm durch die Umgehung ihres

---

136 *A. Teichmann*, Die Gesetzesumgehung, S. 78 ff.; *R. Westerhoff*, Gesetzesumgehung und Gesetzeserschleichung, S. 63 ff.; *M. Benecke*, Gesetzesumgehung im Zivilrecht, S. 85 f.

137 *W. Hefermehl*, in: Soergel (Begr.), BGB, Bd. II, 13. Aufl. 1999, § 134 Rn. 37 ff.

138 *U. Huber*, in: JurA 1970, S. 784 (797 ff.); *K. Schurig*, in: Heldrich/Sonnenberger (Hrsg.), FS Ferid, S. 375 (400); *S. Sieker*, Umgehungsgeschäfte, S. 94; *Ch. Armbrüster*, in: Säcker/Rixecker/Oetker/Limperg (Hrsg.), Münchener Kommentar, BGB, Bd. I, 8. Aufl. 2018, § 134 Rn. 15.

139 *K. Larenz/C.-W. Canaris*, Methodenlehre der Rechtswissenschaft, 3. Aufl. 1995, S. 202; grundlegend hierzu *C.-W. Canaris*, Die Feststellung von Lücken im Gesetz, 2. Aufl. 1983. Von einer „richterlichen Rechtsfortbildung" ist hierbei dann zu sprechen, wenn der Bedeutungsinhalt eines Rechtssatzes über die Wortlautgrenze hinaus ausgedehnt oder unter Ausblendung dieser Grenze reduziert wird (*K. Larenz/C.-W. Canaris*, Methodenlehre der Rechtswissenschaft, 3. Aufl. 1995, S. 187; *H. Jochum*, Grundfragen des Steuerrechts, S. 93). Die Unterart der „gesetzesimmanenten" richterlichen Rechtsfortbildung dient der Ausfüllung von Lücken „praeter legem", welche „planwidrige Unvollständigkeiten" darstellen. Sie ist an die Regelungsabsicht, den Plan und die immanente Teleologie des Gesetzes gebunden (*K. Larenz/C.-W. Canaris*, Methodenlehre der Rechtswissenschaft, 3. Aufl. 1995, S. 191, 194).

140 *M. Benecke*, Gesetzesumgehung im Zivilrecht, S. 85.

141 *K. Larenz/C.-W. Canaris*, Methodenlehre der Rechtswissenschaft, 3. Aufl. 1995, S. 187 f.

Geltungsbereichs verhindert wird.[142] Mithin beginnt diese Unterart der sog. Gesetzesumgehung eben dort, wo die Mittel der Auslegung erschöpft sind. Konsequenterweise ist die methodische Lösung in der *Analogie* zu sehen.[143] Da die Tatbestands*erschleichung* begrifflich das Gegenstück zur Tatbestandsvermeidung darstellt, ist ihr konsequent hierzu auch mit dem rechtsmethodischen Pendant[144] zur Analogie zu begegnen – der *teleologischen Reduktion*.[145]

B. Besonderheiten im Steuerrecht

Neben dem Zivilrecht finden sich Missbrauchsverbote insbesondere im Steuerrecht. Der Natur des deutschen Steuerrechts als Referenzgebiet des öffentlichen Rechts ist es dabei geschuldet,[146] dass diese Verbote gewisse Unterschiede zur zivilrechtlichen Rechtsfigur aufweisen. Im Rahmen dieses zweiten Teils zum Begriffsverständnis des „Missbrauchs" im deutschen Recht soll das allgemeine steuerrechtliche Missbrauchsverbot (*I.*) vor dem Hintergrund der Besonderheiten des Steuerrechts (*II.*) zunächst aufgezeigt werden, bevor sodann dessen Voraussetzungen (*III.*) und rechtsmethodische Einordnung (*IV.*) erfolgt, um schließlich dessen Konkurrenzverhältnis zum besonderen Missbrauchsverbot einer Hinzurechnungsbesteuerung zu untersuchen (*V.*).

---

142 Eine Umgehungshandlung, die bereits mit der Auslegungsmethodik entschärft werden kann, ist lediglich als misslungener Umgehungsversuch zu deuten (*M. Benecke*, Gesetzesumgehung im Zivilrecht, S. 85).

143 *M. Benecke*, Gesetzesumgehung im Zivilrecht, S. 85 f.

144 Bei der „Analogie" wird eine im Gesetz gegebene Regel für Tatbestand (A) oder für mehrere, untereinander ähnliche Tatbestände auf einen vom Gesetz nicht geregelten, ihm „ähnlichen" Tatbestand (B) *übertragen* (*K. Larenz/C.-W. Canaris*, Methodenlehre der Rechtswissenschaft, 3. Aufl. 1995, S. 202). Bei der „telelogischen Reduktion" wird hingegen eine im Gesetz enthaltene, nach ihrem insoweit eindeutigen Wortsinn zu weit gefasste Regel auf den ihr nach dem Regelungszweck oder dem Sinnzusammenhang des Gesetzes zukommenden Anwendungsbereich *zurückgeführt* (*K. Larenz/C.-W. Canaris*, Methodenlehre der Rechtswissenschaft, 3. Aufl. 1995, S. 210 f.).

145 *U. Huber*, in: JurA 1970, S. 784 (797 f.); ebenso *M. Benecke*, Gesetzesumgehung im Zivilrecht, S. 37. Ferner können auch beide Arten gleichzeitig einschlägig sein, sofern die Anwendbarkeit eines Gesetzes vermieden und eines anderen Gesetzes begründet wird. In diesem Fall bemisst sich die Bewertung grundsätzlich nach beiden Wertungsgesichtspunkten (*P. Mader*, Rechtsmißbrauch und unzulässige Rechtsausübung, S. 141).

146 Vertiefend zum Steuerrecht als Referenzgebiet des öffentlichen Rechts *R. Seer*, in: Tipke/Lang (Hrsg.), Steuerrecht, 23. Aufl. 2018, § 1 Rn. 26 ff.

I. Der Steuerumgehungstatbestand: Eine steuerrechtliche Besonderheit

Der Hauptanwendungsfall ist in der sog. Gesetzesumgehung zu erblicken, welcher im deutschen Steuerrecht gemäß § 42 AO geregelt ist. Demnach kann das Steuergesetz nicht durch einen Missbrauch von Gestaltungsmöglichkeiten des Rechts umgangen werden, § 42 Abs. 1 S. 1 AO.[147] Hinsichtlich des institutionellen Rechtsmissbrauchs ist im deutschen Steuerrecht eine Besonderheit darin zu erblicken, dass dieser nicht pauschal von den steuerrechtlichen Umgehungstatbeständen zu trennen ist. So ergeben sich Berührungspunkte der Umgehungsproblematik mit der Figur des institutionellen Rechtsmissbrauchs eben dann, wenn die Auswirkungen der Normanwendung – wie hier – nach der gewählten Rechtsgestaltung beurteilt werden.[148] Dabei stellen sowohl der institutionelle Rechtsmissbrauch als auch die Gesetzesumgehung auf die Beurteilung einer steuerrechtlichen Norm ab. Hinsichtlich der Beurteilungsperspektiven bestehen jedoch Unterschiede. Denn während es bei der „Umgehung“ um die unmittelbare *Anwendbarkeit* der an die rechtsgeschäftliche Gestaltung anknüpfende *steuerrechtliche* Norm geht, beurteilt sich der „Missbrauch“ nach der *Ausübung* des rechtlich *anderweitig* eingeräumten Mittels, das zur Gesetzesumgehung eingesetzt wird.[149] Indem also gemäß § 42 AO ein Steuergesetz – also dessen Anwendbarkeit – nicht durch eine missbräuchliche Ausübung anderweitig eingeräumter Gestaltungsmöglichkeiten – als dessen Mittel – umgangen werden soll, stellt der institutionelle Rechtsmissbrauch in Form eines Gestaltungsmissbrauchs ein *Merkmal* der Gesetzesumgehung dar.[150] Das Begriffsverständnis des „institutionellen Rechtsmissbrauchs“ wird somit im deutschen Steuerrecht vom Umgehungstatbestand maßgeblich geprägt.

II. Begründung der Besonderheit im Steuerrecht

Der Grund dieser Besonderheit liegt in der besonderen Technik der deutschen Steuergesetze. Nach *ganz herrschender Meinung* genießt das deutsche

---

147 Entgegen der eingangs geschilderten Kritik hinsichtlich der Terminologie im Rahmen des allgemeinen deutschen Missbrauchskonzepts kann beim § 42 AO zutreffend von einem „Steuerumgehungstatbestand“ gesprochen werden, da der Fokus der Norm auf der Verhinderung einer Tatbestandsvermeidung liegt (siehe hierzu *1. Teil* GldPkt. B III).

148 *S. Sieker*, Umgehungsgeschäfte, S. 13.

149 *S. Sieker*, Umgehungsgeschäfte, S. 17.

150 *A. Teichmann*, Die Gesetzesumgehung, S. 71 f.

Steuerrecht eine *Autonomie* gegenüber dem Zivilrecht.[151] Es soll sich nicht der zivilrechtlichen Form, sondern nur dessen verbundenen Inhalts bedient werden. Die Anknüpfung an zivilrechtliche Rechtsgeschäfte dient nur als Hilfsmittel zur *Erfassung* wirtschaftlicher Vorgänge.[152] Die *Beurteilung* dieser wirtschaftlichen Vorgänge bemisst sich letzten Endes nach dem Ziel des deutschen Steuerrechts, den steuerberechtigten Körperschaften und Privatpersonen durch *sachgerechte Verteilung* der Gesamtsteuerlast auf die einzelnen Steuerpflichtigen die benötigten Mittel zu verschaffen.[153]

Dies führt jedoch zu einem Dilemma. *Einerseits* wird im deutschen Steuerrecht mit der Bezugnahme auf das Zivilrecht proklamiert, sich gänzlich neue inhaltliche Gestaltungen auch außerhalb der gesetzlichen Typen auszudenken. Auf Grundlage dieses Ausgangspunktes existiert nach *ständiger Rechtsprechung* und *ganz herrschender Literaturmeinung* ein Grundsatz zur Gestaltungsfreiheit der Steuerplanung.[154] *Andererseits* ist dem deutschen Steuerrecht der Grundsatz immanent, dass der Bürger dazu angehalten werden soll, die rechtlichen Gestaltungen nicht in einer Art und Weise auszuführen, die ihm einen gesetzlich nicht vorgesehenen Steuervorteil bringt, da dies eine ungerechte Verteilung

151 *BVerfG*, Beschl. v. 27.12.1991, Rs. 2 BvR 72/90, BStBl. 1992 II, S. 212 (213 ff.); *J. Danzer*, Die Steuerumgehung, S. 115 f.; *P. Kirchhof*, in: StuW 1983, S. 173 (177 f., 180 ff.); *R. Wank*, Die juristische Begriffsbildung, S. 114 ff.; *A. Raupach*, in: Lang (Hrsg.), FS Tipke, S. 105 (106 ff.); *H. Weber-Grellet*, in: StuW 1999, S. 311 (312 f.); *ders.*, Steuern im modernen Verfassungsstaat, S. 194 ff.; *K. Tipke*, Steuerrechtsordnung, Bd. I, 2. Aufl. 2000, S. 49 ff.; a.A.: Das Steuerrecht sei ein Annex des Zivilrechts und habe keinen eigenen Rechtswert und keine eigene Teleologie, sodass es allein zivilrechtliche Gestaltungen, statt wirtschaftliche Sachverhalte erfasse (*G. Crezelius*, Steuerrechtliche Rechtsanwendung und allgemeine Rechtsordnung, S. 178 ff., 209, 242 ff.).

152 *K. Tipke*, Steuerrechtsordnung, Bd. I, 2. Aufl. 2000, S. 51.

153 *K. Tipke*, Steuerrechtsordnung, Bd. I, 2. Aufl. 2000, S. 50.

154 *BVerfG*, Beschl. v. 14.04.1959, Rs. 1 BvL 23, 34/57, BVerfGE 9, S. 237 (249 f.); *BFH*, Urt. v. 12.07.1988, Rs. IX R 149/83, BStBl. 1988 II, S. 942 (943); Urt. v. 12.09.1995, Rs. IX R 54/93, BStBl. 1996 II, S. 158 (159); Urt. v. 23.10.1996, Rs. I R 55/95, BStBl. 1998 II, S. 90 (90); Urt. v. 29.05.2008, Rs. IX R 77/06, BStBl. 2008 II, S. 789 (789); *A. Hensel*, in: FS Zitelmann, S. 219 (228); *P. Kirchhof*, in: StuW 1983, S. 173 (173); *H.-J. Pezzer*, in: Herzig/Günkel/Niemann (Hrsg.), StbJb 2000/2001, S. 61 (66); *G. Rose*, in: FR 2003, S. 1274 (1274); *U. Koenig*, in: Pahlke/Koenig (Hrsg.), AO, 3. Aufl. 2014, § 42 Rn. 11; *K.-D. Drüen*, in: Tipke/Kruse (Begr.), AO/FGO, 156. EL 2019, § 42 AO Rn. 3.

der Gesamtsteuerlast zufolge hätte.[155] Um die Grundsätze in ein Gleichgewicht zu bringen, sind dem Grundsatz der Gestaltungsfreiheit eben dort Grenzen zu setzen, wo sich die Rechtsgestaltung als missbräuchlich erweist. Vor diesem Hintergrund wurde gemäß § 42 AO der Steuerumgehungstatbestand geregelt.[156]

III. Tatbestandsvoraussetzungen

Dem § 42 Abs. 2 AO lassen sich drei positive Voraussetzungen entnehmen. *Zum Ersten* muss eine Rechtsgestaltung[157] vorliegen. Diese Rechtsgestaltung

155 Vgl. *G. Crezelius*, Steuerrechtliche Rechtsanwendung und allgemeine Rechtsordnung, S. 229; *K.-D. Drüen*, in: Tipke/Kruse (Begr.), AO/FGO, 156. EL 2019, § 42 AO Rn. 15.

156 *K.-D. Drüen*, in: Tipke/Kruse (Begr.), AO/FGO, 156. EL 2019, § 42 AO Rn. 16; *P. Fischer*, in: Hübschmann/Hepp/Spitaler (Hrsg.), AO/FGO, 252. EL 2019, § 42 AO Rn. 41 ff.; vgl. auch *BVerfG*, Urt. v. 24.01.1962, Rs. 1 BvR 845/58, BVerfGE 13, S. 331 (344 f.); Beschl. v. 22.07.1970, Rs. 1 BvR 285/66, 445/67, 192/69, BVerfGE 29, S. 104 (118). Bereits im Jahre 1915 existierte ein Steuerumgehungstatbestand zur Verhinderung eines „Missbrauchs von Formen und Gestaltungsmöglichkeiten des bürgerlichen Rechts". Diesen Ursprung setzte namentlich der *§ 5 RAO*, welcher 1931 mit *§ 10 RAO* neu nummeriert wurde. Die Legaldefinition des Missbrauchs gem. § 5 Abs. 2 RAO 1915 bzw. § 10 Abs. 2 RAO 1931 erwies sich jedoch als zu eng und deshalb ungeeignet (*RFM*, Ges.-Begr. v. 13.11.1934, RStBl. 1934, S. 1398 (1401); zum Wortlaut des § 5 RAO 1915 *M. Wienbracke*, in: DB 2008, S. 664 (665)). Aus diesem Grund folgte auf den § 10 RAO im Jahre 1934 der *§ 6 StAnpG*. Dieser gewährleistete einen sehr elastischen Begriff des Missbrauchs, indem auf die allgemeinen Auslegungsregeln abgestellt wurde. Gleich dem § 138 BGB wurde bei dem § 6 StAnpG auf das „Anstandsgefühl aller billig und gerecht Denkenden" abgestellt (*RFM*, Ges.-Begr. v. 13.11.1934, RStBl. 1934, S. 1398 (1402)). 1977 wurde der § 6 StAnpG sodann nahezu unverändert in *§ 42 AO* übernommen. Seine erste prägende Änderung erfuhr der § 42 AO in Folge des *StÄndG 2001*, indem das Konkurrenzverhältnis zu speziellen Missbrauchsbekämpfungsvorschriften klargestellt werden sollte (vgl. *BT*, Ges. v. 20.12.2001, BGBl. 2001 I, S. 3794 (3803)). Diese Änderung war jedoch in der Literatur und Rspr. großer Kritik ausgesetzt, sodass bereits im Rahmen des *JStG 2008* eine erneute Korrektur der Norm hinsichtlich des Konkurrenzverhältnisses erfolgte (hierzu *D. Gosch*, in: Kirchhof/Nieskens (Hrsg.), FS Reiss, S. 597 (601 f.)). Es wurde u.a. der jetzige § 42 Abs. 1 S. 2 AO eingefügt (vgl. *BT*, Ges. v. 20.12.2007, BGBl. 2007 I, S. 3150 (3171)). Die im JStG 2008 beschlossene Norm blieb seither aufrechterhalten (vertiefend zur Entwicklung der Norm *M. Wienbracke*, in: DB 2008, S. 664 ff.).

157 Der Begriff einer „Rechtsgestaltung" ist sehr weit gefasst. So werden sämtliche Arten eines rechtlich erheblichen Verhaltens hiervon erfasst, die sich durch Rechtsgeschäfte, rechtsgeschäftsähnliche Handlungen oder gar Realakte vollziehen (*H.W.*

muss *zum Zweiten* unangemessen sein und *zum Dritten* zu einem Steuervorteil[158] führen, welcher bei einer angemessenen Rechtsgestaltung nicht eingetreten wäre. Dreh und Angelpunkt zur Feststellung eines Missbrauchs ist der Begriff der „Unangemessenheit".

Nebst vorerst ungeeigneten Versuchen, den Begriff mit bloßen Tautologien[159] oder empirisch geprägten

---

Kruse, Lehrbuch des Steuerrechts, Bd. I, S. 146; *K. Tipke*, Steuerrechtsordnung, Bd. III, 2. Aufl. 2012, S. 1676; *U. Koenig*, in: Pahlke/Koenig (Hrsg.), AO, 3. Aufl. 2014, § 42 Rn. 11; *K.-D. Drüen*, in: Tipke/Kruse (Begr.), AO/FGO, 156. EL 2019, § 42 AO Rn. 28). Der *Verwaltungsgerichtshof Österreichs* hat in diesem Zusammenhang zutreffend erkannt, dass es sich bei den streiterheblichen Rechtsgestaltungen regelmäßig um solche handelt, die sich durch mindestens zwei Rechtsakte vollziehen (*VwGH*, Erk. v. 09.12.2004, Rs. 2002/14/0074, IStR 2005, S. 206 (206); *T. Ehrke-Rabel*, in: Doralt/Ruppe (Hrsg.), Steuerrecht, Bd. II, 7. Aufl. 2014, S. 95 – Rn. 112 m.w.N.). Auch wenn sich der deutsche BFH sowie die Literatur zu dieser engeren Definition nicht verleiten lassen konnte, entspricht sie häufig der Realität und spiegelt sich in der Feststellung eines Missbrauchs im Ergebnis regelmäßig wider (vgl. hierzu *1. Teil* GldPkt. B V).

158 Von einem „Steuervorteil" ist stets dann auszugehen, wenn im Fall der Anerkennung der Rechtsgestaltung der Steuerpflichtige eine niedrigere Steuerschuld zu tragen hätte, indem eine steuerbegründende oder -erhöhende Norm umgangen bzw. eine steuermindernde Norm erschlichen wird (*Ch. Böing*, Steuerlicher Gestaltungsmissbrauch in Europa, S. 72; *K. Tipke*, Steuerrechtsordnung, Bd. III, 2. Aufl. 2012, S. 1682; *E. Ratschow*, in: Klein (Begr.), AO, 14. Aufl. 2018, § 42 Rn. 67; *K.-D. Drüen*, in: Tipke/Kruse (Begr.), AO/FGO, 156. EL 2019, § 42 AO Rn. 48; *P. Fischer*, in: Hübschmann/Hepp/Spitaler (Hrsg.), AO/FGO, 252. EL 2019, § 42 AO Rn. 265; vgl. auch *BFH*, Urt. v. 01.12.1982, Rs. I R 43/79, BStBl. 1985 II, S. 2 (3); Urt. v. 12.07.1989, Rs. I R 46/85, BStBl. 1990 II, S. 113 (114 f.); Urt. v. 19.04.1994, Rs. VIII R 2/93, BStBl. 1995 II, S. 705 (706); *K. Vogel*, in: StuW 1996, S. 248 (249)).

159 Die *Literatur* nimmt die „Unangemessenheit" teilw. an, wenn die Rechtsgestaltungen „umständlich, kompliziert, schwerfällig, unökonomisch, gekünstelt, unnatürlich, absonderlich, zum Teil überflüssig, widersinnig oder widersprüchlich, unsinnig oder undurchsichtig, nicht selten gleichwohl wenig effektiv" seien (*K. Tipke*, Steuerrechtsordnung, Bd. III, 2. Aufl. 2012, S. 1678). Diese Umschreibung wurde vom *BFH* in einigen Rspr. übernommen (*BFH*, Urt. v. 17.01.1991, Rs. IV R 132/85, BStBl. 1991 II, S. 607 (609); Urt. v. 19.08.1999, Rs. I R 77/96, BStBl. 2001 II, S. 43 (44); Urt. v. 01.02.2001, Rs. IV R 3/00, BStBl. 2001 II, S. 520 (523); *FG Düsseldorf*, Urt. v. 29.04.2005, Rs. 1 K 5587/01 U, EFG 2005, S. 1810 (1815); kritisch hierzu *A. Teichmann*, Die Gesetzesumgehung, S. 75; *J. Danzer*, Die Steuerumgehung, S. 85; *P. Kirchhof*, in: StuW 1983, S. 173 (176); *M. Klein*, Die nicht „angemessene rechtliche Gestaltung" im Steuerumgehungstatbestand des § 42 AO, S. 48 f.; *S. Sieker*, Umgehungsgeschäfte, S. 20; *K.-D. Drüen*, in: Tipke/Kruse (Begr.), AO/FGO, 156. EL

Umschreibungen[160] Herr zu werden, bedient sich der *Bundesfinanzhof* (kurz: „BFH") nunmehr häufig der Formulierung, eine rechtliche Gestaltung sei immer dann unangemessen, wenn „verständige Parteien in Anbetracht des wirtschaftlichen Sachverhalts und der wirtschaftlichen Zielsetzung nicht in der gewählten Weise verfahren wären".[161] Dem lässt sich entnehmen, dass zur Feststellung einer unangemessenen Gestaltung der erstrebte Zweck des Steuerpflichtigen, welcher wirtschaftlicher Natur sein müsse, einzubeziehen sei.[162] Konsequenterweise könne eine Unangemessenheit der rechtlichen Gestaltung in jedem Fall immer dann angenommen werden, wenn ein solch wirtschaftlicher Zweck jenseits eines steuerlichen Vorteils gar nicht erst ersichtlich sei.[163] Sofern ein wirtschaftlicher Zweck allerdings vorliege, müsse gefragt werden, ob das Mittel der rechtlichen Gestaltung zur Erreichung dieses erstrebten Zwecks

---

2019, § 42 AO Rn. 35; vgl. auch *J. Isensee*, Die typisierende Verwaltung, S. 93; *P. Kirchhof*, in: StuW 1983, S. 173 (176); *M. Klein*, Die nicht „angemessene rechtliche Gestaltung" im Steuerumgehungstatbestand des § 42 AO, S. 46, 49) oder stellte auf eine „unpassende" (*BFH*, Urt. v. 19.08.1999, Rs. I R 77/96, BStBl. 2001 II, S. 43 (44); Urt. v. 01.02.2001, Rs. IV R 3/00, BStBl. 2001 II, S. 520 (523); *FG Düsseldorf*, Urt. v. 29.04.2005, Rs. 1 K 5587/01 U, EFG 2005, S. 1810 (1815)) rechtliche Gestaltung ab.

160 Der *BFH* stellte vorübergehend auf die Frage ab, ob ein Steuerpflichtiger auf einem „ungewöhnlichen" Weg einen Erfolg zu erreichen versucht habe (*BFH*, Urt. v. 13.12.1983, Rs. VIII R 64/83, BStBl. 1984 II, S. 426 (428); Urt. v. 29.11.1984, Rs. V R 38/78, BStBl. 1985 II, S. 269 (271); Urt. v. 06.03.1985, Rs. II R 240/83, BStBl. 1985 II, S. 494 (495); Urt. v. 16.01.1992, Rs. V R 1/91, BStBl. 1992 II, S. 541 (542); kritisch hierzu *BT (FinAussch.)*, Ber. v. 08.11.2007, BT-Drucks. 16/7036, S. 6, 24; *K. Kottke*, Steuerersparung, Steuerumgehung, Steuerhinterziehung, 10. Aufl. 1994, S. 238, 241 ff.; *U. Koenig*, in: Pahlke/Koenig (Hrsg.), AO, 3. Aufl. 2014, § 42 Rn. 20; *K.-D. Drüen*, in: Tipke/Kruse (Begr.), AO/FGO, 156. EL 2019, § 42 AO Rn. 38; *P. Fischer*, in: Hübschmann/Hepp/Spitaler (Hrsg.), AO/FGO, 252. EL 2019, § 42 AO Rn. 65).

161 *BFH*, Urt. v. 29.10.1985, Rs. IX R 107/82, BStBl. 1986 II, S. 217 (220); Urt. v. 17.01.1991, Rs. IV R 132/85, BStBl. 1991 II, S. 607 (609); Urt. v. 10.09.1992, Rs. V R 104/91, BStBl. 1993 II, S. 253 (254); Urt. v. 27.07.1999, Rs. VIII R 36/98, BStBl. 1999 II, S. 769 (771); vgl. auch *BFH*, Urt. v. 09.11.2006, Rs. V R 43/04 – *„Sparkassenmodell"*, BStBl. 2007 II, S. 344 (348).

162 *P. Fischer*, in: Hübschmann/Hepp/Spitaler (Hrsg.), AO/FGO, 252. EL 2019, § 42 AO Rn. 93.

163 *BFH*, Urt. v. 17.01.1991, Rs. IV R 132/85, BStBl. 1991 II, S. 607 (609); Urt. v. 18.07.2001, Rs. I R 48/97, BFH/NV 2001, S. 1636 (1637); Urt. v. 08.05.2003, Rs. IV R 54/01, BStBl. 2003 II, S. 854 (856).

angemessen sei.[164] In anderen Worten sei der wirtschaftliche Zweck in Relation mit dem Mittel der rechtlichen Gestaltung zu setzen, um so auf die Angemessenheit einer Rechtsgestaltung schließen zu können.[165] Diesem Ansatz ist zu folgen. Allerdings darf eine solche „Mittel-Zweck-Relation" nicht isoliert betrachtet werden. Namentlich darf nicht *jeder* wirtschaftliche Zweck genügen, um als Maßstab zur Feststellung einer Angemessenheit des Mittels zugrunde gelegt zu werden. Dies würde nämlich das eigentliche Ziel des Rechtsinstruments zur Verhinderung einer Umgehung des geschriebenen Steuergesetzes vergessen lassen.[166] Um die Unangemessenheit einer rechtlichen Gestaltung feststellen zu können, muss vielmehr verallgemeinert gefragt werden, ob der Steuerpflichtige mittels einer rechtlichen Gestaltung einen wirtschaftlichen Zweck zu erreichen versucht, der nach den Wertungen *des Gesetzgebers* auf diesem Wege nicht erreichbar sein soll.[167] Während sich bei einer möglichen Tatbestands*vermeidung* die Frage stellt, ob der wirtschaftliche Zweck nach der dem Gesetz zugrundeliegenden Wertung von der umgangenen Norm *erfasst* sein sollte, allerdings vom Gesetzgeber nicht alle abwegigen Gestaltungen berücksichtigt wurden, kommt es bei einer Tatbestands*erschleichung* darauf an, ob der wirtschaftliche Zweck nach den Wertungen des Steuergesetzes *auszuschließen* ist.[168] Sollte eine rechtliche Gestaltung sowohl eine Tatbestandserschleichung

---

164 *BFH*, Urt. v. 16.01.1992, Rs. V R 1/91, BStBl. 1992 II, S. 541 (542); Urt. v. 19.08.1999, Rs. I R 77/96, BStBl. 2001 II, S. 43 (44); Urt. v. 20.03.2002, Rs. I R 38/00, BStBl. 2002 II, S. 819 (821).

165 *U. Clausen*, in: DB 2003, S. 1589 (1590); *P. Fischer,* in: Hübschmann/Hepp/Spitaler (Hrsg.), AO/FGO, 252. EL 2019, § 42 AO Rn. 93.

166 *P. Fischer,* in: Hübschmann/Hepp/Spitaler (Hrsg.), AO/FGO, 252. EL 2019, § 42 AO Rn. 101.

167 *BFH*, Urt. v. 21.11.1991, Rs. V R 20/87, BStBl. 1992 II, S. 446 (448); Urt. v. 16.01.1992, Rs. V R 1/91, BStBl. 1992 II, S. 541 (542); Urt. v. 10.09.1992, Rs. V R 104/91, BStBl. 1993 II, S. 253 (254); Urt. v. 07.03.2001, Rs. X R 192/96, BStBl. 2002 II, S. 126 (128); *U. Clausen*, in: DB 2003, S. 1589 (1592); *B. Heuermann*, in: StuW 2004, S. 124 (127); *E. Ratschow,* in: Klein (Begr.), AO, 14. Aufl. 2018, § 42 Rn. 49.

168 *E. Ratschow,* in: Klein (Begr.), AO, 14. Aufl. 2018, § 42 Rn. 55. In Einzelfällen zieht der *BFH* auch Wertungen aus *anderen* Normen, Gesetzen und besonderen Rechtssituationen zur Bewertung des wirtschaftlichen Ziels des Steuerpflichtigen heran. Namentlich erfolgte u.a. bereits eine Berücksichtigung der besonderen Wertungszusammenhänge bei grenzüberschreitenden Sachverhalten (*BFH*, Urt. v. 10.06.1992, Rs. I R 105/89, BStBl. 1992 II, S. 1029 (1030 f.)), eine Anwendung des Rechtsgedankens von § 1 AStG auf rein inländische Sachverhalte (*BFH*, Urt. v. 17.10.2001, Rs. I R 97/00, BFH/NV 2002, S. 240 (241)) oder etwa eine Berücksichtigung der Ziele des FördG (*BFH*, Urt. v. 14.01.2004, Rs. IX R 33/03, BStBl. 2004 II, S. 750 (750 f.)).

als auch eine Tatbestandsvermeidung begründen, ist der Gesetzeszweck des *vermiedenen* Tatbestands in den Fokus zu stellen. Nebst dem Abstellen des § 42 Abs. 1 S. 1 AO auf die Verhinderung der „Umgehung“ eines Steuergesetzes, das gewiss auch einer begrifflichen Ungenauigkeit geschuldet sein kann,[169] ist dies auch aus der Rechtsfolge des Steuerumgehungstatbestands herzuleiten, wonach der zu korrigierende Umstand nicht bloß in der zu unterbindenden Subsumtion eines Lebenssachverhalts unter einen (erschlichenen) Gesetzestatbestand, sondern vielmehr darin zu erblicken ist, dass sich ein Lebenssachverhalt nicht planmäßig unter einen (vermiedenen) Gesetzestatbestand subsumieren lässt.[170] Diese besondere Bedeutung zur Einhaltung der deutschen Rechtsdogmatik zeigt sich auch im Ziel der Norm, wonach eben das *Ausbrechen* aus der gleichmäßigen Besteuerung zu verhindern ist.[171]

Soweit wirtschaftliche Gründe für eine rechtliche Gestaltung nicht ersichtlich sind, ist eine missbräuchliche Wahl einer rechtlichen Gestaltung zulasten des Steuerpflichtigen zu vermuten.[172] Diese Missbrauchsvermutung kann allerdings gemäß § 42 Abs. 2 S. 2 AO widerlegt werden, sofern „der Steuerpflichtige für die gewählte Gestaltung außersteuerliche Gründe nachweist, die nach dem Gesamtbild der Verhältnisse beachtlich sind.“ Unter die „beachtlichen außersteuerlichen Gründe“ sind vor allem wirtschaftliche Erwägungen[173] zu zählen,[174] welche mit den bereits berücksichtigten – einen Missbrauch vermutenden – Erwägungen in ein objektives Verhältnis zu setzen sind.[175] In anderen

169 Siehe zur Kritik am geläufigen Oberbegriff einer „Gesetzesumgehung“ im Rahmen des allgemeinen Missbrauchskonzepts in Deutschland *1. Teil* GldPkt. A I 2.

170 Vgl. § 42 Abs. 1 S. 3 AO.

171 Siehe hierzu *1. Teil* GldPkt. B V 1 a).

172 *BFH*, Urt. v. 28.01.1992, Rs. VIII R 7/88, BStBl. 1993 II, S. 84 (86); *K. Tipke*, Steuerrechtsordnung, Bd. III, 2. Aufl. 2012, S. 1680.

173 Auch „good business reasons“ genannt (*J. Englisch*, in: Tipke/Lang (Hrsg.), Steuerrecht, 23. Aufl. 2018, § 5 Rn. 132).

174 *BFH*, Urt. v. 28.01.1992, Rs. VIII R 7/88, BStBl. 1993 II, S. 84 (86 f.); Urt. v. 07.07.1998, Rs. VIII R 10/96, BStBl. 1999 II, S. 729 (731); Urt. v. 01.02.2001, Rs. IV R 3/00, BStBl. 2001 II, S. 520 (522); *U. Koenig*, in: Pahlke/Koenig (Hrsg.), AO, 3. Aufl. 2014, § 42 Rn. 26; vgl. auch *BFH*, Beschl. v. 19.08.1986, Rs. IX S 5/83, BStBl. 1987 II, S. 212 (215); Urt. v. 03.02.1987, Rs. IX R 85/85, BStBl. 1987 II, S. 492 (494); Urt. v. 25.06.1987, Rs. V R 43/78, BFH/NV 1987, S. 754 (755); Urt. v. 17.10.2001, Rs. I R 97/00, BFH/NV 2002, S. 240 (241).

175 Insoweit kritisch zur subjektiv geprägten Wortwahl notwendiger „Gründe“ gem. § 42 Abs. 2 S. 2 AO *E. Ratschow*, in: Klein (Begr.), AO, 14. Aufl. 2018, § 42 Rn. 71.

Worten steht dem Steuerpflichtigen somit das Recht zu, die wirtschaftlichen Zwecke aufzuwerten und die Mittel-Zweck-Relation somit zu korrigieren.[176]

Als Instrument zur Feststellung einer Unangemessenheit sind alle Rechtsgeschäfte oder rechtsgeschäftsähnlichen Handlungen, die in einem sachlichen Gestaltungszusammenhang stehen und somit als einheitliche Rechtsgestaltung anzusehen sind, im Rahmen einer Gesamtwürdigung zu betrachten.[177] Diese Gesamtwürdigung ist vor allem immer dann vorzunehmen, wenn ein vorgefasster Gesamtplan ersichtlich ist, wonach der Steuerpflichtige oder ein in seinem Interesse handelnder Dritte die einzelnen Rechtsgeschäfte oder rechtsgeschäftsähnliche Handlungen mit dem Ziel ausführt, kontrolliert oder einkalkuliert,[178] um einen einheitlichen wirtschaftlichen Sachverhalt „künstlich" zu zergliedern.[179] Den einzelnen Teilakten kommt dabei nur insoweit eine Bedeutung zu, dass sie die Erreichung des Endzustandes fördern.[180] Ob ein

---

176 Die Kritik der *Literatur* an dieser Einbeziehung „beachtlicher Gründe" lässt sich mit der Befürchtung zusammenfassen, die Rechtsprüfung verliere an Objektivität und arte in einer „normativ freischwebenden Gefühlsjurisprudenz" aus (*J. Danzer*, Die Steuerumgehung, S. 94 f.; *M. Klein*, Die nicht „angemessene rechtliche Gestaltung" im Steuerumgehungstatbestand des § 42 AO, S. 73 f., 83 f., 86 f.; vgl. auch *P. Fischer*, in: FR 2001, S. 1212 (1213); a.A. *E. Ratschow*, in: Klein (Begr.), AO, 14. Aufl. 2018, § 42 Rn. 71). Der *BFH* versucht sich hinsichtlich der Kritik mit der Verdeutlichung zur Wehr zu setzen, dass allein die Wahl des rechtlichen Gestaltungsweges – also des Mittels – auf ihre Angemessenheit hin zu überprüfen sei (*BFH*, Urt. v. 16.01.1992, Rs. V R 1/91, BStBl. 1992 II, S. 541 (542); Urt. v. 30.11.1989, Rs. IV R 97/86, BFH/NV 1991, S. 432 (433); Urt. v. 09.07.1998, Rs. V R 68/96, BStBl. 1998 II, S. 637 (639); Urt. v. 18.07.2001, Rs. I R 48/97, BFH/NV 2001, S. 1636 (1637); Urt. v. 08.05.2003, Rs. IV R 54/01, BStBl. 2003 II, S. 854 (856)).

177 *J. Englisch*, in: Tipke/Lang (Hrsg.), Steuerrecht, 23. Aufl. 2018, § 5 Rn. 123. Vor diesem Hintergrund erscheint es eben auch nachvollziehbar und zutreffend, dass der österreichische *VwGH* bei einer Rechtsgestaltung mindestens zwei Rechtsakte voraussetzt (siehe hierzu Fn. 157).

178 *J. Englisch*, in: Tipke/Lang (Hrsg.), Steuerrecht, 23. Aufl. 2018, § 5 Rn. 123.

179 In der Feststellung eines Gesamtplans ist ein Instrument zu erblicken, welches den Steuerumgehungstatbestand des § 42 AO *ergänzt* (*G. Rose*, in: FR 2003, S. 1274 (1276 f.); *G. Söffing*, in: BB 2004, S. 2777 (2783 f.); *W. Spindler*, in: DStR 2005, S. 1 (4 f.)). Namentlich ist es der finalen Bewertung einer Unangemessenheit der Rechtsgestaltung hilfsweise *vorgelagert* (*M. Tanzer*, in: Hüttemann (Hrsg.), DStJG 33 (2010), S. 189 (194); vgl. auch *G. Söffing*, in: BB 2004, S. 2777 (2783 f.); *W. Spindler*, in: DStR 2005, S. 1 (5); vertiefend hierzu *G. Förster/D. Schmidtmann*, in: StuW 2003, S. 114 (124); *W. Spindler*, in: DStR 2005, S. 1 (3)).

180 *M. Tanzer*, in: Hüttemann (Hrsg.), DStJG 33 (2010), S. 189 (190); vgl. auch *J. Hey*, in: DStR-Beihefter 3/2014, S. 8 (12); *J. Englisch*, in: Tipke/Lang (Hrsg.), Steuerrecht,

beachtlicher Gesamtplan anzunehmen ist oder nicht, bemisst sich allein nach der wirtschaftlichen Betrachtungsweise jener Teilakte.[181]

Ob es neben den objektiven Voraussetzungen auch eines subjektiven Elements – namentlich einer Missbrauchsabsicht – bedarf, ist in der Literatur stark umstritten.[182] In der Praxis kommt diesem Streit hingegen nur wenig

---

23. Aufl. 2018, § 5 Rn. 123. Der „Gesamtplan“ ist im Wesentlichen von drei Merkmalen geprägt (*G. Förster/D. Schmidtmann*, in: StuW 2003, S. 114 (120 ff.); *M. Tanzer*, in: Hüttemann (Hrsg.), DStJG 33 (2010), S. 189 (190); vgl. auch *J.-P. Damas/M. Ungemach*, in: DStZ 2007, S. 552 (555); *A. Kugelmüller-Pugh*, in: FR 2007, S. 1139 (1140 ff.)). Zunächst muss von vornherein eine Absicht des Steuerpflichtigen existieren, mit Hilfe bestimmter Zwischenschritte einen ebenso bestimmten, endgültigen Erfolg herbeiführen zu wollen. Diese erforderlichen Zwischenschritte müssen darüber hinaus planbar sein, indem der Steuerpflichtige selbst oder mit Hilfe einer Dritten natürlichen oder juristischen Person das gesamte Geschehen beherrschen kann. Schließlich ist eine sachliche Verknüpfung der einzelnen Zwischenschritte notwendig (*J. Englisch*, in: Tipke/Lang (Hrsg.), Steuerrecht, 23. Aufl. 2018, § 5 Rn. 123).

181 *M. Tanzer*, in: Hüttemann (Hrsg.), DStJG 33 (2010), S. 189 (191 f.); zu den Erscheinungsformen, welche auf einen Gesamtplan hinweisen könnten *S. Sieker*, Umgehungsgeschäfte, S. 120 f., 123, 125; zu sich *aufhebende* Teilakte (sog. „Ausweich- und Korrekturgestaltung“) *P. Fischer*, in: DB 1996, S. 644 (651); *S. Sieker*, Umgehungsgeschäfte, S. 54; *G. Crezelius*, in: FR 2003, S. 537 (539 f.); *G. Förster/D. Schmidtmann*, in: StuW 2003, S. 114 (121); *A. Kugelmüller-Pugh*, in: FR 2007, S. 1139 (1141); zu sich *ergänzende* Teilakte *M. Tanzer*, in: Hüttemann (Hrsg.), DStJG 33 (2010), S. 189 (192); *A. Kugelmüller-Pugh*, in: FR 2007, S. 1139 (1141); insb. sog. „Kettengeschäfte“ *BGH*, Beschl. v. 09.07.1956, Rs. V BLw 2/56, NJW 1956, S. 1637 (1638); Beschl. v. 08.12.1959, Rs. V BLw 19/59, MDR 1960, S. 214 (215); Beschl. v. 06.02.1962, Rs. V BLw 27/61, MDR 1962, S. 389 (390).

182 Die Rechtsfrage adressiert vor allem die rechtsmethodische Einordnung des § 42 AO. Ein *Teil der Literatur* – welcher auch die sog. „Innentheorie“ vertritt – erachtet die Norm an sich bereits als überflüssig, da das jeweils umgangene materielle Steuergesetz seine Rechtsgeltung mittels einer entsprechenden Auslegung „aus eigener Kraft“ durchsetzen könne (*BGH*, Urt. v. 15.01.1990, Rs. II ZR 164/88, NJW 1990, S. 982 (986); *BFH*, Urt. v. 19.12.2001, Rs. X R 41/99, BFH/NV 2002, S. 1286 (1287); *A. Teichmann*, Die Gesetzesumgehung, S. 69; *P. Fischer*, in: DB 1996, S. 644 (644); *ders.*, in: SWI 1999, S. 79 (82 f.); *H.-J. Pezzer*, in: Herzig/Günkel/Niemann (Hrsg.), StbJb 2000/2001, S. 61 (64); *S. Sieker*, Umgehungsgeschäfte, S. 22 f.; vgl. auch *BFH*, Beschl. v. 23.02.1989, Rs. V B 60/88, BStBl. 1989 II, S. 396 (399); *U. Clausen*, in: DB 2003, S. 1589 (1593)). Die *Gegenmeinung*, folgert hingegen aus der objektiven Einbeziehung der wirtschaftlichen Zwecke des Steuerpflichtigen den Schluss, dass ein Missbrauch ein zweckgerichtetes, finales Verhalten voraussetze (*A. Hensel*, in: FS Zitelmann, S. 219 (272, 282); *H.W. Kruse*, Lehrbuch des Steuerrechts, Bd. I, S. 146; *K.*

Bedeutung zu. So wird ungeachtet des subjektiven Elements bereits in objektiver Hinsicht auf die bewusste Planung und Verwirklichung einer rechtlichen Gestaltung abgestellt und das subjektive Element zum Missbrauch insoweit häufig vermutet.[183] Mithin kann der Streit dahinstehen.

IV. Rechtsmethodische Einordnung

Es fragt sich nun, wie der Steuerumgehungstatbestand des § 42 AO vor dem Hintergrund der Besonderheit des deutschen Steuerrechts rechtsmethodisch einzuordnen ist. Nach der herrschenden *Außentheorie* sei der § 42 AO einer analogischen oder zumindest lückenausfüllenden Methodik zuzuordnen.[184] Zwecks dieser Lückenschließung wird gemäß § 42 Abs. 1 S. 3 AO Bezug auf einen anderswo geregelten „Steueranspruch" genommen. Hieraus lässt sich schließen, dass eine andere Norm durch den Steuerumgehungstatbestand

---

Tipke, Steuerrechtsordnung, Bd. III, 2. Aufl. 2012, S. 1682 f.; *K.-D. Drüen*, in: Tipke/Kruse (Begr.), AO/FGO, 156. EL 2019, § 42 AO Rn. 44 f.). Der BFH zeigt sich in dieser Frage uneinig. Während *einige Senate* (*BFH*, Urt. v. 05.03.1986, Rs. I R 201/82, BStBl. 1986 II, S. 496 (497); Urt. v. 18.12.1991, Rs. XI R 40/89, BStBl. 1992 II, S. 486 (488); Urt. v. 05.02.1992, Rs. I R 127/90, BStBl. 1992 II, S. 532 (536); Urt. v. 07.07.1998, Rs. VIII R 10/96, BStBl. 1999 II, S. 729 (731); Urt. v. 19.08.2003, Rs. VIII R 44/01, DStR 2004, S. 948 (950)) von der Finanzbehörde erwarten, eine alleinige oder zumindest dominierende Absicht der Steuerpflichtigen nachzuweisen, verzichten *andere Senate* (*BFH*, Urt. v. 02.03.1966, Rs. II 113/61, BStBl. 1966 III, S. 509 (510); Beschl. v. 23.02.1989, Rs. V B 60/88, BStBl. 1989 II, S. 396 (399); Urt. v. 10.09.1992, Rs. V R 104/91, BStBl. 1993 II, S. 253 (255)) auf dieses subjektive Element zur Feststellung eines Missbrauchs. Allerdings nimmt die Rspr. hierzu zusehends weniger Stellung (vgl. *BFH*, Urt. v. 28.04.1987, Rs. IX R 7/83, BStBl. 1987 II, S. 814 (816); Urt. v. 23.02.1988, Rs. IX R 157/84, BStBl. 1988 II, S. 604 (606); Urt. v. 19.06.1991, Rs. IX R 134/86, BStBl. 1991 II, S. 904 (905); Urt. v. 17.06.1998, Rs. X R 68/95, BStBl. 1998 II, S. 667 (671); Urt. v. 01.02.2001, Rs. IV R 3/00, BStBl. 2001 II, S. 520 (523)).

183 *BFH*, Urt. v. 09.12.1993, Rs. V R 96/91, BFH/NV 1995, S. 460 (461); Urt. v. 17.06.1998, Rs. X R 68/95, BStBl. 1998 II, S. 667 (671); Urt. v. 18.03.2004, Rs. III R 25/02, BStBl. 2004 II, S. 787 (792); vgl. auch *BFH*, Urt. v. 01.02.2001, Rs. IV R 3/00, BStBl. 2001 II, S. 520 (523).

184 *A. Hensel*, in: FS Zitelmann, S. 219 (237 ff., 245); *H.-J. Papier*, Die finanzrechtlichen Gesetzesvorbehalte und das grundgesetzliche Demokratieprinzip, S. 187 f.; *J. Isensee*, in: Jakobs/Knobbe-Keuk/Picker/Wilhelm (Hrsg.), FS Flume, Bd. II, S. 129 (136 f.); *G. Crezelius*, Steuerrechtliche Rechtsanwendung und allgemeine Rechtsordnung, S. 220 f.; *M. Jachmann-Michel*, Die Fiktion im öffentlichen Recht, S. 1049 ff.; *K. Tipke*, Steuerrechtsordnung, Bd. III, 2. Aufl. 2012, S. 1665 ff.; *K.-D. Drüen*, in: Tipke/Kruse (Begr.), AO/FGO, 156. EL 2019, § 42 AO Rn. 11 ff.

positivrechtlich unterstützt wird, indem ergänzend auf eine „den wirtschaftlichen Vorgängen angemessene rechtliche Gestaltung" abgestellt wird. Vor diesem Hintergrund wird der § 42 AO als eine ergänzende „*teleologische Hilfsnorm*" zum Gesetz verstanden,[185] mit dem Ziel den Steuerpflichtigen nach dem Zweck jenes Gesetzes zutreffend zu besteuern, dessen Geltungsbereich umgangen wurde. Der Außentheorie kann insoweit gefolgt werden, dass sich das deutsche Steuerrecht der zivilrechtlichen Methodik bedient.[186] Dem institutionellen Rechtsmissbrauch im deutschen Steuerrecht könnte mithin nebst der objektiv-teleologischen Auslegung auch das damit einhergehende grundsätzliche Verständnis zum Verhältnis von Analogie und Auslegung zugrunde gelegt werden, indem die Analogie als eine Fortsetzung der Auslegung zu verstehen und eben erst dort anzuwenden sei, wo sich die Mittel der Auslegung eines Gesetzes erschöpfen.

Ein Analogieschluss stellt hierzu auf Sachgesetzlichkeiten ab.[187] Unter dem Begriff der „Sachgesetzlichkeit" versteht man eben solche sachgerechten Kriterien, die aus der Sachlogik der Rechtsordnung resultieren.[188] Die „Sachlogik" wiederum stellt jenen Sinn dar, der sich in der Rechtsidee bzw. Gesetzesnorm und dem Lebenssachverhalt identisch widerspiegelt und mithin Wert und Wirklichkeit methodisch verbindet. Als Mittler von Normgerechtigkeit und Sachgerechtigkeit ist diese – die Sachgesetzlichkeit immanente – „Natur

---

185 *J. Englisch*, in: Tipke/Lang (Hrsg.), Steuerrecht, 23. Aufl. 2018, § 5 Rn. 119.

186 Im Rahmen der Gesetzeskonkretisierung wird auch im deutschen Steuerrecht sowohl auf den allgemeingültigen Auslegungskanon von *F.C. von Savigny*, welcher erstmals zwischen grammatischer, systematischer, historischer sowie teleologischer Auslegung unterschied (*F.C. v. Savigny*, System des heutigen Römischen Rechts, Bd. I, § 33), als auch auf den hierauf aufbauenden Methodenansatz von *K. Larenz* zurückgegriffen (*J. Englisch*, in: Tipke/Lang (Hrsg.), Steuerrecht, 23. Aufl. 2018, § 5 Rn. 49 ff., 55; vgl. auch *BFH*, Urt. v. 20.10.1983, Rs. IV R 175/79, BStBl. 1984 II, S. 221 (223); Urt. v. 27.11.1985, Rs. I R 42/85, BStBl. 1986 II, S. 272 (274); Urt. v. 14.03.1989, Rs. I R 39/85, BStBl. 1989 II, S. 599 (601); Urt. v. 06.02.1990, Rs. VII R 86/88, BStBl. 1990 II, S. 523 (526); Urt. v. 01.12.1994, Rs. V R 116/92, BStBl. 1995 II, S. 220 (222); Urt. v. 19.05.1998, Rs. I R 86/97, BStBl. 1998 II, S. 715 (717); Urt. v. 14.10.2003, Rs. VIII R 38/02, BStBl. 2004 II, S. 115 (117); Urt. v. 14.12.2006, Rs. III R 27/03, BStBl. 2007 II, S. 332 (337); Urt. v. 25.02.2009, Rs. IX R 24/08, BStBl. 2009 II, S. 587 (588); Urt. v. 15.04.2010, Rs. IV R 5/08, BFHE 229, S. 524 (533); Urt. v. 20.04.2016, Rs. XI R 6/14, BStBl. 2016 II, S. 828 (830); vertiefend hierzu *L. Woerner*, in: Tipke (Hrsg.), DStJG 5 (1982), S. 23 (28 ff.); *H. Weber-Grellet*, in: DStR 1991, S. 438 (439)).

187 *H.W. Kruse*, Lehrbuch des Steuerrechts, Bd. I, S. 61.

188 *H.W. Kruse*, in: Tipke (Hrsg.), DStJG 5 (1982), S. 71 (76).

der Sache“ der eigentliche Träger einer Rechtserkenntnis und Fundament des analogischen Verfahrens.[189] Hinsichtlich des deutschen Steuerrechts geht die *herrschende Meinung* vor diesem Hintergrund von einem offenen System[190] aus, wonach die gesetzliche Ausgestaltung im Lichte der Folgerichtigkeit[191] zu bewerten sei.[192] Als Sachgesetzlichkeit jenes „inneren Systems“ sei das Fundamentalprinzip der Besteuerung nach der wirtschaftlichen Leistungsfähigkeit (sog. „Leistungsfähigkeitsprinzip“) anzusehen, indem es den Vergleichsmaßstab des insoweit ausschlaggebenden Gleichheitssatzes[193]

---

189 *A. Kaufmann*, Analogie und „Natur der Sache“, 2. Aufl. 1982, S. 44; *ders.*, Rechtsphilosophie, 2. Aufl. 1997, S. 126 f.

190 Im Rahmen eines „offenen gesetzlichen Systems“ ist die Aufgabe des Gesetzgebers darin zu sehen, einen *Typus* zu beschreiben, um so das Gesetzgebungsverfahren mit dem Rechtsfindungsverfahren zu verbinden (zum Begriff des „Typus“ *A. Kaufmann*, Rechtsphilosophie, 2. Aufl. 1997, S. 127). Dieser Typus muss auf der „Natur der Sache“ basieren, welcher als Mittler die Rechtsidee bzw. Gesetzesnorm und den Lebenssachverhalt eine einheitliche Identität verleiht und in Entsprechung bringen kann (*A. Kaufmann*, Analogie und „Natur der Sache“, 2. Aufl. 1982, S. 44; *ders.*, Rechtsphilosophie, 2. Aufl. 1997, S. 126 f.). Mit anderen Worten erfordert es also unumgänglich der Ermittlung von Sachgesetzlichkeiten als telelogischen Richtwert.

191 Im Rahmen der Rechts*setzungs*gleichheit der Gesetzgeber muss nach dem „Gebot der Folgerichtigkeit“ die systemkonsequente Umsetzung sachgerechter Prinzipien durch sachgerechte Belastungsentscheidungen gewährleisten sein (vgl. *BVerfG*, Urt. v. 06.03.2002, Rs. 2 BvL 17/99, BVerfGE 105, S. 73 (125); Beschl. v. 04.12.2002, Rs. 2 BvR 400/98, 1735/00, BVerfGE 107, S. 27 (46); Beschl. v. 08.06.2004, Rs. 2 BvL 5/00, BVerfGE 110, S. 412 (433); Beschl. v. 21.06.2006, Rs. 2 BvL 2/99, BVerfGE 116, S. 164 (180); Beschl. v. 07.11.2006, Rs. 1 BvL 10/02, BVerfGE 117, S. 1 (30); Beschl. v. 15.01.2008, Rs. 1 BvL 2/04, BVerfGE 120, S. 1 (29); Urt. v. 09.12.2008, Rs. 2 BvL 1, 2/07, 1, 2/08, BVerfGE 122, S. 210 (230 f.); ebenso *J. Hey*, in: Tipke/Lang (Hrsg.), Steuerrecht, 23. Aufl. 2018, § 3 Rn. 118). Da sich aus der Sachgerechtigkeit eben diese konsequent umzusetzenden Prinzipien erst ergeben, baut die Rechts*setzungs*gleichheit auf der Rechts*anwendungs*gleichheit auf.

192 *J.N. Stolterfoht*, in: Tipke (Hrsg.), DStJG 5 (1982), S. 271 (279); *L. Osterloh*, Gesetzesbindung und Typisierungsspielräume bei der Anwendung der Steuergesetze, S. 164 f.; *H. Weber-Grellet*, in: DStR 1991, S. 438 (444); *R. Barth*, Richterliche Rechtsfortbildung im Steuerrecht, S. 396 f.; *R. Eckhoff*, Rechtsanwendungsgleichheit im Steuerrecht, S. 301; *Ch. Seiler*, Der einheitliche Parlamentsvorbehalt, S. 319 f.; *Ch. Jehke*, Bestimmtheit und Klarheit im Steuerrecht, S. 112 ff.

193 Aus der in der verfassungsrechtlichen Werteordnung festgelegten, allgemeinen Gerechtigkeitsideologie leitet sich die jeweilige Natur der Sache der einzelnen Sachgebiete her (vgl. *J. Lang*, in: StuW 2013, S. 53 (56)). Als „Schlüsselbegriff der Gerechtigkeit“ ist vor diesem Hintergrund der Gleichheitssatz anzusehen (*E.-W.*

darstellt.[194] Schon allein, um die Funktionsfähigkeit des deutschen Steuerrechts

Böckenförde, in: VVDStRL 47 (1989), S. 63 (95); *R. Zippelius*, in: VVDStRL 47 (1989), S. 7 (23); ebenso *J. Hey*, in: Tipke/Lang (Hrsg.), Steuerrecht, 23. Aufl. 2018, § 3 Rn. 110; *W. Rüfner*, in: Kahl/Waldhoff/Walter (Hrsg.), Bonner Kommentar, GG, Bd. II, 198. EL 2019, Art. 3 Abs. 1 Rn. 2 ff.). Dem schließt sich auch das *BVerfG* an und fügt hinzu, dass sich der Gleichheitssatz an dem Gerechtigkeitsgedanken „der Sache" orientiert (vgl. *BVerfG*, Beschl. v. 17.03.1959, Rs. 1 BvR 53/56, BVerfGE 9, S. 213 (222); Beschl. v. 12.04.1972, Rs. 2 BvR 704/70, BVerfGE 33, S. 44 (51); Beschl. v. 26.10.1976, Rs. 1 BvR 191/74, BVerfGE 43, S. 58 (72); Urt. v. 21.10.1980, Rs. 1 BvR 179, 464/78, BVerfGE 55, S. 114 (128); Beschl. v. 15.10.1985, Rs. 2 BvL 4/83, BVerfGE 71, S. 39 (58); Beschl. v. 10.12.1985, Rs. 2 BvL 18/83, BVerfGE 71, S. 255 (271)). Der Gleichheitssatz ist also bereichsspezifisch anzuwenden. Für den Sachbereich des deutschen *Steuerrechts* wird aus dem Art. 3 Abs. 1 GG eine „Steuergerechtigkeit" hergeleitet (*BVerfG*, Urt. v. 03.11.1982, Rs. 1 BvR 620, 1335/78, 1104/79, 363/80, BVerfGE 61, S. 319 (343); Beschl. v. 22.02.1984, Rs. 1 BvL 10/80, BVerfGE 66, S. 214 (223); Beschl. v. 10.03.1998, Rs. 1 BvR 178/97, BVerfGE 97, S. 332 (346); Beschl. v. 07.11.2006, Rs. 1 BvL 10/02, BVerfGE 117, S. 1 (30); Beschl. v. 07.07.2010, Rs. 2 BvL 14/02, 2/04, 13/05, BVerfGE 127, S. 1 (27 f.); *K. Tipke*, Steuerrechtsordnung, Bd. I, 2. Aufl. 2000, S. 282 ff., 298 ff.).

194 *R. Seer*, Verständigungen in Steuerverfahren, S. 165; *Ch. Jehke*, Bestimmtheit und Klarheit im Steuerrecht, S. 113 f.; vertiefend zum Charakter des Leistungsfähigkeitsprinzips als „Fundamentalprinzip" *J. Lang*, Die Bemessungsgrundlage der Einkommensteuer, S. 97 m.w.N.; *K. Tipke*, Steuerrechtsordnung, Bd. I, 2. Aufl. 2000, S. 469 ff.; zur Ungeeignetheit des Nutzenprinzips als Sachgesetzlichkeit *K. Tipke*, Steuerrechtsordnung, Bd. I, 2. Aufl. 2000, S. 476; a.A.: Auf Grundlage der Behauptung von *O. Mayer*, ein Steuereingriff erfolge losgelöst von bedingten Zusammenhängen als staatlicher Willensakt (*O. Mayer*, Deutsches Verwaltungsrecht, Bd. I, 3. Aufl. 1924, S. 316) wird *zum Teil* geschlussfolgert, es gäbe keine Sachverhalte, die ihrer Natur nach besteuert werden müssten (*W. Flume*, in: Thoma/Zacharias/Niemann (Hrsg.), StbJb 1967/1968, S. 63 (64); *H.W. Kruse*, in: Tipke (Hrsg.), DStJG 5 (1982), S. 71 (75); *ders.*, Lehrbuch des Steuerrechts, Bd. I, S. 46; *J.A. Brinkmann*, Tatbestandsmäßigkeit der Besteuerung und formeller Gesetzesbergriff, S. 106 ff.). Hieraus hat sich die Auffassung entwickelt, es mangele im deutschen Steuerrecht auch im Allgemeinen an Sachgesetzlichkeiten (*H.W. Kruse*, in: Tipke (Hrsg.), DStJG 5 (1982), S. 71 (75 ff.); *ders.*, Lehrbuch des Steuerrechts, Bd. I, S. 45 ff., 61; *J.A. Brinkmann*, Tatbestandsmäßigkeit der Besteuerung und formeller Gesetzesbergriff, S. 106 ff.; *K. Vogel*, in: Isensee/Kirchhof (Hrsg.), Handbuch des Staatsrechts, Bd. IV, 2. Aufl. 1999, § 87 Rn. 71; *K.-D. Drüen*, in: Tipke/Kruse (Begr.), AO/FGO, 156. EL 2019, § 42 AO Rn. 10). Folge wäre ein besonders strenger Parlamentsvorbehalt mit strengen Anforderung an die Bestimmtheit der Steuergesetze. Eine teleologische Auslegung im deutschen Steuerrecht würde damit weitestgehend leerlaufen (*K. Vogel*, in: Isensee/Kirchhof (Hrsg.), Handbuch des Staatsrechts, Bd. IV, 2. Aufl. 1999,

gewährleisten zu können, erfordert es einer mit diesem Ansatz eingeräumten gesetzlichen Flexibilität und Dynamik.[195]

Überdies fragt sich, ob nebst der Ausgestaltung des Steuerrechts – also dem „Wie" einer Besteuerung – auch der denklogisch vorgeschalteten Erschließung einer Steuerquelle – also dem „Ob" einer Besteuerung – eine Sachgesetzlichkeit zu entnehmen ist. Zu jener Erschließung einer Steuerquelle führt *P. Kirchhof* zutreffend aus, dass die Besteuerung als staatliche Teilhabe am Erfolg privaten Wirtschaftens zu verstehen sei, die sich aus der Freiheitsvorkehrung und Freiheitspflege durch den Staat rechtfertige. Der Einzelne könne schließlich nur deshalb individuelle Einkünfte erzielen, weil der Staat gewisse finanzierungsbedürftige Leistungen erbringe,[196] die den Einzelnen entsprechend schützen und ihm den institutionellen Rahmen für die Entfaltung der Persönlichkeit bieten.[197] Hieraus lässt sich herleiten, dass sich die Steuer nach dem *Nutzen* rechtfertigt, den der Steuerzahler aus der Inanspruchnahme öffentlicher, von der steuerfinanzierten Gemeinschaft bereitgestellter Güter zieht.[198] Diese steuerrechtfertigende Idee ist in Deutschland weitläufig bekannt als „Äquivalenzprinzip".[199]

---

§ 87 Rn. 72 f.). Auch das *BVerfG* war einst dieser Auffassung und prägte in diesem Zusammenhang die (adoptierte) Begrifflichkeit eines „Diktums des Gesetzgebers" (*BVerfG*, Urt. v. 24.01.1962, Rs. 1 BvR 232/60, BVerfGE 13, S. 318 (328)). Jedoch wurde dieser Standpunkt mittlerweile relativiert und in jetzigen Entscheidungen nicht mehr aufgenommen.

195 Selbst Vertreter eines strengen Parlamentsvorbehalts sehen insoweit ein, dass unbestimmte Rechtsbegriffe sowie Generalklauseln in einem gewissen Maße notwendig und rechtmäßig sind (*H.W. Kruse*, Lehrbuch des Steuerrechts, Bd. I, S. 55 f.; *K. Vogel*, in: Isensee/Kirchhof (Hrsg.), Handbuch des Staatsrechts, Bd. IV, 2. Aufl. 1999, § 87 Rn. 72).

196 Zu denken sei vor allem an die Organisation eines Markts von Anbietern und Nachfragern sowie eines Banken- und Währungswesens, die Bereitstellung einer Rechtsordnung zur Begründung und Durchsetzung vertraglicher Verbindlichkeiten, die Ausbildung von Arbeitnehmern und die Garantie eines gewerblichen Rechtsschutzes (*P. Kirchhof*, in: AöR 128 (2003), S. 1 (7)).

197 *R. Seer*, in: Tipke/Lang (Hrsg.), Steuerrecht, 23. Aufl. 2018, § 1 Rn. 6; a.A.: Ein Steueranspruch sei mehr oder weniger als „willkürlich" anzusehen (*W. Flume*, in: Thoma/Zacharias/Niemann (Hrsg.), StbJb 1967/1968, S. 63 (64); *H.W. Kruse*, in: Tipke (Hrsg.), DStJG 5 (1982), S. 71 (76 f.)). Das Abstellen auf einen Gesamtstaatsbedarf sei zu unbestimmt und eigne sich nicht zur Konkretisierung des deutschen Steuerrechts (*H.W. Kruse*, Lehrbuch des Steuerrechts, Bd. I, S. 46; *K. Vogel*, in: Isensee/Kirchhof (Hrsg.), Handbuch des Staatsrechts, Bd. IV, 2. Aufl. 1999, § 87 Rn. 68, 71).

198 *J. Lang*, in: StuW 2011, S. 144 (147).

199 Vgl. *K. Tipke*, Steuerrechtsordnung, Bd. I, 2. Aufl. 2000, S. 476.

J. Lang spricht hingegen von einem „*Nutzenprinzip*", was begrifflich präziser erscheint und deshalb auch in dieser Arbeit gewählt wird.[200]

Die Frage des „Ob" – einer Erschließung von Steuerquellen – findet insbesondere im internationalen Kontext eine besondere Bedeutung, wo mehrere Staaten um die Besteuerung von grenzüberschreitend begründeten Einkünften konkurrieren. Im Internationalen Steuerrecht[201] werden hierzu zwei Prinzipien vertreten: Das *Territorialitätsprinzip* und das *Welteinkommensprinzip*.

1. *Territorialitätsprinzip*

Das Nutzenprinzip wird im Internationalen Steuerrecht durch das Territorialitätsprinzip[202] konkretisiert, indem an den (konkret feststellbaren) Kausalbeitrag des Staats zur Erzielung von Einkünften angeknüpft wird.[203] Es soll eben derjenige Staat einen steuerlichen Zugriff erhalten, der die Erwirtschaftung einer Steuerquelle durch Bereitstellung staatlicher Infrastruktur ermöglicht.[204] Die Besteuerung beschränkt sich somit auf inländische Einkünfte. Dieser geographisch definierte Bezugspunkt geht davon aus, dass Einkünfte jeweils getrennt und individuell betrachtet werden müssen. So sind Einkünfte die ein Kapital begründen, unabhängig von solchen Einkünften zu beurteilen, die durch die Investition dieses Kapitals entstehen. Mit der Versteuerung der individuellen Einkünfte hat der Steuerpflichtige somit seine Pflicht gegenüber dem jeweiligen Staat erfüllt. Das verdiente Kapital dieser Einkünfte kann frei andernorts investiert werden, ohne dass der Staat, indem das investierte Kapital einst erwirtschaftet wurde, weitere Steueransprüche geltend machen kann.

---

200 Zutreffend führt *J. Lang* aus, dass sich der Nutzen im Unterschied zur Bedeutung der „Äquivalenz" – also einer Gleichwertigkeit – eben nicht synallagmatisch auf den einzelnen Steuerzahler, sondern auf das Güterangebot der steuerfinanzierten Gemeinschaft an sich beziehe (*J. Lang*, in: StuW 2011, S. 144 (146 f.)). Statt von einer Abgeltung von Kosten staatlicher Leistungen ist damit bei den Steuern vielmehr von einer *Abschöpfung* des aus staatlichen Leistungen gezogenen Nutzens auszugehen.

201 Das „Internationale Steuerrecht" umfasst die Gesamtheit jener Rechtsvorschriften mit Bezug auf die Besteuerung grenzüberschreitender Sachverhalte (siehe *Einleitung* GldPkt. A).

202 Auch „Quellenprinzip" oder „Ursprungsprinzip" genannt (*M. Lehner*, in: Gocke/Gosch/Lang (Hrsg.), FS Wassermeyer, S. 241 (248 f.); *H. Schaumburg*, in: Schaumburg (Hrsg.), Internationales Steuerrecht, 4. Aufl. 2017, Rn. 6.55).

203 *J. Lang*, in: StuW 2011, S. 144 (147); vgl. auch *K. Tipke*, Steuerrechtsordnung, Bd. I, 2. Aufl. 2000, S. 523.

204 *J. Hey*, in: Tipke/Lang (Hrsg.), Steuerrecht, 23. Aufl. 2018, § 3 Rn. 45.

Die steuerliche Beurteilung der fortlaufenden Einkünfte aus dem Kapital setzt also neu an.[205]

2. Welteinkommensprinzip

Dem Territorialitätsprinzip steht das Welteinkommensprinzip[206] gegenüber. Letzteres Prinzip konkretisiert das Nutzenprinzip dahingehend, dass auf den Gesamtnutzen[207] abgestellt wird, den ein Staat gewährt. Allerdings erweist sich diese Art der Anknüpfung als wenig praktikabel. Denn anders als beim Territorialitätsprinzip ist hier der konkrete Nutzen der staatlichen Leistungen mangels einer Kausalität zu den erzielten Einkünften eines Steuerpflichtigen nicht feststellbar, sondern bleibt zu vermuten.[208] Jenseits dessen wird das Leistungsfähigkeitsprinzip dahingehend konkretisiert, dass auf die weltweiten Einkünfte – also das Welteinkommen – abgestellt wird, um eine *gesamte* wirtschaftliche Leistungsfähigkeit einer Person oder eines Unternehmens festzustellen.[209] Auf die Belegenheit der Quelle von Einkünften – ob im Inland oder Ausland – kommt es nicht an. Sofern man diesem Prinzip folgt, wird dem Wohnsitzstaat ein fortdauerndes Recht auf die Einkünfte eines Inländers eingeräumt. Ein Steueranspruch erstreckt sich dabei auch auf solche Einkünfte, die sich aus dessen Einsatz als Kapital im Ausland ergeben. Mit anderen Worten erstreckt sich der Steueranspruch also auf die Einkünfte mehrerer Generationen ursprünglicher Einkünfte. Dem liegt der Gedanke zugrunde, dass die Einkünfte zweiter Generation aus dem Einsatz der Einkünfte erster Generation resultieren, welche ursprünglich im Wohnsitzstaat verdient worden sind.[210]

---

205 *K. Vogel*, in: Vogel (Hrsg.), DStJG 8 (1985), S. 3 (29 f.).

206 Auch „Totalitätsprinzip“, „Universalprinzip“ oder „Globalprinzip“ genannt (*H. Schaumburg*, in: Schaumburg (Hrsg.), Internationales Steuerrecht, 4. Aufl. 2017, Rn. 6.53).

207 Gemeint ist etwa die Nutzung von Erziehungs- und Bildungseinrichtungen, die Sicherung der Eigentums- und Wirtschaftsordnung, das Bemühen um innere und äußere Sicherheit, der Bau von Krankenhäusern und Straßen sowie die Gewährung von Umweltschutz (*K. Tipke*, Steuerrechtsordnung, Bd. I, 2. Aufl. 2000, S. 523).

208 *K. Tipke*, Steuerrechtsordnung, Bd. I, 2. Aufl. 2000, S. 523.

209 Vgl. *H. Schaumburg*, in: Lang (Hrsg.), FS Tipke, S. 125 (131, 133); *ders.*, in: Schaumburg (Hrsg.), Internationales Steuerrecht, 4. Aufl. 2017, Rn. 6.53, 6.58; kritisch zur Herleitung des Welteinkommensprinzips aus dem Leistungsfähigkeitsprinzip durch Addition von in- und ausländischen Einkünften *K. Vogel*, in: Kirchhof/Offerhaus/Schöberle (Hrsg.), FS Klein, S. 361 (364 ff.).

210 *K. Vogel*, in: Vogel (Hrsg.), DStJG 8 (1985), S. 3 (28).

3. Verhältnis der Prinzipien zueinander

Grundsätzlich wird allen Staaten nach dem allgemeinen Völkergewohnheitsrecht aus Art. 2 UN-Charta eine Gleichheit und territoriale Souveränität zugesprochen. Demnach darf jeder Staat grundsätzlich sämtliche Sachverhalte regeln, die in räumlicher *oder* sachlicher Hinsicht auf seinem Territorium erfolgen.[211] Sofern es sich hierbei um einen im Ausland verwirklichten Sachverhalt handelt, reicht es für die tatbestandliche Anknüpfung einer Regelung[212] aus, dass eine substantielle und hinreichende Verknüpfung (sog. *„genuine link"* oder *„sufficient connection"*) zum Inland besteht.[213] Das *Bundesverfassungsgericht* hat diese Völkerrechtslehre aufgegriffen und benennt in einer steuerrechtlichen Entscheidung als zulässige Anknüpfungspunkte für den erforderlichen genuine link die völkerrechtlichen Kriterien der Staatsangehörigkeit, Niederlassung, Wohnsitz oder Aufenthalt im Inland, die Verwirklichung eines Abgabentatbestands im Inland oder die Herbeiführung eines abgabenrechtlich erheblichen Erfolgs im Inland.[214] Für das Steuerrecht bedeutet dies, dass der Staat nicht daran gehindert ist, auf seinem Territorium Folgerungen aus Sachverhalten zur Begründung eines Steueranspruchs zu ziehen, die auf dem

---

211 *StIGH*, Urt. v. 07.09.1927, *„The Case of the S.S. ‚Lotus'"*, PCIJ Rh. A Nr. 10 (1927), S. 18 f.; *BFH*, Urt. v. 18.12.1963, Rs. I 230/61 S, BStBl. 1964 III, S. 253 (254); Urt. v. 16.12.1964, Rs. II 154/61 U, BStBl. 1965 III, S. 134 (135); *M. Lehner*, in: Gocke/Gosch/Lang (Hrsg.), FS Wassermeyer, S. 241 (244); *M. Valta*, Das Internationale Steuerrecht zwischen Effizienz, Gerechtigkeit und Entwicklungshilfe, S. 47; *V. Epping*, in: Ipsen (ehem. Hrsg.), Völkerrecht, 7. Aufl. 2018, § 7 Rn. 69 f.

212 Hierbei handelt es sich stets um eine Anknüpfung in *sachlicher* Hinsicht. Hoheitsakte die sich auf die Anknüpfung in *räumlicher* Hinsicht beschränken, unterliegen dem Grundsatz, dass kein Staat im Territorium eines anderen Staats diese Gewalt ausüben darf. Die Hoheitsgewalt ist insoweit strikt begrenzt (*V. Epping*, in: Ipsen (ehem. Hrsg.), Völkerrecht, 7. Aufl. 2018, § 7 Rn. 59 f. m.w.N.).

213 *IGH*, Urt. v. 06.04.1955, *„Nottebohm Case"*, ICJRep. 1955, S. 4 (23 ff.); Urt. v. 05.02.1970, *„Case Concerning the Barcelona Traction, Light and Power Company, Limited"*, ICJRep. 1970, S. 3 (52); *BVerfG*, Beschl. v. 22.03.1983, Rs. 2 BvR 475/78, BVerfGE 63, S. 343 (369); *B. Großfeld*, Basisgesellschaften im Internationalen Steuerrecht, S. 172 f.; *H.-J. v. Beckerath*, Der Durchgriff im deutschen Außensteuerrecht, S. 146; *R. Weber-Fas*, Staatsverträge im Internationalen Steuerrecht, S. 38; *M. Valta*, Das Internationale Steuerrecht zwischen Effizienz, Gerechtigkeit und Entwicklungshilfe, S. 47; *V. Epping*, in: Ipsen (ehem. Hrsg.), Völkerrecht, 7. Aufl. 2018, § 7 Rn. 71.

214 *BVerfG*, Beschl. v. 22.03.1983, Rs. 2 BvR 475/78, BVerfGE 63, S. 343 (369); vertiefend hierzu *V. Epping*, in: Ipsen (ehem. Hrsg.), Völkerrecht, 7. Aufl. 2018, § 7 Rn. 73 ff.

Territorium eines anderen Staats verwirklicht worden sind.[215] Völkerrechtlich sind somit das Territorialitätsprinzip und das Welteinkommensprinzip gleichrangig legitimiert.[216]

Ungeachtet dessen, könnte ein rechtliches Rangverhältnis der beiden Prinzipien dann angenommen werden, wenn sie in Anbetracht der sachspezifischen Herausforderungen des Internationalen Steuerrechts unterschiedlich „gerecht" wirken.[217] Bei einer erforderlichen Aufteilung eines Steueraufkommens können sich zwei grundsätzlich gleichrangige Staaten von jedoch unterschiedlicher wirtschaftlicher Stärke gegenüberstehen. Die hieraus resultierenden unterschiedlich starken Verhandlungspositionen der Staaten, die sich nicht zuletzt auch in der Einflussnahme auf die wirtschaftliche Entscheidungsfindung von Unternehmen auswirken können, lassen ein ungerechtes Verhalten – nämlich des wirtschaftlich stärkeren Staats – auch im zwischenstaatlichen Verhältnis befürchten. Auf horizontaler Ebene ist deshalb nach einer „zwischenstaatlichen Verteilungsgerechtigkeit" zu streben.[218] Vor diesem Hintergrund versteht *K. Tipke* die zwischenstaatliche Gerechtigkeit als Gewährleistung einer Vermeidung von Doppelbesteuerungen[219] im Wege der Zuordnung oder Verteilung des Steuerguts nach „sachgerechten, konsequent durchgeführten Regeln".[220] Ähnlich des Maßstabs im Rahmen der Ausgestaltung des Steuerrechts ergibt sich also auch bei der Erschließung der Steuerquellen der Maßstab aus einer Sachgerechtigkeit.

---

215 *G. Frotscher*, Internationales Steuerrecht, 4. Aufl. 2015, Rn. 42 f.

216 Vgl. *M. Lehner*, in: Gocke/Gosch/Lang (Hrsg.), FS Wassermeyer, S. 241 (245).

217 Klassisch erstreckt sich zwar der Begriff der „Gerechtigkeit" im Rahmen des öffentlichen Rechts aufgrund des typischen Über-/Unterordnungsverhältnisses nur auf eine Staat-Bürger-Beziehung (*M. Valta*, Das Internationale Steuerrecht zwischen Effizienz, Gerechtigkeit und Entwicklungshilfe, S. 44). Jedoch wird diese vertikale Betrachtungsweise um eine horizontale Dimension erweitert, sobald die betroffenen wirtschaftlichen Sachverhalte grenzüberschreitender Natur sind.

218 Vgl. *H. Flick*, in: FR 1961, S. 171 (172 f.); *K. Vogel*, in: Kirchhof/Offerhaus/Schöberle (Hrsg.), FS Klein, S. 361 (372).

219 Grenzüberschreitende Sachverhalte haben zufolge, dass Steuerpflichtige den Steueranspruch mehrerer Staaten genügen können. Sofern das gleiche Steuerobjekt im gleichen Besteuerungszeitraum von mehreren Hoheitsträgern mit einer gleichartigen Steuer belastet wird, entsteht eine eben solche Doppelbesteuerung zulasten des Steuerpflichtigen (vertiefend zum Begriff der Doppelbesteuerung *H. Schaumburg*, in: Schaumburg (Hrsg.), Internationales Steuerrecht, 4. Aufl. 2017, Rn. 15.1 ff.).

220 *K. Tipke*, Steuergerechtigkeit in Theorie und Praxis, S. 120.

Um die „Sachgerechtigkeit" des Internationalen Steuerrechts herausfinden zu können, muss auf die Natur der Sache bzw. Sachlogik abgestellt werden, welche diesem Rechtsgebiet erst seinen Sinn gibt. Wie von *Tipke* angedeutet, muss es die Aufgabe des Internationalen Steuerrechts sein, das Grundproblem der Doppelbesteuerung sachgerecht zu lösen. Zwecks jener „sachgerechten Lösung" gestaltet sich das Internationale Steuerrecht nebst bilateralen[221] vor allem auch durch unilaterale[222] Maßnahmen aus.[223] Da sich das Internationale Steuerrecht allerdings statt in einem monistischen System vielmehr in mehreren Steuergesetzen ansiedelt und jeweils die grenzüberschreitenden Sachverhalte des jeweiligen Gesetzes regelt, ist es insoweit als Annex des nationalen Steuerrechts zu verstehen und ordnet sich dessen unter. Dies hat zufolge, dass sich das Internationale Steuerrecht auch nach den Wertungen des jeweiligen Steuergesetzes bemisst und nach dessen Sachgesetzlichkeiten ausgelegt werden muss.[224] Bei Fiskalzwecknormen erfordert die Regelung zur zwischenstaatlichen Aufteilung des Steueraufkommens – als Aufgabe des Internationalen Steuerrechts – somit die Berücksichtigung des Leistungsfähigkeitsprinzips – als Vergleichsmaßstab des Gleichheitssatzes[225]. Eine „sachgerechte Lösung" ist somit darin zu sehen, dass die Vermeidung von Doppelbesteuerungen im Lichte der verfassungsrechtlichen Werteordnung unter Gewährleistung der Gleichbehandlung der Steuerpflichtigen zu erfolgen hat.

a) Erwägungen zur Gleichheit von Steuerpflichtigen

Bei der Feststellung der Leistungsfähigkeit kann grundsätzlich zwischen Steuerinländern und Steuerausländern unterschieden werden. Diese beiden Personengruppen unterliegen aufgrund ihrer unterschiedlichen Ansässigkeit grundsätzlich unterschiedlichen Umständen und erscheinen damit als „ungleich".[226] Für die Untersuchung, wonach sich der Vergleichsmaßstab der

---

221 Die „*bilateralen*" Maßnahmen manifestieren sich vor allem in Form eines Doppelbesteuerungsabkommens (kurz: „DBA").

222 Die „*unilateralen*" Maßnahmen beschreiben einseitige Regelungen innerhalb nationaler Vorschriften.

223 *H. Schaumburg*, in: Schaumburg (Hrsg.), Internationales Steuerrecht, 4. Aufl. 2017, Rn. 17.40.

224 *H. Schaumburg*, in: Schaumburg (Hrsg.), Internationales Steuerrecht, 4. Aufl. 2017, Rn. 2.1.

225 Siehe zur Bedeutung des Gleichheitssatzes hinsichtlich der Sachgesetzlichkeit im Rahmen der *Ausgestaltung* des Steuerrechts Fn. 193.

226 Vgl. *H. Debatin*, in: FR 1969, S. 277 (280).

Leistungsfähigkeit konkret zu bestimmen hat, kann sich somit auf die Personengruppe der Steuerinländer konzentriert werden. In diesem Rahmen wird *zum einen* vertreten, es sei auf die gesamte Leistungsfähigkeit – also sowohl inländischer als auch ausländischer Einkünfte – der Steuerinländer abzustellen.[227] Es wird somit das Welteinkommensprinzip verfolgt. Dem liegt der Gedanke zugrunde, dass „Gleiches ungleich" behandelt werde, sofern ein Staat Inländer mit Auslandseinkünften niedriger besteuern würde, als Inländer mit insgesamt ebenso hohen inländischen Einkünften.[228] Dem begegnet die insbesondere von *K. Vogel* geprägte *Gegenmeinung* im Kern mit dem Argument, der Ansatz einer gesamten Leistungsfähigkeit verkenne, dass sich der im Ausland investierende Steuerinländer typischerweise anderen Rahmen- und Standortbedingungen aussetze als der im Inland investierende Steuerinländer. Zu denken sei vor allem an die höheren Risiken, die mit einer geringeren Steuerlast typischerweise einhergingen. Namentlich sei an niedrigere öffentliche Leistungen sowie besondere gesellschaftliche und politische Verhältnisse zu denken.[229] Die Einkünfte im Ausland seien somit nicht ohne Weiteres mit Einkünften aus dem Inland zu vergleichen und ließen keinen Schluss auf eine vergleichbare Leistungsfähigkeit zu. Vielmehr sei die Einkünfteerzielung im In- und Ausland wesentlich ungleich. Mithin müsse für den gleichheitsrelevanten Vergleichsmaßstab zwischen in- und ausländischer Leistungsfähigkeit differenziert werden.[230] Diesem Ansatz liegt das Territorialitätsprinzip zugrunde.

Auch wenn die Kritik der Literatur an der Ergründung der Leistungsfähigkeit im Lichte des Welteinkommensprinzips nachvollziehbar erscheint, so wird jedoch lediglich über den *Ausgangspunkt* zur Feststellung der Leistungsfähigkeit geurteilt. Denn während das Welteinkommensprinzip auf die faktische Leistungsfähigkeit eines Steuerinländers direkt abstellt, versucht jene

---

227 *H. Debatin*, in: FR 1969, S. 277 (278); *Th. Menck*, in: Engelschalk/Flick/Gnazzo/Menck/Piedrabuena/Costa (Bearb.), Steuern auf ausländische Einkünfte, S. 28 (33).

228 *O. Gandenberger*, in: Vogel (Hrsg.), DStJG 8 (1985), S. 119 (133); *Th. Menck*, in: Engelschalk/Flick/Gnazzo/Menck/Piedrabuena/Costa (Bearb.), Steuern auf ausländische Einkünfte, S. 28 (33).

229 *K. Vogel*, in: Kirchhof/Offerhaus/Schöberle (Hrsg.), FS Klein, S. 361 (374); *H. Schaumburg*, in: Lang (Hrsg.), FS Tipke, S. 125 (130).

230 *K. Vogel*, in: Vogel (Hrsg.), DStJG 8 (1985), S. 3 (26 f.); *ders.*, in: Kirchhof/Offerhaus/Schöberle (Hrsg.), FS Klein, S. 361 (374 f.); *B. Lornsen*, Unilaterale Maßnahmen der Bundesrepublik Deutschland zur Ausschaltung der internationalen Doppelbesteuerung bei der Einkommen- und Körperschaftsteuer, S. 44; *H. Schaumburg*, in: Lang (Hrsg.), FS Tipke, S. 125 (130).

Auffassung des Territorialitätsprinzips die Leistungsfähigkeit über das Nutzenprinzip zu ergründen. Unterstellt man die unterschiedlichen Ausgangspunkte zum Verständnis jener „Leistungsfähigkeit“ allerdings als alternative Prämissen, so sind beide Prinzipien gleichsam schlüssig hinsichtlich ihrer rechtlichen Bewertung zur Gleichbehandlung der Steuerpflichtigen und insoweit weder ausdrücklich falsch noch alternativlos richtig. Grundsätzlich spricht im Ergebnis jedoch noch ein weiteres Argument für jene Meinung, die dem Territorialitätsprinzip zugrunde liegt. Denn stellt ein Staat im Sinne des Welteinkommensprinzips sowohl bei Inländern mit inländischen Einkünften als auch bei Inländern mit Auslandseinkünften auf die gesamte Leistungsfähigkeit ab, obwohl nur im ersten Fall die gleichwertige gesamte öffentliche Leistung diesem Maßstab gegenübersteht und keine weiteren Steuerpflichten zu befürchten sind, während im zweiten Fall eine Doppelbesteuerung droht, so wird hierdurch eine ungleiche Behandlung der Steuerpflichtigen erst begründet. Doch auch diesem Argument einer Ungleichbehandlung im Rahmen des Welteinkommensprinzips wird in der Praxis sowohl bei bilateralen[231] als auch unilateralen[232] Maßnahmen die Bedeutung genommen, indem inländische Steuern auf die ausländischen Einkünfte angerechnet werden (sog. „Anrechnungsmethode“) oder ausländische Einkünfte bei den weltweiten Einkünften von vornherein unberücksichtigt bleiben (sog. „Freistellungsmethode“).[233] Im Rahmen der Anrechnungsmethode wird dafür gesorgt, dass zumindest das inländische Steuerniveau unabhängig von der Herkunft der Einkünfte angewendet wird. Die Freistellungsmethode hat zufolge, dass die im Ausland erzielten Einkünfte nach Maßgabe des ausländischen Steuerniveaus besteuert werden.[234] Während die Freistellungsmethode wiederum der Verwirklichung des Territorialitätsprinzips dient und insoweit mit dem Welteinkommensprinzip kombiniert wird,[235] unterstreicht die Anrechnungsmethode steuersystematisch das Welteinkommensprinzip.[236] Folgerichtig fragt sich somit wiederum, welches dieser

---

231 Vertiefend hierzu *H. Schaumburg/N. Häck*, in: Schaumburg (Hrsg.), Internationales Steuerrecht, 4. Aufl. 2017, Rn. 19.1 ff.

232 Vertiefend hierzu *H. Schaumburg*, in: Schaumburg (Hrsg.), Internationales Steuerrecht, 4. Aufl. 2017, Rn. 18.1 ff.

233 *J. Lang*, in: StuW 2011, S. 144 (148).

234 *O.H. Jacobs/D. Endres/Ch. Spengel*, in: Jacobs (Begr.), Internationale Unternehmensbesteuerung, 8. Aufl. 2016, S. 19 f.

235 *H. Schaumburg*, in: Lang (Hrsg.), FS Tipke, S. 125 (131); *ders.*, in: Schaumburg (Hrsg.), Internationales Steuerrecht, 4. Aufl. 2017, Rn. 17.18, 17.22.

236 *H. Schaumburg*, in: Schaumburg (Hrsg.), Internationales Steuerrecht, 4. Aufl. 2017, Rn. 17.17, 17.29.

Methoden der verfassungsrechtlichen Werteordnung unter Gewährleistung der Gleichbehandlung der Steuerpflichtigen am ehesten entspricht und insoweit sachgerechter bzw. rechtlich vorrangig ist. Aufgrund der grundlegenden Wirtschaftsnähe des Steuerrechts sind hierzu wirtschaftspolitische – namentlich wettbewerbspolitische – Erwägungen einzubeziehen.

Der Begriff der „Gleichheit" unter wettbewerbspolitischen Erwägungen wird geprägt vom Begriff der „Wettbewerbsneutralität" des Staats gegenüber den Steuerpflichtigen. Wie der Begriff der „Wettbewerbsneutralität" zu verstehen ist, wird jedoch im Lichte der Methoden unterschiedlich beantwortet. Hierbei ist zwischen der Kapital*export*neutralität und Kapital*import*neutralität zu unterscheiden. Bei der Anrechnungsmethode kann dem inländischen Investor egal sein, ob er sein Kapital im Inland oder im Ausland investiert. Die Steuerlast bemisst sich stets nach dem Besteuerungsniveau des Ansässigkeitsstaats (sog. „Kapitalexportneutralität"). Bei der Freistellungsmethode bleiben die ausländischen Einkünfte im Ansässigkeitsstaat steuerfrei. Wirtschaftliche Aktivitäten im Ausland unterliegen nur dem ausländischen Steuerniveau (sog. „Kapitalimportneutralität").[237] Es lässt sich feststellen, dass der Schaffung einer Kapitalimportneutralität das Territorialitätsprinzip zugrunde liegt, während die Kapitalexportneutralität auf dem Welteinkommensprinzip basiert. Während die Kapitalexportneutralität eine Gleichheit zwischen den Investoren in dessen Ansässigkeitsstaat anstrebt, verfolgt die Kapitalimportneutralität eine Gleichheit zwischen den Investoren im Quellenstaat, wo die Einkünfte entstanden sind. Vor dem Hintergrund der sachgerechten Lösung einer Vermeidung von Doppelbesteuerungen im Lichte der verfassungsrechtlichen Werteordnung unter Gewährleistung der Gleichbehandlung der Steuerpflichtigen erscheinen die gegensätzlichen Verständnisse somit gleichrangig legitim. Es kann somit festgehalten werden, dass ein rechtliches Rangverhältnis beider Methoden und schlussendlich des angepassten Welteinkommensprinzips gegenüber dem Territorialitätsprinzip nicht besteht.

b) Wettbewerbspolitische Erwägungen zwischen den Staaten

Jenseits der rechtlichen Bewertung, welche sich im Ergebnis auf eine wettbewerbspolitische Erwägung zum Steuerpflichtigen beschränkt, ist nunmehr subsidiär danach zu fragen, ob sich der Vorrang eines Prinzips aus jenen rein

---

237 *L. Gerken/J. Märkt/G. Schick*, Internationaler Steuerwettbewerb, S. 161; *C. Pinto*, Tax Competition and EU Law, S. 327; *O.H. Jacobs/D. Endres/Ch. Spengel*, in: Jacobs (Begr.), Internationale Unternehmensbesteuerung, 8. Aufl. 2016, S. 19 f.

wettbewerbspolitischen Erwägungen herleiten lässt, die das *zwischenstaatliche* Verhältnis adressieren. Dass im Steuerrecht ein solcher Wettbewerb zwischen Staaten überhaupt existiert, wird zum Teil in der *Literatur* bestritten. So wird eingewendet, es herrsche kein Wettbewerb zwischen Staaten, da kein „Markt der Staaten" existiere.[238] Ferner handele der Gesetzgeber nach den Grundsätzen der Autonomie, statt des Wettbewerbs. Denn gleich der Autonomie werde nach innen geblickt, indem die demokratischen Bedürfnisse der eigenen Wähler berücksichtigt werden.[239] Dem ist zu widersprechen. Staaten konkurrieren untereinander vor allem um Investoren, womit grundsätzlich ein „internationaler Standortwettbewerb" entsteht.[240] So werden sogar von verschiedenen Instituten Listen erstellt, die über die Wettbewerbsfähigkeit einzelner Staaten berichten.[241] Insoweit wird wie bei einem gewöhnlichen Wettbewerb auch bei der Steuergesetzgebung *nach außen* geschaut und das Steuersystem konkurrierender Staaten berücksichtigt, um vor allem Investoren durch bessere rechtliche Rahmenbedingungen einen steuerlichen Anreiz zur Investition zu geben.[242] Insbesondere Unternehmen treffen ihre wirtschaftliche Entscheidung zur Investition in die jeweiligen Märkte der Staaten unter anderem unter der Berücksichtigung von steuerlichen Bedingungen.[243] Um den eigenen Markt gegenüber den Investoren attraktiv zu gestalten, unterliegen die Staaten somit stets einem internationalen Anpassungsdruck auch im Lichte einer effizienten Besteuerung.[244] Mit der fortwährenden Ausdehnung grenzüberschreitender Unternehmenstätigkeiten aufgrund der zunehmenden weltwirtschaftlichen Integration und Globalisierung gewinnt dieser zwischenstaatliche (Steuer-) Wettbewerb zunehmend an Bedeutung.[245]

---

238 *Ch. Seiler*, in: Verhandlungen des 66. Deutschen Juristentages, Bd. I, S. F7 (F15).

239 *P. Kirchhof*, Der sanfte Verlust der Freiheit, S. 38 f.

240 *V. Mehde*, Wettbewerb zwischen Staaten, S. 47.

241 Zum Beispiel das *International Institute for Management Development* mit dem „World Competitiveness Yearbook" sowie das *World Economic Forum* mit dem „Global Competitiveness Report".

242 Siehe zum volkswirtschaftlichen Effekt einer Investition *4. Teil* GldPkt. B I 1 b).

243 *V. Mehde*, Wettbewerb zwischen Staaten, S. 67 f.; *J. Lang*, in: Spindler/Tipke/Rödder (Hrsg.), FS Schaumburg, S. 45 (50).

244 *Deutscher Juristentag e.V.*, in: Verhandlungen des 66. Deutschen Juristentages, Beschlüsse, S. 25 (25 – Rn. 3).

245 *M. Rodi*, in: StuW 2008, S. 327 (327 f.); *J. Lang*, in: Spindler/Tipke/Rödder (Hrsg.), FS Schaumburg, S. 45 (49); *J. Hey*, in: Tipke/Lang (Hrsg.), Steuerrecht, 23. Aufl. 2018, § 7 Rn. 71; vgl. auch *M.E. Streit/D. Kiwit*, in: Streit/Wohlgemuth (Hrsg.), Systemwettbewerb als Herausforderung an Politik und Theorie, S. 13 (13); *B. Kohler-Koch*,

Bei der Anrechnungsmethode bzw. einer Kapitalexportneutralität wird den staatlichen Steueranreizen von Anfang an der Wind aus den Segeln genommen. Das Steuergefälle zwischen Quellen- und Ansässigkeitsstaat wird egalisiert, da der Steuerpflichtige im Ergebnis mit der höheren Steuerpflicht des Ansässigkeitsstaats belastet wird. Ein Steuerwettbewerb ist somit nicht möglich. Das Gegenteil ist bei der Freistellungsmethode der Fall. Eine niedrigere Besteuerung im Investitionsstaat bleibt bei einer Kapitalimportneutralität erhalten. Steuerliche Ersparnisse könnten somit für eine Investition im Ausland sprechen. Welchem dieser beiden klassischen Besteuerungsmodelle ein Vorrang einzuräumen ist, hängt mithin von der wirtschaftspolitischen Bedeutung eines zwischenstaatlichen Steuerwettbewerbs ab. Jene Bedeutung des zwischenstaatlichen Steuerwettbewerbs bemisst sich wiederum maßgeblich nach dem Verständnis und der Funktion des Staats als Akteur dieses Wettbewerbs.

aa) Der Staat: Ein Leviathan

Im Jahre 1651 prägte *Th. Hobbes* in diesem Zusammenhang das Bild des sog. „*Leviathan-Staats*", welches im Schrifttum noch immer breite Zustimmung findet.[246] Hierbei betonte er das Ausmaß der staatlichen Macht und die damit einhergehende Gefahr einer zu großen Machtfülle bei fehlender oder unzureichender politischer Kontrolle.[247] Das *Schrifttum* folgert aus dieser Übermacht, dass der Staat über die Besteuerung von Einkommen und Gewinnen weniger das Ziel einer Wohlfahrtsmaximierung, sondern eher das der Maximierung staatseigener Einnahmen verfolge.[248] Dem Steuerpflichtigen fehle es insoweit an einem wirksamen Mechanismus, wie zum Beispiel in Form von

---

in: Lutz (Hrsg.), FS Röhrich, S. 189 (193); *V. Mehde*, Wettbewerb zwischen Staaten, S. 51, 72; vertiefend zum Phänomen der Globalisierung im Zusammenhang mit dem Wettbewerb der Steuersysteme *R. Windisch*, in: Andel (Hrsg.), Probleme der Besteuerung II, S. 127 (127 ff.).

246 Der „Leviathan" stellt ein biblisches Seeungeheuer aus dem alten Testament dar, welches im Buch Hiob (Kap. 40 und 41) als das stärkste und unbändigste Tier gilt (vertiefend hierzu *C. Schmitt*, Der Leviathan in der Staatslehre des Thomas Hobbes, S. 9 ff.).

247 *Th. Hobbes*, Leviathan, or the Matter, Forme, and Power of a Common-Wealth Ecclesiastical and Civil, insb. S. 101 ff. – Kap. XX, XXI.

248 *G. Brennan/J.M. Buchanan*, in: JPE 8 (1977), S. 255 (258); *W.A. Niskanen*, in: Winer/Shibata (Hrsg.), Political Economy and Public Finance, S. 111 (114); *St. Homburg*, Allgemeine Steuerlehre, 7. Aufl. 2015, S. 312; a.A.: Der Staat sei ein rationaler Akteur, der seine Entscheidungen fehlerfrei i.S.d. Interesses seiner Bürger treffe (*H.-W. Sinn*, in: Oberhauser (Hrsg.), Fiskalföderalismus in Europa, S. 9 (11)).

Sanktionen, um eine drohende Ausbeutung zu verhindern. Insbesondere der Mechanismus von politischen Wahlen sei als nicht ausreichend zu erachten.[249] Dem Staat komme insoweit eine „Monopolstellung" hinsichtlich der Machtausübung zu, die im Über-/Unterordnungsverhältnis schwer zu lösen sei.[250] Zugegeben, ist dieses aufgezeigte Bild des Staats als biblisches Ungeheuer als überzogene Schwarzmalerei kritikwürdig. Allerdings ist der Kernaussage dieser polarisierenden These von *Hobbes* und den Schlussfolgerungen des Schrifttums zuzustimmen. So hat der nicht zwangsläufig demokratisch legitimierte Interessenpluralismus, dem sich jeder Staat zu stellen hat, zufolge, dass aus sich heraus die Förderung der Wohlfahrt als primäres Ziel nicht ohne Weiteres gewährleistet ist. Um insoweit eine höhere Effizienzstufe zu erreichen, kommt dem zwischenstaatlichen (Steuer-)Wettbewerb eine wichtige Funktion zu, um den „Leviathan zu zähmen"[251].

bb) Funktionen und Effekte eines Steuerwettbewerbs

Mit dem Phänomen des zwischenstaatlichen Steuerwettbewerbs geht der Begriff eines „Wettbewerbs der Steuersysteme" einher.[252] Dieser beschreibt die Funktion eines Steuerwettbewerbs dahingehend, dass sich eine selbständige Harmonisierung der unterschiedlichen Steuersysteme hin zum besten konzeptionellen Steuerniveau mittels eines *Disziplinierungseffekts* gegenüber den Staaten generiert.[253] Unterstellt man dem Staat als Leviathan einen Hang zum Machtmissbrauch, so kann neben dem nur sporadischen Mechanismus von politischen Wahlen mit jenem Steuerwettbewerb die demokratische

---

249 *D. Brümmerhoff/Th. Büttner*, Finanzwissenschaft, 12. Aufl. 2018, S. 183.

250 Vgl. *G. Brennan/J.M. Buchanan*, in: JPE 8 (1977), S. 255 (258 f.); *W.A. Niskanen*, in: Winer/Shibata (Hrsg.), Political Economy and Public Finance, S. 111 (112 f.).

251 So die Formulierung von *St. Sinn*; Originalbezeichnung: „The Taming of Leviathan" (*St. Sinn*, in: CPE 3 (1992), S. 177 (177)).

252 *Deutscher Juristentag e.V.*, in: Verhandlungen des 66. Deutschen Juristentages, Beschlüsse, S. 25 (25 – Rn. 3); *J. Lang*, in: Spindler/Tipke/Rödder (Hrsg.), FS Schaumburg, S. 45 (49); *ders.*, in: StuW 2011, S. 144 (148); *J. Hey*, in: Tipke/Lang (Hrsg.), Steuerrecht, 23. Aufl. 2018, § 7 Rn. 71.

253 Vgl. *Ch.M. Tiebout*, in: JoPE 64 (1956), S. 416 (423); *P. Salin*, in: Siebert (Hrsg.), Reforming Capital Income Taxation, S. 198 (203); *J.M. Buchanan/D.R. Lee*, in: JEEH 5 (1994), S. 219 (229); *B. Huber*, in: ListForum 23 (1997), S. 242 (251); *C. Pinto*, in: Intertax 1998, S. 386 (387); hierzu auch *N. Herzig*, in: Lehner (Hrsg.) DStJG 19 (1996), S. 121 (122); *W. Schön*, in: Pelka (Hrsg.), DStJG 23 (2000), S. 191 (199); *J. Hey*, in: Dillmann/Laier/Lammel/Reimer/Schmitz (Hrsg.), Münchener Schriften zum Internationalen Steuerrecht 27 (2007), S. 295 (296).

Legitimation der konkreten Ausgestaltung des Steuersystems gestärkt werden.[254] Zunächst wird den im Inland Ansässigen neben der politischen Meinungsbildung anhand ihrer Wahlstimme (sog. „Voice"-Mechanismus) durch die Möglichkeit eines Wegzugs aus dem Staat (sog. „Exit"-Mechanismus) ein weiteres Abstimmungsmittel – nämlich mit den Füßen – an die Hand gegeben, um über die Eignung der Steuerbelastung im Lichte des Standortwettbewerbs zu urteilen.[255] Darüber hinaus erstreckt sich letzterer Mechanismus auch auf die im Ausland Ansässigen. So können auch diese durch einen Zuzug in den Staat über die Eignung des Standorts unter Einbeziehung der Steuerbelastung urteilen. Die Staaten können somit optimalerweise[256] dazu angehalten sein, ein Gleichgewicht zwischen den angebotenen staatlichen Leistungen und dem Besteuerungsniveau herzustellen. Durch den Druck zur Vermeidung überhöhter Steuerbelastungen im Vergleich zu anderen Staaten, wird die Effizienz der öffentlichen Verwaltung automatisch kontrolliert.[257]

Dieser Effekt der effizienten Steuergestaltung führt zu dem weiteren Vorteil einer langfristigen Steuersenkung und Entlastung von Unternehmen. Dieser *Kostenentlastungseffekt* gegenüber den Unternehmen spricht insbesondere für einen Steuerwettbewerb innerhalb eines durch einen völkerrechtlichen Staatenverbund begründeten einheitlichen Wirtschaftraum – wie jenem der EU.

---

254 *M.E. Streit/D. Kiwit*, in: Streit/Wohlgemuth (Hrsg.), Systemwettbewerb als Herausforderung an Politik und Theorie, S. 13 (24 f.).

255 *D. Wellisch*, Dezentrale Finanzpolitik bei hoher Mobilität, S. 9; *F.W. Scharpf*, in: Schenk/Schmidtchen/Streit/Vanberg (Hrsg.), JNPÖ 17 (1998), S. 41 (47); *M. Valta*, Das Internationale Steuerrecht zwischen Effizienz, Gerechtigkeit und Entwicklungshilfe, S. 171; vgl. auch *I.B.A. Adamovich/M. Wohlgemuth*, in: Streit/Wohlgemuth (Hrsg.), Systemwettbewerb als Herausforderung an Politik und Theorie, S. 123 (123); grundlegend zu dem Verhaltensmodell im Falle einer Exit-Option *A.O. Hirschman*, Exit, Voice and Loyalty, S. 21 ff.

256 Siehe zum Problem der selbständigen Regulierung eines insoweit „funktionierenden" Steuerwettbewerbs und dem Phänomen eines „schädlichen" Steuerwettbewerbs *4. Teil* GldPkt. A I 4.

257 *J.M. Buchanan/D.R. Lee*, in: JEEH 5 (1994), S. 219 (229); *J.A.M. Klaver/A.J.M. Timmermans*, in: ECTRev. 8 (1999), S. 185 (190); *H.J. Ault*, in: Kirchhof/Lehner/Raupach/Rodi (Hrsg.), FS Vogel, S. 1117 (1118); *L. Gerken/J. Märkt/G. Schick*, Internationaler Steuerwettbewerb, S. 156; *N. Zorn*, in: Pelka (Hrsg.), DStJG 23 (2000), S. 227 (257); *V. Halsch*, in: Lüdicke (Hrsg.), Tendenzen der Europäischen Unternehmensbesteuerung, S. 1 (9); *C. Pinto*, Tax Competition and EU Law, S. 51; vgl. auch *A. Razin/E. Sadka*, in: Siebert (Hrsg.), Reforming Capital Income Taxation, S. 155 (159); *C. Pinto*, in: Intertax 1998, S. 386 (387).

Denn indem eine effiziente Steuersenkung gewährleistet wird, können eben solche einheitlichen Wirtschafträume gegenüber anderen großen Märkten konkurrenzfähig bleiben.[258]

Als weitere Funktion des Steuerwettbewerbs kann angeführt werden, dass die Schaffung von Steueranreizen auch die Möglichkeit schafft, Struktur- und Entwicklungsprobleme eines Landes zu lösen. So kann ein attraktives Besteuerungsniveau natürliche Standortnachteile von Staaten ausgleichen und Investoren anlocken. Durch die Aufkommensmaximierung kann sodann das Angebot staatlicher Leistungen, zum Beispiel durch den Ausbau von Infrastruktur, gefördert werden.[259] Ein Steuerwettbewerb kann somit auch zu einem *Förderungseffekt* gegenüber wirtschaftlichen Standorten führen.

cc) Kritik und Stellungnahme

Nebst einer volkswirtschaftlich geprägten Diskussion der Gefahr eines schädlichen Steuerwettbewerbs, auf die im Verlaufe dieser Arbeit an gebotener Stelle noch vertieft einzugehen ist,[260] wird gegen den Steuerwettbewerb eine praktische Erwägung eingewandt. So bestehe die Möglichkeit, dass jene aus dem Steuerwettbewerb resultierenden Steuervorteile von multinational tätigen Unternehmen ausgenutzt werden, obwohl eine entsprechende Standortbezogenheit zu dem betroffenen Staat nicht hinreichend festgestellt werden könne. Denn je unklarer der Zusammenhang zwischen der Nutzung der staatlichen Infrastruktur zum erwirtschafteten Gewinn sei, desto weniger eindeutig könne eine territoriale Abgrenzung schließlich erfolgen.[261] Auch wenn dieses Problem – vor allem bei mobilen Einkünften[262] – nicht von der Hand zu weisen ist, so betrifft es ungeachtet der Ausnutzung eines Steuerwettbewerbs jedoch die Verteilung von Steuersubstrat an sich – sowohl im Rahmen der Anrechnungsmethode als auch der Freistellungsmethode. Dem Problem eines hinreichenden Verteilungsmaßstabs den Rücken zu kehren, indem auf beide Methoden

---

258 *J. Hey*, Harmonisierung der Unternehmensbesteuerung in Europa, S. 104.

259 *M.J. Ellis*, in: ET 2000, S. 414 (416); *J.A.M. Klaver/A.J.M. Timmermans*, in: ECTRev. 8 (1999), S. 185 (187 f.).

260 Siehe hierzu *4. Teil* GldPkt. A I.

261 *J. Hey*, in: Tipke/Seer/Hey/Englisch (Hrsg.), FS Lang, S. 133 (159).

262 Vertiefend zur konkreten Gestaltungsstrategie von US-Konzernen in der EU zur Verlagerung von erwirtschafteten Gewinnen aus mobilen Einkünften *E.D. Kleinbard*, in: TNI 68 (2012), S. 499 (501 ff.); *R. Pinkernell*, in: StuW 2012, S. 369 (370 ff.); *ders.*, in: IStR-LB 11/2013, S. 59 (59 ff.); *ders.*, Internationale Steuergestaltung im Electronic Commerce, S. 117 ff.

verzichtet und von einem unbeschränkten Welteinkommensprinzip ausgegangen wird, erscheint schon mit der verfassungsrechtlichen Werteordnung – wie bereits festgestellt – nicht vereinbar.[263] Vielmehr muss sich darum bemüht werden, hinreichend genaue Kriterien für eine angemessene Aufteilung des Steuersubstrats zwischen den Staaten zu finden.[264]

Zwecks dessen und gegen die praktische Erwägung führt *Vogel* ein nutzentheoretisches Argument an. So müsse eine vollständige Würdigung des steuerlichen Zugriffs im Auge behalten, dass die Besteuerung stets darauf angelegt sei, der betroffenen Gemeinschaft der Steuerzahler öffentliche Güter zur Verfügung zu stellen.[265] Namentlich führt er aus, ein Investor, der die Infrastrukturleistung und Rechtsordnungen sowie den Markt des Landes in Anspruch nehme, in dem sich die Einkünfte erzielen, solle eben auch diesem Leistungsanbieter eine entsprechende Finanzbeschaffung gewähren.[266] *Gegen* jenen Fokus auf den Quellenstaat wird eingewandt, dass zeitgleich im Ansässigkeitsstaat des Investors unberücksichtigte Staatsleistungen wahrgenommen werden, die dem Privatleben des Inverstors zuzuordnen seien.[267] Überdies spreche gegen *Vogel*'s Ansatz, er unterstelle, dass der Produktionsstandort mit dem Absatzmarkt regelmäßig zusammenfiele, womit Geschäfts- und Organisationsstrukturen grenzüberschreitend tätiger Unternehmen gänzlich unberücksichtigt blieben.[268]

Gegen die Kritik Leistungen im Ansässigkeitsstaat blieben unberücksichtigt, führt *Vogel* zurecht an, dass diese vom betroffenen Staat mittels einer indirekten Steuer abgeschöpft werden können.[269] Um den Einwand grenzüberschreitender Tätigkeiten multinationaler Unternehmen Rechnung zu tragen, bedarf der Ansatz *Vogel*'s allerdings in seiner Formulierung einer Konkretisierung bzw. Korrektur. Namentlich ist nicht auf die Erzielung, sondern vielmehr auf die *Begründung*[270] von Einkünften

---

263 Siehe hierzu *1. Teil* GldPkt. B IV 3 a).

264 Siehe zum entsprechenden Ansatz dieser Arbeit *6. Teil* GldPkt. B.

265 *K. Vogel*, in: Intertax 1988, S. 310 (313 f.); *ders.*, in: StuW 1993, S. 380 (387).

266 *K. Vogel*, in: Vogel (Hrsg.), DStJG 8 (1985), S. 3 (27).

267 So wohl *BFH*, Beschl. v. 14.04.1993, Rs. I R 29/92, BStBl. 1994 II, S. 27 (29); *H. Debatin*, in: FR 1969, S. 277 (278 f.).

268 *O.H. Jacobs/D. Endres/Ch. Spengel*, in: Jacobs (Begr.), Internationale Unternehmensbesteuerung, 8. Aufl. 2016, S. 31.

269 *K. Vogel*, in: Vogel (Hrsg.), DStJG 8 (1985), S. 3 (27).

270 Siehe zur konkreten Bestimmung des Begriffs der „Begründung“ *6. Teil* GldPkt. B II 2 a).

abzustellen.[271] Eben dieser Prozess bedarf regelmäßig der Inanspruchnahme von wesentlichen staatlichen Leistungen und begründet den nach zutreffender Auffassung von *Vogel* vertretenen nutzentheoretischen Steueranspruch eines Staats. Es muss somit der Grundsatz gelten: Wer die inländischen öffentlichen Leistungen eines Staats nutzt, um Einkünfte zu *begründen*, soll auch eben in diesem Staat entsprechende Steuern zahlen.[272] Wo die Einkünfte im Endeffekt tatsächlich *entstanden* sind, bleibt zweitrangig, da dies wiederum mittels indirekter Steuern zulasten des Endverbrauchers berücksichtigt werden kann. In anderen Worten muss der Fokus auf dem Produktionsstandort und nicht auf dem Absatzmarkt liegen. Eben jenen nutzentheoretischen Ansatz zur globaläquivalenten Rechtfertigung einer Besteuerung lassen nunmehr auch die *OECD* im Rahmen ihrer Abschlussberichte zu einem Aktionsplan zur Bekämpfung einer Gewinnverkürzung und Gewinnverlagerung sowie die *EU* in ihrer aktuellen wirtschaftspolitische Entwicklung und ihren legislativen Maßnahmen erkennen.[273] Hierauf wird in dieser Arbeit an gebotener Stelle noch vertiefend einzugehen sein.[274]

---

271 So auch *E.C.C.M. Kemmeren*, in: ECTRev. 21 (2012), S. 157 (159); *ders.*, in: Jochum/Essers/Lang/Winkeljohann/Wimann (Hrsg.), FS Mössner, S. 163 (170).

272 So auch *E.C.C.M. Kemmeren*, in: ECTRev. 21 (2012), S. 157 (159); *ders.*, in: Jochum/Essers/Lang/Winkeljohann/Wimann (Hrsg.), FS Mössner, S. 163 (170); vgl. auch *J. Hey*, in: Tipke/Seer/Hey/Englisch (Hrsg.), FS Lang, S. 133 (159); a.A. *W. Schön*, in: BIT 2015, S. 271 (275).

273 Ferner unterstreicht auch die im *OECD*-Musterabkommen (kurz: „OECD-MA") für bilaterale Maßnahmen vorgeschlagene Vereinbarung zur Verteilung von Lizenzgebühren diesen Ansatz. Zwar wird gem. Art. 12 Abs. 1 OECD-MA angeregt, die Lizenzgebühren eben im Ansässigkeitsstaat jener Gesellschaft zu besteuern, die als Lizenzgeber auftritt. Jedoch liegt dieser Regelung der Gedanke zugrunde, dass der Markt des Quellenstaats nur zur Nutzungsüberlassung der Lizenzen genutzt werde. Hinsichtlich der Kosten für die Forschung und Entwicklung (kurz: „F&E") der Lizenz wird angenommen, dass diese im Ansässigkeitsstaat des Lizenzgebers entstehen und die Steuer als entsprechender Ausgleich für die Inanspruchnahme staatlicher Leistungen zu verstehen sei (*N. Bozza-Bodden*, in: Schönfeld/Ditz (Hrsg.), DBA, Art. 12 Rn. 3; *R. Pöllath/A. Lohbeck*, in: Vogel/Lehner (Hrsg.), DBA, 6. Aufl. 2015, Art. 12 Rn. 8; *H. Schaumburg/N. Häck*, in: Schaumburg (Hrsg.), Internationales Steuerrecht, 4. Aufl. 2017, Rn. 19.369; *F. Wassermeyer*, in: Wassermeyer (Hrsg.), DBA, Bd. I, 145. EL 2019, Art. 12 OECD-MA Rn. 4).

274 Siehe hierzu *5. Teil*.

c) Zwischenergebnis

Aus den wirtschafts- bzw. wettbewerbspolitischen Erwägungen lässt sich somit schlussfolgern, dass der Kapitalimportneutralität ein Vorrang gegenüber der Kapitalexportneutralität einzuräumen ist. Ihr gelingt als einzige der Alternativen eine Generierung eines Steuerwettbewerbs, dessen Funktion mittels der möglichen positiven Effekte grundsätzlich zu befürworten ist.[275] Im Kern ist damit auch dem Territorialitätsprinzip, auf dem die Kapitalimportneutralität schließlich beruht, ein *wirtschaftspolitischer* Vorrang gegenüber dem Welteinkommensprinzip einzuräumen, aus dem sich die Kapitalexportneutralität ergibt.[276] Auch wenn sich ein *rechtlicher* Vorrang nicht unmittelbar herleiten lässt, da eine hierzu notwendige alternativlose Gewährleistung einer Sachgerechtigkeit im Sinne der verfassungsrechtlichen Werteordnung insoweit nicht ersichtlich ist, so bietet es sich vor dem Hintergrund des Vorsprungs wirtschaftspolitischer Art dennoch an, auch den Begriff der „Gleichheit" zwischen den Steuerpflichtigen im Lichte der Kapitalimportneutralität auszulegen bzw. eine Gleichheit zwischen den Investoren im investierenden Staat zu gewährleisten, in dem diese die gleichen staatlichen Leistungen tatsächlich wahrnehmen.

4. Typologische Einordnung des Territorialitätsprinzips

Abschließend erscheint eine typologische Einordnung des hier zu präferierenden Territorialitätsprinzips geboten. Das Territorialitätsprinzip ist Teil des Internationalen Steuerrechts. Das Internationale Steuerrecht hat sich wiederum stets den Wertungen und Sachgesetzlichkeiten des jeweiligen Steuergesetzes zu unterwerfen, denen es als Annex dient. Als Sachgesetzlichkeit kann im deutschen Steuerrecht nur *ein* Gerechtigkeitsprinzip verstanden werden – das Leistungsfähigkeitsprinzip. Um das Problem einer Doppelbesteuerung bei grenzüberschreitenden Sachverhalten sachgerecht lösen zu können, ist das Leistungsfähigkeitsprinzip im Internationalen Steuerrecht durch

---

275 Mit der Erwägung, dass die für die Einkünfteerzielung notwendigen Rahmenbedingungen von dem Quellenstaat geschaffen werden, wird die Freistellungsmethode zur Kapitalimportneutralität auch regelmäßig von Deutschland als Ansässigkeitsstaat des Steuerpflichtigen im Rahmen bilateraler Maßnahmen gewählt (*St. Lampert*, Doppelbesteuerungsrecht und Lastengleichheit, S. 260).

276 So auch *E.C.C.M. Kemmeren*, in: Jochum/Essers/Lang/Winkeljohann/Wimann (Hrsg.), FS Mössner, S. 163 (169); wohl auch *Th.S. Adams*, in: QJE 35 (1921), S. 527 (542); *M.J. Graetz/M.M. O'Hear*, in: DLJ 46 (1997), S. 1021 (1036 ff.); *P. Vlaanderen*, in: TNI 25 (2002), S. 1095 (1098 ff.); a.A. *W. Schön*, in: BIT 2015, S. 271 (275 f., 283).

das Nutzenprinzip zu *ergänzen*, wonach sich der gleichheitsrelevante Vergleichsmaßstab an der *inländischen* Leistungsfähigkeit der Steuerpflichtigen bemisst.[277] Das Nutzenprinzip wird wiederum vom Territorialitätsprinzip *konkretisiert*, indem es über die – für die Bestimmung der inländischen Leistungsfähigkeit ausschlaggebende – Gerechtigkeit auf horizontaler Ebene im Sinne einer zwischenstaatlichen Verteilungsgerechtigkeit urteilt. Damit stellt das Territorialitätsprinzip als wirtschaftspolitisch vorrangiges Gerechtigkeitsprinzip des Internationalen Steuerrechts im Ergebnis auch eine Konkretisierung der steuerrechtlichen Sachgesetzlichkeit – also des Leistungsfähigkeitsprinzips – für die Fälle grenzüberschreitender Sachverhalte dar.[278]

5. *Ergebnis*

Vor dem Hintergrund der bisherigen Feststellungen kann eine rechtliche Gestaltung dann als unangemessen und ggf. missbräuchlich verstanden werden, wenn der Steuerpflichtige mittels dessen einen wirtschaftlichen Zweck zu erreichen versucht, der eine Besteuerung nach der wirtschaftlichen Leistungsfähigkeit verhindert und keine anderweitigen beachtlichen außersteuerlichen Gründe ersichtlich sind. Als Rechtsfolge entsteht gemäß § 42 Abs. 1 S. 3 AO ein Steueranspruch so, wie er bei einer den wirtschaftlichen Vorgängen angemessenen rechtlichen Gestaltung entstehen würde. Es wird also ein Sachverhalt

---

277 Siehe hierzu *1. Teil* GldPkt. B IV 3 a). Bereits im Jahre 1776 forderte *A. Smith* zutreffend, die Bürger eines Staats müssten Steuern „im Verhältnis zum Einkommen" zahlen, welches sie „unter dem Schutz des Staats" genießen (Originalzitat: „The subjects of every state ought to contribute towards the support of the government, as nearly as possible, in proportion to their respective abilities; that is, *in proportion to the revenue* which they respectively enjoy *under the protection of the state*." (*A. Smith*, An Inquiry into the Nature and Causes of the Wealth of Nations, Bd. II, S. 423 – Bch. V Kap. II Tl. II; Hervorhebungen durch den Verfasser)). Dieser Satz veranschaulicht unverbesserlich, wie die Prinzipien zur Erschließung der Steuerquellen sowie der Ausgestaltung des Steuerrechts komplementär zusammenwirken und sich gegenseitig ergänzen (so auch *J. Lang*, in: Spindler/Tipke/Rödder (Hrsg.), FS Schaumburg, S. 45 (45 f.); *ders.*, in: StuW 2011, S. 144 (147)).

278 So auch *A. Schulze-Brachmann*, in: StuW 1964, S. 589 (623 f.); *H.W. Endriss*, in: FR 1968, S. 338 (343); *B. Zuber*, Anknüpfungsmerkmale und Reichweite der internationalen Besteuerung, S. 90 ff.; *K. Vogel*, in: Kirchhof/Offerhaus/Schöberle (Hrsg.), FS Klein, S. 361 (374, 376); *H. Schaumburg*, in: Lang (Hrsg.), FS Tipke, S. 125 (131); wohl auch *H. Flick*, in: Engelschalk/Flick/Gnazzo/Menck/Piedrabuena/Costa (Bearb.), Steuern auf ausländische Einkünfte, S. 93 (96 ff.).

fingiert, der den wirtschaftlichen Vorgängen angemessen erscheint.[279] In dieser Fiktion ist eine gesetzesimmanente richterliche Rechtsfortbildung zu erblicken,[280] dessen Wesen in einer Analogie besteht,[281] sodass im Ergebnis auch von einer *gesetzlich angeordneten Analogie* gesprochen werden kann.[282]

V. Verhältnis zur Hinzurechnungsbesteuerung

Bei grenzüberschreitenden Tatbeständen erfolgt ein Rechtsmissbrauch der Gestaltungsfreiheit vor allem durch die Umgehung des Orts der Besteuerung von Einkünften, indem sich ein Unternehmen in Ländern mit niedriger Besteuerung von Gewinnen (sog. „Niedrigsteuerländer") niederlässt und Steuerermäßigungen für in- und ausländische Einkunftsquellen genießt, obwohl es ebendort nur wenigen oder keinen unternehmerischen Tätigkeiten nachgeht und zur Begründung dieser Einkünfte vielmehr die staatlichen Leistungen eines anderen Staats wahrnimmt.[283] Diese Art des Rechtsmissbrauchs

---

279 *BFH*, Urt. v. 31.07.1984, Rs. IX R 3/79, BStBl. 1985 II, S. 33 (36); Urt. v. 23.08.2000, Rs. I R 4/97, BStBl. 2001 II, S. 260 (261); *M. Klein*, Die nicht „angemessene rechtliche Gestaltung" im Steuerumgehungstatbestand des § 42 AO, S. 26 m.w.N.; *M. Jachmann-Michel*, Die Fiktion im öffentlichen Recht, S. 1049, 1052 f.; *M. Wienbracke*, in: DB 2008, S. 664 (664 f.); *J. Englisch*, in: Tipke/Lang (Hrsg.), Steuerrecht, 23. Aufl. 2018, § 5 Rn. 134; kritisch zum Begriff der „Sachverhaltsfiktion" *K. Tipke*, Steuerrechtsordnung, Bd. III, 2. Aufl. 2012, S. 1685.

280 Die Rechtsfolge einer Sachverhaltsfiktion impliziert, dass der Geltungsbereich eines Gesetzes eben nicht einschlägig ist, sondern eine planwidrige Regelungslücke – also eine Lücke praeter legem – zwischen dem gewollten Inhalt und dem unvollständigen Wortlaut eines Steuergesetzes unter Berücksichtigung der immanenten Teleologie des Gesetzes mittels einer Sachverhaltsfiktion geschlossen werden soll.

281 *A. Kaufmann*, Analogie und „Natur der Sache", 2. Aufl. 1982, S. 26. Zwar wird bei einer Fiktion entgegen der Analogie nicht der Tatbestand eines Gesetzes dem tatsächlichen Sachverhalt, sondern der Sachverhalt dem tatsächlich geregelten Tatbestand eines Gesetzes angepasst (vgl. *G. Crezelius*, in: StuW 1995, S. 313 (314, 321)). Trotz dieses Unterschieds ist allerdings sowohl in der Fiktion als auch in der Analogie eine Gleichsetzung von Ungleichem nach Maßgabe eines sich als wesentlich erweisenden Gesichtspunktes zu sehen, sodass die Reichweite eines Gesetzes *faktisch* in beiden Fällen erhöht wird.

282 So auch *H.-J. Papier*, Die finanzrechtlichen Gesetzesvorbehalte und das grundgesetzliche Demokratieprinzip, S. 187 f.; *G. Crezelius*, Steuerrechtliche Rechtsanwendung und allgemeine Rechtsordnung, S. 221.

283 Hierzu *F. Wassermeyer*, in: Flick/Wassermeyer/Baumhoff/Schönfeld (Hrsg.), Außensteuerrecht, 88. EL 2019, Vorb. §§ 7–14 AStG Rn. 1.

ist – wie in der Einleitung dieser Arbeit bereits kurz erläutert – insbesondere bei Unternehmen zu befürchten, die sich als Konzern aus mehreren Unternehmen zusammensetzen. Dabei stellen jene vornehmlich als Gesellschaft gegründeten verbundenen Unternehmen[284] nicht nur zivilrechtlich selbständige juristische Personen dar. Auch steuerrechtlich sind sie gemäß dem sog. „Trennungsprinzip" eigenständig zu betrachten, sodass ihre Gewinne unabhängig von dem ihrer Anteilseigner der Besteuerung zu unterwerfen sind.[285] Die Gesellschaften des jeweiligen Unternehmens entfalten somit in steuerlicher Hinsicht eine sog. „Abschirmwirkung". Im Falle von Kapitalgesellschaften hat dies zufolge, dass entstandene Einkünfte bei den Anteilseignern erst dann besteuert werden können, wenn sie entsprechend ausgeschüttet wurden.[286] Vor diesem Hintergrund ist es den Konzernen möglich, die Einkünfte in einer Gesellschaft entstehen zu lassen, die in einem Niedrigsteuerland niedergelassen ist. Die Kosten, welche zur Begründung der Einkünfte notwendig waren, können hingegen in einer anderen Gesellschaft des Konzerns entstanden sein, die ihre Niederlassung in einem Land hat, welches Gewinne besonders hoch besteuert (sog. „Hochsteuerländer"). Der Rechtsmissbrauch einer Ausübung der Gestaltungsfreiheit zur Auslagerung innerstaatlicher Einkünfte manifestiert sich hierbei ggf. darin, dass das Besteuerungssubstrat über vor- oder zwischengeschaltete Kapitalgesellschaften ins Ausland verschoben wird, um so einen steuerlich vorteilhaften Tatbestand ebendort zu erschleichen und *gleichzeitig* den nachteiligen Steuertatbestand im Inland zu vermeiden.[287] In der Praxis zeigt sich diese

---

284 Gem. § 15 AktG sind „verbundene Unternehmen" rechtlich selbständige Unternehmen, die im Verhältnis zueinander in Mehrheitsbesitz stehende Unternehmen und mit Mehrheit beteiligte Unternehmen (§ 16 AktG), abhängige und herrschende Unternehmen (§ 17 AktG), Konzernunternehmen (§ 18 AktG), wechselseitig beteiligte Unternehmen (§ 19 AktG) oder Vertragsteile eines Unternehmensvertrags (§§ 291, 292 AktG) sind.

285 *H. Schaumburg*, in: Schaumburg (Hrsg.), Internationales Steuerrecht, 4. Aufl. 2017, Rn. 13.1; *J. Hey*, in: Tipke/Lang (Hrsg.), Steuerrecht, 23. Aufl. 2018, § 11 Rn. 1.

286 *H. Schaumburg*, in: Schaumburg (Hrsg.), Internationales Steuerrecht, 4. Aufl. 2017, Rn. 13.1.

287 Dieser Fall der Erschleichung eines Vorteils im *Ausland* durch die Auslagerung innerstaatlicher Einkünfte wird auch als „Outbound"-Fall bezeichnet. Er ist eine Art des „Rule Shopping" (*D. Gosch*, in: Achatz (Hrsg.), DStJG 36 (2013), S. 201 (206)). Hiervon abzugrenzen ist der sog. „Inbound"-Fall, bei dem mittels einer Zwischenschaltungs-Konstellation der Vorteil einer Quellensteuerentlastung im *Inland* ausgenutzt wird. Dieser Vorteil ergibt sich aus zwischenstaatlichen Vereinbarungen zur Vermeidung einer Doppelbesteuerung (etwa aus einer DBA oder einer EU-Richtlinie). Der Inbound-Fall ist mithin eine Art des „Directive Shopping"

Zwischenschaltungs-Konstellation vor allem bei Lizenzeinkünften, welche sich durch eine besonders hohe Mobilität auszeichnen.[288]

Nebst dem bereits geschilderten Steuerumgehungstatbestand aus § 42 AO, welcher als gedanklicher Ausgangspunkt und Generalklausel dient, um einen Rechtsmissbrauch zu vermeiden, findet auch die Hinzurechnungsbesteuerung gemäß §§ 7 bis 14 AStG im Fall einer rechtlichen Gestaltung zur Umgehung des Orts der Besteuerung von Einkünften mittels ihrer Auslagerung Berücksichtigung.[289] Der Grundtatbestand gemäß § 7 Abs. 1 und Abs. 2 AStG beschreibt den Fall, dass eine inländische Gesellschaft an einer ausländischen Gesellschaft, zu mehr als der Hälfte beteiligt ist. Die ausländische Gesellschaft ist hierbei in einem Staat niedergelassen, der Einkünfte besonders niedrig besteuert.[290] Die als „Zwischengesellschaft" zu bezeichnende ausländische Gesellschaft muss schließlich in diesem Niedrigsteuerland Einkünfte erwerben, die dem Katalog aus § 8 Abs. 1 AStG nicht unterfallen. Hierbei handelt es sich um „Zwischeneinkünfte", welche aus einer passiven Tätigkeit resultieren.[291] Sind diese drei Voraussetzungen einschlägig, werden als Rechtsfolge im ersten Schritt die niedrig besteuerten Einkünfte aus passivem Erwerb gemäß § 7 Abs. 1 S. 1

---

oder „Treaty Shopping" (vgl. hierzu *Ch. Kahlenberg*, in: FR 2018, S. 499 (499 ff.); *S. Grübel*, in: ISR 2021, S. 45 (45 ff.)). Der Untersuchungsgegenstand dieser Arbeit beschränkt sich auf das „Rule Shopping", da hierin der Ursprung des schädlichen Steuerwettbewerbs innerhalb der EU zu erblicken ist (siehe *Einleitung* Gldpkt. A).

288 Vertiefend zur konkreten Gestaltungsstrategie von US-Konzernen in der EU zur Verlagerung von erwirtschafteten Gewinnen aus mobilen Einkünften *E.D. Kleinbard*, in: TNI 68 (2012), S. 499 (501 ff.); *R. Pinkernell*, in: StuW 2012, S. 369 (370 ff.); *ders.*, in: IStR-LB 11/2013, S. 59 (59 ff.); *ders.*, Internationale Steuergestaltung im Electronic Commerce, S. 117 ff.

289 Die Vorschriften zur Hinzurechnungsbesteuerung tragen im internationalen Recht den Namen „Controlled Foreign Corporations-Rules" (kurz: „CFC-Rules"). Sie haben ihren Ursprung in den USA, wo bereits im Jahre 1962 mit der sog. Subpart-F-Gesetzgebung versucht wurde, die Abschirmwirkung ausländischer Basisgesellschaften gegenüber der Besteuerung in den USA aufzuheben (*F. Wassermeyer*, in: Flick/Wassermeyer/Baumhoff/Schönfeld (Hrsg.), Außensteuerrecht, 88. EL 2019, Vorb. §§ 7–14 AStG Rn. 3; vertiefend zum historischen Hintergrund der CFC-Rules *C. Quilitzsch*, Die Hinzurechnungsbesteuerung, S. 46 f.).

290 Eine „niedrige Besteuerung" liegt vor, wenn die Einkünfte der ausländischen Gesellschaft einer Belastung durch Ertragsteuern von *weniger als 25 %* unterliegen, ohne dass dies auf einem Ausgleich mit Einkünften aus anderen Quellen beruht, § 8 Abs. 5 S. 1 AStG.

291 Hierunter sollen vor allem Dividenden, Zinsen und Lizenzeinkünfte fallen (*OECD*, Designing Effective Controlled Foreign Company Rules, S. 44 f. – Rn. 77 f.).

AStG als eigene Einkünfte der inländischen Gesellschaft behandelt. Es wird mit anderen Worten das Steuersubjekt der Zwischengesellschaft durch die inländische Gesellschaft ausgetauscht. In einem zweiten Schritt werden die Einkünfte der inländischen Gesellschaft gemäß § 10 Abs. 2 AStG in ausgeschüttete Dividendenerträge umqualifiziert. Damit werden sämtliche Gewinne, welche sich in der ausländischen Gesellschaft angesammelt haben, dem inländischen Besteuerungsanspruch unterworfen, indem eine entsprechende Ausschüttung der Gewinne zum frühestmöglichen Zeitpunkt fingiert wird.[292]

1. Vergleichung des Steuerumgehungstatbestands und der Hinzurechnungsbesteuerung

Um die Ähnlichkeiten des Steuerumgehungstatbestands und der Hinzurechnungsbesteuerung konkret herauszustellen, ist eine Vergleichung hinsichtlich des jeweiligen Ziels sowie Anwendungsbereichs der Tatbestände geboten.

a) Gesetzeszweck und Anwendungsbereich des Steuerumgehungstatbestands gemäß § 42 AO

Der Steuerumgehungstatbestand verfolgt grundsätzlich das Ziel, ein Ausbrechen aus der gleichmäßigen Besteuerung nach Maßgabe der wirtschaftlichen Leistungsfähigkeit durch die Wahl unangemessener rechtlicher Gestaltungen zu verhindern.[293] Im Bezug auf das Internationale Steuerrecht konkretisiert sich das Ziel des Steuerumgehungstatbestands auf die Verhinderung von Einkünfteverlagerungen zugunsten von Niedrigsteuerländern durch die Wahl jener unangemessenen Rechtsgestaltungen.[294] Namentlich ist an die Einschaltung von sog. „Basisgesellschaften" in Geschäftsbeziehungen eines inländischen Steuerpflichtigen zu denken. Hierbei handelt es sich um ausländische Kapitalgesellschaften, durch deren Einschaltung Einkünfte und Vermögen in Niedrigsteuerländer verlagert und so der inländischen Besteuerung entzogen werden sollen.[295]

---

292 *F. Wassermeyer*, in: Flick/Wassermeyer/Baumhoff/Schönfeld (Hrsg.), Außensteuerrecht, 88. EL 2019, § 7 AStG Rn. 4.2.

293 *M. Jachmann-Michel*, Die Fiktion im öffentlichen Recht, S. 696, 1054; *K. Tipke*, Steuerrechtsordnung, Bd. III, 2. Aufl. 2012, S. 1663, 1670 f.; *H. Schaumburg*, in: Schaumburg (Hrsg.), Internationales Steuerrecht, 4. Aufl. 2017, Rn. 13.22.

294 *H. Schaumburg*, in: Schaumburg (Hrsg.), Internationales Steuerrecht, 4. Aufl. 2017, Rn. 2.12.

295 *H. Schaumburg*, in: Schaumburg (Hrsg.), Internationales Steuerrecht, 4. Aufl. 2017, Rn. 13.26 f.

Zu diesen Fällen hat der *BFH* häufiger Stellung nehmen müssen. Dieser sog. „Basisrechtsprechung" ist der konkrete Anwendungsbereich des Steuerumgehungstatbestands zu entnehmen.[296] Im Jahre 1975 bildete sich eine Missbrauchsformel heraus, die seither zur ständigen Rechtsprechung erstarkte. Demnach sei eine Basisgesellschaft vor allem dann als rechtsmissbräuchlich anzusehen, wenn für ihre Errichtung „wirtschaftliche oder sonst beachtliche Gründe fehlen" und wenn sie „keine eigene wirtschaftliche Tätigkeit" entfalte.[297] Dabei stelle die wirtschaftliche *Tätigkeit* auf eine wirtschaftliche *Funktion* der Basisgesellschaft ab.[298] Die „eigene wirtschaftliche Funktion" könne in diesem Zusammenhang als Unterfall der „wirtschaftlich beachtlichen Gründe" angesehen oder gar mit diesen gleichgestellt werden.[299] Für den Rechtsmissbrauch komme es somit im Ergebnis nur auf die Frage an, ob es bei der Basisgesellschaft an einer „beachtlichen eigenen, selbständigen wirtschaftlichen Funktion" fehle.[300] Dies sei vor allem dann anzunehmen, wenn die Einschaltung der Gesellschaft zur Erzielung von Einkünften in erster Linie formaler Natur sei und eine sog. „Briefkastengesellschaft"[301]

---

296 *M. Winkelmann*, Steuerumgehung durch die Einschaltung ausländischer Kapitalgesellschaften, S. 176, 186 f.

297 *BFH*, Urt. v. 29.01.1975, Rs. I R 135/70, BStBl. 1975 II, S. 553 (554); Urt. v. 29.07.1976, Rs. VIII R 142/73, BStBl. 1977 II, S. 263 (264); Urt. v. 09.12.1980, Rs. VIII R 11/77, BStBl. 1981 II, S. 339 (341); Urt. v. 28.01.1992, Rs. VIII R 7/88, BStBl. 1993 II, S. 84 (87); Urt. v. 10.06.1992, Rs. I R 105/89, BStBl. 1992 II, S. 1029 (1031); Urt. v. 20.03.2002, Rs. I R 38/00, BStBl. 2002 II, S. 819 (822); kritisch hierzu *J. Danzer*, Die Steuerumgehung, S. 172 f.

298 *M. Winkelmann*, Steuerumgehung durch die Einschaltung ausländischer Kapitalgesellschaften, S. 82; vgl. auch *BFH*: In einer Finanzierungsfunktion sei eine „Tätigkeit" zu sehen (vgl. *BFH*, Urt. v. 23.10.1991, Rs. I R 40/89, BStBl. 1992 II, S. 1026 (1028)).

299 In einer ausübenden Funktion sieht der *BFH* einen möglichen wirtschaftlichen Grund (vgl. *BFH*, Urt. v. 09.12.1980, Rs. VIII R 11/77, BStBl. 1981 II, S. 339 (341); Urt. v. 23.10.1991, Rs. I R 40/89, BStBl. 1992 II, S. 1026 (1028)). Einen „Missbrauch" bejaht er bereits dann, wenn neben einer mangelnden wirtschaftlichen Tätigkeit auch keine *sonstigen* beachtlichen Gründe für die Einschaltung der Basisgesellschaft sprechen (vgl. *BFH*, Urt. v. 10.06.1992, Rs. I R 105/89, BStBl. 1992 II, S. 1029 (1031)). Zustimmend *C. Luttermann*, in: IStR 1993, S. 153 (156); *M. Winkelmann*, Steuerumgehung durch die Einschaltung ausländischer Kapitalgesellschaften, S. 84.

300 Vgl. *BFH*, Urt. v. 28.01.1992, Rs. VIII R 7/88, BStBl. 1993 II, S. 84 (87).

301 Auch „Domizilgesellschaften" genannt (*H.-J. Selling*, in: RIW 1991, S. 235 (240); *R. Goertzen*, in: FR 1994, S. 770 (770)).

darstelle.[302] Hierbei handelt es sich um Gebilde, die keinen eigenen Geschäftsbetrieb oder keine Geschäftsräume aufweisen und kein Personal besitzen.[303]

b) Gesetzeszweck und Anwendungsbereich der Hinzurechnungsbesteuerung gemäß §§ 7 bis 14 AStG

Der Hinzurechnungsbesteuerung liegt das Ziel zugrunde, einen wirtschaftlichen Effekt herbeizuführen, der ohne Thesaurierung der Zwischengesellschaft entstanden wäre, um so eine dem inländischen Steuerniveau entsprechende Steuerbelastung sicherzustellen.[304] Auch hierin ist das Ziel der Vermeidung einer Einkünfteverlagerung zugunsten von Niedrigsteuerländern zu sehen.[305]

---

302 *BFH*, Urt. v. 10.06.1992, Rs. I R 105/89, BStBl. 1992 II, S. 1029 (1031); Urt. v. 19.01.2000, Rs. I R 94/97, BStBl. 2001 II, S. 222 (223); Urt. v. 20.03.2002, Rs. I R 63/99, BStBl. 2003 II, S. 50 (53); Urt. v. 25.02.2004, Rs. I R 42/02, BStBl. 2005 II, S. 14 (16).

303 *H.-J. Selling*, in: RIW 1991, S. 235 (240); *R. Goertzen*, in: FR 1994, S. 770 (770). Damit schließt sich die Rspr. der Auffassung der *Bundesländer* aus dem bereits am 14.06.1965 einheitlich ergangenen sog. „Oasenerlass" (*NdsFM*, Erl. v. 14.06.1965, Gz. S 1301 - 99 - 31 1 - *„Oasenerlass"*, BStBl. 1965 II, S. 74) an, welcher eine Reaktion auf den sog. „Oasenbericht" (*BReg.*, Ber. v. 23.06.1964, *„Oasenbericht"*, BT-Drucks. IV/2412) der *Bundesregierung* vom 23.06.1964 darstellte (*F. Wassermeyer*, in: Flick/Wassermeyer/Baumhoff/Schönfeld (Hrsg.), Außensteuerrecht, 88. EL 2019, Vorb. §§ 7–14 AStG Rn. 2). Schon damals wurde vertreten, die steuerliche Anerkennung eines eingeschalteten ausländischen Rechtsträgers sei zu versagen, wenn dieser „keine wesentliche eigene wirtschaftliche Funktion" habe, sondern vornehmlich der Verlagerung von Vermögen oder Einkünften ins Ausland dienlich sei (*NdsFM*, Erl. v. 14.06.1965, Gz. S 1301 - 99 - 31 1 - *„Oasenerlass"*, BStBl. 1965 II, S. 74 (75)). Nebst sog. „Kreislauffällen" und „Fakturierungsgesellschaften" (hierzu *M. Winkelmann*, Steuerumgehung durch die Einschaltung ausländischer Kapitalgesellschaften, S. 178 f.; vgl. auch *NdsFM*, Erl. v. 14.06.1965, Gz. S 1301 - 99 - 31 1 - *„Oasenerlass"*, BStBl. 1965 II, S. 74 (75)) wurde auch an rein vermögenshaltende Tätigkeiten gedacht. Namentlich wurden hierbei Vermögensverwaltungsgesellschaften - insb. Patentverwertungsgesellschaften - hervorgehoben, da diese eben keine werbende unternehmerische Tätigkeit ausüben, sondern sich ausschließlich auf die Verwaltung des Vermögens beschränken, welches ihnen von den Anteilseignern zugeführt wurde (*NdsFM*, Erl. v. 14.06.1965, Gz. S 1301 - 99 - 31 1 - *„Oasenerlass"*, BStBl. 1965 II, S. 74 (75); zum Begriff der Vermögensverwaltungsgesellschaft *Steuerreformkommission*, in: DB 1970, S. 2329 (2335 f.); *dies.*, Gutachten der Steuerreformkommission 1971, S. 590 ff.).

304 *H. Schaumburg*, in: Schaumburg (Hrsg.), Internationales Steuerrecht, 4. Aufl. 2017, Rn. 13.22.

305 *H. Schaumburg*, in: Schaumburg (Hrsg.), Internationales Steuerrecht, 4. Aufl. 2017, Rn. 2.12.

Ferner kann sowohl den Leitsätzen zum Außensteuerreformgesetz vom 17. Dezember 1970[306] als auch der Gesetzesbegründung[307] der *Bundesregierung* entnommen werden, dass als Lösung des Zentralproblems einer sog. „Steuerflucht" mit dem Außensteuergesetz der Einschaltung von Basisgesellschaften entgegengetreten werden soll, indem deren Abschirmwirkung beseitigt wird.[308] Ein Bezug zum Leistungsfähigkeitsprinzip kann insoweit hergestellt werden, als die Zielsetzung einer Vermeidung von Einkünfteverlagerungen zugunsten von Niedrigsteuerländern der gleichmäßigen Besteuerung von Steuerpflichtigen dienlich ist und somit die Besteuerung nach der tatsächlichen wirtschaftlichen Leistungsfähigkeit bestärkt.[309]

Der Tatbestand der Hinzurechnungsbesteuerung ist dann einschlägig, wenn Einkünfte auf eine Basisgesellschaft übertragen werden, um die Abschirmwirkung insoweit zu nutzen, dass trotz des Fehlens einer aktiven Geschäftsentfaltung im Ausland die Steuervorteile dieses Niedrigsteuerlandes wahrgenommen werden. Eine solche „aktive" Geschäftsentfaltung ist grundsätzlich[310] dann auszuschließen und als „passiv" zu bezeichnen, wenn die Basisgesellschaft in keinen Wettbewerb mit denjenigen Gesellschaften tritt, die ebenfalls in dem Niedrigsteuerland niedergelassen sind.[311] In diesem Fall stellen die ausländischen Basisgesellschaften eine „Zwischengesellschaft" im Sinne des § 7 AStG dar.

c) Ergebnis

Es kann festgestellt werden, dass sich beide Tatbestände in der Zielsetzung gleichen. So wollen sie die Einkünfteverlagerung zugunsten von Niedrigsteuerländern vermeiden, indem die Abschirmwirkung gegenüber der inländischen

---

306 Teilw. abgedruckt in: Flick/Wassermeyer/Baumhoff/Schönfeld (Hrsg.), Außensteuerrecht, 88. EL 2019, § 7 AStG Anh. 1 S. G5.

307 *BReg.*, Ges.-Entw. v. 02.12.1971, BT-Drucks. VI/2883.

308 *BReg.*, Ges.-Entw. v. 02.12.1971, BT-Drucks. VI/2883, S. 18 f. – Rn. 27 ff., S. 26 f. – Rn. 83 f.; *H. Flick/F. Wassermeyer/H. Baumhoff/J. Schönfeld*, in: Flick/Wassermeyer/Baumhoff/Schönfeld (Hrsg.), Außensteuerrecht, 88. EL 2019, § 7 AStG Anh. 1 S. G5.

309 *E. Mersch*, Die Hinzurechnungsbesteuerung nach den §§ 7 ff. AStG, S. 145; *H. Schaumburg*, in: Lang (Hrsg.), FS Tipke, S. 125 (140 f.); zur Unvereinbarkeit der Rechtsfolge einer Ausschüttungsfiktion der Hinzurechnungsbesteuerung mit dem Leistungsfähigkeitsprinzip *H. Schaumburg*, in: Lang (Hrsg.), FS Tipke, S. 125 (140 f.).

310 Im Jahre 2007 wurde gem. § 8 Abs. 2 AStG eine besondere Regelung für solche Gesellschaften geschaffen, die ihren Sitz oder ihre Geschäftsleitung in einem Mitgliedstaat der EU oder einem Vertragsstaat des EWR-Abkommens haben (siehe hierzu *7. Teil* GldPkt. C).

311 *BReg.*, Ges.-Entw. v. 02.12.1971, BT-Drucks. VI/2883, S. 19 – Rn. 31.

Besteuerung durchbrochen wird. Es wird insoweit die Besteuerung nach dem Leistungsfähigkeitsprinzip gewährleistet.[312] Auch umfasst die Bekämpfung einer „Steuerflucht" neben der Steuervermeidung und Steuerhinterziehung eben die Steuerumgehung.[313]

Zur *Erreichung* dieses Ziels unterliegen die Tatbestände jedoch grundsätzlich unterschiedlichen Bewertungsmaßstäben. Die Steuerumgehung kann nur dann angenommen werden, wenn *keine eigene, selbständige wirtschaftliche Tätigkeit bzw. Funktion* der Basisgesellschaft anzunehmen ist. Die Hinzurechnungsbesteuerung ist hingegen grundsätzlich dann einschlägig, wenn die Basisgesellschaft in *keinen Wettbewerb* mit denjenigen Gesellschaften tritt, die ebenfalls in dem Niedrigsteuerland niedergelassen sind. Der Anwendungsbereich zur Hinzurechnungsbesteuerung kann somit grundsätzlich über den einer Steuerumgehung hinausgehen, da eine eigene, selbständige wirtschaftliche Tätigkeit insoweit nicht ausgeschlossen wird. So umfasst die Hinzurechnungsbesteuerung zum einen die ausländischen Gesellschaften, welche zwar eine Tätigkeit ausüben, sich jedoch nicht am ausländischen Markt beteiligen – etwa Handels- und Dienstleistungstätigkeiten, die im Rahmen des Konzernverbundes zwischen den verbundenen Unternehmen erfolgen. Zum anderen ergibt sich aus einem Erst-Recht-Schluss, dass die typischen funktionslosen Basisgesellschaften – etwa Briefkastengesellschaften – ebenfalls von dem Gesetzeszweck der Hinzurechnungsbesteuerung umfasst sind.[314]

Schließlich besteht auch ein Unterschied in der Rechtsfolge der jeweils gewählten Fiktion. Denn während der Steuerumgehungstatbestand eine

312 Zwar wird durch die Rechtsfolge der Fiktion in beiden Fällen gegen das Subprinzip des Leistungsfähigkeitsprinzips zur Besteuerung nach dem tatsächlich vereinnahmten Ist-Ertrag verstoßen, indem stattdessen auf einen Soll-Ertrag abgestellt wird (zum Ist-Prinzip *K. Tipke*, Steuerrechtsordnung, Bd. I, 2. Aufl. 2000, S. 497). Jedoch ist diese Durchbrechung dann gerechtfertigt, wenn sie selbst wiederum durch ein sachgerechtes Prinzip getragen wird und dem Gleichheitsgrundsatz gem. Art. 3 Abs. 1 GG entspricht. Dies ist vor allem dann gegeben, wenn die Durchbrechung des Prinzips – wie bei diesen Tatbeständen – der Vermeidung von Steuerumgehungen und Einkünfteverlagerungen dienlich ist (*H. Schaumburg*, in: Lang (Hrsg.), FS Tipke, S. 125 (140)).

313 Von einer „Steuerflucht" ist bereits dann zu sprechen, wenn eine Verlagerung des Einkommens, Gewinns oder Vermögens in den Zufluchtsstaat insoweit erfolgt, dass es dem Besteuerungszugriff des Fluchtstaats entzogen wird (*K. Tipke*, Steuerrechtsordnung, Bd. III, 2. Aufl. 2012, S. 1663; siehe hierzu auch *3. Teil* GldPkt. C I).

314 Vgl. *M. Winkelmann*, Steuerumgehung durch die Einschaltung ausländischer Kapitalgesellschaften, S. 182.

*Sachverhalts*fiktion begründet, fingiert der Hinzurechnungstatbestand eine *Ausschüttung*.

2. *Konkurrenzverhältnis zwischen dem Steuerumgehungstatbestand und der Hinzurechnungsbesteuerung*

Im Lichte dieser Vergleichung fragt sich abschließend, in welch einem Verhältnis diese beiden Regelungen stehen. Hierzu hat der *BFH* in zwei verfestigten und in der Literatur weitestgehend bestätigten Urteilen vom 23. Oktober 1991 und 10. Juni 1992 Stellung genommen. Demnach sei zunächst festzuhalten, dass die §§ 7 bis 14 AStG dem § 42 AO *denklogisch nachrangig* seien. Die Hinzurechnungsbesteuerung berücksichtige zunächst ausländische Zwischengesellschaften als Einkünfteerzielungssubjekte. Erst in einem zweiten Schritt werde eine Ausschüttung dieser Einkünfte an die inländischen Rechtssubjekte fingiert. Bei dem § 42 AO hingegen, werden dem inländischen Rechtssubjekt *von vornherein* Einkünfte zugerechnet, die bei einer unterstellten angemessenen Gestaltung erzielt worden wären. Mithin werde *direkt* auf das inländische Rechtssubjekt abgestellt, ohne eine ausländische Gesellschaft überhaupt zu berücksichtigen.[315] Allerdings erfordere der Steuerumgehungstatbestand die missbräuchliche Inanspruchnahme einer unangemessenen rechtlichen Gestaltung, § 42 Abs. 2 AO. Diese Voraussetzung sei dabei allerdings erst dann anzunehmen, wenn die gewählte Gestaltung auch nach der Bewertung der Zwecke anderer Steuergesetze keine Rechtfertigung finde. Bei der Wahl jener rechtlichen Gestaltung die vom Gesetzgeber bewusst besteuert werde, hebe eben diese Regelungsabsicht das Missbrauchsverdikt aus § 42 AO auf. Schließlich bemesse sich der Begriff des „Missbrauchs" – im Rahmen der Mittel-Zweck-Relation[316] – nach den Wertungen des Gesetzeszwecks anderer Steuergesetze. Im Falle eines grenzüberschreitenden Sachverhalts bedeute dies namentlich, dass ein „Missbrauch" erst dann angenommen werden könne, wenn die Einkünfte einer Auslandsgesellschaft nicht als Zwischeneinkünfte zu qualifizieren seien.[317] Die

---

315 *BFH*, Urt. v. 23.10.1991, Rs. I R 40/89, BStBl. 1992 II, S. 1026 (1028); Urt. v. 10.06.1992, Rs. I R 105/89, BStBl. 1992 II, S. 1029 (1031); *H. Debatin*, in: DStZ/A 1972, S. 265 (265 f.); *V. Kluge*, in: StuW 1976, S. 101 (102); *F. Wassermeyer*, in: Flick/Wassermeyer/Baumhoff/Schönfeld (Hrsg.), Außensteuerrecht, 88. EL 2019, Vorb. §§ 7–14 AStG Rn. 23; a.A. *R. Kreile*, in: BB 1971, S. 53 (53).

316 Siehe hierzu *1. Teil* GldPkt. B III.

317 Vgl. *BFH*, Urt. v. 23.10.1991, Rs. I R 40/89, BStBl. 1992 II, S. 1026 (1028); Urt. v. 10.06.1992, Rs. I R 105/89, BStBl. 1992 II, S. 1029 (1031); *F. Wassermeyer*, in: Flick/

Sachverhalte, die vom Gesetzgeber typischerweise unter §§ 7 ff. AStG gefasst werden sollen, fielen damit aus dem Anwendungsbereich des § 42 AO heraus.[318] Hieraus folgert der *BFH* den Schluss, der Vorrang des § 42 AO werde in tatsächlicher Hinsicht durch die Hinzurechnungsbesteuerung dahingehend *beschränkt*, dass ein Missbrauch unter der Einbeziehung der Wertung des Gesetzeszwecks der §§ 7 bis 14 AStG erst dann angenommen werden könne, wenn neben dem bloßen Erzielen von Einkünften aus passivem Erwerb *weitere Umstände* hinzutreten, die eine Gestaltung als Manipulation kennzeichnen.[319]

In der *Literatur* wird an der Rechtsprechung kritisiert, sie lasse einen rechtsmethodischen Ansatz vermissen. So sei die Hinzurechnungsbesteuerung hinsichtlich der Reichweite insoweit vom Steuerumgehungstatbestand abgrenzbar, als er deutlich über Letzteren hinausreiche.[320] Der Steuerumgehungstatbestand drohe in Anbetracht dieser grundsätzlichen Reichweite der Hinzurechnungsbesteuerung insoweit leerzulaufen. Dass eine rechtliche Gestaltung dem Gesetzeszweck der Hinzurechnungsbesteuerung entspreche, sei jedoch noch kein Grund für eine vorrangige Anwendung dieser Norm, wenn sich die Gestaltung ebenso unter den Gesetzeszweck des § 42 AO subsumieren lasse. Die Rechtsprechung führe insoweit kein Argument dafür an, *warum* bei einer Einschlägigkeit beider Tatbestände der §§ 7 ff. AStG vorrangig sei.[321] Rechtsmethodisch müsse sich die Frage, welche Norm vorrangig anzuwenden sei, stets danach richten, welcher Gesetzeszweck mit dem jeweiligen Sachverhalt *stärker korrespondiere*. Entscheidend sei somit stets der Kern des jeweiligen Gesetzeszwecks. In Fällen, wo die im Ausland ansässige Gesellschaft keine eigene wirtschaftliche Tätigkeit ausübe, sei der § 42 AO vorrangig anzuwenden. Die Hinzurechnungsbesteuerung bezwecke hingegen in erster Linie die Erfassung von

Wassermeyer/Baumhoff/Schönfeld (Hrsg.), Außensteuerrecht, 88. EL 2019, Vorb. §§ 7–14 AStG Rn. 24 f.

318 *F. Wassermeyer*, in: Flick/Wassermeyer/Baumhoff/Schönfeld (Hrsg.), Außensteuerrecht, 88. EL 2019, Vorb. §§ 7–14 AStG Rn. 25.

319 *BFH*, Urt. v. 23.10.1991, Rs. I R 40/89, BStBl. 1992 II, S. 1026 (1028); Urt. v. 10.06.1992, Rs. I R 105/89, BStBl. 1992 II, S. 1029 (1031); Urt. v. 19.01.2000, Rs. I R 94/97, BStBl. 2001 II, S. 222 (223); *D. Gosch*, in: Kirchhof/Nieskens (Hrsg.), FS Reiss, S. 597 (601); *H. Schaumburg*, in: Schaumburg (Hrsg.), Internationales Steuerrecht, 4. Aufl. 2017, Rn. 13.36; *F. Wassermeyer*, in: Flick/Wassermeyer/Baumhoff/Schönfeld (Hrsg.), Außensteuerrecht, 88. EL 2019, Vorb. §§ 7–14 AStG Rn. 24 f.

320 *M. Winkelmann*, Steuerumgehung durch die Einschaltung ausländischer Kapitalgesellschaften, S. 182.

321 *M. Winkelmann*, Steuerumgehung durch die Einschaltung ausländischer Kapitalgesellschaften, S. 190.

Gesellschaften mit eigenen wirtschaftlichen Tätigkeiten, die am Wettbewerb des ausländischen Markts nicht teilnehmen.[322]

Trotz der Kritik, kommt die Literaturmeinung zum gleichen Ergebnis wie die Rechtsprechung. Indem sie den Anwendungsbereich der Hinzurechnungsbesteuerung dahingehend beschränkt, nur ausländische Gesellschaften mit eigenen wirtschaftlichen Tätigkeiten hierunter zu subsumieren, wird im Umkehrschluss eben auch der Anwendungsbereich der Steuerumgehung entsprechend definiert. Der Kernaussage der Rechtsprechung, dass jene Sachverhalte die vom Gesetzgeber typischerweise unter die Hinzurechnungsbesteuerung gefasst werden, zugleich aus dem Anwendungsbereich des § 42 AO herausfallen sollen, wird also nicht widersprochen.[323] Somit nimmt die Literaturmeinung lediglich eine klarstellende Position hinsichtlich der Abgrenzungskriterien ein.

3. *Ergebnis*

Im Ergebnis erfolgt die Beurteilung eines „steuerrechtlichen Missbrauchs“ im Sinne eines Gestaltungsmissbrauchs sowohl inländischer als auch grenzüberschreitender Sachverhalte beim Steuerumgehungstatbestand des § 42 AO im Lichte der steuerrechtlichen Sachgesetzlichkeit einer wirtschaftlichen Leistungsfähigkeit. Die Feststellung eines Gestaltungsmissbrauchs zur Umgehung des *Orts* der Besteuerung von Einkünften erfolgt hierbei unter Einbeziehung des Gesetzeszwecks der §§ 7 bis 14 AStG zur Erfassung von Gesellschaften mit eigenen wirtschaftlichen Tätigkeiten. Von einem „Missbrauch“ gemäß § 42 AO ist hierbei erst dann auszugehen, wenn betroffene ausländische Gesellschaften *keine* eigenen wirtschaftlichen Tätigkeiten wahrnehmen, indem sie namentlich keine bedeutenden wirtschaftlichen Funktionen besitzen. Während der § 42 AO grundsätzlich also auf Briefkastengesellschaften Anwendung findet,[324]

---

322 *M. Winkelmann*, Steuerumgehung durch die Einschaltung ausländischer Kapitalgesellschaften, S. 219.

323 So auch *F. Wassermeyer*, in: Flick/Wassermeyer/Baumhoff/Schönfeld (Hrsg.), Außensteuerrecht, 88. EL 2019, Vorb. §§ 7–14 AStG Rn. 25.

324 *BFH*, Urt. v. 10.06.1992, Rs. I R 105/89, BStBl. 1992 II, S. 1029 (1031); Urt. v. 19.01.2000, Rs. I R 94/97, BStBl. 2001 II, S. 222 (223); Urt. v. 20.03.2002, Rs. I R 63/99, BStBl. 2003 II, S. 50 (53); Urt. v. 25.02.2004, Rs. I R 42/02, BStBl. 2005 II, S. 14 (16); *G. Kraft*, in: IStR 1993, S. 148 (153); *M. Winkelmann*, Steuerumgehung durch die Einschaltung ausländischer Kapitalgesellschaften, S. 190, 219; *H. Schaumburg*, in: Schaumburg (Hrsg.), Internationales Steuerrecht, 4. Aufl. 2017, Rn. 13.37.

erlangt die Hinzurechnungsbesteuerung vor allem bei Handels- oder Dienstleistungstätigkeiten zwischen verbundenen Unternehmen Bedeutung.[325]

325 *M. Winkelmann*, Steuerumgehung durch die Einschaltung ausländischer Kapitalgesellschaften, S. 184 f.

2. Teil: Das Begriffsverständnis des „Missbrauchs“ in anderen europäischen Rechtskreisen

Das Phänomen des rechtlichen Missbrauchs ist allen Ländern Europas bekannt.[326] Hinsichtlich der rechtlichen Ausgestaltung zur Bekämpfung dieses Phänomens bestehen allerdings bedeutsame Unterschiede.[327] Im Rahmen der hier vorzunehmenden rechtlich-funktionalen Untersuchung soll nach kurzer Erläuterung der juristischen Denkweise des Common Law und Civil Law samt dessen grundlegenden Methodik zur Rechtsfindung und -fortbildung nach Rechtsinstituten im englischen (*A.*) und französischen (*B.*) Recht mit der gemeinsamen Funktion zur Verhinderung eines rechtlichen Missbrauchs gesucht werden.[328] Abschließend werden die wesentlichen rechtlichen Unterschiede und Gemeinsamkeiten zur Verhinderung des rechtlichen Missbrauchs in Deutschland, Frankreich und England zusammengefasst (*C.*).

---

326 Schon mit der bloßen Existenz von Rechten geht der Versuch einher, sowohl bereits eingeräumte Rechte möglichst vorteilhaft und bis zur rechtlichen Grenze auszuüben als auch ihre Einräumung an sich durch kreative Rechtsgestaltungen überhaupt erst zu erlangen (siehe *Einleitung*).

327 Beim *Rechtsmissbrauch* lassen sich grob vier Gruppen in den Rechtsordnungen erkennen. Die *erste Gruppe* – u.a. Italien und Österreich – stellt auf das Vorliegen einer Schädigungsabsicht ab (sog. „Schikaneverbot“). Die *zweite Gruppe* – u.a. Belgien, Frankreich und die Niederlande – setzt das Fehlen eines rechtfertigenden Eigeninteresses voraus. Eine *dritte Gruppe* – u.a. Deutschland, Spanien, Griechenland, Portugal und Luxemburg – verzichtet weitestgehend auf subjektive Elemente und stellt auf objektive Umstände ab, welche sich aus dem Verhalten des Betroffenen herleiten lassen. Eine *vierte Gruppe* – u.a. das Vereinigte Königreich, Irland und nordeuropäische Länder – verfolgt keine allgemeine Rechtsmissbrauchstheorie, sondern versucht dieses Problem über andere Rechtsinstrumente zu lösen (vgl. *J. Voyame/B. Cottier/B. Rocha*, in: Abuse of rights and equivalent concepts, S. 23 (28 ff., 31 ff., 35 ff., 39 ff.)).

328 Zu den Kriterien einer Klassifizierung von Rechtskreisen *K. Zweigert/H. Kötz*, Einführung in die Rechtsvergleichung, 3. Aufl. 1996, S. 68 ff.

A. Englisches Recht: Die Mutter des anglo-amerikanischen Rechtskreises

Ausgangspunkt des englischen Common Law ist das sog. „*Case Law*“, welches dem Grundsatz der sog. „*stare decisis doctrine*“[329] zugrunde liegt. Demnach sind die ergangenen Entscheidungen eines höherrangigen Gerichts als Präzedenzfälle für alle Gerichte niedrigen oder gar gleichen[330] Ranges *verbindlich.*[331] Dem Common Law ist zum einen eine induktive Denkweise zur schrittweisen Entscheidungsfindung der Gerichte mit rechtsfortbildendem Charakter[332] und zum anderen eine forensisch-empirische Natur zuzusprechen,[333] indem es sich nach konkreten Lebenssachverhalten bestimmt.[334] Zwar überlagert das Gesetzesrecht (sog. „*Statutory Law*“)[335] dabei das Case Law grundsätzlich.[336] Allerdings dienen die Gesetze häufig entweder nur einer systematischen Ordnung in Rechtsgebieten, welche durch das Fallrecht sehr unübersichtlich geworden sind,[337] oder es handelt sich um Kodifizierungen von Prinzipien, welche im

329 „Stare decisis“ stammt aus dem Lateinischen und bedeutet in etwa „zu Entscheidungen stehen“. Das englische „Doctrine“ bedeutet übersetzt „Doktrin“.

330 Für den *Court of Appeal* gilt seit einer Entscheidung aus dem Jahre 1944 der Grundsatz, dass das Gericht an eigene Präzedenzfall-Entscheidungen gebunden ist. Im Übrigen gilt die Bindung nur für die jeweils untergeordneten Gerichte (vertiefend hierzu *Ch. Graf v. Bernstorff*, Einführung in das englische Recht, 5. Aufl. 2018, S. 9 f. m.w.N.).

331 *K. Zweigert/H. Kötz*, Einführung in die Rechtsvergleichung, 3. Aufl. 1996, S. 253 f.; *J. Bell*, in: Cane/Conaghan (Hrsg.), The New Oxford Companion to Law, S. 923; *R. Schulze/U. Seif*, in: Schulze/Seif (Hrsg.), Richterrecht und Rechtsfortbildung in der Europäischen Rechtsgemeinschaft, S. 1 (14 f.); *B. Häcker*, in: JuS 2014, S. 872 (875); *Ch. Graf v. Bernstorff*, Einführung in das englische Recht, 5. Aufl. 2018, S. 9 f.

332 *K. Zweigert/H. Kötz*, Einführung in die Rechtsvergleichung, 3. Aufl. 1996, S. 257 f.; vgl. auch *C.M. Schmitthoff*, in: JZ 1967, S. 1 (3); *R. Schulze/U. Seif*, in: Schulze/Seif (Hrsg.), Richterrecht und Rechtsfortbildung in der Europäischen Rechtsgemeinschaft, S. 1 (9, 15, 22).

333 *K. Zweigert/H. Kötz*, Einführung in die Rechtsvergleichung, 3. Aufl. 1996, S. 69, 252.

334 *M. Stürner*, in: Tietze/McGuire/Bendel/Kähler/Nickel/Reich/Sachse/Wehling (Hrsg.), GJZ 15 (2005), S. 79 (82).

335 Zu den einzelnen Arten des Statutory Law *R. Baldwin*, in: Cane/Conaghan (Hrsg.), The New Oxford Companion to Law, S. 721 f.; *Ch. Graf v. Bernstorff*, Einführung in das englische Recht, 5. Aufl. 2018, S. 11 ff.

336 *B. Häcker*, in: JuS 2014, S. 872 (874); *Ch. Graf v. Bernstorff*, Einführung in das englische Recht, 5. Aufl. 2018, S. 11.

337 Vgl. *K. Zweigert/H. Kötz*, Einführung in die Rechtsvergleichung, 3. Aufl. 1996, S. 197, 265.

Case Law entwickelt wurden.[338] Der Fokus von Gesetzen liegt somit mehr auf der Abdeckung eines konkreten, bereits bekannten Lebenssachverhalts mittels einer präzisen Umschreibung dessen, als auf einer theoretischen Vielfalt von unvorhergesehenen Problemen mittels einer abstrakten Institution.[339]

Vor dem Hintergrund dieser rechtsmethodischen Denkweise des Common Law fragt sich, ob ein spezielles Konzept zum Missbrauch überhaupt *notwendig* erscheint. Die präzise Darstellung und Definition von Rechten Einzelner im Rahmen einer fallrechtlichen, schrittweisen Entscheidungsfindung nach konkreten Lebenssachverhalten sowie die entsprechende Art einer Kodifizierung könnte dieses Rechtsinstrument weitestgehend zwecklos erscheinen lassen.[340]

I. Rechtsausübungstatbestände („Rechtsmissbrauch")

Zur Bedeutung eines Verbots des (individuellen) Rechtsmissbrauchs wurde von der englischen Rechtsprechung in der Rechtssache *Mayor of Bradford*

---

338 Sollte eine Kodifizierung weiterhin Zweifel aufwerfen, ist es deshalb geboten, auf Gerichtsentscheidungen zurückzugreifen, welche *vor* dem Inkrafttreten des jeweiligen Gesetzes verkündet wurden (*K. Zweigert/H. Kötz*, Einführung in die Rechtsvergleichung, 3. Aufl. 1996, S. 197). Die Kodifizierung von Prinzipien, welche im Case Law entwickelt wurden zeigt sich auch in der konkreten Gesetzesausgestaltung, die häufig dem Vorbild des fallrechtlichen Schemas folgt. Die Gesetzessprache in England zeichnet sich vor allem durch besonders präzisierte Regelungen aus, ohne dass zwischen ihrer Wichtigkeit unterschieden wird. Ziel soll es hierbei sein, den zu regelnden Lebenssachverhalt möglichst genau darzustellen. Eine abstrakt generell formulierte Institution wird hingegen häufig vermisst (*K. Zweigert/H. Kötz*, Einführung in die Rechtsvergleichung, 3. Aufl. 1996, S. 261 f.; vgl. auch *M. Stürner*, in: Tietze/McGuire/Bendel/Kähler/Nickel/Reich/Sachse/Wehling (Hrsg.), GJZ 15 (2005), S. 79 (83)). Diese präzise Darstellung findet sich auch in den Urteilsbegründungen wieder, welche durch eine besonders ausführliche Darstellung vom Sachverhalt und den tragenden individuellen Gründen sowie Argumentationen sämtlicher Richter geprägt sind, um so die schrittweise Entscheidungsfindung zu gewährleisten. Konsequenterweise wird von abstrakten Leitsätzen abgesehen, sodass die Entscheidung aus den vielfältigen Urteilsgründen der einzelnen Richter stets herauszulesen ist (*Ch.J. Hamson*, in: Begegnung von Justiz und Hochschule, S. II-3 (II-22 f.); *R. Schulze/U. Seif*, in: Schulze/Seif (Hrsg.), Richterrecht und Rechtsfortbildung in der Europäischen Rechtsgemeinschaft, S. 1 (9)).

339 Vgl. *M. Stürner*, in: Tietze/McGuire/Bendel/Kähler/Nickel/Reich/Sachse/Wehling (Hrsg.), GJZ 15 (2005), S. 79 (83).

340 *P. Catala/J.A. Weir*, in: TulLRev. 38 (1964), S. 221 (237 f.); *J. Voyame/B. Cottier/B. Rocha*, in: Abuse of rights and equivalent concepts, S. 23 (40).

v. Pickles aus dem Jahre 1895 erstmals höchstrichterlich Stellung genommen. Dabei wurde es vom *House of Lords*[341] als legitime Ausübung subjektiver Rechte angesehen, dass eine Privatperson auf dem eigenen Grundstück Grabungen mit der Absicht durchführt, an das Trinkwasser einer Gemeinde zu gelangen, um diese dazu zu drängen, entweder das Wasser oder etwa das Grundstück von ihm abzukaufen. Zur Begründung führte der Richter *Lord Halsbury* aus, dass allein auf die objektiv eingeräumten Rechte abzustellen sei. Auf subjektive Elemente, wie etwa eine böswillige Absicht zur Schädigung einer Gemeinde im Rahmen der Ausübung eines subjektiven Rechts, komme es insoweit nicht an.[342] Im Falle der Erfüllung objektiver Voraussetzungen eines eingeräumten subjektiven Rechts sei die konkrete Ausübung dem Rechtsinhaber vollständig anheim gestellt.[343] Dieser Präzedenzfall fand auch in Urteilen jenseits des Grundstücksrechts seine Zustimmung.[344] Es kann insoweit festgehalten

---

341 Das *House of Lords* wurde im Jahre 1876 als höchstes Gericht eingerichtet und war damit dem Supreme Court of Judicature, welches sich aus dem *High Court* und dessen Berufungsinstanz, dem *Court of Appeal*, zusammensetzte, übergeordnet (*K. Zweigert/H. Kötz*, Einführung in die Rechtsvergleichung, 3. Aufl. 1996, S. 195 f.). Im Jahre 2009 wurde der Gerichtsaufbau in England umstrukturiert und dem House of Lords die judikative Zuständigkeit aberkannt (zum jetzigen Gerichtsaufbau in England *Ch. Graf v. Bernstorff*, Einführung in das englische Recht, 5. Aufl. 2018, S. 15 ff.).

342 *HL* durch *Lord Halsbury*, Urt. v. 29.07.1895, Rs. „*Mayor of Bradford v. Pickles*", AC 1895, S. 587 (594).

343 Dieser Auffassung schlossen sich die Richter *Lord Watson* und *Lord Macnaghten* in der Rs. entsprechend an (vgl. *HL* durch *Lord Watson*, Urt. v. 29.07.1895, Rs. „*Mayor of Bradford v. Pickles*", AC 1895, S. 587 (598); durch *Lord Macnaghten*, Urt. v. 29.07.1895, Rs. „*Mayor of Bradford v. Pickles*", AC 1895, S. 587 (601)).

344 Vgl. *E. Reid*, in: EJCL 8.3 (2004), S. 1 (3 f.). *Lord Herschell* bekräftigte in der Rs. *Allen v. Flood* aus dem Jahre 1897, bei der es sich um eine arbeitsrechtliche Angelegenheit handelte, dass die Entscheidungsgründe in der Rs. *Mayor of Bradford v. Pickles* auf andere subjektive Rechte übertragbar seien. Erwähnenswert ist in diesem Zusammenhang noch die Rs. *Chapman v. Honig* des *Court of Appeal* aus dem Jahre 1963. In Anlehnung an die Gründe der Rs. *Mayor of Bradford v. Pickles* wurde es in dieser Rs. sogar als rechtlich zulässig erachtet, einen Mietvertrag unter Einhaltung der objektiven Voraussetzungen zu kündigen, selbst wenn dies dem alleinigen böswilligen Zweck dient, sich bei dem betroffenen Mieter dafür zu rächen, dass dieser in einem Prozess gegen den Vermieter ausgesagt hat (*CA* durch *C.H. Pearson*, Urt. v. 01.05.1963, Rs. „*Chapman v. Honig*", QBD 1963 II, S. 502 (520 f.)).

werden, dass ein allgemeiner Rechtsgrundsatz im Sinne eines Verbots des (individuellen) Rechtsmissbrauchs dem englischen Recht fremd ist.[345]

Stattdessen haben sich funktionale Äquivalente entwickelt, welche neben der fallrechtlichen Rechtsfortbildung – mit lückenschließendem Charakter – auch eine singuläre Korrektur von bereits ergangenen Entscheidungen gestattet. Zu nennen ist vor allem das eigenständige Fallrecht des sog. „*Equity Law*",[346] dessen Rechtsfindung sich nach den Regeln der Billigkeit und des Gewissens richtet und mittlerweile[347] von allen Richtern zur Einzelfallkorrektur zu berücksichtigen ist.[348]

---

345 *B.W. Napier*, in: Rotondi (Hrsg.), Inchieste di diritto comparato, Bd. VII, S. 265 (268 f.).

346 Ursprünglich diente das *Equity Law* als Gegenstück zum Writ-System. Letzteres hatte ihre Schwäche nämlich vor allem in ihrem starken Formalismus. Die unübersichtliche Fülle und die jeweils unterschiedlichen Prozessvorschriften zu den einzelnen Klageformeln führten vermehrt zu Klageabweisungen aus allein formellen Fehlern. Ihre fortwährende Lückenhaftigkeit sowie Anfälligkeit für politischen Einfluss oder gar Bestechungen von Zeugen hatte überdies gerichtliche Fehlentscheidungen zufolge (*K. Zweigert/H. Kötz*, Einführung in die Rechtsvergleichung, 3. Aufl. 1996, S. 184). Um dieses Problem zu lösen, wurde im 14. Jahrhundert eine sog. Equity-Rspr. entwickelt, die neben einer *Korrektur* der Entscheidungen der Gerichte des Writ-Systems – also des *Court of Exchequer*, *Court of Common Pleas* sowie *Court of King's Bench* (*Ch. Graf v. Bernstorff*, Einführung in das englische Recht, 5. Aufl. 2018, S. 8 – Fn. 23) – allerdings auch als *Ergänzung* dieser diente (vgl. *F.W. Maitland*, Equity – also: The Forms of Action at Common Law, S. 17).

347 Ursprünglich oblag die Rechtsfindung allein dem *Court of Equity*. Es stellte ein unabhängiges Fallrecht zum Common Law dar. Mit der Reform des Judicature Act im 19. Jahrhundert wurden auch die selbständigen Gerichte zum *High Court of Justice* zusammengefasst. Zwar bildet die *Chancery Division* noch immer eine eigene Abteilung. Allerdings wurden nunmehr sowohl die Rechtsregeln des Common Law als auch des Equity Law divisionsübergreifend berücksichtigt (*K. Zweigert/H. Kötz*, Einführung in die Rechtsvergleichung, 3. Aufl. 1996, S. 184 f., 187, 195 f.; *S. Worthington*, in: Cane/Conaghan (Hrsg.), The New Oxford Companion to Law, S. 408; *B. Häcker*, in: JuS 2014, S. 872 (875 f.); *Ch. Graf v. Bernstorff*, Einführung in das englische Recht, 5. Aufl. 2018, S. 8).

348 Darüber hinaus finden sich entsprechende Billigkeitserwägungen auch in besonderen Rechtsgebieten – etwa dem Vertragsrecht und Deliktsrecht – wieder, auf dessen vertiefte Darstellung vor dem Hintergrund des hier zu interessierenden Untersuchungsgegenstands eines allgemeinen Rechtsinstruments mit besonderem Fokus auf das Steuerrecht allerdings verzichtet werden kann (zum Vertragsrecht *M. Klöpfer*, Missbrauch im Europäischen Zivilverfahrensrecht, S. 54 m.w.N.; zum

II. Rechtsanwendbarkeitstatbestände („Umgehungstatbestände“)

Auch im Rahmen der sog. Umgehungstatbestände, welche sich im Common Law vornehmlich auf eine Tatbestands*vermeidung* – also eine Gesetzesumgehung im eigenen Sinne – konzentriert, wird ein abstrakt erfassbares allgemeines Rechtsinstitut vermisst.[349] Dass das Statute Law ursprünglich nur als Rechtsquelle zweiten Ranges angesehen wurde,[350] hatte eine besonders enge Gesetzesauslegung zufolge.[351] Es entstand die sog. „*literal rule*“[352], wonach die Gerichte dazu verpflichtet sind, bei einem eindeutigen Wortlaut eben diesem zu folgen, da sich hierin der Wille des Gesetzgebers hinreichend manifestiere.[353] Auf den eigentlichen Zweck der Bestimmung kommt es insoweit nicht an.[354] Eine Grenze dieser wortlautgetreuen Auslegung findet sich gemäß der sog. „*golden rule*“ erst dort, wo offenkundig absurde und ungerechte Ergebnisse entstehen.[355] Für die Gesetzesumgehung bedeutete dies, dass die Problemlösung lange Zeit in der

---

Deliktsrecht *A. Zimmermann*, Das Rechtsmißbrauchsverbot im Recht der Europäischen Gemeinschaften, S. 160).

349 *K. Schurig*, in: Heldrich/Sonnenberger (Hrsg.), FS Ferid, S. 375 (392); *M. Benecke*, Gesetzesumgehung im Zivilrecht, S. 31; *M. Klöpfer*, Missbrauch im Europäischen Zivilverfahrensrecht, S. 90. Es lassen sich nur vereinzelt Rspr. mit der Bestrebung zur Verhinderung von Gesetzesumgehungen erkennen (hierzu mit Rspr. zum Mietrecht und Arbeitsrecht *St. Vogenauer*, Die Auslegung von Gesetzen in England und auf dem Kontinent, Bd. II, S. 1036 f.).

350 Zur insoweit sehr bedeutsamen freien Willensbetätigung des Einzelnen *R.H. Graveson*, in: LQRev. 78 (1962), S. 337 (357 ff.); *ders.*, in: RC 109 (1963 II), S. 51; vgl. auch *F. Pollock*, Essays in Jurisprudence and Ethics, S. 85.

351 *K. Schurig*, in: Heldrich/Sonnenberger (Hrsg.), FS Ferid, S. 375 (395); *K. Zweigert/H. Kötz*, Einführung in die Rechtsvergleichung, 3. Aufl. 1996, S. 260 m.w.N.

352 Auch „plain meaning rule“ genannt (*D.J. Gifford/J. Salter*, How to Understand an Act of Parliament, S. 71).

353 Vgl. *HL* durch *Lord Reid*, Urt. v. 07.02.1962, Rs. „*Jones v. D.P.P.*“, AC 1962, S. 635 (662); durch *Lord Hailsham*, Urt. v. 24.03.1971, Rs. „*In re W. (An Infant)*“, AC 1971, S. 682 (698 – Rz. C); *CA* durch *F.H. Lawton*, Urt. v. 25.07.1979, Rs. „*Macarthys Ltd. v. Smith*“, All ER 1979 III, S. 325 (332 – Rz. h); durch *dens.*, Urt. v. 13.04.1981, Rs. „*Mc Cormick v. Horsepower Ltd.*“, WLR 1981 I, S. 993 (999 – Rz. C); *D.J. Gifford/J. Salter*, How to Understand an Act of Parliament, S. 71 ff.; ebenso *St. Vogenauer*, Die Auslegung von Gesetzen in England und auf dem Kontinent, Bd. II, S. 1003.

354 Vgl. *HCJ* durch *W.R. Grove*, Urt. v. 08.08.1887, Rs. „*Crofts v. Taylor*“, QBD 19 (1887), S. 524 (528); ebenso *St. Vogenauer*, Die Auslegung von Gesetzen in England und auf dem Kontinent, Bd. II, S. 796.

355 *HL* durch *Lord Blackburn*, Urt. v. 27.07.1877, Rs. „*River Wear Commissioners v. Adamson*“, AC 2 (1876–1877), S. 743 (764 f.); ebenso *T. Rensen*, in: SLRev. 14 (1993),

Schaffung neuer Gesetze und nicht in einer Korrektur des *Anwendungsbereichs* bestehender Gesetze gesucht wurde.[356] Zwar werden mittlerweile gemäß dem sog. „*purpose approach*" bei der Rechtsanwendung vermehrt auch teleologische Erwägungen ungeachtet dessen miteinbezogen, ob sich diese eindeutig aus dem Gesetzestext ergeben oder nicht.[357] Im Falle eines *eindeutigen* Gesetzeswortlauts wurde allerdings von dem *House of Lords* betont, dass für teleologische Erwägungen kein Raum sei, sondern eben nur im Falle einer Mehrdeutigkeit.[358]

S. 186 (187 f.); vgl. auch *D.J. Gifford/J. Salter*, How to Understand an Act of Parliament, S. 69, 77 ff. Zwar stand der literal rule ursprünglich die sog. „*mischief rule*" gegenüber, wonach im Rahmen einer Auslegung stets die Frage nach dem Sinn und Zweck einer gesetzlichen Regelung gestellt werden sollte (*T. Rensen*, in: SLRev. 14 (1993), S. 186 (188 m.w.N.)). Allerdings blieb es den Gerichten weitestgehend verwehrt, den Anwendungsbereich eines Gesetzes durch eine Umdeutung des Wortlauts anzupassen, ohne dass sich hierzu entsprechende Hinweise aus dem geschriebenen Gesetz selbst ergaben (*S.C. Styles*, in: OJLS 14 (1994), S. 151 (152)). Dem Richter kam vor diesem Hintergrund nur die Rolle eines „Sprachrohrs" des Gesetzes zu (vgl. hierzu *C.R. Sunstein*, in: HLRev. 103 (1989), S. 405 (415 ff.)).

356 *K. Schurig*, in: Heldrich/Sonnenberger (Hrsg.), FS Ferid, S. 375 (394).

357 *HL* durch *Lord Diplock*, Urt. v. 16.07.1975, Rs. „*Carter v. Bradbeer*", WLR 1975 I, S. 1204 (1206 f. – Rz. H f.); *S.C. Styles*, in: OJLS 14 (1994), S. 151 (152); *K. Zweigert/H. Kötz*, Einführung in die Rechtsvergleichung, 3. Aufl. 1996, S. 260; *St. Vogenauer*, Die Auslegung von Gesetzen in England und auf dem Kontinent, Bd. II, S. 963; *T. Lonnquist*, in: RLJ 13 (2003), S. 18 (21). Zunächst fand dieser zweckorientierte Ansatz in der Umsetzung und Anwendung des unionalen Sekundärrechts seine Berücksichtigung, um so bei den häufig sehr abstrakt formulierten Regelungen zu einem sinnvollen Ergebnis zu gelangen (*T. Rensen*, in: SLRev. 14 (1993), S. 186 (186); *K. Zweigert/H. Kötz*, Einführung in die Rechtsvergleichung, 3. Aufl. 1996, S. 261 m.w.N.; vgl. auch *CA* durch *Lord Denning*, Urt. v. 22.05.1974, Rs. „*HP Bulmer Ltd. v. J. Bollinger SA*", Ch 1974, S. 401 (425 f. – Rz. C ff.)). Mit der Entscheidung des *House of Lords* in der Rs. *Pepper v. Hart* aus dem Jahre 1993, wurde dieser Ansatz für das gesamte Common Law für anwendbar erklärt. *Lord Griffith* führte in seinem Urteil insoweit aus, dass eine strenge Auslegung allein nach dem geschriebenen Wortlaut eines Gesetzes vorbei und stattdessen nunmehr auf die wahre Absicht des Gesetzes abzustellen sei. Hierzu könne jenseits des Gesetzeswortlauts hilfsweise auch auf weitere Materialien – zu denken sei vor allem an die Unterlagen des Parlaments zur Beratung eines Gesetzes – abgestellt werden, um den Zweck eines Gesetzes herzuleiten (*HL* durch *Lord Griffith*, Urt. v. 26.11.1992, Rs. „*Pepper v. Hart*", AC 1993, S. 593 (617 – Rz. E f.)). Der „purpose approach" hat sich dabei wohl aus der mischief rule entwickelt (*S.C. Styles*, in: OJLS 14 (1994), S. 151 (152)).

358 *HL* durch *Lord Lowry*, Urt. v. 25.10.1990, Rs. „*R v. Inland Revenue Commissioners, ex p Woolwich Building Society*", WLR 1990 I, S. 1400 (1428 – Rz. D f.).

Es lässt sich somit festhalten, dass sich die Richter dafür verantwortlich zeigen müssen, den planmäßigen Geltungsbereich eines Gesetzes im Lichte von dessen Sinn und Zweck zu ermitteln. Da sich diese Erwägungen allerdings auf *mehrdeutige* Gesetze beschränken, ist die Möglichkeit zur umfassenden Feststellung eines *planwidrigen* Geltungsbereichs – eben auch entgegen eines klaren Wortlauts – auszuschließen. Mithin ist der purpose approach zur Vermeidung einer Gesetzesumgehung im eigenen Sinne[359] rechtsmethodisch vornehmlich als *Auslegungs*methodik zu verstehen. Ein eigenständiges allgemeingültiges Missbrauchskonzept ist weiterhin nicht anzunehmen.[360]

III. Besonderheiten im Steuerrecht

Eine besondere Entwicklung hat in dieser Hinsicht das Steuerrecht genommen. Nach dem sog. „*Duke of Westminster-Principle*"[361] steht jedem das Recht zu, seine Angelegenheiten rechtlich so auszugestalten, wie sie sich wirtschaftlich und steuerrechtlich für ihn am vorteilhaftesten erweisen. Es ist den Steuerbehörden mithin grundsätzlich verwehrt, einen bestimmten rechtlichen Sachverhalt aus steuerlichen Gründen unter Bezugnahme auf die wirtschaftliche Substanz umzuqualifizieren.[362] Dieser Art der Anwendung von Steuergesetzen wurde sodann mit dem sog. „*Ramsay-Principle*" Grenzen gesetzt.[363] Demnach muss im Falle einer schematischen Rechtsgestaltung eine Gesamtbetrachtung vorgenommen werden, welche sich am wirtschaftlichen Ergebnis orientiert.

---

359 Bisherige Rspr. zeigen, dass sich die Bekämpfung auf eine Tatbestands*vermeidung* beschränkt (vgl. hierzu mit Rspr. zum Mietrecht und Arbeitsrecht *St. Vogenauer*, Die Auslegung von Gesetzen in England und auf dem Kontinent, Bd. II, S. 1036 f.). Eine Art teleologische Reduktion, welche im Falle einer Tatbestands*erschleichung* notwendig wäre, lässt sich dem englischen Recht weiterhin nicht entnehmen.

360 So im Ergebnis auch *M. Klöpfer*, Missbrauch im Europäischen Zivilverfahrensrecht, S. 90; vgl. auch *K. Zweigert/H. Kötz*, Einführung in die Rechtsvergleichung, 3. Aufl. 1996, S. 261.

361 *K. Nevermann*, Justiz und Steuerumgehung, S. 116 ff.; *P. Fischer*, in: StuW 1995, S. 87 (91); *J. VanderWolk*, in: BIT 2002, S. 70 (71).

362 *HL* durch *Lord Tomlin*, Urt. v. 07.05.1935, Rs. „*IRC v. Duke of Westminster*", All ER 1935, S. 259 (267 – Rz. I).

363 *HL* durch *Lord Hoffmann*, Urt. v. 08.02.2001, Rs. „*MacNiven v. Westmoreland Investments Ltd.*", STC 2001, S. 237 (252 – Rz. d); vgl. auch *HL* durch *Lord Wilberforce*, Urt. v. 12.03.1981, Rs. „*WT Ramsay Ltd. v. IRC*", STC 1981, S. 174 (180 – Rz. c ff.); durch *Lord Diplock*, Urt. v. 03.12.1981, Rs. „*Burmah Oil*", STC 1982, S. 30 (32 – Rz. d); durch *Lord Scarman*, Urt. v. 09.02.1984, Rs. „*Furniss v. Dawson*", STC 1984, S. 153 (156 – Rz. d ff.).

Sollten die einzelnen Rechtsakte so aufeinander abgestimmt sein, dass sie sich im Ergebnis neutralisieren, muss diese Rechtsgestaltung ignoriert und ein hieraus resultierender, gesetzlich begründeter, wirtschaftlicher Vorteil verwehrt bleiben.[364] In der Rechtssache *Furniss v. Dawson* aus dem Jahre 1984 wurde hierzu festgehalten, dass das Ramsay-Principle nur unter zwei objektiven[365] Voraussetzungen anzunehmen ist. Als Erstes muss im Voraus eine geplante Abfolge von künstlichen Rechtsakten vorliegen.[366] Als Zweites ist es erforderlich, dass der alleinige Zweck der schematisierten Gestaltung in der Vermeidung oder dem zeitlichen Aufschub steuerlicher Belastungen liegt.[367] In der Rechtssache *Craven v. White* wurde als dritte Voraussetzung hinzugefügt, dass es zu Beginn der ersten Transaktion als praktisch unwahrscheinlich angesehen werden muss, dass die Teilschritte nicht auch in der vorherbestimmten Reihenfolge durchgeführt werden.[368] Als Viertes müssen die vorausbestimmten Rechtsakte schließlich verwirklicht worden sein.[369]

Methodisch begrüßenswert stellte das *House of Lords* in der Rechtssache *MacNiven v. Westmoreland Investments Ltd.* aus dem Jahre 2001 in diesem Zusammenhang fest, dass im Rahmen der Auslegung zunächst die Frage gestellt werden müsse, ob es sich bei der Gesetzesformulierung um ein juristisches oder wirtschaftliches Begriffsverständnis[370] handele. Nur wenn von

---

364 *HL* durch *Lord Wilberforce*, Urt. v. 12.03.1981, Rs. „*WT Ramsay Ltd. v. IRC*", STC 1981, S. 174 (180 – Rz. c ff.).

365 Zum Mangel subjektiver Anforderungen im Rahmen des Ramsay-Principle *Ch. Böing*, Steuerlicher Gestaltungsmissbrauch in Europa, S. 137 f.

366 Sog. „pre-ordained series of transactions" (*G. Förster/D. Schmidtmann*, in: StuW 2003, S. 114 (119)).

367 *HL* durch *Lord Brightman*, Urt. v. 09.02.1984, Rs. „*Furniss v. Dawson*", STC 1984, S. 153 (166 – Rz. g f.); durch *Lord Oliver*, Urt. v. 21.07.1988, Rs. „*Craven v. White*", STC 1988, S. 476 (507 – Rz. a); *G. Förster/D. Schmidtmann*, in: StuW 2003, S. 114 (119); *Ch. Böing*, Steuerlicher Gestaltungsmissbrauch in Europa, S. 133; sog. „business purpose test" (*G. Förster/D. Schmidtmann*, in: StuW 2003, S. 114 (119)).

368 *HL* durch *Lords Templeman/Oliver*, Urt. v. 21.07.1988, Rs. „*Craven v. White*", STC 1988, S. 476 (488 – Rz. d, 507 – Rz. a, 508 – Rz. h f.); sog. „practical certainty test" (*G. Förster/D. Schmidtmann*, in: StuW 2003, S. 114 (119); *Ch. Böing*, Steuerlicher Gestaltungsmissbrauch in Europa, S. 134).

369 *HL* durch *Lord Oliver*, Urt. v. 21.07.1988, Rs. „*Craven v. White*", STC 1988, S. 476 (507 – Rz. a); *G. Förster/D. Schmidtmann*, in: StuW 2003, S. 114 (119); *Ch. Böing*, Steuerlicher Gestaltungsmissbrauch in Europa, S. 133.

370 Dies ist zum Beispiel bei gesetzlichen Formulierungen wie „loss" oder „profit" der Fall (*J. VanderWolk*, in: BIT 2002, S. 70 (73); *Ch. Böing*, Steuerlicher

einer wirtschaftlichen Begrifflichkeit auszugehen sei, können in einem zweiten Schritt die Erwägungen des Ramsay-Principle zur Identifizierung der rechtlichen Natur eines Gestaltungsweges hilfsweise herangezogen werden.[371] Eine solche eindeutige Kategorisierung fällt in der Entscheidungspraxis allerdings häufig schwer.[372] Aus diesem Grund findet das Ramsay-Principle auch weiterhin große Berücksichtigung im englischen Recht[373] und muss somit nach wie vor als besonderes – wenn auch aus rechtsdogmatischer Sicht unselbständiges – steuerrechtliches Rechtsinstrument zur Verhinderung von Umgehungstatbeständen beachtet werden.[374]

B. Französisches Recht: Die Mutter des romanischen Rechtskreises

Als Ausgangspunkt des Civil Law werden zwecks einer vorausschauenden Planung mögliche Sachverhalte durch abstrakt-generelle Regelungen präventiv erfasst. Die kontinentaleuropäischen Rechtskreise haben vornehmlich einen

---

Gestaltungsmissbrauch in Europa, S. 140; vgl. auch *HL* durch *Lord Hoffmann*, Urt. v. 08.02.2001, Rs. „*MacNiven v. Westmoreland Investments Ltd.*“, STC 2001, S. 237 (250 – Rz. b)).

371 *HL* durch *Lord Hoffmann*, Urt. v. 08.02.2001, Rs. „*MacNiven v. Westmoreland Investments Ltd.*“, STC 2001, S. 237 (253 – Rz. j f.); *J. VanderWolk*, in: BIT 2002, S. 70 (73); *ders.*, in: BIT 2003, S. 223 (223); *G. Förster/D. Schmidtmann*, in: StuW 2003, S. 114 (119); *Ch. Böing*, Steuerlicher Gestaltungsmissbrauch in Europa, S. 140. In der wirtschaftlichen Betrachtungsweise an sich ist demnach eine am Gesetzeszweck orientierte *Auslegung* zu erblicken (*HL* durch *Lord Hoffmann*, Urt. v. 08.02.2001, Rs. „*MacNiven v. Westmoreland Investments Ltd.*“, STC 2001, S. 237 (248 – Rz. b); bereits in diese Richtung gehend *HL* durch *Lord Cooke of Thorndon*, Urt. v. 12.06.1997, Rs. „*McGuckian v. IRC*“, STC 1997, S. 908 (921 – Rz. a f.); *Ch. Böing*, Steuerlicher Gestaltungsmissbrauch in Europa, S. 139).

372 *J. VanderWolk*, in: BIT 2002, S. 70 (76); *Ch. Böing*, Steuerlicher Gestaltungsmissbrauch in Europa, S. 143.

373 Vgl. *mit* Bezugnahme auf die Rs. „*MacNiven v. Westmoreland Investments Ltd.*“ *CA* durch *J. Parker*, Urt. v. 03.04.2001, Rs. „*DTE Financial Services v. Wilson*“, STC 2001, S. 777 (788 – Rz. e); gar *ohne* Erwähnung der Entscheidung in der Rs. „*MacNiven v. Westmoreland Investments Ltd.*“ *HL* durch *Lord Nicholls of Birkenhead*, Urt. v. 25.11.2004, Rs. „*IRC v. Scottish Provident Institution*“, STC 2005, S. 15 (25 – Rz. c, 26 – Rz. d).

374 Vgl. *CA* durch *P. Gibson*, Urt. v. 13.12.2002, Rs. „*Barclays Mercantile Finance v. Mawson*“, STC 2003, S. 66 (93 f. – Rz. b ff.); ebenso *J. VanderWolk*, in: BIT 2003, S. 223 (228 f.).

akademisch-theoretischen Charakter[375] inne,[376] welcher sich mehr nach subjektiven Rechten, als nach Lebenssachverhalten bestimmt[377] und von einer deduktiven Vorgehensweise geprägt ist. Das kodifizierte Normsystem soll bereits eine materielle Gerechtigkeit bereithalten. Eine allgemein formulierte Regelung wird für den besonderen Lebenssachverhalt lediglich subsumiert.[378] Eine Urteilsbegründung stellt insoweit das Ergebnis jener Subsumtion dar.[379] Allerdings lassen sich auch unter der Abstellung auf subjektive Rechte nur *mögliche* zukünftige Lebenssachverhalte erfassen. Im natürlichen Prozess der Rechtsfindung lässt sich dabei auch hier eine ständige nachträgliche Anpassung des Gesetzeswortlauts an die wirklichen Lebenssachverhalte beobachten.[380] Um einer mangelnden Funktionsfähigkeit der Rechtsordnung insoweit entgegenzuwirken, ist überdies ein gewisses Maß an Flexibilität und Dynamik erforderlich. Diese wird – wie im Common Law – mittels einer induktiv geprägten präjudiziellen Rechtsfortbildung durch höchstrichterliche Rechtsprechungen erreicht.[381]

---

375 Dies ist vor allem dem geisteswissenschaftlichen Ursprung des ius commune geschuldet, welches vor allem durch eine wissenschaftlich generalisierende Systematik geprägt war und schlussendlich Vorbild des allgemeinen Rechtsverständnisses der einzelnen kontinentalen Regionen wurde (vgl. *K. Zweigert/H. Kötz*, Einführung in die Rechtsvergleichung, 3. Aufl. 1996, S. 252; hierzu auch *J. Gordley*, in: Cane/Conaghan (Hrsg.), The New Oxford Companion to Law, S. 171 f.; *St. Vogenauer*, in: Cane/Conaghan (Hrsg.), The New Oxford Companion to Law, S. 135; *B. Häcker*, in: JuS 2014, S. 872 (873)).

376 Zu denken ist vornehmlich an den romanischen und deutschen Rechtskreis (vgl. *K. Zweigert/H. Kötz*, Einführung in die Rechtsvergleichung, 3. Aufl. 1996, S. 68 f., 252).

377 *M. Stürner*, in: Tietze/McGuire/Bendel/Kähler/Nickel/Reich/Sachse/Wehling (Hrsg.), GJZ 15 (2005), S. 79 (82).

378 *R. Schulze/U. Seif*, in: Schulze/Seif (Hrsg.), Richterrecht und Rechtsfortbildung in der Europäischen Rechtsgemeinschaft, S. 1 (10); vgl. auch *K. Zweigert/H. Kötz*, Einführung in die Rechtsvergleichung, 3. Aufl. 1996, S. 69.

379 Vgl. *R. Schulze/U. Seif*, in: Schulze/Seif (Hrsg.), Richterrecht und Rechtsfortbildung in der Europäischen Rechtsgemeinschaft, S. 1 (9).

380 Vgl. *A. Kaufmann*, Rechtsphilosophie, 2. Aufl. 1997, S. 126.

381 Im Rahmen dieser präjudiziellen Handlung lässt sich wiederum das traditionelle methodische Schema des Civil Law wiederfinden. So erinnert die Bildung von präjudiziellem Richterrecht dahingehend an das abstrakte Denken in Gesetzen, dass in Form von Leitsätzen ein konkreter Bezug zu einem individuellen Lebenssachverhalt vermieden und sich mehr auf die abstrakten Regelungen unter Abdeckung sämtlicher möglicher Fallkonstellationen konzentriert wird (hierzu *K. Zweigert/H. Kötz*, Einführung in die Rechtsvergleichung, 3. Aufl. 1996, S. 259).

Jener Ausgangspunkt abstrakt-genereller Gesetze, aus dem sich das Phänomen eines rechtlichen Missbrauchs erst ergibt, lässt im französischen Recht bereits ein umfangreiches Missbrauchskonzept erwarten.

I. Rechtsausübungstatbestände („Rechtsmissbrauch")

Zu Beginn des 20. Jahrhunderts hat sich in Frankreich die Theorie des sog. „*abus de droit*" entwickelt,[382] dessen Anwendungsbereich sich auf die Ausübung allein subjektiver Rechte beschränkt.[383]

1. Rechtsmethodische Einordnung des „abus de droit"

Eine gesetzliche Bestimmung zum allgemeinen Verbot eines Rechtsmissbrauchs ist dem französischen Recht unbekannt.[384] Ihre rechtliche Grundlage

---

382 *M. Ferid/H.J. Sonnenberger*, Das Französische Zivilrecht, Bd. I/1, 2. Aufl. 1994, Rn. 1 C 147. Die Theorie entwickelte sich auf Grundlage der wissenschaftlichen Schriften von *R. Saleilles* (grundlegend insb. *R. Saleilles,* De la déclaration de volonté; *ders.*, in: BSEL 4 (1905), S. 325 ff.). Historisch lässt sich der abus de droit auf verschiedene römische Quellen zurückführen (hierzu *M. Ferid/H.J. Sonnenberger*, Das Französische Zivilrecht, Bd. I/1, 2. Aufl. 1994, Rn. 1 C 148).

383 *L. Josserand*, De l'esprit des droits et de leur relativité, 2. Aufl. 1939, Rn. 245; *G. Cornu*, Droit civil, Bd. I, 8. Aufl. 1997, Rn. 148; *J. Flour/J.-L. Aubert/É. Savaux*, Les obligations, Bd. II, 12. Aufl. 2007, Rn. 120; ebenso *J. Ghestin/G. Goubeaux*, Traité de droit civil, Bd. I, 3. Aufl. 1990, Rn. 696; *F. Chabas*, in: Mazeaud/Mazeaud/Mazeaud/Chabas (Hrsg.), Leçons de droit civil, Bd. II/1, 9. Aufl. 1998, Rn. 457. Insb. die Schädigung Dritter sowie eine missbräuchliche Ausübung objektiver Rechte bleiben unberücksichtigt (*M. Ferid/H.J. Sonnenberger*, Das Französische Zivilrecht, Bd. I/1, 2. Aufl. 1994, Rn. 1 C 147).

384 Zwar findet sich die Rechtsfigur des abus de droit in einigen Spezialvorschriften wieder (so zum Beispiel im *Sachenrecht* zum Nießbrauch gem. Art. 618 CC, im *Familienrecht* zum Adoptionsrecht gem. Art. 348-6 CC sowie im *Vertragsrecht* zum Schutze des Verbrauchers gem. Art. L132-1 Code de la Consommation oder zur Kündigung eines Arbeitsvertrags gem. Art. L1237-2 und L1237-3 Code du Travail). Vollständig lässt sie sich allerdings keiner gesetzlichen Regelung zuordnen. Zu denken wäre etwa an Art. 1104 CC („Les contrats doivent être négociés, formés et exécutés de bonne foi. Cette disposition est d'ordre public."; auf Deutsch in etwa: „Die Verträge müssen in Treu und Glauben verhandelt, ausgestaltet und durchgesetzt werden. Diese Bestimmung steht im Interesse der Allgemeinheit."), wonach auf das Gebot des sog. „bonne foi" – welches dem deutschen Grundsatz von „Treu und Glauben" teilw. entspricht (vgl. *H.-E. Oberacher*, Wie löst das französische Recht die Fälle des § 242 BGB?, S. 88 ff.; *H.J. Sonnenberger*, in: Böttcher/Hueck/Jähnke (Hrsg.), FS Odersky, S. 703 (705)) – abgestellt wird. Allerdings beschränkt sich diese

findet die Lehre des abus de droit stattdessen hinsichtlich der Rechtsfolge in der deliktischen Generalklausel des Art. 1240 CC.[385]

Die Frage einer missbräuchlichen Rechtsausübung stellt sich im französischen Recht erst, nach dem ein gesetzlich bestimmtes Recht mittels der Auslegungsgrundsätze für anwendbar erklärt bzw. dessen Grenzen[386] festgestellt wurden. Die Lehre des abus de droit setzt eine Auslegung mithin voraus und bestimmt die *innere* Schranke eines anwendbaren Rechts.[387] Ihre Präzisierung wird der Rechtsprechung im Rahmen einer Rechtsfortbildung[388] überlassen.[389] Vor diesem Hintergrund ist von einem *allgemeinen Rechtsprinzip*[390] zu sprechen. Hierbei handelt es sich um fundamentale Prinzipien,[391] welche keinem Gesetz unterworfen sind, sondern vom Regelungsgehalt her neben diesen stehen.[392] Häufig dienen sie der gerichtlichen

---

Bestimmung auf das Vertragsrecht, sodass sie sich mit dem abus de droit grundsätzlich auch nur hinsichtlich einer rechtsmissbräuchlichen Ausübung subjektiver Rechte im Rahmen eines vereinbarten Vertrags überschneidet (vgl. *M. Ferid/H.J. Sonnenberger*, Das Französische Zivilrecht, Bd. I/1, 2. Aufl. 1994, Rn. 1 C 163). Eine Ausdehnung dieser Norm auf andere Rechtsbereiche wurde bisher in der Lehre und Praxis verneint.

385 Vgl. *J. Ghestin/G. Goubeaux*, Traité de droit civil, Bd. I, 3. Aufl. 1990, Rn. 738 f.; *G. Cornu*, Droit civil, Bd. I, 8. Aufl. 1997, Rn. 151; *F. Chabas*, in: Mazeaud/Mazeaud/Mazeaud/Chabas (Hrsg.), Leçons de droit civil, Bd. II/1, 9. Aufl. 1998, Rn. 460-461; zur Bedeutung des Art. 1240 CC (bis zum 01.10.2016 Art. 1382 CC) im französischen Deliktsrecht *H.-E. Oberacher*, Wie löst das französische Recht die Fälle des § 242 BGB?, S. 102 ff.; *J. Ghestin/G. Goubeaux*, Traité de droit civil, Bd. I, 3. Aufl. 1990, Rn. 738.

386 Sog. „limites externes" (*J. Ghestin/G. Goubeaux*, Traité de droit civil, Bd. I, 3. Aufl. 1990, Rn. 697).

387 *J. Ghestin/G. Goubeaux*, Traité de droit civil, Bd. I, 3. Aufl. 1990, Rn. 697.

388 Zwar wird im französischen Recht zwischen Auslegung und Rechtsfortbildung nicht unterschieden. Jedoch erweist sich diese deutsche Denkweise als hilfreich, um Rechtsfiguren auch anderer Rechtsordnungen methodisch einordnen zu können (vgl. hierzu im deutschen Recht *1. Teil* GldPkt. A II, B IV).

389 *M. Ferid/H.J. Sonnenberger*, Das Französische Zivilrecht, Bd. I/1, 2. Aufl. 1994, Rn. 1 C 155.

390 Sog. „Principes généraux" (*H. Krech*, Die Theorie der allgemeinen Rechtsgrundsätze im französischen öffentlichen Recht, S. 109).

391 *H. Krech*, Die Theorie der allgemeinen Rechtsgrundsätze im französischen öffentlichen Recht, S. 109.

392 Sobald sich der Tatbestand des Fehlgebrauchs eines bestimmten Rechts allerdings im Lichte von dessen besonderen Wertungen zu einem eigenständigen Regelungskomplex entwickelt, ist der Gedanke des abus de droit nur subsidiär anwendbar

Kontrolle.[393]

2. *Inhalt und Umfang des „abus de droit"*

Von einem Rechtsmissbrauch im Sinne des allgemeinen Rechtsprinzips abus de droit ist immer dann zu sprechen, wenn eine Person in Ausübung eines ihr zustehenden subjektiven Rechts einem anderen einen Schaden zufügt.[394] Inspiriert vom § 226 BGB[395] hat sich damit eine Rechtsfigur zur Verhinderung eines schikanösen Verhaltens entwickelt.[396] Darüber hinaus wird auf Grundlage einer Lehre von *L. Josserand*[397] zum Teil auch auf wirtschaftliche[398] und – diese umfassende – soziale[399] Zwecke abgestellt. Die Rechtsfolge des abus de droit

---

(*M. Ferid/H.J. Sonnenberger*, Das Französische Zivilrecht, Bd. I/1, 2. Aufl. 1994, Rn. 1 C 152).

393 *U. Hübner/V. Constantinesco*, Einführung in das französische Recht, 4. Aufl. 2001, S. 15. Die Rechtsquelle der *allgemeinen Rechtsprinzipien* ist in der schöpferischen Leistung der Rspr. auf Grundlage historisch gewachsener ethischer Überzeugungen des politischen Geistes Frankreichs zu erblicken (*H. Krech*, Die Theorie der allgemeinen Rechtsgrundsätze im französischen öffentlichen Recht, S. 109 f.). Eben diese Eigenschaften treffen auch auf die Rechtsfigur des abus de droit zu. So handelt es sich hierbei um eine durch richterliche Rechtsfortbildung präzisierte, allgemeine Regel des französischen Privatrechts, welche keinem Gesetz unterworfen ist, sondern vielmehr zu dessen Korrektur dient, um billigende Ergebnisse zu schaffen (vgl. *M. Ferid/H.J. Sonnenberger*, Das Französische Zivilrecht, Bd. I/1, 2. Aufl. 1994, Rn. 1 C 144, 1 C 160 ff.).

394 *M. Ferid/H.J. Sonnenberger*, Das Französische Zivilrecht, Bd. I/1, 2. Aufl. 1994, Rn. 1 C 149.

395 Zum Verhältnis der §§ 226, 826 BGB zum § 242 BGB *M. Steudle*, Der Rechtsmißbrauch im Arbeitsrecht, S. 12 ff.

396 *M. Ferid/H.J. Sonnenberger*, Das Französische Zivilrecht, Bd. I/1, 2. Aufl. 1994, Rn. 1 C 147; *S. Whittaker/R. Zimmermann*, in: Zimmermann/Whittaker (Hrsg.), Good Faith in European Contract Law, S. 7 (34 – Fn. 164); vgl. auch *G. Ripert*, La règle morale dans les obligations civiles, 2. Aufl. 1927, Rn. 93. Bereits *R. Saleilles* nahm in seinen wissenschaftlichen Schriften zum abus de droit u.a. Bezug auf §§ 226, 826 BGB (*R. Saleilles,* De la déclaration de volonté, S. 300 f.; *ders.*, in: BSEL 4 (1905), S. 325 (345 f.)).

397 Grundlegend hierzu *L. Josserand*, De l'esprit des droits et de leur relativité, 2. Aufl. 1939.

398 *L. Josserand*, De l'esprit des droits et de leur relativité, 2. Aufl. 1939, Rn. 287.

399 *L. Josserand*, De l'esprit des droits et de leur relativité, 2. Aufl. 1939, Rn. 292; *J. Ghestin/G. Goubeaux*, Traité de droit civil, Bd. I, 3. Aufl. 1990, Rn. 718 ff.; vgl. auch *M. Ferid/H.J. Sonnenberger*, Das Französische Zivilrecht, Bd. I/1, 2. Aufl. 1994, Rn. 1 C 158a; siehe hierzu auch *3. Teil* GldPkt. B II 3 d) ee) (3).

gemäß Art. 1240 CC lässt schließlich auch eine Nähe zum Deliktsrecht erkennen, indem sich die betroffene Person zur Wiedergutmachung des zugefügten Schadens verpflichtet.

Um dem Ausnahmecharakter[400] des abus de droit und gleichzeitig der Handlungsfreiheit hinsichtlich der Ausübung des subjektiven Rechts Ausdruck zu verleihen, wird ein Rechtsmissbrauch nur dann angenommen, wenn der Handelnde in subjektiver Hinsicht eine entsprechende Intention verfolgt.[401] Die konkrete Ausgestaltung des subjektiven Elements ist in der französischen Literatur umstritten. Der Streit konzentriert sich mittlerweile[402] auf die Kernfrage, wie sich die objektiven Erwägungen zur notwendigen Beweiserleichterung konkret ausgestalten. Hervorzuheben ist hierbei die Lehre von *Josserand*, welche auf die *rechtsimmanenten Wertungen* abstellt.[403] So sei ein Rechtsmissbrauch

---

400 Aufgrund des sehr liberalen Ansatzes hinsichtlich des subjektiven Rechts in Frankreich stand man der Idee einer Rechtsfigur des Rechtsmissbrauchs einst gar ablehnend gegenüber. So wurde vertreten, eine Person könne keinen Missbrauch begehen, sofern sie ein ihr zustehendes Recht ausübe. Vielmehr höre das Recht dort auf, wo der Missbrauch beginne (*M. Planiol*, Traité élémentaire de droit civil, Bd. II, 11. Aufl. 1939, Rn. 871).

401 Vgl. *J. Voyame/B. Cottier/B. Rocha*, in: Abuse of Rights and Equivalent Concepts, S. 23 (32).

402 *Ursprünglich* wurde vertreten, ein Rechtsmissbrauch sei nur anzunehmen, wenn die Ausübung von der Absicht getragen sei, einem anderen Schaden zuzufügen (sog. „intention de nuire" (*G. Ripert*, La règle morale dans les obligations civiles, 2. Aufl. 1927, Rn. 93 f.); vgl. insoweit kritisch *Y. Picod*, Le devoir de loyauté dans l'exécution du contrat, Rn. 22; *J. Ghestin/G. Goubeaux*, Traité de droit civil, Bd. I, 3. Aufl. 1990, Rn. 716).

403 Überdies wird in Anlehnung an die ursprüngliche Ansicht *zum Teil* vertreten, eine stets erforderliche Schädigungsabsicht sei dann zu vermuten, wenn ein Interesse an der Ausübung des konkreten Rechts fehle (vgl. *A. Ponsard/I. Fadlallah*, in: Aubry/Rau (Hrsg.), Droit civil francais, Bd. VI/2, 8. Aufl. 1989, Rn. 47; *J. Flour/J.-L. Aubert/É. Savaux*, Les obligations, Bd. II, 12. Aufl. 2007, Rn. 122; *F. Terré/Ph. Simler/Y. Lequette/F. Chénedé*, Droit civil, 12. Aufl. 2019, Rn. 969 – Fn. 1 (S. 1048)). Von weiten Teilen der Literatur wird allerdings bereits das fortwährende Abstellen auf eine Absicht als zu eng erachtet (*B. Starck/H. Roland/L. Boyer*, Obligations, Bd. I, 5. Aufl. 1996, Rn. 365; vgl. auch *Y. Picod*, Le devoir de loyauté dans l'exécution du contrat, Rn. 22; *G. Marty/P. Raynaud*, Droit Civil, Bd. I, 2. Aufl. 1988, S. 541 – Rn. 478; *J. Ghestin/G. Goubeaux*, Traité de droit civil, Bd. I, 3. Aufl. 1990, Rn. 716 f.; *F. Chabas*, in: Mazeaud/Mazeaud/Mazeaud/Chabas (Hrsg.), Leçons de droit civil, Bd. II/1, 9. Aufl. 1998, Rn. 458). So stellt eine *weitere Ansicht* in Anlehnung an die Nähe des abus de droit zum Deliktsrecht auf die tatbestandlichen Erwägungen des Art. 1240 CC ab (*H. Mazeaud/L. Mazeaud/A. Tunc*, Traité théorique et pratique

namentlich dann anzunehmen, wenn der soziale Zweck[404] eines Rechts verfehlt und somit kein legitimes Interesse zu dessen Ausübung erkennbar sei.[405] Ein „sozialer Zweck" sei dabei allen subjektiven Rechten immanent, indem Jedermann als Teil des Ganzen dazu angehalten sei, seine subjektiven Rechte im Sinne des Allgemeinwohls auszuüben, um ein funktionsfähiges System zu gewährleisten.[406] Die *Rechtsprechung* hat bisher keine klar erkennbare Stellung zu dem in der Literatur geführten Meinungsstreit bezogen.[407]

---

de la responsabilité civile délictuelle et contractuelle, Bd. I, 6. Aufl. 1965, Rn. 576; *F. Chabas*, in: Mazeaud/Mazeaud/Mazeaud/Chabas (Hrsg.), Leçons de droit civil, Bd. II/1, 9. Aufl. 1998, Rn. 458; *J. Flour/J.-L. Aubert/É. Savaux*, Les obligations, Bd. II, 12. Aufl. 2007, Rn. 124). Demnach sei die Schuld (sog. „faute") des Handelnden das ausschlaggebende Kriterium, welches in einem fehlerhaften Verhalten zu suchen sei. Hierzu komme es maßgeblich auf die Frage an, wie ein normaler, vorsichtiger und vernünftiger Mensch (sog. „l'homme normal, prudent, raisonnable") unter gleichen Umständen gehandelt hätte. Abzustellen sei dabei mehr auf einen vorbildlich handelnden Menschen und weniger auf die persönlichen Fähigkeiten und Kenntnisse einer Person (*G. Marty/P. Raynaud*, Droit Civil, Bd. I, 2. Aufl. 1988, S. 542 – Rn. 478; *M. Ferid/H.J. Sonnenberger*, Das Französische Zivilrecht, Bd. I/1, 2. Aufl. 1994, Rn. 1 C 157; *F. Chabas*, in: Mazeaud/Mazeaud/Mazeaud/Chabas (Hrsg.), Leçons de droit civil, Bd. II/1, 9. Aufl. 1998, Rn. 458; *J. Flour/J.-L. Aubert/É. Savaux*, Les obligations, Bd. II, 12. Aufl. 2007, Rn. 124; *F. Terré/Ph. Simler/Y. Lequette/F. Chénedé*, Droit civil, 12. Aufl. 2019, Rn. 957, 969). Da es sich hierbei um einen sehr abstrakten Maßstab handelt, bleibt eine Unsicherheit hinsichtlich der konkreten Kriterien, die an ein „vorbildliches Handeln" unter Einbeziehung der Natur eines konkreten Rechts zu stellen sind (vgl. zur unterschiedlichen Beurteilung einer faute im Rahmen einer Rechtsausübung im Vergleich zu übrigen Fällen *J. Flour/J.-L. Aubert/É. Savaux*, Les obligations, Bd. II, 12. Aufl. 2007, Rn. 124). So wird gegen die Meinung vorgebracht, man habe lediglich den unbestimmten Begriff „abus" mit dem unbestimmten Begriff „faute" ausgewechselt, ohne das Problem zu lösen (*J. Ghestin/G. Goubeaux*, Traité de droit civil, Bd. I, 3. Aufl. 1990, Rn. 716, 712 f.; *B. Starck/H. Roland/L. Boyer*, Obligations, Bd. I, 5. Aufl. 1996, Rn. 363).

404 Sog. „finalité sociale" (*J. Ghestin/G. Goubeaux*, Traité de droit civil, Bd. I, 3. Aufl. 1990, Rn. 718).

405 *L. Josserand*, De l'esprit des droits et de leur relativité, 2. Aufl. 1939, Rn. 292 ff.; *J. Ghestin/G. Goubeaux*, Traité de droit civil, Bd. I, 3. Aufl. 1990, Rn. 718.

406 Vgl. *L. Josserand*, De l'esprit des droits et de leur relativité, 2. Aufl. 1939, Rn. 292.

407 Die *Rspr.* bedient sich des Inhalts wohl aller Meinungen in einer Kombination, um so eine Billigkeitskorrektur im jeweiligen Einzelfall zu erreichen (*G. Durry*, in: RTDCiv. 70 (1972), S. 395 (398); *J. Ghestin/G. Goubeaux*, Traité de droit civil, Bd. I, 3. Aufl. 1990, Rn. 736; *P. Schammo*, in: ELJ 14 (2008), S. 351 (355); *F. Terré/Ph. Simler/Y. Lequette/F. Chénedé*, Droit civil, 12. Aufl. 2019, Rn. 971; eine Tendenz zur *faute*-Lösung erkennend *J. Voyame/B. Cottier/B. Rocha*, in: Abuse of Rights and

II. Rechtsanwendbarkeitstatbestände („Umgehungstatbestände")

Zur Bekämpfung von Umgehungstatbeständen wurde die Argumentationsfigur der sog. *„fraude à la loi"* in Frankreich entwickelt.[408] Sie wird *vorherrschend*[409] als eigenständiges Rechtsinstitut jenseits der Auslegungsmethode verstanden, welches neben objektiven Voraussetzungen vor allem auch auf subjektive Elemente abstellt.[410]

Equivalent Concepts, S. 23 (32); *F. Chabas*, in: Mazeaud/Mazeaud/Mazeaud/Chabas (Hrsg.), Leçons de droit civil, Bd. II/1, 9. Aufl. 1998, Rn. 458; *A. Zimmermann*, Das Rechtsmißbrauchsverbot im Recht der Europäischen Gemeinschaften, S. 108 f.; *J. Flour/J.-L. Aubert/É. Savaux*, Les obligations, Bd. II, 12. Aufl. 2007, Rn. 124).

408 Die Rechtsfigur der *fraude à la loi* lässt sich neben der sog. *„fraude aux droits des tiers"* – also der Schädigung von Rechten Dritter durch Umgehungsgestaltungen – unter den Oberbegriff des sog. *„fraus omnia corrumpit"* fassen. Eine Abgrenzung der beiden Unterarten ist allerdings nicht immer möglich. So geht mit der Umgehung von Rechten Dritter häufig eine Umgehung von Gesetzen einher (*J. Ghestin/G. Goubeaux*, Traité de droit civil, Bd. I, 3. Aufl. 1990, Rn. 743, 746 f.). Die Argumentationsfigur der *fraude à la loi* erfolgte in Anlehnung an die römischrechtliche Terminologie der sog. *fraus legis*. Im Zeitalter der spätrepublikanischen römischen Jurisprudenz entwickelte sich aus der *Rechts*figur der *fraus legis* eine *Argumentations*figur (*M. Benecke*, Gesetzesumgehung im Zivilrecht, S. 11; *Ch. Böing*, Steuerlicher Gestaltungsmissbrauch in Europa, S. 31). Demnach wurde eine Rechtsgestaltung ungeachtet der Einhaltung des Gesetzeswortlauts für unwirksam erklärt, sobald sie dem Gesetzeszweck in *objektiver* Hinsicht widersprach (*H. Honsell*, in: Medicus/Seiler (Hrsg.), FS Kaser, S. 111 (119); *O. Behrends*, Die fraus legis, S. 109; ein *subjektives* Element bejahend *H. Honsell*, in: Medicus/Seiler (Hrsg.), FS Kaser, S. 111 (125 f.); verneinend *A. Teichmann*, Die Gesetzesumgehung, S. 105 f.; *O. Behrends*, Die fraus legis, S. 15, 104). Gleichzeitig entwickelte sich das rechtsfortbildende Rechtsinstitut der Analogie (*H. Honsell*, in: Medicus/Seiler (Hrsg.), FS Kaser, S. 111 (121)). Diese konnte bei besonders schweren Verstößen einer Gesetzesumgehung ebenfalls zu dessen Verhinderung angewandt werden (*O. Behrends*, Die fraus legis, S. 101). Allerdings hatte die richterliche Rechtsfortbildung damals noch keine große Bedeutung. Der Sinn musste verbindlich dem Gesetz entnommen und vom historischen Gesetzgeber festgestellt werden, sodass das Rechtsinstitut der Analogie insoweit (noch) leerlief (*O. Behrends*, Die fraus legis, S. 110).

409 Zum Meinungsstreit *K. Schurig*, in: Heldrich/Sonnenberger (Hrsg.), FS Ferid, S. 375 (387 f.).

410 *K. Schurig*, in: Heldrich/Sonnenberger (Hrsg.), FS Ferid, S. 375 (388); *St. Vogenauer*, Die Auslegung von Gesetzen in England und auf dem Kontinent, Bd. I, S. 257, 552 f.; vgl. auch *M. Ferid/H.J. Sonnenberger*, Das Französische Zivilrecht, Bd. I/1, 2. Aufl. 1994, Rn. 1 F 657.

1. Rechtsmethodische Einordnung der „fraude à la loi"

Auf Ebene der Auslegung wird bei der französischen *„interprétation"* zwischen einer „grammatischen"[411] und „logischen"[412] Auslegung unterschieden.[413] Dabei wird ersterer Methodik, die der grammatischen Wortlautauslegung in der deutschen Rechtsmethodik entspricht, im Rahmen eines *mehrdeutigen* Wortlauts noch immer ein stärkeres Gewicht zugesprochen als der Letzteren, welche die historischen, systematischen und teleologischen Erwägungen zusammenfasst.[414] Handelt es sich um einen *eindeutigen* Wortlaut, muss überdies das selbständige Rechtsinstitut der sog. *„acte clair"* berücksichtigt werden, welches der Auslegung vorgeschaltet ist. Demnach besteht gar die *Pflicht*, dem konkreten Wortsinn zu folgen, um so den Willen des Gesetzgebers hinsichtlich des eindeutigen Anwendungsbereichs zu wahren,[415] selbst wenn dies zu

---

411 Sog. „interprétation grammaticale" oder „interprétation littérale" (*St. Vogenauer*, Die Auslegung von Gesetzen in England und auf dem Kontinent, Bd. I, S. 234).

412 Sog. „interprétation logique" (*St. Vogenauer*, Die Auslegung von Gesetzen in England und auf dem Kontinent, Bd. I, S. 234).

413 In der rechtswissenschaftlichen Theorie hat sich *Montesquieu* diesbezüglich bereits im 18. Jahrhundert unmissverständlich dahingehend ausgedrückt, dass das Gericht nur als sog. „bouche de la loi" – also als „Mund des Gesetzes" – zu agieren habe (Originalzitat: „Il pourroit arriver que la loi, qui est en même temps clair-voyante & aveugle, seroit en de certains cas trop rigoureuse. Mais les juges de la nation ne sont, comme nous avons dit, que *la bouche qui prononce les paroles de la loi*; des êtres inanimés, qui n'en peuvent modérer ni la force ni la rigueur.", auf Deutsch in etwa: „Es kann vorkommen, dass das Gesetz, das gleichzeitig klar und blind ist, in bestimmten Fällen zu streng ist. Aber die Richter der Nation sind, wie wir gesagt haben, nur *der Mund, der die Worte des Gesetzes ausspricht*; leblose Wesen, die weder Gewalt noch Härte mäßigen können." (*Ch.-L. II Baron de Montesquieu*, De l'Esprit des Lois, Bd. II, S. 43 – Bch. XI Kap. VI; Hervorhebungen durch den Verfasser)). Damit vertrat er die extreme Ansicht, die Rolle des Richters beschränke sich zur Gewährleistung einer funktionierenden Gewaltenteilung auf die Anwendung des konkreten Wortlauts des Gesetzes im Einzelfall (noch immer auf diese Formulierung bezugnehmend *U. Babusiaux*, in: Riesenhuber (Hrsg.), Europäische Methodenlehre, 3. Aufl. 2015, S. 549 (563 – Rn. 27)). Zwar hat sich diese Meinung nie wirklich durchsetzen können. Allerdings zeigt die bloße Unterscheidung zwischen „grammatischer" und „logischer" Auslegung, dass sie auch nicht gänzlich unberücksichtigt blieb.

414 *St. Vogenauer*, Die Auslegung von Gesetzen in England und auf dem Kontinent, Bd. I, S. 234, 295.

415 *St. Vogenauer*, Die Auslegung von Gesetzen in England und auf dem Kontinent, Bd. I, S. 248 f.; *S.A.E. Martens*, Methodenlehre des Unionsrechts, S. 361.

unvernünftigen und ungerechten Ergebnissen führt[416]. Diese strenge Nähe der Beurteilung eines Anwendungsbereichs am kodifizierten Wortlaut lässt eine Flexibilität der Gesetze und mithin einen notwendigen Bezug zu modernen Lebenssachverhalten vermissen. Dies wiederum bildet Gesetzeslücken[417] und bietet einen fabelhaften Nährboden für Umgehungstatbestände.

Vor diesem Hintergrund wird eine Gesetzesumgehung im französischen Recht dann angenommen, wenn sich ein Rechtssubjekt der Anwendung einer verpflichteten Rechtsregel entzieht, ohne ihren Buchstaben verletzt zu haben.[418] Statt einer allgemeingültigen gesetzlichen Ausgestaltung eines Rechtsinstituts zur Verhinderung eines Umgehungstatbestands[419] wurde dessen Entwicklung der richterlichen Rechtsfortbildung überlassen. So entwickelte sich die fraude à la loi als *allgemeines Rechtsprinzip.*[420]

2. *Inhalt und Umfang der „fraude à la loi"*

Die fraude à la loi verfolgt das Ziel, den Achtungsanspruch der gesamten Rechtsordnung zu wahren und eine Verhöhnung des Rechts – nicht zuletzt aufgrund der Pflicht französischer Staatsorgane zur wortlautgetreuen

416 *St. Vogenauer*, Die Auslegung von Gesetzen in England und auf dem Kontinent, Bd. I, S. 261 f. m.w.N.

417 Sog. „lacunes légales" (vgl. *Ch.R. Masson*, La notion d'évasion fiscale en droit interne français, Rn. 143).

418 Diese Definition geht auf eine wissenschaftliche Ausarbeitung von *J. Vidal* aus dem Jahre 1957 zurück (Originalzitat: „[…] qu'il y a fraude chaque fois que le sujet de droit parvient à se soustraire à l'exécution d'une règle obligatoire par l'emploi à dessein d'un moyen efficace, qui rend ce résultat inattaquable sur le terrain du droit positif.", auf Deutsch in etwa: „[…] dass es immer dann zur Umgehung kommt, wenn es dem Rechtssubjekt gelingt, sich durch den absichtlichen Einsatz wirksamer Mittel der Vollstreckung einer Zwangsregel zu entziehen, was dieses Ergebnis im Bereich des positiven Rechts unangreifbar macht." (*J. Vidal*, Essai d'une théorie générale de la fraude en droit français, S. 208); ebenso *J. Ghestin/G. Goubeaux*, Traité de droit civil, Bd. I, 3. Aufl. 1990, Rn. 748; *M. Ferid/H.J. Sonnenberger*, Das Französische Zivilrecht, Bd. I/1, 2. Aufl. 1994, Rn. 1 F 656; *St. Vogenauer*, Die Auslegung von Gesetzen in England und auf dem Kontinent, Bd. I, S. 257).

419 Zu speziellen gesetzlichen Regelungen *M. Ferid/H.J. Sonnenberger*, Das Französische Zivilrecht, Bd. I/1, 2. Aufl. 1994, Rn. 1 F 654.

420 *J. Ghestin/G. Goubeaux*, Traité de droit civil, Bd. I, 3. Aufl. 1990, Rn. 741; *É. Cornut*, Théorie critique de la fraude à la loi, Rn. 43, 47.

Anwendung – durch trickreiche Rechtsgestaltungen zu verhindern.[421] Neben einem im französischen Recht generell sehr ausgeprägten hohen Ansehen von Rechtsordnungen,[422] lässt diese Zielsetzung eine starke Neigung zum subjektiven Element erkennen.[423] Eben dies bestätigt sich in den konkreten Voraussetzungen der fraude à la loi. So ist nicht bereits dann von einer Umgehung auszugehen, wenn eine zwingende Rechtsnorm vorliegt, dessen Anwendbarkeit sich entgegen ihrer Teleologie entzogen wurde, ohne ihren Buchstaben verletzt zu haben.[424] Vielmehr muss auch in der *Absicht* gehandelt worden sein, eben diese Rechtsnorm zu umgehen.[425] Aufbauend auf dieser subjektiven Vorwerfbarkeit muss abschließend ein „wirksames Mittel" zum Zweck der Umgehung gewählt worden sein.[426]

Betrachtet man die allgemeine französische Definition des Umgehungstatbestands, wonach auf die *Entziehung* eines Rechtssubjekts aus einer Anwendung verpflichtender Rechtsregeln abgestellt wird, so lässt dies auf den ersten Blick die Annahme zu, es sei lediglich die Konstellation einer Tatbestands*vermeidung* betroffen. Von der Erschleichung eines Tatbestands ist insoweit schließlich nicht die Rede. Das vorwerfbare Verhalten ist vor diesem Hintergrund zunächst ebenfalls in der *Vermeidung* der Anwendung einer Rechtsnorm

---

421 *J. Ghestin/G. Goubeaux*, Traité de droit civil, Bd. I, 3. Aufl. 1990, Rn. 756; ebenso *K. Schurig*, in: Heldrich/Sonnenberger (Hrsg.), FS Ferid, S. 375 (388); vgl. auch *B. Audit*, La fraude à la loi, Rn. 540.

422 Vgl. *B. Audit*, La fraude à la loi, Rn. 1; *K. Schurig*, in: Heldrich/Sonnenberger (Hrsg.), FS Ferid, S. 375 (388 m.w.N.).

423 Der Akt einer„Verhöhnung" impliziert bereits eine entsprechende innere Intention des Handelnden.

424 Hierin wäre schließlich nur die logische Auslegung Frankreichs zu erblicken, womit die fraude à la loi überflüssig wäre.

425 Der konkrete Inhalt dieser Voraussetzung ist sehr umstritten. In *materiell-rechtlicher* Hinsicht fragt sich, ob die Umgehung das einzige Motiv darstellen oder es lediglich eines von mehreren Motiven sein muss (*K. Schurig*, in: Heldrich/Sonnenberger (Hrsg.), FS Ferid, S. 375 (389)). In *verfahrensrechtlicher* Hinsicht fragt sich, wie dieses subjektive Element genau nachzuweisen ist (vgl. *É. Cornut*, Théorie critique de la fraude à la loi, Rn. 60).

426 *J. Ghestin/G. Goubeaux*, Traité de droit civil, Bd. I, 3. Aufl. 1990, Rn. 748 ff.; ebenso *K. Schurig*, in: Heldrich/Sonnenberger (Hrsg.), FS Ferid, S. 375 (388 f.); *M. Benecke*, Gesetzesumgehung im Zivilrecht, S. 30. Die letzte Voraussetzung dient der Abgrenzung einer ernsthaft gewollten Tatbestandserfüllung von einer bloßen Simulation i.S.e. Scheingeschäfts (*K. Schurig*, in: Heldrich/Sonnenberger (Hrsg.), FS Ferid, S. 375 (389)).

zu erblicken.[427] Diese Betrachtungsweise gibt den Charakter der fraude à la loi allerdings nur bedingt wieder. Denn im Falle einer Tatbestandsvermeidung, bei der zugleich der Vorteil eines anderen Tatbestands erschlichen wird, zeigt sich insoweit ein anderes Bild. Um die unzulässige Gesetzesumgehung von einer zulässigen Tatbestandsplanung abzugrenzen, liegt der Fokus der Betrachtung der fraude à la loi nämlich insoweit auf der Zulässigkeit des *positiv erlangten* individuellen Vorteils.[428] So wird sich stets die Frage gestellt, ob eben diese den Vorteil begründende Gestaltung *wirksam* sein soll oder eben nicht.[429] Im Falle einer Kombination der Missbrauchsarten konzentriert sich die fraude à la loi also auf die Frage, ob der aufgrund jener Gestaltung *einschlägige* Tatbestand anwendbar sein soll.[430] Die mehr rechtsdogmatisch geprägte Frage zur Anwendbarkeit der umgangenen Norm erscheint hingegen zweitrangig, da hierzu – wie etwa im deutschen Steuerrecht[431] – vielmehr nach einer alternativen Gestaltung zu fragen wäre, die den Anforderungen eben jenes vermiedenen Tatbestands genügt.[432] Es kann somit festgehalten werden, dass im Falle einer Kombination beider Umgehungsarten eine besondere Nähe der fraude à la loi zur Tatbestand*serschleichung* besteht. Lediglich eine reine Tatbestandserschleichung

---

427 *J. Vidal*, Essai d'une théorie générale de la fraude en droit français, S. 63.

428 So auch *M. Klöpfer*, Missbrauch im Europäischen Zivilverfahrensrecht, S. 82; vgl. auch *J. Ghestin/G. Goubeaux*, Traité de droit civil, Bd. I, 3. Aufl. 1990, Rn. 741, 761.

429 *É. Cornut*, Théorie critique de la fraude à la loi, Rn. 564; vgl. auch die Rechtsfolge des Art. L64 Abs. 1 LPF: „Afin d'en restituer le véritable caractère, l'administration est en droit d'écarter, comme ne lui étant *pas opposables*, les actes constitutifs d'un abus de droit, soit [...]" (auf Deutsch in etwa: „Um den wahren Charakter wiederherzustellen, hat die Verwaltung das Recht, rechtsmissbräuchliche Handlungen für *nicht wirksam* zu erklären, sobald [...]"; Hervorhebungen durch den Verfasser). Diese Rechtsfolge für das Steuerrecht lässt sich auf andere französische Rechtsgebiete übertragen (*M. Cozian/F. Deboissy/M. Chadefaux*, Précis de fiscalité des entreprises, 40. Aufl. 2016, Rn. 2465). Der Grund zur Frage nach der Wirksamkeit der Gestaltung könnte in dem Sinn und Zweck des französischen Umgehungstatbestands begründet liegen. So könnte sich die „Verhöhnung" eines Gesetzes in dem vorwerfbaren Ziel des Einzelnen ausdrücken, den gesetzlich unbeabsichtigten Vorteil zu erlangen, welcher *am direktesten* eben durch die *erschlichene* Vorschrift vermittelt wird (so *M. Klöpfer*, Missbrauch im Europäischen Zivilverfahrensrecht, S. 82 f.).

430 Vgl. *J. Ghestin/G. Goubeaux*, Traité de droit civil, Bd. I, 3. Aufl. 1990, Rn. 741.

431 Siehe hierzu *1. Teil* GldPkt. B IV 5.

432 A.A. wohl *É. Cornut*, Théorie critique de la fraude à la loi, Rn. 564.

wird wohl von diesem Rechtsinstitut nicht erfasst, da sich insoweit keiner Gesetzesanwendung „entzogen“ wird.

III. Besonderheiten im Steuerrecht

In rechtsmethodischer Hinsicht gilt im Steuerrecht nichts Anderes als im französischen Zivilrecht. Bei einem *eindeutigen* Wortlaut eines Steuergesetzes, darf eine von den Buchstaben abweichende Auslegung nicht erfolgen.[433] Vor diesem Hintergrund ergibt sich auch im Steuerrecht das Problem der Gesetzesumgehung, welche dann anzunehmen ist, wenn der Steuerpflichtige die Besteuerung dadurch vermeidet, dass er entstehende Gesetzeslücken ausnutzt und seine Geschäfte geschickt gestaltet.[434] Der Grundsatz zur freien Steuerplanung[435] greift nur insoweit, wie er nicht in Konflikt mit anderen allgemeinen Rechtsprinzipien steht.[436] Namentlich sind an die Rechtsprinzipien des abus de droit sowie der fraude à la loi zu denken, die im französischen Steuerrecht unter den Oberbegriff des sog. „*abus de droit fiscal*“ fallen. Dessen Anwendungsfälle teilen sich wiederum gemäß Art. L64 Abs. 1 LPF[437] in

433 *CCass.*, Urt. v. 29.01.1941, RD-Jur. 1941, S. 227 (228); Urt. v. 28.05.1941, RD-Jur. 1941, S. 257 (257); Urt. v. 27.10.1943, RD-Jur. 1944, S. 9 (9); Urt. v. 31.01.1946, RD-Jur. 1946, S. 170 (170); *Ph. Marchessou*, L'interprétation des textes fiscaux, S. 140 f.

434 *St. Vogenauer*, Die Auslegung von Gesetzen in England und auf dem Kontinent, Bd. I, S. 270.

435 Sog. „liberté des choix fisceaux“ (*Ch.R. Masson*, La notion d'évasion fiscale en droit interne français, Rn. 150) Demnach steht es Jedermann aufgrund der Vertragsfreiheit und des Legalitätsprinzips zu, sich einer Steuerpflicht zu entziehen, indem mittels einer zivilrechtlichen Gestaltung steuerbegründende oder -erhöhenden Tatbestände von vornherein vermieden oder Steuerbelastungen möglichst gering gehalten werden (*J. Vidal*, Essai d'une théorie générale de la fraude en droit français, S. 96; *Th. Delahaye*, Le choix de la voie la moins imposée, S. 38 m.w.N.; *Ch.R. Masson*, La notion d'évasion fiscale en droit interne français, Rn. 150 ff.; *M. Cozian*, Les grands principes de la fiscalité des entreprises, 3. Aufl. 1996, S. 19 – Rn 6; vgl. auch *CCass.*, Urt. v. 19.04.1932, RD-Jur. 1932 I, S. 125 (125, 127); *CE*, Urt. v. 21.07.1970, Rs. 73332, DF 1972, Nr. 1442, S. 7 (8); Urt. v. 09.03.1979, Rs. 10454, DF 1979, Nr. 2048, S. 1142 (1147); *Trib. Toulouse*, Urt. v. 27.01.1894, RS 1896 II, S. 53 (53)).

436 *M. Cozian*, Les grands principes de la fiscalité des entreprises, 3. Aufl. 1996, S. 22 – Rn. 12; *Ch. Böing*, Steuerlicher Gestaltungsmissbrauch in Europa, S. 96; vgl. auch *CCass.*, Urt. v. 19.04.1932, RD-Jur. 1932 I, S. 125 (125, 127); *Ch.R. Masson*, La notion d'évasion fiscale en droit interne français, Rn. 236 ff.

437 Art. L64 Abs. 1 LPF: „Afin d'en restituer le véritable caractère, l'administration est en droit d'écarter, comme ne lui étant pas opposables, les actes constitutifs d'un

den abus de droit fiscal „par simulation juridique" und „par fraude à la loi" auf.[438]

Der „abus de droit fiscal *par fraude à la loi*" adressiert gekünstelte, allerdings tatsächlich existierende Rechtsgeschäfte und damit den hier interessierenden rechtlichen Missbrauch.[439] In Anlehnung an das allgemeine Rechtsprinzip

---

abus de droit, soit que ces actes ont un *caractère fictif*, soit que, recherchant le bénéfice d'une application littérale des textes ou de décisions à l'encontre des objectifs poursuivis par leurs auteurs, ils n'ont pu être inspirés par aucun autre motif que celui *d'éluder ou d'atténuer les charges fiscales* que l'intéressé, si ces actes n'avaient pas été passés ou réalisés, aurait normalement supportées eu égard à sa situation ou à ses activités réelles." (auf Deutsch in etwa: „Um den wahren Charakter wiederherzustellen, hat die Verwaltung das Recht, rechtsmissbräuchliche Handlungen für nicht wirksam zu erklären, sobald diese Handlungen einen *fiktiven Charakter* haben oder von einer wörtlichen Anwendung von Gesetzen oder Entscheidungen profitiert wird, welche den Zielen der Autoren zuwiderlaufen und aus keinem anderen Grunde inspiriert worden sind, als die *Steuerlast der betroffenen Person zu vermeiden oder zu mildern*, obwohl die Handlung im Hinblick auf seine Lage und tatsächlichen Aktivitäten normalerweise nicht vorgenommen worden wäre."; Hervorhebungen durch den Verfasser).

438 *M. Cozian*, Les grands principes de la fiscalité des entreprises, 3. Aufl. 1996, S. 23 – Rn. 14. Vor dem Jahre 2008 war lediglich der abus de droit fiscal *par simulation juridique* im Rahmen des Art. L64 LPF ausdrücklich geregelt. Allerdings wurde der Anwendungsbereich im Wege einer extensiven Auslegung auf die Fälle des abus de droit fiscal *par fraude à la loi* seit einer Grundentscheidung des *Conseil d'État* vom 10.06.1981 (Rs. 19079, RJF-Dec. 1981, Nr. 787, S. 429 f.) erweitert (*M. Cozian/F. Deboissy/M. Chadefaux*, Précis de fiscalité des entreprises, 40. Aufl. 2016, Rn. 2452; vertiefend hierzu *St. Vogenauer*, Die Auslegung von Gesetzen in England und auf dem Kontinent, Bd. I, S. 270 f.; *Ch. Böing*, Steuerlicher Gestaltungsmissbrauch in Europa, S. 110).

439 Vgl. *CE*, Urt. v. 10.06.1981, Rs. 19079, RJF-Dec. 1981, Nr. 787, S. 429 (429). Der sog. „abus de droit fiscal *par simulation juridique*" stellt auf tatsächlich nicht oder in anderer Form existierende Rechtsgeschäfte ab, auf welche sich fälschlicherweise bezogen wird, um einen rechtlichen Vorteil zu erhalten. Mit anderen Worten werden hiermit die „rechtlichen Lügen" erfasst (*M. Cozian*, Les grands principes de la fiscalité des entreprises, 3. Aufl. 1996, S. 23 – Rn. 15; *F. Deboissy*, La simulation en droit fiscal, S. 36 – Rn. 96). Dies betrifft vor allem die Fälle von Scheingeschäften (*Ch. Böing*, Steuerlicher Gestaltungsmissbrauch in Europa, S. 105). Als Rechtsfolge werden statt des simulierten, das tatsächlich erfolgte Rechtsgeschäft der Besteuerung zugrunde gelegt (*G. Gest/G. Tixier*, Manuel de droit fiscal, 4. Aufl. 1986, S. 260; *J. Schmidt*, L'impôt, 2. Aufl. 1995, S. 67; *M. Cozian/F. Deboissy/M. Chadefaux*, Précis de fiscalité des entreprises, 40. Aufl. 2016, Rn. 2465). Mithin adressiert diese

der fraude à la loi wird in *objektiver* Hinsicht vorausgesetzt, dass der Vorteil einer effektiven Steuerersparnis aus einer schematisch konstruierten Rechtsgestaltung mit künstlichem Charakter resultiert,[440] ohne den Buchstaben des betroffenen Rechts verletzt, dafür allerdings dessen Teleologie widersprochen zu haben.[441] In *subjektiver* Hinsicht muss dem Steuerpflichtigen nachgewiesen werden, dass er bei der Wahl der konkreten Rechtsgestaltung ausschließlich aus der Motivation heraus gehandelt hat, einen Steuervorteil zu erfahren, obwohl die rechtliche Ausgestaltung im Hinblick auf die konkrete Lage des Steuerpflichtigen normalerweise nicht vorgenommen worden wäre.[442] Namentlich

---

Alternative die in dieser Arbeit nicht weiter zu untersuchenden Fälle betrügerischer Handlungen bzw. der Steuerhinterziehung.

440 *J. Turot*, in: RJF 1989, S. 458 (463); *Ch. Böing*, Steuerlicher Gestaltungsmissbrauch in Europa, S. 113 f.; vgl. auch *CCass.*, Urt. v. 10.12.1996, Rs. 94-20070 – *„Sté RMC France"*, DF 1997, Nr. 471, S. 581 (584); *CE*, Urt. v. 02.07.1986, Rs. 38610, DF 1986, Nr. 2266, S. 1463 (1466).

441 *M. Cozian/F. Deboissy/M. Chadefaux*, Précis de fiscalité des entreprises, 40. Aufl. 2016, Rn. 2454 f. Ferner regelt der Art. L64 Abs. 1 LPF u.a.: „Afin d'en restituer le véritable caractère, l'administration est en droit d'écarter, comme ne lui étant pas opposables, les actes constitutifs d'un abus de droit, soit que ces actes [...] recherchant le bénéfice d'une application littérale des textes ou de décisions à l'encontre des objectifs poursuivis par leurs auteurs, [...]." (auf Deutsch in etwa: „Um den wahren Charakter wiederherzustellen, hat die Verwaltung das Recht, rechtsmissbräuchliche Handlungen für nicht wirksam zu erklären, sobald [...] von einer wörtlichen Anwendung von Gesetzen oder Entscheidungen profitiert wird, welche den Zielen der Autoren zuwiderlaufen [...].").

442 So regelt der Art. L64 Abs. 1 LPF u.a.: „[...] recherchant le bénéfice d'une application littérale des textes ou de décisions à l'encontre des objectifs poursuivis par leurs auteurs, ils n'ont pu *être inspirés par aucun autre motif que* celui d'éluder ou d'atténuer les charges fiscales que l'intéressé, si ces actes n'avaient pas été passés ou réalisés, aurait normalement supportées eu égard à sa situation ou à ses activités réelles." (auf Deutsch in etwa: „[...] von einer wörtlichen Anwendung von Gesetzen oder Entscheidungen profitiert wird, welche den Zielen der Autoren zuwiderlaufen und *aus keinem anderen Grunde inspiriert worden sind, als* die Steuerlast der betroffenen Person zu vermeiden oder zu mildern, obwohl die Handlung im Hinblick auf seine Lage und tatsächlichen Aktivitäten normalerweise nicht vorgenommen worden wäre."; Hervorhebungen durch den Verfasser); vgl. auch *CCass.*, Urt. v. 10.12.1996, Rs. 94-20070 – *„Sté RMC France"*, DF 1997, Nr. 471, S. 581 (582 ff.); *CE*, Urt. v. 10.06.1981, Rs. 19079, RJF-Dec. 1981, Nr. 787, S. 429 (429 f.); Urt. v. 22.06.1983, Rs. 32956, RJF-Dec. 1983, Nr. 1013, S. 471 (471); Urt. v. 17.01.1994, Rs. 120157 – *„Jacques Chollet"*, DF 1994, Nr. 746, S. 697 (698); *P.-F. Racine*, in: RJF 1983, S. 423 (423 f.).

darf die Rechtsgestaltung nicht aus anderweitigen essentiellen subjektiven Gründen wirtschaftlicher, finanzieller, familiärer oder sonstiger Art gerechtfertigt sein, um als „rein künstlich“[443] bezeichnet werden zu können.[444] Insoweit handelt es sich auch im Rahmen des subjektiven Elements um Umstände, welche es *objektiv* festzustellen gilt. Als Rechtsfolge wird die missbräuchliche Rechtsgestaltung von der Finanzbehörde für unwirksam erklärt.[445] Dieser eindeutigen Rechtsfolge lässt sich wiederum entnehmen, dass im Falle einer – dem Steuerrecht typischen – Kombination von Tatbestandserschleichung und -vermeidung der *erschlichene* Tatbestand für die teleologische Bewertung im Rahmen der objektiven Voraussetzung in den Fokus rückt.[446]

Seit der Entscheidung des *Conseil d'État* in der Rechtssache *Société Pléiade* aus dem Jahre 2004 steht darüber hinaus auch fest, dass der abus de droit fiscal par fraude à la loi aus Art. L64 Abs. 1 Alt. 2 LPF auch bei grenzüberschreitenden Sachverhalten Anwendung findet.[447] Die Zwischenschaltung einer ausländischen Basisgesellschaft ist demnach immer dann als missbräuchlich zu erachten, wenn sie über keine eigene wirtschaftliche Substanz verfügt, der Steuerpflichtige für deren Errichtung keine nachvollziehbaren wirtschaftlichen oder finanziellen Beweggründe vorweisen kann und schließlich die von ihr

443 Sog. „montage artificiel“ (*F. Deboissy*, in: RDC 2007, S. 1006 (1006 – Rn. 1)).

444 *F. Deboissy*, in: RDC 2007, S. 1006 (1016 f. – Rn. 19); *M. Cozian/F. Deboissy/M. Chadefaux*, Précis de fiscalité des entreprises, 40. Aufl. 2016, Rn. 2456. Trotz der Anforderung einer Ausschließlichkeit können Gründe mit geringer Bedeutung außer Acht bleiben (*CE*, Urt. v. 11.04.2014, Rs. 352999 – „*SARL Garnier Choiseul Holding*“, DF 2014, Nr. 408 Rn. 8 (d. Entsch.), Rn. 6 (d. Schlussfolg.); *M. Buchet*, in: DF 2014, Nr. 408 Rn. 3 (d. Anm.)).

445 So regelt der Art. L64 Abs. 1 LPF u.a.: „Afin d'en restituer le véritable caractère, l'administration est en droit d'écarter, comme ne lui étant *pas opposables*, les actes constitutifs d'un abus de droit, soit [...]“ (auf Deutsch in etwa: „Um den wahren Charakter wiederherzustellen, hat die Verwaltung das Recht, rechtsmissbräuchliche Handlungen für *nicht wirksam* zu erklären, sobald [...]“; Hervorhebungen durch den Verfasser); vgl. auch *G. Gest/G. Tixier*, Manuel de droit fiscal, 4. Aufl. 1986, S. 261; *M. Cozian/F. Deboissy/M. Chadefaux*, Précis de fiscalité des entreprises, 40. Aufl. 2016, Rn. 2465.

446 Vgl. hierzu *2. Teil* GldPkt. B II 2. Um dem Ziel des Art. L64 Abs. 1 LPF zu entsprechen, „den wahren Charakter wiederherzustellen“, ist in einem zweiten Schritt wohl auch jene Teleologie des *vermiedenen* Tatbestands zu berücksichtigen. Allerdings ist eine Sachverhaltsfiktion oder Analogie jener vermiedenen Norm eindeutig keine Rechtsfolge der Norm.

447 Vgl. *CE*, Urt. v. 18.02.2004, Rs. 247729 – „*Société Pléiade*“, DF 2004, Nr. 849, S. 1677 (1677 f.).

ausgeübten Tätigkeiten auf eine rein steuerlich motivierte Zwischenschaltung der Gesellschaft schließen lassen.[448]

C. Zusammenfassung: Vergleichung der Rechtskreise

In Frankreich und Deutschland werden trotz des gleichen Fundaments des Civil Law rechtsmethodisch doch unterschiedliche Missbrauchskonzepte gewählt, die sich vor allem in ihren unterschiedlichen Erwägungen zum einen rein objektiver und zum anderen auch subjektiver Art ausdrücken. Das englische Rechtsverständnis des Common Law und ihre nur sporadische Adaption des kodifizierten Rechts lässt hingegen bereits ein Missbrauchskonzept an sich vermissen und zum Teil gar unnötig erscheinen.

I. Rechtsausübungstatbestände („Rechtsmissbrauch")

Die Notwendigkeit zur Korrektur einer Rechts*ausübung* zur Gewährleistung billiger Ergebnisse entspringt dem Grundsatz zur freien Willensbetätigung des Einzelnen, dessen Schranke vornehmlich in konfligierenden Interessen anderer Personen zu erblicken ist.

In *Deutschland* wird hinsichtlich dieses (individuellen) Rechtsmissbrauchs rechtsmethodisch von einer gesetzesübersteigenden Rechtsfortbildung ausgegangen, die ein bestehendes Rechtsinstitut *ergänzen* soll. Als Unterfall des Grundsatzes von Treu und Glauben wird eine Abwägung widerstreitender Interessen vorgenommen. Diese erfolgt im Lichte der *objektiv-teleologischen* Kriterien rechtsethischer Prinzipien, die sich aus dem Zweck ableiten, der einem bereits bestehenden Rechtsinstitut typischerweise zugrunde liegt. Subjektive Elemente können nur hilfsweise in die Interessenabwägung einbezogen werden.

Das *französische* abus de droit stellt als innere Schranke eines zuvor ausgelegten und anwendbaren Gesetzes hingegen keine Ergänzung, sondern vielmehr ein *selbständiges* Rechtsinstitut dar, welches eigenen Rechtsquellen entspringt. Nebst ihrer tatbestandlichen Unabhängigkeit zum Gebot von Treu und Glauben und ihrer deliktsrechtlichen Grundlage auf Ebene der Rechtsfolge, unterscheidet sich der abus de droit vor allem hinsichtlich seiner Reichweite zum deutschen Pendant des Rechtsmissbrauchs, indem nur *subjektive*

---

448 *D. Richter*, in: IStR-LB 9/2004, S. 3 (3); *Th. Pons/C. Coirault-Quinquet*, in: ET 2005, S. 28 (30); vgl. auch *CE*, Urt. v. 18.02.2004, Rs. 247729 – *„Société Pléiade"*, DF 2004, Nr. 849, S. 1677 (1677 f.).

Rechte adressiert werden. Dass jenem subjektiven Recht im französischen Recht eine große Bedeutung beigemessen wird, drückt sich vor allem im strengeren Erfordernis eines *subjektiven Elements* zur Feststellung eines Rechtsmissbrauchs aus. Relativierend wird in der modernen Literatur vertreten, eben jenes Element zur Beweiserleichterung aus objektiven Erwägungen herzuleiten, etwa wenn der immanente Zweck eines subjektiven Rechts – vor allem sozialer Art – verfehlt und somit kein legitimes Interesse zu dessen Ausübung erkennbar sei.

Im Rechtsmissbrauchs zeigt sich insoweit auch der Vorteil des *englischen* Common Law gegenüber jenem Civil Law. So liegt es bereits in ihrer empirisch-forensischen Natur begründet, dass sich eine missbräuchliche Rechtsausübung in einem konkreten Lebenssachverhalt grundsätzlich durch die fallrechtliche Rechtsfortbildung lösen lässt, indem bestehende Prinzipien aus Präzedenzfällen beschränkt, ergänzt oder konkretisiert werden. Um den Inhalt bestehender Entscheidungen nach den Regeln der Billigkeit und des Gewissens ebenfalls korrigieren zu können, hat sich überdies das Equity Law divisionsübergreifend etabliert.

II. Rechtsanwendbarkeitstatbestände („Umgehungstatbestände")

Bei der Korrektur zur Rechts*anwendbarkeit* handelt es sich um eine Maßnahme gegen eine „Kinderkrankheit", die dem kodifizierten Recht angeboren ist und nebst den kontinentaleuropäischen Rechtskreisen des Civil Law mit der Einführung des Statutory Law auch Einzug in das englische Recht gefunden hat.

Im *deutschen* Recht ist nebst dem individuellen ein weiterer Rechtsmissbrauch institutioneller Art bekannt, der den sog. Umgehungstatbeständen vorgeschaltet ist. So fragt sich zunächst, ob die Rechts*ausübung* dem Sinn und Zweck des betroffenen Gesetzes entspricht. Erst wenn sich innerhalb der (mehrdeutigen) Wortlautgrenze keine teleologischen Anhaltspunkte ergeben, die eine sachgerechte Feststellung des planmäßigen Geltungsbereichs gewährleisten, ist im Rahmen des gleichen Gedankenverfahrens einer Rechtsanwendung auf die graduell nachgelagerte Stufe der gesetzesimmanenten Rechtsfortbildung abzustellen, um eine Korrektur der Rechts*anwendbarkeit* vorzunehmen. Hierzu ist jenseits der (sowohl eindeutigen als auch mehrdeutigen) Wortlautgrenze nach den objektiven Wertungen der Regelungsabsicht, des Plans und der immanenten Teleologie – vornehmlich der Sachgesetzlichkeit – eines Gesetzes zu fragen, um so den Inhalt eines Rechtssatzes entgegen seines planwidrigen Geltungsbereichs entweder – im Falle der Analogie – über die Wortlautgrenze hinaus auszudehnen oder – im Falle der teleologischen Reduktion – unter Ausblendung der Wortlautgrenze zu reduzieren.

In *Frankreich* ist die Rechtsmethodik weniger ausgeprägt. So wird bei einem mehrdeutigen Wortlaut weiterhin der grammatischen gegenüber der teleologischen Auslegung ein größeres Gewicht beigemessen und bei einem eindeutigen Wortlaut gar eine Pflicht zur grammatischen Auslegung begründet, selbst wenn dies zu unvernünftigen und ungerechten Ergebnissen führt. Konsequent zu dieser nur nachrangigen Bedeutung rein objektiv-teleologischer Erwägungen existiert auch kein entsprechendes rechtsmethodisches Instrument zur gesetzesimmanenten Rechtsfortbildung. Stattdessen hat sich mit der fraude à la loi ein eigenständiges Rechtsinstitut zur Korrektur einer Rechtsanwendbarkeit herausgebildet, welches sich die Wahrung des „Achtungsanspruchs" der gesamten Rechtsordnung zum Ziel setzt, um im Ergebnis eine *Verhöhnung* des Rechts durch trickreiche Rechtsgestaltungen zu verhindern. Im Lichte dessen setzt sich der wesentliche Unterschied des französischen zum deutschen Recht auch im Rahmen der Korrektur der Rechtsanwendbarkeit fort, indem nicht – wie im deutschen Recht – rein objektiv-teleologische, sondern vielmehr – mit dem Abstellen auf die *Absicht* zur Umgehung einer verpflichtenden Rechtsnorm anhand eines wirksamen Mittels – subjektive Erwägungen in den Fokus rücken.

Schließlich lässt auch das *englische* Recht eine ausgereifte Rechtsmethodik vermissen, um ein Gesetz jenseits der Wortlautgrenze gesetzesimmanent fortzubilden. Zwar hat sich die Rechtsprechung mittlerweile dazu durchgerungen, auch den Sinn und Zweck eines Gesetzes in die Bewertung miteinzubeziehen. Da dies allerdings nur *mehrdeutige* Gesetze adressiert, handelt es sich hierbei wohl primär um eine teleologisch geprägte *Auslegungs*methodik, um den planmäßigen Geltungsbereich eines Gesetzes ermitteln zu können. Einer Korrektur der Ausnutzung eines planwidrigen Geltungsbereichs wird hingegen nicht umfassend entsprochen, da dies die Fälle eines eindeutigen Wortlauts ebenfalls miteinzubeziehen hat. Ein insoweit zusätzlich notwendiges Rechtsinstitut fehlt im englischen Recht allerdings.

III. Besonderheiten im Steuerrecht

Im Steuerrecht zeigt sich eine Annäherung der Rechtsinstrumente jener Rechtskreise, was nicht zuletzt in ihrer gemeinsamen Notwendigkeit einer wirtschaftlichen Betrachtungsweise begründet liegt.

Zunächst kann beobachtet werden, dass die für Steuerumgehungstatbestände gesetzlich angeordnete Analogie im Sinne des § 42 AO in *Deutschland* als ergänzende teleologische Hilfsnorm der *französischen* Variante eines abus de droit fiscal par fraude à la loi im Sinne des Art. L64 Abs. 1 Alt. 2 LPF inhaltlich dahingehend gleicht, dass sich in beiden Ländern zur Feststellung eines Missbrauchs die Kernfrage stellt, ob die gewählte Rechtsgestaltung im Lichte außersteuerlicher – vornehmlich wirtschaftlicher – Gründe für eine verständige Person nachvollziehbar bzw. angemessen erscheint oder nicht. Zur Bewertung dieses ausschlaggebenden wirtschaftlichen Zwecks des Steuerpflichtigen zeigt sich wiederum die unterschiedliche Rechtsmethodik beider Länder. So wird in Deutschland der wirtschaftliche Zweck im Lichte der gesetzesimmanenten Wertungen der – im Zweifel vermiedenen – Norm beurteilt. In Frankreich wird der wirtschaftliche Zweck hingegen nach den subjektiven Beweggründen frei bewertet, während sich der objektive Tatbestand auf einen Verstoß gegen die Teleologie der – im Zweifel erschlichenen – Rechtsnorm beschränkt.[449]

Schließlich lässt auch das *englische* Auslegungsinstrument zu steuerrechtlichen Umgehungstatbeständen – das Ramsay-Principle – eine Nähe zum deutschen Steuerumgehungstatbestand erkennen. Auch wenn sich die Reichweite des englischen Prinzips in der Wortlautgrenze erschöpft, so wird zur Beurteilung der gewählten Rechtsgestaltung im Lichte des insoweit ausgelegten Gesetzeszwecks wie in Deutschland eine wirtschaftliche Betrachtungsweise mittels einer Gesamtwürdigung aller rechtlichen Teilakte angestrebt, in dessen Rahmen nach einer Abfolge von Rechtsakten gemäß einem Gesamtplan gefragt wird. Allerdings handelt es sich hierbei im deutschen Recht nur um eine unselbständige Argumentationsfigur, ohne abschließenden Charakter.

---

449 Hinsichtlich der *tatsächlichen* Reichweite eines wirtschaftlichen Zwecks, lassen sich dem Wortlaut zwar ebenfalls Unterschiede entnehmen, indem gem. Art. L64 Abs. 1 Alt. 2 LPF für die Annahme eines Missbrauchs „kein anderer Grund" als der Steuervorteil ersichtlich sein darf, während gem. § 42 Abs. 2 S. 2 AO „beachtliche" außersteuerliche Gründe vorausgesetzt werden, um einen vermuteten Missbrauch auszuschließen. Jenseits der verfahrensrechtlich unterschiedlichen Beweislastverteilung, lässt sich materiell-rechtlich aus der französischen Rspr. allerdings eine Relativierung dahingehend erkennen, dass außersteuerliche Gründe mit geringer Bedeutung außer Acht bleiben. Ein Gleichlauf der französischen und deutschen Rspr. ist überdies bei grenzüberschreitenden Sachverhalten erkennbar, indem für eine missbräuchliche Rechtsgestaltung in Deutschland „keine eigene, selbständige wirtschaftliche Tätigkeit bzw. Funktion" und in Frankreich entsprechend ebenfalls „keine eigene wirtschaftliche Substanz" vorliegen darf, um eine ausländische Gesellschaft als missbräuchlich zu qualifizieren.

3. Teil: Das Begriffsverständnis des „Missbrauchs“ im Unionsrecht

Neben den Rechtsordnungen europäischer Staaten wurde das Verbot eines rechtlichen Missbrauchs auch in der EU anerkannt und seither kontrovers diskutiert.[450] Um die Bedeutsamkeit dieser Diskussion verstehen zu können, soll zunächst der besondere Charakter der EU sowie ihrer Rechtsordnung erläutert werden (*A.*). Sodann ist auf die allgemeine Ausgestaltung eines Missbrauchskonzepts (*B.*) und schließlich auf mögliche steuerliche Besonderheiten (*C.*) im Unionsrecht einzugehen.

A. Grundlagen zur EU

I. Die EU: Eine supranationale Organisation

Bei der Europäischen Union (kurz: „EU“) handelt es sich um eine internationale Organisation, die auf einem völkerrechtlichen Vertrag zwischen den Mitgliedstaaten basiert.[451] Die EU kann für die Mitgliedstaaten rechtsgestaltend tätig werden, soweit sie hierzu entsprechend von den Mitgliedstaaten ermächtigt wurde.[452] Sie verfügt über eigene

---

450 Erstmalige Auseinandersetzung des *EuGH* mit Aspekten des Missbrauchs von Unionsrecht (damals sog. „Gemeinschaftsrecht“) im Urt. v. 03.12.1974, Rs. 33/74 – *„van Binsbergen“*, Slg. 1974 (de), S. 1299 (1309 – Rn. 13).

451 *St. Hobe*, Europarecht, 9. Aufl. 2017, Rn. 140. Die Mitgliedstaaten bleiben dabei grundsätzlich weiterhin souverän, indem sie eigenverantwortlich über die Grundordnung des eigenen Staats verfügen können (vgl. Art. 5 Abs. 1 bis Abs. 3 EUV). Vor diesem Hintergrund umschreibt das *BVerfG* die EU als „Staatenverbund“ (*BVerfG*, Urt. v. 12.10.1993, Rs. 2 BvR 2134, 2159/92 – „*Maastricht*“, BVerfGE 89, S. 155 (190); Urt. v. 30.06.2009, Rs. 2 BvR 2, 5, 1010, 1022, 1259/08, 182/09, BVerfGE 123, S. 267 (348 f.)).

452 Dies ergibt sich bereits aus Art. 5 Abs. 1 EUV (klarstellend hierzu Erklärung Nr. 24 zur Bestimmung des Vertrags von Lissabon). Als Rechtsnachfolger der Europäischen Gemeinschaft (kurz: „EG“) besitzt die EU seit dem Vertrag von Lissabon, der am 01.12.2009 in Kraft trat, eigene Rechtspersönlichkeit und stellt ein (partikulares) Völkerrechtssubjekt dar (*St. Hobe*, Europarecht, 9. Aufl. 2017, Rn. 139; *W. Heintschel v. Heinegg*, in: Vedder/Heintschel v. Heinegg (Hrsg.), Europäisches Unionsrecht, 2. Aufl. 2018, Art. 47 EUV Rn. 3; *M. Herdegen*, Europarecht, 20. Aufl. 2018, § 5

Organe,[453] denen eine selbständige Willensbildung obliegt. Im Rahmen der von den Mitgliedstaaten übertragenen Hoheitsrechte kann die EU somit als *supranationale Organisation* charakterisiert werden.[454]

Ihre Rechtsgrundlage ist in dem Vertrag über die Europäischen Union (kurz: „EUV“) sowie in dem Vertrag über die Arbeitsweise der Europäischen Union (kurz: „AEUV“) zu erblicken. Bei diesem primären Unionsrecht handelt es sich um eine autonome Rechtsordnung, die selbständig neben den Rechtsordnungen der Mitgliedstaaten besteht.[455] Dabei werden unter anderem unionsrechtliche Grundsätze geregelt, welche die Interessen der EU definieren und das Verhältnis zwischen der EU und den Mitgliedstaaten bestimmen.[456]

Eng mit der EU verbunden ist der Europäische Wirtschaftsraum (kurz: „EWR“). Die EWR stellt eine vertiefte Freihandelszone zwischen der EU und zurzeit drei weiteren Staaten[457] dar. Rechtsgrundlage ist das Abkommen über den Europäischen Wirtschaftsraum (kurz: „EWRA“). Demnach sind die EWR-Angehörigen etwa Träger einer Arbeitnehmerfreizügigkeit sowie einer Niederlassungs-, Dienstleistungs- und Kapitalverkehrsfreiheit, Teil 3 EWRA. Diese Rechte entsprechen weitestgehend den Grundfreiheiten aus dem

---

Rn. 1; vertiefend hierzu *W. Heintschel v. Heinegg*, in: Vedder/Heintschel v. Heinegg (Hrsg.), Europäisches Unionsrecht, 2. Aufl. 2018, Art. 47 EUV Rn. 4; vgl. auch *M. Herdegen*, Europarecht, 20. Aufl. 2018, § 5 Rn. 1).

453 Hierzu zählen u.a. das *Europäische Parlament*, der *Europäische Rat*, der *Rat der EU*, die *Europäische Kommission* und der *EuGH*, Art. 13 Abs. 1 UAbs. 2 EUV.

454 *A. Haratsch/Ch. Koenig/M. Pechstein*, Europarecht, 11. Aufl. 2018, Rn. 61; *M. Herdegen*, Europarecht, 20. Aufl. 2018, § 5 Rn. 9; *M. Nettesheim*, in: Grabitz/Hilf/Nettesheim (Hrsg.), Das Recht der Europäischen Union, 66. EL 2019, Art. 1 AEUV Rn. 65 f.; vgl. auch *H.P. Ipsen*, Europäisches Gemeinschaftsrecht, S. 67 ff.; *A. v. Bogdandy*, Supranationaler Föderalismus als Wirklichkeit und Idee einer neuen Herrschaftsform, S. 61 ff.

455 *EuGH*, Urt. v. 15.07.1964, Rs. 6/64 – *„Costa/E.N.E.L.“*, Slg. 1964 (de), S. 1253 (1269); *BVerfG*, Beschl. v. 18.10.1967, Rs. 1 BvR 248/63, 216/67, BVerfGE 22, S. 293 (296); Beschl. v. 29.05.1974, Rs. 2 BvL 52/71, BVerfGE 37, S. 271 (277 f.); *M. Herdegen*, Europarecht, 20. Aufl. 2018, § 5 Rn. 11; *M. Nettesheim*, in: Grabitz/Hilf/Nettesheim (Hrsg.), Das Recht der Europäischen Union, 66. EL 2019, Art. 1 AEUV Rn. 64; kritisch hierzu *R. Streinz*, Bundesverfassungsgerichtlicher Grundrechtsschutz und Europäisches Gemeinschaftsrecht, S. 98 ff.

456 Vgl. *U. Fastenrath/C. Nowak*, in: Fastenrath/Nowak (Hrsg.), Der Lissabonner Reformvertrag, S. 13 (23).

457 Diese Staaten sind Island, Liechtenstein und Norwegen (*T.P. Holterhus*, in: Herrmann/Niestedt (Hrsg.), EU-Außenwirtschafts- und Zollrecht, Bd. I, 17. EL 2021, GldPkt. XIII 132a Rn. 2).

Unionsrecht und sind auch parallel zu diesen auszulegen.[458] Ferner können auch Sekundärrechtsakte der EU in das EWR-Recht übertragen werden.[459] Die folgenden Erläuterungen zum Unionsrecht gelten mithin für die EWR entsprechend.

II. Grundsätze des Unionsrechts

Der Begriff der „Europäischen Union“ impliziert bereits den Grundsatz der *europäischen Integration*,[460] welche im Sinne der Unionsziele aus Art. 3 EUV zu erfolgen hat.[461] Unionsziele stellen Grundsätze dar, welche die Interessen der EU widerspiegeln und dabei auch in einem Konflikt zueinander stehen können. Nach der Prinzipientheorie von *R. Alexy* und *R.M. Dworkin* sind sie somit als „Prinzipien“ zu qualifizieren.[462]

1. Unionsziele gemäß Art. 3 EUV

Die Unionsziele lassen sich gemäß Art. 3 Abs. 1 EUV unter sog. „Unionszwecke“ kategorisieren, welche *auslegungsleitende Perspektiven* für die eigentlichen

---

458 *EuGH*, Urt. v. 23.09.2003, Rs. C-452/01 – *„Ospelt“*, Slg. 2003 (de), S. I-9785 (I-9799 – Rn. 27 ff.); *T.P. Holterhus*, in: Herrmann/Niestedt (Hrsg.), EU-Außenwirtschafts- und Zollrecht, Bd. I, 17. EL 2021, GldPkt. XIII 132a Rn. 50 ff.

459 Vertiefend hierzu *T.P. Holterhus*, in: Herrmann/Niestedt (Hrsg.), EU-Außenwirtschafts- und Zollrecht, Bd. I, 17. EL 2021, GldPkt. XIII 132a Rn. 56 ff., 173 ff.

460 Die „Integration“ wird in diesem Zusammenhang als Verschmelzung bzw. Angleichung und Harmonisierung der verschiedenen mitgliedstaatlichen Ordnungen verstanden, um ein einheitliches, europaweit wirkendes Rechtssystem zu erzielen (*A. Bleckmann/St.U. Pieper*, in: Bleckmann (Hrsg.), Europarecht, 6. Aufl. 1997, Rn. 33). Dieses Integrationsprinzip wird in Art. 1 Abs. 2 Hs. 1 EUV mit der „Verwirklichung einer immer engeren Union der Völker Europas“ umschrieben.

461 *A. v. Bogdandy*, in: v. Bogdandy (Hrsg.), Europäisches Verfassungsrecht, 1. Aufl. 2003, S. 149 (189); ebenso *M. Ruffert*, in: Calliess/Ruffert (Hrsg.), EUV/AEUV, 5. Aufl. 2016, Art. 3 EUV Rn. 3; vgl. auch *J.P. Terhechte*, in: Grabitz/Hilf/Nettesheim (Hrsg.), Das Recht der Europäischen Union, 66. EL 2019, Art. 3 EUV Rn. 18; zur allgemeinen Aufgabe der Unionsziele *M. Ruffert*, in: Calliess/Ruffert (Hrsg.), EUV/AEUV, 5. Aufl. 2016, Art. 3 EUV Rn. 7; *J.P. Terhechte*, in: Grabitz/Hilf/Nettesheim (Hrsg.), Das Recht der Europäischen Union, 66. EL 2019, Art. 3 EUV Rn. 8.

462 *K. Schlücke*, Die Umsetzung von EuGH-Entscheidungen in das deutsche Steuerrecht, S. 34; so im Ergebnis auch *A. v. Bogdandy*, in: v. Bogdandy (Hrsg.), Europäisches Verfassungsrecht, 1. Aufl. 2003, S. 149 (187); siehe zur Prinzipientheorie *3. Teil* GldPkt. B II 3 d) ff) (1).

„Unionsziele" aus Art. 3 Abs. 2 bis Abs. 4 EUV vorgeben.[463] Vor dem Hintergrund des ökonomisch geprägten Ausgangsproblems dieser Arbeit[464] interessiert allein der ökonomisch geprägte Unionszweck zur Förderung des Wohlergehens der Völker.[465] Dieser Unionszweck erfährt gemäß Art. 3 Abs. 3 EUV eine besonders weitreichende Konkretisierung.[466]

a) Errichtung eines Binnenmarkts

An erster Stelle des Absatzes steht das Ziel zur Errichtung eines Binnenmarkts, Art. 3 Abs. 3 UAbs. 1 S. 1 EUV.[467] Es wird als Kernstück der Integration und primärer Garant für den Wohlstand in den Mitgliedstaaten angesehen.[468] Nach der Legaldefinition in Art. 26 Abs. 2 AEUV umfasst der „Binnenmarkt" einen Raum ohne Binnengrenzen, in dem der freie Verkehr von Waren, Personen, Dienstleistungen und Kapital gemäß den Bestimmungen der Verträge gewährleistet ist.[469] Zwecks jener Gewährleistung wurden vier Grundfreiheiten

---

463 *F. Reimer*, in: EuR 2003, S. 992 (1007); vgl. auch *J.-P. Jacqué*, in: v.d. Groeben/Schwarze/Hatje (Hrsg.), Europäisches Unionsrecht, 7. Aufl. 2015, Art. 3 EUV Rn. 3.

464 Siehe hierzu *Einleitung* GldPkt. A I.

465 Weitere Unionszwecke sind die Förderung des Friedens und der Werte der Union, Art. 3 Abs. 1 EUV.

466 Dies lässt sich mit dem ökonomischen Schwerpunkt des Integrationsprogramms begründen, welcher der EU historisch innewohnt (*A. Bleckmann/St.U. Pieper*, in: Bleckmann (Hrsg.), Europarecht, 6. Aufl. 1997, Rn. 33; *M. Ruffert*, in: Calliess/Ruffert (Hrsg.), EUV/AEUV, 5. Aufl. 2016, Art. 3 EUV Rn. 13).

467 *M. Ruffert*, in: Calliess/Ruffert (Hrsg.), EUV/AEUV, 5. Aufl. 2016, Art. 3 EUV Rn. 22.

468 *R. Streinz*, in: Streinz (Hrsg.), EUV/EGV, 1. Aufl. 2003, Art. 2 EGV Rn. 30; *M. Pechstein*, in: Streinz (Hrsg.), EUV/AEUV, 3. Aufl. 2018, Art. 3 EUV Rn. 7; ebenso *M. Ruffert*, in: Calliess/Ruffert (Hrsg.), EUV/AEUV, 5. Aufl. 2016, Art. 3 EUV Rn. 22. Die EU verfügt insoweit über eine geteilte Zuständigkeit mit den Mitgliedstaaten, Art. 4 Abs. 2 lit. a) AEUV.

469 In der Fassung des Vertrags von Nizza wurde neben dem Ziel zur „Schaffung eines Raumes ohne Binnengrenzen" gem. Art. 2 EUV auch die Errichtung eines „Gemeinsamen Markts" gem. Art. 2 EGV als Aufgabe formuliert. Seit dem Vertrag von Lissabon wurde nunmehr vom Begriff des „Gemeinsamen Markts" Abstand genommen und vollumfänglich der Begriff des „Binnenmarkts" gewählt (*M. Schröder*, in: Streinz (Hrsg.), EUV/AEUV, 3. Aufl. 2018, Art. 26 AEUV Rn. 19; *J.P. Terhechte*, in: Grabitz/Hilf/Nettesheim (Hrsg.), Das Recht der Europäischen Union, 66. EL 2019, Art. 3 EUV Rn. 38; zum nunmehr hinfälligen Meinungsstreit des Verhältnisses beider Begriffe zueinander *W. Kahl*, in: Calliess/Ruffert (Hrsg.), EUV/EGV, 3. Aufl. 2007, Art. 14 EGV Rn. 5 ff.).

geregelt,[470] welche die Marktfreiheit der Unternehmen konkretisieren.[471] Angesichts der sich stets ändernden Umstände politischer und wirtschaftlicher Art sowie dem funktionalen Entwicklungs- und Modernisierungsprozess[472] wohnt der EU ein dynamischer Charakter inne, welcher die Errichtung des Binnenmarkts zu einer integrationspolitischen *Daueraufgabe* werden lässt.[473] Vor diesem Hintergrund stellt auch der Art. 26 Abs. 1 AEUV klar, dass der Binnenmarkt zum einen verwirklicht, allerdings auch dessen *Funktionieren* fortwährend gewährleistet werden muss. Welche konkrete Bedeutung das „Funktionieren" eines Binnenmarkts genau hat und in welch einem Verhältnis es zur „Errichtung" des Binnenmarkts steht, wird in dieser Arbeit noch an gebotener Stelle vertiefend zu diskutieren sein.[474]

---

470 Die Warenverkehrsfreiheit gem. Art. 28 f. AEUV, die Kapitalverkehrsfreiheit gem. Art. 63 ff. AEUV, die Dienstleistungsfreiheit gem. Art. 56 ff. AEUV sowie die Personenfreizügigkeit, welche ihre Ausgestaltung für natürliche Personen in der Freizügigkeit der Arbeitnehmer gem. Art. 45 ff. AEUV und für juristische Personen in der Niederlassungsfreiheit gem. Art. 49 ff. AEUV findet.

471 Nebst der Markt*freiheit* zielt der Binnenmarkt auch auf eine Markt*gleichheit* i.S.e. unverfälschten Wettbewerbs der Unternehmen innerhalb der EU ab. Dem Protokoll Nr. 27 zum Vertrag von Lissabon über den Binnenmarkt und den Wettbewerb (abgedruckt in: ABl. 2007 C 306 (de), S. 1 (156)) lässt sich entnehmen, dass der Binnenmarkt ein System umfasst, das den Wettbewerb vor Verfälschungen schützt. Dass dieses weitere Teilziel nur (noch) im Protokoll erwähnt wird, ist rechtlich unerheblich und hat politische Gründe (*W. Heintschel v. Heinegg*, in: Vedder/Heintschel v. Heinegg (Hrsg.), Europäisches Unionsrecht, 2. Aufl. 2018, Art. 3 EUV Rn. 10). Ein „unverfälschter Wettbewerb" ist dann gegeben, wenn allein unternehmerische Leistungen über den wirtschaftlichen Erfolg eines Unternehmens entscheiden. Er darf also weder durch staatliche noch durch private Maßnahmen beeinträchtigt werden (hierzu *M. Schröder*, in: Streinz (Hrsg.), EUV/AEUV, 3. Aufl. 2018, Art. 26 AEUV Rn. 24).

472 Der Modernisierungsprozess kann hierbei sowohl politischer und wirtschaftlicher als auch wissenschaftlicher und technischer Art sein.

473 Vgl. *P.-Ch. Müller-Graff*, in: ZHR 159 (1995), S. 34 (39 f.); *J. Schwarze/P.-Ch. Müller-Graff*, in: Hatje (Hrsg.), EuR-Beiheft 1/2002, S. 3 (3); *J.P. Terhechte*, in: Grabitz/Hilf/Nettesheim (Hrsg.), Das Recht der Europäischen Union, 66. EL 2019, Art. 3 EUV Rn. 38.

474 Siehe hierzu 6. *Teil* GldPkt. A II.

b) *Ausgewogenes Wirtschaftswachstum sowie wettbewerbsfähige soziale Marktwirtschaft zur nachhaltigen Entwicklung Europas*

Gemäß Art. 3 Abs. 3 UAbs. 1 S. 2 EUV soll die Union überdies auf eine nachhaltige Entwicklung Europas in Gestalt eines ausgewogenen Wirtschaftswachstums sowie einer wettbewerbsfähigen sozialen Marktwirtschaft hinwirken. Der Begriff des „Wirtschaftswachstums" entstammt der Volkswirtschaftslehre und bedeutet die quantitative Zunahme der verfügbaren Menge an Gütern in einer Volkswirtschaft.[475] Die Zielsetzung einer „Ausgewogenheit" impliziert, dass ein gesamtwirtschaftliches Gleichgewicht innerhalb der EU erzielt werden soll. Dabei spielen insbesondere die rechtlichen Rahmenbedingungen für wirtschaftliche Tätigkeiten eine erhebliche Rolle, die unter anderem auch das Steuersystem sowie die Mobilität der Produktionsfaktoren adressieren.[476] Bei dem Ziel zur Gewährleistung einer fortwährenden „Wettbewerbsfähigkeit" der EU handelt es sich nach Auffassung der *Europäischen Kommission* und der *OECD* um die Fähigkeit von Unternehmen, Industriezweigen, Regionen, Nationen oder supranationalen Regionen, unter Bedingungen des internationalen Wettbewerbs den Produktionsfaktoren dauerhaft ein relativ hohes Einkommens- und Beschäftigungsniveau zu sichern.[477]

---

475 *M. Frenkel/H.-R. Hemmer*, Grundlagen der Wachstumstheorie, S. 1; siehe hierzu *4. Teil* GldPkt. B I. Namentlich ist auf eine Stabilität des Preisniveaus, einen hohen Beschäftigungsstand und eine ausgeglichene Zahlungsbilanz bei stetigem und angemessenem Wirtschaftswachstum hinzuwirken. Es wird auch vom sog. „magischen Viereck" gesprochen (vgl. *M. Zuleeg*, in: Wirtschafts- und gesellschaftspolitische Ordnungsprobleme der Europäischen Gemeinschaften, S. 73 (84); *ders.*, in: v.d. Groeben/Schwarze (Hrsg.), EUV/EGV, Bd. I, 6. Aufl. 2003, Art. 2 EGV Rn. 9; *R. Streinz*, in: Streinz (Hrsg.), EUV/EGV, 1. Aufl. 2003, Art. 2 EGV Rn. 23; *M. Ruffert*, in: Calliess/Ruffert (Hrsg.), EUV/AEUV, 5. Aufl. 2016, Art. 3 EUV Rn. 23; *J.P. Terhechte*, in: Grabitz/Hilf/Nettesheim (Hrsg.), Das Recht der Europäischen Union, 66. EL 2019, Art. 3 EUV Rn. 49). In Deutschland ist dieser wirtschaftspolitische Grundsatz gem. § 1 StabG geregelt und verpflichtet den Bund und die Länder.

476 *M. Zuleeg*, in: v.d. Groeben/Schwarze (Hrsg.), EUV/EGV, Bd. I, 6. Aufl. 2003, Art. 2 EGV Rn. 9; *R. Streinz*, in: Streinz (Hrsg.), EUV/EGV, 1. Aufl. 2003, Art. 2 EGV Rn. 23; siehe hierzu *4. Teil* GldPkt. B I 1 b).

477 *Europ. Kom.*, in: Bulletin der EU, Beilage 3/1994, S. 17; ebenso *M. Ruffert*, in: Calliess/Ruffert (Hrsg.), EUV/AEUV, 5. Aufl. 2016, Art. 173 AEUV Rn. 15; *C. Stumpf*, in: Schwarze (Hrsg.), EU-Kommentar, 4. Aufl. 2019, Art. 173 AEUV Rn. 11. Im Gegensatz zum Ziel des Wirtschaftswachstums, welches eher die eigene wirtschaftliche Entwicklung zum Thema hat, zielt die Wettbewerbsfähigkeit auf die internationale Konkurrenzfähigkeit der EU ab (*J. Ukrow*, in: Calliess/Ruffert (Hrsg.), EUV/EGV, 2. Aufl. 2002, Art. 2 EGV Rn. 21; vgl. auch *P.A. Samuelson/W.D. Nordhaus*,

c) *Verhältnis der Unionsziele zueinander*

Hinsichtlich des Verhältnisses dieser Unionsziele zueinander werden nach ständiger Rechtsprechung des *EuGH* Zielkonflikte grundsätzlich durch eine wertende Gewichtung gelöst, indem ggf. dem einen oder anderen Ziel ein zeitweiliger Vorrang eingeräumt wird.[478] Es ist somit eine *praktische Konkordanz* anzunehmen,[479] wonach die geschützten Rechtsgüter – in diesem Fall die Unionsziele – in der Problemlösung einander so zugeordnet werden, dass jedes von ihnen Wirklichkeit gewinnt.[480]

aa) Meinungsstand

Im Rahmen jener praktischen Konkordanz wird von *einem Teil* der Literatur ein Vorrang des Unionsziels zur Errichtung des Binnenmarkts bejaht.[481]

Volkswirtschaftslehre, 5. Aufl. 2016, S. 854; siehe hierzu auch *4. Teil* GldPkt. B I 2). Mit der steigenden Konkurrenz im Zeitalter der Globalisierung gewinnt dieses Ziel zunehmend an Bedeutung (*M. Ruffert*, in: Calliess/Ruffert (Hrsg.), EUV/AEUV, 5. Aufl. 2016, Art. 3 EUV Rn. 25; vgl. auch *Europ. Kom.*, Mitt. v. 28.10.2010, KOM(2010) 614 endg. (de), S. 20 ff.; *dies.*, Mitt. v. 03.03.2010, KOM(2010) 2020 endg. (de), S. 20 f.). Zur Förderung und Sicherung der Wettbewerbsfähigkeit der EU wird gem. Art. 173 AEUV eine Industriepolitik festgesetzt.

478 *EuGH*, Urt. v. 13.06.1958, Rs. 9/56 – *„Meroni/EGKS Hohe Behörde"*, Slg. 1958 (de), S. 11 (43); Urt. v. 24.10.1973, Rs. 5/73 – *„Balkan Import Export/Hauptzollamt Berlin Packhof"*, Slg. 1973 (de), S. 1091 (1112 – Rn. 24); Urt. v. 20.10.1977, Rs. 29/77 – *„Roquette"*, Slg. 1977 (de), S. 1835 (1843 f. – Rn. 29/31); Urt. v. 05.10.1994, Rs. C-280/93 – *„Deutschland/Rat"* / *„Bananen"*, Slg. 1994 (de), S. I-4973 (I-5057 – Rn. 47); Urt. v. 17.10.1995, Rs. C-44/94 – *„Fishermen's Organisations"*, Slg. 1995 (de), S. I-3115 (I-3147 – Rn. 37); vgl. auch *EuGH*, Urt. v. 16.04.2013, Rs. C-202/11 – *„Las"*, ECLI:EU:C:2013:239, Rn. 26 ff.; *EuG*, Urt. v. 26.09.2014, Rs. T-634/13 – *„Arctic Paper Mochenwangen"*, ECLI:EU:T:2014:828, Rn. 72; *H.P. Ipsen*, Europäisches Gemeinschaftsrecht, S. 559; *J. Basedow*, in: Due/Lutter/Schwarze (Hrsg.), FS Everling, Bd. I, S. 49 (50 f.).

479 *J. Ukrow*, in: Calliess/Ruffert (Hrsg.), EUV/EGV, 2. Aufl. 2002, Art. 2 EGV Rn. 30; *M. Ruffert*, in: Calliess/Ruffert (Hrsg.), EUV/AEUV, 5. Aufl. 2016, Art. 3 EUV Rn. 11; *M. Schröder*, in: Streinz (Hrsg.), EUV/AEUV, 3. Aufl. 2018, Art. 26 AEUV Rn. 36.

480 Grundlegend zum Begriff der „praktischen Konkordanz" *K. Hesse*, Grundzüge des Verfassungsrechts der Bundesrepublik Deutschland, 20. Aufl. 1995, Rn. 72. Den EU-Organen wird hierbei ein weites Auswahlermessen eingeräumt (*EuGH*, Urt. v. 29.10.1980, Rs. 139/79 – *„Maizena"*, Slg. 1980 (de), S. 3393 (3421 – Rn. 23); *H.P. Ipsen*, Europäisches Gemeinschaftsrecht, S. 559).

481 *J. Basedow*, in: Due/Lutter/Schwarze (Hrsg.), FS Everling, Bd. I, S. 49 (68); *I.E. Schwartz*, in: AfP 1998, S. 553 (561); *St. Leible*, in: Streinz (Hrsg.), EUV/EGV, 1. Aufl.

Zunächst spreche hierfür ihre rechtssystematische Hervorhebung zu Anfang des Art. 3 Abs. 3 EUV.[482] Ferner seien die unterschiedlichen Präzisionsgrade der Unionsziele ein Indiz für eine Rangfolge. Es gelte, je höher der Grad der Präzision einer Rechtsfolge, desto höher sei auch der Rang des jeweiligen Unionsziels. Ein insoweit besonders präzises Zustandsziel[483] sei dabei dem Binnenmarkt einzuräumen, indem er sich nach dem Endzustand eines Freiverkehrs und unverfälschten Wettbewerbs[484] bestimme.[485]

2003, Art. 14 EGV Rn. 27; *A. Hatje*, in: v. Bogdandy/Bast (Hrsg.), Europäisches Verfassungsrecht, 2. Aufl. 2009, S. 801 (836 ff.); bedingt zustimmend *J. Ukrow*, in: Calliess/Ruffert (Hrsg.), EUV/EGV, 2. Aufl. 2002, Art. 2 EGV Rn. 30; *M. Ruffert*, in: Calliess/Ruffert (Hrsg.), EUV/AEUV, 5. Aufl. 2016, Art. 3 EUV Rn. 11.

482 Die originale Argumentation basiert auf dem EGV in der Fassung des Vertrags von Maastricht. Demnach nennt Art. 2 EGV als *Nah*ziel u.a. „die Errichtung eines Gemeinsamen Markts" sowie „die Durchführung der in Art. 3 und 3a EGV genannten gemeinsamen politischen Maßnahmen" zur Erreichung von ebenfalls in Art. 2 EGV formulierten *Fern*zielen. Es wurde vertreten, die Formulierung zur „Errichtung des Gemeinsamen Markts" in Art. 2 EGV habe hierbei das Nahziel der Errichtung eines Binnenmarkts aus Art. 3 Abs. 1 lit. c) EGV als Instrument zur Erreichung der Fernziele noch einmal besonders hervorgehoben (*J. Basedow*, in: Due/Lutter/Schwarze (Hrsg.), FS Everling, Bd. I, S. 49 (57 f.); vgl. auch *I.E. Schwartz*, in: AfP 1998, S. 553 (561); *A. Hatje*, in: v. Bogdandy/Bast (Hrsg.), Europäisches Verfassungsrecht, 2. Aufl. 2009, S. 801 (837)).

483 Bei der Präzision solle zwischen Zustands-, Richtungs- und Bereichszielen unterschieden werden. Während ein Zustandsziel einen näher bestimmten Endzustand beschreibe, gebe das Richtungsziel nur eine Richtung oder Tendenz einer gemeinschaftlichen Politik vor. Das Bereichsziel zeige gar nur an, dass die EU in gewissen Gebieten tätig werden solle, ohne überhaupt eine bestimmte Orientierung vorzugeben.

484 Siehe zur Bedeutung des unverfälschten Wettbewerbs im Rahmen des Unionsziels zur Errichtung eines Binnenmarkts Fn. 471.

485 *J. Basedow*, in: Due/Lutter/Schwarze (Hrsg.), FS Everling, Bd. I, S. 49 (59 f.); ebenso *I.E. Schwartz*, in: AfP 1998, S. 553 (561). Ferner verfüge das Ziel zur Integration dieses präzisierten Binnenmarkts über besonders ausgeprägte und durchsetzbare Instrumente. Zu denken sei hierbei u.a. an die Reglungen gem. Art. 64, 74 und 122 AEUV (vgl. *J. Basedow*, in: Due/Lutter/Schwarze (Hrsg.), FS Everling, Bd. I, S. 49 (64 f.)). Auch dies spreche für den Vorrang, da die EU im Umkehrschluss nicht zu Maßnahmen ermächtigt sei, welche den Binnenmarkt entgegen dieser Vorschriften vereiteln oder auch nur stören könnten (*J. Basedow*, in: Due/Lutter/Schwarze (Hrsg.), FS Everling, Bd. I, S. 49 (63 f., 68); ebenso *I.E. Schwartz*, in: AfP 1998, S. 553 (561); *A. Hatje*, in: v. Bogdandy/Bast (Hrsg.), Europäisches Verfassungsrecht, 2. Aufl. 2009, S. 801 (837)). Schließlich wird auch argumentiert, der Grad der eingeräumten Kompetenz für die EU zur Erfüllung der einzelnen Unionsziele

Zum anderen wird ein genereller Vorrang des Binnenmarkts gegenüber anderen Unionszielen verneint.[486] Angesichts der ständigen Erweiterung des Zielkanons der EU werde das Unionsrecht verstärkt „zur Verwirklichung von Bürgerrechten im Binnenmarkt" eingesetzt.[487] So sei mit dem Grundsatz der nachhaltigen Entwicklung nebst dem ökonomischen, auch ein sozialer Effekt anzustreben, der dem rein ökonomischen Ziel zur Errichtung eines Binnenmarkts entgegenstehe.[488] Statt einer Hierarchie zwischen den einzelnen Unionszielen müsse eine Balance gefunden werden, indem auf einen „sozial und ökologisch qualifizierten Binnenmarkt" abzustellen sei.[489]

bb) Stellungnahme

Der zweiten Auffassung ist insoweit zu folgen, dass dem Ziel zur Errichtung des Binnenmarkts zunächst einmal kein Vorrang gegenüber den übrigen Zielen einzuräumen ist.[490] Dem Argument der besonderen Präzision des Binnenmarkts

---

führe zu Rückschlüssen bezüglich ihres Ranges. So seien die einzelnen Politiken in erster Linie ihren jeweiligen Zielvorgaben verpflichtet (*J. Basedow*, in: Due/Lutter/Schwarze (Hrsg.), FS Everling, Bd. I, S. 49 (62); ebenso *I.E. Schwartz*, in: AfP 1998, S. 553 (561); *A. Hatje*, in: v. Bogdandy/Bast (Hrsg.), Europäisches Verfassungsrecht, 2. Aufl. 2009, S. 801 (837)). Demnach müsse also eine Politik der EU, die in einer qualitativ höheren Kompetenz begründet liegt der qualitativ geringwertigeren Politik vorgehen, um der eigenen Verpflichtung zur Erfüllung der Zielvorgaben nachkommen zu können.

486 *W. Kahl*, in: Calliess/Ruffert (Hrsg.), EUV/EGV, 3. Aufl. 2007, Art. 14 EGV Rn. 27; *St. Korte*, in: Calliess/Ruffert (Hrsg.), EUV/AEUV, 5. Aufl. 2016, Art. 26 AEUV Rn. 12 f.; *M. Schröder*, in: Streinz (Hrsg.), EUV/AEUV, 3. Aufl. 2018, Art. 26 AEUV Rn. 36; *J. Bast*, in: Grabitz/Hilf/Nettesheim (Hrsg.), Das Recht der Europäischen Union, 66. EL 2019, Art. 26 AEUV Rn. 7 f.; wohl auch *M. Zuleeg*, in: v.d. Groeben/Schwarze (Hrsg.), EUV/EGV, Bd. I, 6. Aufl. 2003, Art. 2 EGV Rn. 12.

487 *N. Reich*, in: Everling/Roth (Hrsg.), Mindestharmonisierung im Europäischen Binnenmarkt, S. 175 (175); *M. Schröder*, in: Streinz (Hrsg.), EUV/AEUV, 3. Aufl. 2018, Art. 26 AEUV Rn. 36.

488 *W. Kahl*, in: Calliess/Ruffert (Hrsg.), EUV/EGV, 3. Aufl. 2007, Art. 14 EGV Rn. 27.

489 *W. Kahl*, Umweltprinzip und Gemeinschaftsrecht, S. 38, 221 f., 267 f.; *ders.*, in: Calliess/Ruffert (Hrsg.), EUV/EGV, 3. Aufl. 2007, Art. 14 EGV Rn. 27; ebenso *St. Korte*, in: Calliess/Ruffert (Hrsg.), EUV/AEUV, 5. Aufl. 2016, Art. 26 AEUV Rn. 12 f.; vgl. auch *M. Dougan*, in: CMLRev. 37 (2000), S. 853 (857 ff., 859 ff., 863); *M. Schröder*, in: Streinz (Hrsg.), EUV/AEUV, 3. Aufl. 2018, Art. 26 AEUV Rn. 36.

490 Hinsichtlich der *harmonischen* Entwicklung Europas wird vertreten, dass sich diese Frage bereits erübrige, weil ein Zielkonflikt mit der Errichtung eines Binnenmarkts unwahrscheinlich sei. Die Kohäsionspolitik zum wirtschaftlichen, sozialen und

als Zustandsziel mit dem Abstellen auf ein definiertes Endziel kann entgegengehalten werden, dass die Errichtung eines Binnenmarkts eben keine Finalität, sondern eine *Daueraufgabe* beschreibt, die dem dynamischen Charakter der EU geschuldet ist. Wie diese Arbeit noch zeigen wird, manifestiert sich diese Dynamik aufgrund funktionaler Aktivitäten im Entwicklungs- und Modernisierungsprozess eben auch in der Anpassung jener Bedeutung einzelner Unionsziele.[491] Hinsichtlich der Voranstellung des Binnenmarkts gemäß Art. 3 Abs. 3 UAbs. 1 *S. 1* EUV fragt sich, ob man sich hiermit nicht möglicherweise nur von dessen Alternative eines Protektionismus ausdrücklich abgrenzen wollte.[492] Eine Aussage über ein Verhältnis zu den anderen Unionszielen relativiert sich jedenfalls unter Einbeziehung des Erwägungsgrundes 9 der EUV-Präambel, wonach das Ziel eines Binnenmarkts schließlich nur unter *Vorgabe* des gemäß Art. 3 Abs. 3 UAbs. 1 *S. 2* EUV ebenfalls als Unionsziel ausformulierten Grundsatzes der nachhaltigen Entwicklung Europas erreicht werden soll.[493]

---

territorialen Zusammenhalt *unterstütze* nämlich den Binnenmarkt regionalpolitisch (*P.-Ch. Müller-Graff*, in: Dauses/Ludwigs (Hrsg.), EU-Wirtschaftsrecht, 47. EL 2019, GldPkt. A I Rn. 144).

491 Siehe hierzu *6. Teil* GldPkt. A II 2 c) cc) (2).

492 Vertiefend zur geschlossenen Volkswirtschaft in Gestalt eines Protektionismus *P.A. Samuelson/W.D. Nordhaus*, Volkswirtschaftslehre, 5. Aufl. 2016, S. 549; vertiefend zur offenen Volkswirtschaft in Gestalt eines internationalen Handels *P.R. Krugman/R. Wells*, Volkswirtschaftslehre, 2. Aufl. 2017, S. 661.

493 So auch *U. Becker*, in: Schwarze (Hrsg.), EU-Kommentar, 4. Aufl. 2019, Art. 3 EUV Rn. 13; *P.-Ch. Müller-Graff*, in: Dauses/Ludwigs (Hrsg.), EU-Wirtschaftsrecht, 47. EL 2019, GldPkt. A I Rn. 149; vgl. auch *R. Streinz*, in: Streinz (Hrsg.), EUV/AEUV, 3. Aufl. 2018, Präambel EUV Rn. 12. Es werden auch Begleitpolitiken zum Binnenmarkt verfolgt, welche diesen nicht zwangsläufig fördern, sondern auch *dirigierend in den Dienst* nehmen (vgl. *P.-Ch. Müller-Graff*, in: Dauses/Ludwigs (Hrsg.), EU-Wirtschaftsrecht, 47. EL 2019, GldPkt. A I Rn. 148 f.). Vor diesem Hintergrund ist auch das Argument zur Herleitung eines Vorranges aus der Kompetenzzuweisung nicht überzeugend. So verfügen die Unionsziele, welche das Binnenmarktziel umrahmen und dirigieren zum Teil hinsichtlich ihrer konkretisierenden Politiken nur über Unterstützungskompetenzen. Dies ist zum Beispiel bei der Industriepolitik der Fall (vgl. Art. 6 S. 2 lit. b) AEUV; zum unterstützenden Charakter der Industriepolitik gegenüber der Errichtung des Binnenmarkts *P.-Ch. Müller-Graff*, in: Hatje (Hrsg.), EuR-Beiheft 1/2002, S. 7 (23 f.)). Die Ungeeignetheit einer generellen Aussage der Reichweite dieser Politikkompetenzen über die Bedeutung konkreter Ziele, zeigt sich überdies auch darin, dass die einzelnen Politiken eben nicht immer – wie behauptet – ihren jeweiligen Zielvorgaben verpflichtet sind. Zum Teil greifen sie

Um diese Aussage genauer zu verstehen, kann jenseits der – im bisherigen Meinungsstreit bedeutsamen – sozialen Erwägungen auch auf eine rein *ökonomische Betrachtungsweise* zurückgegriffen werden. Denn beide Unionsziele stellen sich in den Dienst des gleichen, stark ökonomisch geprägten Unions*zwecks* – der Förderung des Wohlergehens der Völker der EU. Dieses „Wohlergehen" bemisst sich nebst sozialen, kulturellen und politischen Aspekten vor allem nach dem wirtschaftlichen Wohlstand,[494] welcher sich durch den Lebensstandard eines Volkes ausdrückt. Die zentrale Rolle für den Lebensstandard eines Volkes nimmt wiederum das Wirtschaftswachstum der einzelnen Volkswirtschaften ein.[495] In dem europäischen Binnenmarkt ist stattdessen (nur) die Idee einer offenen Volkswirtschaft zu erblicken, die dem Wirtschaftswachstum wiederum dient.[496] Während das Wirtschaftswachstum also als *Ziel* zu verstehen ist, welches in ökonomischer Hinsicht mit dem Wohlergehen der Völker einhergeht, stellt die Errichtung des Binnenmarkts als volkswirtschaftliches Modell nur ein politisches *Mittel* dar, um das Wohlergehen der Völker bzw. das Wirtschaftswachstum zu fördern.[497] Auch bezüglich der Wettbewerbsfähigkeit, besteht ein enger Zusammenhang zum Wirtschaftswachstum. Denn sowohl das Wirtschaftswachstum als auch die Wettbewerbsfähigkeit setzen die Verbesserung der Gesamtproduktivität voraus.[498] Mithin geht mit dem

---

vielmehr so sehr ineinander, dass eine einzelne Zielvorgabe nicht vorrangig verfolgt werden kann. Dies zeigt sich vor allem bei der Verknüpfung der *Industrie-* mit der *Forschungspolitik* (vgl. *Ch. Vedder*, in: Vedder/Heintschel v. Heinegg (Hrsg.), Europäisches Unionsrecht, 2. Aufl. 2018, Art. 173 AEUV Rn. 2).

494 *J.P. Terhechte*, in: Grabitz/Hilf/Nettesheim (Hrsg.), Das Recht der Europäischen Union, 66. EL 2019, Art. 3 EUV Rn. 32.

495 Ein Wirtschaftswachstum erhöht vor allem das Angebot an besserer Nahrung, größeren Wohnungen, mehr Ressourcen für die medizinische Versorgung und den Umweltschutz sowie für eine umfassende Ausbildung der Kinder (*P.A. Samuelson/W.D. Nordhaus*, Volkswirtschaftslehre, 5. Aufl. 2016, S. 744).

496 Vgl. hierzu *4. Teil* GldPkt. B I 1 b).

497 Im Vertrag von Nizza ergab sich diese Schussfolgerung bereits aus dem Wortlaut des Art. 2 EUV, wonach sich die EU das Ziel zur „Förderung des wirtschaftlichen und sozialen Fortschritts und eines hohen Beschäftigungsniveaus sowie die Herbeiführung einer ausgewogenen und nachhaltigen Entwicklung, *insbesondere durch* Schaffung eines Raumes ohne Binnengrenzen, durch Stärkung des wirtschaftlichen und sozialen Zusammenhalts und durch Errichtung einer Wirtschafts- und Währungsunion" setzte (Hervorhebungen durch den Verfasser).

498 Vgl. *Europ. Kom.*, in: Bulletin der EU, Beilage 3/1994, S. 17; siehe hierzu *4. Teil* GldPkt. B I 2.

Wirtschaftswachstum eine Wettbewerbsfähigkeit einer Region einher. Es kann somit festgehalten werden, dass nicht etwa der Binnenmarkt, sondern vielmehr das *Wirtschaftswachstum* als primärer Garant für das Wohlergehen der Völker in *ökonomischer* Hinsicht zu betrachten ist. Sowohl die Politiken zur Errichtung eines Binnenmarkts als auch jene zur Wettbewerbsfähigkeit der EU müssen sich somit gleichwertig in den Dienst des Wirtschaftswachstums stellen.[499]

2. *Grundsatz der loyalen Zusammenarbeit und allgemeine Grundsätze gemäß Art. 4 Abs. 3 EUV*

Zur einheitlichen und wirksamen Umsetzung des Unionsrechts in allen Mitgliedstaaten ist ferner dem sog. „*Grundsatz der loyalen Zusammenarbeit*" aus Art. 4 Abs. 3 EUV eine bedeutende Rolle beizumessen. Während sich dem Wortlaut der Norm zunächst die Verpflichtungen zur Kooperation[500] sowie zur gegenseitigen Rücksichtnahme[501] der Mitgliedstaaten und der EU für die

---

499 Allerdings ist auch das Wirtschaftswachstum nicht als Synonym für den Unionszweck zu verstehen und dient damit nicht bloß dem (ökonomischen) Selbstzweck. Vielmehr steht er zum einen unter der Bedingung einer Ausgewogenheit und hat zum anderen eine harmonische Entwicklung i.S.e. Konvergenz der Mitgliedstaaten zu fördern, um dem Unionszweck auch in *sozialer* Hinsicht zu entsprechen.

500 *Th. Marauhn*, in: Schulze/Zuleeg/Kadelbach (Hrsg.), Europarecht, 3. Aufl. 2015, § 7 Rn. 14; *Ch. Calliess/W. Kahl/A. Puttler*, in: Calliess/Ruffert (Hrsg.), EUV/AEUV, 5. Aufl. 2016, Art. 4 EUV Rn. 39; *R. Streinz*, in: Streinz (Hrsg.), EUV/AEUV, 3. Aufl. 2018, Art. 4 EUV Rn. 59; *A. Hatje*, in: Schwarze (Hrsg.), EU-Kommentar, 4. Aufl. 2019, Art. 4 EUV Rn. 82; *St. Schill/Ch. Krenn*, in: Grabitz/Hilf/Nettesheim (Hrsg.), Das Recht der Europäischen Union, 66. EL 2019, Art. 4 EUV Rn. 62 ff. Die sog. „Kooperationspflicht" ist schon aufgrund der funktionalen Aufgabenteilung zwischen der EU und den Mitgliedstaaten erforderlich (*Th. Marauhn*, in: Schulze/Zuleeg/Kadelbach (Hrsg.), Europarecht, 3. Aufl. 2015, § 7 Rn. 15; vgl. auch *R. Streinz*, in: Streinz (Hrsg.), EUV/AEUV, 3. Aufl. 2018, Art. 4 EUV Rn. 51; *A. Hatje*, in: Schwarze (Hrsg.), EU-Kommentar, 4. Aufl. 2019, Art. 4 EUV Rn. 82).

501 *EuGH*, Urt. v. 30.09.2003, Rs. C-167/01 – „*Inspire Art*", Slg. 2003 (de), S. I-10155 (I-10210 f. – Rn. 45); *H. Lecheler*, in: Merten/Papier (Hrsg.), Handbuch der Grundrechte, Bd. VI/1, § 158 Rn. 21; *Th. Marauhn*, in: Schulze/Zuleeg/Kadelbach (Hrsg.), Europarecht, 3. Aufl. 2015, § 7 Rn. 15; *Ch. Calliess/W. Kahl/A. Puttler*, in: Calliess/Ruffert (Hrsg.), EUV/AEUV, 5. Aufl. 2016, Art. 4 EUV Rn. 40; *R. Streinz*, in: Streinz (Hrsg.), EUV/AEUV, 3. Aufl. 2018, Art. 4 EUV Rn. 4, 20; *St. Schill/Ch. Krenn*, in: Grabitz/Hilf/Nettesheim (Hrsg.), Das Recht der Europäischen Union, 66. EL 2019, Art. 4 EUV Rn. 62. Die sog. „Rücksichtnahmepflicht" stellt eine Ergänzung zur Kooperationspflicht dar, indem die zugeteilten Kompetenzen unter Rücksicht auf die Interessen anderer Ebenen der EU und die Gesamtheit auszuüben und

Verwirklichung der Unionsziele entnehmen lässt, bildet sie überdies den zentralen Ausgangspunkt für diverse Grundsätze des Unionsrechts, welche nicht etwa als Ergebnis einer Auslegung, sondern vielmehr als Rechtsfortbildung durch den EuGH einzuordnen sind und dem Geist und System des Unionsrechts entspringen.[502] Im Lichte dieser sog. „*allgemeinen Grundsätze*" des Unionsrechts können die eigenverantwortlichen Maßnahmen der Staatsorgane durch die unionsrechtlichen Vorgaben beeinflusst werden.[503]

Hinsichtlich der Geltung und Anwendung des Unionsrechts in den *einzelnen* Mitgliedstaaten ist nebst dem sog. „*Äquivalenzgrundsatz*"[504], nach dem die Anwendung der einzelstaatlichen Rechtsvorschriften zu keiner ungleichen Behandlung von gleichartigen innerstaatlichen und grenzüberschreitenden Sachverhalten führen darf, vor allem dem sog. „*Effektivitätsgrundsatz*"[505] eine hohe Bedeutung beizumessen. Demnach darf die Tragweite und Wirksamkeit des Unionsrechts nicht praktisch unmöglich gemacht oder übermäßig

---

eigene – rein nationale – Zielsetzungen vor diesem Hintergrund ggf. zurückzustellen sind (*Th. Marauhn*, in: Schulze/Zuleeg/Kadelbach (Hrsg.), Europarecht, 3. Aufl. 2015, § 7 Rn. 15; vgl. auch *W. Obwexer*, in: v.d. Groeben/Schwarze/Hatje (Hrsg.), Europäisches Unionsrecht, 7. Aufl. 2015, Art. 4 EUV Rn. 92, 145; *Ch. Calliess/W. Kahl/A. Puttler*, in: Calliess/Ruffert (Hrsg.), EUV/AEUV, 5. Aufl. 2016, Art. 4 EUV Rn. 111; *A. Hatje*, in: Schwarze (Hrsg.), EU-Kommentar, 4. Aufl. 2019, Art. 4 EUV Rn. 80, 83; *St. Schill/Ch. Krenn*, in: Grabitz/Hilf/Nettesheim (Hrsg.), Das Recht der Europäischen Union, 66. EL 2019, Art. 4 EUV Rn. 126 ff.).

502 Vgl. *A. v. Bogdandy*, in: Randelzhofer/Scholz/Wilke (Hrsg.), GS Grabitz, S. 17 (19 f.); *Ch. Gaitanides*, in: v.d. Groeben/Schwarze/Hatje (Hrsg.), Europäisches Unionsrecht, 7. Aufl. 2015, Art. 19 EUV Rn. 20; *Ch. Calliess/W. Kahl/A. Puttler*, in: Calliess/Ruffert (Hrsg.), EUV/AEUV, 5. Aufl. 2016, Art. 4 EUV Rn. 34, 38; *A. Hatje*, in: Schwarze (Hrsg.), EU-Kommentar, 4. Aufl. 2019, Art. 4 EUV Rn. 31; *St. Schill/Ch. Krenn*, in: Grabitz/Hilf/Nettesheim (Hrsg.), Das Recht der Europäischen Union, 66. EL 2019, Art. 4 EUV Rn. 60; *J. Schwarze/N. Wunderlich*, in: Schwarze (Hrsg.), EU-Kommentar, 4. Aufl. 2019, Art. 19 EUV Rn. 24.

503 Vgl. *EuGH*, Urt. v. 16.11.1977, Rs. 13/77 – „*Inno/ATAB*", Slg. 1977 (de), S. 2115 (2145 f. – Rn. 30/35); Urt. v. 10.01.1985, Rs. 229/83 – „*Leclerc*", Slg. 1985 (de), S. 1 (31 – Rn. 14); Urt. v. 19.06.1990, Rs. C-213/89 – „*Factortame*", Slg. 1990 (de), S. I-2433 (I-2474 – Rn. 21); Urt. v. 10.07.1990, Rs. C-326/88 – „*Hansen*", Slg. 1990 (de), S. I-2911 (I-2935 f. – Rn. 19 f.); *A. Hatje*, in: Schwarze (Hrsg.), EU-Kommentar, 4. Aufl. 2019, Art. 4 EUV Rn. 75; *St. Schill/Ch. Krenn*, in: Grabitz/Hilf/Nettesheim (Hrsg.), Das Recht der Europäischen Union, 66. EL 2019, Art. 4 EUV Rn. 75 ff.

504 Auch „Gleichwertigkeitsgrundsatz" oder „Diskriminierungsverbot" genannt.

505 Auch „Verteilungsverbot" oder „Beeinträchtigungsverbot" genannt.

erschwert werden.[506] Letzterer Grundsatz spiegelt sich insbesondere in der Auslegung von Rechtsvorschriften wider, indem eine besondere Gewichtung dieser Rechtsmethode im Lichte des Grundsatzes *„effet utile“* erfolgt.[507] Nebst

506 U.a. *EuGH*, Urt. v. 21.09.1983, Rs. 205-215/82 – *„Deutsche Milchkontor“*, Slg. 1983 (de), S. 2633 (2665 f. – Rn. 19); Urt. v. 14.12.1995, Rs. C-312/93 – *„Peterbroeck“*, Slg. 1995 (de), S. I-4599 (I-4620 f. – Rn. 12); Urt. v. 13.06.2002, Rs. C-382/99 – *„Niederlande/Kommission“*, Slg. 2002 (de), S. I-5163 (I-5230 – Rn. 90); Urt. v. 11.07.2002, Rs. C-62/00 – *„Marks & Spencer“*, Slg. 2002 (de), S. I-6325 (I-6360 – Rn. 34); Urt. v. 06.10.2015, Rs. C-69/14 – *„Târşia“*, ECLI:EU:C:2015:662, Rn. 27; *Th. v. Danwitz*, Europäisches Verwaltungsrecht, S. 310; *A. Glaser*, Die Entwicklung des Europäischen Verwaltungsrechts aus der Perspektive der Handlungsformenlehre, S. 45 f.; *Ch. Calliess/W. Kahl/A. Puttler*, in: Calliess/Ruffert (Hrsg.), EUV/AEUV, 5. Aufl. 2016, Art. 4 EUV Rn. 65; *R. Streinz*, in: Streinz (Hrsg.), EUV/AEUV, 3. Aufl. 2018, Art. 4 EUV Rn. 34, 53, 61; *St. Schill/Ch. Krenn*, in: Grabitz/Hilf/Nettesheim (Hrsg.), Das Recht der Europäischen Union, 66. EL 2019, Art. 4 EUV Rn. 93 ff.

507 Vgl. *EuGH*, Urt. v. 06.10.1970, Rs. 9/70 – *„Grad“/„Leberpfennig“*, Slg. 1970 (de), S. 825 (838 – Rn. 5); Urt. v. 04.12.1974, Rs. 41/74 – *„Van Duyn“*, Slg. 1974 (de), S. 1337 (1348 – Rn. 12); wohl auch *EuGH*, Urt. v. 06.10.1981, Rs. 246/80 – *„Broekmeulen“*, Slg. 1981 (de), S. 2311 (2328 – Rn. 16); Urt. v. 21.02.1991, Rs. C-143/88, 92/89 – *„Süderdithmarschen“*, Slg. 1991 (de), S. I-415 (I-541 – Rn. 19, I-543 – Rn. 31). Nach dem Gebot dieser wörtlich übersetzten „praktischen Wirksamkeit“ ist zunächst eine Vorschrift des Unionsrechts so auszulegen, dass ihr eine volle Wirksamkeit im konkreten Einzelfall zukommt (*EuGH*, Urt. v. 09.03.1978, Rs. 106/77 – *„Simmenthal II“*, Slg. 1978 (de), S. 629 (643 f. – Rn. 14/16); Urt. v. 10.07.1980, Rs. 826/79 – *„Mireco“*, Slg. 1980 (de), S. 2559 (2572 f. – Rn. 6); Urt. v. 19.06.1990, Rs. C-213/89 – *„Factortame“*, Slg. 1990 (de), S. I-2433 (I-2473 – Rn. 19); Urt. v. 19.11.1991, Rs. C-6, 9/90 – *„Francovich u.a.“*, Slg. 1991 (de), S. I-5357 (I-5414 – Rn. 32)). Dabei ist der Normcharakter der Bestimmungen des Unionsrechts ernst zu nehmen und die mit diesen Bestimmungen verfolgten Ziele im konkreten Einzelfall möglichst effektiv zur Geltung zu bringen (*B.W. Wegener*, in: Calliess/Ruffert (Hrsg.), EUV/AEUV, 5. Aufl. 2016, Art. 19 EUV Rn. 16; ebenso *Ch. Gaitanides*, in: v.d. Groeben/Schwarze/Hatje (Hrsg.), Europäisches Unionsrecht, 7. Aufl. 2015, Art. 19 EUV Rn. 45; *J. Schwarze/N. Wunderlich*, in: Schwarze (Hrsg.), EU-Kommentar, 4. Aufl. 2019, Art. 19 EUV Rn. 38; a.A.: Es sei von einer *größtmöglichen Ausschöpfung der Unionsbefugnisse* auszugehen (*BVerfG*, Urt. v. 12.10.1993, Rs. 2 BvR 2134, 2159/92 – *„Maastricht“*, BVerfGE 89, S. 155 (210); ablehnend *U. Everling*, in: JZ 2000, S. 217 (220 – Fn. 39); *Ch. Gaitanides*, in: v.d. Groeben/Schwarze/Hatje (Hrsg.), Europäisches Unionsrecht, 7. Aufl. 2015, Art. 19 EUV Rn. 45; *F.C. Mayer*, in: Grabitz/Hilf/Nettesheim (Hrsg.), Das Recht der Europäischen Union, 66. EL 2019, Art. 19 EUV Rn. 58)). Ferner obliegt den Mitgliedstaaten die Pflicht, die Auslegung auch des innerstaatlichen Rechts so weit wie möglich am Wortlaut und Zweck des Unionsrechts zu orientieren (*EuGH*, Urt. v. 04.02.1988, Rs. 157/86 – *„Murphy“*, Slg. 1988 (de), S. 673

der Rechtsmethodik spielt er auch für den nationalen Gesetzgeber eine zentrale Rolle,[508] indem dessen Befugnisse unter Wahrung des Unionsrechts auszuüben sind[509] und Gesetzgebungsakte mit dem Unionsrecht vereinbar sein müssen[510].

Hinsichtlich der *einheitlichen* Geltung und Anwendung des Unionsrechts in *allen* Mitgliedstaaten[511] ist nebst dem Mittel des Vorabentscheidungsverfahrens[512] vor allem die Harmonisierung von nationalen Gesetzen durch sekundäres Unionsrecht hervorzuheben, welches durch den *„Einheitlichkeitsgrundsatz"* aus Art. 4 Abs. 3 EUV[513] unterstützt wird. Als indirektes

---

(690 – Rn. 11); Urt. v. 10.02.2000, Rs. C-270, 271/97 – *„Sievers u.a."*, Slg. 2000 (de), S. I-929 (I-953 – Rn. 62); Urt. v. 26.09.2000, Rs. C-262/97 – *„Engelbrecht"*, Slg. 2000 (de), S. I-7321 (I-7361 f. – Rn. 39); Urt. v. 19.12.2013, Rs. C-84/12 – *„Koushkaki"*, ECLI:EU:C:2013:862, Rn. 76).

508 *M. Lück*, Die Gemeinschaftstreue als allgemeines Rechtsprinzip im Recht der Europäischen Gemeinschaft, S. 25 ff.; ebenso *I. Härtel*, Handbuch Föderalismus, Bd. IV, § 82 Rn. 217; *Ch. Calliess/W. Kahl/A. Puttler*, in: Calliess/Ruffert (Hrsg.), EUV/AEUV, 5. Aufl. 2016, Art. 4 EUV Rn. 55; *R. Streinz*, in: Streinz (Hrsg.), EUV/AEUV, 3. Aufl. 2018, Art. 4 EUV Rn. 46.

509 Vgl. *EuGH*, Urt. v. 08.02.1973, Rs. 30/72 – *„Kommission/Italien"*, Slg. 1973 (de), S. 161 (171 f. – Rn. 11); Urt. v. 13.12.2005, Rs. C-446/03 – *„Marks & Spencer"*, Slg. 2005 (de), S. I-10837 (I-10876 – Rn. 29); Urt. v. 12.09.2006, Rs. C-196/04 – *„Cadbury Schweppes"*, Slg. 2006 (de), S. I-7995 (I-8044 – Rn. 40); Urt. v. 06.06.2013, Rs. C-383/10 – *„Kommission/Belgien"*, ECLI:EU:C:2013:364, Rn. 40.

510 *EuGH*, Urt. v. 09.03.1978, Rs. 106/77 – *„Simmenthal II"*, Slg. 1978 (de), S. 629 (644 – Rn. 17/18).

511 Einleitend hierzu *H.P. Ipsen*, Europäisches Gemeinschaftsrecht, S. 281 f.; *K. Schlücke*, Die Umsetzung von EuGH-Entscheidungen in das deutsche Steuerrecht, S. 49; vgl. auch *A. Hatje*, in: Schwarze (Hrsg.), EU-Kommentar, 4. Aufl. 2019, Art. 4 EUV Rn. 33.

512 Mit dem Vorabentscheidungsverfahren nach Art. 267 AEUV wird dem EuGH das Werkzeug an die Hand gegeben, um dessen Aufgabe aus Art. 19 Abs. 1 UAbs. 1 S. 2 EUV zur „Wahrung des Rechts" nachzukommen (*Ch. Gaitanides*, in: v.d. Groeben/Schwarze/Hatje (Hrsg.), Europäisches Unionsrecht, 7. Aufl. 2015, Art. 19 EUV Rn. 6; *B.W. Wegener*, in: Calliess/Ruffert (Hrsg.), EUV/AEUV, 5. Aufl. 2016, Art. 19 EUV Rn. 34; vgl. auch *EuGH*, Urt. v. 05.12.1967, Rs. 19/67 – *„Van der Vecht"*, Slg. 1967 (de), S. 445 (473); Urt. v. 06.10.1982, Rs. 283/81 – *„Cilfit"*, Slg. 1982 (de), S. 3415 (3430 – Rn. 18); Urt. v. 17.07.1997, Rs. C-219/95 P – *„Ferriere Nord"*, Slg. 1997 (de), S. I-4411 (I-4435 – Rn. 15); siehe zum Begriff der „Wahrung des Rechts" *3. Teil* GldPkt. B II 3).

513 *K. Schlücke*, Die Umsetzung von EuGH-Entscheidungen in das deutsche Steuerrecht, S. 49; *A. Hatje*, in: Schwarze (Hrsg.), EU-Kommentar, 4. Aufl. 2019, Art. 4 EUV Rn. 33; vgl. auch *EuGH*, Urt. v. 15.07.1964, Rs. 6/64 – *„Costa/E.N.E.L."*, Slg. 1964 (de), S. 1253 (1269 f.).

Rechtsetzungsinstrument[514] dient die Richtlinie in besonderem Maße der in dieser Arbeit interessierenden[515] Rechtsangleichung.[516] Dabei werden die nationalen Gesetze insoweit miteinander harmonisiert, dass sie einem gemeinsam „zu erreichenden Ziel" zu folgen haben, welches sich über ein in der Richtlinie vorgegebenes *Ergebnis* im Sinne eines gewünschten Rechtszustandes ausdrückt.[517] Mithin wird auf die Teleologie der nationalen Gesetze Einfluss genommen.

3. *Allgemeine Rechtsgrundsätze*

Neben den allgemeinen Grundsätzen des Unionsrechts deutet Art. 340 Abs. 2 und Abs. 3 AEUV auf die Existenz von sog. *„allgemeinen Rechtsgrundsätzen"* im Unionsrecht hin. Hierunter sind Prinzipien und Regeln zu fassen, die sich den Rechts- und Verfassungsordnungen der Mitgliedstaaten gemeinsam entnehmen lassen.[518] Es handelt sich um eigenständige Rechtsquellen, die dem Richterrecht zuzuordnen sind. Sie werden vom EuGH entwickelt und ergänzen das geschriebene Unionsrecht.[519] Zu ihrer Herleitung wird sich vor allem einer *wertenden Rechtsvergleichung* bedient, wonach auf gemeinsame

---

514 Während eine *Verordnung* gem. Art. 288 Abs. 2 S. 2 AEUV unmittelbar in jedem Mitgliedstaat gilt, bedarf es bei der *Richtlinie* grundsätzlich noch einer Umsetzung in das jeweilige innerstaatliche Recht durch die nationalen Gesetzgeber, Art. 288 Abs. 3 AEUV. Ausnahmsweise kann auch bei der Richtlinie eine unmittelbare Wirkung angenommen werden. Eben dann, wenn die Mitgliedstaaten ein Defizit bzgl. der gesetzlichen Umsetzung der Richtlinie aufweisen (vertiefend hierzu *W. Schroeder*, in: Streinz (Hrsg.), EUV/AEUV, 3. Aufl. 2018, Art. 288 AEUV Rn. 86 ff.).

515 Siehe hierzu 6. *Teil* GldPkt. A II.

516 Vgl. Art. 115 AEUV; *W. Schroeder*, in: Streinz (Hrsg.), EUV/AEUV, 3. Aufl. 2018, Art. 288 AEUV Rn. 54.

517 *EuGH*, Urt. v. 14.12.2000, C-446/98 – *„Fazenda Pública"*, Slg. 2000 (de), S. I-11435 (I-11473 – Rn. 30); *H.P. Ipsen*, Europäisches Gemeinschaftsrecht, S. 458; *M. Geismann*; in: v.d. Groeben/Schwarze/Hatje (Hrsg.), Europäisches Unionsrecht, 7. Aufl. 2015, Art. 288 AEUV Rn. 41; *W. Schroeder*, in: Streinz (Hrsg.), EUV/AEUV, 3. Aufl. 2018, Art. 288 AEUV Rn. 61.

518 *Ch. Gaitanides*, in: v.d. Groeben/Schwarze/Hatje (Hrsg.), Europäisches Unionsrecht, 7. Aufl. 2015, Art. 19 EUV Rn. 20 f.; *J. Schwarze/N. Wunderlich*, in: Schwarze (Hrsg.), EU-Kommentar, 4. Aufl. 2019, Art. 19 EUV Rn. 25.

519 *P. Szczekalla*, in: Rengeling (Hrsg.), Handbuch zum europäischen und deutschen Umweltrecht, Bd. I, 2. Aufl. 2003, § 11 Rn. 1, 22; *J. Schwarze*, in: DVBl. 2011, S. 721 (721, 725); grundlegend hierzu *EuGH*, Urt. v. 12.07.1957, Rs. 7/56, 3-7/57 – *„Algera"*, Slg. 1957 (de), S. 85 (118).

Wertvorstellungen der Rechts- und Verfassungsordnungen der Mitgliedstaaten abzustellen ist,[520] um die für den jeweiligen Einzelfall bestmögliche Lösung zu erreichen.[521] Der konkrete Inhalt eines allgemeinen Rechtsgrundsatzes bestimmt sich weiterhin *autonom* nach der Struktur und den Zielen der EU im Wege einer quasinormierenden Festlegung, sodass die Rechtsvergleichung im Ergebnis nur als nationale Rechtserkenntnisquelle und Inspiration zu verstehen ist.[522] Als Teil des Unionsrechts genießen sie Vertragsrang,[523] womit

---

520 Vgl. *EuGH*, Urt. v. 14.05.1974, Rs. 4/73 – „*Nold*", Slg. 1974 (de), S. 491 (507 – Rn. 13); Urt. v. 13.12.1979, Rs. 44/79 – „*Hauer*", Slg. 1979 (de), S. 3727 (3744 f. – Rn. 15); Urt. v. 29.05.1997, Rs. C-299/95 – „*Kremzow*", Slg. 1997 (de), S. I-2629 (I-2645 – Rn. 14).

521 *M. Lagrange*, Schlussantr. v. 04.06.1962, Rs. 14/61 – „*Nederlandsche Hoogovens*", Slg. 1962 (de), S. 513 (570 f.); *Ph. Léger*, Schlussantr. v. 17.09.2002, Rs. C-87/01 P – „*Kommission/CCRE*", Slg. 2003 (de), S. I-7617 (I-7638 – Rn. 64); *K. Zweigert*, in: Caemmerer/Nikisch/Zweigert (Hrsg.), FS Dölle, Bd. II, S. 401 (417 f.); *H.F.O. Kutscher*, in: Begegnung von Justiz und Hochschule, S. I-3 (I-30 f.); *Ch. Gaitanides*, in: v.d. Groeben/Schwarze/Hatje (Hrsg.), Europäisches Unionsrecht, 7. Aufl. 2015, Art. 19 EUV Rn. 22; *B.W. Wegener*, in: Calliess/Ruffert (Hrsg.), EUV/AEUV, 5. Aufl. 2016, Art. 19 EUV Rn. 37; *J. Schwarze/N. Wunderlich*, in: Schwarze (Hrsg.), EU-Kommentar, 4. Aufl. 2019, Art. 19 EUV Rn. 25. Die allgemeinen Rechtsgrundsätze bauen somit auf einem Grundgerüst gemeinsamer Rechtsüberzeugungen der Mitgliedstaaten auf, ohne dass sich dies nach einer ganz überwiegenden, rechnerisch feststellbaren Mehrheit, einem Minimalstandard oder einer Kernbereichsgarantie in den Mitgliedstaaten bemisst (*H.F.O. Kutscher*, in: Begegnung von Justiz und Hochschule, S. I-3 (I-30); *J. Schwarze*, in: DVBl. 2011, S. 721 (723); *ders./N. Wunderlich*, in: Schwarze (Hrsg.), EU-Kommentar, 4. Aufl. 2019, Art. 19 EUV Rn. 25; vgl. auch *K. Zweigert*, in: Caemmerer/Nikisch/Zweigert (Hrsg.), FS Dölle, Bd. II, S. 401 (417 f.); *P. Szczekalla*, in: Rengeling (Hrsg.), Handbuch zum europäischen und deutschen Umweltrecht, Bd. I, 2. Aufl. 2003, § 11 Rn. 24; *B.W. Wegener*, in: Calliess/Ruffert (Hrsg.), EUV/AEUV, 5. Aufl. 2016, Art. 19 EUV Rn. 37); a.A.: Es sei auf einen Maximalstandard in den Mitgliedstaaten abzustellen (*A. Baratta/Ch. Giannoulis*, in: KritV 79 (1996), S. 237 (244)).

522 *M. Herdegen*, in: Bernitz/Nergelius/Cardner (Hrsg.), General Principles of EC Law in a Process of Development, S. 343 (346 f.); *J. Schwarze*, in: DVBl. 2011, S. 721 (723); *ders./N. Wunderlich*, in: Schwarze (Hrsg.), EU-Kommentar, 4. Aufl. 2019, Art. 19 EUV Rn. 25; *R. Streinz*, Europarecht, 10. Aufl. 2016, Rn. 757; vgl. auch *EuGH*, Urt. v. 17.12.1970, Rs. 11/70 – „*Internationale Handelsgesellschaft*", Slg. 1970 (de), S. 1125 (1135 – Rn. 4); *H.F.O. Kutscher*, in: Begegnung von Justiz und Hochschule, S. I-3 (I-30 f.).

523 *EuGH*, Urt. v. 15.10.2009, Rs. C-101/08 – „*Audiolux*", ECLI:EU:C:2009:626, Rn. 63; Urt. v. 29.10.2009, Rs. C-174/08 – „*NCC Construction Danmark*", ECLI:EU:C:2009:669, Rn. 42; ebenso *J. Schwarze*, in: DVBl. 2011, S. 721 (721); zum Meinungsstreit des konkreten Ranges der allgemeinen Rechtsgrundsätze *P.*

hinsichtlich ihrer rechtlichen Bedeutung gegenüber den Mitgliedstaaten die Ausführungen zu den allgemeinen Grundsätzen entsprechend gelten.[524] Zu den allgemeinen Rechtsgrundsätzen ist unter anderem der Grundsatz der Verhältnismäßigkeit zu zählen.[525]

B. Allgemeine Ausgestaltung eines Missbrauchskonzepts

Betrachtet man im Lichte dieser Grundlagen zur EU das Phänomen des rechtlichen Missbrauchs, muss festgestellt werden, dass neben den nationalen Rechtsordnungen eben auch das Unionsrecht betroffen sein kann.[526] Den unterschiedlichen Ebenen der EU ist es dabei geschuldet, dass neben dem rechtlichen Missbrauch durch die Staatsangehörigen eines Mitgliedstaats (*II.*), welcher den Arten des Missbrauchs auf nationaler Ebene gleicht, ferner auch ein Missbrauch im Verhältnis der Mitgliedstaaten untereinander (*I.*) in Betracht kommt.[527]

Szczekalla, in: Rengeling (Hrsg.), Handbuch zum europäischen und deutschen Umweltrecht, Bd. I, 2. Aufl. 2003, § 11 Rn. 27 ff.

524 Siehe zum Fall, dass das nationale Recht kein rechtliches Pendant zum allgemeinen Rechtsgrundsatz besitzt oder dieses „liberaler“ ausgestaltet ist als der allgemeine Rechtsgrundsatz *3. Teil* GldPkt. B II 1.

525 *EuGH*, Urt. v. 11.07.1989, Rs. 265/87 – *„Schräder/Hauptzollamt Gronau“*, Slg. 1989 (de), S. 2237 (2269 – Rn. 21); Urt. v. 16.10.1991, Rs. C-24/90 – *„Werner Faust“*, Slg. 1991 (de), S. I-4905 (I-4932 – Rn. 12, I-4934 – Rn. 19); Urt. v. 07.09.2006, Rs. C-310/04 – *„Spanien/Rat“*, Slg. 2006 (de), S. I-7285 (I-7346 – Rn. 97); vgl. auch Urt. v. 17.12.1970, Rs. 11/70 – *„Internationale Handelsgesellschaft“*, Slg. 1970 (de), S. 1125 (1135 – Rn. 4); zur ausführlichen Darstellung von allgemeinen Rechtsgrundsätzen *St. Schmahl*, in: Schulze/Zuleeg/Kadelbach (Hrsg.), Europarecht, 3. Aufl. 2015, § 6 Rn. 29 ff. m.w.N.

526 Vgl. *EuGH*, Urt. v. 09.03.1999, Rs. C-212/97 – *„Centros“*, Slg. 1999 (de), S. I-1459 (I-1492 – Rn. 24); Urt. v. 30.09.2003, Rs. C-167/01 – *„Inspire Art“*, Slg. 2003 (de), S. I-10155 (I-10234 – Rn. 136); Urt. v. 12.09.2006, Rs. C-196/04 – *„Cadbury Schweppes“*, Slg. 2006 (de), S. I-7995 (I-8043 – Rn. 35).

527 *A. Zimmermann*, Das Rechtsmißbrauchsverbot im Recht der Europäischen Gemeinschaften, S. 10 ff. Zu einem rechtlichen Missbrauch der Mitgliedstaaten ggü. den Unionsorganen *St. Schill/Ch. Krenn*, in: Grabitz/Hilf/Nettesheim (Hrsg.), Das Recht der Europäischen Union, 66. EL 2019, Art. 4 EUV Rn. 77 ff.

I. Missbrauch durch Mitgliedstaaten

Da es sich bei dem Unionsrecht um eine autonome Rechtsordnung handelt,[528] kann nach *herrschender Meinung* im Verhältnis zwischen den Mitgliedstaaten auf Erwägungen der *Völkerrechtslehre* zum Verbot des rechtlichen Missbrauchs nicht zurückgegriffen werden.[529] Im Lichte des *Unionsrechts* rückt bezüglich des zwischenstaatlichen Verhältnisses der Mitgliedstaaten vor allem die Pflicht zur gegenseitigen Rücksichtnahme in den Fokus,[530] wonach die den Mitgliedstaaten eingeräumten Kompetenzen nur unter Rücksichtnahme der Interessen anderer Mitgliedstaaten ausgeübt werden dürfen.[531] Um die europäische Integration und Funktionsfähigkeit der EU umfassend zu gewährleisten, kann für die verbleibende Staatssouveränität insoweit nichts Anderes gelten. Den Mitgliedstaaten ist es damit grundsätzlich verwehrt, den Handlungsspielraum anderer Mitgliedstaaten zu schikanieren.[532] Vor diesem Hintergrund folgt der „Missbrauch" im Verhältnis der Mitgliedstaaten untereinander also der Idee eines individuellen Rechtsmissbrauchs. Wo die genaue Grenze zu einer „missbräuchlichen" Rechtsausübung zu ziehen ist, bleibt allerdings fraglich.

Das Problem liegt darin, dass aufgrund der Staatssouveränität die Kompetenz zur Ausübung der Interessenabwägung zunächst dem jeweils handelnden Mitgliedstaat obliegt. Wie von *A. Bleckmann* im Ergebnis[533] zutreffend festgestellt,

---

528 Als anders strukturierte Regelung des Völkerrechts ist das Unionsrecht vielmehr *lex specialis* (*St. Hobe*, Europarecht, 9. Aufl. 2017, Rn. 472; *A. Haratsch/Ch. Koenig/M. Pechstein*, Europarecht, 11. Aufl. 2018, Rn. 453 f.).

529 *U. Everling*, in: Bernhardt/Geck/Jaenicke/Steinberger (Hrsg.), FS Mosler, S. 173 (190); *S. Jacoby*, Allgemeine Rechtsgrundsätze, S. 264; vgl. auch *EuGH*, Urt. v. 05.02.1963, Rs. 26/62 – *„van Gend & Loos"*, Slg. 1963 (de), S. 3 (25); Urt. v. 15.07.1964, Rs. 6/64 – *„Costa/E.N.E.L."*, Slg. 1964 (de), S. 1253 (1269); *H.P. Ipsen*, Europäisches Gemeinschaftsrecht, S. 59; kritisch hierzu *R. Streinz*, Bundesverfassungsgerichtlicher Grundrechtsschutz und Europäisches Gemeinschaftsrecht, S. 100 f. In der *Völkerrechtslehre* ist ein Verbot des rechtlichen Missbrauchs als allgemeiner Rechtsgrundsatz überwiegend anerkannt, welcher gem. Art. 38 Abs. 1 lit. c) IGH-Statut den zivilisierten Staaten zu entnehmen ist (vertiefend hierzu *A. Zimmermann*, Das Rechtsmißbrauchsverbot im Recht der Europäischen Gemeinschaften, S. 32 ff.).

530 *M. Zuleeg*, in: v.d. Groeben/Schwarze (Hrsg.), EUV/EGV, Bd. I, 6. Aufl. 2003, Art. 10 EGV Rn. 12.

531 Siehe zur Definition der „Rücksichtnahmepflicht" Fn. 501.

532 Vgl. *A. Zimmermann*, Das Rechtsmißbrauchsverbot im Recht der Europäischen Gemeinschaften, S. 45.

533 Zwar geht *A. Bleckmann* davon aus, dass sich das Unionsrecht der Rechtsquellen des Völkerrechts bedient (*A. Bleckmann*, in: Bleckmann (Hrsg.), Europarecht,

sind dieser Abwägung allerdings nach dem Grundsatz des *Ermessensmissbrauchs*, welcher seine unionsrechtliche Erwähnung in Art. 263 Abs. 2 AEUV findet und in nahezu allen Mitgliedstaaten bekannt ist,[534] unionsrechtliche Grenzen gesetzt. Ein „Ermessensmissbrauch“ ist im hier interessierenden Zusammenhang dann anzunehmen, wenn die Interessen der anderen Mitgliedstaaten im Rahmen des Willensprozesses des jeweils handelnden Mitgliedstaats nicht berücksichtigt wurden.[535] Dabei spiegelt sich das kollektiv-rationale[536] Interesse der Mitgliedstaaten insbesondere in den Unionszielen wider, die zur Förderung des Wohlergehens der Völker in der gesamten EU vor allem einem ökonomischen Zweck dienen, der wiederum *allen* Mitgliedstaaten zum Vorteil gereicht. Um einen Interessenausgleich im Hinblick auf andere Mitgliedstaaten und die gesamte EU hinreichend zu gewährleisten und einen Rechtsmissbrauch im Verhältnis der Mitgliedstaaten untereinander letzten Endes auszuschließen, ist folglich die einem nationalen Ziel folgende konkrete Maßnahme eines Mitgliedstaats stets nach den einschlägigen Unionszielen zu bewerten und darf diese nicht konterkarieren, sofern dies nicht zugleich einem anderen Unionsziel dienlich und zur Gewährleistung des übergeordneten Unionszwecks notwendig ist.[537]

Der *EuGH* greift hingegen auf den allgemeinen Rechtsgrundsatz der *Verhältnismäßigkeit* zurück.[538] Allerdings beschränkt er sich im Gegensatz zu den

---

6. Aufl. 1997, Rn. 581). Jedoch hat dieser abweichende Ausgangspunkt keine Auswirkungen auf das Ergebnis. Denn sowohl aus dem Unionsrecht als auch aus dem Völkerrecht lässt sich das Gebot der Rücksichtnahme gleichermaßen entnehmen (*A. Bleckmann*, in: v.d. Groeben/v. Boeckh/Thiesing/Ehlermann (Hrsg.), EWG-Vertrag, Bd. I, 3. Aufl. 1983, Art. 5 Rn. 28 m.w.N.).

534 Zum Ermessensmissbrauch in den einzelnen Mitgliedstaaten *A. Bleckmann*, Ermessensfehlerlehre, S. 171 ff., 215 ff.

535 Vgl. *A. Bleckmann*, in: v.d. Groeben/v. Boeckh/Thiesing/Ehlermann (Hrsg.), EWG-Vertrag, Bd. I, 3. Aufl. 1983, Art. 5 Rn. 32.

536 Diese Begrifflichkeit stammt aus der Spieltheorie (siehe hierzu *4. Teil* GldPkt. A I 1).

537 So im Ergebnis wohl auch *A. Bleckmann*, in: v.d. Groeben/v. Boeckh/Thiesing/Ehlermann (Hrsg.), EWG-Vertrag, Bd. I, 3. Aufl. 1983, Art. 5 Rn. 29, 31; *A. Zimmermann*, Das Rechtsmißbrauchsverbot im Recht der Europäischen Gemeinschaften, S. 45; *V. Trstenjak/E. Beysen*, in: EuR 2012, S. 265 (271).

538 Vgl. *A. Bleckmann*, in: v.d. Groeben/v. Boeckh/Thiesing/Ehlermann (Hrsg.), EWG-Vertrag, Bd. I, 3. Aufl. 1983, Art. 5 Rn. 33; *ders.*, Ermessensfehlerlehre, S. 220 ff. Die *Verhältnismäßigkeitsprüfung* erstreckt sich auf die Beurteilung von unionalen sowie mitgliedstaatlichen Maßnahmen gleichermaßen (*A. Emmerich-Fritsche*, Der Grundsatz der Verhältnismäßigkeit als Direktive und Schranke der EG-Rechtsetzung, S. 272 ff.; *J. Schwarze*, Europäisches Verwaltungsrecht, 2. Aufl. 2005,

deutschen Gerichten regelmäßig auf die Prüfung, ob die Maßnahme zur Erreichung des legitimen Ziels *geeignet* und *erforderlich* ist.[539] Um dieser beschränkten zweistufigen Prüfung ihre Kontrollwirkung nicht vollständig zu nehmen, muss ein verschärftes Augenmerk auf die Legitimität des durchzusetzenden öffentlichen Interesses gelegt werden. Gemäß dem Effektivitätsgrundsatz bemessen sich dazu auch im Rahmen der Verhältnismäßigkeit sämtliche Maßnahmen der einzelnen Mitgliedstaaten nach den einschlägigen Unionszielen. Nur wenn diese nicht konterkariert werden, dient die konkrete Maßnahme einem „legitimen" Ziel.[540]

S. 830 f.; ebenso *Ch. Calliess*, in: Calliess/Ruffert (Hrsg.), EUV/AEUV, 5. Aufl. 2016, Art. 5 EUV Rn. 44). Die Anwendung des Instruments des *Ermessensmissbrauchs* beschränkt sich hauptsächlich auf beamtenrechtliche Streitigkeiten (vertiefend hierzu *A. Bleckmann*, Ermessensfehlerlehre, S. 215 ff.; *J. Schwarze*, Europäisches Verwaltungsrecht, 2. Aufl. 2005, S. 303 f.). Dies liegt insb. an der Beweislastverteilung, da stets der Kläger die Nachweispflicht für einen Ermessensmissbrauch trägt (*J. Schwarze*, Europäisches Verwaltungsrecht, 2. Aufl. 2005, S. 320 f.; vgl. auch *EuGH*, Urt. v. 18.03.1980, Rs. 154, 205, 206, 226–228, 263, 264/78, 39, 31, 83, 85/79 – „*Valsabbia/Kommission*", Slg. 1980 (de), S. 907 (1019 f. – Rn. 129 f.)).

539 *EuGH*, Urt. v. 11.03.1987, Rs. 279/84 – „*Rau*", Slg. 1987 (de), S. 1069 (1125 f. – Rn. 34); Urt. v. 03.12.1998, Rs. C-368/96 – „*Generics*", Slg. 1998 (de), S. I-7967 (I-8025 – Rn. 66); Urt. v. 11.07.2002, Rs. C-210/00 – „*Käserei Champignon Hofmeister*", Slg. 2002 (de), S. I-6453 (I-6503 – Rn. 59); Urt. v. 08.06.2010, Rs. C-58/08 – „*Vodafone*", ECLI:EU:C:2010:321, Rn. 51; Urt. v. 13.03.2012, Rs. C-380/09 – „*Melli Bank*", ECLI:EU:C:2012:137, Rn. 52; *A. Bleckmann*, Ermessensfehlerlehre, S. 220 f.; *V. Trstenjak/E. Beysen*, in: EuR 2012, S. 265 (269); *St. Schmahl*, in: Schulze/Zuleeg/Kadelbach (Hrsg.), Europarecht, 3. Aufl. 2015, § 6 Rn. 43; *J. Englisch*, in: Lang (Hrsg.), DStJG 41 (2018), S. 273 (343). Die Angemessenheitsprüfung erfolgt hingegen entweder im Rahmen des Prüfungspunktes der Erforderlichkeit (*A. Emmerich-Fritsche*, Der Grundsatz der Verhältnismäßigkeit als Direktive und Schranke der EG-Rechtsetzung, S. 215; vgl. auch *EuGH*, Urt. v. 05.07.1977, Rs. 114/76 – „*Bela-Mühle/Grows-Farm*", Slg. 1977 (de), S. 1211 (1221 – Rn. 7); Urt. v. 17.05.1984, Rs. 15/83 – „*Denkavit*", Slg. 1984 (de), S. 2171 (2186 – Rn. 30); allgemein kritisch zum Vorgehen des EuGH *J. Englisch*, in: Schaumburg/Englisch (Hrsg.), Europäisches Steuerrecht, Rn. 7.206) oder sie entfällt hinsichtlich der beeinträchtigen Interessen gänzlich (*R. Streinz*, Bundesverfassungsgerichtlicher Grundrechtsschutz und Europäisches Gemeinschaftsrecht, S. 417 ff.; *J. Englisch*, in: Schaumburg/Englisch (Hrsg.), Europäisches Steuerrecht, Rn. 7.205; *E. Pache*, in: Schulze/Zuleeg/Kadelbach (Hrsg.), Europarecht, 3. Aufl. 2015, § 10 Rn. 57); siehe zur gebotenen dreistufigen Prüfung zur Korrektur des Missbrauchskonzepts *3. Teil* GldPkt. B II 3 d) ff) (2).

540 Bekräftigt wird dieses Ergebnis durch das gem. Art. 36 S. 2 AEUV besonders geregelte Missbrauchsverbot (zum Charakter des Art. 36 S. 2 AEUV als Missbrauchsverbot

Dem Ansatz des Ermessensmissbrauchs ist ein Vorrang einzuräumen. Denn jenseits der „Legitimation" des *eigenen* Ziels im Lichte unionsrechtlicher Erwägungen, auf das sich die Verhältnismäßigkeitsprüfung beschränkt, wird durch das primäre Abstellen auf die Interessen der *anderen* Mitgliedstaaten beim Ermessensmissbrauch auf ein kollektiv-rationales Ergebnis abgestellt. In anderen Worten wird also jenseits der *Legitimation* des Ziels der konkreten Maßnahme, auch dessen *Angemessenheit* gewährleistet, indem im Falle gegenläufiger Unionsziele diese im Lichte des Unionszwecks in ein Verhältnis zu setzen sind.[541]

F.-K. Beier, in: Baur/Jacobs/Lieb/Müller-Graff (Hrsg.), FS Vieregge, S. 43 (51); vgl. auch *EuGH*, Urt. v. 14.12.1979, Rs. 34/79 – *„Henn und Darby"*, Slg. 1979 (de), S. 3795 (3815 – Rn. 20 f.)). Demnach können Mitgliedstaaten nur dann Einfuhr- oder Ausfuhrzölle innerhalb der EU regeln, wenn diese weder ein Mittel zur willkürlichen Diskriminierung noch eine verschleierte Beschränkung des Handels zwischen Mitgliedstaaten darstellen. Der Rechtssystematik lässt sich entnehmen, dass die Vorschrift der Gewährleistung des Binnenmarkts dient. Die Prüfung dieser Gesichtspunkte erfolgt grundsätzlich im Rahmen der nach Art. 36 S. 1 AEUV erforderlichen Verhältnismäßigkeitsprüfung, um eine Zollmaßnahme ausnahmsweise für rechtmäßig zu erklären (*EuGH*, Urt. v. 14.07.1983, Rs. 174/82 – *„Sandoz"*, Slg. 1983 (de), S. 2445 (2463 – Rn. 18); Urt. v. 10.12.1985, Rs. 247/84 – *„Motte"*, Slg. 1985 (de), S. 3887 (3905 – Rn. 23); Urt. v. 12.03.1987, Rs. 178/84 – *„Kommission/Deutschland"*, Slg. 1987 (de), S. 1227 (1274 – Rn. 44); Urt. v. 04.06.1992, Rs. C-13, 113/91 – *„Debus"*, Slg. 1992 (de), S. I-3617 (I-3641 – Rn. 16)). Hieraus lässt sich schlussfolgern, dass sowohl eine willkürliche Zielsetzung als auch die Verfolgung eines Ziels zur verschleierten Verhinderung eines Unionsziels eine absolute Grenze zu unionsrechtlich zulässigen Maßnahmen bildet (vgl. *M. Kotzur*, in: Geiger/Khan/Kotzur (Hrsg.), EUV/AEUV, 6. Aufl. 2017, Art. 36 AEUV Rn. 18; *D.-E. Khan/D. Eisenhut*, in: Vedder/Heintschel v. Heinegg (Hrsg.), Europäisches Unionsrecht, 2. Aufl. 2018, Art. 36 AEUV Rn. 22; *U. Becker*, in: Schwarze (Hrsg.), EU-Kommentar, 4. Aufl. 2019, Art. 36 AEUV Rn. 80).

541 Siehe zum hier vertretenen Verhältnis der Unionsziele zueinander *3. Teil* GldPkt. A II 1 c). Der rechtliche Missbrauch im zwischenstaatlichen Verhältnis spielt vor allem im Rahmen der Wirtschaftspolitik eine erhebliche Rolle. Denn während die EU im Namen aller Mitgliedstaaten eher eine langfristig ausgelegte und auf das Wohlergehen der gesamten EU abzielende Politik anstrebt, droht bei den einzelnen Mitgliedstaaten eher der Fokus auf eine Wirtschaftspolitik zu fallen, welche vom Staatsegoismus geprägt ist. Wie diese Arbeit noch zeigen wird, kommt dieser Problematik vor allem im Steuerrecht eine erhebliche Bedeutung zu, indem sich die Mitgliedstaaten häufig nur auf die Optimierung der *eigenen* Steuereinnahmen konzentrieren, ohne das große Ganze im Blick zu haben (siehe hierzu *4. Teil* GldPkt. A I).

II. Missbrauch durch Staatsangehörige eines Mitgliedstaats

Hinsichtlich des Missbrauchs des Unionsrechts durch Staatsangehörige eines Mitgliedstaats kann ebenfalls nicht auf Pflichten aus dem Völkerrecht zurückgegriffen werden, da es den betroffenen Personen grundsätzlich an einer Völkerrechtssubjektivität mangelt.[542] Bevor ein Verbot wiederum im Unionsrecht gesucht wird, sollte die Frage erlaubt sein, ob es eines unionsrechtlichen Missbrauchskonzepts insoweit überhaupt bedarf. Schließlich beschreibt der rechtliche Missbrauch durch Personen nichts Anderes als ein Phänomen, welches auf Ebene der Mitgliedstaaten bereits existiert.

1. Verhältnis eines nationalrechtlichen zu einem unionsrechtlichen Missbrauchskonzept

Der *EuGH* stellt in den Rechtssachen *Kefalas* und *Diamantis* fest, dass er ein nationales Missbrauchskonzept dahingehend zu überprüfen hat, ob es die praktische Wirksamkeit und einheitliche Anwendung des Unionsrechts in den Mitgliedstaaten nicht beeinträchtigt.[543] Mit Blick auf die Wirkungsweise des rechtlichen Missbrauchs ist dieser Rechtsprechung zuzustimmen. Eine Handlung ist als rechtswidrig zu bewerten, sobald sie dem Missbrauchsverbot widerspricht, selbst wenn sie sich durch eine Rechtsgrundlage begründen lässt.[544] Die konkrete Rechtsanwendung bestimmt sich somit stets nach der Reichweite eines Missbrauchsverbots. Würde sich der Begriff des Missbrauchs auch im unionsrechtlichen Fall allein nach dem nationalrechtlichen Verständnis bemessen, ließe sich die Anwendung des Unionsrechts stets über das nationale Missbrauchskonzept bestimmen.[545] Dies hätte eine nationalrechtliche Bestimmung der praktischen Wirksamkeit und Auslegung des Unionsrechts zufolge

---

542 Vgl. *A. Bleckmann*, Völkerrecht, Rn. 109; *A. v. Arnauld*, Völkerrecht, 3. Aufl. 2016, Rn. 66; zur sog. „partiellen Völkerrechtssubjektivität" der natürlichen Personen im Völkerrecht *A. Bleckmann*, Völkerrecht, Rn. 144; *A. v. Arnauld*, Völkerrecht, 3. Aufl. 2016, Rn. 66 ff.; *K. Ipsen*, in: Ipsen (ehem. Hrsg.), Völkerrecht, 7. Aufl. 2018, § 1 Rn. 10 f.

543 *EuGH*, Urt. v. 12.05.1998, Rs. C-367/96 – „*Kefalas*", Slg. 1998 (de), S. I-2843 (I-2869 – Rn. 22); Urt. v. 23.03.2000, Rs. C-373/97 – „*Diamantis*", Slg. 2000 (de), S. I-1705 (I-1734 – Rn. 34).

544 *P. Mader*, Rechtsmißbrauch und unzulässige Rechtsausübung, S. 71; *F. Bydlinski*, in: Bernat/Böhler/Weilinger (Hrsg.), FS Krejci, Bd. II, S. 1079 (1079).

545 *D. Triantafyllou*, in: CMLRev. 36 (1999), S. 157 (159); *H. Hahn*, in: ÖStZ 2006, S. 399 (400); vgl. auch *W. Meilicke*, in: RIW 1996, S. 713 (718).

und würde nebst dem Einheitlichkeitsgrundsatz[546] vor allem auch gegen den Effektivitäts- bzw. effet-utile-Grundsatz[547] aus Art. 4 Abs. 3 EUV verstoßen. Vor diesem Hintergrund sollten die Bestimmungen der zu setzenden Grenzen des Unionsrechts durch das Missbrauchsverbot also einer unionsrechtlichen Wertung vorbehalten sein.[548]

---

546 So würde mit dem finalen Abstellen auf die unterschiedlichen Missbrauchskonzepte der Mitgliedstaaten auch die Anwendung und Geltung des Unionsrechts EU-weit entsprechend variieren (*H. Hahn*, in: ÖStZ 2006, S. 399 (400); siehe zur Vergleichung des Begriffsverständnisses des „Missbrauchs" nach deutschem, französischem und englischem Recht *2. Teil* GldPkt. C).

547 *D. Triantafyllou*, in: CMLRev. 36 (1999), S. 157 (161 f.); *W. Schön*, in: Wank/Hirte/Frey/Fleischer/Thüsing (Hrsg.), FS Wiedemann, S. 1271 (1280).

548 *G. Tesauro*, Schlussantr. v. 08.04.1992, Rs. C-83/91 – *„Meilicke"*, Slg. 1992 (de), S. I-4871 (I-4916 – Rn. 21); *ders.*, Schlussantr. v. 04.02.1998, Rs. C-367/96 – *„Kefalas"*, Slg. 1998 (de), S. I-2843 (I-2857 – Rn. 25); *W. Schön*, in: IStR-Beihefter 2/1996, S. 1 (6); *ders.*, in: Wank/Hirte/Frey/Fleischer/Thüsing (Hrsg.), FS Wiedemann, S. 1271 (1280 f.); *D. Weber*, in: ECTRev. 5 (1996), S. 63 (64); *ders.*, in: de la Feria/Vogenauer (Hrsg.), Prohibition of Abuse of Laws, S. 395 (400 f.); *D. Triantafyllou*, in: CMLRev. 36 (1999), S. 157 (161 f.); *K.E. Sørensen*, in: CMLRev. 43 (2006), S. 423 (424); *St. Vogenauer*, in: de la Feria/Vogenauer (Hrsg.), Prohibition of Abuse of Laws, S. 521 (562 f.). Im Widerspruch dessen regelt die *deutsche* Fassung der Mutter-Tochter-Richtlinie (kurz: „MuToRi") gem. Art. 1 Abs. 4 MuToRi, dass die Richtlinie der Anwendung einzelstaatlicher oder vertraglicher Bestimmungen zur Verhinderung von Steuerhinterziehungen, Steuerbetrug oder Missbräuchen nicht entgegensteht. Ein Blick in die *englische* („This Directive shall not preclude the application of domestic or agreement-based provisions *required* for the prevention of tax evasion, tax fraud or abuse." (*Rat d. EU*, RL v. 27.01.2015, Nr. 2015/121 (EU) – *„Mutter-Tochter-Richtlinie"*, ABl. 2015 L 21 (en), S. 1 (2); Hervorhebungen durch den Verfasser)) und *französische* („La présente directive ne fait pas obstacle à l'application de dispositions nationales ou conventionnelles *nécessaires* pour prévenir la fraude fiscale ou les abus." (*Rat d. EU*, RL v. 27.01.2015, Nr. 2015/121 (EU) – *„Mutter-Tochter-Richtlinie"*, ABl. 2015 L 21 (fr), S. 1 (2); Hervorhebungen durch den Verfasser)) Fassung der Richtlinie sorgt insoweit allerdings für Aufklärung. Dort heißt es entschärfend, dass die Richtlinie der Anwendung einzelstaatlicher oder vertraglicher Bestimmungen zur *notwendigen* Verhinderung von Steuerhinterziehungen und Missbräuchen nicht entgegensteht. Diese „Notwendigkeit" muss sich gem. der hier dargestellten Argumentation allerdings wiederum nach dem Unionsrecht richten. Mithin lässt sich auch unter Einbeziehung der MuToRi vertreten, dass das endgültige Verständnis der nationalen Missbrauchskonzepte einer unionsrechtlichen Wertung vorbehalten ist (*W. Schön*, in: IStR-Beihefter 2/1996, S. 1 (6)).

Diese Schlussfolgerung gibt zunächst Aufschluss über das Verhältnis eines möglichen unionalen Missbrauchskonzepts im Falle der Existenz eines nationalen Missbrauchskonzepts. Von dieser Frage des „*Wie*" ist allerdings die Entscheidung über das „*Ob*" der Ausgestaltung eines nationalen Missbrauchskonzepts zu unterscheiden. Hierzu lässt sich eine Rechtsprechung des *EuGH* anführen, in der entschieden wurde, dass Richtlinienbestimmungen, welche *zulasten* des Einzelnen gehen, selbst in Ausnahmefällen nicht unmittelbar angewendet werden dürfen. Zur Gewährleistung der Rechtssicherheit sei es vielmehr zwingend geboten, dass die Mitgliedstaaten als Adressat gemäß Art. 288 Abs. 3 AEUV diese Richtlinie zunächst in das jeweilige innerstaatliche Recht umsetzen.[549] Diese grundlegende Entscheidung zur Bedeutung der Rechtsicherheit auf Ebene des Sekundärrechts lässt sich auf andere Bereiche des Unionsrechts übertragen. So ist es vor dem Hintergrund der Rechtsprechung *erst recht* als unzulässig zu erachten, wenn ungeschriebene Grundsätze des Unionsrechts zulasten eines Staatsangehörigen eines Mitgliedstaats durchgesetzt werden, obwohl das nationale Recht entsprechende Instrumente nicht bereithält.[550]

Es kann somit festgehalten werden, dass der Begriff des Missbrauchs sowohl vom nationalen als auch vom unionalen Recht ausgestaltet werden kann. Sofern keine abschließend harmonisierende EU-Verordnung existiert, welche eine nationale Regelung insoweit unmittelbar ersetzen würde,[551] muss das nationale Recht das Instrument eines Missbrauchskonzepts zunächst bereitstellen, damit dieses sodann einer unionsrechtlichen Wertung unterzogen werden kann.[552]

549 *EuGH*, Urt. v. 26.02.1986, Rs. 152/84 – „*Marshall*", Slg. 1986 (de), S. 723 (749 – Rn. 48); Urt. v. 11.06.1987, Rs. 14/86 – „*Pretore di Salò/X*", Slg. 1987 (de), S. 2545 (2570 – Rn. 19 f.); Urt. v. 08.10.1987, Rs. 80/86 – „*Kolpinghuis Nijmegen*", Slg. 1987 (de), S. 3969 (3985 f. – Rn. 9, 13); Urt. v. 26.09.1996, Rs. C-168/95 – „*Arcaro*", Slg. 1996 (de), S. I-4705 (I-4729 – Rn. 36); Urt. v. 05.07.2007, Rs. C-321/05 – „*Kofoed*", Slg. 2007 (de), S. I-5795 (I-5831 – Rn. 42).

550 *J. Englisch*, in: StuW 2009, S. 3 (21); vgl. auch *J. Kokott*, Schlussantr. v. 08.02.2007, Rs. C-321/05 – „*Kofoed*", Slg. 2007 (de), S. I-5795 (I-5816 – Rn. 67).

551 *Ch. Böing*, Steuerlicher Gestaltungsmissbrauch in Europa, S. 268 f.; *A. Niemann*, Der allgemeine Missbrauchsvorbehalt nach der Rechtsprechung des EuGH und seine Auswirkungen auf die Anwendung des § 42 AO, S. 231 f.

552 So auch *P. Harris*, in: ECTJ 5 (2001), S. 187 (199); *Ch. Böing*, Steuerlicher Gestaltungsmissbrauch in Europa, S. 271; *W.-Ch. Lohse*, in: Kirchhof/Nieskens (Hrsg.), FS Reiss, S. 645 (662 f.); *W. Schön*, in: Kirchhof/Nieskens (Hrsg.), FS Reiss, S. 571 (574); *A. Zalasiński*, in: Intertax 2008, S. 156 (164, 166); *J. Englisch*, in: StuW 2009, S. 3 (21); wohl auch *A. Kjellgren*, in: EBLRev. 11 (2000), S. 179 (190); a.A.: Eine nationale Regelung zur Verhinderung des Missbrauchs sei bereits nicht notwendig (*M.P. Maduro*,

Darüber hinaus ist aus der hohen Bedeutung der Rechtssicherheit zu schlussfolgern, dass die Abänderung eines nationalen Missbrauchskonzepts im Lichte des Unionsrechts *zulasten* des Betroffenen – also eine Ausweitung der Reichweite des Begriffs des Missbrauchs – nur in Folge der erfolgreichen Umsetzung einer Richtlinie zur Verhinderung eines Missbrauchs zulässig wäre. Erweist sich ein nationales Missbrauchskonzept in seiner Anwendbarkeit als liberaler – also enger – als eines des Unionsrechts, bliebe es den Organen der EU im Umkehrschluss verwehrt, den Einzelnen in seinen Rechten schlechter zu stellen, sofern dies auf Grundlage ungeschriebener Grundsätze des Unionsrechts oder einer direkten Durchsetzung von Richtlinien erfolgen würde.[553]

Vor diesem Hintergrund stellt sich nunmehr die Frage, ob und inwieweit sich ein Missbrauchskonzept dem Unionsrecht überhaupt entnehmen lässt.

2. Das Verbot des Missbrauchs im geschriebenen Unionsrecht

Zwar regelt das geschriebene Unionsrecht vereinzelt Verbote des rechtlichen Missbrauchs. Allerdings handelt es sich hierbei stets um spezielle Missbrauchsverbote, die auf kein allgemeingültiges Verständnis des Begriffs schließen lassen. Im *Primärrecht* wird gemäß Art. 102 AEUV statt eines *rechtlichen* Missbrauchs nur das Verbot eines faktischen *Macht*missbrauchs geregelt.[554] Hinsichtlich des *Sekundärrechts* ist es bereits der Natur einer Richtlinie geschuldet, dass sich die Reichweite stets nur in ihren konkreten Zielen und vorgegebenen Ergebnissen erschöpft.[555] Unterschiedliche Ziele der Richtlinien können insoweit zu unterschiedlichen Ergebnissen im Missbrauchsverständnis führen.

Schlussantr. v. 07.04.2005, Rs. C-255, 419/02, 223/03 – *„Halifax" / „University of Huddersfield" / „BUPA"*, Slg. 2006 (de), S. I-1609 (I-1638 – Rn. 76); *O. Rousselle/ H.M. Liebman*, in: ET 2006, S. 559 (562); *K.E. Sørensen*, in: CMLRev. 43 (2006), S. 423 (439 f.); *H.L. McCarthy*, in: BTRev. 2007, S. 160 (161); *P. Fischer*, in: Kirchhof/ Nieskens (Hrsg.), FS Reiss, S. 621 (640); wohl auch *W. Widmann*, in: DStR 2006, S. 736 (738)).

553 *P. Harris*, in: ECTJ 5 (2001), S. 187 (200); *Ch. Böing*, Steuerlicher Gestaltungsmissbrauch in Europa, S. 271; *W. Schön*, in: Kirchhof/Nieskens (Hrsg.), FS Reiss, S. 571 (574); *J. Englisch*, in: StuW 2009, S. 3 (21).

554 *H. Fleischer*, in: JZ 2003, S. 865 (871); *A. Zimmermann*, Das Rechtsmißbrauchsverbot im Recht der Europäischen Gemeinschaften, S. 15; *T. Lyons*, in: de la Feria/Vogenauer (Hrsg.), Prohibition of Abuse of Laws, S. 493 (496); *M. Klöpfer*, Missbrauch im Europäischen Zivilverfahrensrecht, S. 109.

555 Siehe hierzu *3. Teil* GldPkt. A II 2.

3. Das Verbot des Missbrauchs im ungeschriebenen Unionsrecht

Kommt die Legislative der EU ihrer Aufgabe nicht hinreichend nach, ist ihre Judikative – namentlich der EuGH – gemäß Art. 19 Abs. 1 UAbs. 1 S. 2 EUV zur „Wahrung des Rechts" subsidiär[556] in die Pflicht zu nehmen. Neben der Auslegung des Unionsrechts umfasst dies im Rahmen der richterlichen Rechtsfortbildung eben auch eine Befugnis zur Rechts*gewinnung*.[557] Letzteres befugt den EuGH dazu, schöpferisch tätig zu werden, ohne dass von der Schaffung eines neuen „Rechts" auszugehen ist, indem verallgemeinerungsfähige Rechtsregeln von mittlerer Abstraktionshöhe aufgestellt werden.[558] Diese weitreichende Kompetenz des EuGH zu präjudizieller Rechtsprechung, welche schon gar als „faktische Sekundärrecht*setzung*" bezeichnet werden kann,[559] ist der bisher ungefestigten Rechtsordnung der EU und fortwährenden Dynamik der

---

556 Das Richterrecht des EuGH kann vom EU-Gesetzgeber jederzeit durch geschriebenes Recht abgeändert werden (*J. Schwarze*, in: DVBl. 2011, S. 721 (725); *J. Neuner*, in: Riesenhuber (Hrsg.), Europäische Methodenlehre, 3. Aufl. 2015, S. 245 (250 – Rn. 14)).

557 *K.-D. Borchardt*, in: Lenz/Borchardt (Hrsg.), EU-Verträge, 6. Aufl. 2013, Art. 19 EUV Rn. 40; vgl. auch *U. Everling*, in: JZ 2000, S. 217 (223 f.).

558 Vgl. *R. Schulze/U. Seif*, in: Schulze/Seif (Hrsg.), Richterrecht und Rechtsfortbildung in der Europäischen Rechtsgemeinschaft, S. 1 (8); *J. Neuner*, in: Riesenhuber (Hrsg.), Europäische Methodenlehre, 3. Aufl. 2015, S. 245 (249 f. – Rn. 10); *F.C. Mayer*, in: Grabitz/Hilf/Nettesheim (Hrsg.), Das Recht der Europäischen Union, 66. EL 2019, Art. 19 EUV Rn. 31 f.; vgl. auch *S. Seyr*, Der effet utile in der Rechtsprechung des EuGH, S. 334 ff.; *J. Schwarze*, in: DVBl. 2011, S. 721 (721). Dies ist etwa bei *allgemeinen Rechtsgrundsätzen* des Unionsrechts der Fall, welche aus *bereits existierenden* Rechtsvorstellungen hergeleitet werden, wie sie in den Unionsverträgen und staatlichen Verfassungs- und Rechtsordnungen aufzufinden sind (*P. Szczekalla*, in: Rengeling (Hrsg.), Handbuch zum europäischen und deutschen Umweltrecht, Bd. I, 2. Aufl. 2003, § 11 Rn. 22; *Ch. Gaitanides*, in: v.d. Groeben/Schwarze/Hatje (Hrsg.), Europäisches Unionsrecht, 7. Aufl. 2015, Art. 19 EUV Rn. 19; *F.C. Mayer*, in: Grabitz/Hilf/Nettesheim (Hrsg.), Das Recht der Europäischen Union, 66. EL 2019, Art. 19 EUV Rn. 32; zur Bedeutung der Entwicklung von allgemeinen Rechtsgrundsätzen durch den EuGH *J. Mazák*, Schlussantr. v. 15.02.2007, Rs. C-411/05 – *„Palacios de la Villa"*, Slg. 2007 (de), S. I-8531 (I-8553 – Rn. 84 ff.)).

559 *J. Schwarze* spricht bei dem Richterrecht des EuGH insoweit von „Entwürfen mit einstweiliger Geltung" (*J. Schwarze*, in: DVBl. 2011, S. 721 (725)). *J. Neuner* spricht bei dem Richterrecht des EuGH insoweit von einer „faktischen Rechtsquelle" (*J. Neuner*, in: Riesenhuber (Hrsg.), Europäische Methodenlehre, 3. Aufl. 2015, S. 245 (249 – Rn. 10)). Zum Einfluss des EuGH auf die Entwicklung der EU *F. Schockweiler*, in: EuR 1995, S. 191 (191 f.).

Unionsverträge im Prozess der fortschreitenden Entwicklung zwecks einer europäischen Integration[560] geschuldet.[561]

Bevor die konkrete Rechtsgewinnung des EuGH untersucht wird, gilt es zunächst die Kompetenzverteilung zwischen dem EuGH und den mitgliedstaatlichen Gerichten zu diesem Vorhaben herauszustellen.

a) Kompetenzverteilung zwischen dem EuGH und mitgliedstaatlichen Gerichten

Den mitgliedstaatlichen Gerichten steht nach wie vor das Recht zur Feststellung des entscheidungserheblichen Sachverhalts sowie der *Anwendung* des Unionsrechts im konkreten Einzelfall zu.[562] Dem EuGH steht allerdings eine Monopolstellung insoweit zu, dass es den mitgliedstaatlichen Gerichten alle Kriterien für die *Auslegung* des Unionsrechts an die Hand gibt, die das nationale Gericht erst in die Lage versetzt, die unionsrechtliche Vereinbarkeit einer nationalen Rechtsnorm sachgerecht beurteilen zu können.[563] In Anlehnung an die Ausarbeitungen von *M. Bieder* hinsichtlich der besonderen Kompetenzverteilung zur Verhinderung eines *Macht*missbrauchs[564] erscheint insoweit auch

---

560 Da sich der EuGH mithin zum Ziel der Integration gar zu einem politischen Akteur erhebt, wird er zum Teil als „*Motor der Integration*" bezeichnet (*J. Hey*, in: StuW 2004, S. 193 (194); *K.-D. Drüen/B. Kahler*, in: StuW 2005, S. 171 (173); *M. Höpner*, in: dms 2010, S. 165 (172); *Ch. Calliess/W. Kahl/A. Puttler*, in: Calliess/Ruffert (Hrsg.), EUV/AEUV, 5. Aufl. 2016, Art. 4 EUV Rn. 38; *P.M. Huber*, in: Streinz (Hrsg.), EUV/AEUV, 3. Aufl. 2018, Art. 19 EUV Rn. 32; kritisch hierzu *U. Everling*, in: JZ 2000, S. 217 (224); *J. Thiel*, in: DB 2004, S. 2603 (2609)).

561 *K.-D. Borchardt*, in: Lenz/Borchardt (Hrsg.), EU-Verträge, 6. Aufl. 2013, Art. 19 EUV Rn. 41; kritisch zur Machtposition des EuGH *Ch. Tomuschat*, in: FAZ v. 30.12.2010, S. 6 (6).

562 *EuGH*, Urt. v. 28.03.1979, Rs. 222/78 – „*ICap*", Slg. 1979 (de), S. 1163 (1177 – Rn. 10 ff.); ebenso *B.W. Wegener*, in: Calliess/Ruffert (Hrsg.), EUV/AEUV, 5. Aufl. 2016, Art. 267 AEUV Rn. 6.

563 *EuGH*, Urt. v. 15.12.1993, Rs. C-292/92 – „*Hünermund*", Slg. 1993 (de), S. I-6787 (I-6820 – Rn. 8); vgl. auch *EuGH*, Urt. v. 30.04.1998, Rs. C-37, 38/96 – „*Sodiprem u.a.*", Slg. 1998 (de), S. I-2039 (I-2049 – Rn. 22).

564 *M. Bieder* stellt einen dreistufigen Abwägungsvorgang zur Vertragsinhaltskontrolle gem. Art. 3 Abs. 1 RL 93/13/EWG bzw. Verhinderung eines *Macht*missbrauchs heraus. Während die ersten beiden Schritte den abstrakten Teil der Abwägung prägen, ist der dritte Schritt konkreter Natur. Diese Unterscheidung von *Abstraktheit* und *Konkretheit* ist mit der Kompetenzgrenze der abstrakten Rechts*auslegung* auf der einen und der konkreten Rechts*anwendung* auf der anderen Seite gleichzustellen (hierzu vertiefend *M. Bieder*, in: Gsell/Hau (Hrsg.), Zivilgerichtsbarkeit

beim *rechtlichen* Missbrauch zunächst eine Herausarbeitung und abstrakte Bewertung der unionsrechtlichen Interessen erforderlich, bevor abschließend eine Beurteilung des konkreten Einzelfalls stattfinden kann. Zwecks eines unionsrechtlichen Missbrauchskonzepts ist dem EuGH somit die Befugnis einzuräumen, die Kriterien selbst zu bestimmen und abstrakt zu bewerten, um auf das Ergebnis der konkreten Entscheidung mitgliedstaatlicher Gerichte hinreichend Einfluss nehmen zu können.[565]

Vor diesem Hintergrund gilt es nunmehr zu untersuchen, in welch einem Verfahren die Rechtsgewinnung dieser abstrakten Kriterien und ihre Bewertung durch den EuGH zu erfolgen hat.

b) Herleitung eines unionsrechtlichen Missbrauchskonzepts durch Induktionsschluss

Mangels Positivierung eines umfassenden Verbots des rechtlichen Missbrauchs im Unionsrecht müssen allgemeingültige, abstrakte Anforderungen und Kriterien juristisch *erschlossen* werden. Da entsprechende Verbote besonderer Art im Unionsrecht durchaus existieren, kann daran gedacht werden, jene Gedanken zu verallgemeinern, um so im Unionsrecht ein allgemeingültiges Missbrauchskonzept zu begründen. Gelingt dies, sind die besonderen Verbote lediglich als Konkretisierung jenes allgemeinen Missbrauchskonzepts zu verstehen.[566] Verbleibende Lücken zum Verbot eines unionsrechtlichen Missbrauchs werden sodann zum Schutz der praktischen Wirksamkeit und einheitlichen Anwendung des Unionsrechts durch das allgemeine Missbrauchskonzept als eine Art subsidiärer „Auffangtatbestand" geschlossen.[567]

---

und Europäisches Justizsystem, S. 155 (163)). Dieses Instrument ist mit jenem zur Verhinderung eines *rechtlichen* Missbrauchs funktional vergleichbar. Denn indem die Verhinderung eines Machtmissbrauchs darauf abzielt, einen unverfälschten Wettbewerb in der EU zu gewährleisten (vgl. *Rat d. EG*, RL v. 05.04.1993, Nr. 93/13/EWG – „*Klauselrichtlinie*", ABl. 1993 L 95 (de), S. 29 (29)), wird gleich dem rechtlichen Missbrauch im Kern versucht, einen Interessenkonflikt im Verhältnis zu unionsrechtlichen Wertungen zu lösen.

565 *D. Weber*, in: LIEI 31 (2004), S. 43 (52 f.); *P. Koutrakos*, in: de la Feria/Vogenauer (Hrsg.), Prohibition of Abuse of Laws, S. 203 (203, 216); *M. Klöpfer*, Missbrauch im Europäischen Zivilverfahrensrecht, S. 148.

566 *A. Niemann*, Der allgemeine Missbrauchsvorbehalt nach der Rechtsprechung des EuGH und seine Auswirkungen auf die Anwendung des § 42 AO, S. 206.

567 Vgl. *W. Schön*, in: Jones/Harris/Oliver (Hrsg.), FS Tiley, S. 75 (76); a.A.: Besondere Missbrauchsbegriffe können weitergehen als ein allgemeines Missbrauchskonzept.

Zum Ziel einer solchen Rechtsgewinnung bietet sich als juristisches Werkzeug das Schlussverfahren der *Induktion* an. Es dient dem Zweck vom Besonderen auf das Allgemeine zu schließen.[568] Die Vorgehensweise des Verfahrens teilt sich hierbei in mehrere Schritte auf. Im *ersten Schritt* bedarf es der Feststellung der besonderen Vorschriften – der sog. „lex legis". Im *zweiten Schritt* müssen die Gemeinsamkeiten, welche dieser lex legis zugrunde liegen, festgestellt und in einer Definition entsprechend umschrieben werden. In einem *dritten Schritt* ist schließlich eine sog. „ratio legis" festzustellen. Hierzu ist auf Grundlage der festgestellten Definition zu den Gemeinsamkeiten der besonderen Fälle zu prüfen, ob sich hieraus eine Leitidee des inneren Systems herleiten lässt. Diese ist dann anzunehmen, wenn ein gemeinsamer Zweck sowie ein gemeinsames Bestreben eines bestimmten realen Zustandes oder dessen Sicherung aufgrund einer gleichen Wertung festgestellt werden kann.[569] Ist dies zu bejahen, kann die Leitidee jenseits des Besonderen, als Rechtsprinzip auch *regelmäßig*[570] auf andere Fälle des geschriebenen und ungeschriebenen Rechts Anwendung finden, sofern bestimmte, in allgemeiner Weise anzugebene Voraussetzungen vorliegen.[571]

Letzteres könne allerdings den Begriff einer besonderen Vorschrift auch *ergänzen* (*K.E. Sørensen*, in: CMLRev. 43 (2006), S. 423 (438)).

568 *K. Larenz/C.-W. Canaris*, Methodenlehre der Rechtswissenschaft, 3. Aufl. 1995, S. 205; *A. Kaufmann*, Rechtsphilosophie, 2. Aufl. 1997, S. 76; *F.E. Schnapp*, Logik für Juristen, 7. Aufl. 2016, S. 150.

569 Vgl. *F. Bydlinski*, Juristische Methodenlehre und Rechtsbegriff, 2. Aufl. 1991, S. 403; zum Begriff des „inneren Systems" im deutschen Steuerrecht *1. Teil* GldPkt. B IV.

570 Eine Induktion erbringt lediglich neue Erkenntnisse auf unvollständiger Basis (*A. Kaufmann*, Rechtsphilosophie, 2. Aufl. 1997, S. 76). Eine Anwendung einer induktiven Schlussfolgerung auf *alle* Fälle ist somit auszuschließen. Es lässt sich lediglich auf Grundsätze i.S.v. *Prinzipien* schließen, die jedoch mit anderen Prinzipien abzuwägen sind (*A. Metzger*, Extra legem, intra ius, S. 52).

571 Vgl. *K. Larenz/C.-W. Canaris*, Methodenlehre der Rechtswissenschaft, 3. Aufl. 1995, S. 157, 205; *A. Kaufmann*, Rechtsphilosophie, 2. Aufl. 1997, S. 76. *Zum Teil* wird in dieser rechtsmethodischen Vorgehensweise eine „Gesamtanalogie" erblickt (vgl. *K. Larenz/C.-W. Canaris*, Methodenlehre der Rechtswissenschaft, 3. Aufl. 1995, S. 157, 205; *A. Kaufmann*, Rechtsphilosophie, 2. Aufl. 1997, S. 76). Dem ist allerdings entgegenzuhalten, dass eine Analogie dem Zweck dient, vom Besonderen *über* das Allgemeine auf das Besondere zu schließen (*A. Kaufmann*, Rechtsphilosophie, 2. Aufl. 1997, S. 76). Der Rückgriff auf eine ratio legis stellt lediglich einen Zwischenschritt dar, um sodann wiederum deduktiv vom Allgemeinen auf das Besondere zu schließen (*A. Teichmann*, Die Gesetzesumgehung, S. 81; *C.-W. Canaris*, Die Feststellung von Lücken im Gesetz, 2. Aufl. 1983, S. 98; *F. Bydlinski*, Juristische Methodenlehre

Vor diesem Hintergrund ist nunmehr zu untersuchen, ob die Rechtsprechung des EuGH auf ein allgemeingültiges unionsrechtliches Missbrauchskonzept hinweist (*c)*) und inwieweit es einem solchen Induktionsschluss rechtsmethodisch entspringt (*d)*).

c) Rechtsprechung des EuGH

Die Terminologie des EuGH zum Verbot des rechtlichen Missbrauchs erscheint auf den ersten Blick uneinheitlich. Abhängig vom jeweiligen Sinnzusammenhang umschreibt der EuGH Sachverhalte, welche die Grundproblematik eines Missbrauchs des Unionsrechts behandeln, unter anderem als „Missbrauch“[572] oder „missbräuchliche Praktiken“[573], setzt diese Begrifflichkeiten in Zusammenhang mit dem „Betrug“[574] und umschreibt das Phänomen mit einer

---

und Rechtsbegriff, 2. Aufl. 1991, S. 478; *K. Larenz/C.-W. Canaris*, Methodenlehre der Rechtswissenschaft, 3. Aufl. 1995, S. 204 f.; *A. Kaufmann*, Rechtsphilosophie, 2. Aufl. 1997, S. 76). Mithin impliziert die Analogie zwar einen induktiven Vorgang. Jedoch ist der Induktion an sich als selbständiges Schlussverfahren weiterhin ein eigenständiger Charakter beizumessen (vgl. *C.-W. Canaris*, Die Feststellung von Lücken im Gesetz, 2. Aufl. 1983, S. 98; *K. Larenz/C.-W. Canaris*, Methodenlehre der Rechtswissenschaft, 3. Aufl. 1995, S. 204 f.; *A. Metzger*, Extra legem, intra ius, S. 57 f.).

572 *EuGH*, Urt. v. 07.02.1979, Rs. 115/78 – „*Knoors*“, Slg. 1979 (de), S. 399 (410 – Rn. 25); Urt. v. 14.12.2000, Rs. C-110/99 – „*Emsland-Stärke*“, Slg. 2000 (de), S. I-11569 (I-11612 – Rn. 52); Urt. v. 23.09.2003, Rs. C-109/01 – „*Akrich*“, Slg. 2003 (de), S. I-9607 (I-9688 – Rn. 57); Urt. v. 21.02.2006, Rs. C-255/02 – „*Halifax*“, Slg. 2006 (de), S. I-1609 (I-1678 – Rn. 84).

573 *EuGH*, Urt. v. 11.10.1977, Rs. 125/76 – „*Cremer*“, Slg. 1977 (de), S. 1593 (1607 – Rn. 21); Urt. v. 21.02.2006, Rs. C-255/02 – „*Halifax*“, Slg. 2006 (de), S. I-1609 (I-1675 – Rn. 70); Urt. v. 12.09.2006, Rs. C-196/04 – „*Cadbury Schweppes*“, Slg. 2006 (de), S. I-7995 (I-8049 – Rn. 55); Urt. v. 05.07.2007, Rs. C-321/05 – „*Kofoed*“, Slg. 2007 (de), S. I-5795 (I-5830 – Rn. 38).

574 *EuGH*, Urt. v. 02.05.1996, Rs. C-206/94 – „*Paletta II*“, Slg. 1996 (de), S. I-2357 (I-2391 – Rn. 24); Urt. v. 12.05.1998, Rs. C-367/96 – „*Kefalas*“, Slg. 1998 (de), S. I-2843 (I-2869 – Rn. 20); Urt. v. 09.03.1999, Rs. C-212/97 – „*Centros*“, Slg. 1999 (de), S. I-1459 (I-1492 – Rn. 24); Urt. v. 23.03.2000, Rs. C-373/97 – „*Diamantis*“, Slg. 2000 (de), S. I-1705 (I-1734 – Rn. 33); Urt. v. 03.03.2005, Rs. C-32/03 – „*Fini H*“, Slg. 2005 (de), S. I-1599 (I-1625 – Rn. 32); Urt. v. 21.02.2006, Rs. C-255/02 – „*Halifax*“, Slg. 2006 (de), S. I-1609 (I-1675 – Rn. 68); Urt. v. 06.04.2006, Rs. C-456/04 – „*Agip Petroli*“, Slg. 2006 (de), S. I-3395 (I-3419 – Rn. 19); Urt. v. 05.07.2007, Rs. C-321/05 – „*Kofoed*“, Slg. 2007 (de), S. I-5795 (I-5830 – Rn. 38).

„Umgehung“[575], „Entziehung“[576] oder in dessen Widerspruch mit einer „Erlangung“[577] oder „Gewährung“[578].[579] Trotz dieser vielfältigen Beschreibung, lässt sich eine einheitliche Bewertung des Verbots von Missbräuchen des Unionsrechts in der Rechtsprechung des EuGH erkennen, welche sich über die Jahrzehnte entwickelt hat.

Um aus der Rechtsprechung des EuGH auf den Charakter des Missbrauchs im Unionsrecht schließen zu können, soll zunächst die Entwicklung zur Anerkennung des Instruments eines Missbrauchsverbots mit Fokus auf die einzelnen Ebenen des Unionsrechts untersucht (*aa)*) und sodann die Rechtsprechungen nach den einzelnen Arten des Missbrauchs unterschieden (*bb)*) werden.

---

575 *EuGH*, Urt. v. 10.01.1985, Rs. 229/83 – *„Leclerc“*, Slg. 1985 (de), S. 1 (32 – Rn. 27); Urt. v. 21.11.2002, Rs. C-436/00 – *„X und Y“*, Slg. 2002 (de), S. I-10829 (I-10863 – Rn. 42, I-10868 – Rn. 61); Urt. v. 23.09.2003, Rs. C-109/01 – *„Akrich“*, Slg. 2003 (de), S. I-9607 (I-9688 – Rn. 57); Urt. v. 13.12.2005, Rs. C-446/03 – *„Marks & Spencer“*, Slg. 2005 (de), S. I-10837 (I-10884 – Rn. 57); Urt. v. 13.03.2007, Rs. C-524/04 – *„Thin Cap Group Litigation“*, Slg. 2007 (de), S. I-2107 (I-2190 – Rn. 74).

576 *EuGH*, Urt. v. 03.12.1974, Rs. 33/74 – *„van Binsbergen“*, Slg. 1974 (de), S. 1299 (1309 – Rn. 13); Urt. v. 26.11.1975, Rs. 39/75 – *„Coenen“*, Slg. 1975 (de), S. 1547 (1555 – Rn. 8/11); Urt. v. 07.02.1979, Rs. 115/78 – *„Knoors“*, Slg. 1979 (de), S. 399 (410 – Rn. 25); Urt. v. 03.10.1990, Rs. C-61/89 – *„Bouchoucha“*, Slg. 1990 (de), S. I-3551 (I-3568 – Rn. 14); Urt. v. 05.10.1994, Rs. C-23/93 – *„TV10“*, Slg. 1994 (de), S. I-4795 (I-4833 – Rn. 21); Urt. v. 09.03.1999, Rs. C-212/97 – *„Centros“*, Slg. 1999 (de), S. I-1459 (I-1492 – Rn. 24); Urt. v. 30.09.2003, Rs. C-167/01 – *„Inspire Art“*, Slg. 2003 (de), S. I-10155 (I-10234 – Rn. 136).

577 *EuGH*, Urt. v. 02.05.1996, Rs. C-206/94 – *„Paletta II“*, Slg. 1996 (de), S. I-2357 (I-2387 – Rn. 13); Urt. v. 12.05.1998, Rs. C-367/96 – *„Kefalas“*, Slg. 1998 (de), S. I-2843 (I-2871 – Rn. 28); Urt. v. 23.03.2000, Rs. C-373/97 – *„Diamantis“*, Slg. 2000 (de), S. I-1705 (I-1734 – Rn. 33); Urt. v. 14.12.2000, Rs. C-110/99 – *„Emsland-Stärke“*, Slg. 2000 (de), S. I-11569 (I-11612 – Rn. 50); Urt. v. 21.02.2006, Rs. C-255/02 – *„Halifax“*, Slg. 2006 (de), S. I-1609 (I-1674 – Rn. 64); Urt. v. 21.02.2006, Rs. C-223/03 – *„University of Huddersfield“*, Slg. 2006 (de), S. I-1751 (I-1769 f. – Rn. 52 f.).

578 *EuGH*, Urt. v. 11.10.1977, Rs. 125/76 – *„Cremer“*, Slg. 1977 (de), S. 1593 (1604 – Rn. 11, 1607 – Rn. 21); Urt. v. 03.03.1993, Rs. C-8/92 – *„General Milk Products“*, Slg. 1993 (de), S. I-779 (I-799 – Rn. 21); Urt. v. 29.02.1996, Rs. C-110/94 – *„Inzo“*, Slg. 1996 (de), S. I-857 (I-878 – Rn. 24); Urt. v. 17.10.1996, Rs. C-283, 291, 292/94 – *„Denkavit Internationaal BG u.a.“*, Slg. 1996 (de), S. I-5063 (I-5097 – Rn. 33); Urt. v. 17.07.1997, Rs. C-28/95 – *„Leur-Bloem“*, Slg. 1997 (de), S. I-4161 (I-4204 – Rn. 40 f.).

579 Vgl. *K.E. Sørensen*, in: CMLRev. 43 (2006), S. 423 (431); *St. Vogenauer*, in: de la Feria/Vogenauer (Hrsg.), Prohibition of Abuse of Laws, S. 521 (524).

aa) Rechtsprechung auf den einzelnen Ebenen des Unionsrechts

Die Rechtsprechung des EuGH zum Missbrauch im Unionsrecht ist vor allem durch zwei Leitentscheidungen geprägt, welche unterschiedlichen unionsrechtlichen Ebenen zuzuordnen sind. Der Charakter dieser Rechtsprechungen als „Leitentscheidung" zeichnet sich allerdings gerade dadurch aus, dass auf sie jeweils ebenen*übergreifend* verwiesen wird.

(1) Rs. *van Binsbergen*: Die Leitentscheidung aus dem Primärrecht

Erstmals thematisierte der EuGH den Missbrauch des Unionsrechts im Urteil aus dem Jahre 1974 in der Rechtssache *van Binsbergen*. Dabei sah er in einer niederländischen Vorschrift eine Beschränkung der Dienstleistungsfreiheit, welche allerdings dann gerechtfertigt sei, wenn sie verhindern solle, dass sich der Erbringer einer Leistung, dessen wirtschaftliche Tätigkeit sich ganz oder vorwiegend auf jenes Gebiet des betroffenen Staats – hier den Niederlanden – ausrichte, die Dienstleistungsfreiheit insoweit zunutze mache, um sich einer nationalen Regelung – hier den Berufsregelungen zum Funktionieren der Justiz und Standespflichten[580] – zu entziehen, welche im Falle eines rein inländischen Sachverhalts – hier der Ansässigkeit in den Niederlanden – auf ihn Anwendung finden würde.[581] Diese Leitentscheidung gilt als Quelle für eine ständige Rechtsprechung, indem der einstige Leitsatz dahingehend verallgemeinert wurde, dass eine „betrügerische[582]

---

580 Diese „Berufsregelungen" umfassen namentlich Vorschriften über Organisation, Befähigung, Berufspflichten, Kontrolle, Verantwortlichkeit und Haftung (*EuGH*, Urt. v. 03.12.1974, Rs. 33/74 – *„van Binsbergen"*, Slg. 1974 (de), S. 1299 (1309 – Rn. 10/12)).

581 *EuGH*, Urt. v. 03.12.1974, Rs. 33/74 – *„van Binsbergen"*, Slg. 1974 (de), S. 1299 (1309 – Rn. 13).

582 Die Bezugnahme auf den „Betrug" stellt eine – in dieser Arbeit nicht weiter zu vertiefende (siehe hierzu Fn. 4) – Ergänzung zum Leitsatz der Rspr. in der Rs. *van Binsbergen* dar. In jenem Ausgangsfall wurde wohl nur auf den Missbrauch von Unionsrechten mittels einer rechtlichen Gestaltung abgestellt. Mit dem Abstellen auf den „Betrug" wird nunmehr auch die Täuschung über Tatsachen einbezogen, mittels dessen ein unionsrechtlicher Vorteil erlangt wird (*W. Schön*, in: Wank/Hirte/Frey/Fleischer/Thüsing (Hrsg.), FS Wiedemann, S. 1271 (1277 f.); *H. Fleischer*, in: JZ 2003, S. 865 (870)). Diese Erweiterung könnte so verstanden werden, dass das Unionsrecht wohl *erst recht* keine Anwendung finden soll, wenn sich die Berufung auf das Unionsrecht bereits auf eine falsche Sachverhaltsermittlung und nicht bloß eine illegitime Subsumtion eines insoweit richtig dargestellten Sachverhalts zurückführen lässt (vgl. *K.E. Sørensen*, in: CMLRev. 43 (2006), S. 423 (431)).

oder missbräuchliche Berufung auf das Unionsrecht" nicht erlaubt sei.[583]

Der verallgemeinerte Leitsatz erstreckt sich sowohl auf das Primär- als auch Sekundärrecht der EU. Im *Primärrecht* lässt sich nebst weiteren Rechtsprechungen zur Dienstleistungsfreiheit[584], der Rechtssache *Leclerc* zur Warenverkehrsfreiheit[585] und der Rechtssache *Lair* zur Arbeitnehmerfreizügigkeit[586] die wohl umfassendste Rechtsprechung hinsichtlich des Missbrauchsverbots zur Niederlassungsfreiheit finden.[587] Schließlich ist der Rechtssache *X GmbH*

---

583 *EuGH*, Urt. v. 02.05.1996, Rs. C-206/94 – „*Paletta II*", Slg. 1996 (de), S. I-2357 (I-2391 – Rn. 24); Urt. v. 12.05.1998, Rs. C-367/96 – „*Kefalas*", Slg. 1998 (de), S. I-2843 (I-2869 – Rn. 20); Urt. v. 09.03.1999, Rs. C-212/97 – „*Centros*", Slg. 1999 (de), S. I-1459 (I-1492 – Rn. 24); Urt. v. 23.03.2000, Rs. C-373/97 – „*Diamantis*", Slg. 2000 (de), S. I-1705 (I-1734 – Rn. 33); Urt. v. 03.03.2005, Rs. C-32/03 – „*Fini H*", Slg. 2005 (de), S. I-1599 (I-1625 – Rn. 32); Urt. v. 21.02.2006, Rs. C-255/02 – „*Halifax*", Slg. 2006 (de), S. I-1609 (I-1675 – Rn. 68); Urt. v. 06.04.2006, Rs. C-456/04 – „*Agip Petroli*", Slg. 2006 (de), S. I-3395 (I-3419 – Rn. 19); Urt. v. 05.07.2007, Rs. C-321/05 – „*Kofoed*", Slg. 2007 (de), S. I-5795 (I-5830 – Rn. 38).

584 Mit Bezug auf die Rs. *van Binsbergen* in weiteren Rspr. zur Dienstleistungsfreiheit *EuGH*, Urt. v. 03.02.1993, Rs. C-148/91 – „*Veronica Omroep Organisatie*", Slg. 1993 (de), S. I-487 (I-519 – Rn. 12); Urt. v. 05.10.1994, Rs. C-23/93 – „*TV10*", Slg. 1994 (de), S. I-4795 (I-4833 – Rn. 20 f.); vgl. auch *EuGH*, Urt. v. 26.11.1975, Rs. 39/75 – „*Coenen*", Slg. 1975 (de), S. 1547 (1555 – Rn. 8/11).

585 Der *EuGH* entschied in der Rs. *Leclerc*, dass es als missbräuchlich anzusehen sei, wenn Bücher allein zum Zweck ihrer Wiedereinfuhr ausgeführt werden, um so die nationalen Vorschriften zu Buchendverkaufspreisen zu umgehen (*EuGH*, Urt. v. 10.01.1985, Rs. 229/83 – „*Leclerc*", Slg. 1985 (de), S. 1 (35 – Rn. 27)).

586 Der *EuGH* entschied in der Rs. *Lair*, dass von einem Missbrauch eben auch dann auszugehen sei, wenn sich nach objektiven Merkmalen nachweisen ließe, dass sich ein Arbeitnehmer nur in der Absicht in einen Mitgliedstaat begebe, um dort nach einer sehr kurzen Berufstätigkeit eine Förderung für Studenten in Anspruch zu nehmen (*EuGH*, Urt. v. 21.06.1988, Rs. 39/86 – „*Lair*", Slg. 1988 (de), S. 3161 (3201 – Rn. 43); bereits mit einem – allerdings nur indirekten – Hinweis auf ein Missbrauchsverbot im Rahmen der Arbeitnehmerfreizügigkeit *EuGH*, Urt. v. 23.03.1982, Rs. 53/81 – „*Levin*", Slg. 1982 (de), S. 1035 (1050 – Rn. 17, 1051 f. – Rn. 21)).

587 Nennenswerte Rspr. zum Verbot des Missbrauchs auf dem Gebiet der Niederlassungsfreiheit sind u.a. *EuGH*, Urt. v. 07.02.1979, Rs. 115/78 – „*Knoors*", Slg. 1979 (de), S. 399 (410 – Rn. 25); Urt. v. 10.07.1986, Rs. 79/85 – „*Sergers*", Slg. 1986 (de), S. 2375 (2388 – Rn. 17); Urt. v. 03.10.1990, Rs. C-61/89 – „*Bouchoucha*", Slg. 1990 (de), S. I-3551 (I-3568 – Rn. 14); Urt. v. 09.03.1999, Rs. C-212/97 – „*Centros*", Slg. 1999 (de), S. I-1459 (I-1492 – Rn. 24); Urt. v. 21.11.2002, Rs. C-436/00 – „*X und Y*", Slg. 2002 (de), S. I-10829 (I-10863 – Rn. 42); Urt. v. 30.09.2003, Rs. C-167/01 – „*Inspire*

zu entnehmen, dass sich der Missbrauchsgedanke auch auf die Kapitalverkehrsfreiheit erstreckt, indem auf die einschlägigen Rechtsprechungen zur Niederlassungsfreiheit verwiesen wird.[588] Im *Sekundärrecht* wurde das Verbot des Missbrauchs in der Rechtssache *Cremer* aus dem Jahre 1977 zunächst auf das Gebiet der unmittelbar wirksamen Verordnungen ausgeweitet.[589] Erst im Jahre 1996 fand das Verbot des rechtlichen Missbrauchs mit der Rechtssache *Inzo* schließlich auch bei den Richtlinien Berücksichtigung.[590]

Art", Slg. 2003 (de), S. I-10155 (I-10234 – Rn. 136); Urt. v. 13.12.2005, Rs. C-446/03 – „*Marks & Spencer*", Slg. 2005 (de), S. I-10837 (I-10884 – Rn. 55 ff.); Urt. v. 12.09.2006, Rs. C-196/04 – „*Cadbury Schweppes*", Slg. 2006 (de), S. I-7995 (I-8049 – Rn. 55, I-8051 – Rn. 64); Urt. v. 13.03.2007, Rs. C-524/04 – „*Thin Cap Group Litigation*", Slg. 2007 (de), S. I-2107 (I-2190 – Rn. 74). Bereits fünf Jahre nach der Leitentscheidung in der Rs. *van Binsbergen* wurde dessen Aussage, Mitgliedstaaten seien dazu befugt Missbrauchsvorschriften zu erlassen, in der Rs. *Knoors* auf eine weitere Grundfreiheit erstreckt (*EuGH*, Urt. v. 07.02.1979, Rs. 115/78 – „*Knoors*", Slg. 1979 (de), S. 399 (410 – Rn. 25)).

588 *EuGH*, Urt. v. 26.02.2019, Rs. C-135/17 – „*X GmbH*", ECLI:EU:C:2019:136, Rn. 73; insoweit auch in der Rs. *X und Y* eine Stellungnahme zum Verbot des Missbrauchs erblickend *A. Niemann*, Der allgemeine Missbrauchsvorbehalt nach der Rechtsprechung des EuGH und seine Auswirkungen auf die Anwendung des § 42 AO, S. 158.

589 Der *EuGH* entschied in der Rs. *Cremer*, in der es um Verordnungen zur Gewährung von Erstattungen bei der Ausfuhr von Mischfutter in Drittländer (*Europ. Kom.*, VO v. 30.10.1964, Nr. 166/64/EWG, ABl. 1964 P 173 (de), S. 2747) und Nr. 171/64/EWG (*Rat d. EWG*, VO v. 30.10.1964, Nr. 171/64/EWG, ABl. 1964 P 173 (de), S. 2758) ging, dass der Anwendungsbereich der Verordnungen keinesfalls so weit ausgedehnt werden dürfe, dass er missbräuchliche Praktiken eines Exporteurs unter Ausnutzung der für die Berechnung der Erstattungen vorgenommenen pauschalen Beurteilung decke (*EuGH*, Urt. v. 11.10.1977, Rs. 125/76 – „*Cremer*", Slg. 1977 (de), S. 1593 (1593, 1607 – Rn. 21)).

590 Der *EuGH* entschied in der Rs. *Inzo*, in der es um die sog. „sechste Richtlinie" (*Rat d. EG*, RL v. 17.05.1977, Nr. 77/388/EWG – „*Sechste Richtlinie*", ABl. 1977 L 145 (de), S. 1 (13)) ging, dass zwar der Begriff der „wirtschaftlichen Tätigkeit" gem. Art. 4 der Richtlinie zu dessen Anwendbarkeit grundsätzlich weit auszulegen sei (*EuGH*, Urt. v. 29.02.1996, Rs. C-110/94 – „*Inzo*", Slg. 1996 (de), S. I-857 (I-876 f. – Rn. 16 ff.)). Jedoch sei das Recht zu einem Vorsteuerabzug gem. der Richtlinie in Anlehnung an die Rs. *van Binsbergen* dann abzulehnen, wenn eine Handlung als missbräuchlich oder betrügerisch anzusehen sei (*EuGH*, Urt. v. 29.02.1996, Rs. C-110/94 – „*Inzo*", Slg. 1996 (de), S. I-857 (I-878 – Rn. 24). Weitere nennenswerte Rspr. zum Verbot des Missbrauchs auf dem Gebiet der Richtlinie sind u.a. *EuGH*, Urt. v. 17.10.1996, Rs. C-283, 291, 292/94 – „*Denkavit Internationaal BG u.a.*", Slg. 1996 (de), S. I-5063 (I-5096 – Rn. 30 f.); Urt. v. 17.07.1997, Rs. C-28/95 – „*Leur-Bloem*", Slg. 1997 (de), S. I-4161 (I-4204 – Rn. 40 ff.); Urt. v. 12.05.1998, Rs. C-367/96 – „*Kefalas*", Slg. 1998

(2) Rs. *Emsland-Stärke*: Die Leitentscheidung aus dem Sekundärrecht

Im Jahre 2000 stellte der EuGH auf dem Gebiet des Sekundärrechts in der Rechtssache *Emsland-Stärke* einen zweistufigen Missbrauchstest auf, welcher der Verhinderung einer missbräuchlichen Berufung auf das Unionsrecht ergänzend zur Rechtsprechung in der Rechtssache *van Binsbergen* eine erhöhte Präzision verleiht. Die Entscheidung erging zu einer U-Turn-Konstellation, bei der für den Export von Stärkeprodukten in Drittländer außerhalb der Gemeinschaft Ausfuhrerstattungen gemäß einer EG-Verordnung erlangt wurden. Hierzu wurden stärkehaltige Waren an verbundene Gesellschaften in die Schweiz geliefert, um sie unmittelbar nach dem ordnungsgemäß bescheinigten Grenzübertritt direkt wieder nach Deutschland zurück oder nach Italien weiter zu transportieren. Zwar war der Ausfuhrtatbestand formal erfüllt, der Lenkungszweck der Ausfuhrerstattung – die Reduzierung eines Überangebots auf den Agrarmärkten der Gemeinschaft – jedoch offenbar verfehlt.[591] Zum Missbrauch urteilte der EuGH wie folgt:

> „Die Feststellung eines Missbrauchs setzt zum einen voraus, dass eine Gesamtwürdigung der objektiven Umstände ergibt, dass trotz formaler Einhaltung der [unionsrechtlichen][592] Bedingungen das Ziel der Regelung nicht erreicht wurde.
> Zum anderen setzt sie ein subjektives Element voraus, nämlich die Absicht, sich einen [unionsrechtlich] vorgesehenen Vorteil dadurch zu verschaffen, dass die entsprechenden Voraussetzungen willkürlich geschaffen werden.“[593]

(de), S. I-2843 (I-2869 – Rn. 20); Urt. v. 23.03.2000, Rs. C-373/97 – *„Diamantis“*, Slg. 2000 (de), S. I-1705 (I-1734 – Rn. 33); Urt. v. 03.03.2005, Rs. C-32/03 – *„Fini H“*, Slg. 2005 (de), S. I-1599 (I-1625 – Rn. 32); Urt. v. 21.02.2006, Rs. C-255/02 – *„Halifax“*, Slg. 2006 (de), S. I-1609 (I-1675 – Rn. 68 ff.); Urt. v. 21.02.2006, Rs. C-223/03 – *„University of Huddersfield“*, Slg. 2006 (de), S. I-1751 (I-1766 – Rn. 39); Urt. v. 05.07.2007, Rs. C-321/05 – *„Kofoed“*, Slg. 2007 (de), S. I-5795 (I-5830 – Rn. 38)).

591 *EuGH*, Urt. v. 14.12.2000, Rs. C-110/99 – *„Emsland-Stärke“*, Slg. 2000 (de), S. I-11569 (I-11601 f. – Rn. 7 ff.); *J. Englisch*, in: StuW 2009, S. 3 (10).

592 Ursprünglich wurde die Formulierung „gemeinschafsrechtlich“ in der Entscheidung gewählt. Seit dem Vertrag von Lissabon vom 13.12.2007 existiert die EG nicht mehr als Institution mit eigenem Namen. Dessen Rechtsnachfolgerin ist die EU, Art. 1 Abs. 3 S. 3 EUV. Mit diesem Strukturwechsel ging die Änderung des Begriffs von „Gemeinschaftsrecht“ zu „Unionsrecht“ einher (vgl. *R. Streinz*, Europarecht, 10. Aufl. 2016, Rn. 63).

593 *EuGH*, Urt. v. 14.12.2000, Rs. C-110/99 – *„Emsland-Stärke“*, Slg. 2000 (de), S. I-11569 (I-11612 f. – Rn. 52 f.).

Mittlerweile wurde auf diesen zweistufigen Test zur Feststellung einer missbräuchlichen Berufung auf das Unionsrecht sowohl in Rechtsprechungen zu Richtlinien[594] als auch zum Primärrecht[595] Bezug genommen.

bb) Rechtsprechung zu den unterschiedlichen Arten des Missbrauchs im Unionsrecht

Hinsichtlich der Untersuchung zum artenübergreifenden Missbrauchsverständnis gleichen sich die relevanten Arten auf Unionsebene unter Berücksichtigung der unionsrechtlichen Besonderheiten jenen auf nationaler Ebene.[596]

(1) Rechtsanwendbarkeitstatbestände („Umgehungstatbestände")

(a) Tatbestandsvermeidung

Die „Tatbestandsvermeidung" beschreibt im Unionsrecht die Umgehung rechtlich vorgeschriebener Pflichten unter Berufung auf das Unionsrecht, um sich der Anwendbarkeit ungünstiger Rechtsvorschriften zu entziehen.[597]

---

594 Zum Verbot des Missbrauchs auf dem Gebiet der Richtlinie u.a. *EuGH*, Urt. v. 29.04.2004, Rs. C-487/01, 7/02 – *„Gemeente Leusden und Holin Groep"*, Slg. 2004 (de), S. I-5337 (I-5397 – Rn. 78); Urt. v. 21.02.2006, Rs. C-255/02 – *„Halifax"*, Slg. 2006 (de), S. I-1609 (I-1668 – Rn. 42); Urt. v. 28.07.2016, Rs. C-423/15 – *„Kratzer"*, ECLI:EU:C:2016:604, Rn. 39; zum Verbot des Missbrauchs auf dem Gebiet der Verordnung u.a. *EuGH*, Urt. v. 21.07.2005, Rs. C-515/03 – *„Eichsfelder Schlachtbetrieb"*, Slg. 2005 (de), S. I-7355 (I-7386 – Rn. 39); Urt. v. 11.01.2007, Rs. C-279/05 – *„Vonk Dairy Products"*, Slg. 2007 (de), S. I-239 (I-283 f. – Rn. 33); Urt. v. 14.04.2016, Rs. C-131/14 – *„Cervati und Malvi"*, ECLI:EU:C:2016:255, Rn. 33 f.

595 *EuGH*, Urt. v. 12.09.2006, Rs. C-196/04 – *„Cadbury Schweppes"*, Slg. 2006 (de), S. I-7995 (I-8051 – Rn. 64).

596 Einige Stimmen in der *Literatur* verzichten auf eine Unterscheidung entsprechend dem nationalen Recht und subsumieren das Phänomen des Missbrauchs allein unter die Arten der „Gestaltungstatbestände" (vgl. *W. Schön*, in: Wank/Hirte/Frey/Fleischer/Thüsing (Hrsg.), FS Wiedemann, S. 1271 (1275); *Ch. Böing*, Steuerlicher Gestaltungsmissbrauch in Europa, S. 259 f.; *A. Niemann*, Der allgemeine Missbrauchsvorbehalt nach der Rechtsprechung des EuGH und seine Auswirkungen auf die Anwendung des § 42 AO, S. 159 ff.; insoweit ähnlich, allerdings mit beschränktem Untersuchungsgegenstand *K. Ottersbach*, Rechtsmißbrauch bei den Grundfreiheiten des Europäischen Binnenmarktes, S. 19). Hiermit droht allerdings der Verlust einer gedanklichen Genauigkeit, der es allerdings bedarf, um die Systematik eines Missbrauchskonzepts sowohl im nationalen als auch im unionalen Recht hinreichend verstehen zu können.

597 *W. Schön*, in: Wank/Hirte/Frey/Fleischer/Thüsing (Hrsg.), FS Wiedemann, S. 1271 (1275); *A. Niemann*, Der allgemeine Missbrauchsvorbehalt nach der Rechtsprechung

Unterscheidet man hierbei wiederum zwischen den beiden Ebenen des Unionsrechts, so ist festzustellen, dass sich diese Art des Missbrauchs auf die Vermeidung von Pflichten aus dem *nationalen* Recht unter Berufung auf das unionale *Primärrecht* weitestgehend beschränkt.[598] Rechtsprechungen, welche die Vermeidung von unionsrechtlich begründeten Verpflichtungen direkt zum Gegenstand haben, existieren nur Wenige.[599]

(b) Tatbestandserschleichung

Von einer „Tatbestandserschleichung" ist im Unionsrecht dann zu sprechen, wenn in nicht zu billigender Weise Vorteile aus unmittelbar oder mittelbar wirkendem Unionsrecht gezogen werden,[600] indem man sich in einen anspruchsbegründenden Tatbestand mittels rechtlicher Gestaltungen „hineindrängt".[601] Auch bei der Tatbestandserschleichung ist eine Unterscheidung zwischen den Ebenen des Unionsrechts vorzunehmen. Zum einen hat der EuGH über

---

des EuGH und seine Auswirkungen auf die Anwendung des § 42 AO, S. 160; *M. Klöpfer*, Missbrauch im Europäischen Zivilverfahrensrecht, S. 101; vgl. auch *K. Ottersbach*, Rechtsmißbrauch bei den Grundfreiheiten des Europäischen Binnenmarktes, S. 44.

598 Vgl. *EuGH*, Urt. v. 03.12.1974, Rs. 33/74 – *„van Binsbergen"*, Slg. 1974 (de), S. 1299 (1309 – Rn. 13); Urt. v. 26.11.1975, Rs. 39/75 – *„Coenen"*, Slg. 1975 (de), S. 1547 (1555 – Rn. 8/11); Urt. v. 10.01.1985, Rs. 229/83 – *„Leclerc"*, Slg. 1985 (de), S. 1 (32 – Rn. 27); Urt. v. 03.10.1990, Rs. C-61/89 – *„Bouchoucha"*, Slg. 1990 (de), S. I-3551 (I-3568 – Rn. 14); Urt. v. 05.10.1994, Rs. C-23/93 – *„TV10"*, Slg. 1994 (de), S. I-4795 (I-4833 – Rn. 21); Urt. v. 09.03.1999, Rs. C-212/97 – *„Centros"*, Slg. 1999 (de), S. I-1459 (I-1492 – Rn. 24); Urt. v. 21.11.2002, Rs. C-436/00 – *„X und Y"*, Slg. 2002 (de), S. I-10829 (I-10863 – Rn. 42, I-10868 – Rn. 61); Urt. v. 30.09.2003, Rs. C-167/01 – *„Inspire Art"*, Slg. 2003 (de), S. I-10155 (I-10234 – Rn. 136); Urt. v. 23.09.2003, Rs. C-109/01 – *„Akrich"*, Slg. 2003 (de), S. I-9607 (I-9686 – Rn. 51, I-9688 – Rn. 57); Urt. v. 13.12.2005, Rs. C-446/03 – *„Marks & Spencer"*, Slg. 2005 (de), S. I-10837 (I-10884 – Rn. 57); Urt. v. 12.09.2006, Rs. C-196/04 – *„Cadbury Schweppes"*, Slg. 2006 (de), S. I-7995 (I-8049 – Rn. 55); Urt. v. 13.03.2007, Rs. C-524/04 – *„Thin Cap Group Litigation"*, Slg. 2007 (de), S. I-2107 (I-2190 – Rn. 74); vgl. auch *EuGH*, Urt. v. 07.02.1979, Rs. 115/78 – *„Knoors"*, Slg. 1979 (de), S. 399 (410 – Rn. 24 f.).

599 Vgl. *EuGH*, Urt. v. 14.04.2016, Rs. C-131/14 – *„Cervati und Malvi"*, ECLI:EU:C:2016:255, Rn. 25, 43.

600 *W. Schön*, in: Wank/Hirte/Frey/Fleischer/Thüsing (Hrsg.), FS Wiedemann, S. 1271 (1275); *A. Niemann*, Der allgemeine Missbrauchsvorbehalt nach der Rechtsprechung des EuGH und seine Auswirkungen auf die Anwendung des § 42 AO, S. 162 f.; *M. Klöpfer*, Missbrauch im Europäischen Zivilverfahrensrecht, S. 103.

601 Vgl. *K. Ottersbach*, Rechtsmißbrauch bei den Grundfreiheiten des Europäischen Binnenmarktes, S. 45.

die Erschleichung von Rechten entschieden, die sich aus dem *Sekundärrecht* herleiten ließen, indem die anspruchsbegründenden Anforderungen aus den jeweiligen Richtlinien und Verordnungen der EU vor allem[602] durch rechtsgestalterische Kunstgriffe erfüllt wurden.[603] Der unterschiedlichen Wirkungsweise ist es dabei geschuldet, dass vorteilhafte Ansprüche bei den Richtlinien aus dem harmonisierten nationalen und bei den Verordnungen direkt aus dem unionalen Recht erschlichen werden. Zum anderen zeigt die Rechtsprechung, dass ebenfalls – wenn auch viel seltener – an eine Tatbestandserschleichung von Rechten zu denken ist, die ausschließlich im (nicht harmonisierten) nationalen Recht angesiedelt sind und erst durch die Berufung auf das *Primärrecht* der EU – namentlich die Grundfreiheiten – zur Anwendung kommen.[604] Die Verteilung der Vorkommnisse eines Missbrauchs verhält sich mithin also spiegelbildlich zur Tatbestandsvermeidung. Vor allem im Steuerrecht kann allerdings mit der Erschleichung günstiger Regelungen zugleich eine Vermeidung nachteiliger Regelungen einhergehen.[605]

---

602 Stattdessen auf eine *Sachverhaltsermittlung* – namentlich die inhaltliche Richtigkeit einer Bescheinigung zur Arbeitsunfähigkeit – abstellend *EuGH*, Urt. v. 02.05.1996, Rs. C-206/94 – *„Paletta II"*, Slg. 1996 (de), S. I-2357 (I-2386 f. – Rn. 10 ff.); siehe zum Betrug Fn. 574, 582.

603 Vgl. *EuGH*, Urt. v. 11.10.1977, Rs. 125/76 – *„Cremer"*, Slg. 1977 (de), S. 1593 (1604 – Rn. 11, 1607 – Rn. 21); Urt. v. 03.03.1993, Rs. C-8/92 – *„General Milk Products"*, Slg. 1993 (de), S. I-779 (I-799 – Rn. 21); Urt. v. 29.02.1996, Rs. C-110/94 – *„Inzo"*, Slg. 1996 (de), S. I-857 (I-878 – Rn. 24); Urt. v. 17.10.1996, Rs. C-283, 291, 292/94 – *„Denkavit Internationaal BG u.a."*, Slg. 1996 (de), S. I-5063 (I-5096 f. – Rn. 30 ff.); Urt. v. 17.07.1997, Rs. C-28/95 – *„Leur-Bloem"*, Slg. 1997 (de), S. I-4161 (I-4204 – Rn. 40 ff.); Urt. v. 14.12.2000, Rs. C-110/99 – *„Emsland-Stärke"*, Slg. 2000 (de), S. I-11569 (I-11612 f. – Rn. 50 ff.); Urt. v. 03.03.2005, Rs. C-32/03 – *„Fini H"*, Slg. 2005 (de), S. I-1599 (I-1625 – Rn. 32); Urt. v. 21.02.2006, Rs. C-255/02 – *„Halifax"*, Slg. 2006 (de), S. I-1609 (I-1674 – Rn. 64); Urt. v. 21.02.2006, Rs. C-223/03 – *„University of Huddersfield"*, Slg. 2006 (de), S. I-1751 (I-1769 f. – Rn. 52 f.); Urt. v. 05.07.2007, Rs. C-321/05 – *„Kofoed"*, Slg. 2007 (de), S. I-5795 (I-5830 – Rn. 38).

604 Vgl. *EuGH*, Urt. v. 21.06.1988, Rs. 39/86 – *„Lair"*, Slg. 1988 (de), S. 3161 (3201 – Rn. 43); Urt. v. 13.12.2005, Rs. C-446/03 – *„Marks & Spencer"*, Slg. 2005 (de), S. I-10837 (I-10884 – Rn. 55 ff.); wohl auch *EuGH*, Urt. v. 23.03.1982, Rs. 53/81 – *„Levin"*, Slg. 1982 (de), S. 1035 (1050 – Rn. 17, 1051 f. – Rn. 21).

605 So wurde im Rahmen der steuerrechtlichen Rspr. in der Rs. *Agip Petroli* die Zwischenschaltung einer juristischen Person eben auch als mögliches Mittel zur Umgehung nachteiliger Rechtsfolgen verstanden, sodass sich der EuGH mit einer Kombination von Tatbestandserschleichung und Tatbestandsvermeidung befassen

(c) Konkrete Ausgestaltung der Gestaltungsstrategien

Sowohl die gleiche Perspektive auf die Rechtsfolge zur Anwendbarkeit eines Tatbestands als auch die zweckgerichteten Rechtsgestaltungen eint beide Arten des Missbrauchs. Nebst einer sog. „*U-Turn*"-Konstellation[606] und einer sog. „*Aufspaltungs*"-Konstellation[607] rückt im Steuerrecht[608] vor allem wieder die

musste (vgl. *EuGH*, Urt. v. 06.04.2006, Rs. C-456/04 – „*Agip Petroli*", Slg. 2006 (de), S. I-3395 (I-3420 – Rn. 22 f.)).

606 Bei einer „U-Turn"-Konstellation werden gegenläufige Geschäfte oder Handlungen so aufeinander abgestimmt, dass sie sich im Ergebnis ganz oder teilw. neutralisieren (*J. Englisch*, in: StuW 2009, S. 3 (9 f.); vgl. auch *S. Sieker*, Umgehungsgeschäfte, S. 54 f.; zum Problem des Erfordernisses einer „Kurzfristigkeit" im Rahmen der U-Turn-Konstellation *A. Niemann*, Der allgemeine Missbrauchsvorbehalt nach der Rechtsprechung des EuGH und seine Auswirkungen auf die Anwendung des § 42 AO, S. 164 ff.). Mit einer *U-Turn-Konstellation* hat sich der EuGH im Rahmen der Rs. *Emsland-Stärke* zur Feststellung einer Tatbestandserschleichung beschäftigen müssen. Um eine sekundärrechtlich geregelte Ausfuhrerstattung zu erlangen, wurden Waren in die Schweiz ausgeführt, um sie sodann unverändert teilw. nach Deutschland zu reimportieren (*EuGH*, Urt. v. 14.12.2000, Rs. C-110/99 – „*Emsland-Stärke*", Slg. 2000 (de), S. I-11569 (I-11601 – Rn. 7 f.)). Um eine vergleichbare U-Turn-Konstellation zur Tatbestandsvermeidung handelte es sich u.a. bei der Rs. *Leclerc* (vgl. *EuGH*, Urt. v. 10.01.1985, Rs. 229/83 – „*Leclerc*", Slg. 1985 (de), S. 1 (18, 35 – Rn. 27)).

607 Bei einer „Aufspaltungs"-Konstellation wird ein von Parteien als wirtschaftliche Einheit gewolltes Geschäft in einander ergänzende Teilakte aufgeteilt (*J. Englisch*, in: StuW 2009, S. 3 (9, 10); vgl. auch *S. Sieker*, Umgehungsgeschäfte, S. 53). Eine *Aufspaltungs-Konstellation* zeigte sich zum Beispiel in der Rs. *Part Service* des EuGH. In diesem Fall hat ein Anbieter von Leasinggeschäften versucht, eine Steuerbefreiung für Finanzdienstleistungen zu erlangen, indem dessen Rolle als Leasinggeber auf zwei verbundene Unternehmen aufgeteilt wurde, obwohl es sich um einen einheitlichen Vertrag – zwischen nunmehr drei Parteien – handelte (*EuGH*, Urt. v. 21.02.2008, Rs. C-425/06 – „*Part Service*", ECLI:EU:C:2008:108, Rn. 8 ff.; hierzu auch *J. Englisch*, in: StuW 2009, S. 3 (10)).

608 Die Konstellation der Zwischenschaltung einer anderen (juristischen) Person wirft das besondere Problem auf, Voraussetzungen zu bestimmen, unter denen eine Zurechnung an die jeweils andere Gesellschaft in Betracht kommt, um insoweit einen Gestaltungstatbestand zu verhindern (*S. Sieker*, Umgehungsgeschäfte, S. 56 f.). In diesem Zusammenhang kommt dem Instrument der Hinzurechnungsbesteuerung eine besondere Bedeutung zu, welches in der Rs. *Cadbury Schweppes* im Fokus stand (vgl. *EuGH*, Urt. v. 12.09.2006, Rs. C-196/04 – „*Cadbury Schweppes*", Slg. 2006 (de), S. I-7995 (I-8034 ff. – Rn. 3 ff.)). Auf diese Rspr. wird an gebotener Stelle dieser Arbeit noch vertiefend einzugehen sein (siehe hierzu *3. Teil* GldPkt. C III 2 b) bb) (1)).

Umgehungsstrategie einer *Zwischenschaltungs*-Konstellation[609] in den Fokus, um formale Voraussetzungen für eine günstige Regelung herbeizuführen.

Dass die Auswirkung einer Rechtsanwendbarkeit nach der gewählten Rechtsgestaltung beurteilt wird, lässt ebenfalls eine besondere Nähe zum Steuerrecht erkennen. So ergeben sich Berührungspunkte der Problematik zur Rechtsanwendbarkeit mit jener zur Rechtsausübung, indem die gewählte Gestaltungsstrategie – wie im deutschen Steuerrecht[610] – sowohl eine *Art* der Rechtsausübung im Sinne eines institutionellen Rechtsmissbrauchs als auch ein *Mittel bzw. Merkmal* zum Rechtsanwendbarkeitstatbestand darstellen kann und sich die Rechtsfolge eines nicht zu gestattenden Vorteils einerseits und dessen Rechtsmittel einer Gestaltungsmöglichkeit andererseits aus *unterschiedlichen* Rechtsordnungen – mit ggf. unterschiedlichen Wertungen – ergeben. Zu nennen ist hierbei die Konstellation, in der versucht wird, einen *nationalen* Tatbestand zu vermeiden oder zu erschleichen und sich mittels dessen – zur Legitimation einer rechtlichen Gestaltung – auf das *unionale* Primärrecht – namentlich die Grundfreiheiten – berufen wird. In dieser – für diese Arbeit bedeutsamen – Variante zeigt sich zugleich der entscheidende Unterschied zum deutschen Steuerumgehungstatbestand. So wird das Begriffsverständnis des „institutionellen Rechtsmissbrauchs" eben nicht abschließend vom nationalen Rechtsanwendbarkeitstatbestand – etwa den gesetzesimmanenten Wertungen des deutschen Steuerrechts – geprägt. Dies würde schließlich gegen den Effektivitätsgrundsatz des Unionsrechts verstoßen. Vielmehr hat sich das Unionsrecht *selbst* die Grenzen zur Rechtsausübung – etwa durch konterkarierende Unionsziele – zu setzen. Dies hat zufolge, dass sich die Rechtsanwendbarkeit des nationalen Rechts ggf. nach den gesetzesimmanenten Wertungen jener Rechtsordnung des Rechtsausübungstatbestands bemisst, statt umgekehrt.[611]

---

609 *J. Englisch*, in: StuW 2009, S. 3 (10); vgl. auch *S. Sieker*, Umgehungsgeschäfte, S. 56; sehr anschaulich hierzu *EuGH*, Urt. v. 21.02.2006, Rs. C-255/02 – „*Halifax*", Slg. 2006 (de), S. I-1609 (I-1660 f. – Rn. 12 ff.). Die „Zwischenschaltungs"-Konstellation entspricht eben jener Art des Gestaltungsmissbrauchs, wie sie im Zusammenhang mit dem deutschen Steuerumgehungstatbestand zu grenzüberschreitenden Tatbeständen bereits kurz erläutert wurde (siehe hierzu *1. Teil* GldPkt. B V).

610 Siehe hierzu *1. Teil* GldPkt. B I.

611 Im *deutschen Steuerrecht* setzt hingegen die gesetzesimmanente Wertung des Rechts*anwendbarkeits*tatbestands dem Rechts*ausübungs*tatbestand insoweit Grenzen, als die *zivilrechtlichen* Gestaltungen im Lichte der gesetzesimmanenten *steuerrechtlichen* Wertungen – namentlich der konkretisierten Sachgesetzlichkeit – zu beurteilen sind. So wird eine rechtliche Gestaltung eben dann als „missbräuchlich" verstanden, wenn der Steuerpflichtige mittels dessen einen wirtschaftlichen Zweck

(2) Rechtsausübungstatbestände („Rechtsmissbrauch")

Nebst der missbräuchlichen Rechtsausübung im Rahmen eines Rechtsanwendbarkeitstatbestands, hat der Rechtsmissbrauch im Unionsrecht auch selbständige Bedeutung erlangt. In der Rechtssache *Kefalas* wurde insoweit entschieden, dass es als missbräuchlich anzusehen sei, wenn eine Klage auf Feststellung der Ungültigkeit der Kapitalerhöhung zu dem Zweck erhoben wurde, widerrechtliche Vorteile zum Nachteil der Gesellschaft zu erlangen.[612] In der Rechtssache *Diamantis* nimmt der EuGH einen Missbrauch dann an, wenn ein Aktionär unter verschiedenen möglichen Rechtsbehelfen, denjenigen ausgewählt hat, der den berechtigten Interessen Dritter einen derart schweren Schaden zufügt, dass er offensichtlich unverhältnismäßig ist.[613] Beide Entscheidungen eint, dass auf die konkrete Interessenlage der Beteiligten abgestellt wird, indem die Treuwidrigkeit der Ausübung von Unionsrecht im Verhältnis zu den anderen am Rechtsverhältnis Beteiligten in den Fokus rückt. Es handelt sich somit um einen individuellen Rechtsmissbrauch.[614]

cc) Schlussfolgerung

Die Entwicklung der Rechtsprechung des EuGH führte über die zwei Leitentscheidungen in den Rechtssachen *van Binsbergen* und *Emsland-Stärke* von einem bloß nicht zu gestattenden Phänomen des unionsrechtlichen Missbrauchs hin zu einer abstrakt-generellen Missbrauchsdefinition zur Feststellung einer missbräuchlichen Berufung auf das Unionsrecht, die ihre konkrete Ausgestaltung in den jeweiligen Einzelfällen erfährt. Die Verweisungstechnik des EuGH legt es nahe, dass hierin ein einheitliches Missbrauchskonzept des Unionsrechts zu erblicken sein könnte. Wie bereits festgestellt,[615] zeigt sich eine gedankliche Einheit zunächst darin, dass sowohl die primärrechtliche Leitentscheidung in der Rechtssache *van Binsbergen* im sekundären Unionsrecht als

---

versucht zu erreichen, der eine Besteuerung nach der *wirtschaftlichen Leistungsfähigkeit* verhindert und keine anderweitigen beachtlichen außersteuerlichen Gründe ersichtlich sind (siehe hierzu *1. Teil* GldPkt. B IV 5).

612 *EuGH*, Urt. v. 12.05.1998, Rs. C-367/96 – „*Kefalas*", Slg. 1998 (de), S. I-2843 (I-2871 – Rn. 28).

613 *EuGH*, Urt. v. 23.03.2000, Rs. C-373/97 – „*Diamantis*", Slg. 2000 (de), S. I-1705 (I-1737 – Rn. 43).

614 *J. v. Lackum*, Die Gesetzesumgehung im Europarecht, S. 237; *J. Englisch*, in: StuW 2009, S. 3 (20); vgl. auch *M. Klöpfer*, Missbrauch im Europäischen Zivilverfahrensrecht, S. 126 ff.

615 Siehe hierzu *3. Teil* GldPkt. B II 3 c) aa).

auch die sekundärrechtliche Leitentscheidung in der Rechtssache *Emsland-Stärke* im Zusammenhang mit einer missbräuchlichen Berufung auf das Primärrecht zitiert wird. Mit Blick auf die einzelnen Arten des unionsrechtlichen Missbrauchs setzt sich dieses übergreifende Verständnis des Missbrauchs fort. So wird auf die Rechtssache *van Binsbergen* – wo es um eine Tatbestandsvermeidung ging – auch in der Rechtssache *Kefalas* verwiesen, bei der ein individueller Rechtsmissbrauch[616] thematisiert wurde. Auf die Verweisung in der Rechtssache *Kefalas* nehmen wiederum Rechtsprechungen Bezug, die eine Tatbestandserschleichung zum Gegenstand hatten.[617] Die Entscheidung in der Rechtssache *Emsland-Stärke* betraf einen Fall zur Tatbestandserschleichung, auf jene auch bei Rechtssachen zur Tatbestandsvermeidung verwiesen wurde.[618] Im Rahmen des individuellen Rechtsmissbrauchs wurde bisher noch kein Bezug auf die Rechtssache *Emsland-Stärke* genommen. Dies liegt allerdings daran, dass die Entscheidungen in den Rechtssachen *Kefalas* und *Diamantis* sowie die gesamte Problematik der Aktionärsklagen *vor* der Rechtsprechung zur Rechtssache *Emsland-Stärke* stattfanden. Allerdings wird in der Rechtssache *Kefalas* auf die Ausführungen zum Missbrauch in den Rechtssachen *Lair* und *General Milk Products* verwiesen,[619] welche jeweils eine Tatbestandserschleichung thematisieren. Ein artenübergreifender Verweis ist mithin auch im Rahmen des individuellen Rechtsmissbrauchs zu beobachten. Es kann daher nicht ausgeschlossen werden, dass in zukünftigen individuellen Rechtsmissbrauchsfällen ebenfalls auf die abstrakt-generelle Definition aus dem Bereich der Tatbestandserschleichung verwiesen wird, um den Trend des EuGH zur Vereinheitlichung eines Missbrauchsverbots konsequent fortzuführen.[620]

---

616 Vgl. *EuGH*, Urt. v. 12.05.1998, Rs. C-367/96 – „*Kefalas*", Slg. 1998 (de), S. I-2843 (I-2869 – Rn. 20); mit Bezug auf die Rs. *Kefalas* im Rahmen von Rspr. zum individuellen Rechtsmissbrauch *EuGH*, Urt. v. 23.03.2000, Rs. C-373/97 – „*Diamantis*", Slg. 2000 (de), S. I-1705 (I-1734 – Rn. 33).

617 Vgl. *EuGH*, Urt. v. 03.03.2005, Rs. C-32/03 – „*Fini H*", Slg. 2005 (de), S. I-1599 (I-1625 – Rn. 32); Urt. v. 21.02.2006, Rs. C-255/02 – „*Halifax*", Slg. 2006 (de), S. I-1609 (I-1675 – Rn. 68); Urt. v. 06.04.2006, Rs. C-456/04 – „*Agip Petroli*", Slg. 2006 (de), S. I-3395 (I-3419 – Rn. 19).

618 Vgl. *EuGH*, Urt. v. 14.04.2016, Rs. C-131/14 – „*Cervati und Malvi*", ECLI:EU:C:2016:255, Rn. 33 f.

619 Vgl. *EuGH*, Urt. v. 12.05.1998, Rs. C-367/96 – „*Kefalas*", Slg. 1998 (de), S. I-2843 (I-2869 – Rn. 20).

620 So auch *J. Englisch*, in: StuW 2009, S. 3 (20).

Im Ergebnis kann festgehalten werden, dass es sich bei der abstrakt-generellen Definition aus der Entscheidung des EuGH in der Rechtssache *Emsland-Stärke* um eine Leitidee des Unionsrechts zur umfassenden Verhinderung eines rechtlichen Missbrauchs handelt,[621] welche in sowohl ebenen- als auch artenübergreifender Hinsicht gilt. Diese gedankliche Einheit[622] aller Missbrauchskonstellationen lässt auf ein *einheitliches unionsrechtliches Missbrauchskonzept* schließen.[623]

d) Rechtsmethodische Einordnung

Um die konkrete Entscheidungsfindung auf Grundlage dieses abstrakten Konzepts verstehen zu können, fragt sich, welcher Denkweisen und Erkenntnismittel sich unter Reflexion der Systematik des Unionsrechts bedient wird, um einen konkreten Missbrauch festzustellen. Neben dem Bewertungsmaßstab könnten sich hierbei auch Rückschlüsse auf die Reichweite des Anwendungsbereichs des unionsrechtlichen Missbrauchskonzepts ergeben.

aa) Allgemeines zur unionalen Rechtsmethodik

Der *EuGH* betont in ständiger Rechtsprechung, dass das Recht der EU einer eigenen Terminologie obliegt, in der den gewählten Rechtsbegriffen nicht zwangsläufig die gleiche Bedeutung zukommt, wie in den verschiedenen nationalen Rechten der Mitgliedstaaten.[624] Die eigenständige Rechtsmethodik des Unionsrechts ist bereits der Besonderheit der Rechtsordnung geschuldet. Indem es sich mangels fester Etablierung um eine Integrationsverfassung handelt, welche prinzipiell auf den Wandel hin angelegt ist,[625] folgt auch die Rechtsmethodik

---

621 Vgl. *H. Fleischer*, in: JZ 2003, S. 865 (871).

622 So in ebenenübergreifender Hinsicht auch *W. Schön*, in: Wank/Hirte/Frey/Fleischer/Thüsing (Hrsg.), FS Wiedemann, S. 1271 (1273).

623 So auch *A. Niemann*, Der allgemeine Missbrauchsvorbehalt nach der Rechtsprechung des EuGH und seine Auswirkungen auf die Anwendung des § 42 AO, S. 174 f.; *M. Klöpfer*, Missbrauch im Europäischen Zivilverfahrensrecht, S. 115 ff.; wohl auch *K.E. Sørensen*, in: CMLRev. 43 (2006), S. 423 (427, 438); ähnlich *U. Klinke*, in: ZGR 2002, S. 163 (186).

624 *EuGH*, Urt. v. 10.01.1980, Rs. 69/79 – *„Jordens-Vosters"*, Slg. 1980 (de), S. 75 (84 – Rn. 6); Urt. v. 06.10.1982, Rs. 283/81 – *„C.I.L.F.I.T."*, Slg. 1982 (de), S. 3415 (3430 – Rn. 19); Urt. v. 19.09.2000, Rs. C-287/98 – *„Linster"*, Slg. 2000 (de), S. I-6917 (I-6965 f. – Rn. 43); Urt. v. 21.02.2008, Rs. C-426/05 – *„Tele2 Telecommunication"*, ECLI:EU:C:2008:103, Rn. 26.

625 *H.P. Ipsen*, in: Schwarze (Hrsg.), Der Europäische Gerichtshof als Verfassungsgericht und Rechtsschutzinstanz, S. 29 (50); vgl. hierzu auch *3. Teil* GldPkt. A II.

des EuGH primär dem Ziel der Integration des Unionsrechts.[626] Mithin ist der methodische Ansatz des EuGH eben nicht gesetzes-, sondern vielmehr *ergebnis*orientierter Natur,[627] womit eine weite Kompetenz des EuGH zur schöpferischen Tätigkeit einhergeht.[628]

Bedient sich der EuGH in den Originalfassungen der Urteile[629] nunmehr dem Begriff der „*interprétation*", so ist dies entgegen der französischen Terminologie[630] dahingehend zu verstehen, dass – gemäß der deutschen Kategorisierungstechnik – neben einer Auslegung auch die richterliche Rechtsfortbildung erfasst wird.[631] Dies bestätigt sich mit Blick auf die Rechtsprechung des EuGH

626 Vgl. *H.P. Ipsen*, Europäisches Gemeinschaftsrecht, S. 373 f.; *T. Stein*, in: FS Universität Heidelberg, S. 619 (620).

627 *M. Klöpfer*, Missbrauch im Europäischen Zivilverfahrensrecht, S. 134; vgl. auch *G. Conway*, The Limits of Legal Reasoning and the European Court of Justice, S. 26.

628 Siehe hierzu *3. Teil* GldPkt. B II 3.

629 Die Originalfassungen der EuGH-Rspr. sind in französischer Sprache (*J. Anweiler*, Die Auslegungsmethoden des Gerichtshofs der Europäischen Gemeinschaften, S. 39; vgl. auch *J. Neuner*, in: Riesenhuber (Hrsg.), Europäische Methodenlehre, 3. Aufl. 2015, S. 245 (247 – Rn. 2)).

630 In *Frankreich* wird zwischen der Rechtsfortbildung und Auslegung begrifflich nicht unterschieden. Vielmehr wird ausschließlich von einer „*interprétation*" gesprochen. Dieser wörtlich übersetzte Begriff der „Interpretation" umfasst die Methode einer *Auslegung*, welche auch schöpferischer Natur sein kann, sofern es sich um einen unklaren oder ungenauen Text handelt, den es anzupassen gilt (*F. Chabas*, in: Mazeaud/Mazeaud/Mazeaud/Chabas (Hrsg.), Leçons de droit civil, Bd. I/1, 12. Aufl. 2000, Rn. 93; *K.F. Walter*, Rechtsfortbildung durch den EuGH, S. 47). Mithin umfasst die Auslegung in Frankreich zugleich auch die Funktion einer Lückenfüllung, indem auf die Teleologie des Gesetzes zurückgegriffen wird (*Ph. Malaurie/P. Morvan*, Introduction générale, 2. Aufl. 2005, S. 312 f. – Rn. 400; vgl. auch *W. Fikentscher*, Methoden des Rechts, Bd. I, S. 544 f.; *S. Seyr*, Der effet utile in der Rechtsprechung des EuGH, S. 334; *K.F. Walter*, Rechtsfortbildung durch den EuGH, S. 48).

631 So auch *Ch. Hillgruber*, in: v. Danwitz/Heintzen/Jestaedt/Korioth/Reinhardt (Hrsg.), Auf dem Wege zu einer Europäischen Staatlichkeit, S. 31 (39); *M. Schweitzer/W. Hummer*, Europarecht, 5. Aufl. 1996, S. 136 f. – Rn. 451 ff.; *J. Anweiler*, Die Auslegungsmethoden des Gerichtshofs der Europäischen Gemeinschaften, S. 39 f.; *C. Buck*, Über die Auslegungsmethoden des Gerichtshofs der Europäischen Gemeinschaft, S. 51 f.; *St. Vogenauer*, Die Auslegung von Gesetzen in England und auf dem Kontinent, Bd. I, S. 394 f.; *R. Schulze/U. Seif*, in: Schulze/Seif (Hrsg.), Richterrecht und Rechtsfortbildung in der Europäischen Rechtsgemeinschaft, S. 1 (3 f.); *K.F. Walter*, Rechtsfortbildung durch den EuGH, S. 58; *C. Höpfner/B. Rüthers*, in: AcP 209 (2009), S. 1 (5); im Ergebnis auch *H.F.O. Kutscher*, in: Begegnung von Justiz und Hochschule, S. I-3 (I-12).

in der Rechtssache *C.I.L.F.I.T.*, wo zum methodischen Vorgehen im Rahmen der interprétation Stellung genommen wurde. Demnach sind im ersten Schritt die verschiedenen sprachlichen Fassungen der in Frage stehenden Vorschriften des Unionsrechts, welche gleichermaßen rechtsverbindlich sind, in ihrer Formulierung unter Berücksichtigung der autonomen Terminologie des Unionsrechts zu vergleichen. In einem zweiten Schritt ist jede Vorschrift des Unionsrechts in ihrem Normzusammenhang zu betrachten sowie im Lichte des gesamten Unionsrechts, der Unionsziele und des aktuellen Entwicklungsstandes auszulegen.[632] Diese Rechtsprechung lässt erkennen, dass die Methodik der interprétation im Unionsrecht – entgegen dem französischen Äquivalent[633] – ihren besonderen Schwerpunkt in den teleologischen Erwägungen findet, wobei sie – anders als die deutsche Auslegung[634] – auch die gesetzesimmanenten Wertungen der Gesamtrechtsordnung miteinbeziehen. Jene Auslegungspraxis des EuGH gipfelt darin, dass der juristischen Methodik des Umkehrschlusses wohl gar keine Bedeutung beigemessen wird.[635]

Vor dem Hintergrund dieses weiten Verständnisses der unionsrechtlichen Auslegungsmethodik stellt sich nunmehr die Frage, ob das unionsrechtliche Missbrauchskonzept als Teil des Rechtsinstituts dieser interprétation oder als ein hiervon abzugrenzendes selbständiges Rechtsinstitut im unionsrechtlichen Sinne – etwa als allgemeiner Grundsatz oder allgemeiner Rechtsgrundsatz des Unionsrechts – einzuordnen ist.

bb) Meinungsstand

Der *EuGH* hat sich in der Fragestellung bisher sehr zurückgehalten. Allerdings wurde in der Rechtssache *Kofoed* ausgeführt, das Verbot des Missbrauchs sei ein „allgemeiner Grundsatz" des Unionsrechts.[636] Diese Formulierung deutet

---

632 *EuGH*, Urt. v. 06.10.1982, Rs. 283/81 – „*C.I.L.F.I.T.*", Slg. 1982 (de), S. 3415 (3430 – Rn. 18 ff.); vgl. bereits in diese Richtung gehend auch *EuGH*, Urt. v. 05.02.1963, Rs. 26/62 – „*van Gend & Loos*", Slg. 1963 (de), S. 3 (24).

633 Siehe hierzu *2. Teil* GldPkt. B II 1.

634 *K. Larenz/C.-W. Canaris*, Methodenlehre der Rechtswissenschaft, 3. Aufl. 1995, S. 26; vgl. hierzu auch *1. Teil* GldPkt. A II 2.

635 *St. Vogenauer*, Die Auslegung von Gesetzen in England und auf dem Kontinent, Bd. I, S. 362; *A. Arnull*, The European Union and its Court of Justice, 2. Aufl. 2006, S. 613; vgl. auch *EuGH*, Urt. v. 26.02.1991, Rs. C-154/89 – „*Kommission/Frankreich*", Slg. 1991 (de), S. I-659 (I-685 – Rn. 9 f.).

636 *EuGH*, Urt. v. 05.07.2007, Rs. C-321/05 – „*Kofoed*", Slg. 2007 (de), S. I-5795 (I-5830 – Rn. 38).

darauf hin, dass der EuGH das unionsrechtliche Missbrauchskonzept wohl nicht der interprétation zuordnet, sondern als selbständiges Rechtsinstitut betrachtet.

Diese Ansicht wird von den *Generalanwälten* am EuGH[637] sowie *weiten Teilen der Literatur*[638] geteilt. Dabei werden häufig weitere Rechtsprechungen des EuGH analysiert. Vor allem unter Einbeziehung der Entscheidung des EuGH in der Rechtssache *Emsland-Stärke*, in der neben einem objektiven Kriterium eben auch auf ein subjektives Element abgestellt wird,[639] falle es schwer, das Missbrauchskonzept des EuGH dem rein objektiv geprägten Rechtsinstitut der interprétation zu untergliedern.[640] Vielmehr müsse nach dem Verständnis dieser Leitentscheidung die Methodik der interprétation jener Prüfung eines möglichen Missbrauchs vorgelagert sein. Eine solche Prüfungsreihenfolge lasse sich konsequenterweise auch in der neuen Rechtsprechung wiederfinden.[641]

Allerdings gibt es teilweise auch *Gegenstimmen der Literatur*, die ein selbständiges Rechtsinstitut als unnötig erachten.[642] So weise die objektive Komponente

---

637 *S. Alber*, Schlussantr. v. 16.05.2000, Rs. C-110/99 – „*Emsland-Stärke*", Slg. 2000 (de), S. I-11569 (I-11587 – Rn. 62, I-11591 f. – Rn. 80); vgl. auch die Prüfungsreihenfolge von *V. Trstenjak*, Schlussantr. v. 03.02.2011, Rs. C-482/09 – „*Budějovický Budvar*", ECLI:EU:C:2011:46, Rn. 118 ff.

638 *L.N. Brown*, in: Curtin/Heukels (Hrsg.), FS Schermers, Bd. II, S. 511 (522, 525); *P. Fischer*, in: DB 1996, S. 644 (646); *H. Fleischer*, in: JZ 2003, S. 865 (871); *W. Widmann*, in: DStR 2006, S. 736 (738); *R. de la Feria*, in: CMLRev. 45 (2008), S. 395 (438); *T. Tridimas*, in: de la Feria/Vogenauer (Hrsg.), Prohibition of Abuse of Laws, S. 169 (191); *St. Vogenauer*, in: de la Feria/Vogenauer (Hrsg.), Prohibition of Abuse of Laws, S. 521 (559); *M. Klöpfer*, Missbrauch im Europäischen Zivilverfahrensrecht, S. 121.

639 Vgl. *EuGH*, Urt. v. 14.12.2000, Rs. C-110/99 – „*Emsland-Stärke*", Slg. 2000 (de), S. I-11569 (I-11612 – Rn. 53).

640 *M. Klöpfer*, Missbrauch im Europäischen Zivilverfahrensrecht, S. 145.

641 *J. Mazàk*, Schlussantr. v. 30.09.2010, Rs. C-277/09 – „*RBS Deutschland Holding*", ECLI:EU:C:2010:566, Rn. 29; *St. Vogenauer*, in: de la Feria/Vogenauer (Hrsg.), Prohibition of Abuse of Laws, S. 521 (559); vgl. auch *EuGH*, Urt. v. 22.12.2010, Rs. C-277/09 – „*RBS Deutschland Holding*", ECLI:EU:C:2010:810, Rn. 46 f.; Urt. v. 08.09.2011, Rs. C-78-80/08 – „*Paint Graphos u.a.*", ECLI:EU:C:2011:550, Rn. 1.

642 *G. Tesauro*, Schlussantr. v. 04.02.1998, Rs. C-367/96 – „*Kefalas*", Slg. 1998 (de), S. I-2843 (I-2856 – Rn. 23); *M.P. Maduro*, Schlussantr. v. 07.04.2005, Rs. C-255, 419/02, 223/03 – „*Halifax*" / „*University of Huddersfield*" / „*BUPA*", Slg. 2006 (de), S. I-1609 (I-1638 – Rn. 69); *A. Kjellgren*, in: EBLRev. 11 (2000), S. 179 (192); *K. Ottersbach*, Rechtsmißbrauch bei den Grundfreiheiten des Europäischen Binnenmarktes, S. 64; *O. Rousselle/H.M. Liebman*, in: ET 2006, S. 559 (562); *H.L. McCarthy*, in: BTRev. 2007, S. 160 (170).

des Missbrauchstests in der Rechtssache *Emsland-Stärke* eben eine besondere Nähe zu typischen Auslegungsregeln auf, indem auf den Sinn und Zweck der formal eingehaltenen Vorschrift abgestellt werde.[643] Da der teleologische Geltungsbereich unionsrechtlicher Vorschriften eine missbräuchliche Handlungsweise bereits nicht umfasse, fließe der Gedanke des Missbrauchs als immanente Wertung bereits in die interprétation mit ein und bestimme insoweit bereits dessen Umfang.[644] Des Weiteren wird angeführt, ein Grundsatz über einen Missbrauch sei nur in einer fest etablierten Rechtsordnung notwendig, da nur in diesem Zusammenhang eine Gesetzeslücke drohe. Dem fortwährenden Entwicklungsprozess des Unionsrechts sei es hingegen zu verdanken, dass es den Richtern der unionalen Gerichtsbarkeit gelinge, diesem Problem bereits durch die Auslegungstätigkeit entgegenzutreten.[645]

cc) Stellungnahme

Zur Stellungnahme in diesem Meinungsstreit ist die unionsrechtliche interprétation in ihrer Wirkungsweise genauer zu untersuchen. Seinen konkreten Ausdruck findet der sehr weite teleologische Ansatz des EuGH im effet utile-Grundsatz. Demnach ist eine Vorschrift so auszulegen, dass dem Unionsrecht eine *volle Wirksamkeit* im konkreten Einzelfall zukommt.[646] Es ist stets diejenige Auslegungsvariante zu wählen, in welcher das mit der konkreten Bestimmung verfolgte Unionsziel seine größte Wirkung entfaltet.[647] Indem also der Berufung auf das Unionsrecht demnach stets ein Vorrang einzuräumen ist, zielt der Grundsatz auf die *Extension* des Geltungsbereichs des Unionsrechts ab. Eine Reduktion würde hingegen im Widerspruch zum effet utile-Grundsatz stehen.[648]

---

643 *Ch. Böing*, Steuerlicher Gestaltungsmissbrauch in Europa, S. 263 f.

644 *M.P. Maduro*, Schlussantr. v. 07.04.2005, Rs. C-255, 419/02, 223/03 – *„Halifax" / „University of Huddersfield" / „BUPA"*, Slg. 2006 (de), S. I-1609 (I-1638 – Rn. 69); *K. Ottersbach*, Rechtsmißbrauch bei den Grundfreiheiten des Europäischen Binnenmarktes, S. 63 f.

645 *G. Tesauro*, Schlussantr. v. 04.02.1998, Rs. C-367/96 – *„Kefalas"*, Slg. 1998 (de), S. I-2843 (I-2856 – Rn. 23).

646 Siehe vertiefend hierzu Fn. 507.

647 *H.F.O. Kutscher*, in: Begegnung von Justiz und Hochschule, S. I-3 (I-44); *J. Anweiler*, Die Auslegungsmethoden des Gerichtshofs der Europäischen Gemeinschaften, S. 219 f.; *C. Buck*, Über die Auslegungsmethoden des Gerichtshofs der Europäischen Gemeinschaft, S. 208 f.

648 Dieser Ansicht ist auch der *EuGH*. So wurde in der Rs. *Neumann/BALM* vertreten, dass die Anwendung des Unionsrechts nicht mit der Begründung verneint werden

Unter der Prämisse dieses einseitigen Verständnisses der interprétation im Lichte des effet utile-Grundsatzes zur alleinigen Extension des Unionsrechts, steht das Rechtsinstrument des Verbots eines Missbrauchs in dessen Widerspruch. So gestaltet sich ihre Rechtsfolge eben dahingehend aus, dass eine Berufung auf das Unionsrecht untersagt wird. Mithin wird der Geltungsbereich des Unionsrechts also *reduziert*, statt extendiert und dem Effektivitätsgrundsatz durch das Unionsrecht selbst Grenzen gesetzt. Statt das Missbrauchskonzept der interprétation zuzuordnen, muss es diesem Rechtsinstitut, wie von der Literatur zutreffend erkannt, *nachgelagert* sein.[649] Die beiden Rechtsinstrumente stehen also in einem Regel-Ausnahme-Verhältnis zueinander.[650] Während die interprétation den allgemeinen Inhalt des Unionsrechts mit dem Fokus auf die teleologische Extension grundsätzlich bestimmt, stellt das unionsrechtliche Missbrauchskonzept eine *Korrektur*möglichkeit zur Schaffung einer Einzelfallgerechtigkeit dar,[651] indem zwecks einer teleologischen Reduktion sowohl auf ein objektives als auch subjektives Element abgestellt wird. In diesem Korrektiv ist schließlich ein *selbständiges Rechtsinstitut* zu erblicken.

Nach dem die rechtsmethodische Einordnung grob festgestellt wurde, fragt sich nunmehr, ob es sich bei dem selbständigen Rechtsinstitut des Missbrauchskonzepts um einen allgemeinen Grundsatz oder alternativ[652] um einen allgemeinen Rechtsgrundsatz des Unionsrechts handelt.[653]

---

könne, dass hiermit ein Ergebnis eintrete, welches man mit der unionsrechtlichen Vorschrift erkennbar zu vermeiden gesucht hätte, sofern dieser konkrete Fall zum Zeitpunkt des Erlasses beachtet worden wäre. Eine solche Begründung sei geeignet, sowohl die volle Entfaltung der Wirksamkeit der unionsrechtlichen Bestimmungen in den jeweiligen Mitgliedstaaten zu verhindern als auch die mitgliedstaatenübergreifend einheitliche und effektive Anwendung des Unionsrechts zu gefährden (*EuGH*, Urt. v. 14.11.1985, Rs. 299/84 – *„Neumann/BALM“*, Slg. 1985 (de), S. 3663 (3688 – Rn. 25)).

649 *M. Klöpfer*, Missbrauch im Europäischen Zivilverfahrensrecht, S. 141; vgl. auch *E. Simpson*, in: de la Feria/Vogenauer (Hrsg.), Prohibition of Abuse of Laws, S. 485 (486).

650 *W. Schön*, in: Wank/Hirte/Frey/Fleischer/Thüsing (Hrsg.), FS Wiedemann, S. 1271 (1285).

651 So auch *D. Weber*, in: LIEI 31 (2004), S. 43 (52); *M. Klöpfer*, Missbrauch im Europäischen Zivilverfahrensrecht, S. 144; in diese Richtung gehend wohl auch *A. Zimmermann*, Das Rechtsmißbrauchsverbot im Recht der Europäischen Gemeinschaften, S. 30.

652 A.A. *M. Klöpfer*, Missbrauch im Europäischen Zivilverfahrensrecht, S. 94.

653 Bei dem „allgemeinen Rechtsgrundsatz“ wird mittels einer wertenden Rechtsvergleichung zunächst auf gemeinsame Wertvorstellungen der Rechts- und

dd) Einordnung als allgemeinen Grundsatz des Unionsrechts

Wie soeben angesprochen, bezeichnet der *EuGH* das Verbot des Missbrauchs in der Rechtssache *Kofoed* als „allgemeinen Grundsatz“ des Unionsrechts,[654] wonach das Rechtsinstrument dem Geist und System des Unionsrechts *entspringen* muss.[655] Eben diese Beobachtung kann bei dem Missbrauchskonzept nicht gemacht werden. Zwar handelt es sich hierbei um eine allgemeingültige Leitidee, welche im Unionsrecht sowohl ebenen- als auch artenübergreifend gilt und insoweit eine gedankliche Einheit im Rahmen des Unionsrechts darstellt, um das spezifische System des Unionsrechts als Ganzes zu wahren. Jedoch ist der Induktionsschluss nicht erst in der Verweisungstechnik jener Rechtsprechungen des EuGH zu erblicken. Denn die Definition in der Rechtssache *Emsland-Stärke* ist abstrakter Natur und folgt an sich bereits aus einem Induktionsschluss des EuGH. Dieser Induktionsschluss entspringt allerdings nicht der besonderen Eigenart des Unionsrechts. Vielmehr lässt sich die Idee eines Missbrauchsverbots gemeinsam allen Mitgliedstaaten entnehmen.[656] Es kann somit festgehalten werden, dass sich der EuGH in der Rechtssache *Kofoed* wohl einer falschen Wortwahl zur Bezeichnung des Grundsatzes bediente.[657]

Verfassungsordnungen der Mitgliedstaaten abgestellt, um sodann den konkreten Inhalt des Grundsatzes autonom nach der Struktur und den Zielen der EU zu bestimmen. Der „allgemeine Grundsatz“ entspringt hingegen ausschließlich dem Geist und System des Unionsrechts (siehe hierzu *3. Teil* GldPkt. A II 2, 3).

654 *EuGH*, Urt. v. 05.07.2007, Rs. C-321/05 – *„Kofoed“*, Slg. 2007 (de), S. I-5795 (I-5830 – Rn. 38).

655 Siehe allgemein zum „allgemeinen Grundsatz“ des Unionsrechts *3. Teil* GldPkt. A II 2.

656 *A. Niemann*, Der allgemeine Missbrauchsvorbehalt nach der Rechtsprechung des EuGH und seine Auswirkungen auf die Anwendung des § 42 AO, S. 297; vgl. auch *P. Fischer*, in: DB 1996, S. 644 (646); *H. Fleischer*, in: JZ 2003, S. 865 (871); siehe zum Missbrauchsverbot in Deutschland, Frankreich und England *1. und 2. Teil.*

657 Dem ergebnisorientierten EuGH misslingt die dogmatische Einordnung von Grundsätzen häufiger. So wird auch bei dem *Verhältnismäßigkeitsgrundsatz*, welcher unstreitig als allgemeiner Rechtsgrundsatz anzusehen ist (*St. Schmahl*, in: Schulze/Zuleeg/Kadelbach (Hrsg.), Europarecht, 3. Aufl. 2015, § 6 Rn. 29 f.), von einem „allgemeinen Grundsatz des Unionsrechts“ gesprochen (vgl. *EuGH*, Urt. v. 11.07.1989, Rs. 265/87 – *„Schräder/Hauptzollamt Gronau“*, Slg. 1989 (de), S. 2237 (2269 – Rn. 21)). Gleiches lässt sich beim *Bestimmtheitsgrundsatz* beobachten (vgl. *EuGH*, Urt. v. 21.09.1989, Rs. 46/87, 227/88 – *„Hoechst/Kommission“*, Slg. 1989 (de), S. 2859 (2924 – Rn. 19)).

ee) Einordnung als allgemeinen Rechtsgrundsatz des Unionsrechts

Dass es sich bei dem Missbrauchskonzept stattdessen um einen allgemeinen Rechtsgrundsatz des Unionsrechts handelt, wird in der *Literatur* zum Teil bestritten.[658] Zum Ersten wird argumentiert, dass die Inhalte und Anwendungsmodalitäten in den einzelnen Mitgliedstaaten bereits sehr unterschiedlich seien, sodass sich keine gemeinsamen Prinzipien und Regeln herleiten ließen.[659] Zum Zweiten erfolge im Rahmen des unionsrechtlichen Missbrauchskonzepts eine undifferenziert einheitliche Beurteilung von rechtlich unterschiedlichen Problemfeldern.[660] So sei es notwendig, zwischen einem institutionellen Rechtsmissbrauch von Grundfreiheiten, der Umgehung oder Erschleichung von Unionsrecht, dessen nationaler Umgehungsbekämpfung sowie dem individuellen Rechtsmissbrauch zu unterscheiden. Diese unterschiedlichen Problemkategorisierungen führen nämlich zu jeweils unterschiedlichen Wertungen und Methoden zur Feststellung eines Missbrauchs im Unionsrecht und ließen eine Einheitlichkeit vermissen.[661] In anderen Worten führt die Literatur an, dass sowohl die wertende Rechtsvergleichung zu einem negativen Ergebnis komme als auch die Struktur des Unionsrechts mit einem einheitlichen Begriff des Missbrauchs nicht in Einklang zu bringen sei. Ob dies tatsächlich zutrifft, gilt es zu untersuchen.

---

658 *G. Tesauro*, Schlussantr. v. 04.02.1998, Rs. C-367/96 – *„Kefalas"*, Slg. 1998 (de), S. I-2843 (I-2855 f. – Rn. 22 f.); *H. Hahn*, in: ÖStZ 2006, S. 399 (402 ff.); *J. Englisch*, in: StuW 2009, S. 3 (22); *U. Wilke*, in: UR 2011, S. 925 (926 f.); wohl auch *P. Fischer*, in: Hübschmann/Hepp/Spitaler (Hrsg.), AO/FGO, 252. EL 2019, § 42 AO Rn. 156 f.; a.A. *S. Alber*, Schlussantr. v. 16.05.2000, Rs. C-110/99 – *„Emsland-Stärke"*, Slg. 2000 (de), S. I-11569 (I-11587 – Rn. 62, I-11591 f. – Rn. 80); *H. Fleischer*, in: JZ 2003, S. 865 (871); *W. Widmann*, in: DStR 2006, S. 736 (738); *R. de la Feria*, in: CMLRev. 45 (2008), S. 395 (438); *M. Klöpfer*, Missbrauch im Europäischen Zivilverfahrensrecht, S. 121 f.

659 *G. Tesauro*, Schlussantr. v. 04.02.1998, Rs. C-367/96 – *„Kefalas"*, Slg. 1998 (de), S. I-2843 (I-2855 f. – Rn. 22); *U. Wilke*, in: UR 2011, S. 925 (926); kritisch hierzu *H. Fleischer*, in: JZ 2003, S. 865 (871).

660 *P. Fischer*, in: Kirchhof/Nieskens (Hrsg.), FS Reiss, S. 621 (622 f.); *ders.*, in: Hübschmann/Hepp/Spitaler (Hrsg.), AO/FGO, 252. EL 2019, § 42 AO Rn. 156; kritisch hierzu *J.H. Gerards*, in: NILRev. 51 (2004), S. 135 (143 f.); *S. Lavrijssen/M. de Visser*, in: ULRev. 2 (2006), S. 111 (112 f.); *R. de la Feria*, in: CMLRev. 45 (2008), S. 395 (438).

661 *J. Englisch*, in: StuW 2009, S. 3 (22).

(1) Die autonome Herleitung des unionsrechtlichen Missbrauchskonzepts unter Einbeziehung einer wertenden Rechtsvergleichung

Da die wertende Rechtsvergleichung nur als nationale Rechtserkenntnisquelle und Inspiration zu verstehen ist,[662] erscheint es ausreichend, wenn der Gedanke des allgemeinen Rechtsgrundsatzes nur in wenigen Mitgliedstaaten einen konkreten *Ausdruck* erfahren hat, solange dessen *Idee* zur Gewährleistung der Integration auch in den anderen Mitgliedstaaten abstrakt anerkannt wird.[663] Auf eine staatenübergreifende Einheitlichkeit einer konkreten Rechtsfigur in allen Mitgliedstaaten abzustellen, erscheint schon deshalb vermessen, weil sich dessen Anwendung und Inhalt stets nach der konkreten Eigenart des jeweiligen Rechtssystems bemisst. In einem Verbund wie der EU ist diese Einheitlichkeit unmöglich zu gewährleisten. Wie in dieser Arbeit bereits erläutert wurde, lässt sich eine *abstrakte* Anerkennung des Phänomens des Missbrauchs allerdings in allen Ländern Europas[664] und ein *konkretes* Konzept zum Verbot eines rechtlichen Missbrauchs nebst der deutschen vor allem in der französischen Rechtsordnung[665] finden. Um festzustellen, inwieweit sich der EuGH in seiner abschließend autonomen Herleitung des unionsrechtlichen Missbrauchskonzepts nebst der Struktur und den Zielen des Unionsrechts auch von mitgliedstaatlichen Missbrauchskonzepten hat inspirieren lassen, ist zwischen dem objektiven und subjektiven Element des unionsrechtlichen Missbrauchstests zu unterscheiden.

(a) Objektives Element: Zweckwidrigkeit der Rechtsanwendung

Im objektiven Element, wonach eine Gesamtwürdigung der objektiven Umstände ergeben muss, dass trotz formaler Einhaltung der unionsrechtlichen Bedingungen das Ziel der Regelung nicht erreicht wurde,[666] zeigt sich die

662 Siehe hierzu *3. Teil* GldPkt. A II 3.

663 *M. Herdegen*, in: Bernitz/Nergelius/Cardner (Hrsg.), General Principles of EC Law in a Process of Development, S. 343 (347); vgl. auch *EuGH*, Urt. v. 17.12.1970, Rs. 11/70 – *„Internationale Handelsgesellschaft"*, Slg. 1970 (de), S. 1125 (1135 – Rn. 4); *M. Lagrange*, Schlussantr. v. 04.06.1962, Rs. 14/61 – *„Nederlandsche Hoogovens"*, Slg. 1962 (de), S. 513 (570 f.); *Ph. Léger*, Schlussantr. v. 17.09.2002, Rs. C-87/01 P – *„Kommission/CCRE"*, Slg. 2003 (de), S. I-7617 (I-7638 – Rn. 64); *K. Zweigert*, in: Caemmerer/Nikisch/Zweigert (Hrsg.), FS Dölle, Bd. II, S. 401 (417 f.); *H.F.O. Kutscher*, in: Begegnung von Justiz und Hochschule, S. I-3 (I-30 f.).

664 Siehe hierzu *2. Teil*.

665 Siehe hierzu *2. Teil* GldPkt. C.

666 *EuGH*, Urt. v. 14.12.2000, Rs. C-110/99 – *„Emsland-Stärke"*, Slg. 2000 (de), S. I-11569 (I-11612 – Rn. 52).

besondere Struktur der EU. Das Abstellen auf „das Ziel der Regelung" lässt den Schluss zu, dass sich die teleologischen Erwägungen aus dem konkreten Unionsziel ergeben, welches mit der konkret betroffenen unionsrechtlichen Vorschrift konkretisiert werden soll. Bei den primärrechtlichen Grundfreiheiten wäre dies zum Beispiel das Unionsziel zur Errichtung eines Binnenmarkts.[667] Im Sekundärrecht treten neben diese Einbeziehung des übergeordneten Unionsziels auch konkret formulierte Zwecke einer Verordnung oder Richtlinie, welche für eine erhöhte Rechtssicherheit sorgen.[668] Es kann somit festgehalten werden, dass in objektiver Hinsicht zunächst (nur) der Geltungsbereich der Regelung im Lichte einer teleologischen Auslegung ermittelt werden soll. Als Inspirationsquelle lässt sich insoweit das französische Rechtsinstitut der *fraude à la loi* feststellen, wonach sich die objektiv-teleologischen Erwägungen ebenfalls auf die Auslegung der betroffenen Regelung beschränken.[669]

(b) Subjektives Element: Missbrauchsabsicht

Konsequent zu dieser begrenzten Prüfung im objektiven Element, drückt sich der Missbrauch wie im französischen Konzept überdies durch eine subjektive Vorwerfbarkeit aus, indem die Absicht des Betroffenen vorausgesetzt wird, sich einen unionsrechtlich vorgesehenen Vorteil dadurch zu verschaffen, dass die entsprechenden Voraussetzungen willkürlich geschaffen werden.[670] Dieses Erfordernis eines planvollen Handelns verdeutlicht zunächst den Ausnahmecharakter des Missbrauchskonzepts gegenüber dem hierzu kontradiktorischen effet utile-Grundsatz.[671] Ein Ziel zur Achtung der unionalen Rechtsordnung sowie die Vermeidung einer Verhöhnung des geschriebenen Rechts, wie es die fraude à la loi bezweckt, lässt sich der Formulierung sowie der bisherigen Rechtsprechung des EuGH zwar nicht entnehmen. Allerdings erinnert die Klarstellung des Ausnahmecharakters und der damit einhergehende Schutz der individuellen Handlungsfreiheit an jenen Zweck des subjektiven Elements beim französischen Rechtsinstrument der *abus de droit*.[672] Ferner zeigt sich jene Verbindung zum französischen Missbrauchskonzept auch hinsichtlich

---

667 Siehe zum Verhältnis des Unionsziels zu den Grundfreiheiten *3. Teil* GldPkt. A II 1 a).

668 *M. Klöpfer*, Missbrauch im Europäischen Zivilverfahrensrecht, S. 150.

669 Siehe hierzu *2. Teil* GldPkt. B II 2.

670 *EuGH*, Urt. v. 14.12.2000, Rs. C-110/99 – „*Emsland-Stärke*", Slg. 2000 (de), S. I-11569 (I-11613 – Rn. 53).

671 *W. Schön*, in: Wank/Hirte/Frey/Fleischer/Thüsing (Hrsg.), FS Wiedemann, S. 1271 (1285 f.).

672 Vgl. hierzu *2. Teil* GldPkt. B I 2.

der konkreten Feststellung des subjektiven Elements. Denn können objektive Indizien für eine willkürliche Schaffung von Voraussetzungen zur Erhaltung eines unionsrechtlichen Vorteils positiv festgestellt werden,[673] so ist die Absicht prima-facie[674] zu vermuten.[675] Eben diese Beweiserleichterung zur Herleitung des subjektiven Elements durch das Abstellen auf objektive Umstände findet sich mittlerweile entsprechend beim Rechtsinstitut des *abus de droit* wieder.[676]

(c) Zwischenergebnis

Es sind somit erste Indizien für die Inspiration des EuGH zum unionsrechtlichen Missbrauchskonzept in besonderer Anlehnung an das französische Äquivalent zu erkennen. Die *konkreten* Anforderungen und Bedeutungen des subjektiven und objektiven Elements lassen sich hieraus allerdings noch nicht herleiten. Um dem allgemein gefassten unionsrechtlichen Missbrauchskonzept einen sachdienlich präzisierten Sinn zu verleihen, muss vielmehr eine differenzierende Untersuchung hinsichtlich der konkreten unionalen

---

673 Zur Beweislast zulasten desjenigen, der sich auf den Missbrauchstatbestand beruft *S. Alber*, Schlussantr. v. 16.05.2000, Rs. C-110/99 – *„Emsland-Stärke"*, Slg. 2000 (de), S. I-11569 (I-11592 – Rn. 83); *A. Saydé*, Abuse of EU Law and Regulation of the Internal Market, S. 197; *H. Fleischer*, in: JZ 2003, S. 865 (872 f.); *D. Weber*, in: ET 2013, S. 313 (319); vgl. auch *EuGH*, Urt. v. 14.12.2000, Rs. C-110/99 – *„Emsland-Stärke"*, Slg. 2000 (de), S. I-11569 (I-11613 – Rn. 54); Urt. v. 21.02.2006, Rs. C-255/02 – *„Halifax"*, Slg. 2006 (de), S. I-1609 (I-1676 – Rn. 76); Urt. v. 06.04.2006, Rs. C-456/04 – *„Agip Petroli"*, Slg. 2006 (de), S. I-3395 (I-3421 – Rn. 24).

674 *S. Alber*, Schlussantr. v. 16.05.2000, Rs. C-110/99 – *„Emsland-Stärke"*, Slg. 2000 (de), S. I-11569 (I-11592 – Rn. 83); kritisch hierzu *M. Klöpfer*, Missbrauch im Europäischen Zivilverfahrensrecht, S. 162.

675 Vgl. *EuGH*, Urt. v. 10.01.1985, Rs. 229/83 – *„Leclerc"*, Slg. 1985 (de), S. 1 (35 – Rn. 27); Urt. v. 21.06.1988, Rs. 39/86 – *„Lair"*, Slg. 1988 (de), S. 3161 (3201 – Rn. 43); Urt. v. 03.03.1993, Rs. C-8/92 – *„General Milk Products"*, Slg. 1993 (de), S. I-779 (I-799 – Rn. 21); Urt. v. 23.03.2000, Rs. C-373/97 – *„Diamantis"*, Slg. 2000 (de), S. I-1705 (I-1734 – Rn. 34); Urt. v. 14.12.2000, Rs. C-110/99 – *„Emsland-Stärke"*, Slg. 2000 (de), S. I-11569 (I-11612 – Rn. 52); Urt. v. 21.11.2002, Rs. C-436/00 – *„X und Y"*, Slg. 2002 (de), S. I-10829 (I-10863 – Rn. 42); Urt. v. 21.02.2006, Rs. C-255/02 – *„Halifax"*, Slg. 2006 (de), S. I-1609 (I-1679 – Rn. 86); Urt. v. 12.09.2006, Rs. C-196/04 – *„Cadbury Schweppes"*, Slg. 2006 (de), S. I-7995 (I-8051 f. – Rn. 64, 67 f.); Urt. v. 11.06.2009, Rs. C-529/07 – *„Chocoladefabriken Lindt & Sprüngli AG"*, ECLI:EU:C:2009:361, Rn. 42; kritisch hierzu *L.A. Geelhoed*, Schlussantr. v. 27.02.2003, Rs. C-109/01 – *„Akrich"*, Slg. 2003 (de), S. I-9607 (I-9660 f. – Rn. 174 ff.).

676 Siehe hierzu *2. Teil* GldPkt. B I 2.

Missbrauchsarten und dessen Fallgruppen vorgenommen werden.[677] Nur wenn sich die Rechtsanwendbarkeits- und Rechtsausübungstatbestände des Missbrauchs unter gemeinsame Voraussetzungen fassen lassen, kann bei dem unionsrechtlichen Missbrauchskonzept auch vollumfänglich von einem allgemeinen Rechtsgrundsatz gesprochen werden.

(2) Rechtsanwendbarkeitstatbestände („Umgehungstatbestände")

(a) Objektives Element: Zweckwidrigkeit der Rechtsanwendung

Bei den Rechtsanwendbarkeitstatbeständen liegt in objektiver Hinsicht neben einer Tatbestandserschleichung – also die Erschleichung eines unionalen Rechts mittels einer rechtlichen Gestaltung – auch im Falle einer Tatbestandsvermeidung – also die Vermeidung von nationalen Pflichten mittels einer rechtlichen Gestaltung unter Berufung auf das unionale Recht – der Fokus auf der Anwendbarkeit des in Anspruch genommenen Unionsrechts, durch das im Ergebnis ein diverser Vorteil herbeigeführt werden soll.[678] Aus deutscher Perspektive ist in der Bewertung einer Tatbestandsvermeidung ein *institutioneller Rechtsmissbrauch* als Mittel bzw. Merkmal des Rechtsanwendbarkeitstatbestands zu erblicken.[679] Darüber hinaus lässt sich wiederum eine besondere Nähe des objektiven Elements zur *fraude à la loi* erkennen, die wohl auch insoweit als primäre Inspirationsquelle diente. Denn gleich dem unionsrechtlichen Missbrauchskonzept wird auch beim französischen Rechtsinstrument nicht zwischen der Erschleichung oder Vermeidung von Tatbeständen unterschieden,

677 *M.P. Maduro*, Schlussantr. v. 07.04.2005, Rs. C-255, 419/02, 223/03 – *„Halifax"* / *„University of Huddersfield"* / *„BUPA"*, Slg. 2006 (de), S. I-1609 (I-1636 – Rn. 64); ebenso *A. Niemann*, Der allgemeine Missbrauchsvorbehalt nach der Rechtsprechung des EuGH und seine Auswirkungen auf die Anwendung des § 42 AO, S. 199.

678 Insoweit stets auf eine Tatbestandserschleichung abstellend *M. Klöpfer*, Missbrauch im Europäischen Zivilverfahrensrecht, S. 123; vgl. auch *St. Vogenauer*, in: de la Feria/Vogenauer (Hrsg.), Prohibition of Abuse of Laws, S. 521 (530).

679 Siehe hierzu *3. Teil* GldPkt. B II 3 c) bb) (1) (c). Diese isolierte Zuordnung des objektiven Elements zu einem nationalen Missbrauchskonzept wird dem unionalen Missbrauchskonzept in seiner Gesamtheit allerdings nur bedingt gerecht, da sich der institutionelle Rechtsmissbrauch als Rechts*ausübungs*tatbestand entgegen dem unionsrechtlichen Missbrauchskonzept in dem objektiven Element erschöpft. Hilfreich wird diese Parallele im Verlaufe dieser Arbeit allerdings noch dann, wenn sich die Untersuchung auf das objektive Element konzentrieren und der institutionelle Rechtsmissbrauch als Mittel bzw. Merkmal des Rechts*anwendbarkeits*tatbestands im Lichte gesetzesimmanenter Wertungen des Unionsrechts neu bewertet wird (siehe hierzu *3. Teil* GldPkt. B II 3 d) ff)).

sondern sich allein auf die Frage konzentriert, ob der durch Berufung auf das Unionsrecht erhaltene Vorteil gestattet werden soll oder nicht.[680]

Als Instrument zur Feststellung der Zweckwidrigkeit fordert der unionsrechtliche Missbrauchstest die Gesamtwürdigung der objektiven Umstände. Hierbei ist zunächst eine wirtschaftliche Betrachtung vorzunehmen,[681] um sodann in einem zweiten Schritt ihrer Zweckwidrigkeit feststellen zu können.[682] Wie sich die Gesamtwürdigung der verschiedenen Teilakte konkret ausgestaltet, lässt der EuGH offen und ordnet diese Aufgabe der mitgliedstaatlichen Ebene zur konkreten Rechtsanwendung zu,[683] indem die nationalen Gerichte insoweit darüber zu entscheiden haben, ob die Tatbestandsvoraussetzungen eines missbräuchlichen Verhaltens erfüllt sind oder nicht.[684]

---

680 Siehe hierzu *2. Teil* GldPkt. B II 2. Vor diesem Hintergrund wird bei der Vermeidung von Pflichten aus dem nationalen Recht unter Berufung auf das Primärrecht der EU auch von einer sog. „fraude à la loi-Konstellation" gesprochen (*P. Schammo*, in: ELJ 14 (2008), S. 351 (358); *M. Klöpfer*, Missbrauch im Europäischen Zivilverfahrensrecht, S. 123).

681 So im Ergebnis auch *J. Englisch*, in: StuW 2009, S. 3 (11); vgl. auch *EuGH*, Urt. v. 14.12.2000, Rs. C-110/99 – *„Emsland-Stärke"*, Slg. 2000 (de), S. I-11569 (I-11614 – Rn. 58); Urt. v. 21.02.2006, Rs. C-255/02 – *„Halifax"*, Slg. 2006 (de), S. I-1609 (I-1676 – Rn. 75, I-1682 – Rn. 98).

682 Eine entsprechende Anknüpfung an wirtschaftlich orientierten Zielen ist auf nationaler Ebene grundsätzlich dem Steuerrecht vorbehalten (siehe zur Besonderheit des Steuerrechts *1. Teil* GldPkt. B II). So verwundert es nicht, dass das unionsrechtliche Missbrauchskonzept auch zum steuerrechtlichen Missbrauchsverständnis der einzelnen Mitgliedstaaten eine besondere Nähe aufweist. Neben dem *englischen* Steuerrecht, wo im Rahmen des Ramsay-Principle eine Gesamtbetrachtung vorgenommen wird, welche sich am wirtschaftlichen Ergebnis orientiert, wird auch im *deutschen* Steuerrecht versucht, den wirtschaftlichen Zweck des Steuerpflichtigen im Rahmen einer Gesamtwürdigung festzustellen, um sodann diesen mit dem Sinn und Zweck der betroffenen Norm abzugleichen und schließlich die Angemessenheit der gewählten Rechtsgestaltung zu beurteilen (siehe zum englischen Recht *2. Teil* GldPkt. A III; zum deutschen Recht *1. Teil* GldPkt. B III).

683 Siehe zur Kompetenzverteilung zwischen dem EuGH und den mitgliedstaatlichen Gerichten *3. Teil* GldPkt. B II 3 a).

684 *EuGH*, Urt. v. 21.02.2006, Rs. C-255/02 – *„Halifax"*, Slg. 2006 (de), S. I-1609 (I-1676 – Rn. 76); vgl. auch *EuGH*, Urt. v. 21.07.2005, Rs. C-515/03 – *„Eichsfelder Schlachtbetrieb"*, Slg. 2005 (de), S. I-7355 (I-7387 – Rn. 40). Mit diesem Ermessensspielraum der nationalen Gerichte spielt die nationale Methodik zur Feststellung eines Missbrauchs nach wie vor auch auf Unionsebene mit ein. Am Beispiel des *deutschen* Rechts können vor allem jene Erkenntnisse, die sich im Zusammenhang mit der Argumentationsfigur des Gesamtplans entwickelt haben, in das unionale

Es lässt sich somit festhalten, dass die Zweckwidrigkeit als flexible Voraussetzung verstanden werden muss, die sich mittels der Methodik einer Gesamtwürdigung weiterhin einheitlich feststellen lässt. Ferner ist den einzelnen Arten des Missbrauchs gemeinsam, dass der im Rahmen einer Gesamtwürdigung festgestellte Zweck der gewählten Rechtsgestaltung mit der Teleologie jener unionsrechtlichen Vorschrift vereinbar sein muss, auf die sich der Betroffene beruft. Konkretisiert die betroffene Vorschrift ein Unionsziel, welches wiederum dem ökonomisch geprägten Unionszweck zur Förderung des Wohlergehens der Völker dient,[685] kommt es explizit auf die Vereinbarkeit der wirtschaftlich bzw. ökonomisch geprägten Teleologie der unionsrechtlichen Vorschrift mit dem vom Betroffenen verfolgten Zweck *wirtschaftlicher Art* an. Diese Prüfung erinnert insoweit an die Mittel-Zweck-Relation im Rahmen des *deutschen* Steuerumgehungstatbestands gemäß § 42 AO.[686] Anders als im deutschen Steuerrecht erstrecken sich die teleologischen Erwägungen der unionsrechtlichen Vorschrift allerdings nicht auf gesetzesimmanente Wertungen der gesamten Rechtsordnung.

(b) Subjektives Element: Missbrauchsabsicht

In subjektiver Hinsicht wird bei Rechtsanwendbarkeitstatbeständen die Absicht des Betroffenen aufgrund einer willkürlichen Schaffung von Voraussetzungen namentlich immer dann vermutet, wenn sich hierzu dem Mittel einer rein künstlichen Gestaltung[687] bedient wurde.[688] Das subjektive Merkmal

---

Verständnis eines Missbrauchs eingebunden werden, um dem Erfordernis einer „Gesamtwürdigung der objektiven Umstände“ Gestalt zu geben (siehe zur Argumentationsfigur des Gesamtplans *1. Teil* GldPkt. B III; zu der Gesamtwürdigung bzgl. der einzelnen Gestaltungsstrategien *S. Sieker*, Umgehungsgeschäfte, S. 126 f.).

685 Zu denken ist vor allem an das Unionsziel zur Errichtung eines Binnenmarkts (siehe hierzu *3. Teil* GldPkt. A II 1 a)).

686 Vgl. hierzu *1. Teil* GldPkt. B III.

687 *EuGH*, Urt. v. 12.09.2006, Rs. C-196/04 – *„Cadbury Schweppes“*, Slg. 2006 (de), S. I-7995 (I-8047 f. – Rn. 51); Urt. v. 13.03.2007, Rs. C-524/04 – *„Thin Cap Group Litigation“*, Slg. 2007 (de), S. I-2107 (I-2189 – Rn. 72).

688 Der *EuGH* nutzt die Formulierungen „willkürlich“ und „künstlich“ wohl als Synonyme (vgl. *EuGH*, Urt. v. 21.02.2006, Rs. C-255/02 – *„Halifax“*, Slg. 2006 (de), S. I-1609 (I-1678 – Rn. 81); Urt. v. 21.02.2008, Rs. C-425/06 – *„Part Service“*, ECLI:EU:C:2008:108, Rn. 62; Urt. v. 16.10.2012, Rs. C-364/10 – *„Ungarn/Slowakei“*, ECLI:EU:C:2012:630, Rn. 58, 60).

der Missbrauchsabsicht wird also aus dem objektiven Umstand der Künstlichkeit einer Rechtsgestaltung abgeleitet.[689]

Diese Formulierung einer „rein künstlichen Gestaltung“ findet sich auch in den steuerrechtlichen Missbrauchslehren Deutschlands und Frankreichs wieder.[690] Bei beiden Ansätzen kommt es für eine „Künstlichkeit“ unter anderem darauf an, dass eine Gestaltung von einer verständigen Person in der konkreten Art und Weise nicht gewählt worden wäre, da keine vernünftigen Gründe – regelmäßig wirtschaftlicher Art – hierfür gesprochen hätten. Während es sich im *deutschen* Recht allerdings um eine objektiv missbräuchliche Handlung *unter* Vermutung eines subjektiven Elements handelt, dessen Bewertung abschließend *im Lichte* der Teleologie der betroffenen Norm erfolgt, handelt es sich im *französischen* Recht um objektive Erwägungen *zwecks* der Vermutung eines subjektiven Elements, die *unabhängig* jener teleologischen Erwägungen einer betroffenen Norm erfolgen.[691]

Auch der *EuGH* stellt im Rahmen des subjektiven Tatbestands zur Feststellung der „Künstlichkeit“ einer gewählten Rechtsgestaltung unter anderem auf wirtschaftliche Gründe ab.[692] Zwar ist der Begriff hierbei grundsätzlich weit zu

---

689 *M.P. Maduro*, Schlussantr. v. 07.04.2005, Rs. C-255, 419/02, 223/03 – „*Halifax*“ / „*University of Huddersfield*“ / „*BUPA*“, Slg. 2006 (de), S. I-1609 (I-1639 f. – Rn. 71); *D. Weber*, in: LIEI 31 (2004), S. 43 (53); *K.E. Sørensen*, in: CMLRev. 43 (2006), S. 423 (451); *A. Lenaerts*, in: ERPL 18 (2010), S. 1121 (1134); *J. Snell*, in: de la Feria/Vogenauer (Hrsg.), Prohibition of Abuse of Laws, S. 219 (226); *St. Vogenauer*, in: de la Feria/Vogenauer (Hrsg.), Prohibition of Abuse of Laws, S. 521 (535).

690 In *Deutschland* stellt eine „rein künstliche Gestaltung“ das Indiz einer objektiv missbräuchlichen Handlung unter Vermutung eines subjektiven Elements dar, wenn mehrere Rechtshandlungen im Lichte eines Gesamtplans verwirklicht wurden, um einen einheitlichen wirtschaftlichen Sachverhalt in dem Sinne „künstlich“ zu zergliedern, dass den einzelnen Teilakten nur insoweit eine Bedeutung zukommt, um die Erreichung des Endzustandes zu fördern, diese Gestaltung von einer verständigen Partei in Anbetracht des wirtschaftlichen Sachverhalts und des wirtschaftlichen Zwecks allerdings nicht gewählt worden wäre (siehe hierzu *1. Teil* GldPkt. B III). In *Frankreich* ist von einer „rein künstlichen Gestaltung“ zu sprechen, wenn bei der Wahl der konkreten Rechtsgestaltung ausschließlich aus der Motivation heraus gehandelt wurde, einen Steuervorteil zu erfahren, obwohl die rechtliche Ausgestaltung im Hinblick auf die konkrete Lage des Steuerpflichtigen normalerweise nicht vorgenommen worden wäre, da anderweitige essentielle subjektive Gründe wirtschaftlicher, finanzieller, familiärer oder sonstiger Art nicht ersichtlich sind (siehe hierzu *2. Teil* GldPkt. B III).

691 Vgl. hierzu *2. Teil* GldPkt. C III.

692 Vgl. *EuGH*, Urt. v. 21.02.2006, Rs. C-255/02 – „*Halifax*“, Slg. 2006 (de), S. I-1609 (I-1675 – Rn. 69); Urt. v. 12.09.2006, Rs. C-196/04 – „*Cadbury Schweppes*“, Slg. 2006

fassen.[693] Allerdings ist das *alleinige* Streben nach steuerlichen Vorteilen ausdrücklich von den (vernünftigen) wirtschaftlichen Gründen ausgeschlossen worden und insoweit als *nicht*-wirtschaftlich zu erachten.[694] Wie in der Rechtssache *Part Service* vom EuGH klargestellt wurde, reicht allerdings im Rahmen der indirekten Steuer auch nicht *jeder* wirtschaftliche Grund realer Art aus, um eine Missbrauchsabsicht auszuschließen.[695] Vielmehr ist zu fragen, ob der wirtschaftliche Grund für die Wahl der Rechtsgestaltung *wesentlich* war.[696] Grundsätzlich bleibt es den Mitgliedstaaten selbst überlassen, darüber zu entscheiden, wann eine „Wesentlichkeit" anzunehmen ist.[697] Allerdings wurde vom EuGH in der Entscheidung ferner klargestellt, dass ein Missbrauch in subjektiver

---

(de), S. I-7995 (I-8051 – Rn. 63); *U. Wilke*, in: UR 2011, S. 925 (927); *St. Vogenauer*, in: de la Feria/Vogenauer (Hrsg.), Prohibition of Abuse of Laws, S. 521 (536).

693 Vgl. *EuGH*, Urt. v. 17.07.1997, Rs. C-28/95 – *„Leur-Bloem"*, Slg. 1997 (de), S. I-4161 (I-4204 – Rn. 42).

694 Vgl. *EuGH*, Urt. v. 21.02.2006, Rs. C-255/02 – *„Halifax"*, Slg. 2006 (de), S. I-1609 (I-1676 – Rn. 74 f.); *J. Kokott*, Schlussantr. v. 08.02.2007, Rs. C-321/05 – *„Kofoed"*, Slg. 2007 (de), S. I-5795 (I-5814 – Rn. 59).

695 Vgl. *EuGH*, Urt. v. 21.02.2008, Rs. C-425/06 – *„Part Service"*, ECLI:EU:C:2008:108, Rn. 44. Die Entscheidung in der Rs. *Part Service* stellt eine missverständliche Formulierung der Entscheidung in der Rs. *Halifax* klar. Zwar wurde auch in der Rs. *Halifax* festgestellt, ein Missbrauch könne dann angenommen werden, wenn „im Wesentlichen" ein Steuervorteil verfolgt werde. Allerdings wurde dieser Satz dadurch relativiert, dass ein Missbrauchsverbot nicht relevant sei, wenn „die fraglichen Umsätze *eine andere* Erklärung haben können, als nur die Erlangung von Steuervorteilen" (*EuGH*, Urt. v. 21.02.2006, Rs. C-255/02 – *„Halifax"*, Slg. 2006 (de), S. I-1609 (I-1676 – Rn. 75); Hervorhebungen durch den Verfasser). Hieraus schlussfolgerten Teile der *Literatur*, dass *jeder* außersteuerliche Grund ausreiche, um einen Missbrauch abwenden zu können (*H. Billig*, in: UR 2006, S. 437 (439); *St. Heinrichshofen*, in: IStR 2006, S. 279 (280); *H.-F. Lange*, in: DB 2006, S. 519 (520); *H. List*, in: DB 2007, S. 131 (132); bereits *vor* der Entscheidung so auch *A. Kjellgren*, in: EBLRev. 11 (2000), S. 179 (191)).

696 *EuGH*, Urt. v. 21.02.2006, Rs. C-255/02 – *„Halifax"*, Slg. 2006 (de), S. I-1609 (I-1676 – Rn. 75); Urt. v. 13.03.2007, Rs. C-524/04 – *„Thin Cap Group Litigation"*, Slg. 2007 (de), S. I-2107 (I-2192 – Rn. 81); Urt. v. 17.01.2008, Rs. C-105/07 – *„Lammers & Van Cleeff"*, ECLI:EU:C:2008:24, Rn. 30; Urt. v. 21.02.2008, Rs. C-425/06 – *„Part Service"*, ECLI:EU:C:2008:108, Rn. 45; vgl. auch *EuGH*, Urt. v. 12.09.2006, Rs. C-196/04 – *„Cadbury Schweppes"*, Slg. 2006 (de), S. I-7995 (I-8051 – Rn. 65).

697 *EuGH*, Urt. v. 21.02.2006, Rs. C-255/02 – *„Halifax"*, Slg. 2006 (de), S. I-1609 (I-1678 – Rn. 81); *F. Vanistendael*, in: ECTRev. 15 (2006), S. 192 (193); *A. Niemann*, Der allgemeine Missbrauchsvorbehalt nach der Rechtsprechung des EuGH und seine Auswirkungen auf die Anwendung des § 42 AO, S. 270.

Hinsicht dann angenommen werden kann, wenn mit der Wahl einer Rechtsgestaltung im Wesentlichen ein Steuervorteil – als nicht-wirtschaftlicher Grund – bezweckt wird.[698] Für einen möglichen Missbrauch kann es also darauf ankommen, ob der nicht-wirtschaftliche Grund für die Wahl der Rechtsgestaltung ausschlaggebend war, während sich die insoweit nebensächlichen wirtschaftlichen oder sonstigen Gründe dem unterzuordnen hatten.[699] Hieraus lässt sich verallgemeinert schließen, dass die Gründe zur Wahl der Rechtsgestaltung im Ergebnis in ein Verhältnis zu setzen sind, um sodann zu fragen, welcher der *Ausschlaggebende* bzw. „Wesentliche" war. Ob ein subjektives Element allerdings auch dann vorliegt, wenn der nicht-wirtschaftliche Grund nur einer von mehreren wesentlichen Gründen zur Wahl der Rechtsgestaltung ist, lässt sich der Entscheidung nicht entnehmen.[700]

In der Rechtssache *Halifax*, welche ebenfalls einen Sachverhalt zur indirekten Steuer zum Gegenstand hatte,[701] führte der EuGH ferner aus, dass vor allem auf den tatsächlichen Inhalt und die wirkliche Bedeutung der gewählten Gestaltung unter Einbeziehung rechtlicher, wirtschaftlicher sowie personeller Verbindungen zwischen den Wirtschaftsteilnehmern abgestellt werden kann, um die „wesentlichen wirtschaftlichen Gründe" festzustellen.[702] Zur rechtlichen Bewertung des wirtschaftlichen Sachverhalts wurde im Ergebnis auf die Rechtslage abgestellt, welche sich ohne die missbräuchliche Praxis ergeben hätte.[703] Um die „wirkliche Bedeutung" der gewählten Gestaltung sowie die alternative Rechtslage feststellen zu können, muss der wirtschaftliche Sachverhalt vollumfänglich erfasst und die tatsächliche wirtschaftliche Wirkung der gewählten Rechtsgestaltung in seiner Gesamtheit objektiv herausgearbeitet werden. Als *Instrument* bedarf es vor diesem Hintergrund auch hier einer

---

698 *EuGH*, Urt. v. 21.02.2008, Rs. C-425/06 – *„Part Service"*, ECLI:EU:C:2008:108, Rn. 45.

699 *A. Niemann*, Der allgemeine Missbrauchsvorbehalt nach der Rechtsprechung des EuGH und seine Auswirkungen auf die Anwendung des § 42 AO, S. 268.

700 Anders ist dies beim Begriffsverständnis des „steuerrechtlichen Missbrauchs" i.S.d. ATAD (siehe hierzu *6. Teil* GldPkt. B I 1).

701 Die Rs. *Halifax* hatte den Vorgänger der Mehrwertsteuer-Systemrichtlinie – die sog. „Sechste Richtlinie" – zum Gegenstand (vgl. *EuGH*, Urt. v. 21.02.2006, Rs. C-255/02 – *„Halifax"*, Slg. 2006 (de), S. I-1609 (I-1657 – Rn. 1)).

702 *EuGH*, Urt. v. 21.02.2006, Rs. C-255/02 – *„Halifax"*, Slg. 2006 (de), S. I-1609 (I-1678 – Rn. 81); vgl. auch *EuGH*, Urt. v. 14.12.2000, Rs. C-110/99 – *„Emsland-Stärke"*, Slg. 2000 (de), S. I-11569 (I-11613 f. – Rn. 53, 58).

703 *EuGH*, Urt. v. 21.02.2006, Rs. C-255/02 – *„Halifax"*, Slg. 2006 (de), S. I-1609 (I-1682 – Rn. 98).

Gesamtwürdigung aller Teilakte im Lichte einer wirtschaftlichen Betrachtungsweise.[704] Die konkrete Ausgestaltung dieser Gesamtwürdigung entspricht regelmäßig[705] jener im Rahmen des objektiven Elements. Ein hiervon abweichender Ansatz wäre nicht konsequent, sofern sich das ausschlaggebende Unionsziel gemessen am Unionszweck zur Förderung des Wohlergehens der Völker ebenfalls nach wirtschaftlichen bzw. ökonomischen Aspekten orientiert. Allerdings ist das subjektive vom objektiven Element insoweit zu unterscheiden, dass die abschließende Bewertung der gewählten Rechtsgestaltung im Lichte des konkreten wirtschaftlichen Zwecks – wie im *französischen* Steuerrecht[706] – *unabhängig* von dem Sinn und Zweck der in objektiver Hinsicht in Frage stehenden Norm zu erfolgen hat, um auf eine „Künstlichkeit" zu schließen.[707]

(c) Verhältnis beider Elemente zueinander

Vor dem Hintergrund, dass beide Voraussetzungen regelmäßig im Lichte einer wirtschaftlichen Betrachtungsweise objektiver Art bewertet werden, drängt sich die Frag auf, inwieweit es einer *kumulativen* Prüfung des objektiven und subjektiven Elements insoweit überhaupt bedarf. Hierzu gilt es festzustellen, wie sich das objektive Element der Zweckwidrigkeit zur objektiven Annahme einer rein künstlichen Gestaltung zwecks der Vermutung des subjektiven Elements konkret verhält.

---

704 *O. Rousselle/H.M. Liebman*, in: ET 2006, S. 559 (563).

705 Sofern auf wirtschaftliche Gründe zur Wahl einer konkreten Rechtsgestaltung abgestellt wird.

706 Siehe hierzu *2. Teil* GldPkt. B III, C III.

707 Zur Vollständigkeit gilt es abschließend noch zu erwähnen, dass demjenigen, welcher aus der Rechtsgestaltung einen Vorteil zieht, das Recht eingeräumt wird, einen Gegenbeweis in Gestalt wesentlicher Gründe insb. wirtschaftlicher Art vorzutragen, um die Annahme einer rein künstlichen Gestaltung vor dem Hintergrund des festgestellten wirtschaftlichen Sachverhalts abzuwenden und sich somit von der prima-facie begründeten Vermutung des subjektiven Elements zu exkulpieren (*EuGH*, Urt. v. 13.03.2007, Rs. C-524/04 – *„Thin Cap Group Litigation"*, Slg. 2007 (de), S. I-2107 (I-2192 – Rn. 82); vgl. auch *EuGH*, Urt. v. 12.09.2006, Rs. C-196/04 – *„Cadbury Schweppes"*, Slg. 2006 (de), S. I-7995 (I-8052 – Rn. 70)). Hierbei handelt es sich um nichts Anderes als den Vortrag von „beachtlichen außersteuerlichen Gründen" insb. wirtschaftlicher Art, welche bereits aus dem deutschen Steuerrecht gem. § 42 Abs. 2 S. 2 AO bekannt sind (vgl. hierzu *1. Teil* GldPkt. B III).

(aa) Die unterschiedliche Reichweite der „Künstlichkeit" und „Zweckwidrigkeit"

Indem die Bewertung der Künstlichkeit entgegen der Zweckwidrigkeit unabhängig vom Sinn und Zweck der betroffenen unionsrechtlichen Vorschrift erfolgt, beschränkt sich der Begriff der „Künstlichkeit" grundsätzlich *nicht* auf eine Zweckwidrigkeit. Dies bestätigt die Entscheidung des EuGH in der Rechtssache *Centros.*[708] In diesem Fall wurde eine „Künstlichkeit" der Rechtsgestaltung bejaht und die Missbrauchsabsicht des Betroffenen durch die Schaffung willkürlicher Voraussetzungen vermutet, da in dem alleinigen Zweck zur Umgehung einer nationalen Vorschrift kein wirtschaftlicher Grund zu erblicken gewesen sei.[709] In objektiver Hinsicht verneinte der EuGH die unionsrechtliche „Zweckwidrigkeit" allerdings mit der Begründung, die gewählte Rechtsgestaltung sei insoweit von der Niederlassungsfreiheit geschützt gewesen.[710] Vor diesem Hintergrund ist der Begriff der „Künstlichkeit" *weiter* zu fassen, als der einer „Zweckwidrigkeit".

(bb) Prüfungsreihenfolge zur Feststellung eines Missbrauchs bei ökonomisch geprägten Unionszielen

Diese Erkenntnis wirkt sich schließlich auf die Prüfungsreihenfolge zur Feststellung eines Missbrauchs aus. Da beiden Elementen eine wirtschaftliche Betrachtungsweise gemein ist, stellt sich im ersten Schritt stets die Frage, welche Gründe für die Wahl der konkreten Rechtsgestaltung gesprochen haben. Hinsichtlich des weiteren Prüfungsverlaufs ist zwischen drei Varianten zu unterscheiden.

---

708 In der Rs. *Centros* wurde eine Gesellschaft in einem Mitgliedstaat nur zu dem Zweck gegründet, die Einzahlung eines Mindestgesellschaftskapitals in einem anderen Mitgliedstaat, wo die Gesellschaft tatsächlich niedergelassen und wirtschaftlich tätig war, zu umgehen (vgl. *EuGH*, Urt. v. 09.03.1999, Rs. C-212/97 – *„Centros"*, Slg. 1999 (de), S. I-1459 (I-1490 f. – Rn. 17 f.)). Es konnte somit an eine Tatbestandsvermeidung gedacht werden, indem eine nationalrechtliche Pflicht mittels einer Zwischenschaltungs-Konstellation unter Berufung auf das Unionsrecht vermieden werden sollte.

709 Vgl. *EuGH*, Urt. v. 09.03.1999, Rs. C-212/97 – *„Centros"*, Slg. 1999 (de), S. I-1459 (I-1492 – Rn. 23).

710 Der *EuGH* führte an, dass zur Errichtung eines Binnenmarkts, welche die Niederlassungsfreiheit bezweckt, auch das Recht zu gewährleisten sei, eine Gesellschaft nach dem Recht des einen Mitgliedstaats zu errichten und in anderen Mitgliedstaaten Zweigniederlassungen zu gründen, sofern eine entsprechende wirtschaftliche Aktivität nachgewiesen werden könne (*EuGH*, Urt. v. 09.03.1999, Rs. C-212/97 – *„Centros"*, Slg. 1999 (de), S. I-1459 (I-1493 – Rn. 26 f.)).

1) *Allein nicht-wirtschaftliche Gründe*

Sind keine Gründe wirtschaftlicher oder sonstiger Art ersichtlich, ist eine Missbrauchsabsicht zunächst zu vermuten. Sofern diese rein künstliche Gestaltung darüber hinaus allein einen nicht-wirtschaftlichen Grund verfolgt – also das alleinige Streben nach einem Steuervorteil[711] – geht mit der Künstlichkeit regelmäßig eine Zweckwidrigkeit *einher*. Es ist von einer „rein künstlichen, jeder wirtschaftlichen Realität baren Gestaltung"[712] zu sprechen, die wohl von keiner Vorschrift legitimiert wird. Ein Missbrauch ist unproblematisch anzunehmen.

Am Beispiel des Unionsziels zur Errichtung eines Binnenmarkts ist eine künstliche Gestaltung zugleich zweckwidrig, wenn durch die konkrete Gestaltung ein Steuervorteil zwar erreicht, am grenzüberschreitenden Markt und wirtschaftlichen Leben der EU allerdings nicht teilgenommen wird. Dies ist vor allem bei der Zwischenschaltung einer *Briefkastengesellschaft*[713] anzunehmen.

2) *Keine nicht-wirtschaftlichen oder wirtschaftlichen Gründe*

Ist neben dem Fehlen wirtschaftlicher Gründe auch kein ausdrücklich nicht-wirtschaftlicher Grund eines Steuervorteils ersichtlich, eine Umgehung nationaler Vorschriften unter Berufung auf das Unionsrecht allerdings nicht zu verkennen, wird die Künstlichkeit im Rahmen des subjektiven Tatbestands zwar angenommen. Allerdings hängt die Feststellung eines Missbrauchs final von der *separaten* Prüfung einer konkreten Zweckwidrigkeit im Rahmen des objektiven Elements ab.

Als Beispiel sei in diesem Zusammenhang auf die Fallkonstellation in der Rechtssache *Centros* verwiesen, wo eine Gesellschaft in einem Mitgliedstaat nur zu dem Zweck gegründet wurde, um die Einzahlung eines Mindestgesellschaftskapitals in einem anderen Mitgliedstaat zu umgehen.[714]

---

711 Vgl. *EuGH*, Urt. v. 21.02.2006, Rs. C-255/02 – „*Halifax*", Slg. 2006 (de), S. I-1609 (I-1676 – Rn. 74 f.); *J. Kokott*, Schlussantr. v. 08.02.2007, Rs. C-321/05 – „*Kofoed*", Slg. 2007 (de), S. I-5795 (I-5814 – Rn. 59).

712 *EuGH*, Urt. v. 12.09.2006, Rs. C-196/04 – „*Cadbury Schweppes*", Slg. 2006 (de), S. I-7995 (I-8049 – Rn. 55); Urt. v. 13.03.2007, Rs. C-524/04 – „*Thin Cap Group Litigation*", Slg. 2007 (de), S. I-2107 (I-2190 – Rn. 74); Urt. v. 22.05.2008, Rs. C-162/07 – „*Ampliscientifica und Amplifin*", ECLI:EU:C:2008:301, Rn. 28; Urt. v. 19.07.2012, Rs. C-33/11 – „*A Oy*", ECLI:EU:C:2012:482, Rn. 63.

713 *EuGH*, Urt. v. 12.09.2006, Rs. C-196/04 – „*Cadbury Schweppes*", Slg. 2006 (de), S. I-7995 (I-8052 – Rn. 68).

714 Vgl. *EuGH*, Urt. v. 09.03.1999, Rs. C-212/97 – „*Centros*", Slg. 1999 (de), S. I-1459 (I-1490 f. – Rn. 17 f.); siehe hierzu *3. Teil* GldPkt. B II 3 d) ee) (2) (c) (aa).

3) *Wesentliche nicht-wirtschaftliche und unwesentliche wirtschaftliche Gründe*

Sofern ein wirtschaftlicher Grund zwar festzustellen ist, sich dieser allerdings im Vergleich zu nicht-wirtschaftlichen Gründen als unwesentlich erweist, ist das subjektive Element einer Missbrauchsabsicht ebenfalls zu vermuten. Zur Annahme eines Missbrauchs ist hierbei wiederum *separat* im Rahmen des objektiven Elements festzustellen, ob der wirtschaftliche Zweck des Betroffenen mit dem Sinn und Zweck der unionsrechtlichen Vorschrift vereinbar ist oder nicht.[715]

Diese Variante zeigt sich im Rahmen des Steuerrechts vor allem bei der Zwischenschaltungs-Konstellation, sofern sich einer Rechtsgestaltung *jenseits* einer Briefkastengesellschaft bedient wird.[716] Auf diese Variante wird in dieser Arbeit noch an gebotener Stelle vertiefend einzugehen sein.[717]

(cc) Ergebnis und Schlussfolgerung

Es kann festgehalten werden, dass sich bei wesentlichen wirtschaftlichen Gründen zur Wahl einer Rechtsgestaltung die Prüfung eines Missbrauchs regelmäßig erübrigt, da insoweit das subjektive Element nicht vermutet werden kann. Stattdessen kommt ein Missbrauch bei Rechtsanwendbarkeitstatbeständen nur dort in Betracht, wo wirtschaftliche Gründe zur Wahl der Rechtsgestaltung entweder gar nicht erkennbar oder unwesentlich waren. In diesen Fällen ist im Ergebnis auf den Sinn und Zweck der unionsrechtlichen Vorschrift abzustellen, auf die sich der Betroffene beruft. Da unionsrechtliche Vorschriften stets der Konkretisierung eines Unionsziels dienen, lautet die Kernfrage zur Feststellung eines Missbrauchs insoweit regelmäßig, ob der Grund zur Wahl einer konkreten Rechtsgestaltung eben mit diesem Unionsziel vereinbar ist oder nicht.[718] Vor diesem Hintergrund erschöpft sich das Missbrauchskonzept im Rahmen der Rechtsanwendbarkeitstatbestände faktisch in einer teleologischen Auslegung im Sinne eines institutionellen Rechtsmissbrauchs. Die teleologische Auslegung bezweckt im Unionsrecht gemäß dem effet-utile Grundsatz eine *Extension* des Geltungsbereichs des Unionsrechts. Das Missbrauchskonzept

---

715 Vgl. *EuGH*, Urt. v. 12.09.2006, Rs. C-196/04 – „*Cadbury Schweppes*“, Slg. 2006 (de), S. I-7995 (I-8051 – Rn. 64).

716 *J. Englisch*, in: StuW 2009, S. 3 (16).

717 Vgl. hierzu *6. Teil* GldPkt. B II.

718 Vgl. *EuGH*, Urt. v. 09.03.1999, Rs. C-212/97 – „*Centros*“, Slg. 1999 (de), S. I-1459 (I-1493 – Rn. 25); Urt. v. 23.03.2000, Rs. C-373/97 – „*Diamantis*“, Slg. 2000 (de), S. I-1705 (I-1734 – Rn. 34); Urt. v. 21.11.2002, Rs. C-436/00 – „*X und Y*“, Slg. 2002 (de), S. I-10829 (I-10863 – Rn. 42).

folgt hingegen der Funktion einer teleologischen *Reduktion* und droht insoweit ins Leere zu laufen.[719]

(3) Rechtsausübungstatbestände („Rechtsmissbrauch“)

Wie bereits erläutert,[720] erstreckt sich der Missbrauchstest (noch) nicht auf die Rechtsausübungstatbestände, wobei nicht ausgeschlossen werden kann, dass in zukünftigen Fällen zum individuellen Rechtsmissbrauch ebenfalls auf die abstrakt-generelle Definition verwiesen werden könnte, um ein artenübergreifend einheitliches Missbrauchsverständnis zu erreichen. Bisher wurde bei den Rechtsausübungstatbeständen allein danach gefragt, inwieweit ein widerrechtlicher Vorteil zum Nachteil der Gegenpartei[721] angestrebt oder berechtigten Interessen Dritter ein unverhältnismäßig schwerer Schaden[722] zugefügt wurde. Im Fokus der Erwägungen stand vor allem eine Schädigungsabsicht, dessen Vorliegen aus einer Interessenabwägung objektiv abgeleitet wurde. Nach diesem Verständnis könnte gar ein zweck*gemäßes* Verhalten als missbräuchlich zu erachten sein, sofern dies aufgrund jener Schädigungsabsicht geboten erscheint. Der Zweckwidrigkeit wird somit eine eher beiläufige Rolle eingeräumt oder sie wird gar als irrelevant erachtet.[723] Allerdings gilt es zu beachten, dass die Rechtsprechung hierbei über Sachverhalte zu urteilen hatte, die von einem *schikanösen Verhalten* geprägt waren. Das Schikaneverbot stellt allerdings einen Extremfall und den inneren Kern des Missbrauchsverbots dar.[724] Es fragt sich, ob und inwieweit jenseits dessen, auch in Fällen eines bloß geringfügigen Eigeninteresses von einem Rechtsmissbrauch ausgegangen werden kann.

Um vom besonderen auf das allgemeine Verständnis des unionalen Rechtsmissbrauchs schließen zu können, muss wiederum hilfsweise auf die Missbrauchskonzepte der Mitgliedstaaten zurückgegriffen werden, von denen sich der EuGH zum unionalen Verständnis des Rechtsmissbrauchs wohl inspirieren ließ. Mit dem Abstellen auf die subjektive Komponente und der Nähe zum schikanösen Verhalten ist eine Parallele zum französischen Äquivalent – dem Rechtsinstitut des *abus de droit* – zu erkennen. So ist auch dort immer dann

---

719 Siehe zur Funktion des Missbrauchskonzepts *3. Teil* GldPkt. B II 3 d) cc).

720 Siehe hierzu *3. Teil* GldPkt. B II 3 c) bb) (2).

721 *EuGH*, Urt. v. 12.05.1998, Rs. C-367/96 – *„Kefalas“*, Slg. 1998 (de), S. I-2843 (I-2871 – Rn. 28).

722 *EuGH*, Urt. v. 23.03.2000, Rs. C-373/97 – *„Diamantis“*, Slg. 2000 (de), S. I-1705 (I-1737 – Rn. 43).

723 *H. Fleischer*, in: JZ 2003, S. 865 (872); *M. Klöpfer*, Missbrauch im Europäischen Zivilverfahrensrecht, S. 151.

724 *H. Fleischer*, in: JZ 2003, S. 865 (872).

von einem Rechtsmissbrauch auszugehen, wenn eine Schädigungsabsicht festgestellt werden kann.[725] Jenseits dieser eindeutigen Fälle wird allerdings in der französischen Literatur diskutiert, ob und inwieweit objektive Erwägungen zur Beweiserleichterung der subjektiven Komponente angeführt werden können. Dabei ist vor allem die Meinung von *L. Josserand* als wegweisend und mit der Struktur und den Zielen der EU besonders vereinbar zu erachten. Demnach sei – zur Erinnerung – jedem Recht unter anderem ein sozialer Zweck immanent, welcher jeden Einzelnen bei dessen Ausübung dazu anhalte, das entsprechende Recht im Sinne des Allgemeinwohls eben so auszuüben, dass ein funktionsfähiges System gewährleistet werden könne. Eine Handlung, welche nicht im Einklang mit diesem Sinn und Zweck des ausgeübten Rechts stehe und mithin kein legitimes Interesse zu dessen Ausübung erkennen lasse, müsse als missbräuchlich angesehen werden.[726] Als „funktionsfähig" ist ein System auf Unionsebene dann anzusehen, wenn es der europäischen Integration im Sinne der in Art. 3 EUV formulierten Unionsziele in ihrer Gesamtheit förderlich ist und die übergeordneten Unionszwecke gewährleistet. Eben hiernach sind konsequenterweise auch die Handlungen des Einzelnen im Kern rechtlich zu beurteilen. Dieser für das Unionsrecht essentielle Anknüpfungspunkt macht die Übertragung der nationalen Auffassung von *Josserand* auf die unionale Ebene nicht nur möglich, sondern lässt sie gar notwendig erscheinen, um einen individuellen Rechtsmissbrauch auch jenseits der Extremfälle eines schikanösen Verhaltens feststellen zu können. Auch die Kritik, welche diese Meinung in der französischen Literatur ausgesetzt ist, fällt auf Unionsebene auf keinen fruchtbaren Boden. So wird ihr vor allem entgegengehalten, dass es nicht hinnehmbar sei, dem Richter die Aufgabe zu überlassen, in weiten Teilen den sozialen Zweck eines Rechts für den Einzelfall selbst zu bestimmen. Hierzu sei die Entscheidung zu sehr von rechtspolitischen und philosophischen Aspekten geprägt.[727] Zwar mag dieser Punkt in Frankreich erheblich sein. Allerdings unterscheidet sich die Aufgabe und Kompetenz der unionalen Judikative eklatant von jener Frankreichs. Denn während die französische Gerichtsbarkeit verpflichtet ist,

---

725 Siehe hierzu *2. Teil* GldPkt. B I 2.

726 Vgl. hierzu *2. Teil* GldPkt. B I 2.

727 *H. Mazeaud/L. Mazeaud/A. Tunc*, Traité théorique et pratique de la responsabilité civile délictuelle et contractuelle, Bd. I, 6. Aufl. 1965, Rn. 575; *F. Chabas*, in: Mazeaud/Mazeaud/Mazeaud/Chabas (Hrsg.), Leçons de droit civil, Bd. II/1, 9. Aufl. 1998, Rn. 458; *J. Flour/J.-L. Aubert/É. Savaux*, Les obligations, Bd. II, 12. Aufl. 2007, Rn. 123.

besonders gesetzesorientiert zu agieren,[728] kommt dem EuGH unter anderem die politische Rolle einer „faktischen Sekundärrechtsetzung"[729] zu.[730]

Es kann somit festgehalten werden, dass auch im Rahmen der Rechtsausübungstatbestände zwischen subjektiven und objektiven Komponenten unterschieden werden kann, wobei die objektiven Erwägungen als Beweiserleichterung zur Feststellung des subjektiven Elements dienen. Dabei beschränkt sich der Rechtsmissbrauch nicht zwangsläufig auf die Fälle des Schikaneverbots.[731] Auch jenseits dessen – etwa in Fällen des geringfügigen Eigeninteresses – sollte in Anlehnung an das französische Rechtsinstitut der *abus de droit*, welches auch dem subjektiven Element des unionsrechtlichen Missbrauchskonzepts als Inspirationsquelle Pate stand,[732] ein Rechtsmissbrauch insoweit möglich sein, als auf Aspekte der zweckgerechten Ausübung des Unionsrechts im Lichte der Unionsziele und -zwecke zur Gewährleistung eines funktionierenden Rechtssystems der EU abgestellt wird.

(4) Ergebnis

Die Untersuchung der Rechtsanwendbarkeits- und Rechtsausübungstatbestände ergibt, dass beide Arten des Missbrauchs sowohl objektive als auch subjektive Elemente umfassen. Zwar ist den Tatbeständen bei den Missbrauchsarten sowie gemessen am Einzelfall eine unterschiedliche Gewichtung und Ausgestaltung zuzusprechen. Allerdings genügt die vom EuGH in der Rechtssache *Emsland-Stärke* gefundene Definition den Anforderungen eines

---

728 Zu denken ist vor allem an das Rechtsinstitut der *acte clair* bei einem eindeutigen Wortlaut (siehe hierzu *2. Teil* GldPkt. B II 1).

729 Siehe hierzu *3. Teil* GldPkt. B II 3.

730 Dieser Unterschied in der Reichweite der Kompetenzen lässt sich mit der unterschiedlichen Historie der Rechtsordnungen begründen. *Frankreich* kann auf eine lange und ereignisreiche Entwicklung zurückblicken, welche der Rechtsordnung ein *gefestigtes Fundament* schenkte (siehe zum historischen Hintergrund des romanischen Rechtskreises *K. Zweigert/H. Kötz*, Einführung in die Rechtsvergleichung, 3. Aufl. 1996, S. 73 ff., 130 ff.; *P.G. Stein*, Römisches Recht und Europa, S. 183 ff., 187 ff.). Bei dem *Unionsrecht* handelt es sich hingegen um eine vergleichsweise junge und ungefestigte Rechtsordnung, die sich einer *fortwährenden Dynamik* der Unionsverträge im Prozess der fortschreitenden Entwicklung zwecks einer europäischen Integration ausgesetzt sieht (siehe hierzu *3. Teil* GldPkt. A II 1 a), B II 3). Zwecks dessen ist die EU auf eine entsprechende rechtspolitische Mitwirkung des EuGH angewiesen.

731 So im Ergebnis auch *W. Schön*, in: Wank/Hirte/Frey/Fleischer/Thüsing (Hrsg.), FS Wiedemann, S. 1271 (1287).

732 Siehe hierzu *3. Teil* GldPkt. B II 3 d) ee) (1) (b).

gemeinsamen Nenners, sodass insoweit von einem einheitlichen unionsrechtlichen Missbrauchskonzept gesprochen werden kann, welches rechtsmethodisch als *allgemeiner Rechtsgrundsatz* einzuordnen ist.

Die Untersuchung zeigt überdies, dass es zur Feststellung beider Missbrauchsarten im Kern vornehmlich auf objektive Erwägungen ankommt. Bei den Rechtsanwendbarkeitstatbeständen beschränken sich diese allerdings auf den Sinn und Zweck des betroffenen Unionsrechts – namentlich auf das von der betroffenen Vorschrift konkretisierte Unionsziel. Dieses finale Abstellen auf die teleologische *Auslegung* der unionsrechtlichen Vorschrift birgt die Gefahr, dass die eigentliche Funktion des Missbrauchskonzepts zur teleologischen *Reduktion* faktisch ins Leere läuft. Das Ergebnis des Missbrauchskonzepts könnte insoweit nicht sachgerecht und stattdessen korrekturbedürftig sein.

ff) Verhältnis zum Verhältnismäßigkeitsgrundsatz als weiteren allgemeinen Rechtsgrundsatz des Unionsrechts

Vor diesem Hintergrund fragt sich nunmehr im nächsten Schritt, wie sich das unionsrechtliche Missbrauchskonzept als allgemeiner Rechtsgrundsatz zu anderen allgemeinen Rechtsgrundsätzen des Unionsrechts – namentlich dem Verhältnismäßigkeitsgrundsatz – verhält.[733]

---

733 Vertiefend zum Verhältnis des allgemeinen Missbrauchskonzepts zum Bestimmtheitsgrundsatz im Lichte des Steuerrechts *D. Weber*, in: ET 2013, S. 251 ff.; *ders.*, in: ET 2013, S. 313 ff. Es fragt sich überdies, ob sich der unionale Begriff des Rechtsmissbrauchs – wie etwa im deutschen Recht (siehe hierzu *1. Teil* GldPkt. A II 1 a)) – nicht bereits aus dem *Gebot von Treu und Glauben* herleiten lässt, wie es dem Art. 3 Abs. 1 RL 93/13/EWG zu entnehmen ist. Mit dieser sekundärrechtlichen Vorschrift ist zunächst nur gesagt, dass der *Macht*missbrauch seinen Ursprung im Gebot von Treu und Glauben finden könnte (vgl. hierzu *3. Teil* GldPkt. B II 3 a)). Gegen eine gleichsame Zuordnung des *Rechts*missbrauchs lässt sich zunächst einwenden, dass der unionsrechtliche Rechtsmissbrauch – wie soeben festgestellt – mehr eine Nähe zum französischen Rechtsinstitut des abus de droit als dem deutschen individuellen Rechtsmissbrauch aufweist. Darüber hinaus würde die singuläre Zuordnung dieser Missbrauchsart zum Gebot von Treu und Glauben eine unnötige Zergliederung eines einheitlichen Missbrauchskonzepts und erhöhte Rechtsunsicherheit zufolge haben und brächte auch im Übrigen keinen inhaltlichen Mehrwert (so auch *M. Klöpfer*, Missbrauch im Europäischen Zivilverfahrensrecht, S. 128). Zum einen ist es bereits ebenso strittig, ob es sich bei dem Gebot von Treu und Glauben überhaupt um einen allgemeinen Rechtsgrundsatz handelt. Der *EuGH* hat sich hierzu noch nicht ausdrücklich geäußert. In der *Literatur* ist diese Frage umstritten (bejahend wohl *H. Fleischer*, in: JZ 2003, S. 865 (871); *C. Schubert*,

(1) Der allgemeine Rechtsgrundsatz: Ein Prinzip des Unionsrechts

Um zunächst das allgemeine Verhältnis allgemeiner Rechtsgrundsätze zueinander feststellen zu können, ist auf die Lehre von *Dworkin* zum Verhältnis von Regeln und Prinzipien zurückzugreifen. Eine „*Regel*" ist demnach nur dann anzunehmen, wenn dem allgemeinen Satz eine Alles-oder-Nichts-Wirkung zukommt. Sind die Voraussetzungen des Rechtssatzes demnach einschlägig, so *muss* im Ergebnis auch entsprechend der Regel entschieden werden.[734] „*Prinzipien*" sind hingegen lediglich Gründe, welche die Entscheidung in einem besonderen Fall zwar begründen, sie allerdings nicht erzwingen können. Dem einzelnen Prinzip ist somit zwar ein konkretes Gewicht beizumessen.[735] Allerdings muss zur Entscheidungsfindung im konkreten Einzelfall dieses Prinzip sodann final mit anderen Prinzipien abgewogen werden.[736] Während Prinzipien also allein darauf gerichtet sind, besondere individuelle Rechte bzw. Interessen zu *schützen*, haben Regeln die funktionale Bedeutung, ein Ziel zu *fördern*, das dem kollektiven Interesse bzw. Zweck entspricht.[737] Jenseits dieser Unterscheidung beider Begriffe im Sinne ihrer *Logik*, verdeutlicht *Alexy* ihr Alternativverhältnis, indem er eine Differenzierung nach ihrer unterschiedlichen *Qualität* vornimmt. So stellt er heraus, dass Regeln ein sog. „*Festsetzungsgebot*" definieren, dem gezwungenermaßen zu folgen ist, sofern keine anderweitige

---

in: Säcker/Rixecker/Oetker/Limperg (Hrsg.), Münchener Kommentar, BGB, Bd. II, 8. Aufl. 2019, § 242 BGB Rn. 152, 155; verneinend *F.M. Sanz*, in: Schulte-Nölke/Schulze (Hrsg.), Europäisches Vertragsrecht im Gemeinschaftsrecht, S. 127 (130); *K. Riesenhuber*, System und Prinzipien des Europäischen Vertragsrechts, S. 572; *B. Heiderhoff*, Europäisches Privatrecht, 4. Aufl. 2016, Rn. 299). Zum anderen ist der Begriff von „Treu und Glauben" noch relativ unbestimmt, während dem Begriff des „Missbrauchs" mit der Rspr. in der Rs. *Emsland-Stärke* bereits eine konkrete Definition gegeben wurde. Auch vor diesem Hintergrund ist zur Gewährleistung der Rechtssicherheit eine einheitliche Zuordnung aller Missbrauchsarten zum Missbrauchstest geboten (so auch *A. Zimmermann*, Das Rechtsmißbrauchsverbot im Recht der Europäischen Gemeinschaften, S. 52; *P. Schammo*, in: ELJ 14 (2008), S. 351 (371); *M. Klöpfer*, Missbrauch im Europäischen Zivilverfahrensrecht, S. 128; wohl auch *C. Schubert*, in: Säcker/Rixecker/Oetker/Limperg (Hrsg.), Münchener Kommentar, BGB, Bd. II, 8. Aufl. 2019, § 242 BGB Rn. 155; a.A. *B. Heiderhoff*, Europäisches Privatrecht, 4. Aufl. 2016, Rn. 298).

734 *R.M. Dworkin*, Taking Rights Seriously, S. 24.

735 Sog. „dimension of weight or importance" (*R.M. Dworkin*, Taking Rights Seriously, S. 26).

736 *R.M. Dworkin*, Taking Rights Seriously, S. 26 f.

737 *R.M. Dworkin*, Taking Rights Seriously, S. 27, 82.

Ausnahme-Regel besteht. Prinzipien sind hingegen lediglich sog. „*Optimierungsgebote*", wonach versucht wird, die individuellen Rechte im konkreten Einzelfall in einem möglichst hohen Maße zu realisieren.[738] In anderen Worten sind Prinzipien im Gegensatz zu Regeln nicht definitiv, sondern haben grundsätzlich einen prima-facie-Charakter. Denn die Einschlägigkeit eines Prinzips bedeutet nicht zugleich, dass es im Ergebnis auch gilt.[739]

Ausgehend von diesem Begriffsverständnis muss zunächst festgestellt werden, dass den allgemeinen Rechtsgrundsätzen keine abschließend funktionale Bedeutung zukommt. Es mangelt insoweit an einem absoluten Charakter. Da zur Herleitung allgemeiner Rechtsgrundsätze induktiv von besonderen Einzelfällen auf das Allgemeine geschlossen wird, ist eine abschließende Vollständigkeit wohl nur dann erreichbar, wenn tatsächlich *alle* möglichen besonderen Fälle im Rahmen dieser Schlussfolgerung berücksichtigt werden, was tatsächlich unmöglich ist.[740] Aufgrund dieses Mangels eines absoluten Charakters kann den allgemeinen Rechtsgrundsätzen in *logischer* Hinsicht keine „Alles-oder-Nichts"-Wirkung zugesprochen werden. In *qualitativer* Hinsicht kann ein allgemein gefasstes Gebot nicht deduktiv auf jeden besonderen Fall gezwungenermaßen angewandt werden. Vielmehr beschränkt sich die Anwendung des allgemeinen Rechtsgrundsatzes auf den Versuch, dessen konkrete Ziele in einem möglichst hohen Maße zu realisieren. Nach dem Begriffsverständnis von *Dworkin* und *Alexy* ist bei den allgemeinen Rechtsgrundsätzen somit von Prinzipien zu sprechen, denen gemessen an der jeweiligen Wichtigkeit im Verhältnis zu anderen Prinzipien bei der finalen Entscheidungsfindung nur ein bestimmtes Gewicht zu gegeben ist.[741]

Hinsichtlich des allgemeinen Rechtsgrundsatzes des unionalen Missbrauchskonzepts zeigt sich der nicht-abschließende Charakter bereits in dessen Bedeutung für die Rechtsanwendbarkeitstatbestände. So kommt es in objektiver Hinsicht lediglich auf das Unionsziel an, welches mit der betroffenen unionsrechtlichen Vorschrift konkretisiert werden sollte, während andere – ggf. kollidierende – Unionsziele unberücksichtigt bleiben. Wie eingangs dieses Kapitels bereits festgestellt,[742] impliziert eben jene Kollisionsmöglichkeit der Unionsziele, dass es sich hierbei ebenfalls nur um Prinzipien mit einem

---

738 *R. Alexy*, Theorie der Grundrechte, S. 75 f.

739 *R. Alexy*, Theorie der Grundrechte, S. 87 f.

740 *A. Metzger*, Extra legem, intra ius, S. 52; vgl. auch *A. Kaufmann*, Rechtsphilosophie, 2. Aufl. 1997, S. 76.

741 *A. Metzger*, Extra legem, intra ius, S. 52 f.

742 Siehe hierzu *3. Teil* GldPkt. A II.

nicht-abschließenden Charakter handeln kann. Die Feststellung eines Missbrauchs gemäß dem unionsrechtlichen Missbrauchskonzept im Lichte nur bestimmter Prinzipien hat zur logischen Konsequenz, dass sich auch das unionsrechtliche Missbrauchskonzept an sich in einem bloßen *Prinzip* erschöpft.

(2) Rechtsdogmatische Einordnung einer Abwägung widerstreitender Prinzipien

Um ein sachgerechtes Ergebnis zur Feststellung eines Missbrauchs zu erreichen, müssen auf Unionsebene eben alle kollidierenden Unionsziele in ein Verhältnis zueinander gesetzt werden. In rechtsdogmatischer Hinsicht stellt sich somit die Frage, ob diese erweiternde Einbeziehung kollidierender Unionsziele im Sinne einer Abwägung als *eigener Annex* zum allgemeinen Rechtsgrundsatz des unionsrechtlichen Missbrauchskonzepts oder vielmehr jenseits dessen als *nachgelagertes selbständiges Prinzip* zu qualifizieren ist.

Zwar könnte gegen die nachgelagerte Ebene sprechen, dass ein Prinzip bereits „aus sich heraus“ die Abwägung mit widerstreitenden Prinzipien fordert.[743] Allerdings schließt sich dieser Forderung keine konkrete Methodik an, sodass offen bleibt, *wie* sie im Verhältnis zu anderen Prinzipien rechtlich zu gewichten sind.[744] Zur einzelfallbezogenen, rechtlichen Bewertung der Unionsziele bietet sich daher ein Rückgriff auf den Verhältnismäßigkeitsgrundsatz an, welcher vom EuGH bereits als allgemeiner Rechtsgrundsatz des Unionsrechts anerkannt ist.[745] Allerdings bedarf es insoweit einer *drei*stufigen Verhältnismäßigkeitsprüfung der *Geeignetheit*, *Erforderlichkeit* und *Angemessenheit* eines Mittels zur Erreichung eines legitimen Ziels. Während in den ersten beiden Schritten zunächst eine Optimierung eines einzelnen Unionsziels in *tatsächlicher* Hinsicht vorgenommen wird, erfolgt im dritten Schritt die Prüfung ihrer *rechtlichen* Möglichkeit.[746] Von der bloß *zwei*stufigen Prüfungspraxis des EuGH ist hingegen abzusehen.[747] Denn mit dem Verzicht einer dritten Stufe[748] droht im Falle kollidierender Unionsziele ein sachgerechtes Ergebnis verfehlt

---

743 So *M. Klöpfer*, Missbrauch im Europäischen Zivilverfahrensrecht, S. 164.

744 *R. Alexy*, Theorie der Grundrechte, S. 88.

745 Siehe hierzu *3. Teil* GldPkt. A II 3.

746 Vgl. *R. Alexy*, Theorie der Grundrechte, S. 100 f.

747 Siehe hierzu *3. Teil* GldPkt. B I.

748 Bzw. ihrer nur bedingten Berücksichtigung im Rahmen der Erforderlichkeitsprüfung unter der Bedingung, dass mehrere Mittel zur Erreichung eines Prinzips zur Auswahl stehen, zwischen denen sodann unter Einbeziehung kontradiktorischer Prinzipien das Mildeste gewählt werden kann, um ersteres Prinzip zu erreichen (siehe hierzu Fn. 539).

zu werden. Vor allem kann die Angemessenheitsprüfung nicht durch die verschärfte Prüfung eines legitimen Ziels kompensiert werden,[749] da sich jene Legitimation eben aus nur einem Unionsziel ergibt.

Mithin ist der dreistufige Verhältnismäßigkeitsgrundsatz als notwendiges *Instrument* heranzuziehen, um die Induktion einzelner Prinzipien logisch abzusichern.[750] Hinsichtlich des unionsrechtlichen Missbrauchskonzepts, welches bei den Rechtsanwendbarkeitstatbeständen auf nur *ein* Unionsziel abstellt, könnte es insoweit der Bestimmung des Verhältnisses mehrerer, sich widersprechender Unionsziele zueinander dienen, um ein sachgerechtes Ergebnis zu gewährleisten, indem es als *selbständiges Prinzip* dem unionsrechtlichen Missbrauchskonzept *nachgelagert* ist.[751]

(3) Ergebnis und Schlussfolgerung

Im Ergebnis ist das unionsrechtliche Missbrauchskonzept zwar als selbständiger allgemeiner Rechtsgrundsatz des Unionsrechts einzuordnen. Allerdings ist dessen Prüfungsergebnis stets mittels des Verhältnismäßigkeitsgrundsatzes zu kontrollieren, um so den Induktionsschluss des Missbrauchskonzepts logisch abzusichern. Namentlich ist bei Rechtsanwendbarkeitstatbeständen das zu prüfende Unionsziel, auf welches es zur Feststellung eines Missbrauchs im Kern ankommt, mit widerstreitenden Unionszielen in ein Verhältnis zu setzen, um so das Prinzip des Missbrauchskonzepts rechtlich zu optimieren und ein sachgerechtes Ergebnis zu erreichen. Die Verhältnismäßigkeitsprüfung erweitert dabei die restriktive Prüfung zur „Zweckwidrigkeit", ohne dem weiten Begriff der „Künstlichkeit" zu widersprechen, sodass eine *punktuelle* Korrektur des Missbrauchskonzepts erfolgt. Das Verständnis des Missbrauchs im Rahmen der Rechtsanwendbarkeitstatbestände wird somit *komplettiert*, indem jenseits jener Teleologie der *betroffenen* unionsrechtlichen Vorschrift auf gesetzesimmanente Wertungen der *gesamten* Rechtsordnung abgestellt wird. Nach deutschem Verständnis erfolgt in objektiver Hinsicht somit eine Korrektur im Sinne graduell verschiedener Stufen desselben Gedankenverfahrens der Rechtsanwendung von einer teleologischen Auslegung hin zu einer teleologischen Reduktion.[752]

---

749 Vgl. hierzu *3. Teil* GldPkt. B I.

750 Für die Notwendigkeit einer Berücksichtigung „zusätzlicher Elemente" zur Absicherung eines allgemeinen Rechtsgrundsatzes auch *A. Metzger*, Extra legem, intra ius, S. 52 f.

751 A.A. *M. Klöpfer*, Missbrauch im Europäischen Zivilverfahrensrecht, S. 164.

752 Vgl. hierzu *1. Teil* GldPkt. A II 2.

C. Besonderheiten im Steuerrecht

Das unionsrechtliche Missbrauchskonzept wurde unter anderem durch Rechtsprechungen des EuGH zu steuerrechtlichen Rechtssachen geprägt.[753]

I. Der Begriff des „steuerrechtlichen Missbrauchs"

In Verbindung mit dem Missbrauch wird sich im unionalen Steuerrecht unterschiedlicher Begrifflichkeiten bedient. Im Sekundärrecht lässt sich zum Teil lesen, dass Richtlinien dem Zweck der Verhinderung einer „Steuerhinterziehung und -umgehung"[754] oder „Steuerflucht"[755] dienen. Auch der *EuGH* nimmt häufig Bezug auf diese Begrifflichkeiten.[756] Während die

---

753 U.a. *EuGH*, Urt. v. 29.02.1996, Rs. C-110/94 – *„Inzo"*, Slg. 1996 (de), S. I-857 (I-878 – Rn. 24); Urt. v. 17.10.1996, Rs. C-283, 291, 292/94 – *„Denkavit Internationaal BG u.a."*, Slg. 1996 (de), S. I-5063 (I-5096 f. – Rn. 30 ff.); Urt. v. 17.07.1997, Rs. C-28/95 – *„Leur-Bloem"*, Slg. 1997 (de), S. I-4161 (I-4204 – Rn. 40 ff.); Urt. v. 21.11.2002, Rs. C-436/00 – *„X und Y"*, Slg. 2002 (de), S. I-10829 (I-10863 – Rn. 42, I-10868 – Rn. 61); Urt. v. 30.09.2003, Rs. C-167/01 – *„Inspire Art"*, Slg. 2003 (de), S. I-10155 (I-10234 – Rn. 136); Urt. v. 03.03.2005, Rs. C-32/03 – *„Fini H"*, Slg. 2005 (de), S. I-1599 (I-1625 – Rn. 32); Urt. v. 13.12.2005, Rs. C-446/03 – *„Marks & Spencer"*, Slg. 2005 (de), S. I-10837 (I-10884 – Rn. 57); Urt. v. 21.02.2006, Rs. C-255/02 – *„Halifax"*, Slg. 2006 (de), S. I-1609 (I-1674 – Rn. 64); Urt. v. 21.02.2006, Rs. C-223/03 – *„University of Huddersfield"*, Slg. 2006 (de), S. I-1751 (I-1769 f. – Rn. 52 f.); Urt. v. 12.09.2006, Rs. C-196/04 – *„Cadbury Schweppes"*, Slg. 2006 (de), S. I-7995 (I-8049 – Rn. 55); Urt. v. 13.03.2007, Rs. C-524/04 – *„Thin Cap Group Litigation"*, Slg. 2007 (de), S. I-2107 (I-2190 – Rn. 74); Urt. v. 05.07.2007, Rs. C-321/05 – *„Kofoed"*, Slg. 2007 (de), S. I-5795 (I-5830 – Rn. 38).

754 U.a. *Rat d. EG*, RL v. 17.05.1977, Nr. 77/388/EWG – *„Sechste Richtlinie"*, ABl. 1977 L 145 (de), S. 1 (2, 10, 12); RL v. 23.07.1990, Nr. 90/434/EWG – *„Fusionsrichtlinie"*, ABl. 1990 L 225 (de), S. 1 (2).

755 *Rat d. EG*, RL v. 19.12.1977, Nr. 77/799/EWG, ABl. 1977 L 336 (de), S. 15 (15).

756 Zur Steuer*flucht* *EuGH*, Urt. v. 28.01.1986, Rs. 270/83 – *„Kommission/Frankreich" / „Avoir Fiscal"*, Slg. 1986 (de), S. 273 (305 ff. – Rn. 23 ff.); Urt. v. 13.04.2000, Rs. C-420/98 – *„W.N."*, Slg. 2000 (de), S. I-2847 (I-2876 f. – Rn. 20 ff.); Urt. v. 11.03.2004, Rs. C-9/02 – *„de Lasteyrie du Saillant"*, Slg. 2004 (de), S. I-2409 (I-2454 – Rn. 50); Urt. v. 13.12.2005, Rs. C-446/03 – *„Marks & Spencer"*, Slg. 2005 (de), S. I-10837 (I-10884 – Rn. 57); zur Steuer*hinterziehung EuGH*, Urt. v. 17.07.1997, Rs. C-28/95 – *„Leur-Bloem"*, Slg. 1997 (de), S. I-4161 (I-4204 – Rn. 40 ff.); Urt. v. 13.04.2000, Rs. C-420/98 – *„W.N."*, Slg. 2000 (de), S. I-2847 (I-2876 f. – Rn. 20 ff.); Urt. v. 21.11.2002, Rs. C-436/00 – *„X und Y"*, Slg. 2002 (de), S. I-10829 (I-10863 – Rn. 42, I-10868 – Rn. 51); Urt. v. 11.03.2004, Rs. C-9/02 – *„de Lasteyrie du Saillant"*, Slg. 2004 (de), S. I-2409 (I-2446 – Rn. 24, I-2454 – Rn. 51); Urt. v. 21.02.2006, Rs. C-255/02 – *„Halifax"*, Slg.

„Steuerhinterziehung"[757] sowohl im nationalen Recht der Mitgliedstaaten[758] als auch im Unionsrecht[759] eine entsprechende *Festsetzung* der Steuerschuld durch

---

2006 (de), S. I-1609 (I-1672 – Rn. 59); Urt. v. 21.02.2006, Rs. C-223/03 – *„University of Huddersfield"*, Slg. 2006 (de), S. I-1751 (I-1769 – Rn. 51); Urt. v. 12.09.2006, Rs. C-196/04 – *„Cadbury Schweppes"*, Slg. 2006 (de), S. I-7995 (I-8047 – Rn. 50); zur Steuer*umgehung EuGH*, Urt. v. 17.07.1997, Rs. C-28/95 – *„Leur-Bloem"*, Slg. 1997 (de), S. I-4161 (I-4204 – Rn. 40 ff.); Urt. v. 16.07.1998, Rs. C-264/96 – *„ICI"*, Slg. 1998 (de), S. I-4695 (I-4722 f. – Rn. 26); Urt. v. 21.11.2002, Rs. C-436/00 – *„X und Y"*, Slg. 2002 (de), S. I-10829 (I-10868 – Rn. 61); Urt. v. 12.12.2002, Rs. C-324/00 – *„Lankhorst-Hohorst"*, Slg. 2002 (de), S. I-11779 (I-11814 – Rn. 37); Urt. v. 13.12.2005, Rs. C-446/03 – *„Marks & Spencer"*, Slg. 2005 (de), S. I-10837 (I-10884 – Rn. 57); Urt. v. 21.02.2006, Rs. C-255/02 – *„Halifax"*, Slg. 2006 (de), S. I-1609 (I-1675 – Rn. 71); Urt. v. 21.02.2006, Rs. C-223/03 – *„University of Huddersfield"*, Slg. 2006 (de), S. I-1751 (I-1763 – Rn. 31); Urt. v. 12.09.2006, Rs. C-196/04 – *„Cadbury Schweppes"*, Slg. 2006 (de), S. I-7995 (I-8041 – Rn. 27); Urt. v. 13.03.2007, Rs. C-524/04 – *„Thin Cap Group Litigation"*, Slg. 2007 (de), S. I-2107 (I-2189 – Rn. 71).

757 Die „Steuerhinterziehung" beschreibt im Unionsrecht den Fall, dass der Steuerpflichtige zwar einen Steuertatbestand verwirklicht, er allerdings versucht, eine entsprechende Festsetzung der Steuerschuld durch ein verschuldetes Verhalten – namentlich durch die Verdeckung oder das Verschweigen des konkreten Vorganges – zu verhindern (*V. Uckmar*, in: CDFI 68a (1983), S. 99 (105); *W. Schön*, in: IStR-Beihefter 2/1996, S. 1 (4); *A. Cordewener*, Europäische Grundfreiheiten und nationales Steuerrecht, S. 952; *Ch. Böing*, Steuerlicher Gestaltungsmissbrauch in Europa, S. 10 f.).

758 Zum *deutschen* Recht § 370 AO; *R. Seer*, in: Tipke/Lang (Hrsg.), Steuerrecht, 23. Aufl. 2018, § 23 Rn. 20 ff.; bzgl. des Verhältnisses zum § 42 AO *U. Hellmann*, in: Hübschmann/Hepp/Spitaler (Hrsg.), AO/FGO, 252. EL 2019, § 370 AO Rn. 147 ff.; zum *englischen* Recht (sog. „fraudulent tax evasion") *St.N. Frommel*, in: Intertax 1991, S. 54 (57); *D. Salter*, in: BTRev. 2002, S. 489 (492); *J. Freedman*, in: BTRev. 2004, S. 332 (347 f.); *J. Tiley*, in: Cane/Conaghan (Hrsg.), The New Oxford Companion to Law, S. 1154; zum *französischen* Recht (sog. „fraude fiscale") Art. 1741 Code Général des Impôts; *M. Cozian*, in: RJF 1980, S. 202 ff.; *J.-C. Martinez*, La fraude fiscale, S. 4 ff.; *P. di Malta*, Droit fiscal pénal, S. 182 ff.; *W. Jeandidier*, Droit pénal des affaires, 4. Aufl. 2000, S. 193 ff.; *J. Larguier/Ph. Conte*, Droit pénal des affaires, 11. Aufl. 2004, S. 411 ff.

759 Vgl. *EuGH*, Urt. v. 13.04.2000, Rs. C-420/98 – *„W.N."*, Slg. 2000 (de), S. I-2847 (I-2876 f. – Rn. 22); zum Gleichlauf des Begriffs der „Steuerhinterziehung" auf Ebene des nationalen Rechts der Mitgliedstaaten einerseits und des unionalen Rechts der EU andererseits *O. Thömmes*, in: Gocke/Gosch/Lang (Hrsg.), FS Wassermeyer, S. 207 (224 f.).

ein verschuldetes Verhalten beschreibt, setzt die „Steuerumgehung“[760] bereits bei der *Verwirklichung* des Steuertatbestands an. Bei dem Begriff der „Steuerflucht“[761] handelt es sich in bestimmten Konstellationen der steuerlichen Belastungsminimierung eines Steuerpflichtigen um einen Oberbegriff beider Alternativen.

Der Begriff des „steuerrechtlichen Missbrauchs“ kann nur mit der Steuerflucht und der Steuerumgehung in Verbindung gebracht werden, da der Steuerpflichtige durch eine missbräuchliche Handlung eben bereits die Verwirklichung eines Steuertatbestands und nicht erst die nachgelagerte Festsetzung der Steuerschuld verhindern möchte.[762] Um die Reichweite des Phänomens vollständig zu illustrieren, sollte wie im nationalen Recht[763] statt des Begriffs der „Steuerumgehung“ auch im unionalen Steuerrecht der Begriff der „Rechtsanwendbarkeitstatbestände“ gewählt werden.[764]

---

760 Die „Steuerumgehung“ beschreibt im Unionsrecht den Fall, dass der Steuerpflichtige die Erfüllung der Voraussetzungen eines schuldbegründenden Steuertatbestands verhindert, obwohl dessen Normzweck einschlägig ist, indem die eine Regelungslücke begründende Diskrepanz von Wortlaut und Zweck einer Steuernorm ausgenutzt wird (*W. Schön*, in: IStR-Beihefter 2/1996, S. 1 (4 f.); *A. Cordewener*, Europäische Grundfreiheiten und nationales Steuerrecht, S. 954). Diese (unzulässige) Steuer*umgehung* unterscheidet sich insoweit von der bloßen (zulässigen) Steuer*vermeidung*, indem letztere nicht im Widerspruch zum eigentlichen Normzweck steht und deshalb auch keine Regelungslücke ausnutzt (*Ch. Böing*, Steuerlicher Gestaltungsmissbrauch in Europa, S. 12).

761 Die „Steuerflucht“ beschreibt im Unionsrecht den Fall, dass Einkommen oder Vermögen vom Steuerpflichtigen grenzüberschreitend so verlagert werden, dass sie dem Besteuerungszugriff des Fluchtstaats entzogen und dem des Zufluchtsstaats – regelmäßig einem Niedrigsteuerland – unterworfen werden (*J.M. Mössner*, in: Hansmeyer (Hrsg.), Staatsfinanzierung im Wandel, S. 817 (821 ff., 825); *K. Tipke*, Steuerrechtsordnung, Bd. III, 2. Aufl. 2012, S. 1663).

762 A.A.: Es sei nach dem Grad der Widerrechtlichkeit abzugrenzen (*O. Thömmes*, in: Gocke/Gosch/Lang (Hrsg.), FS Wassermeyer, S. 207 (224 f.)).

763 Siehe hierzu *1. Teil* GldPkt. A I 2.

764 Entsprechend des Begriffs einer „Gesetzesumgehung“ im nationalen Recht ist auch der unionale Begriff der „Steuerumgehung“ dahingehend zu kritisieren, dass er eine präzisierte Beschreibung des Missbrauchs vermissen lässt, da nicht jeder steuerrechtliche Missbrauch die „Umgehung“ einer Steuer begründet und die „Erschleichung“ eines steuerrechtlichen Tatbestands unbeachtet bleibt. Beispielsweise beschreibt die steuerrechtliche Entscheidung des EuGH in der Rs. *Leur Bloem* einen Fall der Tatbestands*erschleichung* (vgl. *EuGH*, Urt. v. 17.07.1997, Rs. C-28/95 – *„Leur-Bloem“*, Slg. 1997 (de), S. I-4161 (I-4204 – Rn. 40 ff.; siehe zu den unterschiedlichen Missbrauchsarten im Unionsrecht *3. Teil* GldPkt. B II 3 c) bb)). In der *Literatur*

II. Arten des steuerrechtlichen Missbrauchs

Neben der bilateralen[765] Ebene besteht vor allem die Gefahr, dass sich der Steuerpflichtige auch auf multilateraler[766] Ebene missbräuchlich einer Rechtsgestaltung bedient, um einen steuerlichen Vorteil zu begründen. Während im *Sekundär*recht das sog. *„Directive Shopping"* eine erhebliche Rolle spielt, wonach im Sinne einer Tatbestandserschleichung ein steuerliches Recht bzw. ein Anspruch aus einer Richtlinie mittels einer missbräuchlichen Rechtsgestaltung zu erschleichen versucht wird,[767] kommt im *Primär*recht dem sog. *„Rule*

---

wird zum Teil von einem „steuerlichen Gestaltungsmissbrauch" (*Ch. Böing*, Steuerlicher Gestaltungsmissbrauch in Europa, S. 19) oder einem „Missbrauch von Gestaltungsmöglichkeiten" (*A. Cordewener*, Europäische Grundfreiheiten und nationales Steuerrecht, S. 954) gesprochen. Es wird also zur Missbrauchskategorisierung allein auf das *Mittel* abgestellt. Dies lässt allerdings eine Unterscheidung zwischen der Rechtsanwendbarkeit und der Rechtsausübung vermissen und verkennt, dass es sich bei dem Gestaltungsmissbrauch um eine eigene Missbrauchsart – den institutionellen Rechtsmissbrauch – handelt, die sich in der teleologischen Auslegung erschöpft (vgl. hierzu *3. Teil* GldPkt. B II 3 d) ee) (2) (a), ff) (3)).

765 Die „bilaterale" Ebene betrifft völkerrechtliche Verträge zwischen zwei Mitgliedstaaten – namentlich DBA. Hierbei ist ein Missbrauch i.S.e. sog. „Treaty Shopping" sowie „Rule Shopping" möglich. Beim „Treaty Shopping" schaltet ein nichtabkommensberechtigter Steuerausländer eine in einem Vertragsstaat ansässige Person zwischen die Einkünfte und ihre Einkünftevereinnahmung, um so den notwendigen Konnex zwischen einem Ansässigkeits- und Quellenstaat zur Vorteilsziehung von Vergünstigungen gem. dem Abkommen herzustellen. Beim „Rule Shopping" ist die betroffene Person zwar von vornherein abkommensberechtigt. Um ihre Einkünfte allerdings keiner oder einer geringeren Quellensteuer zu unterwerfen, werden diese in nicht oder geringer belastete Einkünfte konvertiert (*D. Gosch*, in: Achatz (Hrsg.), DStJG 36 (2013), S. 201 (204 f.)).

766 Die „multilaterale" Ebene betrifft das unionale Primär- und Sekundärrecht.

767 Vgl. *EuGH*, Urt. v. 29.02.1996, Rs. C-110/94 – *„Inzo"*, Slg. 1996 (de), S. I-857 (I-878 – Rn. 24); Urt. v. 17.10.1996, Rs. C-283, 291, 292/94 – *„Denkavit Internationaal BG u.a."*, Slg. 1996 (de), S. I-5063 (I-5096 f. – Rn. 30 ff.); Urt. v. 17.07.1997, Rs. C-28/95 – *„Leur-Bloem"*, Slg. 1997 (de), S. I-4161 (I-4204 – Rn. 40 ff.); Urt. v. 03.03.2005, Rs. C-32/03 – *„Fini H"*, Slg. 2005 (de), S. I-1599 (I-1625 – Rn. 32); Urt. v. 21.02.2006, Rs. C-255/02 – *„Halifax"*, Slg. 2006 (de), S. I-1609 (I-1674 – Rn. 64); Urt. v. 21.02.2006, Rs. C-223/03 – *„University of Huddersfield"*, Slg. 2006 (de), S. I-1751 (I-1769 f. – Rn. 52 f.); Urt. v. 05.07.2007, Rs. C-321/05 – *„Kofoed"*, Slg. 2007 (de), S. I-5795 (I-5830 – Rn. 38). *Ursprünglich* adressierte das Directive Shopping die Gründung von Zwischengesellschaften zur Erschleichung einer Quellensteuerfreiheit für Dividendenausschüttungen innerhalb der EU unter Berufung auf die Mutter-Tochter-Richtlinie (*G. Kofler*,

Shopping" eine große Bedeutung zu, auf das es sich in dieser Arbeit zu konzentrieren gilt.[768] Hierbei wird in einem Niedrigsteuerland der EU ein Steuersubjekt begründet, über welches das Besteuerungssubstrat dem territorialen Zugriff eines Mitgliedstaats – also dessen nationalrechtlich begründeten steuerlichen Pflichten – zum Zwecke eines Steuervorteils unter Berufung auf die Grundfreiheiten entzogen wird.[769] Diese Auslagerung innerstaatlicher Einkünfte stellt den Fall einer Tatbestandsvermeidung bei ggf. gleichzeitiger Tatbestandserschleichung nationaler Rechte dar,[770] wobei der Fokus – wie bei der fraude à la loi – auf der Anwendbarkeit des in Anspruch genommenen Rechts – namentlich dem unionalen Primärrecht – liegt, durch welches im Ergebnis erst ein diverser Vorteil herbeigeführt werden soll.[771] Mangels hinreichender Harmonisierung betrifft der Fall des Rule Shopping allein die *direkte* Steuer.[772]

---

in: Hüttemann (Hrsg.), DStJG 33 (2010), S. 213 (217 ff.); *M. Rudolf*, Treaty Shopping und Gestaltungsmissbrauch, S. 13).

768 Siehe hierzu *Einleitung* GldPkt. A.

769 *D. Gosch*, in: Achatz (Hrsg.), DStJG 36 (2013), S. 201 (206); vgl. auch *EuGH*, Urt. v. 21.11.2002, Rs. C-436/00 – „*X und Y*", Slg. 2002 (de), S. I-10829 (I-10863 – Rn. 42, I-10868 – Rn. 61); Urt. v. 30.09.2003, Rs. C-167/01 – „*Inspire Art*", Slg. 2003 (de), S. I-10155 (I-10234 – Rn. 136); Urt. v. 13.12.2005, Rs. C-446/03 – „*Marks & Spencer*", Slg. 2005 (de), S. I-10837 (I-10884 – Rn. 57); Urt. v. 12.09.2006, Rs. C-196/04 – „*Cadbury Schweppes*", Slg. 2006 (de), S. I-7995 (I-8049 – Rn. 55); Urt. v. 13.03.2007, Rs. C-524/04 – „*Thin Cap Group Litigation*", Slg. 2007 (de), S. I-2107 (I-2190 – Rn. 74).

770 Die steuerrechtliche Tatbestandserschleichung spielt im Primärrecht eine nur beiläufige Rolle (hierzu etwa *EuGH*, Urt. v. 13.12.2005, Rs. C-446/03 – „*Marks & Spencer*", Slg. 2005 (de), S. I-10837 (I-10884 – Rn. 55 ff.); vgl. hierzu auch *3. Teil* GldPkt. B II 3 c) bb) (1)).

771 Vgl. hierzu im Rahmen des unionsrechtlichen Missbrauchskonzepts bereits *3. Teil* GldPkt. B II 3 d) ee) (2) (a).

772 Die *indirekte* Steuer ist gem. Art. 113 AEUV hinsichtlich des gesamten Steuersystems durch das Sekundärrecht weitestgehend harmonisiert (vgl. *C.D. Classen*, in: v.d. Groeben/Schwarze/Hatje (Hrsg.), Europäisches Unionsrecht, 7. Aufl. 2015, Art. 114 AEUV Rn. 98; *St. Korte*, in: Calliess/Ruffert (Hrsg.), EUV/AEUV, 5. Aufl. 2016, Art. 114 AEUV Rn. 15; *M. Schröder*, in: Streinz (Hrsg.), EUV/AEUV, 3. Aufl. 2018, Art. 114 AEUV Rn. 14). Bei der *direkten* Steuer hingegen existiert gem. Art. 115 AEUV nur eine bloße Mindestharmonisierung, sodass die einen zwischenstaatlichen Steuerwettbewerb begründende Staatssouveränität weiterhin eine große Rolle spielt (vgl. *Ch. Tietje*, in: Grabitz/Hilf/Nettesheim (Hrsg.), Das Recht der Europäischen Union, 66. EL 2019, Art. 115 AEUV Rn. 1 f.). Dem Primärrecht kann eine Art *Auffangfunktion* zugesprochen werden, nach dessen Regeln sich die Mitgliedstaaten aufgrund des Grundsatzes der loyalen Zusammenarbeit in Ermangelung einer Regelung im Rahmen des konkretisierenden Sekundärrechts stets zu

III. Konkretes Begriffsverständnis des „steuerrechtlichen Missbrauchs" im Rahmen des Primärrechts

Zur Untersuchung des Verständnisses eines „steuerrechtlichen Missbrauchs" im Rahmen des Primärrechts, bietet es sich an, von der allgemeinen Prüfungsreihenfolge der Grundfreiheiten unter Berücksichtigung der steuerrechtlichen Besonderheiten auszugehen, welche sich in drei Stufen gliedert. Auf der ersten Stufe ist zunächst die Anwendbarkeit der Grundfreiheiten festzustellen und zu fragen, ob eine mitgliedstaatliche Maßnahme – namentlich ein Missbrauchsverbot – gegen diese Grundfreiheitsgewährleistung verstößt (*1.*). Sofern ein Verstoß auf dieser sog. „Tatbestandsebene" anzunehmen ist, erfolgt auf zweiter Stufe – der sog. „Rechtfertigungsebene" – die Prüfung, ob der Verstoß von Gründen getragen ist, welche die mitgliedstaatliche Maßnahme möglicherweise rechtfertigen (*2.*). Auf dritter Stufe – der sog. „Verhältnismäßigkeitsebene" – ist die mitgliedstaatliche Maßnahme im Lichte dieser Gründe abschließend auf ihre tatsächliche Optimierung und rechtliche Möglichkeit zu untersuchen,[773] um so das Verständnis des „steuerrechtlichen Missbrauchs" zu komplettieren (*3.*).

1. Tatbestandsebene

Auf Tatbestandsebene ist vor allem die Reichweite des Geltungs- bzw. Schutzbereichs in *sachlicher* Hinsicht festzustellen, indem im Sinne einer teleologischen Auslegung auf dessen Sinn und Zweck zur Konkretisierung des Unionsziels zur Errichtung eines Binnenmarkts abgestellt wird.[774] Aus dem Art. 26 Abs. 2 AEUV lässt sich herleiten, dass die Grundfreiheiten den Freiverkehr des Binnenmarkts allumfassend und final zu gewährleisten haben,[775] sodass auch von einer *Binnenmarktfinalität* der Grundfreiheiten gesprochen werden kann.

---

halten haben (so auch *E. Reimer*, in: Schaumburg/Englisch (Hrsg.), Europäisches Steuerrecht, Rn. 7.1).

773 Vgl. hierzu *3. Teil* GldPkt. B II 3 d) ff) (2).

774 Vgl. hierzu *3. Teil* GldPkt. A II 1 a).

775 Vgl. *H. Kube*, in: Kruthoffer-Röwekamp (Hrsg.), Die Rechtsprechung des EuGH in ihrer Bedeutung für das nationale und internationale Recht der direkten Steuern, S. 133 (140); *E. Reimer*, in: Schaumburg/Englisch (Hrsg.), Europäisches Steuerrecht, Rn. 7.2; vgl. hierzu auch *3. Teil* GldPkt. A II 1 a).

Zur Feststellung eines Verstoßes gegen die Grundfreiheitsgewährleistung im Sinne einer Beschränkung[776] oder Diskriminierung[777] ist ein *Vergleich der steuerlichen Belastung* rein innerstaatlicher Vorgänge einerseits und grenzüberschreitender Vorgänge andererseits vorzunehmen. Kernfrage ist dabei, ob die in Frage stehenden grenzüberschreitenden Aktivitäten gegenüber jenen rein inländischer Art durch die Schaffung von Binnengrenzen entsprechend benachteiligt werden.[778]

---

776 Von einer „Beschränkung" spricht der *EuGH*, sofern eine Ungleichbehandlung durch den *Ansässigkeitsstaat* erfolgt, indem inländische Anbieter mit grenzübergreifender wirtschaftlicher Tätigkeit gegenüber anderen inländischen Anbietern mit rein inländischer wirtschaftlicher Tätigkeit schlechter gestellt werden (*E. Reimer*, in: Schaumburg/Englisch (Hrsg.), Europäisches Steuerrecht, Rn. 7.125 f.; *J. Englisch*, in: Tipke/Lang (Hrsg.), Steuerrecht, 23. Aufl. 2018, § 4 Rn. 85; vgl. auch *EuGH*, Urt. v. 19.01.2006, Rs. C-265/04 – „*Bouanich*", Slg. 2006 (de), S. I-923 (I-955 – Rn. 30 ff.); Urt. v. 12.09.2006, Rs. C-196/04 – „*Cadbury Schweppes*", Slg. 2006 (de), S. I-7995 (I-8045 f. – Rn. 45 f.)).

777 Von einer „Diskriminierung" spricht der *EuGH* aufgrund der Staatsangehörigkeit, sofern eine Ungleichbehandlung durch den *Quellenstaat* erfolgt, indem ausländische gegenüber inländischen Anbietern benachteiligt werden (*E. Reimer*, in: Schaumburg/Englisch (Hrsg.), Europäisches Steuerrecht, Rn. 7.125 f.; *J. Englisch*, in: Tipke/Lang (Hrsg.), Steuerrecht, 23. Aufl. 2018, § 4 Rn. 85; vgl. auch *EuGH*, Urt. v. 14.02.1995, Rs. C-279/93 – „*Schumacker*", Slg. 1995 (de), S. I-225 (I-259 – Rn. 26 ff.); Urt. v. 27.06.1996, Rs. C-107/94 – „*Asscher*", Slg. 1996 (de), S. I-3089 (I-3124 – Rn. 38 ff.)).

778 *J. Englisch*, in: Tipke/Lang (Hrsg.), Steuerrecht, 23. Aufl. 2018, § 4 Rn. 83; vgl. auch *EuGH*, Urt. v. 27.11.2008, Rs. C-418/07 – „*Papillon*", ECLI:EU:C:2008:659, Rn. 32; Urt. v. 25.02.2010, Rs. C-337/08 – „*X Holding*", ECLI:EU:C:2010:89, Rn. 18 f.; Urt. v. 12.06.2014, Rs. C-39-41/13 – „*SCA Group Holding u.a.*", ECLI:EU:C:2014:1758, Rn. 48; vertiefend hierzu *F. Vanistendael*, in: ET 2006, S. 413 (418 f.); *M. Gammie*, in: WTJ 2 (2010), S. 162 (171). Darüber hinaus prüft der *EuGH* zum Teil auch die *objektive Vergleichbarkeit* der inländischen und grenzüberschreitenden Situationen (vgl. *EuGH*, Urt. v. 14.02.1995, Rs. C-279/93 – „*Schumacker*", Slg. 1995 (de), S. I-225 (I-259 – Rn. 30); Urt. v. 06.06.2000, Rs. C-35/98 – „*Verkooijen*", Slg. 2000 (de), S. I-4071 (I-4129 – Rn. 43); Urt. v. 07.09.2004, Rs. C-319/02 – „*Manninen*", Slg. 2004 (de), S. I-7477 (I-7507 – Rn. 29); Urt. v. 08.11.2007, Rs. C-379/05 – „*Amurta*", Slg. 2007 (de), S. I-9569 (I-9607 – Rn. 32); Urt. v. 01.12.2011, Rs. C-250/08 – „*Kommission/Belgien*", ECLI:EU:C:2011:793, Rn. 51; Urt. v. 16.06.2011, Rs. C-10/10 – „*Kommission/Österreich*", ECLI:EU:C:2011:399, Rn. 29). Allerdings lässt sie hierbei keine klare Linie erkennen, sondern entscheidet sehr fallspezifisch hinsichtlich der konkreten Kriterien und Maßstäbe für eine Vergleichspaarbildung (vertiefend hierzu *E. Reimer*, in: Schaumburg/Englisch (Hrsg.), Europäisches Steuerrecht, Rn. 7.129 ff.;

2. Rechtfertigungsebene

Liegt ein Verstoß gegen die Grundfreiheitsgewährleistung aufgrund einer diskriminierenden oder beschränkenden mitgliedstaatlichen Maßnahme vor, schließt sich die Frage an, ob dies mit einer *legitimen* Zwecksetzung gerechtfertigt ist.[779] Zur Feststellung dieser „Rechtfertigungsgründe" erfolgt im Unterschied zu der Tatbestandsebene eine *personenübergreifende* Betrachtung.[780] Im Bereich des Steuerrechts wurde vom *EuGH* eine Sonderdogmatik in Form eines positiven Katalogs von anerkannten ungeschriebenen Rechtfertigungsgründen[781] entwickelt.[782] Allen Rechtfertigungsgründen ist gemein, dass sie elementaren Prinzipien oder Zielen aus mitgliedstaatlichen Rechtsordnungen zugrunde liegen, welche dem maßgeblichen mitgliedstaatlichen Fiskalinteresse der Staatssouveränität besonderen Ausdruck verleihen und somit nach der

---

J. Englisch, in: Tipke/Lang (Hrsg.), Steuerrecht, 23. Aufl. 2018, § 4 Rn. 86 ff.). Da die konkrete Ausgestaltung der Vergleichbarkeitsprüfung für das Verständnis des „steuerrechtlichen Missbrauchs" bisher wenig bedeutsam ist, kann eine vertiefte Diskussion an dieser Stelle vernachlässigt werden (zur geringen Bedeutung der Vergleichbarkeitsprüfung *H. Kube*, in: Kruthoffer-Röwekamp (Hrsg.), Die Rechtsprechung des EuGH in ihrer Bedeutung für das nationale und internationale Recht der direkten Steuern, S. 133 (134 f.); *J. Englisch*, in: Tipke/Lang (Hrsg.), Steuerrecht, 23. Aufl. 2018, § 4 Rn. 90).

779 *J. Englisch*, in: Schaumburg/Englisch (Hrsg.), Europäisches Steuerrecht, Rn. 7.199.

780 Vgl. *H. Schaumburg*, in: Schaumburg (Hrsg.), Internationales Steuerrecht, 4. Aufl. 2017, Rn. 4.19.

781 Namentlich sind die ausgewogene Aufteilung der Besteuerungsbefugnisse zwischen den Mitgliedstaaten, die Verhinderung von Steuerhinterziehung und Steuerumgehung bzw. -missbrauch, die steuerliche Kontrolle i.S.d. Sicherstellung der nationalen Besteuerung, die Verhinderung steuermindernder Doppelbelastungen sowie die Kohärenz des nationalen Steuersystems als anerkannte Rechtfertigungsgründe vom EuGH herausgebildet worden (vertiefend hierzu *J. Englisch*, in: Schaumburg/Englisch (Hrsg.), Europäisches Steuerrecht, Rn. 7.208 ff.; zum negativen Katalog *H. Schaumburg*, in: Schaumburg (Hrsg.), Internationales Steuerrecht, 4. Aufl. 2017, Rn. 4.19 m.w.N.).

782 Bei den „ungeschriebenen Rechtfertigungsgründen" handelt es sich um eine Rechtsfortbildung praeter legem (*J. Englisch*, in: Schaumburg/Englisch (Hrsg.), Europäisches Steuerrecht, Rn. 7.202). Mit der Entscheidung in der Rs. *Cassis de Dijon* des *EuGH* fand sie Eingang in das Primärrecht (*EuGH*, Urt. v. 20.02.1979, Rs. 120/78 – *„Rewe Zentral AG" / „Cassis de Dijon"*, Slg. 1979 (de), S. 649 (662 – Rn. 8); *H. Kube*, in: Kruthoffer-Röwekamp (Hrsg.), Die Rechtsprechung des EuGH in ihrer Bedeutung für das nationale und internationale Recht der direkten Steuern, S. 133 (134)).

Überzeugung des EuGH auch auf Unionsebene schutzwürdig sind.[783] Allerdings finden diese Prinzipien oder Ziele nicht zwangsläufig auch im Unionsrecht eine positive Bestätigung, sondern erfahren grundsätzlich nur ein rechtsethisches Gewicht im Rahmen der jeweiligen nationalen Rechtsordnung der Mitgliedstaaten.[784] Es ist somit ein Spannungsverhältnis zwischen den unionalen und nationalen Interessen möglich, nach dessen Ausgleich sich die konkrete Bedeutung und Reichweite eines Rechtfertigungsgrundes bemisst.[785]

Um die tatsächlichen mitgliedstaatlichen Fiskalinteressen im Lichte der rechtspolitischen Entwicklung fortwährend zu berücksichtigen, zeigt sich der EuGH offen für die Begründung neuer sowie der Fortentwicklung bereits bestehender Rechtfertigungsgründe. Vor allem der Rechtfertigungsgrund zur ausgewogenen Aufteilung der Besteuerungsbefugnisse zwischen den Mitgliedstaaten[786] gewinnt seit dem 21. Jahrhundert zunehmend an Bedeutung und stellt mittlerweile den praktisch wohl bedeutsamsten Rechtfertigungsgrund im Steuerrecht dar.[787] Aus diesem Grund gilt es die Entwicklung eben dieses Rechtfertigungsgrundes hinsichtlich seiner Bedeutung und Reichweite in den Fokus zu stellen (*a)*), um sodann dessen Verhältnis zum Rechtfertigungsgrund zur Verhinderung von Steuerhinterziehung und Steuerumgehung bzw.

---

783 Überdies nebst dieser *steuerspezifischen* auch auf eine *extrafiskalische* Ebene abstellend *J. Englisch*, in: Lang (Hrsg.), DStJG 41 (2018), S. 273 (310 ff.).

784 *L. Rehfeld*, Die Vereinbarkeit des Außensteuergesetzes mit den Grundfreiheiten des EG-Vertrages, S. 313; *J. Englisch*, in: Schaumburg/Englisch (Hrsg.), Europäisches Steuerrecht, Rn. 7.203.

785 *H. Kube*, in: Kruthoffer-Röwekamp (Hrsg.), Die Rechtsprechung des EuGH in ihrer Bedeutung für das nationale und internationale Recht der direkten Steuern, S. 133 (140); *J. Englisch*, in: Schaumburg/Englisch (Hrsg.), Europäisches Steuerrecht, Rn. 7.203.

786 U.a. *EuGH*, Urt. v. 13.12.2005, Rs. C-446/03 – „*Marks & Spencer*“, Slg. 2005 (de), S. I-10837 (I-10881 – Rn. 45); Urt. v. 15.05.2008, Rs. C-414/06 – „*Lidl Belgium*“, ECLI:EU:C:2008:278, Rn. 31; Urt. v. 25.02.2010, Rs. C-337/08 – „*X Holding*“, ECLI:EU:C:2010:89, Rn. 28; Urt. v. 10.02.2011, Rs. C-436/08 – „*Haribo*“, ECLI:EU:C:2011:61, Rn. 121; Urt. v. 23.01.2014, Rs. C-164/12 – „*DMC*“, ECLI:EU:C:2014:20, Rn. 46.

787 *H. Kube*, in: Kruthoffer-Röwekamp (Hrsg.), Die Rechtsprechung des EuGH in ihrer Bedeutung für das nationale und internationale Recht der direkten Steuern, S. 133 (140 f.); *J. Englisch*, in: Schaumburg/Englisch (Hrsg.), Europäisches Steuerrecht, Rn. 7.224.

-missbrauch[788] zu untersuchen und letztendlich wiederum auch auf dessen Bedeutung und Reichweite in diesem Zusammenhang zu schließen (*b)*).[789]

a) Ausgewogene Aufteilung der Besteuerungsbefugnisse

Das Unionsrecht regelt keine ausdrücklichen Vorgaben zur Aufteilung der Besteuerungsbefugnisse.[790] Hieraus schließt der *EuGH*, dass die Ausgestaltung und Bestimmung der Steuerhoheiten grundsätzlich den einzelnen Mitgliedstaaten aufgrund jener Staatssouveränität obliege.[791] Die Frage, *ob* das mitgliedstaatliche Fiskalinteresse zur Aufteilung der Besteuerungsbefugnisse als

---

788 U.a. *EuGH*, Urt. v. 12.12.2002, Rs. C-324/00 – *„Lankhorst-Hohorst"*, Slg. 2002 (de), S. I-11779 (I-11814 – Rn. 37 f.); Urt. v. 11.03.2004, Rs. C-9/02 – *„Hughes de Lasteyrie du Saillant"*, Slg. 2004 (de), S. I-2409 (I-2454 – Rn. 50); Urt. v. 12.09.2006, Rs. C-196/04 – *„Cadbury Schweppes"*, Slg. 2006 (de), S. I-7995 (I-8047 f. – Rn. 51); Urt. v. 13.03.2007, Rs. C-524/04 – *„Thin Cap Group Litigation"*, Slg. 2007 (de), S. I-2107 (I-2189 – Rn. 71 f.); Urt. v. 28.10.2010, Rs. C-72/09 – *„Rimbaud"*, ECLI:EU:C:2010:645, Rn. 33; Urt. v. 06.06.2013, Rs. C-383/10 – *„Kommission/Belgien"*, ECLI:EU:C:2013:364, Rn. 64.

789 Von einer Untersuchung des Rechtfertigungsgrundes der „Kohärenz des nationalen Steuersystems" wird abgesehen. Zwar ist dieser eng mit der Missbrauchsbekämpfung verbunden. Allerdings steht hierbei die konzeptionelle Integrität bzw. Schlüssigkeit der nationalen Steuersysteme im Fokus (*C. Staringer*, in: Lang (Hrsg.), DStJG 41 (2018), S. 365 (377 ff.)). Diese auf das nationale Recht beschränkte Blickweise lässt den für diese Arbeit ausschlaggebenden zwischenstaatlichen Steuerwettbewerb unberücksichtigt.

790 *EuGH*, Urt. v. 12.05.1998, Rs. C-336/96 – *„Gilly"*, Slg. 1998 (de), S. I-2793 (I-2834 f. – Rn. 30); *H. Kube*, in: Kruthoffer-Röwekamp (Hrsg.), Die Rechtsprechung des EuGH in ihrer Bedeutung für das nationale und internationale Recht der direkten Steuern, S. 133 (140).

791 *EuGH*, Urt. v. 12.05.1998, Rs. C-336/96 – *„Gilly"*, Slg. 1998 (de), S. I-2793 (I-2833 – Rn. 24, I-2834 f. – Rn. 30); Urt. v. 21.09.1999, Rs. C-307/97 – *„Saint-Gobain"*, Slg. 1999 (de), S. I-6161 (I-6202 – Rn. 57); Urt. v. 12.12.2002, Rs. C-385/00 – *„de Groot"*, Slg. 2002 (de), S. I-11819 (I-11867 – Rn. 93); Urt. v. 07.09.2006, Rs. C-470/04 – *„N"*, Slg. 2006 (de), S. I-7409 (I-7461 – Rn. 44); Urt. v. 14.11.2006, Rs. C-513/04 – *„Kerckhaert und Morres"*, Slg. 2006 (de), S. I-10967 (I-10989 – Rn. 22); Urt. v. 13.03.2007, Rs. C-524/04 – *„Thin Cap Group Litigation"*, Slg. 2007 (de), S. I-2107 (I-2181 – Rn. 49); Urt. v. 18.07.2007, Rs. C-231/05 – *„Oy AA"*, Slg. 2007 (de), S. I-6373 (I-6409 – Rn. 52); Urt. v. 28.02.2008, Rs. C-293/06 – *„Deutsche Shell"*, ECLI:EU:C:2008:129, Rn. 41; *H. Kube*, in: Kruthoffer-Röwekamp (Hrsg.), Die Rechtsprechung des EuGH in ihrer Bedeutung für das nationale und internationale Recht der direkten Steuern, S. 133 (140).

Rechtfertigungsgrund anzusehen sei, wird vom *EuGH* mittlerweile bejaht.[792] Für die Frage, *wie* diese „Ausgewogenheit“ der Aufteilung von Besteuerungsbefugnissen zu gewährleisten ist, sollten für die Mitgliedstaaten Rechte und Pflichten definiert werden, nach denen sie sich zu richten haben.

aa) Recht der Mitgliedstaaten zur Geltendmachung eines Besteuerungsanspruchs

Das *Recht* der Mitgliedstaaten ist in der Möglichkeit zur Geltendmachung eines Besteuerungsanspruchs zu erblicken. Es hat sich dabei nach einem staatenübergreifenden Prinzip zu bestimmen, welches die erforderlichen mitgliedstaatlichen Kompetenzen – die Steuerhoheiten – zunächst einmal abstrakt formuliert.[793] Wie zu Beginn dieser Arbeit bereits herausgestellt,[794] ist nach der *hier vertretenen Auffassung* zur Erschließung der Steuerquellen auf das Nutzenprinzip abzustellen, wonach der Vorteil, Wert oder Nutzen bedeutsam ist, den jeder Einzelne aus den vom Staat oder der Gemeinde allgemein angebotenen Leistungen zieht. Im Rahmen des Internationalen Steuerrechts ist dem das Nutzenprinzip konkretisierende Territorialitätsprinzip gegenüber dem

792 Zunächst hatte der *EuGH* eine ablehnende Haltung (*EuGH*, Urt. v. 16.07.1998, Rs. C-264/96 – *„ICI“*, Slg. 1998 (de), S. I-4695 (I-4723 – Rn. 26); Urt. v. 08.03.2001, Rs. C-397/98 – *„Metallgesellschaft“*, Slg. 2001 (de), S. I-1727 (I-1778 – Rn. 57); Urt. v. 12.12.2002, Rs. C-324/00 – *„Lankhorst-Hohorst“*, Slg. 2002 (de), S. I-11779 (I-11814 – Rn. 37)). Allerdings änderte sich dies mit der Entscheidung in der Rs. *Marks and Spencer* im Jahre 2005. Seither ist die Wahrung der ausgewogenen Aufteilung der Besteuerungsbefugnisse zwischen den Mitgliedstaaten als legitimes Ziel für die Beschränkung einer Grundfreiheit anerkannt (*EuGH*, Urt. v. 13.12.2005, Rs. C-446/03 – *„Marks & Spencer“*, Slg. 2005 (de), S. I-10837 (I-10881 f. – Rn. 45 f.); Urt. v. 29.03.2007, Rs. C-347/04 – *„Rewe Zentralfinanz“*, Slg. 2007 (de), S. I-2647 (I-2685 – Rn. 42); Urt. v. 18.07.2007, Rs. C-231/05 – *„Oy AA“*, Slg. 2007 (de), S. I-6373 (I-6410 – Rn. 54); Urt. v. 15.05.2008, Rs. C-414/06 – *„Lidl Belgium“*, ECLI:EU:C:2008:278, Rn. 31). Diese Entwicklung erfolgte im Einklang mit der unionalen Steuerpolitik. So hat sich auch die *Europäische Kommission* im Jahre 2006 diesem Trend angeschlossen und für die Strategie zur Koordinierung der Regelungen der Mitgliedstaaten hinsichtlich der direkten Steuer im Binnenmarkt ausgesprochen, um eine uneinheitliche steuerliche Behandlung in einem grenzüberschreitenden Kontext zu vermeiden (*Europ. Kom.*, Mitt. v. 19.12.2006, KOM(2006) 823 endg. (de), S. 3 ff.).

793 *H. Kube*, in: Kruthoffer-Röwekamp (Hrsg.), Die Rechtsprechung des EuGH in ihrer Bedeutung für das nationale und internationale Recht der direkten Steuern, S. 133 (144).

794 Siehe hierzu *1. Teil* GldPkt. B IV.

Welteinkommensprinzip zumindest ein wirtschaftspolitischer Vorrang einzuräumen.[795] Der *EuGH* hat sich erstmals in der Rechtssache *Futura Participations* aus dem Jahre 1997 für ein Territorialitätsprinzip ausgesprochen, wonach gebietsfremde Gesellschaften als beschränkt Steuerpflichtige vom Mitgliedstaat für den Gewinn aus ihrer inländischen Tätigkeit unter Berücksichtigung inländischer Verluste zu besteuern sind.[796] Mittlerweile[797] wird der Zweck des Rechtfertigungsgrundes verallgemeinert darin gesehen, eine Grundlage zu schaffen, um Verhaltensweisen zu verhindern, die geeignet sind, das Recht eines Mitgliedstaats auf Ausübung seiner Steuerhoheit für die in seinem Hoheitsgebiet durchgeführten Tätigkeiten zu gefährden.[798] Dem liegt das legitime Interesse der Mitgliedstaaten zugrunde, dass sie stets an demjenigen wirtschlichten Erfolg partizipieren können, den sie durch die Bereitstellung staatlicher Vorleistungen begünstigt haben.[799]

bb) Pflicht der Mitgliedstaaten zur Verhinderung einer Doppelbesteuerung

Neben dem Recht zur Geltendmachung eines Besteuerungsanspruchs gemäß der Steuerhoheit stellt sich allerdings die Frage, ob und inwieweit die

---

795 Siehe hierzu *1. Teil* GldPkt. B IV 3 c).

796 *EuGH*, Urt. v. 15.05.1997, Rs. C-250/95 – *„Futura Participations und Singer"*, Slg. 1997 (de), S. I-2471 (I-2499 – Rn. 21 f.).

797 Der Rechtfertigungsgrund hat sich zunächst auf solche Fallkonstellationen einer doppelten Verlustberücksichtigung beschränkt (*EuGH*, Urt. v. 13.12.2005, Rs. C-446/03 – *„Marks & Spencer"*, Slg. 2005 (de), S. I-10837 (I-10880 – Rn. 39 f., I-10881 f. – Rn. 46 f.); Urt. v. 29.03.2007, Rs. C-347/04 – *„Rewe Zentralfinanz"*, Slg. 2007 (de), S. I-2647 (I-2685 f. – Rn. 42 ff., I-2693 – Rn. 69)).

798 *EuGH*, Urt. v. 18.07.2007, Rs. C-231/05 – *„Oy AA"*, Slg. 2007 (de), S. I-6373 (I-6410 – Rn. 54 f.); Urt. v. 08.11.2007, Rs. C-379/05 – *„Amurta"*, Slg. 2007 (de), S. I-9569 (I-9613 – Rn. 58); Urt. v. 15.05.2008, Rs. C-414/06 – *„Lidl Belgium"*, ECLI:EU:C:2008:278, Rn. 52; Urt. v. 18.06.2009, Rs. C-303/07 – *„Aberdeen Property Fininvest Alpha"*, ECLI:EU:C:2009:377, Rn. 66; Urt. v. 20.10.2011, Rs. C-284/09 – *„Kommission/Deutschland"*, ECLI:EU:C:2011:670, Rn. 77; Urt. v. 10.05.2012, Rs. C-338/11 – *„Santander Asset Management SGIIC"*, ECLI:EU:C:2012:286, Rn. 47; Urt. v. 04.07.2013, Rs. C-350/11 – *„Argenta Spaarbank"*, ECLI:EU:C:2013:447, Rn. 53; Urt. v. 12.12.2013, Rs. C-303/12 – *„Imfeld und Garcet"*, ECLI:EU:C:2013:822, Rn. 75; Urt. v. 17.07.2014, Rs. C-48/13 – *„Nordea Bank Danmark"*, ECLI:EU:C:2014:2087, Rn. 33.

799 *H. Kube*, in: Kruthoffer-Röwekamp (Hrsg.), Die Rechtsprechung des EuGH in ihrer Bedeutung für das nationale und internationale Recht der direkten Steuern, S. 133 (147).

Mitgliedstaaten zur Verhinderung einer Doppelbesteuerung *verpflichtet* sind. Sowohl den Vorschriften des Unionsrechts als auch der Rechtsprechung des EuGH lassen sich insoweit keine rechtlichen Wertungen entnehmen.[800] Zur Herleitung einer solchen Pflicht gilt es das Spannungsverhältnis zwischen dem unionalen Interesse zur Grundfreiheitsgewährleistung, welches dem Unionsziel zur Errichtung eines Binnenmarkts dient, und dem mitgliedstaatlichen Fiskalinteresse zur Staatssouveränität, welches die Steuerhoheit begründet, zu beachten. Es fragt sich, ob und inwieweit den Mitgliedstaaten eine Pflicht zur Vermeidung einer Doppelbesteuerung zwecks der Errichtung eines Binnenmarkts zukommt, um so präventiv eine Beschränkung oder Diskriminierung zu verhindern.

Eine Pflicht grundsätzlich auszuschließen, wäre bereits deshalb vermessen, da dem Unionsziel zur Errichtung eines Binnenmarkts keine Beachtung geschenkt werden würde. Hinsichtlich der Reichweite der notwendigen Pflicht gilt es zunächst zu berücksichtigen, dass eine Doppelbesteuerung stets ein Zusammenwirken zweier Mitgliedstaaten voraussetzt, während eine Pflicht nur an die einzelnen Mitgliedstaaten adressiert ist. Den Mitgliedstaaten kann somit zunächst einmal nicht die Pflicht aufgetragen werden, eine Grundfreiheitsbeschränkung aufgrund einer Doppelbesteuerung *vollständig* zu verhindern. In diesem Sinne hat auch der *EuGH* in der Rechtssache *Deutsche Shell* klargestellt, dass ein Mitgliedstaat nicht dazu verpflichtet sei, seine Steuervorschriften auf diejenigen eines anderen Mitgliedstaats abzustimmen, um in allen Situationen eine Besteuerung zu gewährleisten, die jede Ungleichheit aus den nationalen Steuerregelungen beseitige.[801] Vielmehr ist eine Pflicht der Mitgliedstaaten darin zu erblicken, der eigenen Kompetenzausübung zur Geltendmachung eines Besteuerungsanspruchs insoweit Grenzen zu setzen, wie sich dies aus einer *staatenübergreifenden* Regel ergibt. Im Falle einer tatsächlichen Doppelbesteuerung ist sodann nach diesem Maßstab die *Verantwortung* der jeweiligen Mitgliedstaaten zu bestimmen.[802]

800 *J. Hey*, in: Dillmann/Laier/Lammel/Reimer/Schmitz (Hrsg.), Münchener Schriften zum Internationalen Steuerrecht 27 (2007), S. 295 (307 f.).

801 *EuGH*, Urt. v. 28.02.2008, Rs. C-293/06 – *„Deutsche Shell“*, ECLI:EU:C:2008:129, Rn. 43; Urt. v. 23.10.2008, Rs. C-157/07 – *„Krankenheim Ruhesitz am Wannsee-Seniorenheimstatt“*, ECLI:EU:C:2008:588, Rn. 50.

802 *H. Kube*, in: Kruthoffer-Röwekamp (Hrsg.), Die Rechtsprechung des EuGH in ihrer Bedeutung für das nationale und internationale Recht der direkten Steuern, S. 133 (149).

cc) Schlussfolgerung

Es kann festgehalten werden, dass sich die *Pflicht* der Mitgliedstaaten zur Verhinderung einer Doppelbesteuerung nach der Reichweite des *Rechts* der Mitgliedstaaten zur Geltendmachung eines Besteuerungsanspruchs bestimmt, indem sich namentlich die Verantwortung für eine Doppelbesteuerung aus der Verletzung einer staatenübergreifenden Regel zur Bestimmung der Steuerhoheiten ergibt. Um eine „Ausgewogenheit" der Aufteilung jener Steuerhoheiten bzw. Besteuerungsbefugnisse zu gewährleisten, kann im Ergebnis also daran gedacht werden, dem Territorialitätsprinzip eine allgemeingültige Bedeutung zu geben, welche sich zum einen dazu eignen muss, eine Überschneidung der Besteuerungsansprüche der Mitgliedstaaten weitestgehend[803] zu vermeiden.[804] Zum anderen muss ihr als Leitidee der Charakter einer verpflichtenden *Regel*, statt nur eines Prinzips zukommen, indem sie die Steuerhoheiten der Mitgliedstaaten *abschließend* bestimmt.[805]

---

803 Sollten sich die Besteuerungsansprüche dennoch überschneiden, sodass ein Mitgliedstaat für eine Doppelbesteuerung nicht verantwortlich gemacht werden kann, trifft beide Mitgliedstaaten *subsidiär* die Pflicht, miteinander zu kooperieren, um eine Doppelbesteuerung zu verhindern und somit dem Unionsziel zur Errichtung des Binnenmarkts zu entsprechen (in die gleiche Richtung gehend wohl auch *H. Kube*, in: Kruthoffer-Röwekamp (Hrsg.), Die Rechtsprechung des EuGH in ihrer Bedeutung für das nationale und internationale Recht der direkten Steuern, S. 133 (149 f.)). Dies lässt sich bereits aus dem Grundsatz der loyalen Zusammenarbeit ableiten, wonach den Mitgliedstaaten Schranken zu setzen sind, wenn die Ausübung ihrer Kompetenzen in unionsrechtlich garantierte Rechtspositionen des Steuerpflichtigen – namentlich zur Binnenmarktverwirklichung (*Ch. Calliess/W. Kahl/A. Puttler*, in: Calliess/Ruffert (Hrsg.), EUV/AEUV, 5. Aufl. 2016, Art. 4 EUV Rn. 117) – eingreift (*M. Lück*, Die Gemeinschaftstreue als allgemeines Rechtsprinzip im Recht der Europäischen Gemeinschaft, S. 67). Zwar wirkt sich die Aufteilung der Besteuerungsansprüche *unmittelbar* allein auf die Ebene der Mitgliedstaaten aus. Allerdings bestimmt dies *mittelbar* auch die Steuerlast des Steuerpflichtigen. Konsequenterweise muss der Grundsatz der loyalen Zusammenarbeit somit auch hier zugunsten des Staatsangehörigen eines Mitgliedstaats Berücksichtigung finden.

804 Siehe hierzu *6. Teil* GldPkt. B.

805 Siehe hierzu *4. Teil* GldPkt. B, C, D; in die gleiche Richtung gehend auch *J. Englisch*, in: Lang (Hrsg.), DStJG 41 (2018), S. 273 (317); primär auf die nationale Steuerhoheit und nicht auf einen internationalen Aufteilungsmaßstab abstellend wohl *D. Weber*, in: Intertax 2006, S. 585 (600 ff.).

b) *Verhinderung von Steuerhinterziehung und Steuerumgehung bzw. Steuermissbrauch*

aa) *Verhältnis zum Rechtfertigungsgrund zur ausgewogenen Aufteilung der Besteuerungsbefugnisse*

Mit dem Rechtfertigungsgrund zur Gewährleistung einer ausgewogenen Aufteilung der Besteuerungsbefugnisse eng verbunden, ist der Rechtfertigungsgrund zur Verhinderung von Steuerhinterziehung und Steuerumgehung bzw. -missbrauch.[806] Zum Verhältnis der beiden mitgliedstaatlichen Fiskalinteressen äußert sich der EuGH zwar nicht ausdrücklich. Allerdings lässt die Rechtsprechungspraxis erkennen, dass beide Rechtfertigungsgründe häufig zusammenhängend geprüft werden.[807] So sei eine missbräuchliche Praxis unter

---

806 Der *EuGH* hat neben positiven Rechtfertigungsgründen auch einen negativen Katalog formuliert, in dem er ausdrücklich klargestellt hat, welche Gründe *nicht* ohne Weiteres als solche des Allgemeininteresses angesehen werden können. Hierzu zählen der Rückgang von Steuereinnahmen (*EuGH*, Urt. v. 16.07.1998, Rs. C-264/96 – *„ICI“*, Slg. 1998 (de), S. I-4695 (I-4723 – Rn. 28); Urt. v. 06.06.2000, Rs. C-35/98 – *„Verkooijen“*, Slg. 2000 (de), S. I-4071 (I-4133 – Rn. 59); Urt. v. 07.09.2004, Rs. C-319/02 – *„Manninen“*, Slg. 2004 (de), S. I-7477 (I-7513 – Rn. 49); Urt. v. 13.12.2005, Rs. C-446/03 – *„Marks & Spencer“*, Slg. 2005 (de), S. I-10837 (I-10881 – Rn. 44); Urt. v. 12.09.2006, Rs. C-196/04 – *„Cadbury Schweppes“*, Slg. 2006 (de), S. I-7995 (I-8047 – Rn. 49)) sowie eine relativ geringe steuerliche Belastung einer Tochtergesellschaft mit Sitz in einem anderen Mitgliedstaat als dem, in dem die Muttergesellschaft gegründet worden ist (*EuGH*, Urt. v. 28.01.1986, Rs. 270/83 – *„Kommission/Frankreich“*, Slg. 1986 (de), S. 273 (305 – Rn. 21); Urt. v. 26.10.1999, Rs. C-294/97 – *„Eurowings“*, Slg. 1999 (de), S. I-7447 (I-7476 – Rn. 44); Urt. v. 26.06.2003, Rs. C-422/01 – *„Skandia und Ramstedt“*, Slg. 2003 (de), S. I-6817 (I-6845 – Rn. 52); Urt. v. 12.09.2006, Rs. C-196/04 – *„Cadbury Schweppes“*, Slg. 2006 (de), S. I-7995 (I-8047 – Rn. 49)). Allerdings können weitere Umstände eines konkreten Steuerpflichtigen, die auf das Ausnutzen eines Steuergefälles hindeuten, mitgliedstaatliche Maßnahmen zur Verhinderung von Steuerhinterziehung und Steuerumgehung bzw. -missbrauch erforderlich machen, welche vom EuGH wiederum als Rechtfertigungsgrund positiv anerkannt sind (vgl. *EuGH*, Urt. v. 13.12.2005, Rs. C-446/03 – *„Marks & Spencer“*, Slg. 2005 (de), S. I-10837 (I-10882 – Rn. 49)).

807 *J. Hey*, in: StuW 2008, S. 167 (180 ff.); *C. Staringer*, in: Lang (Hrsg.), DStJG 41 (2018), S. 365 (376); vgl. auch *EuGH*, Urt. v. 13.12.2005, Rs. C-446/03 – *„Marks & Spencer“*, Slg. 2005 (de), S. I-10837 (I-10882 – Rn. 49); Urt. v. 12.09.2006, Rs. C-196/04 – *„Cadbury Schweppes“*, Slg. 2006 (de), S. I-7995 (I-8049 – Rn. 56); Urt. v. 29.03.2007, Rs. C-347/04 – *„Rewe Zentralfinanz“*, Slg. 2007 (de), S. I-2647 (I-2684 – Rn. 41); Urt. v. 18.07.2007, Rs. C-231/05 – *„Oy AA“*, Slg. 2007 (de), S. I-6373 (I-6412 – Rn. 62);

anderem dann anzunehmen, wenn Übertragungen von Verlusten innerhalb eines Konzerns auf diejenigen Gesellschaften vorgenommen werden, welche in denjenigen Mitgliedstaaten ansässig sind, in denen die höchsten Steuersätze gelten und folglich auch der steuerliche Wert dieser Verluste am höchsten ist, da das Recht der Mitgliedstaaten in Gefahr gebracht werde, ihre Steuerzuständigkeit in Bezug auf die in ihrem Hoheitsgebiet durchgeführten Tätigkeiten auszuüben.[808] In anderen Worten kann aus der Beeinträchtigung einer ausgewogenen Aufteilung der Besteuerungsbefugnis zwischen den Mitgliedstaaten im Lichte des Territorialitätsprinzips eine missbräuchliche Praxis der Staatsangehörigen eines Mitgliedstaats hergeleitet werden.[809] Zur Annahme eines Missbrauchs wird sich namentlich auf eben solche Gestaltungen bezogen, welche zu einer unangemessenen Aushöhlung der nationalen Besteuerungsbefugnisse führen.[810]

Weiterhin lässt sich in diesem Zusammenhang festhalten, dass der Rechtfertigungsgrund zur Verhinderung von Steuerhinterziehung und Steuerumgehung bzw. -missbrauch auch dahingehend eine *Ergänzung* zur ausgewogenen Aufteilung der Besteuerungsbefugnisse darstellt, dass das gleiche mitgliedstaatliche Fiskalinteresse auf einer *anderen Ebene* sichergestellt wird. Die ausgewogene Aufteilung der Besteuerungsbefugnisse beschreibt zunächst das *Verhältnis der Mitgliedstaaten untereinander*. Ein Missbrauch könnte in diesem Verhältnis nur dann angenommen werden, wenn die aus der Staatssouveränität herzuleitenden Kompetenzen dahingehend ausgeübt werden, dass sie den Handlungsspielraum anderer Mitgliedstaaten schikanieren.[811] Ob und inwieweit in dem Verstoß gegen das Territorialitätsprinzip eine unnötige Schikane im Sinne eines Missbrauchs zu erblicken ist, bestimmt sich, wie soeben geschlussfolgert, nach

---

Urt. v. 15.05.2008, Rs. C-414/06 – „*Lidl Belgium*“, ECLI:EU:C:2008:278, Rn. 41; Urt. v. 21.01.2010, Rs. C-311/08 – „*SGI*“, ECLI:EU:C:2010:26, Rn. 62 f.

808 *EuGH*, Urt. v. 13.12.2005, Rs. C-446/03 – „*Marks & Spencer*“, Slg. 2005 (de), S. I-10837 (I-10881 f. – Rn. 46 ff.); Urt. v. 12.09.2006, Rs. C-196/04 – „*Cadbury Schweppes*“, Slg. 2006 (de), S. I-7995 (I-8049 – Rn. 56); Urt. v. 13.03.2007, Rs. C-524/04 – „*Thin Cap Group Litigation*“, Slg. 2007 (de), S. I-2107 (I-2190 – Rn. 74 f.); vgl. auch *EuGH*, Urt. v. 21.01.2010, Rs. C-311/08 – „*SGI*“, ECLI:EU:C:2010:26, Rn. 62 f.

809 Vgl. *EuGH*, Urt. v. 18.07.2007, Rs. C-231/05 – „*Oy AA*“, Slg. 2007 (de), S. I-6373 (I-6412 – Rn. 62).

810 *J. Englisch*, in: Schaumburg/Englisch (Hrsg.), Europäisches Steuerrecht, Rn. 7.250; *ders.*, in: Lang (Hrsg.), DStJG 41 (2018), S. 273 (327 f.); *C. Staringer*, in: Lang (Hrsg.), DStJG 41 (2018), S. 365 (377).

811 Vgl. hierzu *3. Teil* GldPkt. B I.

der rechtlichen Legitimation[812] und der konkreten Bedeutung[813] des Territorialitätsprinzips. Jenseits dieser Feststellung erschöpft sich der Rechtfertigungsgrund in einem Prinzip oder einer Regel zur Bestimmung der Steuerhoheiten von bloß *abstrakter* Natur. Der Rechtfertigungsgrund zur Verhinderung von Steuerhinterziehung und Steuerumgehung bzw. -missbrauch bezieht sich hingegen auf ein *konkretes* Verhalten des Steuerpflichtigen sowie die adäquate Partizipation der einzelnen Mitgliedstaaten am Steuersubstrat, dessen Bewertung im Lichte einer hinzutretenden nationalen Vorschrift zu erfolgen hat.[814] An dieser Stelle kommt das unionsrechtliche Missbrauchskonzept zur Geltung, indem sich der Missbrauch auf die Wahl einer Rechtsgestaltung unter Berufung auf die betroffene Grundfreiheit bezieht, um einen planmäßig nicht zu gewährenden nationalrechtlichen Steuervorteil zu erreichen.[815]

Als mitgliedstaatliche Maßnahme zur Verhinderung eines missbräuchlichen Verhaltens von Staatsangehörigen eines Mitgliedstaats im Sinne eines Rule Shopping ist vor allem die *Hinzurechnungsbesteuerung* zu nennen.[816] Zwar droht mit der Rechtsfolge einer – entweder vollständigen[817] oder teilweisen[818] – Ausschüttungsfiktion von Gewinnen an die Muttergesellschaft ggf.[819] die Begründung einer faktischen[820] Doppelbesteuerung. Der insoweit

812 Siehe hierzu *4. Teil* GldPkt. B, C, D.

813 Siehe hierzu *6. Teil* GldPkt. B.

814 So auch *H. Kube*, in: Kruthoffer-Röwekamp (Hrsg.), Die Rechtsprechung des EuGH in ihrer Bedeutung für das nationale und internationale Recht der direkten Steuern, S. 133 (145).

815 Ob und inwieweit ein Missbrauch durch Staatsangehörige eines Mitgliedstaats anzunehmen ist, bemisst sich neben einem subjektiven Element im Kern nach dem objektiven Element der Zweckwidrigkeit einer Rechtsanwendung des Primärrechts (siehe hierzu *3. Teil* GldPkt. B II 3 d) ee) (2) (c) (cc)).

816 Siehe zur deutschen Hinzurechnungsbesteuerung *1. Teil* GldPkt. B V.

817 Folgt ein Staat dem *Welteinkommensprinzip*, so werden gem. der Hinzurechnungsbesteuerung *sämtliche* Einnahmen besteuert, die bisher im Inland steuerlich unberücksichtigt blieben.

818 Folgt ein Staat dem *Territorialitätsprinzip*, so werden gem. der Hinzurechnungsbesteuerung *nur solche* Einnahmen besteuert, die aufgrund einer besonderen territorialen Nähe zum Inland hätten besteuert werden müssen.

819 Eine Doppelbesteuerung droht, sofern die im Niedrigsteuerland fälligen Steuern der beherrschten Basisgesellschaft im Mitgliedstaat der Muttergesellschaft nicht berücksichtigt werden.

820 Die Doppelbesteuerung erfolgt insoweit nur „*faktisch*“, da nicht die selbe Gesellschaft doppelt besteuert wird, sondern vielmehr sowohl die Mutter- als auch die

in Frage stehende Verstoß gegen den Grundsatz der loyalen Zusammenarbeit, welcher einen Eingriff in die Rechtsposition des einzelnen Steuerpflichtigen durch einen Mitgliedstaat erfordert,[821] ist allerdings insoweit gerechtfertigt, als die Hinzurechnungsbesteuerung als Instrument zur Verhinderung eines steuerrechtlichen Missbrauchs einem anerkannten Rechtfertigungsgrund dient. Mithin begründet sie eben eine Schrankenwirkung für die Reichweite zur Ausübung der unionsrechtlich garantierten Rechtspositionen einzelner Steuerpflichtiger – namentlich der Geltendmachung von Grundfreiheiten. In diesem Rahmen könnte der Hinzurechnungsbesteuerung vielmehr die Funktion zugesprochen werden, eben diejenigen Mitgliedstaaten zur Einhaltung des Grundsatzes der loyalen Zusammenarbeit anzuhalten, welche für die Doppelbesteuerung aufgrund eines Verstoßes gegen eine Regel zur ausgewogenen Aufteilung der Besteuerungsansprüche *verantwortlich* sind, indem den steuerlichen Anreizen des Niedrigsteuerlandes jenseits der nach dem Territorialitätsprinzip gesetzten Reichweite der „Wind aus den Segeln" genommen wird.[822] In anderen Worten könnte den einzelnen Mitgliedstaaten mit der Hinzurechnungsbesteuerung ein Instrument zur *einseitigen Durchsetzung* eines konkreten Besteuerungsanspruchs zwecks einer adäquaten Beteiligung am *konkreten Steuersubstrat* gegenüber den Staatsangehörigen eines Mitgliedstaats an die Hand gegeben werden, um somit die Ausgewogenheit der Aufteilung von Steuerhoheiten innerhalb der EU im Lichte einer *abstrakten Regel*[823] selbständig zu fördern.[824]

Tochtergesellschaft für die selben – nur einmal entstandenen – Einkünfte besteuert werden.

821 *M. Lück*, Die Gemeinschaftstreue als allgemeines Rechtsprinzip im Recht der Europäischen Gemeinschaft, S. 67; vgl. auch zum „Grundsatz der loyalen Zusammenarbeit" *3. Teil* GldPkt. A II 2.

822 Siehe zum Vorrang einer Hinzurechnungsbesteuerung auf Grundlage des *Territorialitätsprinzips* gegenüber einer Hinzurechnungsbesteuerung auf Grundlage des *Welteinkommensprinzips*, bei der sich das Territorialitätsprinzip allein in der Ausnahmeregel manifestiert, *6. Teil* GldPkt. B II 2 b) cc) (1).

823 Siehe hierzu *4. Teil* GldPkt. C.

824 In die gleiche Richtung gehend auch *J. Englisch*, in: Lang (Hrsg.), DStJG 41 (2018), S. 273 (327 f.).

bb) Inhalt und Umfang auf dem Gebiet der Hinzurechnungsbesteuerung

Abschließend gilt es nunmehr festzustellen, welchen Inhalt und Umfang die Verhinderung eines steuerrechtlichen Missbrauchs auf dem Gebiet der Hinzurechnungsbesteuerung hat.

(1) Rs. *Cadbury Schweppes*: Die Leitentscheidung des EuGH

Als aktueller Maßstab der Rechtsprechung ist insoweit nach wie vor die Leitentscheidung des *EuGH* in der Rechtssache *Cadbury Schweppes* aus dem Jahre 2006 anzusehen.[825] Diesem Vorabentscheidungsverfahren lag der Fall einer typischen Hinzurechnungsbesteuerung zugrunde. Eine Muttergesellschaft, welche im Vereinigten Königreich niedergelassen war, hielt mittelbar Tochtergesellschaften in Irland. Das Recht des Vereinigten Königreichs regelte grundsätzlich, dass Gewinne einer Tochtergesellschaft im Zeitpunkt der Erzielung im Ansässigkeitsstaat der Muttergesellschaft nicht besteuert werden. Ausnahmsweise erfolgte allerdings eine Zurechnung solcher Gewinne der Tochtergesellschaft auf die Muttergesellschaften eben dann, wenn die beherrschte ausländische Tochtergesellschaft in ihrem Ansässigkeitsstaat einer Niedrigbesteuerung unterlag.[826]

Indem inländischen Gesellschaften nur punktuell externe Gewinne solcher beherrschten Gesellschaften zugerechnet werden, welche im Ausland niedergelassen sind, während Beteiligungen an inländischen Gesellschaften keine entsprechende Hinzurechnung begründen, sei – auch jenseits einer möglichen Doppelbesteuerung – eine Ungleichbehandlung inländischer Gesellschaften herbeigeführt. Eben diese Ungleichbehandlung sei dazu geeignet, eine Gründung von Gesellschaften in Niedrigsteuerländern zu verhindern, obwohl diese Entscheidungsmöglichkeit durch die Niederlassungsfreiheit grundsätzlich zu gewährleisten sei, um einen Binnenmarkt innerhalb der EU zu errichten.[827] Diese Beschränkung der Niederlassungsfreiheit sei dann gerechtfertigt, wenn

825 Vgl. *EuGH*, Urt. v. 13.03.2007, Rs. C-524/04 – „*Thin Cap Group Litigation*", Slg. 2007 (de), S. I-2107 (I-2192 f. – Rn. 74); Urt. v. 05.07.2012, Rs. C-318/10 – „*SIAT*", ECLI:EU:C:2012:415, Rn. 40; Urt. v. 07.11.2013, Rs. C-322/11 – „*K*", ECLI:EU:C:2013:716, Rn. 61; Urt. v. 01.04.2014, Rs. C-80/12 – „*Felixstowe Dock and Railway Commany u.a.*", ECLI:EU:C:2014:200, Rn. 33; Urt. v. 07.09.2017, Rs. C-6/16 – „*Eqiom und Enka*", ECLI:EU:C:2017:641, Rn. 30.

826 *EuGH*, Urt. v. 12.09.2006, Rs. C-196/04 – „*Cadbury Schweppes*", Slg. 2006 (de), S. I-7995 (I-8034 ff. – Rn. 1 ff.).

827 *EuGH*, Urt. v. 12.09.2006, Rs. C-196/04 – „*Cadbury Schweppes*", Slg. 2006 (de), S. I-7995 (I-8045 f. – Rn. 43 ff.).

die Hinzurechnungsbesteuerung dem zwingenden öffentlichen Interesse diene, Steuerhinterziehung und Steuerumgehung bzw. -missbrauch zu verhindern. Zur Feststellung des Begriffs des „steuerrechtlichen Missbrauchs" im Rahmen dieses Rechtfertigungsgrundes zur Beschränkung der Grundfreiheiten bedient sich der EuGH dem unionsrechtlichen Missbrauchskonzept.[828] Neben der Anforderung einer „rein künstlichen Gestaltung" zur Vermutung des subjektiven Elements anhand objektiver Anhaltspunkte sei das zweckwidrige Verhalten des Steuerpflichtigen im Rahmen des objektiven Elements vor allem nach dem Ziel der Grundfreiheiten zu bemessen.[829] Dabei bestehe das Ziel der in dieser Rechtssache relevanten Niederlassungsfreiheit vor allem darin, es den Staatsangehörigen eines Mitgliedstaats zu ermöglichen, in stabiler und kontinuierlicher Weise am Wirtschaftsleben eines anderen Mitgliedstaats als desjenigen ihrer Herkunft teilnehmen und einen Nutzen hieraus ziehen zu können.[830] Dies impliziere eine tatsächliche Ausübung einer wirtschaftlichen Tätigkeit mittels einer festen Einrichtung in diesem Staat auf unbestimmte Zeit.[831] Vor diesem Hintergrund sei von einem „steuerrechtlichen Missbrauch" im Rahmen des Rechtfertigungsgrundes zur Beschränkung der Grundfreiheiten stets dann auszugehen, wenn eine *„rein künstliche, jeder wirtschaftlichen Realität bare Gestaltung"* vorliege, welche dem alleinigen Zweck diene, einer Steuer zu entgehen, die normalerweise für erzielte Gewinne inländischer Tätigkeiten geschuldet sei.[832] Für den Fall grenzüberschreitend tätiger Unternehmen müsse mithin zur Feststellung der „Realität" wirtschaftlicher Gründe im Lichte der Niederlassungsfreiheit vor allem danach gefragt werden, ob von der Gesellschaft am Niederlassungsort auch „wirkliche wirtschaftliche Tätigkeiten"[833] vorgenommen werden oder vielmehr von einer fiktiven Ansiedlung auszugehen

828 *EuGH*, Urt. v. 12.09.2006, Rs. C-196/04 – *„Cadbury Schweppes"*, Slg. 2006 (de), S. I-7995 (I-8051 – Rn. 64).

829 *EuGH*, Urt. v. 12.09.2006, Rs. C-196/04 – *„Cadbury Schweppes"*, Slg. 2006 (de), S. I-7995 (I-8048 – Rn. 52).

830 *EuGH*, Urt. v. 30.11.1995, Rs. C-55/94 – *„Gebhard"*, Slg. 1995 (de), S. I-4165 (I-4195 – Rn. 25); Urt. v. 12.09.2006, Rs. C-196/04 – *„Cadbury Schweppes"*, Slg. 2006 (de), S. I-7995 (I-8048 – Rn. 53).

831 *EuGH*, Urt. v. 12.09.2006, Rs. C-196/04 – *„Cadbury Schweppes"*, Slg. 2006 (de), S. I-7995 (I-8048 – Rn. 54).

832 *EuGH*, Urt. v. 12.09.2006, Rs. C-196/04 – *„Cadbury Schweppes"*, Slg. 2006 (de), S. I-7995 (I-8049 – Rn. 55).

833 Auf Englisch: „Genuine economic activity" (*EuGH*, Urt. v. 12.09.2006, Rs. C-196/04 – *„Cadbury Schweppes"*, Slg. 2006 (en), S. I-7995 (I-8052 – Rn. 68)).

sei, die dem alleinigen Zweck eines Steuervorteils dienen sollte.[834] Zu dessen Feststellung müsse auf objektive Anhaltspunkte abgestellt werden, welche auf das Ausmaß des greifbaren Vorhandenseins der beherrschten ausländischen Gesellschaft hinweisen. Zu denken sei vor allem an Geschäftsräume, Personal und Ausrüstungsgegenstände.[835]

Es kann somit festgehalten werden, dass der EuGH den Begriff des „steuerrechtlichen Missbrauchs" im Rahmen des Rechtfertigungsgrundes zur Verhinderung von Steuerhinterziehung und Steuerumgehung bzw. -missbrauch besonders *eng* auslegt.

(2) Generalanwälte

Mit dieser Rechtsprechung folgte der EuGH den Schlussanträgen des Generalanwalts *Ph. Léger*. So nimmt auch er zur Herleitung des Begriffs des „steuerrechtlichen Missbrauchs" auf der Rechtfertigungsebene im Ergebnis Bezug auf das unionsrechtliche Missbrauchskonzept und ist der Auffassung, es komme als entscheidendes Kriterium im Rahmen des objektiven Elements auf den Sinn und Zweck der Niederlassungsfreiheit an.[836] Dabei müsse im Wege einer Einzelfallprüfung entschieden werden, ob die Gründung der Tochtergesellschaft im Ausland und ihre dortige inhaltliche Tätigkeiten im Zusammenhang mit den von der Muttergesellschaft erbrachten (Zahlungs-)Leistungen, die zu einer Minderung ihrer Steuerbelastung im Inland führte, echt seien.[837] Als Kriterium dieser „Echtheit" könne allerdings neben dem Grad der materiellen Präsenz – welche die Rechtsprechung ebenfalls als ausschlaggebend erachtet – auch auf die ausgeübte Tätigkeit – namentlich die Eignung und Kompetenz des Personals – sowie den wirtschaftlichen Wert der erbrachten Leistung der Tochtergesellschaft abgestellt werden.[838]

834 *EuGH*, Urt. v. 12.09.2006, Rs. C-196/04 – *„Cadbury Schweppes"*, Slg. 2006 (de), S. I-7995 (I-8048 – Rn. 54, I-8051 f. – Rn. 66 ff.); vgl. auch *EuGH*, Urt. v. 13.03.2007, Rs. C-524/04 – *„Thin Cap Group Litigation"*, Slg. 2007 (de), S. I-2107 (I-2192 f. – Rn. 82 ff.).

835 *EuGH*, Urt. v. 12.09.2006, Rs. C-196/04 – *„Cadbury Schweppes"*, Slg. 2006 (de), S. I-7995 (I-8051 f. – Rn. 67).

836 *Ph. Léger*, Schlussantr. v. 02.05.2006, Rs. C-196/04 – *„Cadbury Schweppes"*, Slg. 2006 (de), S. I-7995 (I-8020 – Rn. 105).

837 *Ph. Léger*, Schlussantr. v. 02.05.2006, Rs. C-196/04 – *„Cadbury Schweppes"*, Slg. 2006 (de), S. I-7995 (I-8020 – Rn. 110).

838 *Ph. Léger*, Schlussantr. v. 02.05.2006, Rs. C-196/04 – *„Cadbury Schweppes"*, Slg. 2006 (de), S. I-7995 (I-8022 f. – Rn. 112 ff.).

(3) Literatur

In der Literatur wird die Leitentscheidung des EuGH hingegen kritisiert. Im Fokus steht hierbei der Mangel einer rechtsdogmatischen Ausdifferenzierung. Es wird vertreten, das alleinige Abstellen auf die Zielsetzung der Grundfreiheiten lasse lediglich Schlüsse zu, wie weit der Schutzbereich der Grundfreiheiten zunächst einmal zu fassen sei. So sei die Anforderung einer wirtschaftlich substanzvollen Tätigkeit hinsichtlich eines Missbrauchs zugleich der Maßstab zur Anwendung der Grundfreiheiten an sich. Anders formuliert tangiere eine „jede wirtschaftliche Realität bare Gestaltung" bereits gar nicht den Schutzbereich einer Grundfreiheit.[839] Vor diesem Hintergrund sei die vom EuGH vorgenommene Prüfung bereits vollumfänglich auf Tatbestandsebene vorzunehmen. Da sich der Maßstab auf Rechtfertigungsebene von demjenigen auf Tatbestandsebene nicht unterscheide, liefe der Rechtfertigungsgrund faktisch ins Leere.[840]

Um dem Rechtfertigungsgrund zur Verhinderung von Steuerhinterziehung und Steuerumgehung bzw. -missbrauch eine Bedeutung zu geben, sei stattdessen eine Abwägung des Ziels der Grundfreiheiten zu solchen von außen heranzutragenden kontradiktorischen, allerdings legitimen Zielen vorzunehmen, welche die mitgliedstaatlichen Fiskalinteressen widerspiegeln. Namentlich sei das *mitgliedstaatliche* Interesse nationaler Besteuerungsprinzipien zur adäquaten Partizipation am konkreten Steuersubstrat mit dem *unionalen* Interesse zur Durchsetzung des Gedankens zur Errichtung eines Binnenmarkts in Abwägung zu bringen.[841] Die Erforderlichkeit einer Einbeziehung der mitgliedstaatlichen Fiskalinteressen *neben* solchen des Unionsrechts sei insbesondere der mangelnden Harmonisierung im Bereich der direkten Steuer geschuldet. Würde allein die Errichtung des Binnenmarkts als unionales Interesse im

---

839 *J. Ghosh*, in: de la Feria/Vogenauer (Hrsg.), Prohibition of Abuse of Laws, S. 459 (465); vgl. bereits auch *W. Schön*, in: Wank/Hirte/Frey/Fleischer/Thüsing (Hrsg.), FS Wiedemann, S. 1271 (1292); *S. v. Thiel*, Free Movement of Persons and Income Tax Law, S. 183.

840 *H. Hahn*, in: IStR 2006, S. 667 (669); *G. Axer*, in: IStR 2007, S. 162 (164); *L. Rehfeld*, Die Vereinbarkeit des Außensteuergesetzes mit den Grundfreiheiten des EG-Vertrages, S. 324; *J. Englisch*, in: Schaumburg/Englisch (Hrsg.), Europäisches Steuerrecht, Rn. 7.254.

841 *L. Rehfeld*, Die Vereinbarkeit des Außensteuergesetzes mit den Grundfreiheiten des EG-Vertrages, S. 325 f.; *J. Englisch*, in: StuW 2009, S. 3 (18); *ders.*, in: Schaumburg/Englisch (Hrsg.), Europäisches Steuerrecht, Rn. 7.254; vgl. auch *W. Schön*, in: Kirchhof/Nieskens (Hrsg.), FS Reiss, S. 571 (585); *J. Ghosh*, in: de la Feria/Vogenauer (Hrsg.), Prohibition of Abuse of Laws, S. 459 (465).

Fokus stehen, um der direkten Steuer innerhalb der Mitgliedstaaten bei grenzüberschreitenden Sachverhalten Gestalt zu geben, so sei hierin eine unzulässige Kompetenzverlagerung auf die Unionsebene zu erblicken, welche dem Prinzip der begrenzten Ermächtigung[842] widerspreche.[843] Eine solche Abwägung führe zwangsläufig zu einem *weiter gefassten* Verständnis des „steuerrechtlichen Missbrauchs" auf der Rechtfertigungsebene, da in diesem Zusammenhang erst jene tatsächlichen bzw. wirklichen wirtschaftlichen Tätigkeiten zu beschränken seien, welche grundsätzlich unter den Schutzbereich der Grundfreiheiten fallen.[844]

(4) Stellungnahme

Der Literatur ist in ihrer Kritik gegenüber der Entscheidung des EuGH in der Rechtssache *Cadbury Schweppes* sowie der daraus resultierenden rechtsdogmatischen Schlussfolgerung eines weiter gefassten Begriffsverständnisses des „steuerrechtlichen Missbrauchs" uneingeschränkt zuzustimmen. Zwar kann dem EuGH darin beigepflichtet werden, dass sich das unionsrechtliche Missbrauchskonzept im Sinne des allgemeinen Rechtsgrundsatzes hinsichtlich der Feststellung einer Zweckwidrigkeit auf die teleologische Auslegung des Geltungsbereichs eben jenes Unionsrechts beschränkt, auf welches sich zur Wahl der Rechtsgestaltung berufen wird, da das objektive Element insoweit auf einen institutionellen Rechtsmissbrauch abstellt.[845] Allerdings kann sich das Begriffsverständnis eines „steuerrechtlichen Missbrauchs" auf Rechtfertigungsebene hierin nicht erschöpfen. Wie von der Literatur richtig erkannt, gleicht das objektive Element eben jener Prüfung auf Tatbestandsebene,[846] sodass sich

842 Gem. Art. 5 Abs. 1 S. 1 EUV.

843 *L. Rehfeld*, Die Vereinbarkeit des Außensteuergesetzes mit den Grundfreiheiten des EG-Vertrages, S. 326.

844 *W. Schön*, in: Kirchhof/Nieskens (Hrsg.), FS Reiss, S. 571 (585); *J. Englisch*, in: StuW 2009, S. 3 (18); *ders.*, in: Schaumburg/Englisch (Hrsg.), Europäisches Steuerrecht, Rn. 7.254; *D. Weber*, in: ET 2013, S. 313 (326 f.).

845 Siehe hierzu *3. Teil* GldPkt. B II 3 d) ee) (2) (a).

846 Es kann festgestellt werden, dass der EuGH seine eigene Rechtsdogmatik in der Rs. *Cadbury Schweppes* durchbricht. So wurde sich in vorherigen Entscheidungen mit dem Zweck der Grundfreiheiten auf der Tatbestandsebene abschließend befasst und in diesem Zusammenhang festgestellt, dass der Schutzbereich der Niederlassungsfreiheit die tatsächliche Ausübung einer wirtschaftlichen Tätigkeit mittels einer festen Einrichtung in einem anderen Mitgliedstaat auf unbestimmte Zeit umfasse (*EuGH*, Urt. v. 25.07.1991, Rs. C-221/89 – *„Factortame II"*, Slg. 1991 (de), S. I-3905 (I-3965 – Rn. 20)).

das unionsrechtliche Missbrauchskonzept auf Rechtfertigungsebene allein im subjektiven Element ausdrücken kann. Da das subjektive Element jedoch weitergefasst ist, als das objektive Element,[847] kommt es zur Feststellung eines Missbrauchs faktisch stets auf Letzteres an. Um den Rechtfertigungsgrund also nicht ins Leere laufen zu lassen, muss das objektive Element des unionsrechtlichen Missbrauchskonzepts von einer teleologischen Auslegung hin zu einer teleologischen Reduktion der Grundfreiheit korrigiert werden, indem Interessen jenseits der Grundfreiheitsgewährleistung in die Prüfung miteinzubeziehen sind. Namentlich sind nebst dem unionalen Interesse zur Errichtung eines Binnenmarkts, dem die Grundfreiheiten als Konkretisierung dienen, eben auch jene Fiskalinteressen zu berücksichtigen, denen die Hinzurechnungsbesteuerung als Mittel dient. Dies ist nicht zuletzt schon deshalb geboten, weil dem Unionsinteresse aufgrund der bloßen Mindestharmonisierung im Lichte des Art. 5 Abs. 1 S. 1 EUV kein absoluter Charakter zuzusprechen ist. Vielmehr stehen sich die Interessen der EU und der Mitgliedstaaten als Prinzipien gegenüber, sodass sie als Optimierungsgebote versuchen, die jeweiligen legitimen Ziele im konkreten Einzelfall in einem möglichst hohen Maße zu realisieren.[848] Um diese Prinzipien im gegenseitigen Verhältnis angemessen gewichten und das Verständnis des „steuerrechtlichen Missbrauchs" komplettieren zu können, ist ein Rückgriff auf den Verhältnismäßigkeitsgrundsatz geboten.[849] Mithin geht mit der Rechtfertigungsebene eine Verhältnismäßigkeitsebene einher.

3. *Verhältnismäßigkeitsebene*

Wie soeben erläutert, dient die Hinzurechnungsbesteuerung dem Fiskalinteresse einer adäquaten Beteiligung am konkreten Steuersubstrat gegenüber den Staatsangehörigen eines Mitgliedstaats und damit der Staatssouveränität.[850] Hinsichtlich der tatsächlichen Optimierung zur Erreichung dieses legitimen Ziels ist zum einen festzuhalten, dass sich die Hinzurechnungsbesteuerung als Mittel *eignet*, indem ein konkreter Besteuerungsanspruch einseitig durchgesetzt wird.[851] Zum anderen ist hinsichtlich der *Erforderlichkeit* des Mittels anzumerken, dass es zunächst den elementaren Prinzipien bzw. Sachgesetzlichkeiten

847 Siehe hierzu *3. Teil* GldPkt. B II 3 d) ee) (2) (c) (cc).

848 Siehe zum Begriff des Prinzips *3. Teil* GldPkt. B II 3 d) ff) (1).

849 Vgl. hierzu *3. Teil* GldPkt. B II 3 d) ff) (2).

850 Vgl. zum entsprechenden Sinn und Zweck der deutschen Hinzurechnungsbesteuerung *1. Teil* GldPkt. B V 1 b).

851 Vgl. hierzu *3. Teil* GldPkt. C III 2 b) aa).

der einzelnen Mitgliedstaaten folgt,[852] welche eine mögliche, den Binnenmarkt schädigende Doppelbesteuerung nicht grundsätzlich ausschließen. Unter Einbeziehung des Rechtfertigungsgrundes bzw. Fiskalinteresses zur ausgewogenen Aufteilung der Besteuerungsbefugnisse hat sich die Hinzurechnungsbesteuerung deshalb nach dem Territorialitätsprinzip zu bemessen.[853] Nebst der tatsächlichen Optimierung des Mittels ist vor allem auch nach ihrer rechtlichen Möglichkeit zu fragen. So hätte der Verzicht auf jene Angemessenheitsprüfung nicht nur einen Mangel an Rationalität in der Rechtsprüfung zufolge.[854] Vielmehr lassen sich auch die Erläuterungen zu dem Erfordernis einer dreistufigen Verhältnismäßigkeitsprüfung zwischen mehreren Unionszielen auf jene Prüfung zwischen Unions- und Fiskalinteressen übertragen.[855] Die einzelnen Interessen sind somit abschließend nach ihrer konkreten Bedeutung sowie der Schwere ihrer Beeinträchtigung zu gewichten.[856] Dabei gilt es festzustellen, ob nicht auch eine gemeinsame übergeordnete Zielsetzung der kollidierenden Interessen in die Bewertung miteinbezogen werden kann, wonach sich die Reichweite der gewählten Maßnahme einer Hinzurechnungsbesteuerung final bemessen müsste.

4. Ergebnis

Im Ergebnis kann somit festgehalten werden, dass der Begriff des Missbrauchs im Rahmen des primären Unionsrechts auf zwei Ebenen zu prüfen ist, wobei dem regelmäßig ausschlaggebenden objektiven Element des unionsrechtlichen Missbrauchskonzepts unterschiedliche Bedeutungen gegeben werden. Auf der *Tatbestandsebene* stellt sich zunächst die Frage, ob der Geltungs- bzw. Schutzbereich der Grundfreiheiten, auf welche sich berufen wird, eröffnet ist. Hierbei wird ein möglicher Missbrauch des Unionsrechts im Sinne eines institutionellen Rechtsmissbrauchs geprüft, welcher sich in einer teleologischen Auslegung der Grundfreiheiten zur Errichtung eines Binnenmarkts erschöpft. Ein „steuerrechtlicher Missbrauch" ist insoweit dann anzunehmen, wenn keine reale wirtschaftliche Tätigkeit mittels einer festen Einrichtung in einem anderen

---

852 Siehe zum Bezug der deutschen Hinzurechnungsbesteuerung zum Leistungsfähigkeitsprinzip *1. Teil* GldPkt. B V 1 b).

853 Vgl. hierzu *3. Teil* GldPkt. C III 2 a) cc).

854 *J. Englisch*, in: Schaumburg/Englisch (Hrsg.), Europäisches Steuerrecht, Rn. 7.206.

855 Siehe hierzu *3. Teil* GldPkt. B II 3 d) ff) (2).

856 So auch *H. Kube*, EuGH-Rechtsprechung zum direkten Steuerrecht, S. 37 f.; *J. Englisch*, in: Lang (Hrsg.), DStJG 41 (2018), S. 273 (345 ff.).

Mitgliedstaat – in anderen Worten eine „jede wirtschaftliche Realität bare Rechtsgestaltung" – festgestellt werden kann und die gewählte Rechtsgestaltung allein dem Zweck dient, einer Steuer zu entgehen, die normalerweise für erzielte Gewinne inländischer Tätigkeiten geschuldet wird. Ist eine wirtschaftliche – wenn auch atypische – Tätigkeit hingegen anzunehmen und der Schutzbereich einer Grundfreiheit damit eröffnet, so ist auf der *Rechtfertigungsebene* sowie der *Verhältnismäßigkeitsebene* im Rahmen des ungeschriebenen Rechtfertigungsgrundes zur Verhinderung von Steuerhinterziehung und Steuerumgehung bzw. -missbrauch eine teleologische Reduktion der Grundfreiheiten vorzunehmen. Dabei wird der Begriff des „steuerrechtlichen Missbrauchs" dahingehend komplettiert, dass mitgliedstaatliche Fiskalinteressen als legitime Ziele in die objektive Prüfung miteinbezogen werden. Nebst der Geeignetheit und Erforderlichkeit der gewählten staatlichen Maßnahme zur Erreichung jener Fiskalinteressen, erfolgt schließlich eine konkrete Abwägung mit jenem kontradiktorischen Unionsinteresse, das den Grundfreiheiten zugrunde liegt. Namentlich kollidiert das *mitgliedstaatliche Fiskalinteresse* zur adäquaten Beteiligung am Steuersubstrat mittels einer Hinzurechnungsbesteuerung gemäß dem Territorialitätsprinzip mit dem *Unionsinteresse* zur Errichtung eines unbeschränkten Binnenmarkts aufgrund einer Ungleichbehandlung inländischer Gesellschaften sowie der Möglichkeit einer Doppelbesteuerung. Die entscheidende Frage ist somit, wie diese gegensätzlichen Interessen im Rahmen einer Verhältnismäßigkeitsprüfung jeweils zu gewichten sind.

4. Teil: Gewichtung des Unionsinteresses zur Errichtung eines Binnenmarkts im Verhältnis zum Fiskalinteresse zur adäquaten Beteiligung am Steuersubstrat

Wie bereits erläutert,[857] finden mitgliedstaatliche Prinzipien bzw. legitime Ziele nicht zwangsläufig auch im Unionsrecht eine positive Bestätigung, sondern besitzen zunächst nur ein rechtsethisches Gewicht im Rahmen der jeweiligen nationalen Rechtsordnung der Mitgliedstaaten. Eine konkrete Gewichtung mitgliedstaatlicher und unionaler Interessen auf Grundlage dieses unterschiedlichen Ursprungs erweist sich als problematisch. Auch der *EuGH* lässt keine Linie erkennen, warum bestimmte mitgliedstaatliche Fiskalinteressen eine Maßnahme zur Beschränkung von unionalen Grundfreiheiten rechtfertigen und manch andere wiederum nicht.[858] Stattdessen erschöpft sich die Rechtsprechung in einem Case Law[859]-Ansatz,[860] welcher allerdings ungeeignet ist, um die Rechtfertigungslehre methodisch fortbilden zu können. Vielmehr bedarf es hierzu der Feststellung eines einheitlichen Maßstabs, wonach sich die Gewichtung der gegenläufigen Interessen richten kann.

Grundfreiheiten gewährleisten die freie Wahl der Anknüpfung an ein staatliches Territorium, auch wenn das explizite Ziel der Standortwahl nur darin liegt, in den Genuss einer geringeren Steuerbelastung zu kommen.[861] Konsequenz dieses Rechts einer *Person* kann das Phänomen eines Steuerwettbewerbs

---

857 Siehe hierzu *3. Teil* GldPkt. C III 2.

858 Vertiefend zum positiven Katalog anerkannter Rechtfertigungsgründe *J. Englisch*, in: Schaumburg/Englisch (Hrsg.), Europäisches Steuerrecht, Rn. 7.208 ff.; zum negativen Katalog nicht anerkannter Rechtfertigungsgründe *H. Schaumburg*, in: Schaumburg (Hrsg.), Internationales Steuerrecht, 4. Aufl. 2017, Rn. 4.19 m.w.N.

859 Siehe zum Begriff des „Case Law“ *2. Teil* GldPkt. A.

860 *A. Cordewener*, in: DStR 2004, S. 6 (8 f.); *J. Englisch*, in: Schaumburg/Englisch (Hrsg.), Europäisches Steuerrecht, Rn. 7.203; *ders.*, in: Lang (Hrsg.), DStJG 41 (2018), S. 273 (276 ff.).

861 *EuGH*, Urt. v. 30.09.2003, Rs. C-167/01 – *„Inspire Art“*, Slg. 2003 (de), S. I-10155 (I-10224 – Rn. 96); Urt. v. 12.09.2006, Rs. C-196/04 – *„Cadbury Schweppes“*, Slg. 2006 (de), S. I-7995 (I-8042 – Rn. 37); vgl. auch *EuGH*, Urt. v. 09.03.1999, Rs. C-212/97 – *„Centros“*, Slg. 1999 (de), S. I-1459 (I-1493 – Rn. 27).

zwischen den *Mitgliedstaaten* sein. So kann der Steuersatz der Staaten namentlich Auswirkungen auf die Investitionsentscheidungen bzw. Standortwahl multinational tätiger Unternehmen haben.[862] Zugleich stellt der Steuerwettbewerb auch die maßgebliche Konsequenz der bloßen Mindestharmonisierung im Rahmen der direkten Steuer gemäß Art. 115 AEUV dar, indem den Staaten weiterhin eine weitgehende Souveränität eingeräumt wird.[863] Namentlich drückt sich jener Aspekt des zwischenstaatlichen Steuerwettbewerbs im mitgliedstaatlichen Interesse zur Beteiligung am konkreten Steuersubstrat bzw. der abstrakten Gewährleistung einer Aufteilung der Steuerhoheiten aus. Es kann somit festgehalten werden, dass der Steuerwettbewerb eine Verbindung zwischen dem Unions- und Fiskalinteresse darstellt, indem er zum einen durch die Souveränität der Mitgliedstaaten ermöglicht und von der Gestaltungsfreiheit der Staatsangehörigen eines Mitgliedstaats angetrieben wird. Vor diesem Hintergrund könnte er sich als Ausgangspunkt eignen, um einen einheitlichen Maßstab der widerstreitenden Interessen im Rahmen des Rechtfertigungsgrundes zur Verhinderung von Steuerhinterziehung und Steuerumgehung bzw. -missbrauch herzuleiten. Um auf Grundlage dieses Ansatzes die konkreten Prüfungsschritte herauszuarbeiten, bedarf es zunächst einer vertieften Untersuchung jenes Phänomens eines Steuerwettbewerbs (*A.*).

A. Bedeutung des Steuerwettbewerbs

Zur Erinnerung, ein Steuerwettbewerb ist zunächst nur dann möglich, wenn sich der Kapitalimportneutralität in Ausgestaltung einer Freistellungsmethode bedient wird, zu dessen Begründung es dem *Territorialitätsprinzip* bedarf.[864] Grundsätzlich handelt es sich bei dem Steuerwettbewerb um ein zu befürwortendes Phänomen, bei dem die einzelnen Staaten um Investoren konkurrieren und selbstregulierende Effekte entstehen.[865] Jenseits dieser Grundidee eines

---

862 *W. Schön*, in: Kirchhof/Nieskens (Hrsg.), FS Reiss, S. 571 (582 f.); siehe zum konkreten Einfluss des zwischenstaatlichen Steuerwettbewerbs auf Investitionsentscheidungen multinational tätiger Unternehmen *4. Teil* GldPkt. A I 2 a), 3.

863 Vgl. *Ch. Tietje*, in: Grabitz/Hilf/Nettesheim (Hrsg.), Das Recht der Europäischen Union, 66. EL 2019, Art. 115 AEUV Rn. 1 f.; siehe hierzu auch Fn. 772.

864 Das *Welteinkommensprinzip* begründet mittels der Anrechnungsmethode hingegen eine Kapital*export*neutralität, die einen Steuerwettbewerb von vornherein verhindert (siehe hierzu *1. Teil* GldPkt. B IV 3 c)).

865 Nebst der wirtschaftlichen Förderung der Standorte, welche unter Struktur- und Entwicklungsproblemen leiden, folgt der Steuerwettbewerb vor allem der Funktion einer selbständigen Harmonisierung der unterschiedlichen Steuersysteme hin

funktionsfähigen Steuerwettbewerbs, hat das Phänomen allerdings auch seine Schattenseiten. Um sich ein Gesamtbild von allen Facetten des Steuerwettbewerbs verschaffen zu können, lohnt sich zunächst ein Blick auf das Phänomen aus volkswirtschaftlicher Perspektive (*I.*), um sodann dessen Umsetzung innerhalb der EU im Lichte des Unionsrechts zu untersuchen (*II.*).

I. Betrachtung im Lichte der Volkswirtschaftslehre

Steuerpflichtige können ihre Einkünfte aus unterschiedlichen Besteuerungsgütern erzielen. Namentlich ist an die Güter Boden, Kapital und Arbeit zu denken, welche zugleich auch die entscheidenden Faktoren zur Produktion[866] darstellen. Der zwischenstaatliche Standortwettbewerb, welcher durch die Entscheidungsfindung der Unternehmen geprägt wird, begründet anhand der Institution eines Markts der Investitionsstandorte zunächst eine effiziente Faktorallokation. Allerdings beschränkt sich der Standortwettbewerb vor allem auf den mobilen Faktor *Kapital*, indem ihre Einkünfte vergleichsweise geringer besteuert werden als jene aus anderen Faktoren mit einem eher immobilen Charakter.[867] Die Auswirkung des Szenarios, wenn mehrere Staaten[868] die

---

zum besten konzeptionellen Steuerniveau. Letztere Funktion drückt sich durch den *Wettbewerb der Steuersysteme* aus, welcher im Falle seiner Funktions*fähigkeit* die Staaten hinsichtlich der Ausgestaltung ihrer Rechtsordnungen zu mehr Disziplin zwingt, um mit den Systemen anderer Staaten mitzuhalten und ihren Charakter als Leviathan nicht ausleben zu können. Hieraus ergibt sich sodann eine Kostenentlastung gegenüber den Unternehmen (siehe hierzu *1. Teil* GldPkt. B IV 3 b) aa), bb)).

866 Siehe hierzu *4. Teil* GldPkt. B I 1.

867 *C. Fuest*, in: Lüdicke (Hrsg.), Wo steht das deutsche Internationale Steuerrecht?, S. 1 (8); *T. Dagan*, in: Brauner/Stewart (Hrsg.), Tax, Law and Development, S. 57 (66); *M. Valta*, Das internationale Steuerrecht zwischen Effizienz, Gerechtigkeit und Entwicklungshilfe, S. 174. Einen „immobilen" Charakter haben vor allem die Faktoren *Boden* und *Arbeit* (*M. Valta*, Das internationale Steuerrecht zwischen Effizienz, Gerechtigkeit und Entwicklungshilfe, S. 174; *N.I. Schaper*, Steuerstaat im Wettbewerb, S. 28; zur zunehmenden Mobilität des Faktors (qualifizierter) Arbeit aufgrund der Globalisierung *J.J. Güida*, Internationale Volkswirtschaftslehre, S. 121 f.; vgl. auch *Th. Straubhaar*, in: Hilterhaus/Scholz (Hrsg.), Rechtsstaat – Finanzverfassung – Globalisierung, S. 37 (39); zu weiteren empirischen Untersuchungen *L.P. Feld*, Steuerwettbewerb und seine Auswirkungen auf Allokation und Distribution, S. 129, 131 m.w.N.; vertiefend zum Phänomen der Globalisierung im Zusammenhang mit dem Wettbewerb der Steuersysteme *R. Windisch*, in: Andel (Hrsg.), Probleme der Besteuerung II, S. 127 (127 ff.)).

868 Wird die Strategie der Steuervergünstigung von nur einem Staat verfolgt, gleicht sie sich durch einen Zufluss an Kapital aus, sodass ein positiver Investitionssaldo zur

Strategie einer Steuervergünstigung folgen, lässt sich theoretisch anhand der nicht-kooperativen Spieltheorie darstellen, welche durch den formalisierten Lösungsansatz des sog. „*Nash-Gleichgewichts*"[869] vom gleichnamigen Urheber *J.F. Nash Jr.* maßgeblich geprägt wurde.

1. Die Spieltheorie als theoretischer Ausgangspunkt

Die Spieltheorie analysiert strategische Entscheidungssituationen, in denen das Ergebnis von den Entscheidungen mehrerer Akteure (sog. „Spieler") abhängt. Ein einzelner Spieler kann das Ergebnis somit nicht unabhängig von der Entscheidung der anderen Spieler (sog. „Gegenspieler") bestimmen. Der Analyse liegt die Annahme zugrunde, dass sich jeder Spieler dieser Interdependenz bewusst ist und davon ausgeht, dass auch die Gegenspieler hiervon Kenntnis haben. Ferner wird angenommen, dass sich alle Spieler unter Berücksichtigung dieser Umstände individuell für eine Strategie entscheiden, ohne die Entscheidungen und Pläne der Gegenspieler zu kennen. Für diese aufgezeigte Situation sind Interessenkonflikte sowie Koordinationsprobleme besonders charakteristisch, da jeder Spieler nur spekulieren kann, wie sich die Gegenspieler entscheiden werden, indem er die Situationen aus deren Sicht durchdenkt. Vor diesem Hintergrund bleibt es für jeden Spieler unklar, wie sich seine eigene Entscheidung auf das tatsächliche Ergebnis auswirken wird.[870] Diese strategische Unsicherheit über das Verhalten der Gegenspieler hat zufolge, dass jeder Spieler seine Entscheidung im Lichte seiner Erwartungshaltung zu seinen Gegenspielern trifft.[871]

Als Entscheidungsmöglichkeiten können neben gemischten, auch dominante Strategien existieren. Als „dominant" ist diejenige Strategie zu bezeichnen, welche isoliert bzw. *subjektiv* betrachtet für den einzelnen Spieler das

Förderung der Wohlfahrt möglich ist (zum Begriff der „Wohlfahrt" *M. Valta*, Das internationale Steuerrecht zwischen Effizienz, Gerechtigkeit und Entwicklungshilfe, S. 77). Subjektiv betrachtet, ist diese Strategie zur Maximierung von Einnahmen eines Staats also geeignet (*N.I. Schaper*, Steuerstaat im Wettbewerb, S. 29; vgl. auch *J. Hey*, in: Dillmann/Laier/Lammel/Reimer/Schmitz (Hrsg.), Münchener Schriften zum Internationalen Steuerrecht 27 (2007), S. 295 (296)).

869 Grundlegend hierzu *J.F. Nash*, in: AoM II 54 (1951), S. 286 ff.

870 *M.J. Holler/G. Illing*, Einführung in die Spieltheorie, 7. Aufl. 2009, S. 1.

871 *M.J. Holler/G. Illing*, Einführung in die Spieltheorie, 7. Aufl. 2009, S. 53; *St. Tadelis*, Game Theory, S. 44.

individuell-optimale Ergebnis im Sinne eines maximalen Vorteils verspricht.[872] Entscheidet sich allerdings jeder Spieler *individuell-rational* für seine dominante Strategie, so kann ein sog. „Gefangenendilemma“[873] entstehen. Demnach korrigiert sich das erwünschte individuell-optimale Ergebnis unter Einbeziehung der Entscheidungen jener Gegenspieler tatsächlich zu einem individuell-suboptimalen Ergebnis. Das von dem jeweiligen Spieler erwünschte individuell-optimale Ergebnis wäre insoweit auch in tatsächlicher Hinsicht nur dann möglich, wenn die Gegenspieler von ihren dominanten Strategien Abstand nehmen und damit vergleichsweise schlechter gestellt werden würden. Betrachtet man die Situation hingegen *objektiv* im Interesse aller Spieler als Kollektiv, so müssten sie gemeinsam auf das individuell-optimale Ergebnis verzichten und sich stattdessen *kollektiv-rational* für das zweitbeste Ergebnis entscheiden, welches allen Spielern gleichsam zum Vorteil gereicht. Dieses objektiv betrachtet kollektiv-optimale Ergebnis, welches auch als sog. „*Pareto-Optimum*“[874] bezeichnet wird, ist jedoch nicht stabil, da es *aus sich heraus* nicht durchsetzbar ist. Denn subjektiv betrachtet, erscheint die Wahl eines nur zweitbesten Ergebnisses für jeden Einzelnen stets als irrational, solange keiner der Spieler zur Wahl des nur zweitbesten Ergebnisses *verpflichtet* wird. Selbst wenn im Voraus kollektive Absprachen getroffen werden, neigt jeder

---

872 *D. Fudenberg/J. Tirole*, Game Theory, S. 6 f.; *R. Gibbons*, A Primer in Game Theory, S. 5; *M.J. Holler/G. Illing*, Einführung in die Spieltheorie, 7. Aufl. 2009, S. 53; *St. Tadelis*, Game Theory, S. 46.

873 Der Name „Gefangenendilemma“ liegt in dem ursprünglichen Beispiel von *R.D. Luce* und *H. Raiffa* aus dem Jahre 1957 begründet (Originalbezeichnung: „Prisoner's Dilemma“). Sie illustrierten das Dilemma an einer Entscheidungsfindung zweier Verdächtiger einer Straftat, denen im Rahmen ihrer individuellen Vernehmung durch die Staatsanwaltschaft die Konsequenzen ihrer Strategiemöglichkeiten erläutert werden, ohne dass sie sich in der individuellen Wahl ihrer Strategie abstimmen konnten. Namentlich können sie gestehen oder weiterhin schweigen. Wenn *beide gestehen*, so werden sie zwar zusammen angeklagt, allerdings droht ihnen nicht die Höchststrafe. *Schweigen beide* weiterhin, so werden beide wegen minderen Delikten angeklagt und eine geringe Strafe erhalten. *Gesteht nur einer* der Tatverdächtigen, während der Andere weiterhin schweigt, so wird der Geständige nur eine sehr geringe Haftstrafe erfahren und zeitig aus der Haft entlassen, während der Andere die Höchststrafe erfährt (*R.D. Luce/H. Raiffa*, Games and Decisions, S. 94 f.).

874 Als „Pareto-Optimum“ versteht man einen Zustand, in dem es keinem Spieler möglich ist, sich zu verbessern, ohne dass ein Gegenspieler zugleich schlechter gestellt wird (*M.J. Holler/G. Illing*, Einführung in die Spieltheorie, 7. Aufl. 2009, S. 24).

Spieler individuell weiterhin dazu, diese Vereinbarung nicht einzuhalten,[875] da er von den Gegenspielern erwartet, nur auf ihre eigenen maximalen Vorteile bedacht zu sein, womit auch die Wahl des Spielers selbst auf die dominante Strategie fällt, um nicht vergleichsweise schlechter gestellt zu sein oder gar vollständig auf einen Vorteil verzichten zu müssen.[876] Diese sich im Ergebnis also selbst generierende und aus sich heraus durchsetzbare Strategiekombination, wo jeder Spieler individuell-rational seine dominante Strategie unter der Annahme wählt, dass sich alle anderen Spieler gleich entscheiden, nennt sich *„Nash-Gleichgewicht“*.[877]

2. Das „race to the bottom“: Ein Drama in drei Akten

Stellt man nunmehr das Phänomen des Steuerwettbewerbs in das Rampenlicht der Spieltheorie, so offenbart sich zur Besteuerung von mobilen Einkünften ein Drama in drei Akten. Dies soll in einem Rollenspiel mit zwei Staaten in der Hauptrolle – als Spieler – und den privaten Investoren in der Nebenrolle kurz illustriert werden. Als Kulisse dienen folgende Annahmen: Beide Staaten verfügen über einen gleich hohen Steuersatz, welcher nunmehr allerdings frei und flexibel verändert werden kann. Hinsichtlich des Angebots von öffentlichen Gütern gleichen sich die Staaten ebenfalls. Allerdings bleibt das Leistungsangebot weiterhin unflexibel. Für die Investoren wird angenommen, dass sie ihre Entscheidungen zur Standortinvestition nur aufgrund der steuerlichen Belastung von mobilen Einkünften treffen. Schließlich werden den Staaten zwei Strategien zur Wahl gestellt. Entweder kann der Steuersatz für mobile Einkünfte gesenkt oder nicht gesenkt werden.

---

875 *M.J. Holler/G. Illing*, Einführung in die Spieltheorie, 7. Aufl. 2009, S. 6; *St. Tadelis*, Game Theory, S. 59 ff.

876 Sogar im Nachhinein erachtet jeder Spieler seine Entscheidung zur Wahl der dominanten Strategie als die Richtige, solange es an einer durchsetzbaren Regelung mit einer Pflicht der Spieler zur Wahl einer kollektiv-rationalen Entscheidung mangelt.

877 *D. Fudenberg/J. Tirole*, Game Theory, S. 11 ff.; *R. Gibbons*, A Primer in Game Theory, S. 8 ff.; *M.J. Holler/G. Illing*, Einführung in die Spieltheorie, 7. Aufl. 2009, S. 9 f., 56; *M.J. Osborne*, An Introduction to Game Theory, S. 26 f.; *St. Tadelis*, Game Theory, S. 70 ff.

Abbildung A.4.1.0: Das Gefangenendilemma am Beispiel eines Steuerwettbewerbs.

			Staat 2	
			Steuersenkung	
			ja	nein
Staat 1	Steuersenkung	ja	$\geq 0 / \geq 0$	1 / 0
		nein	0 / 1	0,5 / 0,5

a) 1. Akt: Das klassische Gefangenendilemma

Im ersten Akt zeigt sich bei der Besteuerung von mobilen Einkünften zunächst ein klassisches Gefangenendilemma aus drei Strategiekombinationen.[878]

1) *Steuersenkung ja/nein bzw. nein/ja*

Nach der ersten Strategiekombination senkt ein Staat seine Steuern, während der andere Staat von einer Steuersenkung absieht. In diesem Fall erhält jener Staat, welcher seine Steuern senkt, sämtliche Investoren und deren Einkünfte.[879] Der Staat, welcher die Steuern nicht senkt, geht leer aus.[880]

2) *Steuersenkung nein/nein*

Nach der zweiten Strategiekombination sehen beide Staaten von einer Steuersenkung ab. In diesem Fall verspürt der Investor keine Anreize, seinen Standort zu wechseln, da in beiden Staaten der gleiche Steuersatz herrscht. Die Verteilung der Investoren und deren Einkünfte teilt sich somit gleichmäßig auf die Staaten auf.[881]

---

878 *R.W. Boadway/D.E. Wildasin*, Public Sector Economics, 2. Aufl. 1984, S. 504; *D. Wellisch*, Dezentrale Finanzpolitik bei hoher Mobilität, S. 73; *F.W. Scharpf*, in: Schenk/Schmidtchen/Streit/Vanberg (Hrsg.), JNPÖ 17 (1998), S. 41 (45 ff.); *B. Zangl*, Interessen auf zwei Ebenen, S. 88; *D. Shaviro*, in: TLRev. 60 (2007), S. 155 (162 f.); *M. Valta*, Das internationale Steuerrecht zwischen Effizienz, Gerechtigkeit und Entwicklungshilfe, S. 172; *N.I. Schaper*, Steuerstaat im Wettbewerb, S. 27.

879 In der Abb. A.4.1.0 mit „1“ vermerkt.

880 In der Abb. A.4.1.0 mit „0“ vermerkt.

881 In der Abb. A.4.1.0 mit „0,5“ vermerkt.

3) *Steuersenkung ja/ja*

Nach der dritten Strategiekombination senken beide Staaten ihre Steuern. In diesem Fall entscheiden sich die Investoren stets für den Staat, welcher aktuell den geringeren Steuersatz anbietet.

Betrachtet man die beiden Strategiemöglichkeiten subjektiv, so muss festgestellt werden, dass ein Staat das individuell-optimale Ergebnis nur dann erreichen kann, wenn er seine Steuern senkt. Diese Alternative ist somit für alle Staaten die dominante Strategie. Allerdings ist der Abbildung A.4.1.0 zu entnehmen, dass das objektiv betrachtet kollektiv-optimale Ergebnis vielmehr darin zu erblicken ist, dass beide Staaten von einer Steuersenkung absehen, da sich nur so ein Ergebnis generiert, wo alle Spieler zu gleichen Teilen einen Vorteil erfahren. Da dieses Ergebnis allerdings subjektiv betrachtet dem individuell-optimalen Ergebnis qualitativ nachsteht, erweist es sich als nicht stabil. Denn kein Staat trifft aus sich heraus die individuell-irrationale Entscheidung, von der dominanten Strategie einer Steuersenkung Abstand zu nehmen, ohne sich darüber sicher zu sein, dass auch der andere Staat auf sein subjektiv betrachtet individuell-optimales Ergebnis verzichtet, da jener Staat ohne Steuersenkung auf die Investoren vollständig verzichten müsste. Mithin erwartet jeder Spieler von seinem Gegenspieler die individuell-rationale Wahl der dominanten Strategie einer Steuersenkung, um so die Standortinvestitionen subjektiv betrachtet bestmöglich zu optimieren und zieht für sich die einzig rationale Schlussfolgerung, ebenfalls die dominante Strategie einer Steuersenkung zu wählen. Das stabile Nash-Gleichgewicht ist somit darin zu erblicken, dass beide Staaten die dominante Strategie einer Steuersenkung wählen.

b) 2. Akt: Der Unterbietungswettbewerb

Im zweiten Akt entwickelt sich hieraus ein zwischenstaatlicher Konflikt in Form eines Unterbietungswettbewerbs der Steuersätze von mobilen Einkünften anhand von Präferenzregimen,[882] welcher als Höhepunkt in einem Steuersatz für mobile Einkünfte gipfeln kann, der *gegen Null*[883] geht.[884] Bei dieser

---

882 *Europ. Kom.*, Mitt. v. 01.10.1997, KOM(97) 495 endg. (de), S. 2; *R.S. Avi-Yonah*, in: MJIL 26 (2004), S. 371 (385 f.); *D. Shaviro*, in: TLRev. 60 (2007), S. 155 (162 f.); *M. Valta*, Das internationale Steuerrecht zwischen Effizienz, Gerechtigkeit und Entwicklungshilfe, S. 172 f., 177; vgl. auch *F.W. Scharpf*, in: Schenk/Schmidtchen/Streit/Vanberg (Hrsg.), JNPÖ 17 (1998), S. 41 (47).

883 In der Abb. A.4.1.0 mit „≥ 0“ vermerkt.

884 *M. Valta*, Das internationale Steuerrecht zwischen Effizienz, Gerechtigkeit und Entwicklungshilfe, S. 174 f.; *N.I. Schaper*, Steuerstaat im Wettbewerb, S. 27.

Konfrontation eines sog. „race to the bottom“[885] sind die einzigen Gewinner die Investoren als Kapitaleigner,[886] welche trotz der Nutzung öffentlicher Güter kaum Steuern entrichten müssen. Die Staaten erfahren hingegen einen negativen Investitionssaldo. Dies könnte vor allem eine Unterversorgung mit öffentlichen Gütern und mangelnde Wohlfahrtsleistungen zufolge haben.[887]

c) 3. Akt: Die Steuerverlagerung

Um dies abzuwenden, greifen die Staaten im letzten Akt zu dem Mittel einer Steuerverlagerung und belasten die Einkünfte immobiler Faktoren mit einem entsprechend höheren Steuersatz.[888] Die Staaten werden somit in ihrer Freiheit zur Wahl einer angemessenen Steuerstruktur zwecks einer Verbreiterung der Besteuerungsgrundlage und Senkung der Steuersätze immer mehr eingeschränkt[889] und stattdessen zu einer ungleichen und mithin *ungerechten* Ausgestaltung der Steuersysteme gedrängt. Denn obwohl die Steuerpflichtigen der mobilen und immobilen Einkünfte die gleichen öffentlichen Güter nutzen, würden Letztere nunmehr pauschal den Großteil der Kosten zu dessen Bereitstellung tragen.[890]

---

885 Siehe zum „race to the bottom“ in der EU *Anhang*.

886 So wohl auch *F.W. Scharpf*, in: Schenk/Schmidtchen/Streit/Vanberg (Hrsg.), JNPÖ 17 (1998), S. 41 (46 f.).

887 *W.E. Oates*, Fiscal Federalism, S. 143 f.; *G.R. Zodrow/P. Mieszkowski*, in: JoUE 19 (1986), S. 356 (362 ff.); *R.I. Gerber/D.P. Hewitt*, in: JoRS 27 (1987), S. 451 (459); *D. Wellisch*, Dezentrale Finanzpolitik bei hoher Mobilität, S. 79. Ferner droht eine Unfinanzierbarkeit sozialstaatlicher Umverteilungsmechanismen, an dessen Ende sogar das Scheitern eines Sozialstaats stehen kann (*D. Shaviro*, in: TLRev. 60 (2007), S. 155 (162 f.); *N.I. Schaper*, Steuerstaat im Wettbewerb, S. 26).

888 *W.E. Oates*, Fiscal Federalism, S. 143; *H.-W. Sinn*, in: Oberhauser (Hrsg.), Fiskalföderalismus in Europa, S. 9 (22); *L.P. Feld*, Steuerwettbewerb und seine Auswirkungen auf Allokation und Distribution, S. 57; *M. Valta*, Das internationale Steuerrecht zwischen Effizienz, Gerechtigkeit und Entwicklungshilfe, S. 175; *N.I. Schaper*, Steuerstaat im Wettbewerb, S. 30.

889 *Europ. Kom.*, Mitt. v. 01.10.1997, KOM(97) 495 endg. (de), S. 2.

890 So auch *M. Valta*, Das internationale Steuerrecht zwischen Effizienz, Gerechtigkeit und Entwicklungshilfe, S. 174.

3. *Auswirkung eines Steuersatzes auf die Investitionsentscheidungen von Unternehmen*

Beim Steuerwettbewerb ist die logische Herleitung eines race to the bottom bereits dann in Frage zu stellen, wenn die Annahmen dahingehend verändert werden, dass neben einem flexiblen Steuersatz auch die staatlichen Vorleistungen zur Bereitstellung von öffentlichen Gütern variieren. Unter dieser Annahme wird sich der Investor nicht zwangsläufig für den Staat mit dem geringsten Steuersatz entscheiden. Vielmehr kann neben dem Steuersatz auch das Angebot der Infrastruktur im konkreten Staat für die Investitionsentscheidung von Relevanz sein. Mithin könnte er die Leistungen jedes Staats in seiner Gesamtheit betrachten, um sodann seine Investitionsentscheidung auf Grundlage einer Kosten-Nutzen-Relation zu treffen, die sich nach den individuellen Bedürfnissen des Investors bemisst.[891]

Analysiert man diese Gesamtheit der Interessen eines Investors, so kann allerdings eine Gruppierung auf zwei Ebenen festgestellt werden – den Bedürfnissen für die *Produktion* von Produkten und der *Verwaltung* von Einkünften – etwa durch den Vertrieb – dieser Produkte. Diese zwei Ebenen des gleichen Prozesses verfolgen unterschiedliche Interessen zur Wahl eines Standorts. Auf der Ebene der Produktion ist eine ausreichende Infrastruktur erforderlich, um die notwendigen Faktoren für die Schaffung eines Produkts zu erhalten. Auf der Ebene der Verwaltung ist der geringste Steuersatz für die Einkünfte maßgeblich, um das Ziel eines möglichst hohen Gewinns zu optimieren. Jedes Unternehmen folgt rational derjenigen Strategie, die auf beiden Ebenen den maximalen Vorteil gewährleistet – namentlich also zum einen die hochwertigste Infrastruktur zur Produktion sowie zum anderen den geringsten Steuersatz zur Gewinnmaximierung. Da die Steuergelder allerdings als staatliche Vorleistungen – etwa zur Finanzierung der Infrastruktur – dienen, erfüllen sich beide Voraussetzungen schwerlich in einem Staat,[892] sodass die Unternehmen gemäß der Kosten-Nutzen-Relation zu einem Kompromiss gezwungen wären. Um diesen Kompromiss zu umgehen, können sich die Unternehmen allerdings einer Rechtsgestaltung bedienen, um die beiden Ebenen der Produktion und Verwaltung auf zwei unterschiedliche Staaten zu verteilen.[893] Damit

---

891 *V. Mehde*, Wettbewerb zwischen Staaten, S. 70; *N.I. Schaper*, Steuerstaat im Wettbewerb, S. 30 f.

892 Siehe hierzu *4. Teil* GldPkt. B I 1 b).

893 Namentlich ist daran zu denken, sich *sowohl* in einem Staat mit einer besonders guten Infrastruktur zur Produktion oder F&E-Leistung niederzulassen *als auch* in einem anderen Staat mit besonders niedrigen Steuersätzen eine Verwertungsgesellschaft

wird es den Unternehmen ermöglicht, maximale Produktionsleistungen bei gleichzeitig maximalem Gewinn zu erzielen, ohne eine adäquate Gegenleistung zu erbringen. Dies hat allerdings ökonomische Konsequenzen.

Bedient man sich eines Bildes aus der Biologie, indem man jeden Staat im Rahmen seiner Staatssouveränität als ein individuelles wirtschaftliches Ökosystem betrachtet, so agieren die Unternehmen nicht mehr als notwendiger „Bestäuber"[894] für den Kreislauf von staatlichen Vorleistungen und diesbezüglichen Steuereinnahmen, sondern vielmehr als „Parasit". Sollten sich keine anderen Bestäuber finden lassen,[895] die den Kreislauf ausreichend fördern, droht das gesamte wirtschaftliche Ökosystem der individuellen Staaten zerstört zu werden. Um einen funktionierenden Kreislauf zu gewährleisten, müssen die Unternehmen dazu angehalten werden, sich hinsichtlich des gesamten Wirtschaftsprozesses nur *einem* Staat zu verpflichten und der Kosten-Nutzen-Relation auszusetzen, ohne dass die Produktivität hierdurch reduziert wird.[896] In anderen Worten ist das Ziel also darin zu erblicken, Unternehmen als Bestäuber des staatlichen Kreislaufs für ein wirtschaftliches Ökosystem zu „domestizieren", ohne sie dabei zu zähmen.

4. *Ergebnis und Schlussfolgerung*

Als Ergebnis kann festgehalten werden, dass der Wettbewerb zwischen den Staaten um Kapitalinvestitionen in steuerlicher Hinsicht einen Unterbietungswettbewerb zugunsten der Unternehmen begründet. Ein unbegrenzter

---

zur Verwaltung der Einkünfte aus dem Produkt zu gründen (vgl. hierzu *1. Teil* GldPkt. B V).

894 Die Faktoren einer staatlichen Vorleistung und der Steuereinnahmen bilden einen Kreislauf, indem Steuereinnahmen zur Versorgung staatlicher Vorleistungen führen und hieraus wiederum erhöhte Steuereinnahmen resultieren. Damit dieser staatliche Kreislauf Früchte i.S.e. verbesserten staatlichen Vorleistung mittels der erhöhten Steuereinnahmen trägt, bedarf es der Mithilfe einer anderen Art – den steuerpflichtigen Privatpersonen. Dabei ist vor allem den Unternehmen als Investor eine entscheidende Rolle beizumessen, da diese durch die Nutzung staatlicher Vorleistungen und der Entrichtung von Steuergeldern eine *Symbiose* mit dem staatlichen Mechanismus eingehen und insoweit maßgeblich als „Bestäuber" agieren.

895 Diese sind vor allem nicht in den Arbeitnehmern – als dem Faktor *Arbeit* – zu erblicken, da auch dessen Mobilität im Zuge neuer Technologien und der Globalisierung ansteigen wird (*J.J. Güida*, Internationale Volkswirtschaftslehre, S. 121 f.; vgl. auch *Th. Straubhaar*, in: Hilterhaus/Scholz (Hrsg.), Rechtsstaat – Finanzverfassung – Globalisierung, S. 37 (39)).

896 Siehe zur Gesamtheit von Anreizen zur Direktinvestition *4. Teil* GldPkt. B I 2.

Abbildung A.4.1.1: Die Arten des Steuerwettbewerbs im Lichte des (angepassten) Gefangenendilemmas.

			Staat 2	
			Steuersenkung	
			unbegrenzt	**begrenzt**
Staat 1	**Steuersenkung**	**unbegrenzt**	***schädlicher*** **Steuerwettbewerb** *(individuell-rational)*	– *(irrational)*
		begrenzt	– *(irrational)*	***unschädlicher*** **Steuerwettbewerb** *(kollektiv-rational)*

zwischenstaatlicher Steuerwettbewerb, bei dem der Steuersatz für Einkünfte aus mobilen Faktoren gegen Null zu gehen droht, hat mit der Gefahr einer Unterversorgung von öffentlichen Gütern ruinöse Auswirkungen auf die wirtschaftliche Situation eines Staats. Es ist von einem „schädlichen Steuerwettbewerb" zu sprechen, den es zu verhindern gilt.

Um den Steuerwettbewerb von seiner schädlichen Wirkung zu befreien, müssen die Staaten dazu verleitet werden, von ihrer selbst durchsetzbaren, individuell-rationalen und dominanten Strategie Abstand zu nehmen und sich stattdessen für eine Strategie zu entscheiden, welche ein kollektiv-optimales Ergebnis verspricht.[897] In anderen Worten ist das ruinöse, allerdings stabile Nash-Gleichgewicht zu einem wirtschaftsfördernden Pareto-Optimum zu korrigieren, indem die Staaten zu einer kollektiv-rationalen Entscheidung verleitet werden.

Zur hinreichenden Finanzierung öffentlicher Güter sollte sich die Besteuerung neben den immobilen auch auf die Einkünfte der mobilen Faktoren erstrecken. Es kann daran gedacht werden, einen globaläquivalenten Ansatz hinsichtlich der Erschließung der Steuerquellen – also dem „*Ob*" der

897 Sofern durch die Schaffung eines solchen „unschädlichen" Steuerwettbewerbs ferner auch Effekte zur Disziplinierung der Staaten und Kostentlastung der Unternehmen generiert werden, ist von einem „funktionsfähigen" Steuerwettbewerb zu sprechen.

Besteuerung – obligatorisch heranzuziehen.[898] In einer dezentralen Finanzpolitik, wo jeder Staat seine Souveränität zur Besteuerung von Einkünften grundsätzlich beibehält, sollte zur Generierung eines unschädlichen Steuerwettbewerbs jedes Unternehmen – egal ob mobil oder immobil – eben dort steuerlich verpflichtet werden, wo es die inländischen öffentlichen Leistungen zur Begründung von Einkünften tatsächlich wahrgenommen hat.[899] *Auf Seiten der Unternehmen* teilt sich zwar die Investitionsentscheidung, wonach sich das steuerliche Verhalten von Staaten schlussendlich richtet, pauschal in zwei kontradiktorische Ebenen auf – nämlich die der *Produktion* einerseits und der *Verwaltung* von Produkteinkünften andererseits. Da sich eine *Begründung* der Einkünfte allerdings allein aus der ersten Ebene ergibt, würde die zweite Ebene durch eine globaläquivalente Aufteilung der Steuerhoheiten ihre selbständige Bedeutung verlieren. Mithin würden keine steuerlich begründeten Anreize mehr zur Gründung einer ausländischen Gesellschaft mit dem alleinigen Zweck zur Verwaltung von Einkünften bestehen und stattdessen die Wahl des Orts zur Produktion in den Fokus rücken. Eine Investition würde infolgedessen wohl primär ebendort erfolgen, wo eine ausreichende Infrastruktur angeboten wird, um die notwendigen Faktoren zur Schaffung eines Produkts zu erhalten. Auch wenn steuerliche Präferenzen weiterhin für eine Standortwahl bedeutsam wären, könnte man sie nunmehr nur als Teilaspekt einer Gesamtbetrachtung im Rahmen einer Kosten-Nutzen-Relation und nicht als alleinigen Bewegungsgrund zur Investition verstehen. *Auf Seiten der Staaten* würde damit ein zusätzlicher Anreiz zur Finanzierung öffentlicher Güter entstehen, um Inlandsinvestitionen zu fördern.[900] Eine einseitige Besteuerung nur

---

898 Zur volkswirtschaftlichen Diskussion einer Äquivalenzsteuer zwecks einer konkreten Ausgestaltung und Höhe des Besteuerungsanspruchs – also dem „*Wie*" einer Besteuerung *D. Wellisch*, Dezentrale Finanzpolitik bei hoher Mobilität, S. 83 f., 87; vgl. auch *Ch.B. Blankart*, in: Wirtschaftsdienst 76 (1996), S. 87 (88 ff.); *M.E. Streit/D. Kiwit*, in: Streit/Wohlgemuth (Hrsg.), Systemwettbewerb als Herausforderung an Politik und Theorie, S. 13 (23 ff.); *H.-D. Höppner*, in: Müller/Fromm/Hansjürgens (Hrsg.), Regeln für den europäischen Systemwettbewerb, S. 89 (92 f., 103); *J. Lang*, in: Spindler/Tipke/Rödder (Hrsg.), FS Schaumburg, S. 45 (51); a.A. *H.-W. Sinn*, in: Wirtschaftsdienst 75 (1995), S. 240 (247 f.); *ders.*, in: Oberhauser (Hrsg.), Fiskalföderalismus in Europa, S. 9 (10, 16, 21 ff.); *L.P. Feld*, Steuerwettbewerb und seine Auswirkungen auf Allokation und Distribution, S. 53 ff.

899 Siehe hierzu *1. Teil* GldPkt. B IV 3 b) cc).

900 Siehe zur Überlegenheit des Territorialitätsprinzips ggü. dem Welteinkommensprinzip, um eine free-rider-Problematik in diesem Zusammenhang zu vermeiden, *4. Teil* GldPkt. B II 1.

immobiler Faktoren könnte hierzu wiederum nicht genügen, sodass eine angemessene Besteuerung auch mobiler Faktoren erforderlich wird. Indem also sowohl um die Qualität der öffentlichen Güter als auch die Höhe der Steuersätze konkurriert wird, kann sich eine unmittelbare Regelung des „Ob" mittelbar auch auf das „Wie" der Besteuerung auswirken, womit ein race to the bottom abgefedert wird.[901]

Projiziert man diese volkswirtschaftlichen Erkenntnisse zur Gewährleistung eines „unschädlichen Steuerwettbewerbs" auf die Situation innerhalb der EU, so stellt sich die Kernfrage, ob und inwieweit sich aus dem Unionsrecht Regeln herleiten lassen, welche die Mitgliedstaaten zu einer entsprechenden Steuerstrategie verpflichten.

II. Betrachtung im Lichte des Unionsrechts

Der Begriff des Steuerwettbewerbs wird im Rahmen des primären Unionsrechts nicht aufgegriffen. Zwar kann aus den definierten Unionszielen und Grundsätzen der EU der erforderliche Nährboden zur *Entstehung* eines Steuerwettbewerbs innerhalb der EU hergeleitet werden, indem zum einen jedem *Mitgliedstaat* die Souveränität zur Ausgestaltung des eigenen Steuerrechts gemäß dem Grundsatz der begrenzten Einzelermächtigung und dem Subsidiaritätsprinzip aus Art. 5 Abs. 1 bis Abs. 3 EUV erhalten bleibt und es zum anderen den *Unternehmen* durch die freie Wahl der Anknüpfung an ein staatliches Territorium gemäß der Niederlassungsfreiheit aus Art. 49 ff. AEUV ermöglicht wird, von den unterschiedlichen Steuersätzen auch zu profitieren.[902] Wie sich der Steuerwettbewerb im Lichte des Unionsrechts jedoch *konkret* auszugestalten hat, bleibt ungeklärt.

1. Organe der EU

Auch wenn die *Generalanwälte* beim EuGH die Problematik eines schädlichen Steuerwettbewerbs erkennen, so sind sie der Auffassung, dass aus dem Unionsrecht keine Pflicht zur Verhinderung dessen herauszulesen sei. Namentlich könne die Standortwahl für Geschäftstätigkeiten der Unternehmen zwar zu Wettbewerbsverzerrungen führen. Jedoch gebe dies den Mitgliedstaaten nicht das Recht, einseitige Maßnahmen zu treffen, um die Wirkungen

---

901 So im Ansatz wohl auch *M. Valta*, Das internationale Steuerrecht zwischen Effizienz, Gerechtigkeit und Entwicklungshilfe, S. 173.

902 *W. Schön*, in: Kirchhof/Nieskens (Hrsg.), FS Reiss, S. 571 (582 f.); *F. Vanistendael*, in: ECTRev. 17 (2008), S. 52 (56).

der Grundfreiheiten zu beschränken.[903] Vielmehr handele es sich hierbei um kein rechtliches, sondern ein politisches Problem, welches in entsprechenden Arbeitsgruppen – wie dem zum EU-Verhaltenskodex[904] – zu diskutieren sei.[905]

Die *Europäische Kommission* schließt sich dieser Meinung der Generalanwälte an und leitet sie unter anderem aus der Rechtsprechung des EuGH her.[906] Der *EuGH* selbst entzieht sich allerdings bisher einer eindeutigen Bewertung des Steuerwettbewerbs.[907] Zwar stellt er zum einen fest, dass es den Unternehmen grundsätzlich erlaubt sei, unter Berufung auf die Niederlassungsfreiheit in einem Mitgliedstaat eine Gesellschaft mit dem Ziel zu begründen, in den Genuss vorteilhafter Rechtsvorschriften – wie Steuervorteile – zu gelangen.[908] Zum anderen sei es den Mitgliedstaaten jedoch wiederum erlaubt, die Ausnutzung eines Steuergefälles von Unternehmen zu unterbinden und die Grundfreiheiten entsprechend zu beschränken, sofern dies der Verhinderung einer Steuerflucht dienlich sei.[909] Mithin befürwortet der EuGH den einen Steuerwettbewerb *zugrundeliegenden* Prozess einer Verlagerung von Standorten, Aktivitäten und Kapital, ohne über den Steuerwettbewerb *an sich* zu urteilen.[910] Vielmehr betont er nur die Bedeutung zur Errichtung eines Binnenmarkts, welcher sich allerdings unabhängig von den Zuständigkeiten der Rechtsetzung definiert.[911] Denn wendet man sich dem Steuerwettbewerb ab und wählt den

903 *Ph. Léger*, Schlussantr. v. 02.05.2006, Rs. C-196/04 – „*Cadbury Schweppes*“, Slg. 2006 (de), S. I-7995 (I-8010 ff. – Rn. 55 ff.).

904 Siehe hierzu 5. *Teil.*

905 *Ph. Léger*, Schlussantr. v. 02.05.2006, Rs. C-196/04 – „*Cadbury Schweppes*“, Slg. 2006 (de), S. I-7995 (I-8010 ff. – Rn. 55 ff.); *L.A. Geelhoed*, Schlussantr. v. 29.06.2006, Rs. C-524/04- „*Thin Cap Group Litigation*“, Slg. 2007 (de), S. I-2107 (I-2137 f. – Rn. 63); *P. Mengozzi*, Schlussantr. v. 29.03.2007, Rs. C-298/05 – „*Columbus Container Services*“, Slg. 2007 (de), S. I-10451 (I-10487 – Rn. 166); *J. Mazák*, Schlussantr. v. 26.04.2007, Rs. C-451/05 – „*Elisa*“, Slg. 2007 (de), S. I-8251 (I-8280 – Rn. 115).

906 *Europ. Kom.*, Mitt. v. 10.12.2007, KOM(2007) 785 endg. (de), S. 4.

907 So wohl auch *W. Schön*, in: Kirchhof/Nieskens (Hrsg.), FS Reiss, S. 571 (584 f.); a.A. *J. Hey*, in: StuW 2008, S. 167 (180).

908 *EuGH*, Urt. v. 30.09.2003, Rs. C-167/01 – „*Inspire Art*“, Slg. 2003 (de), S. I-10155 (I-10224 – Rn. 96); Urt. v. 12.09.2006, Rs. C-196/04 – „*Cadbury Schweppes*“, Slg. 2006 (de), S. I-7995 (I-8042 – Rn. 37); vgl. auch *EuGH*, Urt. v. 09.03.1999, Rs. C-212/97 – „*Centros*“, Slg. 1999 (de), S. I-1459 (I-1493 – Rn. 27).

909 *EuGH*, Urt. v. 13.12.2005, Rs. C-446/03 – „*Marks & Spencer*“, Slg. 2005 (de), S. I-10837 (I-10882 – Rn. 49).

910 *J. Englisch*, in: Schaumburg/Englisch (Hrsg.), Europäisches Steuerrecht, Rn. 7.254.

911 So wohl auch *M. Lehner*, in: Gocke/Gosch/Lang (Hrsg.), FS Wassermeyer, S. 241 (251 f.).

Weg einer Vollharmonisierung, so läuft der Standpunkt des EuGH zur Schutzwürdigkeit der Handlungsfreiheit von Personen nicht ins Leere.[912]

2. Literatur

In der Literatur wird vertreten, das Unionsrecht regele das Gebot für einen mitgliedstaatlichen Steuerwettbewerb, welches allerdings unter der auflösenden Bedingung einer Harmonisierung stehe und somit nicht schutzwürdig sei. Nur wenn von der grundsätzlich zugebilligten Kompetenz einer Harmonisierung kein Gebrauch gemacht werde, seien die Rechtsordnungen der Mitgliedstaaten dem freien Spiel der Kräfte ausgesetzt, was sodann zu einem Steuerwettbewerb führe.[913] In diesem Fall müsse er auf der Rechtfertigungsebene zur Beschränkung einer Grundfreiheit berücksichtigt werden.[914] Dabei wird *zum einen* vertreten, die Bekämpfung eines schädlichen Steuerwettbewerbs stelle einen selbständigen Rechtfertigungsgrund dar.[915] *Zum anderen* wird vertreten, der Steuerwettbewerb stelle eine Facette des anerkannten Rechtfertigungsgrundes zur Verhinderung von Steuerhinterziehung und Steuerumgehung bzw. -missbrauch dar und müsse im Rahmen der Verhältnismäßigkeitsprüfung berücksichtigt werden. Eine Schädlichkeit des Steuerwettbewerbs sei dann anzunehmen, wenn die Umstände der Besteuerung den nationalrechtlichen Grundsätzen im Ansässigkeitsstaat des Steuerpflichtigen widersprechen oder gegen elementare Grundsätze des unionsrechtlichen Binnenmarktgedankens verstoßen.[916]

---

912 In Anbetracht der grundsätzlichen Möglichkeit von Mitgliedstaaten zur Verhinderung einer Steuerflucht sowie des politischen Trends zur Bekämpfung eines schädlichen Steuerwettbewerbs ist es überdies als unwahrscheinlich anzusehen, dass sich der EuGH der Ansicht der Generalanwälte in Zukunft noch anschließen wird (siehe zur wirtschafts- und steuerpolitischen Entwicklung *5. Teil*; zur Rolle des EuGH als „faktische Sekundärrechtsetzung" *3. Teil* GldPkt. B II 3).

913 *C.-D. Ehlermann*, in: Integration 18 (1995), S. 11 (11); *J. Schönfeld*, Hinzurechnungsbesteuerung und Europäisches Gemeinschaftsrecht, S. 39 f.

914 *J. Schönfeld*, Hinzurechnungsbesteuerung und Europäisches Gemeinschaftsrecht, S. 39 ff.; *L. Rehfeld*, Die Vereinbarkeit des Außensteuergesetzes mit den Grundfreiheiten des EG-Vertrages, S. 326.

915 *J. Schönfeld*, Hinzurechnungsbesteuerung und Europäisches Gemeinschaftsrecht, S. 302 ff.

916 *L. Rehfeld*, Die Vereinbarkeit des Außensteuergesetzes mit den Grundfreiheiten des EG-Vertrages, S. 326 f.

3. *Stellungnahme*

Aus der Beibehaltung der Souveränität von Mitgliedstaaten einerseits sowie der Handlungsfreiheit von Unternehmen andererseits lässt sich indirekt herleiten, dass der Steuerwettbewerb an sich unionsrechtlich grundsätzlich zulässig ist. Allerdings steht dessen Schutzwürdigkeit, wie von der Literatur zutreffend erkannt, unter der Bedingung einer rechtlichen Harmonisierung. Die Alternativen der Harmonisierung und des Steuerwettbewerbs stellen hierbei unterschiedliche Oberflächen dar, auf denen das gleiche Spiel einer wirtschaftlichen Gestaltung stets nach den Regeln des Unionsrechts auszutragen ist. Ist die politische Spieloberfläche also variabel, so bleiben die unionsrechtlichen Spielregeln doch immer gleich.

Wählt man nun die Spieloberfläche eines Steuerwettbewerbs, so drängt sich zunächst der Eindruck auf, dass mit der allgemeinen Handlungsfreiheit der Unternehmen aufgrund der Gewährleistung von Grundfreiheiten auch ein schädlicher Steuerwettbewerb erlaubt sei, womit das Unionsrecht im Widerspruch zu den volkswirtschaftlichen Erkenntnissen stünde. Die volkswirtschaftliche Korrektur eines schädlichen Steuerwettbewerbs hin zum unschädlichen Steuerwettbewerb lässt allerdings eine Parallele zu der Dogmatik jener Prüfung von Grundfreiheiten und dessen Rechtfertigungsgründe erkennen. Während sich der Steuerwettbewerb zunächst allein auf die Gewährleistung der Grundfreiheiten stützt und aufgrund dieser einseitigen Betrachtungsweise ein schädlicher race to the bottom begründet wird, bezieht der globaläquivalente Ansatz zur Schaffung eines unschädlichen Steuerwettbewerbs das mitgliedstaatliche Interesse zur abstrakten Gewährleistung einer ausgewogenen Aufteilung der Steuerhoheiten mit ein. Mithin ist der unschädliche Steuerwettbewerb als rechtfertigende Korrektur oder Beschränkung eines Steuerwettbewerbs an sich zu verstehen, wie in dem Grund zur ausgewogenen Aufteilung der Besteuerungsbefugnisse eine rechtfertigende Beschränkung der Grundfreiheiten zu erblicken ist. Der Maßstab einer rechtfertigenden Korrektur des Steuerwettbewerbs bemisst sich dabei maßgeblich nach seiner Funktion zur selbständigen Harmonisierung der unterschiedlichen Steuersysteme, dessen Funktionsfähigkeit namentlich in der Generierung eines Disziplinierungseffekts der Staaten und dem daraus resultierenden Kostenentlastungseffekt für die Unternehmen zu erblicken ist.[917] In einer Formel lässt sich diese Schlussfolgerung zum funktionsfähigen Steuerwettbewerb wie folgt ausdrücken:

---

917 Siehe zu den Funktionen und Effekten eines Steuerwettbewerbs *1. Teil* GldPkt. B IV 3 b) bb).

$$StW - StW^{schädlich} = StW^{Recht} = \dot{StW}$$

Formel F.4.1.0.[918]

Diese Formel gleicht dabei jener zur Optimierung der Grundfreiheiten, die im Lichte des Rechtfertigungsgrundes einer ausgewogenen Aufteilung der Besteuerungsbefugnisse wie folgt lautet:

$$GF - StH^{unausgewogen} = \dot{GF}$$

Formel F.4.2.0.[919]

Um der auf volkswirtschaftlichen Wertungen basierenden Ableitung eines funktionsfähigen Steuerwettbewerbs ein übertragbares Fundament zu verleihen, muss sich dieser Begriff nach einem rechtlich einheitlichen Maßstab bemessen. Zwecks dessen ist das Ergebnis im Lichte der *Unionsziele* zu betrachten. Dabei kann zunächst unproblematisch festgestellt werden, dass der Steuerwettbewerb an sich bzw. die Grundfreiheitsgewährleistung dem Interesse zur *Errichtung eines Binnenmarkts* dient. Allerdings verbleiben zwei Unbekannte, sodass sich zunächst folgende Formel festhalten lässt:

$$BM - x = y = \dot{BM}$$

Formel F.4.3.0.[920]

---

918 „StW" steht für den unbeschränkten Steuerwettbewerb an sich; „$StW^{schädlich}$" steht für den schädlichen Steuerwettbewerb – als „Negativ" zum volkswirtschaftlichen Ansatz der Schaffung eines unschädlichen Steuerwettbewerbs; „StW^{Recht}" steht für die Funktion des Wettbewerbs der Steuersysteme; „ $\dot{StW}$ " steht für die optimierte, funktionsfähige Ausgestaltung eines (unschädlichen) Steuerwettbewerbs.

919 „GF" steht für die absolute Gewährleistung der Grundfreiheiten; „ $StH^{unausgewogen}$ " steht für die *un*ausgewogene Aufteilung von Steuerhoheiten zwischen den Mitgliedstaaten der EU – als „Negativ" zum Rechtfertigungsgrund der ausgewogenen Aufteilung der Besteuerungsbefugnisse; „ $\dot{GF}$ " steht für das optimierte Recht zur Berufung auf die Grundfreiheiten unter Gewährleistung einer ausgewogenen Aufteilung von Steuerhoheiten zwischen den Mitgliedstaaten der EU.

920 „ BM " steht für das Unionsziel zur Errichtung eines Binnenmarkts; „ $\dot{BM}$ " steht für die optimierte, funktionsfähige Ausgestaltung des Binnenmarkts; „ x " und „ y " stehen für zwei zu bestimmende Unbekannte.

Die *Unbekannte „x"* bezieht sich auf die unionsrechtliche Begründung zur Schaffung eines unschädlichen Steuerwettbewerbs bzw. zur ausgewogenen Aufteilung der Besteuerungsbefugnisse. Es ist die Frage aufzuwerfen, ob sich der globaläquivalente Ansatz zum Territorialitätsprinzip im Lichte der Begründung eines unschädlichen Steuerwettbewerbs unter ein Unionsziel subsumieren lässt. Ist dies der Fall, so kann dem Territorialitätsprinzip gegenüber dem Welteinkommensprinzip nicht nur ein wirtschaftspolitischer,[921] sondern auch ein *rechtlicher* Vorrang eingeräumt werden. Mithin käme dem Territorialitätsprinzip staatenübergreifend der Charakter einer *Regel* nach dem Begriffsverständnis von *R.M. Dworkin* zu,[922] indem es die Kompetenzen der Mitgliedstaaten zur Staatssouveränität *abschließend* bestimmt. Die *Unbekannte „y"* bezieht sich auf den Maßstab zur Gewichtung jener widerstreitenden Interessen, welche zugleich das zu erreichende Ergebnis darstellt. Sofern sich die Unbekannte *x* im Lichte der Unionsziele herleiten lässt, ist die Auflösung der Unbekannten *y* ein Leichtes. So könnte sich der Maßstab zur Gewichtung der nunmehr umfassend unionalen Interessen nach den übergeordneten Unionszwecken der EU bemessen lassen.[923] Wird diesen Unionszwecken im Ergebnis entsprochen, ergibt sich hieraus eine optimierte, *funktionsfähige* Ausgestaltung des Steuerwettbewerbs bzw. des *Binnenmarkts*.

Den Generalanwälten ist somit darin zu widersprechen, die Vermeidung eines schädigenden Wettbewerbs sei allein der Politik zu überlassen. Vielmehr ist der Literatur dahingehend zu folgen, dass im Falle eines Steuerwettbewerbs auf der Rechtfertigungsebene zur Beschränkung der Grundfreiheiten zu prüfen ist, inwieweit eine Unschädlichkeit bzw. Funktionsfähigkeit des Steuerwettbewerbs erreicht werden kann. In Anlehnung an die volkswirtschaftlichen Erkenntnisse zur Vermeidung eines schädlichen Steuerwettbewerbs mittels eines globaläquivalenten Ansatzes, sind die Erwägungen dabei zunächst beim Rechtfertigungsgrund zur ausgewogenen Aufteilung der Besteuerungsbefugnisse zu platzieren, da es sich insoweit um eine Frage zum Verhältnis der Mitgliedstaaten untereinander handelt. Um das insoweit optimierte Recht zur Berufung auf die Grundfreiheiten auch im Rahmen eines konkreten Verhaltens von Steuerpflichtigen Ausdruck zu verleihen, ist der Rechtfertigungsgrund zur Verhinderung von Steuerhinterziehung und Steuerumgehung bzw. -missbrauch sodann in dessen Lichte auszulegen. Namentlich bemisst sich der

921 Siehe hierzu *1. Teil* GldPkt. B IV 3 c).

922 Siehe zum Erfordernis einer solchen Regel *3. Teil* GldPkt. B II 3 d) ff) (1).

923 Siehe zum Verhältnis der Unionsziele zueinander *3. Teil* GldPkt. A II 1 c).

Begriff des „steuerrechtlichen Missbrauchs“ somit nach den Erwägungen eines unionsrechtlich zu gewährleistenden funktionsfähigen Steuerwettbewerbs.

III. Weitere Prüfungsschritte

Vor dem Hintergrund der herausgearbeiteten Bedeutung des Steuerwettbewerbs als Ansatz eines möglichen Maßstabs zur Gewichtung des unionalen Interesses zur Errichtung eines Binnenmarkts im Verhältnis zum mitgliedstaatlichen Fiskalinteresse zur adäquaten Beteiligung am Steuersubstrat gilt es im nächsten Schritt zu untersuchen, welche Bedeutung dem globaläquivalenten Ansatz im Rahmen des Unionsrechts beizumessen ist. Es ist der Kernfrage nachzugehen, ob sich das Territorialitätsprinzip aus einem Unionsziel herleiten lässt und somit dem Welteinkommensprinzip (unions-)rechtlich vorrangig ist (*B.*).

Im Anschluss dessen fragt sich, wie sich das Untersuchungsergebnis auf die Rechtfertigungsgründe sowie auf die hiermit betroffenen unterschiedlichen Ebenen des Missbrauchs auswirkt. Bei einer isolierten Betrachtung des Rechtfertigungsgrundes zur ausgewogenen Aufteilung der Besteuerungsbefugnisse ist namentlich danach zu fragen, wie der „Missbrauch“ im Verhältnis der Mitgliedstaaten untereinander zu verstehen ist, sofern sich das Territorialitätsprinzip aus einem Unionsziel herleiten lässt (*C.*). Hinsichtlich des Rechtfertigungsgrundes zur Verhinderung von Steuerhinterziehung und Steuerumgehung bzw. -missbrauch gilt es zu untersuchen, wie im Rahmen einer Verhältnismäßigkeitsprüfung das Territorialitätsprinzip gegenüber den Grundfreiheiten ggf. nach Maßgabe der Unionszwecke genau zu gewichten ist (*D.*), um letztlich auf das konkrete Begriffsverständnis des „steuerrechtlichen Missbrauchs“ durch Staatsangehörige eines Mitgliedstaats schließen zu können, wie es vor allem im mitgliedstaatlichen Instrument einer Hinzurechnungsbesteuerung Ausdruck findet.

B. Bedeutung des Territorialitätsprinzips im Lichte der Unionsziele der EU

Bisher wurde festgestellt, dass sich zwar nicht im Lichte *rechtlicher* Erwägungen des allgemeinen Völkerrechts und deutschen Verfassungsrechts, allerdings aus *wettbewerbspolitischen* Erwägungen zwischen den Staaten ein Vorrang des Territorialitätsprinzips gegenüber dem Welteinkommensprinzip herleiten lässt, sofern ein funktionsfähiger Steuerwettbewerb gewährleistet wird, welcher die Effekte der Disziplinierung der Staaten, die Kostenentlastung der

Unternehmen sowie die Förderung von wirtschaftlichen Standorten generiert.[924] Diesen wettbewerbspolitischen Erwägungen folgt im Kern auch die *OECD*, wenn sie sich in den Regelungen des OECD-Musterabkommens – vor allem in Art. 12 Abs. 1 OECD-MA – von nutzentheoretischen Erwägungen leiten lässt.[925]

Der *EuGH* erkennt das Territorialitätsprinzip zwar an, um die Besteuerungszuständigkeiten der Mitgliedstaaten sachgerecht zu bestimmen.[926] Allerdings sei es in Ermangelung unionsrechtlicher Vereinheitlichungs- oder Harmonisierungsmaßnahmen den Mitgliedstaaten weiterhin selbst überlassen, die Kriterien für die Aufteilung ihrer Steuerhoheit insbesondere zur Beseitigung der Doppelbesteuerung vertraglich oder einseitig festzulegen.[927] Dabei solle sich vor allem dem Musterabkommen der OECD bedient werden.[928] Hieraus lässt

---

924 Siehe hierzu *1. Teil* GldPkt. B IV 3.

925 Zwar wird gem. Art. 12 Abs. 1 OECD-MA angeregt, die Lizenzgebühren eben im Ansässigkeitsstaat jener Gesellschaft zu besteuern, die als Lizenzgeber auftritt. Jedoch liegt dieser Regelung der Gedanke zugrunde, dass der Markt des Quellenstaats nur zur Nutzungsüberlassung der Lizenzen genutzt werde. Hinsichtlich der F&E-Kosten der Lizenz wird angenommen, dass diese im Ansässigkeitsstaat des Lizenzgebers entstehen und die Steuer als entsprechender Ausgleich für die Inanspruchnahme staatlicher Leistungen zu verstehen sei (*N. Bozza-Bodden*, in: Schönfeld/Ditz (Hrsg.), DBA, Art. 12 Rn. 3; *R. Pöllath/A. Lohbeck*, in: Vogel/Lehner (Hrsg.), DBA, 6. Aufl. 2015, Art. 12 Rn. 8; *H. Schaumburg/N. Häck*, in: Schaumburg (Hrsg.), Internationales Steuerrecht, 4. Aufl. 2017, Rn. 19.369; *F. Wassermeyer*, in: Wassermeyer (Hrsg.), DBA, Bd. I, 145. EL 2019, Art. 12 OECD-MA Rn. 4).

926 *EuGH*, Urt. v. 13.12.2005, Rs. C-446/03 – „*Marks & Spencer*", Slg. 2005 (de), S. I-10837 (I-10881 f. – Rn. 45 f.); Urt. v. 29.03.2007, Rs. C-347/04 – „*Rewe Zentralfinanz*", Slg. 2007 (de), S. I-2647 (I-2693 – Rn. 69); vgl. auch *EuGH*, Urt. v. 15.05.1997, Rs. C-250/95 – „*Futura Participations und Singer*", Slg. 1997 (de), S. I-2471 (I-2499 – Rn. 22); Urt. v. 15.02.2007, Rs. C-345/04 – „*Centro Equestro da Lezíria Grande*", Slg. 2007 (de), S. I-1425 (I-1449 – Rn. 22); Urt. v. 01.12.2011, Rs. C-250/08 – „*Kommission/Belgien*", ECLI:EU:C:2011:793, Rn. 48; kritisch hierzu *W. Schön*, in: BIT 2015, S. 271 (275 f.).

927 *EuGH*, Urt. v. 12.05.1998, Rs. C-336/96 – „*Gilly*", Slg. 1998 (de), S. I-2793 (I-2833 – Rn. 24, I-2834 f. – Rn. 30); Urt. v. 21.09.1999, Rs. C-307/97 – „*Saint-Gobain*", Slg. 1999 (de), S. I-6161 (I-6202 – Rn. 57); Urt. v. 12.12.2002, Rs. C-385/00 – „*de Groot*", Slg. 2002 (de), S. I-11819 (I-11867 – Rn. 93); Urt. v. 07.09.2006, Rs. C-470/04 – „*N*", Slg. 2006 (de), S. I-7409 (I-7461 – Rn. 44).

928 *EuGH*, Urt. v. 12.05.1998, Rs. C-336/96 – „*Gilly*", Slg. 1998 (de), S. I-2793 (I-2835 – Rn. 31); Urt. v. 23.02.2006, Rs. C-513/03 – „*van Hilten-van der Heijden*", Slg. 2006 (de), S. I-1957 (I-1998 – Rn. 48); Urt. v. 07.09.2006, Rs. C-470/04 – „*N*", Slg. 2006

sich ableiten, dass der EuGH die Wertungen des Territorialitätsprinzips zur ausgewogenen Aufteilung der Besteuerungsbefugnisse wohl selbst nicht dem Unionsrecht, sondern vielmehr den allgemein anerkannten doppelbesteuerungsrechtlichen Konventionen, wie jenen der OECD, entnimmt.[929] Wenn der EuGH also vertritt, dass das Territorialitätsprinzip im internationalen Steuerrecht verankert und im Unionsrecht *anerkannt* sei,[930] so kann dies wohl nur dahingehend verstanden werden, dass sich das Prinzip als externe Wertung zwecks eines sachgerechten Ergebnisses dem Unionsrecht *anzupassen* habe und diesem eben nicht entspringe.

Beschränkt man die Betrachtungsweise auf die für die Errichtung eines Binnenmarkts unerlässliche Notwendigkeit zur Vermeidung einer Doppelbesteuerung, so ist das Ergebnis des EuGH nachvollziehbar. Denn in der Tat lässt sich insoweit aus dem Unionsrecht nicht herleiten, *wie* die Besteuerungszuständigkeit hierzu zwischen dem Ansässigkeits- und dem Quellenstaat aufzuteilen sind.[931] Stattdessen erweisen sich das Welteinkommens- und Territorialitätsprinzip als gleichwertig geeignet, sofern alle Mitgliedstaaten eine gemeinsame Strategie verfolgen.[932] Allerdings gilt es zu beachten, dass das Unionsrecht auf *mehreren* Unionszielen aufgebaut ist, die vor allem von einem ökonomischen Charakter geprägt sind. Namentlich betrifft dies jene Unionsziele, welche dem Unionszweck zur Förderung des Wohlergehens der Völker dienen.[933] Im Lichte dieses ökonomischen Schwerpunktes des Integrationsprogramms der EU, müssen auch das Territorialitäts- und Welteinkommensprinzip einer

---

(de), S. I-7409 (I-7461 f. – Rn. 45); Urt. v. 15.05.2008, Rs. C-414/06 – *„Lidl Belgium"*, ECLI:EU:C:2008:278, Rn. 22; kritisch hierzu *W. Schön*, in: BIT 2015, S. 271 (275).

929 Vgl. *J. Hey*, in: Tipke/Seer/Hey/Englisch (Hrsg.), FS Lang, S. 133 (160); *W. Schön*, in: BIT 2015, S. 271 (275).

930 *EuGH*, Urt. v. 01.12.2011, Rs. C-250/08 – *„Kommission/Belgien"*, ECLI:EU:C:2011:793, Rn. 48; vgl. auch *EuGH*, Urt. v. 15.02.2007, Rs. C-345/04 – *„Centro Equestro da Lezíria Grande"*, Slg. 2007 (de), S. I-1425 (I-1449 – Rn. 22); kritisch hierzu *J. Monsenego*, Taxation of Foreign Business Income within the European Internal Market, S. 42 f.; *F.A. García Prats*, in: Richelle/Schön/Traversa (Hrsg.), Allocating Taxing Powers within the European Union, S. 1 (12); *W. Schön*, in: BIT 2015, S. 271 (282 f.).

931 Vgl. *M. Lehner*, in: Vogel/Lehner (Hrsg.), DBA, 6. Aufl. 2015, Grundlagen des Abkommensrechts Rn. 266.

932 Eine Überschneidung der Besteuerung findet stets dann *nicht* statt, wenn sich *alle* Mitgliedstaaten *entweder* für das reine Territorialitätsprinzip *oder* das reine Welteinkommensprinzip entscheiden, da die Einkünfte der Gesellschaften insoweit nur einmal besteuert werden würden.

933 Siehe hierzu *1. Teil* GldPkt. A II 1.

entsprechenden *ökonomischen Betrachtungsweise* unterzogen werden, sodass die wettbewerbspolitischen Erwägungen dieser Arbeit in die unionsrechtliche Bewertung miteinspielen könnten.[934] Sollte sich dabei feststellen lassen, dass sich eines der beiden Prinzipien besser oder gar alternativlos dazu eignet, die ökonomischen Unionsziele zu fördern, so ist der Schluss erlaubt, dass jenes Prinzip dem anderen gegenüber unionsrechtlich vorrangig ist. Dem „Prinzip" würde somit im Rahmen des Unionsrechts der funktionale Charakter einer *Regel* nach dem Begriffsverständnis von *Dworkin* zukommen,[935] zu dessen Einhaltung die Mitgliedstaaten gemäß der Rücksichtnahmepflicht aus Art. 4 Abs. 3 EUV[936] abschließend verpflichtet wären.

Betrachtet man die ökonomisch geprägten Unionsziele genauer, so rückt der Begriff des „Wirtschaftswachstums" gemäß Art. 3 Abs. 3 UAbs. 1 S. 2 EUV in den Fokus, welcher nach Auffassung dieser Arbeit als der primäre Garant für den Wohlstand in den Mitgliedstaaten anzusehen ist.[937] Dabei drängt sich die Frage auf, wie ein solches Wirtschaftswachstum überhaupt erreicht werden kann und welche Bedeutung der wirtschaftspolitischen Maßnahme zur Errichtung eines europäischen Binnenmarkts in diesem Zusammenhang genau zukommt. Hierzu ist erneut ein Blick in die Volkswirtschaftslehre notwendig (*I.*), bevor sodann die unionsrechtliche Bedeutung jener volkswirtschaftlichen Erkenntnisse zu begutachten ist (*II.*).

I. Das Wirtschaftswachstum im Lichte der Volkswirtschaftslehre

Als „Wirtschaftswachstum" wird die quantitative Zunahme einer verfügbaren Menge an Gütern in einer Volkswirtschaft bezeichnet.[938] Dies ist anzunehmen, wenn das potenzielle *Bruttoinlandsprodukt* (kurz: „BIP")[939] eines Landes langfristig

934 Siehe hierzu *1. Teil* GldPkt. B IV 3 c).

935 Vgl. hierzu *3. Teil* GldPkt. B II 3 d) ff) (1).

936 Vgl. hierzu *3. Teil* GldPkt. A II 2, B I.

937 Siehe hierzu *3. Teil* GldPkt. A II 1 c) bb).

938 *M. Frenkel/H.-R. Hemmer*, Grundlagen der Wachstumstheorie, S. 1.

939 Das BIP stellt den nominalen Wert aller im Inland erzeugten Endprodukte und Dienstleistungen eines Landes während eines Jahres dar, indem die unterschiedlichen Güter mit Geld bewertet werden (*P.A. Samuelson/W.D. Nordhaus*, Volkswirtschaftslehre, 5. Aufl. 2016, S. 583; *P.R. Krugman/R. Wells*, Volkswirtschaftslehre, 2. Aufl. 2017, S. 672). Es ist zwischen einem *nominalen* und *realen BIP* zu unterscheiden. Das „nominale" BIP berücksichtigt die Marktpreise der verschiedenen Waren und Dienstleistungen. Das „reale" BIP berechnet sich hingegen, indem man das Produktionsvolumen betrachtet, nach dem man den Einfluss

steigt.[940]

1. Die Produktivität einer Volkswirtschaft

Zur Bemessung des BIP bzw. als Maßstab des Wirtschaftswachstums ist die *Produktivität* ins Zentrum zu stellen, welche sich in vier Faktoren gliedert – natürliche Ressourcen, menschliche Ressourcen, Kapital und technischer Fortschritt.[941] Bei dem Wirtschaftswachstum handelt es sich ferner um ein *Phänomen*, welches sich durch die empirischen Befunde eines konstanten Anstiegs von Stundenlöhnen und Produktionen pro Arbeitsstunde[942], eines stetigen Anstiegs der gesamtwirtschaftlichen Produktion[943] sowie der bedingten Konvergenz[944] beobachten lässt.

---

von Preisveränderungen – insb. deren Anstieg (sog. „Inflation") – eliminiert hat. Während das *nominale* BIP also die sich ändernden Preise mitdokumentiert und das absolute BIP-Maß definiert, stellt das *reale* BIP nur auf die Mengenänderungen der gesamten Produktionsleistung ab (*P.A. Samuelson/W.D. Nordhaus*, Volkswirtschaftslehre, 5. Aufl. 2016, S. 589 f.). Letzteres ist somit hinsichtlich des Wirtschaftswachstums eines Landes aussagekräftiger (vgl. *P.R. Krugman/R. Wells*, Volkswirtschaftslehre, 2. Aufl. 2017, S. 724).

940 *M. Frenkel/H.-R. Hemmer*, Grundlagen der Wachstumstheorie, S. 1; *Ph. Aghion/P. Howitt*, Wachstumsökonomie, S. 1; *P.A. Samuelson/W.D. Nordhaus*, Volkswirtschaftslehre, 5. Aufl. 2016, S. 744; *P.R. Krugman/R. Wells*, Volkswirtschaftslehre, 2. Aufl. 2017, S. 724.

941 Gemeinsam bestimmen sie die sog. „gesamtwirtschaftliche Produktionsfunktion" oder „aggregate production function" eines Landes (*P.A. Samuelson/W.D. Nordhaus*, Volkswirtschaftslehre, 5. Aufl. 2016, S. 746; *P.R. Krugman/R. Wells*, Volkswirtschaftslehre, 2. Aufl. 2017, S. 730 f.).

942 Der durchschnittliche reale Stundenlohn ist seit dem 20. Jahrhundert stetig und fast in gleichem Maß wie die Durchschnittsproduktion pro Arbeitsstunde gestiegen. Es konnte also ein Zusammenhang zwischen der Arbeitsproduktivität und der Höhe des Einkommens festgestellt werden (am Beispiel der USA im Zeitraum von 1900 bis 2008 *P.A. Samuelson/W.D. Nordhaus*, Volkswirtschaftslehre, 5. Aufl. 2016, S. 759 – Abb. 25-5 (c)).

943 Die gesamtwirtschaftliche Produktion ist seit dem 20. Jahrhundert stetig gestiegen. Dabei *übertraf* das Produktionswachstum auch den Anstieg des Kapitalstocks sowie der Bevölkerung (am Beispiel der USA im Zeitraum von 1900 bis 2008 *P.A. Samuelson/W.D. Nordhaus*, Volkswirtschaftslehre, 5. Aufl. 2016, S. 759 – Abb. 25-5 (a)).

944 Die internationalen Unterschiede im realen BIP je Einwohner haben sich innerhalb einzelner Ländergruppen, die sich hinsichtlich wesentlicher Einflussfaktoren zum Wirtschaftswachstum gleichen (sog. „Konvergenz-Club"), im Zeitverlauf verringert. Zu den Einflussfaktoren zählen neben identischen Sparquoten, Abschreibungsraten und aggregierten Produktionstechnologien vor allem ein gleicher Standard

a) *Die Wachstumstheorie als theoretischer Ausgangspunkt*

Der Meinungsstand in der Volkswirtschaftslehre zur Begründung dieses Phänomens und zur Bewertung der einzelnen Faktoren hat unterschiedliche Wachstumsmodelle hervorgebracht, welche jedoch aufeinander aufbauen, indem sie die empirischen Befunde Schritt für Schritt erklären.

aa) *Solow-Modell*

Das *Solow-Modell*[945] versucht das Wirtschaftswachstum lediglich von den Faktoren der Arbeit[946] und des Sachkapitals[947] abhängig zu machen.[948] Dem Anstieg des Kapitalstocks müssen hierbei Ersparnisse vorausgehen, welche erst eine Investition in neues Kapital ermöglichen. Dabei kann das Modell feststellen, dass mit dem Anstieg einer erhöhten Produktionsleistung pro Arbeitskraft auch das Grenzprodukt[949] der Arbeit ansteigt. Mit dem höheren Grenzprodukt steigen wiederum die Reallöhne und die Möglichkeit, Ersparnisse in neues

---

in Bildung, Infrastruktur und Rechtssicherheit (*L. Bretschger*, Wachstumstheorie, 3. Aufl. 2004, S. 45 f.; *P.R. Krugman/R. Wells*, Volkswirtschaftslehre, 2. Aufl. 2017, S. 747, 749 f.; vgl. auch *M. Frenkel/H.-R. Hemmer*, Grundlagen der Wachstumstheorie, S. 149 ff.; *Ph. Aghion/P. Howitt*, Wachstumsökonomie, S. 2 f., 51; grundlegend hierzu *N.G. Mankiw/D. Romer/D.N. Weil*, in: QJE 107 (1992), S. 407 ff.). Am Beispiel von Ländern die dem Konvergenz-Club „reicher Länder“ mit vergleichbarem Entwicklungsstand angehören, wurde beobachtet, dass diejenigen Länder, die innerhalb des Konvergenz-Clubs im Jahre 1955 ein niedriges Niveau des realen BIP je Einwohner aufwiesen, seitdem eine höhere Wachstumsrate verzeichnen konnten als diejenigen Länder mit einem entsprechend hohen Niveau (*P.R. Krugman/R. Wells*, Volkswirtschaftslehre, 2. Aufl. 2017, S. 750 – Abb. 24-9 (a); vgl. auch *R.J. Barro/X. Sala-i-Martin*, Economic Growth, 2. Aufl. 2004, S. 44 ff.; *Ph. Aghion/P. Howitt*, Wachstumsökonomie, S. 26 ff., 51).

945 Grundlegend hierzu *R.M. Solow*, in: QJE 70 (1956), S. 65 ff.

946 Der Faktor „Arbeit“ ist als menschliche Ressource zu verstehen. Die Bedeutung des Faktors bestimmt sich primär nach der Qualität von Arbeitskräften, welche sich auszeichnet durch Fertigkeiten, Wissen und Disziplin (*P.A. Samuelson/W.D. Nordhaus*, Volkswirtschaftslehre, 5. Aufl. 2016, S. 746; *P.R. Krugman/R. Wells*, Volkswirtschaftslehre, 2. Aufl. 2017, S. 731). Dabei zählt insb. die *unqualifizierte* Arbeit stets unter den einfachen Faktor Arbeit.

947 Der Faktor „Sachkapital“ umschreibt materielles Kapital wie Fabriken, Häuser, Computer und Werkzeugmaschinen, die der Produktion weiterer Güter dienen.

948 *R.M. Solow*, in: QJE 70 (1956), S. 65 (66); ebenso *P.A. Samuelson/W.D. Nordhaus*, Volkswirtschaftslehre, 5. Aufl. 2016, S. 754.

949 Der Begriff „Grenz-“ wird in der Volkswirtschaftslehre i.S.v. „zusätzlich“ gebraucht (*P.A. Samuelson/W.D. Nordhaus*, Volkswirtschaftslehre, 5. Aufl. 2016, S. 620). Das

Kapital zu investieren.[950] Allerdings weist die Kapitalakkumulation[951] in diesem Modell sinkende Erträge auf, indem es bei gleichbleibendem Technologiestand eine Obergrenze des Gesamtkapitalstocks zur Förderung der Produktivität gibt.[952]

Mithin gelingt es, den empirischen Befund zu erklären, warum der reale Stundenlohn stetig und fast in gleichem Maß wie die Durchschnittsproduktion pro Arbeitsstunde gestiegen ist. Neben einer nur teilweisen Herleitung des Phänomens der Konvergenz,[953] kann das Modell allerdings vor allem das langfristige Wirtschaftswachstum nicht erklären.

bb) AK-Modell

Die Endogenisierung des somit notwendigen technischen Fortschritts erfolgt durch das *AK-Modell*[954]. Es berücksichtigt neben dem Sachkapital nur die Arbeitskräfte mit besonderen Kenntnissen und Fertigkeiten als sog. „Humankapital".[955] Durch den Einsatz des Kapitals generiert sich automatisch ein

---

„Grenzprodukt" der Arbeit definiert somit zum Beispiel die produzierten Einheiten pro zusätzlichen Faktor Arbeit.

950 *P.A. Samuelson/W.D. Nordhaus*, Volkswirtschaftslehre, 5. Aufl. 2016, S. 754 f.

951 Eine sog. „Kapitalakkumulation" (auch „Kapitalvertiefung" genannt) wird dann ermöglicht, wenn der Kapitalbestand schneller wächst als der Faktor Arbeit. Sie ist zum Beispiel dann anzunehmen, wenn bei einem Straßenbauunternehmen auf Löffelbagger zurückgegriffen wird, statt die Mitarbeiter mit Hacke und Schaufel die gleiche Arbeit machen zu lassen (*P.A. Samuelson/W.D. Nordhaus*, Volkswirtschaftslehre, 5. Aufl. 2016, S. 754).

952 Je länger Menschen mit den gleichen Kapitalgütern ausgestattet sind, ohne neue Nutzungsmöglichkeiten für das Kapital zu erfinden, desto weniger Kapitalgüter erscheinen erforderlich (*Ph. Aghion/P. Howitt*, Wachstumsökonomie, S. 20 f.; *P.A. Samuelson/W.D. Nordhaus*, Volkswirtschaftslehre, 5. Aufl. 2016, S. 754; *D. Romer*, Advanced Macroeconomics, 5. Aufl. 2019, S. 12).

953 Das Modell unterstellt eine *absolute* Konvergenz und unterscheidet nicht zwischen diversen Konvergenz-Clubs (*M. Frenkel/H.-R. Hemmer*, Grundlagen der Wachstumstheorie, S. 166 f.; *Ph. Aghion/P. Howitt*, Wachstumsökonomie, S. 28; a.A. *L. Bretschger*, Wachstumstheorie, 3. Aufl. 2004, S. 45).

954 Grundlegend hierzu *S.T. Rebelo*, in: JoPE 99 (1991), S. 500 ff.

955 *S.T. Rebelo*, in: JoPE 99 (1991), S. 500 (502, 507 ff.); vgl. auch *M. Frenkel/H.-R. Hemmer*, Grundlagen der Wachstumstheorie, S. 182, 200, 239; *L. Bretschger*, Wachstumstheorie, 3. Aufl. 2004, S. 80 f.

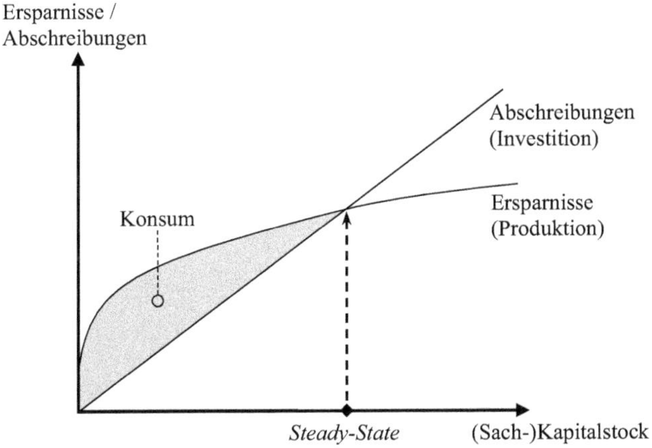

Abbildung A.4.2.0: Das Wirtschaftswachstum im Solow-Modell (*Ph. Aghion/ P. Howitt*, Wachstumsökonomie, S. 21 – Abb. 1.1). Der „Steady-State" beschreibt einen stabilen Zustand in Form eines Gleichgewichts zwischen den Faktoren. Er kann ständiges Wirtschaftswachstum gewährleisten, wenn die Pro-Kopf-Variablen mit einer gleichen Rate *wachsen* (*M. Frenkel/H.-R. Hemmer*, Grundlagen der Wachstumstheorie, S. 173; *L. Bretschger*, Wachstumstheorie, 3. Aufl. 2004, S. 15). Der *Steady-State* der Variablen des Pro-Kopf-Einkommens, Pro-Kopf-Konsums und Pro-Kopf-Kapitalbestands ist bei dem Solow-Modell jedoch nur mit einer gemeinsamen Wachstumsrate *von Null* vereinbar, da die Wachstumsrate des Pro-Kopf-Einkommens mit zunehmendem Entwicklungsstand des Kapitals abnimmt (*M. Frenkel/H.-R. Hemmer*, Grundlagen der Wachstumstheorie, S. 173).

technischer Fortschritt,[956] welcher für jedermann zugänglich ist und eine Abnahme des Grenzprodukts bei fortschreitender Kapitalakkumulation vermeidet.[957]

Diesem Modell gelingt es somit zu erklären, weshalb die gesamtwirtschaftliche Produktion seit dem 20. Jahrhundert stets gestiegen ist. Ein langfristiges

956 Unter der Bezeichnung des sog. „*learning-by-doing*"-Prozesses wurde diese Annahme erstmals von *K.J. Arrow* im Jahre 1962 hinsichtlich des Sachkapitals herausgearbeitet (grundlegend hierzu *K.J. Arrow*, in: RevES 29 (1962), S. 155 ff.).

957 *M. Frenkel/H.-R. Hemmer*, Grundlagen der Wachstumstheorie, S. 181, 211 ff., 221, 240; *Ph. Aghion/P. Howitt*, Wachstumsökonomie, S. 43 f.; vgl. auch *L. Bretschger*, Wachstumstheorie, 3. Aufl. 2004, S. 83.

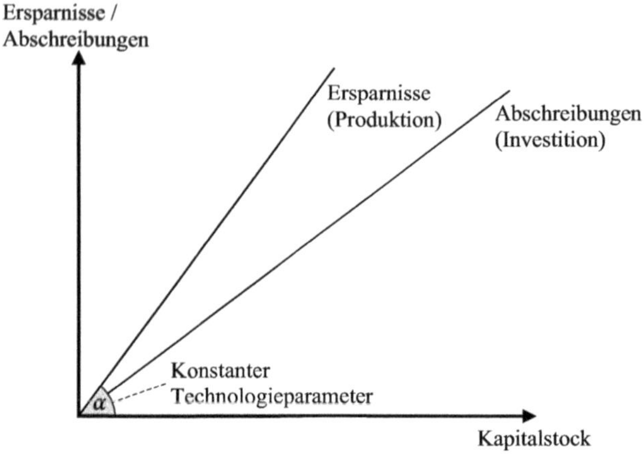

Abbildung A.4.3.0: Das Wirtschaftswachstum im AK-Modell (*M. Frenkel/H.-R. Hemmer*, Grundlagen der Wachstumstheorie, S. 183 – Abb. 8–1). Der *Steady-State* ist im AK-Modell dann anzunehmen, wenn die Produktivität des Humankapitaleinsatzes im Bildungssektor mit der Bruttoproduktivität des Sachkapitals im Sachgütersektor übereinstimmt (*M. Frenkel/H.-R. Hemmer*, Grundlagen der Wachstumstheorie, S. 210; siehe zum Begriff des „Steady-State" Abbildung A.4.2.0).

Wirtschaftswachstum hängt dabei von ökonomischen Faktoren wie Sparsamkeit und Effizienz der Ressourcenallokation ab.[958]

cc) Romer-Modell

Die Ressourcenallokation wird vom *Romer-Modell*[959] aufgegriffen und konkretisiert. Als „Motor des Wirtschaftswachstums" wird dabei die Produktivität im Forschungssektor[960] angesehen, welcher vor allem von Humankapital betrieben wird.[961] Um das Ziel des Wirtschaftswachstums auf Grundlage eines

---

958 *Ph. Aghion/P. Howitt*, Wachstumsökonomie, S. 44, 89.

959 Grundlegend hierzu *P.M. Romer*, in: JoPE 98 (5/1990 II), S. S 71 ff.

960 Der „Forschungssektor" produziert neue Designs und setzt hierzu neben dem Humankapital den Faktor des technischen Wissens voraus. Der Schutz des entwickelten Designs erfolgt durch eine Patentierung (*P.M. Romer*, in: JoPE 98 (5/1990 II), S. S 71 (S 79); ebenso *M. Frenkel/H.-R. Hemmer*, Grundlagen der Wachstumstheorie, S. 241 ff.; *L. Bretschger*, Wachstumstheorie, 3. Aufl. 2004, S. 120 ff., 135 ff.).

961 *M. Frenkel/H.-R. Hemmer*, Grundlagen der Wachstumstheorie, S. 241 ff., 255; vgl. auch *P.M. Romer*, in: JoPE 98 (5/1990 II), S. S 71 (S 79, S 83); *L. Bretschger*, Wachstumstheorie, 3. Aufl. 2004, S. 120 ff., 125, 135 ff.

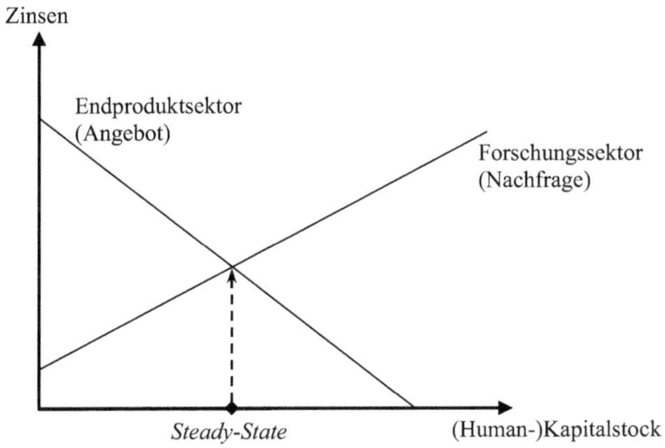

Abbildung A.4.4.0: Die Ressourcenallokation des Humankapitals im Romer-Modell (*M. Frenkel/H.-R. Hemmer*, Grundlagen der Wachstumstheorie, S. 252 – Abb. 10-3). Der *Steady-State* ist im Romer-Modell dann anzunehmen, wenn die Produktivität des Humankapitaleinsatzes im Forschungssektor mit der Bruttoproduktivität des eingesetzten Kapitals im Endproduktsektor in ein Gleichgewicht gebracht wird (*M. Frenkel/H.-R. Hemmer*, Grundlagen der Wachstumstheorie, S. 251 f.; *L. Bretschger*, Wachstumstheorie, 3. Aufl. 2004, S. 125 ff., 137 ff.; siehe zum Begriff des „Steady-State" Abbildung A.4.2.0).

ausgeglichenen Verhältnisses von Angebot und Nachfrage tatsächlich zu erreichen, muss eine angemessene Verteilung des Humankapitals auf den Forschungs- und Endproduktsektor[962] erfolgen.[963]

---

962 Der „Endproduktsektor" produziert Konsumgüter. Neben dem Humankapital ist hier auch der Einsatz von unqualifizierter Arbeit erforderlich. Ferner bedarf es zur Herstellung von Endprodukten eines Einsatzes von Zwischenprodukten – zum Beispiel Maschinen. „Zwischenprodukte" sind vor diesem Hintergrund als Sachgüter anzusehen. Neben der eigenen Verwendung von Konsumgütern bedarf es zur Herstellung von Zwischenprodukten vor allem der Patente aus dem Forschungssektor (*P.M. Romer*, in: JoPE 98 (5/1990 II), S. S 71 (S 79); ebenso *M. Frenkel/H.-R. Hemmer*, Grundlagen der Wachstumstheorie, S. 241 ff.; *L. Bretschger*, Wachstumstheorie, 3. Aufl. 2004, S. 120 ff., 135 ff.).

963 *M. Frenkel/H.-R. Hemmer*, Grundlagen der Wachstumstheorie, S. 250; *L. Bretschger*, Wachstumstheorie, 3. Aufl. 2004, S. 125 ff. Um dieses Gleichgewicht herzustellen, wird der Einsatz von Humankapital im Forschungssektor mit dem Instrument des Zinssatzes reguliert (vertiefend hierzu *P.M. Romer*, in: JoPE 98 (5/1990 II), S. S 71 (S 90 ff.); *M. Frenkel/H.-R. Hemmer*, Grundlagen der Wachstumstheorie, S. 252).

Diese – wenn auch hilfreiche – Erkenntnis kann jedoch ebenfalls die bedingte Konvergenz nicht endgültig erklären, da hinsichtlich der Produktivität des technischen Fortschritts keine Aussage getroffen wird. Vielmehr wird hierbei – gleich dem AK-Modell – von einem sog. „Spillover"-Effekt ausgegangen, nach dem neue Erkenntnisse auch jenen Personen zur Verfügung stehen können, die keinen Beitrag zu den F&E-Investitionen geleistet haben.[964] Hieraus resultiert wiederum eine sog. „free-rider"-Problematik[965], wonach sich Anreize zu F&E-Investitionen auf den erhofften (ausschließlichen) Erlös eines Patents beschränken und im Übrigen versucht wird, von Investitionen Anderer zu profitieren, sodass es im Ergebnis zu einem konstanten technischen Fortschritt kommt und sich somit *alle* Länder in ihrer Wirtschaft gleichmäßig entwickeln.[966]

dd) Aghion/Howitt-Modell

Die Produktivität des technischen Fortschritts macht sich das *Aghion-Howitt-Modell*[967] zum Thema. Demnach bemisst sie sich – entsprechend dem Romer-Modell – grundsätzlich nach der Anzahl von Produktionsfaktoren im Forschungsbereich,[968] unterscheidet sich allerdings bezüglich der Arten einer

---

964 Der „Spillover"-Effekt ergibt sich aus zwei Aspekten. Zum einen steht neues Wissen aufgrund einer nicht zu verhindernden Wissensdiffusion – etwa durch die Veröffentlichung neuer Kenntnisse in Fachzeitschriften, Verbreitung firmeninterner Kenntnisse durch einen Wechsel der Mitarbeiter zu einem Konkurrenzunternehmen oder die Imitation von Konkurrenzprodukten – auch jenen Personen zur Verfügung, die den neuen Wissensstand nicht erzeugt haben. Zum anderen kann dieses Wissen auch von mehreren genutzt werden, ohne dass dies zu einem Nachteil – zum Beispiel durch zusätzliche Kosten – führt. Wissen besitzt in anderen Worten die Eigenschaft der Nichtrivalität und keine Ausschließbarkeit. Es handelt sich um ein öffentliches Gut (*M. Frenkel/H.-R. Hemmer*, Grundlagen der Wachstumstheorie, S. 221, 240; *L. Bretschger*, Wachstumstheorie, 3. Aufl. 2004, S. 83).

965 *M. Frenkel/H.-R. Hemmer*, Grundlagen der Wachstumstheorie, S. 240.

966 *G.M. Grossman/E. Helpman*, Innovation and Growth in the Global Economy, S. 74; *M. Frenkel/H.-R. Hemmer*, Grundlagen der Wachstumstheorie, S. 256; *L. Bretschger*, Wachstumstheorie, 3. Aufl. 2004, S. 83, 146.

967 Grundlegend hierzu *Ph. Aghion/P. Howitt*, in: Econometrica 60 (1992), S. 323 ff.; fortführend und ergänzend *dies.*, Endogenous Growth Theory, S. 53 ff.

968 *Ph. Aghion/P. Howitt*, Wachstumsökonomie, S. 137 f.; ebenso *M. Frenkel/H.-R. Hemmer*, Grundlagen der Wachstumstheorie, S. 262 ff.; *L. Bretschger*, Wachstumstheorie, 3. Aufl. 2004, S. 144; zustimmend *P.S. Segerstrom/T.C.A. Anant/E. Dinopoulus*, in: AERev. 80 (1990), S. 1077 (1087 f.); *G.M. Grossman/E. Helpman*, Innovation and Growth in the Global Economy, S. 109.

Innovation. So kann sich Innovation zum einen durch einfache Nachahmung und zum anderen durch eine Neuerfindung ausdrücken. Letztere sog. „Spitzeninnovation“[969] begründet in vertikaler Hinsicht einen Anstieg der globalen Technologiegrenze, während sich erstere sog. „Implementierungsinnovation“[970] in horizontaler Hinsicht nur regional auf das Wirtschaftswachstum auswirkt und durch die globale Technologiegrenze begrenzt ist.[971] Es gilt, je weiter ein Land von der Technologiegrenze entfernt ist, desto höher ist die Produktivität, sofern die erforderlichen Ressourcen für eine Implementierungsinnovation hinreichend zur Verfügung gestellt werden.[972] Sobald sämtliche Technologie dieser Welt imitiert wurde, kann nur eine vollkommen neue Technologie ein weiteres Wirtschaftswachstum begründen, dessen Erfolg nur mit einer gewissen Wahrscheinlichkeit gelingt. Diese Wahrscheinlichkeit bestimmt gleichzeitig die Produktivität der Innovation.[973] Gelingt weniger entwickelten Ländern ein Technologieanschluss, indem Innovationen imitiert werden konnten,

969 Die „Spitzeninnovation“ betrifft den Fall, dass die beste vor der Innovation verfügbare Technologie in einem konkreten Sektor übertroffen und verdrängt wird. Hierin ist die „schöpferische Zerstörung“ zu erblicken. Der Erfolg einer neuen Innovation ist risikobehaftet, sodass nur eine Erfolgs*wahrscheinlichkeit* in jeder Periode anzunehmen ist. Jedoch steigt diese Wahrscheinlichkeit einer Innovation, je höher die Aufwendungen für Forschungstätigkeiten sind (*Ph. Aghion/P. Howitt*, Wachstumsökonomie, S. 79; zum Prozess der „schöpferischen Zerstörung“ *J.A. Schumpeter*, Kapitalismus, Sozialismus und Demokratie, 1. Aufl. 1946, S. 137 f.; Originalbezeichnung: „Creative Destruction“ (*J.A. Schumpeter*, Capitalism, Socialism and Democracy, 2. Aufl. 1947, S. 83)).

970 Die „Implementierungsinnovation“ bedient sich bereits bestehender Innovationen (*Ph. Aghion/P. Howitt*, Wachstumsökonomie, S. 14).

971 *Ph. Aghion/P. Howitt*, Wachstumsökonomie, S. 14.

972 *Ph. Aghion/P. Howitt*, Wachstumsökonomie, S. 137 f., 142; siehe zur Möglichkeit eines *Strategiewechsels* von der Implementierungs- hin zur Spitzeninnovation Fn. 987. Das Aghion/Howitt-Modell baut bezüglich dieser Behauptung zur Bestimmung der Wachstumsrate bei einer Implementierungsinnovation auf einer Beobachtung von *A. Gerschenkron* aus dem Jahre 1962 auf. Hierbei wurde festgestellt, dass ein Land, welches weit von der globalen Technologiegrenze entfernt liegt, schneller wachsen kann, als umgekehrt (sog. „Vorteilhaftigkeit der Rückständigkeit“, Originalbezeichnung: „Advantages of backwardness“ (*A. Gerschenkron*, Economic Backwardness in Historical Perspective, S. 353 f., 364)).

973 *Ph. Aghion/P. Howitt*, Wachstumsökonomie, S. 14, 83.

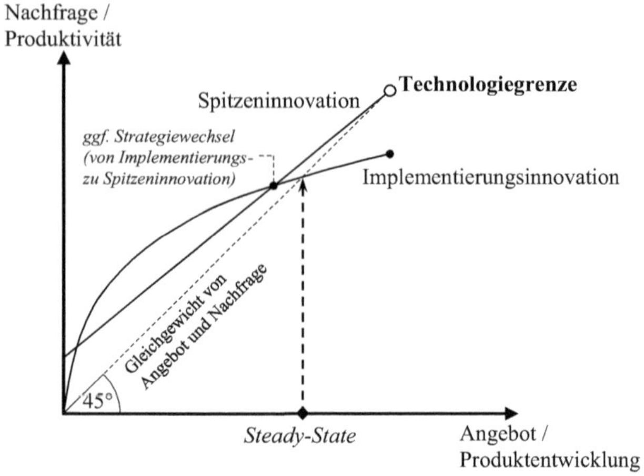

Abbildung A.4.5.0: Die Produktivität des technischen Fortschritts im Aghion-Howitt-Modell (*Ph. Aghion/P. Howitt*, Wachstumsökonomie, S. 145 – Abb. 7.1, 229 – Abb. 11.3). Der *Steady-State* ist beim Aghion/Howitt-Modell in einer zunehmenden Nähe eines Landes zur Technologiegrenze zu erblicken (*Ph. Aghion/P. Howitt*, Wachstumsökonomie, S. 141, 145; siehe zum Begriff des „Steady-State" Abbildung A.4.2.0).

verringern sich die internationalen Unterschiede im realen BIP je Einwohner im Zeitverlauf.[974]

Dem Aghion/Howitt-Modell gelingt es hiermit, eine bedingte Konvergenz zu erklären. Ein langfristiges Wirtschaftswachstum hängt dabei von ökonomischen Faktoren wie Kreativität und Innovation ab.[975]

b) Auswirkungen auf die Wirtschaftspolitik

Um das Wirtschaftswachstum im Lichte der Lehre gewährleisten zu können, spielen wirtschaftspolitische Maßnahmen und Modelle eine erhebliche Rolle.

Als wirtschaftspolitische *Maßnahmen* zur Förderung eines Wirtschaftswachstums spielen vor allem steuerrechtliche Rahmenbedingungen eine

---

974 Gelingt ihnen dies allerdings nicht, drohen sie gar zu *divergieren* (vgl. *Ph. Aghion/P. Howitt*, Wachstumsökonomie, S. 145; siehe zur Möglichkeit eines optimalen Wettbewerbs aufgrund eines zeitigen *Strategiewechsels* von der Implementierungs- hin zur Spitzeninnovation sowie der Gefahr einer sog. „Nicht-Konvergenz-Falle" Fn. 987).

975 *Ph. Aghion/P. Howitt*, Wachstumsökonomie, S. 44.

erhebliche Rolle. Denn ähnlich dem Wissensspillover[976] sind auch steuerpolitischen Maßnahmen ein Lerneffekt zuzusprechen. So profitieren Unternehmen von – mit Steuereinnahmen zu finanzierenden – staatlichen Vorleistungen[977] insoweit, dass sie auf mehr Einzelfaktoren – wie Humankapital und Infrastruktur – zurückgreifen und somit ihre Produktivität steigern können.[978] Da diese Art von Spillover zentral geplant wird, kann er im Gegensatz zum Wissensspillover, welcher von privaten – egoistisch geprägten und ggf. kontradiktorischen – Investitionsentscheidungen der einzelnen Unternehmen abhängig ist, zu einer optimalen Marktlösung führen.[979] Dies erfordert allerdings, dass die Steuern keine zu großen gewinnreduzierenden Kosten für die Unternehmen darstellen und der Staat die Steuereinnahmen effizient in produktive Leistungen für die Privatwirtschaft umsetzt.[980]

Als wirtschaftspolitisches *Modell* wirkt sich die offene Volkswirtschaft[981] positiv auf das Wirtschaftswachstum aus. Dabei rücken vor allem die dynamischen Effekte in den Fokus, welche aus einer Integrationswirkung der Länder aufgrund internationaler Handelsströme resultieren und zusätzliche

---

976 Siehe hierzu *4. Teil* GldPkt. B I 1 a) cc).

977 Die „staatlichen Vorleistungen" betreffen vor allem die Schaffung der öffentlichen Infrastruktur und Rechtssicherheit als auch die Förderung der Grundlagenforschung (*L. Bretschger*, Wachstumstheorie, 3. Aufl. 2004, S. 84).

978 Eine Verbesserung der Infrastruktur und des Bildungssektors aufgrund erhöhter Steuerleistungen führt zu mehr Humankapital und somit zu einem positiven Spillover-Effekt hinsichtlich der Produktivität der Unternehmen und infolgedessen wiederum zu höheren Steuereinnahmen (*L. Bretschger*, Wachstumstheorie, 3. Aufl. 2004, S. 84).

979 Allerdings bestehen solche widerstreitenden Interessen gegenüber anderen Staaten. Aus diesem Grund kann aus dem Spillover-Effekt staatlicher Vorleistungen auch eine zwischenstaatliche free-rider-Problematik entstehen (siehe hierzu *4. Teil* GldPkt. B II 1).

980 *L. Bretschger*, Wachstumstheorie, 3. Aufl. 2004, S. 84; zur Korrespondenz des nachteiligen Effekts der Steuerlast und dem günstigen Effekt staatlicher Vorleistungen auch *K. Vogel*, in: StuW 1993, S. 380 (387 f.); *B. Weiser*, Rechtsprechung und Rechtssetzung auf dem Gebiet der direkten Besteuerung in der Europäischen Union, S. 217 ff.

981 Eine „offenen Volkswirtschaft" zeichnet sich vor allem dadurch aus, dass in großem Umfang mit anderen Ländern Waren, Dienstleistungen oder Vermögenswerte gehandelt werden (*P.R. Krugman/R. Wells*, Volkswirtschaftslehre, 2. Aufl. 2017, S. 661).

Investitionsmöglichkeiten generieren.[982] Hervorzuheben ist der Selektionseffekt, wonach mit der Vergrößerung eines Markts[983] auch der Wettbewerb zwischen den Unternehmen im Rahmen der einzelnen Sektoren erhöht wird.[984] Unternehmen, welche technisch nicht zu weit zurückliegen,[985] werden zu neuen Innovationen motiviert, um einen größeren Anteil am nunmehr größeren Markt zu erlangen.[986] Mit den erhöhten Investitionen in den Forschungssektor werden die Unternehmen im Ergebnis produktiver und das Einkommensniveau steigt parallel an.[987]

---

982 *M. Frenkel/H.-R. Hemmer*, Grundlagen der Wachstumstheorie, S. 294; zum Verhältnis der Wachstumswirkung des statischen zum dynamischen Effekt am Beispiel des europäischen Binnenmarkts *R.E. Baldwin*, in: EP 4 (1989), S. 247 (265).

983 Die Vergrößerung des Markts stellt einen eigenständigen dynamischen „*Skaleneffekt*" der offenen Volkswirtschaft dar, welcher vor allem für die rückständigen Länder von Vorteil ist (*M. Frenkel/H.-R. Hemmer*, Grundlagen der Wachstumstheorie, S. 278 f.; *L. Bretschger*, Wachstumstheorie, 3. Aufl. 2004, S. 158).

984 Der dynamische Effekt unterteilt sich überdies in weitere Effekte, welche sich teilw. ergänzen, jedoch auch widersprechen können. So bewirkt die Vergrößerung des Markts auch eine effiziente Reallokation des Humankapitals zwischen dem Endprodukt- und Forschungssektor (sog. „*Intersektoraler Allokationseffekt*"). Nimmt man an, dass ein rückständiges Land den Forschungssektor nicht weiter fördert, so profitiert es dennoch von dem technischen Fortschritt eines anderen Landes aufgrund des Technologietransfers (sog. „*Substitutionseffekt*"). Überdies lassen sich auch die Forschungsanstrengungen effizienter aufteilen und überflüssige Arbeiten reduzieren, indem nicht zur gleichen Zeit an der gleichen Sache geforscht wird (sog. „*Redundanzeffekt*") (vertiefend hierzu *M. Frenkel/H.-R. Hemmer*, Grundlagen der Wachstumstheorie, S. 278 f., 287 f.; *L. Bretschger*, Wachstumstheorie, 3. Aufl. 2004, S. 157 ff.; *Ph. Aghion/P. Howitt*, Wachstumsökonomie, S. 332).

985 Sollten die Unternehmen hingegen von der Technologiegrenze zu weit entfernt sein, um mit den führenden ausländischen Unternehmen mithalten können, so droht allerdings eine *Entmutigung* zur Forschung (vertiefend hierzu *Ph. Aghion/P. Howitt*, Wachstumsökonomie, S. 333 f.).

986 *Ph. Aghion/P. Howitt*, Wachstumsökonomie, S. 247 f., 251, 326, 330 f.; a.A. *L. Bretschger*, Wachstumstheorie, 3. Aufl. 2004, S. 157; zum *empirischen Beleg* eines positiven Effekts des Gütermarktwettbewerbs auf das Produktivitätswachstum *R.W. Blundell/R. Griffith/J.M. v. Reenen*, in: RevES 66 (1999), S. 529 (539 ff.); *St.J. Nickell*, in: JoPE 104 (1996), S. 724 ff.

987 *M.J. Melitz*, in: Econometrica 71 (2003), S. 1695 (1707, 1718); ebenso *Ph. Aghion/P. Howitt*, Wachstumsökonomie, S. 320, 326; beispielsweise zum Anstieg der Produktivität nach Abschluss eines Freihandelsabkommens zwischen Kanada und den USA (sog. „CUSFTA") *D. Trefler*, in: AERev. 94 (2004), S. 870 ff. Weiterhin besteht aufgrund des Wettbewerbs die Möglichkeit, dass die Führung in einem

Sowohl steuerpolitische Maßnahmen als auch das volkswirtschaftliche Modell stellen sich grundsätzlich *gleichwertig* in den Dienst des Wirtschaftswachstums und müssen in diesem Lichte optimal ausgestaltet und in Einklang gebracht werden.

2. *Die Wettbewerbsfähigkeit einer Volkswirtschaft*

Anders als die Produktivität stellt die Wettbewerbsfähigkeit nicht auf die Produktionsmenge ab, sondern bezieht sich auf das Ausmaß, in dem die Waren eines Landes auf dem Markt *konkurrieren* können.[988] Neben der bereits erläuterten technischen Qualität hängt dies wesentlich vom relativen Preis in- und ausländischer Güter ab.[989] Auf die Bildung jenes Preises eines Endprodukts nimmt wiederum auch die *Produktivität* Einfluss. So führen technische Vorteile beim eingesetzten Sachkapital eines Unternehmens zu reduzierten Kosten bei der Herstellung und schließlich einer Senkung des Endpreises eines

Sektor von Zeit zu Zeit zwischen den Ländern wechselt. Da *Spitzeninnovationen* immer nur mit einer gewissen Wahrscheinlichkeit erreicht werden können, hängt das Ausmaß des Wachstums des Landes, welches die weltweit höchste Technologie aufweist, besonders von der neu entwickelten Technologie ab. Versagt das Land bei der Spitzeninnovation in einer Zeitperiode, so haben andere – in der Technologie zurückliegende – Länder die Möglichkeit, durch *Implementierungsinnovationen* gegenüber dem führenden Land aufzuholen. Die Länder konvergieren bestenfalls und es entsteht eine Kopf-an-Kopf-Situation. Sofern das nunmehr nachgezogene Land einen politischen *Strategiewechsel* von Implementierungs- hin zu Spitzeninnovationen vornimmt, kann ein optimaler Wettbewerb zwischen den Ländern darin erblickt werden, dass stets demjenigen Land die Marktführung einzuräumen ist, dessen einheimische Unternehmen die neuste Technologie in einem bestimmten Industriebereich innovieren (*Ph. Aghion/P. Howitt*, Wachstumsökonomie, S. 244, 328 ff.; siehe hierzu auch *4. Teil* Abb. A.4.5.0). Mithin kann die offene Volkswirtschaft auch vor diesem Hintergrund einen Ansporn für mehr Innovationen darstellen und insoweit einen *Motivationseffekt* begründen. Allerdings setzt dies voraus, dass jene in der Technologie nacheilende Länder den Wechsel von einer Politik zur Förderung einer Implementierungsinnovation hin zu einer solchen zur Förderung einer Spitzeninnovation auch tatsächlich schaffen. Gelingt ihnen dies nicht, droht eine sog. „*Nicht-Konvergenz-Falle*", indem sie den führenden Ländern in der technischen und wirtschaftlichen Entwicklung stets nachstehen (vertiefend hierzu *Ph. Aghion/P. Howitt*, Wachstumsökonomie, S. 220 ff.).

988 Siehe hierzu Fn. 477.

989 *P.A. Samuelson/W.D. Nordhaus*, Volkswirtschaftslehre, 5. Aufl. 2016, S. 854.

Produkts. Eine Verbesserung der Wettbewerbsfähigkeit resultiert mithin langfristig ebenfalls aus einer Verbesserung der Gesamtproduktivität.[990]

Zur Verbesserung der Gesamtproduktivität zwecks der Wettbewerbsfähigkeit bedarf es ausländischer Direktinvestitionen, wozu sich die dynamischen Effekte des Modells der offenen Volkswirtschaft anbieten.[991] Ein hohes technisches Niveau in der Produktion ist regional erst dann gewährleistet, wenn auswärtige technisch stark fortgeschrittene Unternehmen an einem Standort auch tatsächlich eine starke Stellung einnehmen und weitere mobile Produktionsfaktoren – wie Human- und Wissenskapital – aggregieren.[992] Überdies beleben ausländische Direktinvestitionen den innovationsfördernden Wettbewerb vor Ort.[993] Um solche Investitionen zu schaffen, müssen entsprechende staatliche Anreize existieren.[994] Das private Investitionsniveau bestimmt sich unter anderem nach den Investitionskosten.[995] Diese sind wiederum durch rechtliche Aspekte geprägt, damit der Investor etwa nicht nachträglich um seine erwirtschafteten Erträge gebracht wird.[996] Namentlich können vergleichsweise *niedrige und vorhersehbare Steuersätze* besondere Anreize für ausländische Investitionen darstellen.[997]

---

990 *Europ. Kom.*, in: Bulletin der EU, Beilage 3/1994, S. 17.

991 *P.A. Samuelson/W.D. Nordhaus*, Volkswirtschaftslehre, 5. Aufl. 2016, S. 850 ff.; vgl. auch *P.-Ch. Müller-Graff*, Unternehmensinvestitionen und Investitionssteuerung im Marktrecht, S. 2 f.; *R.E. Baldwin*, in: EP 4 (1989), S. 247 (248); *W. Keller*, in: JEL 42 (2004), S. 752 (769 f.).

992 *L. Bretschger*, Wachstumstheorie, 3. Aufl. 2004, S. 163 ff.; *P.A. Samuelson/W.D. Nordhaus*, Volkswirtschaftslehre, 5. Aufl. 2016, S. 855; vgl. auch *M.E. Porter*, The Competitive Advantage of Nations, S. 630 f.

993 *W. Keller*, in: JEL 42 (2004), S. 752 (769 f.); *P.A. Samuelson/W.D. Nordhaus*, Volkswirtschaftslehre, 5. Aufl. 2016, S. 855.

994 *P.A. Samuelson/W.D. Nordhaus*, Volkswirtschaftslehre, 5. Aufl. 2016, S. 852.

995 *P.A. Samuelson/W.D. Nordhaus*, Volkswirtschaftslehre, 5. Aufl. 2016, S. 630.

996 *P.A. Samuelson/W.D. Nordhaus*, Volkswirtschaftslehre, 5. Aufl. 2016, S. 636, 852.

997 *V. Mehde*, Wettbewerb zwischen Staaten, S. 67 ff. Sofern die Steuergelder effizient in produktive Leistung für die Privatwirtschaft – namentlich durch die Investition in Bildung und Infrastruktur – umgesetzt werden, generiert sich ein positiver Spillover-Effekt, welcher auch die zu erwartenden zukünftigen wirtschaftlichen Entwicklungen und mithin das private Investitionsniveau aufwertet (vgl. hierzu *4. Teil* GldPkt. B I 1 b)). Werden diese Bedingungen nicht eingehalten, so kann sich die Schattenseite einer offenen Volkswirtschaft zeigen, indem sich inländische Unternehmer ihrer Freiheit bedienen, in die Wirtschaft anderer Länder zu investieren. Es droht eine sog. „Kapitalflucht" (*P.A. Samuelson/W.D. Nordhaus*, Volkswirtschaftslehre, 5. Aufl. 2016, S. 852).

II. Bedeutung der volkswirtschaftlichen Erkenntnisse für die Unionsziele der EU

Vor dem Hintergrund der volkswirtschaftlichen Erkenntnisse sollte zunächst untersucht werden, ob sich entweder das Territorialitätsprinzip oder eher das Welteinkommensprinzip als vorrangige steuerpolitische Maßnahme zur Erreichung des Unionsziels einer nachhaltigen Entwicklung Europas auf Grundlage eines ausgewogenen Wirtschaftswachstums sowie einer wettbewerbsfähigen sozialen Marktwirtschaft behaupten kann (*1.*). Infolgedessen sollte die Frage dahingehend konkretisiert werden, ob eines der beiden Prinzipien gar das als Unionsziel geregelte volkswirtschaftliche Modell zur Erreichung des Binnenmarkts steuerrechtlich stützt (*2.*).

1. Ausgewogenes Wirtschaftswachstum sowie wettbewerbsfähige soziale Marktwirtschaft zur nachhaltigen Entwicklung Europas

Um mit den Spillover-Effekten einer steuerpolitischen Maßnahme allgemeine Rahmenbedingungen zur Schaffung eines Wirtschaftswachstums optimal nutzen zu können, muss ihr ein Prinzip zugrunde liegen, welches gewährleistet, dass zum einen die Ausgestaltung des Steuersystems die Anreize für die private Gewinnerzielung nicht allzu stark vermindert und zum anderen der Staat die Steuereinnahmen effizient in produktive Leistungen für die Privatwirtschaft umsetzt.[998] Da eine individuelle Ausgestaltung des Steuersystems durch die einzelnen Mitgliedstaaten nur in einem zwischenstaatlichen Steuerwettbewerb möglich ist, kann hinsichtlich der ersten Voraussetzung einzig der Kapitalimportneutralität im Lichte des Unionsrechts der Vorrang gegeben werden, dem das Territorialitätsprinzip zugrunde liegt.[999] Hinsichtlich der zweiten Voraussetzung, welche vor allem die effiziente Einsetzung der Steuergelder zur Finanzierung staatlicher Vorleistungen – wie etwa Infrastruktur – betrifft, würde sich der *Disziplinierungseffekt* eines Steuerwettbewerbs gegenüber den Staaten als hilfreich erweisen. Dass auch hier das Territorialitätsprinzip alternativlos erscheint, lässt sich an der sog. „*free-rider*“-Problematik[1000] illustrieren.

Wie bereits erläutert,[1001] adressiert die free-rider-Problematik auf unternehmerischer Ebene die nur partielle Ausschließbarkeit von Faktoren aufgrund

998 Vgl. hierzu *4. Teil* GldPkt. B I 1 b).
999 Siehe hierzu *1. Teil* GldPkt. B IV 3 a).
1000 *M. Frenkel/H.-R. Hemmer*, Grundlagen der Wachstumstheorie, S. 240.
1001 Siehe hierzu *4. Teil* GldPkt. B I 1 a) cc).

eines Spillover-Effekts – namentlich des Faktors Wissen. Um eine optimale Marktlösung erreichen zu können, müssen *exklusiv* demjenigen die Vorteile zugeteilt werden, der die vorteilsbegründenden Aufwendungen auch getätigt hat. Überträgt man die free-rider-Problematik auf die staatliche Ebene, so kann unterschieden werden zwischen den Aufwendungen für staatliche Vorleistungen und der Zuteilung des Steuersubstrats von Unternehmen, die einen wirtschaftlichen Erfolg aus eben jenen staatlichen Vorleistungen ziehen. Im Gegensatz zur unternehmerischen Ebene, wo die problembegründende Wissensdiffusion weitestgehend unabdingbar erscheint, ist die auf staatlicher Ebene problematisierte Zuteilung des Steuersubstrats zwischen den Staaten rein politischer bzw. rechtlicher Natur und damit abdingbar. Eine optimale Marktlösung kann dem Problem dabei durch den globaläquivalenten Ansatz des *Territorialitätsprinzips* beigebracht werden, indem ausschließlich demjenigen Staat ein Steueranspruch gegenüber einem Unternehmen zugestanden wird, welcher die notwendigen staatlichen Vorleistungen zur Begründung der konkret zu besteuernden Unternehmenseinkünfte auch bereitgestellt hat. Dies hätte zufolge, dass jeder Staat den disziplinierenden Anreiz verspürt, seine Steuereinnahmen in staatliche Vorleistungen für die Privatwirtschaft und Förderung eben dieser Unternehmenseinkünfte bzw. Produktivität zu investieren, um so das Steuersubstrat an sich sowie den eigenen Anteil hieran zu erhöhen. Bei dem *Welteinkommensprinzip* profitieren vom Steuersubstrat der Unternehmen hingegen auch solche Staaten, die keine zu dessen Begründung notwendigen staatlichen Vorleistungen erbracht haben. Statt die free-rider-Problematik zu verhindern, *entsteht* sie durch die Begründung eines Spillover-Effekts bzw. einer nur partiellen Ausschließbarkeit des Steuersubstrats vielmehr erst.

Um die Anreize für die private Gewinnerzielung und damit das Steuersubstrat nicht allzu stark zu vermindern, sind die Staaten ferner dazu angehalten, ihre Steuern mittels einer effizienten Ausgestaltung im Sinne des globaläquivalenten Ansatzes niedrig zu halten. Hierin manifestiert sich schließlich ein *Kostenentlastungeffekt* gegenüber den Unternehmen.

Es kann festgehalten werden, dass das Territorialitätsprinzip gegenüber dem Welteinkommensprinzip die effizientere steuerpolitische Maßnahme darstellt, um das ökonomische Ziel eines Wirtschaftswachstums zu erreichen,[1002] indem es den funktionsfähigen Steuerwettbewerb in seinen Effekten sowohl

---

1002 So im Ergebnis auch *E.C.C.M. Kemmeren*, Principle of Origin in Tax Conventions, S. 74 ff.; *ders.*, in: Jochum/Essers/Lang/Winkeljohann/Wimann (Hrsg.), FS Mössner, S. 163 (168 f., 171 f.).

zur *Disziplinierung* der Staaten als auch zur *Kostenentlastung* der Unternehmen stützt und damit als einziges der beiden Gerechtigkeitsprinzipien zur Produktivitätssteigerung aktiv beiträgt.

Schließlich eignet sich das Territorialitätsprinzip gegenüber dem Welteinkommensprinzip auch besser zur Förderung einer Wettbewerbsfähigkeit der EU, indem unter Bedingungen des internationalen Wettbewerbs den Produktionsfaktoren dauerhaft ein relativ hohes Einkommens- und Beschäftigungsniveau gesichert werden kann.[1003] Wie soeben festgestellt, muss sich der internationale Wettbewerb hierzu in einer Aggregation von Produktionsfaktoren sowie einem innovationsfördernden Wettbewerb am konkreten Standort manifestieren, den es durch staatliche Anreize für ausländische Direktinvestitionen, etwa in Form vergleichsweise niedriger und vorhersehbarer Steuersätze, selbst zu generieren gilt. Hiermit kann ein *Förderungseffekt* zur Lösung von Struktur- und Entwicklungsproblemen jener Länder einhergehen, die unter natürlichen Standortnachteilen leiden.[1004] Um dies zu ermöglichen, bedarf es eines Steuerwettbewerbs, den im Ergebnis nur das Territorialitätsprinzip gewährleisten kann.[1005]

2. Errichtung eines Binnenmarkts

Mit dem volkswirtschaftlichen Modell des Unionsrechts zur Errichtung eines europäischen Binnenmarkts ist das Territorialitätsprinzip allerdings nur bedingt vereinbar. Grundsätzlich widersprechen sich diese beiden Aspekte erst einmal nicht und greifen vielmehr ineinander. So gehen die dynamischen Effekte einer offenen Volkswirtschaft mit dem Förderungseffekt aus dem Steuerwettbewerb bzw. dem Territorialitätsprinzip aufgrund *ausländischer* Direktinvestitionen einher. Darüber hinaus ist die Kapitalimportneutralität, zu dessen Begründung es dem Territorialitätsprinzip bedarf, mit einer offenen Volkswirtschaft auch in Bezug auf die *inländischen* Investoren besser zu vereinbaren als die Kapitalexportneutralität des Welteinkommensprinzips. Während nämlich die Kapitalimportneutralität dem Steuerniveau des Auslands neutral gegenübersteht und sich der freien Entscheidung eines im Inland niedergelassenen Investors stellt, ist der Kapitalexportneutralität vielmehr ein

---

1003 Siehe allgemein zum Unionsziel zur Förderung einer wettbewerbsfähigen sozialen Marktwirtschaft *3. Teil* GldPkt. A II 1 b).

1004 Siehe hierzu *1. Teil* GldPkt. B IV 3 b) bb).

1005 Siehe hierzu *1. Teil* GldPkt. B IV 3 c).

protektionistischer Charakter zu entnehmen, indem sich das Steuerniveau stets nach dem Ansässigkeitsstaat richtet.[1006]

Ein Konflikt der steuerpolitischen Maßnahme des Territorialitätsprinzips mit dem unionsrechtlichen Modell eines europäischen Binnenmarkts wird allerdings durch die Rechtsprechung des EuGH in der Rechtssache *Cadbury Schweppes* deutlich, wonach das Instrument einer Hinzurechnungsbesteuerung zur Durchsetzung eigener Steuerhoheiten – ggf. auf Grundlage des Territorialitätsprinzips[1007] – dazu geeignet ist, die Niederlassungsfreiheit zu beschränken.[1008] Ferner kann das Instrument der Hinzurechnungsbesteuerung eine Doppelbesteuerung begründen, die der Natur eines europäischen Binnenmarkts widerspricht.[1009]

Es kann also festgehalten werden, dass die steuerpolitische Maßnahme des Territorialitätsprinzips dem volkswirtschaftlichen Modell eines Binnenmarkts zur *unbeschränkten* Gewährleistung des Freiverkehrs nicht entspricht. Vielmehr ist sie nur mit einem solchen Binnenmarkt in Einklang zu bringen, welcher einen *funktionsfähigen* Steuerwettbewerb begründet.[1010] Eben diese optimierte Form einer offenen Volkswirtschaft lässt sich aus dem Unionsziel an sich nicht herleiten, sondern kann nur das Ergebnis einer Abwägung mit anderen Unionszielen sein, aus denen sich das Territorialitätsprinzip herleiten lässt.

III. Ergebnis

Die ökonomische Betrachtungsweise hat ergeben, dass das marktoffene Konzept des Territorialitätsprinzips den Zielsetzungen der EU zum Zweck der Förderung des Wohlergehens der Völker grundsätzlich nähersteht, als das protektionistisch geprägte Welteinkommensprinzip. Namentlich lässt es sich als steuerpolitische Maßnahme zur Erreichung einer nachhaltigen Entwicklung Europas sowohl aus dem Unionsziel eines ausgewogenen Wirtschaftswachstums

---

1006 Vgl. hierzu *1. Teil* GldPkt. B IV 3 a); auch *M. Lehner*, in: Gocke/Gosch/Lang (Hrsg.), FS Wassermeyer, S. 241 (261).

1007 *OECD*, Designing Effective Controlled Foreign Company Rules, S. 15 f. – Rn. 13 ff.; siehe hierzu *5. Teil* GldPkt. A I 2 b); siehe zum Vorrang einer Hinzurechnungsbesteuerung auf Grundlage des *Territorialitätsprinzips* gegenüber einer Hinzurechnungsbesteuerung auf Grundlage des *Welteinkommensprinzips*, bei der sich das Territorialitätsprinzip allein in der Ausnahmeregel manifestiert, *6. Teil* GldPkt. B II 2 b) cc) (1).

1008 Siehe hierzu *3. Teil* GldPkt. C III 2 b) bb) (1).

1009 Siehe hierzu *3. Teil* GldPkt. C III 2 b) aa).

1010 Siehe zum „funktionsfähigen" Steuerwettbewerb *4. Teil* GldPkt. A II 3.

als auch einer wettbewerbsfähigen sozialen Marktwirtschaft herleiten, indem es als einziges der beiden Gerechtigkeitsprinzipien zum einen den *Disziplinierungseffekt* gegenüber den Staaten und den *Kostenentlastungseffekt* gegenüber den Unternehmen zur Generierung einer höheren Wachstumsrate sowie zum anderen einen *Förderungseffekt* gegenüber wirtschaftlichen Standorten zur besseren Wettbewerbsfähigkeit der EU auch effizient gewährleistet. Da sich diese, die Unionsziele fördernden, Effekte erst durch einen Steuerwettbewerb begründen, lässt sich überdies festhalten, dass auch der Steuerwettbewerb an sich vom Unionsrecht als schutzwürdig zu erachten ist, sofern seine Funktionsfähigkeit gewahrt bleibt. In anderen Worten ist dem Territorialitätsprinzip also ein unionsrechtlicher Vorrang gegenüber dem Welteinkommensprinzip einzuräumen, soweit dessen Effekte einen *funktionsfähigen* Steuerwettbewerb generieren. Indem das Territorialitätsprinzip damit nicht nur dem Fiskalinteresse der einzelnen Mitgliedstaaten, sondern vielmehr dem übergeordneten Unionsinteresse[1011] dient, entwickelt es sich im Rahmen des Unionsrechts entsprechend dem Begriffsverständnis nach *Dworkin* vom *Prinzip* hin zu einer *Regel* mit funktionalem Charakter.[1012]

Darüber hinaus ist es allerdings nur beschränkt mit dem volkswirtschaftlichen Modell zur Schaffung eines europäischen Binnenmarkts in Einklang zu bringen. Ob und inwieweit es den Binnenmarkt beschränken bzw. optimieren kann, bemisst sich danach, wie die Rechtfertigungsgründe zur ausgewogenen Aufteilung der Besteuerungsbefugnisse sowie zur Verhinderung von Steuerhinterziehung und Steuerumgehung bzw. -missbrauch im Lichte der neuen Erkenntnisse zu bewerten sind.

C. Auswirkung auf den Rechtfertigungsgrund zur ausgewogenen Aufteilung der Besteuerungsbefugnisse

Betrachtet man den Rechtfertigungsgrund zur ausgewogenen Aufteilung der Besteuerungsbefugnisse isoliert, so können nur abstrakte Aussagen über die Beschränkung der Grundfreiheiten getroffen werden, da insoweit zunächst das Verhältnis der Mitgliedstaaten untereinander betroffen ist. Mithin kann im Rahmen dieses Rechtfertigungsgrundes auch nur ein Missbrauch in eben

1011 Hierbei handelt es sich zugleich um ein kollektives Interesse aller Mitgliedstaaten (siehe hierzu *6. Teil* GldPkt. A II 2 c) cc) (2)).

1012 Um Missverständnisse zu verhindern, wird in dieser Arbeit allerdings weiterhin die allgemein gängige Bezeichnung eines Territorialitäts*prinzips* statt einer Territorialitäts*regel* gewählt.

diesem Verhältnis angenommen werden, sofern gegen die Pflicht zur gegenseitigen Rücksichtnahme gemäß Art. 4 Abs. 3 EUV verstoßen wird. Wie in dieser Arbeit bereits festgestellt wurde,[1013] ist es den Mitgliedstaaten namentlich verwehrt, die eingeräumten Kompetenzen und ihre Staatssouveränität insoweit missbräuchlich auszuüben, dass sie den Handlungsspielraum anderer Mitgliedstaaten schikanieren. Dabei ist die auf den nationalen Zielen basierende konkrete Maßnahme der einzelnen Mitgliedstaaten stets nach den einschlägigen Unionszielen zu bewerten und darf diese nicht konterkarieren, sofern dies nicht zugleich einem anderen Unionsziel dienlich und zur Gewährleistung des übergeordneten Unionszwecks notwendig ist. Da sich das Territorialitätsprinzip nach der hier vertretenen Auffassung aus den Unionszielen herleiten lässt, darf die Ausübung der Staatssouveränität der Mitgliedstaaten nicht gegen diese nunmehr als *Regel* zu erachtende Bestimmung der Steuerhoheit zur Aufteilung der Besteuerungsbefugnisse verstoßen. Im Falle eines solchen Verstoßes ist ein Missbrauch im Verhältnis der Mitgliedstaaten untereinander anzunehmen. Sollte aufgrund dieses Missbrauchs eine Doppelbesteuerung von Einkünften entstehen, so hat sich jener Staat mit dem missbräuchlichen Verhalten dafür verantwortlich zu zeigen.[1014]

D. Auswirkung auf den Rechtfertigungsgrund zur Verhinderung von Steuerhinterziehung und Steuerumgehung bzw. Steuermissbrauch

Damit sich diese *abstrakte* Regel zur Bestimmung der Steuerhoheiten auf das *konkrete* Verhalten der Steuerpflichtigen auswirkt, sind die Missbrauchsverbote zur Durchsetzung der nationalen Besteuerungsansprüche ebenfalls in diesem Lichte auszulegen. Es ist im Kern nach der Reichweite des Rechtfertigungsgrundes zur Verhinderung von Steuerhinterziehung und Steuerumgehung bzw. -missbrauch zu fragen. Hierbei handelt es sich – zur Erinnerung – um eine Korrektur des unionsrechtlichen Missbrauchskonzepts von einer teleologischen Auslegung hin zu einer teleologischen Reduktion, indem unionsrechtlich geschützte mitgliedstaatliche Fiskalinteressen als legitime Ziele auf Rechtfertigungsebene in die objektive Prüfung miteinbezogen und mit dem Unionsinteresse zur Gewährleistung der Grundfreiheiten in ein Verhältnis gesetzt werden, um so den Begriff des „steuerrechtlichen Missbrauchs“ zu komplettieren.[1015]

1013 Siehe hierzu *3. Teil* GldPkt. B I.
1014 Vgl. hierzu *3. Teil* GldPkt. C III 2 a) cc).
1015 Siehe hierzu *3. Teil* GldPkt. C III 2 b) bb) (4), 4.

Ursprünglich hat die Formel F.4.3.0[1016] die Frage aufgeworfen, mit welchem Unionsziel das unionsrechtlich geschützte volkswirtschaftliche Modell zur Errichtung eines Binnenmarkts abzuwägen ist. Die *Unbekannte* „ *x* “ kann nunmehr dahingehend aufgelöst werden, dass sich das Territorialitätsprinzip als steuerpolitische Maßnahme sowohl aus dem Unionsziel eines ausgewogenen Wirtschaftswachstums als auch einer wettbewerbsfähigen sozialen Marktwirtschaft herleiten lässt, sofern es die Effekte der Disziplinierung von Staaten, Kostenentlastung von Unternehmen sowie Förderung von wirtschaftlichen Standorten gewährleistet. Die *Unbekannte* „ *y* “ zum Bewertungsmaßstab der Gewichtung widerstreitender Interessen ist mit dem Unionszweck zur Förderung des Wohlergehens der Völker aufzulösen, welches zugleich den Binnenmarkt hin zu einem *funktionsfähigen* Binnenmarkt beschränkt und optimiert. Vor diesem Hintergrund lässt sich die Formel F.4.3.0 nunmehr wie folgt auflösen:

$$BM - \left(WW^{-} + WF^{-}\right) = WG = \dot{B}M$$

Formel F.4.3.1.[1017]

Sowohl steuerpolitische Maßnahmen als auch das volkswirtschaftliche Modell stellen sich grundsätzlich *gleichwertig* in den Dienst der Förderung des Wohlergehens der EU-Völker, wobei dieser Zweck zur Förderung des Wohlergehens mit dem Ziel eines Wirtschaftswachstums in ökonomischer Hinsicht einhergeht.[1018] Mithin müssen beide Aspekte im Lichte einer Gewährleistung des Wirtschaftswachstums optimal ausgestaltet und in Einklang gebracht werden. Namentlich ist das Territorialitätsprinzip als steuerpolitische Maßnahme und der europäische Binnenmarkt als volkswirtschaftliches Modell miteinander so

1016 $BM - x = y = \dot{B}M$ (siehe hierzu *4. Teil* GldPkt. A II 3).

1017 „ *BM* “ steht für das Unionsziel zur Errichtung eines Binnenmarkts; „ WW^{-} “ steht für Beeinträchtigungen eines nachhaltigen und ausgewogenen Wirtschaftswachstums – als „Negativ“ zum gleichnamigen Unionsziel; „ WF^{-} “ steht für Beeinträchtigungen einer wettbewerbsfähigen sozialen Marktwirtschaft – als „Negativ“ zum gleichnamigen Unionsziel; „ *WG* “ steht für den Unionszweck zur Förderung des Wohlergehens der Völker; „ *BM* “ steht für die optimierte, funktionsfähige Ausgestaltung des Binnenmarkts.

1018 Siehe hierzu *3. Teil* GldPkt. A II 1 c) bb).

abzustimmen, dass im Ergebnis ein optimales Wirtschaftswachstum gewährleistet wird.

Ausgehend vom europäischen Binnenmarkt muss zunächst festgehalten werden, dass ein durch die Grundfreiheiten zu gewährleistender Freiverkehr als Unterziel des europäischen Binnenmarkts geeignet ist, wirtschaftsfördernde dynamische Effekte zu generieren.[1019] Sofern sich allerdings auf die Grundfreiheiten berufen wird, ohne diese positiven Effekte eines Binnenmarkts effizient zu fördern, dem Sinn des volkswirtschaftlichen Modells also nicht entsprochen wird, kann der Schutzbereich insoweit beschränkt werden. Da das Territorialitätsprinzip nach Auffassung dieser Arbeit bereits nur in dem Rahmen einen unionsrechtlichen Schutz genießt, wie es die positiven Effekte eines funktionierenden Steuerwettbewerbs generiert,[1020] sich dessen unionsrechtliche Legitimation an sich also bereits nach der Effizienz zur Förderung eines ausgewogenen Wirtschaftswachstums sowie die Wettbewerbsfähigkeit der EU bestimmt, ist der europäische Binnenmarkt im Falle einer Kollision mit dem unionsrechtlich geschützten Territorialitätsprinzip stets zugunsten des Letzteren zu beschränken. Die hiermit einhergehende Optimierung hin zu einem „funktionsfähigen" Binnenmarkt ist daher mit dem Begriff eines „funktionsfähigen Steuerwettbewerbs" gleichzustellen.

Nimmt man die Hinzurechnungsbesteuerung wieder als beispielhaftes Missbrauchsverbot und Instrument zur Beschränkung der durch die Grundfreiheiten gewährleisteten Gestaltungsfreiheit, so kann dessen Anwendbarkeit zur Durchsetzung des Territorialitätsprinzips insoweit gerechtfertigt sein, als es zur Förderung eines Wirtschaftswachstums notwendig erscheint. Die Gründung von Gesellschaften in Niedrigsteuerländern – insbesondere in Form einer Zwischenschaltungs-Konstellation – kann hingegen nicht allein unter Berufung auf die Grundfreiheiten zur alleinigen Förderung des europäischen Binnenmarkts geduldet werden, sofern hiermit nicht die aktive Förderung der dynamischen Effekte einer offenen Volkswirtschaft einhergeht.[1021] Werden

---

1019 Vgl. *4. Teil* GldPkt. B I 1 b).

1020 Siehe hierzu *4. Teil* GldPkt. B III.

1021 Eine Beschränkung der Grundfreiheiten könnte sich hierbei gar als förderlich für die dynamischen Effekte erweisen. Denn durch die Gestaltungsfreiheit wird faktisch nur *multinational* tätigen Unternehmen ein Vorteil eingeräumt. Sollten diese allerdings etwa den Forschungssektor nicht aktiv fördern, sondern aufgrund einer Zwischenschaltungs-Konstellation nur einen eigenen doppelten Vorteil begründen, indem neben einer niedrigen Besteuerung von Lizenzeinkünften in Niedrigsteuerländern auch die Steuerlast in dem Hochsteuerland für andere Einkünfte

durch die Hinzurechnungsbesteuerung solche Unternehmenseinkünfte im Inland besteuert, die eben auch dort durch die Wahrnehmung der angebotenen staatlichen Vorleistungen begründet wurden, überwiegt vielmehr das Interesse an der Gewährleistung des Territorialitätsprinzips als unionsrechtlich geschützte Regel zur ausgewogenen Aufteilung der Besteuerungsbefugnisse und Generierung effizienter Effekte des Steuerwettbewerbs gegenüber jenem an einem unbeschränkten europäischen Binnenmarkt. Zwar könnte hierdurch nachträglich eine faktische Doppelbesteuerung begründet werden, welche dem Gedanken eines Binnenmarkts maßgeblich widerspricht. Allerdings ist der Mitgliedstaat, welcher sich des Instruments der Hinzurechnungsbesteuerung zur Durchsetzung – also vor allem auf Grundlage[1022] – des Territorialitätsprinzips bedient, für diese Doppelbesteuerung nicht verantwortlich, sondern vielmehr jener Mitgliedstaat, welcher seine Staatssouveränität im Widerspruch zu dieser unionsrechtlichen Regel und damit missbräuchlich ausgeübt hat.[1023]

E. Ergebnis

Die ökonomische Betrachtungsweise hat ergeben, dass der Begriff des „steuerrechtlichen Missbrauchs" nach dem Ziel zur Errichtung eines nicht unbeschränkten, sondern *funktionsfähigen* europäischen Binnenmarkts zu bestimmen ist. Der funktionsfähige europäische Binnenmarkt ist insoweit wiederum mit dem Begriff eines funktionsfähigen *Steuerwettbewerbs* gleichzusetzen, welcher sich in steuerpolitischen Maßnahmen auf Grundlage des Territorialitätsprinzips manifestiert. Begründen lässt sich dieses Ergebnis damit, dass dem mitgliedstaatlichen Fiskalinteresse zur Durchsetzung einer ausgewogenen Aufteilung der Besteuerungsbefugnisse aufgrund der unionsrechtlichen Verankerung des Territorialitätsprinzips nach Auffassung dieser Arbeit ein höheres Gewicht zuteilwird, als es der EuGH vertritt[1024] und das Ziel zur

---

des Konzerns aufgrund dortiger F&E-Aufwendungen gesenkt werden, so könnte dies auch einen *Entmutigungseffekt* für rein *national* tätige Unternehmen zufolge haben (siehe zur doppelten Vorteilswirkung eines Gestaltungsmissbrauchs *1. Teil* GldPkt. B V).

1022 Siehe zum Vorrang einer Hinzurechnungsbesteuerung auf Grundlage des *Territorialitätsprinzips* gegenüber einer Hinzurechnungsbesteuerung auf Grundlage des *Welteinkommensprinzips*, bei der sich das Territorialitätsprinzip allein in der Ausnahmeregel manifestiert, *6. Teil* GldPkt. B II 2 b) cc) (1).

1023 Vgl. hierzu *3. Teil* GldPkt. C III 2 a) cc).

1024 Siehe hierzu *3. Teil* GldPkt. C III 2 b) bb) (1).

Errichtung eines europäischen Binnenmarkts zur Gewährleistung eines Wirtschaftswachstums bzw. zum Zweck des Wohlergehens der Völker der EU eine entsprechende Beschränkung erfährt. Mithin ist auch der Begriff des „steuerrechtlichen Missbrauchs“ entsprechend *weiter* auszulegen als das bisher übliche restriktive Abstellen auf „rein künstliche, jeder wirtschaftlichen Realität bare Gestaltungen“. Namentlich können rechtliche Gestaltungen der Staatsangehörigen eines Mitgliedstaats, die eine wirtschaftliche – wenn auch atypische – Tätigkeit darstellen, ebenfalls unionsrechtswidriger Natur sein, sofern sie die Regel zur ausgewogenen Aufteilung der Besteuerungsbefugnisse im Sinne des Territorialitätsprinzips konterkarieren.

Wie die Besteuerungsbefugnisse im Lichte des Territorialitätsprinzips *konkret* aufzuteilen sind, wurde in der Rechtswissenschaft und Politik im Rahmen einer Diskussion zur Verhinderung eines schädlichen Steuerwettbewerbs innerhalb der EU in den letzten Jahren umfassend thematisiert. Dabei sind unterschiedliche Ansätze entstanden, welche es im nächsten Abschnitt dieser Arbeit zu untersuchen gilt.

5. Teil: Aktuelle wirtschaftspolitische Entwicklung

Grundsätzlich ist eine politische von einer rechtswissenschaftlichen Diskussion streng zu unterscheiden. Im Rahmen des Unionsrechts besteht allerdings die Besonderheit, dass es sich bisher um eine ungefestigte Rechtsordnung handelt, welche im besonderen Maße einer fortwährenden Dynamik und Entwicklung der Unionsverträge zur europäischen Integration ausgesetzt ist.[1025] Die besonders weite Formulierung des bereits kodifizierten Unionsrechts lässt dabei viel Auslegungsspielraum zu. Um namentlich die ökonomisch geprägten Unions*ziele* angemessen auslegen zu können, bietet es sich insoweit an, auch die sich fortwährend entwickelnde politische Diskussion zur europäischen Integration und Förderung des Wohlergehens der Völker der EU in die rechtliche Bewertung miteinzubeziehen.[1026] Im Steuerrecht lässt sich diese Diskussion vor allem auf das Problem des schädlichen Steuerwettbewerbs in der EU im Bereich der Unternehmensbesteuerung konkretisieren. Sie gibt unter anderem Anhaltspunkte zu einem Wandel des durch den EuGH definierten Begriffs des „steuerrechtlichen Missbrauchs".

Um das Problem des schädlichen Steuerwettbewerbs zu lösen, wurde am 09. März 1998 vom Rat der EU die Arbeitsgruppe „*Verhaltenskodex*" als Vorbereitungsgremium eingesetzt, welche steuerliche Maßnahmen zur Unternehmensbesteuerung beurteilen und die Bereitstellung von Informationen über diese Maßnahmen überwachen soll.[1027] Hierzu wurde im Jahre 1999 eine Liste von 66 steuerlichen Maßnahmen aufgestellt, die als schädlich zu qualifizieren

1025 Vgl. hierzu *3. Teil* GldPkt. A II 1 c) bb), B II 3.

1026 Siehe zum politikwissenschaftlichen Aspekt jener Entwicklung *6. Teil* GldPkt. A II 2.

1027 *Rat d. EU*, Schlussfolg. v. 01.12.1997, ABl. 1998 C 2 (de), S. 1 (1). Nach Zustimmung des Rates der EU wurde im Jahre 2012 eine Untergruppe des Verhaltenskodexes gegründet, die sich seither mit Fragen der Missbrauchsbekämpfung befassen soll. Namentlich erhielt sie die Aufgabe, Leitlinien im Zusammenhang mit Gewinnverlagerungen in das In- bzw. Ausland und Diskrepanzen zwischen den Steuersystemen zu erstellen (*Generalsekr. d. Rates d. EU*, I/A-Pkt.-Verm. v. 20.07.2009, Dok. 11967/09 - FISC 96, S. 2; *Verhaltenskodex*, Ber. v. 23.11.2012, Dok. 16488/12 - FISC 173, S. 4).

seien und von den betroffenen Mitgliedstaaten korrigiert werden sollen.[1028] Da es sich bei dem Verhaltenskodex allerdings um *kein* rechtsverbindliches, sondern vielmehr um ein *politisches* Instrument handelt,[1029] kann diesem Instrument nur eine begrenzte Wirkung zugesprochen werden.[1030] Vor allem die Verschärfung des Steuerwettbewerbs in der frühen Vergangenheit - nicht zuletzt auch durch eine zunehmende Einführung von Präferenzregimen[1031] - zeigt, dass es zur Bekämpfung seiner Schädlichkeit eines rechtsverbindlichen Instruments bedarf.

Um dem Thema insoweit eine neue Bedeutung zu verleihen, legte die Europäische Kommission dem Europäischen Parlament und dem Rat der EU am 17. Juni 2015 einen *Aktionsplan* für eine „faire und effiziente Unternehmensbesteuerung in der EU" vor.[1032] Den Begriff einer „fairen Besteuerung" erläutert

---

1028 *Verhaltenskodex*, Ber. v. 23.11.1999, Dok. SN 4901/99, S. 11. Zwar erachte die Arbeitsgruppe den zwischenstaatlichen Wettbewerb grundsätzlich als positiv, sofern er lauter erfolge und zur Konsolidierung der internationalen Wettbewerbsfähigkeit der EU beitrage. Allerdings sei dieser Wettbewerb jenseits dessen unter Umständen auch schädlicher Natur. Die „Schädlichkeit" bemesse sich hierbei nach den Kriterien, ob der steuerliche Vorteil nur Gebietsfremden vorbehalten sei, völlig von der inländischen Wirtschaft isoliert sei oder auch ohne Ausführung einer tatsächlichen Wirtschaftstätigkeit und substantieller wirtschaftlicher Präsenz im Inland gewährt werde. Darüber hinaus gelte es zu beachten, ob die Regeln für die Gewinnermittlung bei Aktivitäten innerhalb einer multinationalen Unternehmensgruppe von international allgemein anerkannten Grundsätzen abwichen oder es den steuerlichen Maßnahmen an Transparenz mangele (*Rat d. EU*, Entschl. v. 01.12.1997, ABl. 1998 C 2 (de), S. 1 (3)).

1029 *Rat d. EU*, Schlussfolg. v. 09.03.1998, ABl. 1998 C 99 (de), S. 1 (1); vgl. auch *Rat d. EU*, Entschl. v. 01.12.1997, ABl. 1998 C 2 (de), S. 1 (4). Man spricht bei der Wirkung des Verhaltenskodexes deshalb auch vom sog. *„Soft Law"* (vgl. *W. Schön*, in: Kirchhof/Nieskens (Hrsg.), FS Reiss, S. 571 (584); siehe zum Soft Law *6. Teil* GldPkt. A II 2 c) bb) (3)).

1030 Vgl. *Europ. Kom.*, Mitt. v. 17.06.2015, COM(2015) 302 final (de), S. 3; *Rat d. EU*, RL v. 12.07.2016, Nr. 2016/1164 (EU) - *„ATAD I"*, ABl. 2016 L 193 (de), S. 1 (4 - ErwGrd. 13).

1031 Siehe hierzu *Anhang*.

1032 *Europ. Kom.*, Mitt. v. 17.06.2015, COM(2015) 302 final. Bereits am 06.12.2012 entschied sich die *Europäische Kommission* dazu, eine aktivere Rolle im Kampf gegen aggressive Steuerplanungen einzunehmen. So wurden schon damals ein Aktionsplan sowie zwei Empfehlungen zum Vorgehen gegen Steuerbetrug und -planung verabschiedet (vgl. *Europ. Kom.*, Mitt. v. 06.12.2012, COM(2012) 722 final; *dies.*, Empf. v. 06.12.2012, C(2012) 8805 final; *dies.*, Empf. v. 06.12.2012, C(2012) 8806 final).

sie im wirtschaftlichen Kontext ebenfalls mit dem Problem des schädlichen Steuerwettbewerbs innerhalb der EU. So sei vor allem durch die Digitalisierung das wirtschaftliche Umfeld globaler und mobiler geworden, während die Besteuerung der Unternehmenseinkünfte weiterhin auf nationaler Ebene stattfinde. Diese Entwicklung schaffe im Lichte der Unterschiede zwischen den Steuersystemen und des zwischenstaatlichen Wettbewerbs um die Besteuerung mobiler Einkünfte die Möglichkeit aggressiver Steuerplanungsstrategien von Unternehmen.[1033] Folglich biete der Binnenmarkt nicht nur den Unternehmen gegenüber den Bürgern unvergleichbare Vorteile. Vor allem seien auch die kleinen und mittleren Unternehmen (kurz: „KMU“) durch die Möglichkeit aggressiver Steuerplanungen der multinational tätigen Unternehmen bzw. Konzerne einem besonderen Nachteil ausgesetzt. Die *Europäische Kommission* zieht den Schluss, dass der Steuerwettbewerb seine Berechtigung verliere, wenn er der Steuervermeidung Vorschub leiste, den Binnenmarkt spalte und eine „faire und gerechte“ Besteuerung insoweit verhindere. Vor diesem Hintergrund sei ein neues Verständnis des Steuerwettbewerbs geboten.[1034] Zwecks dessen wurden vier *Ziele* formuliert. Zum Ersten müsse eine Einheit von Besteuerungsort und Ort der Wirtschaftstätigkeit wiederhergestellt werden. Zum Zweiten müsse gewährleistet sein, dass die Mitgliedstaaten die Unternehmenstätigkeiten in ihrem Hoheitsgebiet korrekt bewerten. Zum Dritten müsse eine wettbewerbsfähige und wachstumsfreundliche Unternehmensbesteuerung in der EU geschaffen werden. Zum Vierten müsse der Binnenmarkt durch die Entwicklung von Maßnahmen gegen nicht kooperative Niedrigsteuerländer und Erhöhung der Steuertransparenz vor externen Steuerfaktoren geschützt werden.[1035] Um diese Ziele zu erreichen, erklärte die Europäische Kommission überdies fünf *Aktionsschwerpunkte*, wovon in materiell-rechtlicher Hinsicht vor allem zwei in den Fokus rücken. Zum einen widmet sie dem Ziel einer effektiven Besteuerung am Ort der Wertschöpfung einen selbständigen Aktionspunkt (*A.*).[1036] Zum anderen diskutiert sie die Einführung einer sog. Gemeinsamen Konsolidierten Körperschaftsteuer-Bemessungsgrundlage[1037] (kurz: „GKKB“)

1033 *Europ. Kom.*, Mitt. v. 17.06.2015, COM(2015) 302 final (de), S. 2 f.
1034 *Europ. Kom.*, Mitt. v. 17.06.2015, COM(2015) 302 final (de), S. 4 ff.
1035 *Europ. Kom.*, Mitt. v. 17.06.2015, COM(2015) 302 final (de), S. 7.
1036 *Europ. Kom.*, Mitt. v. 17.06.2015, COM(2015) 302 final (de), S. 10 ff.
1037 Auf Englisch: „Common Consolidated Corporate Tax Base“, kurz: „CCCTB“ (*Europ. Kom.*, Mitt. v. 17.06.2015, COM(2015) 302 final (en), S. 7).

(*B.*).[1038] Aufgrund der zentralen Rollen für den Aktionsplan und besonderen Auswirkungen auf den materiell-rechtlichen Begriff des „steuerrechtlichen Missbrauchs“ sollen diese beiden Aktionsschwerpunkte nunmehr vertieft erläutert und diskutiert werden.

A. Effektive Besteuerung am Ort der Wertschöpfung

In jüngster Zeit haben viele multinational tätige Unternehmen die Unterschiede der nationalen Steuersysteme innerhalb der EU dazu genutzt, Gewinne

---

1038 *Europ. Kom.*, Mitt. v. 17.06.2015, COM(2015) 302 final (de), S. 8 ff. Aus *verfahrensrechtlicher* Sicht sollen diese materiell-rechtlichen Ansätze vor allem durch bessere Rahmenbedingungen für Unternehmen sowie unionsrechtliche Regelungen für mehr Steuertransparenz unterstützt werden. Ersteres fordert vor allem einen Verlustabzug innerhalb der EU sowie die Verbesserung des derzeitigen Streitbeilegungsverfahrens in Doppelbesteuerungsangelegenheiten (*Europ. Kom.*, Mitt. v. 17.06.2015, COM(2015) 302 final (de), S. 12 f.). Letzteres fordert vor allem einen automatischen Informationsaustausch über Steuervorbescheide, wie er letzten Endes mit der Richtlinie (EU) 2015/2376 (*Rat d. EU*, RL v. 08.12.2015, Nr. 2015/2376 (EU), ABl. 2015 L 332 (de), S. 1) erlassen wurde. Darüber hinaus soll ein einheitliches Vorgehen gegenüber kooperationsunwilligen Drittstaaten gewährleistet und das bereits verfolgte Maßnahmenpaket zur Transparenz der Unternehmensbesteuerung vom 18.03.2015 (*Europ. Kom.*, Mitt. v. 18.03.2015, COM(2015) 136 final) fortgesetzt werden (*Europ. Kom.*, Mitt. v. 17.06.2015, COM(2015) 302 final (de), S. 14 f.). Abschließend fordert die Europäische Kommission eine bessere Koordinierung auf der EU-Ebene, indem u.a. auch der Verhaltenskodex zur Umsetzung nicht-legislativer Maßnahmen zwecks der Erfüllung der Ziele Hilfestellung geben soll (*Europ. Kom.*, Mitt. v. 17.06.2015, COM(2015) 302 final (de), S. 15). Der Rat der EU billigte aus diesem Grund ein neues Arbeitspaket für den Verhaltenskodex. Demnach sollen u.a. die Kriterien zur Feststellung einer „schädlichen steuerlichen Maßnahme“ aktualisiert und allgemeine Leitlinien entwickelt werden, um eine effektive Umsetzung der einschlägigen Schlussfolgerungen zum Anti-BEPS-Projekt der OECD auf EU-Ebene zu gewährleisten (siehe zum Anti-BEPS-Projekt *5. Teil* GldPkt. A I). Namentlich soll das Kriterium einer „tatsächlichen Wirtschaftstätigkeit und substantiellen wirtschaftlichen Präsenz“ im Lichte des Ergebnisses des Abschlussberichts zum Aktionspunkt 5 konkretisiert werden. Ferner soll sich der Maßstab für die Regeln zur Gewinnermittlung in diesem Zusammenhang an dem Ergebnis des Abschlussberichts zu den Aktionspunkten 8 bis 10 bemessen (*Generalsekr. d. Rates d. EU*, Pressemitt. v. 08.12.2015, Nr. 908/15, Rn. 6 ff.). Zwecks dessen wurde von dem Rat der EU beschlossen, dass eine weitere Untergruppe gegründet werden soll (*Generalsekr. d. Rates d. EU*, Pressemitt. v. 08.03.2016, Nr. 108/16, Rn. 10).

losgelöst vom Ort der Wertschöpfung in Mitgliedstaaten mit Präferenzregimen oder niedrigeren Steuersätzen zu verlagern, um sie sodann abschließend in Drittstaaten zu thesaurieren. Das geltende Unternehmensteuerrecht der EU bietet hierzu eine besonders gute Möglichkeit, da die Unternehmenseinkünfte nicht zwangsläufig in dem Mitgliedstaat der Wertschöpfung besteuert werden.[1039] In der Vergangenheit haben vor allem US-Konzerne von einer kaum abgestimmten Steuerpolitik der USA mit Staaten der EU profitiert,[1040] indem sie ihre Gewinne frei verlagern und von Angeboten einer Minderbesteuerung in EU-Mitgliedstaaten besonders Gebrauch machen konnten,[1041] was in den Medien ein großes Echo fand[1042] und politische Maßnahmen[1043] folgen ließ.

1039 *Europ. Kom.*, Mitt. v. 17.06.2015, COM(2015) 302 final (de), S. 10.

1040 Neben den US-Konzernen *Microsoft*, *Cisco*, *Amgen* und *Alphabet* profitierte vor allem der *Apple*-Konzern von einer extremen Minderbesteuerung ihrer erwirtschafteten Gewinne aus dem Europa- und Asiengeschäft in *Irland*. Neben der Ausnutzung eines negativen Zuordnungskonflikts von Einkünften gem. der unterschiedlichen Steuersysteme Irlands und den USA, profitierte der Konzern namentlich von einer Vereinbarung mit der irischen Regierung, wonach der Steuersatz maximal 2 % statt der regulären Körperschaftsteuer i.H.v. 12,5 % betragen durfte (*R. Pinkernell*, in: IStR-LB 11/2013, S. 59 (59 f.)). U.a. auf die konkret gewählten Rechtsgestaltungen zur Minderbesteuerung wird – jenseits individueller Vereinbarungen – in den folgenden Fußnoten vertieft eingegangen.

1041 Vertiefend zur konkreten Gestaltungsstrategie von US-Konzernen in der EU zur Verlagerung von erwirtschafteten Gewinnen *E.D. Kleinbard*, in: TNI 68 (2012), S. 499 (501 ff.); *R. Pinkernell*, in: StuW 2012, S. 369 (370 ff.); *ders.*, in: IStR-LB 11/2013, S. 59 (59 ff.); *ders.*, Internationale Steuergestaltung im Electronic Commerce, S. 117 ff.

1042 *Ch. Duhigg/D. Kocieniewski*, in: NYT v. 29.04.2012, S. A1 (A1 ff.); *R. Lindner*, in: FAZ v. 09.11.2012, S. 14 (14); *ders.*, in: FAZ v. 12.03.2013, S. 15 (15); *S. Böll/M. Dettmer/F. Dohmen/Ch. Pauly/Ch. Reiermann*, in: Spiegel v. 12.11.2012, S. 72 (72 ff.); *D. Riedel*, in: Handelsblatt v. 16.11.2012, S. 12 (12 f.); *C. Knop*, in: FAZ v. 14.12.2012, S. 18 (18); *R. Jungbluth*, in: Zeit v. 21.02.2013, S. 21 (21 f.).

1043 Das *Permanent Subcommittee on Investigations* (kurz: „PSI") des US-Senats hat in einer öffentlichen Sitzung vom 20.09.2012 Führungskräfte der Konzerne *Microsoft* und *Hewlett-Packard* zu dessen Verlagerung von erwirtschafteten Gewinnen in Steueroasen angehört. Am 21.05.2013 wurde sodann in Fortsetzung dessen eine Anhörung der Verantwortlichen des *Apple*-Konzerns durchgeführt. Überdies ergriff auch die *OECD* politische Maßnahmen (siehe zu den Maßnahmen der OECD 5. *Teil* GldPkt. A I).

I. Der Aktionsplan zur Bekämpfung der Gewinnverkürzung und Gewinnverlagerung (BEPS): Ein Meilenstein der OECD

Um die konkreten politischen und wirtschaftlichen Probleme zu definieren, stellte die OECD[1044] im Februar 2013 einen Bericht[1045] zum Phänomen der Gewinnverkürzung und Gewinnverlagerung (kurz: „BEPS“)[1046] vor. Im Kern wurde das Problem auch hier darin gesehen, dass der Ort, an denen die tatsächlichen Geschäfts- und Investitionstätigkeiten erfolgen, und jener, an denen die Gewinne zu Steuerzwecken ausgewiesen werden, zunehmend auseinanderdriften.[1047] Kurz darauf – im Juli 2013 – legte die OECD den Finanzministern der G20-Staaten[1048] nach dessen Beauftragung[1049] einen Aktionsplan zur

---

1044 Bei der *OECD* handelt es sich um eine internationale Organisation von mittlerweile 38 Mitgliedstaaten, worunter neben Schwellenländern – u.a. Mexiko, Chile und die Türkei – vor allem auch die meisten hochentwickelten Wirtschaftsnationen – u.a. Deutschland, Frankreich, Kanada, USA und das Vereinigte Königreich – zu zählen sind. Darüber hinaus arbeitet die OECD auch mit weiteren wirtschaftlich bedeutsamen Nationen als Partner eng zusammen, welche an verschiedenen Ausschüssen und Arbeitsgruppen der Organisation direkt und aktiv teilnehmen können. Als sog. „Schlüsselpartner“ gelten hier Brasilien, Indien, Indonesien, die Volksrepublik China sowie Südafrika. Schließlich nimmt auch die Europäische Kommission an den Diskussionen innerhalb der OECD teil (*OECD*, https://www.oecd.org/about/members-and-partners/ – zuletzt abgerufen am 26.09.2021). Das Ziel der Organisation ist es, eine Politik zu fördern, die das Leben der Menschen weltweit in wirtschaftlicher und sozialer Hinsicht verbessert. Hierzu bietet es den Staaten ein Forum zur Zusammenarbeit, um Erfahrungen auszutauschen und Lösungen für gemeinsame Probleme zu suchen (*OECD*, https://www.oecd.org/about/ – zuletzt abgerufen am 26.09.2021).

1045 *OECD*, Gewinnverkürzung und Gewinnverlagerung – Situationsbeschreibung und Lösungsansätze.

1046 Auf Englisch: „Base Erosion and Profit Shifting“ (*OECD*, Addressing Base Erosion and Profit Shifting, S. 5).

1047 *OECD*, Gewinnverkürzung und Gewinnverlagerung – Situationsbeschreibung und Lösungsansätze, S. 19, 24.

1048 Bei den „G20-Staaten“ handelt es sich um die 19 wichtigsten Industrie- und Schwellenländer sowie die EU. Neben den bedeutendsten OECD-Staaten – u.a. Deutschland, Frankreich, Japan, Kanada und die USA – zählen hierunter Schwellenländer wie Brasilien, Russland, Indien, die Volksrepublik China sowie Südafrika (kurz: „BRICS“). Gemeinsam repräsentieren sie 85 % des globalen BIP (*R. Pinkernell*, in: IStR 2014, S. 273 (274 – Fn. 8)).

1049 *BMF*, Monatsber. Mai 2012, S. 66; *G20*, Tax Annex to the St. Petersburg G20 Leaders' Declaration (2013), S. 3 f.; *OECD*, Aktionsplan zur Bekämpfung der Gewinnverkürzung und Gewinnverlagerung, S. 14.

Bekämpfung der Gewinnverkürzung und Gewinnverlagerung[1050] vor,[1051] welcher zum Ende des Jahres 2015 seinen Abschluss fand.[1052] Dabei wurde das Phänomen in einzelne, zusammenwirkende Kernprobleme untergliedert und ein Katalog von Aktionspunkten zu dessen Lösung erstellt. Der Hauptzweck dieses Plans sollte darin bestehen, den Staaten sowohl nationale als auch internationale Instrumente zur Verfügung zu stellen, um die Besteuerungsrechte besser an den Gegebenheiten der Realwirtschaft auszurichten.[1053]

1. Relevante Aktionspunkte

Der Plan zur Bekämpfung der BEPS umfasste 15 Aktionspunkte, welche sich in vier Zielkategorien einteilen ließen.[1054] Für diese Arbeit interessiert die erste Zielkategorie zur internationalen Abstimmung der Besteuerung von Unternehmenseinkünften, welche eine materiell-rechtliche Anpassung bezweckte.[1055] Im Rahmen jener diesem Ziel angehörigen Aktionspunkte sollten namentlich neben den Regeln zur Vermeidung einer Doppelbesteuerung auch grundlegend neue Standards erarbeitet werden, um eine steuerliche Behandlung im einen Staat mit der steuerlichen Erfassung im anderen Staat zu verknüpfen.[1056] Vor diesem Hintergrund wurden vier Kernprobleme festgestellt, welche in den

---

1050 *OECD*, Aktionsplan zur Bekämpfung der Gewinnverkürzung und Gewinnverlagerung.

1051 *OECD*, General Report to the G20 Finance Ministers 2013, S. 35 ff.

1052 Im Oktober 2015 wurden die Abschlussberichte der OECD zu den einzelnen Aktionspunkten den Finanzministern der G20-Staaten vorgestellt und auf dem Gipfeltreffen der Staats- und Regierungschefs der G20-Staaten im gleichen Jahr gebilligt (*G20*, Kommuniqué der Staats- und Regierungschefs der G20 Gipfeltreffen in Antalya (2015), S. 5 – Rn. 15; *OECD*, General Report to the G20 Finance Ministers 2015, S. 3 ff.).

1053 *OECD*, Gewinnverkürzung und Gewinnverlagerung – Situationsbeschreibung und Lösungsansätze, S. 10; *dies.*, Aktionsplan zur Bekämpfung der Gewinnverkürzung und Gewinnverlagerung, S. 15.

1054 Zu den einzelnen Aktionspunkten *OECD*, Aktionsplan zur Bekämpfung der Gewinnverkürzung und Gewinnverlagerung, S. 17 ff.

1055 Dies wurde vor allem deshalb als erforderlich erachtet, weil mit der globalen Integration der Wirtschaft auch die Verflechtung der Unternehmen, insb. durch die Strukturierung grenzüberschreitender Wertschöpfungsketten, zunahm (*OECD*, Aktionsplan zur Bekämpfung der Gewinnverkürzung und Gewinnverlagerung, S. 7 f.).

1056 *OECD*, Aktionsplan zur Bekämpfung der Gewinnverkürzung und Gewinnverlagerung, S. 17 f.

Aktionspunkten 2 bis 5 individuell bearbeitet wurden. Für diese Arbeit rücken die Aktionspunkte 3 und 5 in den Fokus.[1057] Der *Aktionspunkt 3* adressierte das Kernproblem der Gestaltungsmöglichkeit von Konzernen, verbundene Unternehmen in unterschiedlichen Staaten zu dem Zweck gründen zu können, Unternehmenseinkünfte zur Ersparnis von Steuern umzuleiten. Um die Anreize zu einer solchen Gewinnverlagerung zu unterbinden, sollten Empfehlungen zur Gestaltung von Vorschriften zur Hinzurechnungsbesteuerung erarbeitet werden. Der *Aktionspunkt 5* thematisierte das Kernproblem zur Existenz von Sonderregelungen. Gegenstand der Untersuchung waren nebst besonderen staatlichen Vorabzusagen für individuelle Unternehmen (sog. „Rulings") vor allem allgemeine Präferenzregime zur niedrigeren Besteuerung von bestimmten Unternehmenseinkünften. Mit letzterem Kernproblem schaffte die OECD eine Verbindung des Phänomens der Gewinnverlagerung zu jenem eines schädlichen Steuerwettbewerbs. Unter Bezugnahme auf die Gefahr eines race to the bottom[1058] und der Beobachtung einer pauschalen Senkung der Körperschaftsteuersätze für bestimmte Arten von Unternehmenseinkünften – insbesondere aus Finanzaktivitäten oder der Bereitstellung immaterieller Werte – widmete es sich namentlich dem Ziel einer wirksamen Bekämpfung dieser schädlichen Steuerpraktiken unter der besonderen Berücksichtigung von Transparenz und Substanz. Um die Sonderregelungen zur Senkung der Körperschaftsteuersätze für bestimmte Einkünfte mit einem funktionsfähigen Steuerwettbewerb vereinbaren zu können, sollten die bisherigen Ausarbeitungen der OECD[1059]

1057 Der *Aktionspunkt 2* widmete sich dem Problem zur Existenz hybrider Gestaltungen. Diese könnten vor allem zu einer nicht vorgesehenen doppelten Nichtbesteuerung und einem langfristigen Steueraufschub genutzt werden und infolgedessen schädliche Auswirkungen auf den Wettbewerb, die wirtschaftliche Effizienz, Transparenz und zuletzt auch steuerliche Gerechtigkeit haben. Es wurde sich zum Ziel gesetzt, Musterbestimmungen für Abkommen sowie Empfehlungen zur Gestaltung nationaler Vorschriften zur Verhinderung eben dieser Effekte durch die Einsetzung hybrider Instrumente und Rechtsträger zu erarbeiten, um stattdessen eine Kohärenz der voneinander unabhängigen Regelwerke souveräner Staaten zu fördern (*OECD*, Aktionsplan zur Bekämpfung der Gewinnverkürzung und Gewinnverlagerung, S. 18 f.; vgl. bereits im Jahre 2012 vertiefend zu den hybriden Gestaltungen *dies.*, Hybrid Mismatch Arrangements, S. 5 ff.). Der *Aktionspunkt 4* adressierte das Problem einer überhöhten Abziehbarkeit von Zahlungen wie Zins- oder sonstige finanzielle Aufwendungen (*OECD*, Aktionsplan zur Bekämpfung der Gewinnverkürzung und Gewinnverlagerung, S. 19 f.).

1058 *OECD*, Harmful Tax Competition, S. 20 – Rn. 43; siehe hierzu *4. Teil* GldPkt. A I 2.

1059 Die *OECD* adressierte das Problem schädlicher Steuerpraktiken erstmals in ihrem Werk „Harmful Tax Competition" aus dem Jahre 1998 (zum Überblick jener

neu justiert werden. So wurde das Forum über schädliche Steuerpraktiken der OECD[1060] (kurz: „FHTP“)[1061] beauftragt,[1062] nebst einer verfahrensrechtlichen Lösung des besonderen Rulings zur besseren Transparenz vor allem auch eine materiell-rechtliche Lösung der allgemeinen Präferenzregime zur besseren Substanz zu erarbeiten. Für die allgemeinen Präferenzregime sollten namentlich materiell-rechtliche Bedingungen erarbeitet werden, welche dessen Anwendung nur im Falle des Vorliegens einer wesentlichen Geschäftstätigkeit erlaubt.[1063]

2. *Abschlussberichte der relevanten Aktionspunkte*

Die Abschlussberichte zu den Aktionspunkten liefern die erste substanzielle Überarbeitung der internationalen Standards in fast einem Jahrhundert und sind vor diesem Hintergrund als Meilenstein der internationalen Steuerpolitik zu verstehen.[1064] Neben konkreten und umsetzbaren Politikempfehlungen wurden auch Mindeststandards[1065] vereinbart, welche eine breit abgestimmte

---

Arbeiten der OECD zu schädlichen Steuerpraktiken im Zeitraum von 1998 bis 2015 *OECD*, Wirksamere Bekämpfung schädlicher Steuerpraktiken unter Berücksichtigung von Transparenz und Substanz, S. 17 f. – Rn. 7 ff.).

1060 Das Forum über schädliche Steuerpraktiken wurde auf Empfehlung der OECD im Rahmen der ursprünglichen Arbeit zu schädlichen Steuerpraktiken aus dem Jahre 1998 gegründet (vgl. *OECD*, Harmful Tax Competition, S. 9 – Rn. 10).

1061 Auf Englisch: „Forum on Harmful Tax Practices“ (*OECD*, Harmful Tax Competition, S. 9 – Rn. 10).

1062 *OECD*, Wirksamere Bekämpfung schädlicher Steuerpraktiken unter Berücksichtigung von Transparenz und Substanz, S. 9.

1063 *OECD*, Aktionsplan zur Bekämpfung der Gewinnverkürzung und Gewinnverlagerung, S. 21.

1064 *OECD*, BEPS-Projekt Erläuterung: Abschlussberichte 2015, S. 5 – Rn. 8. Auch das Ausmaß der *Teilnehmer* an diesem Projekt ist beispiellos. So haben sich 60 Staaten direkt an den Lösungen der Aktionspunkte beteiligt und darüber hinaus neben regionalen Steuerorganisationen auch bedeutsame internationale Organisationen wie der Internationale Währungsfond (kurz: „IWF“), die Weltbank sowie die Vereinten Nationen (auf Englisch: „United Nations“, kurz: „UN“) einen Beitrag zum Ergebnis geleistet (*OECD*, BEPS-Projekt Erläuterung: Abschlussberichte 2015, S. 5 – Rn. 4).

1065 Zur Schaffung gleicher Wettbewerbsbedingungen verpflichteten sich alle OECD- und G20-Staaten zu einer konsistenten Umsetzung in den Bereichen Vermeidung von Treaty-Shopping, länderbezogene Berichterstattung, Bekämpfung schädlicher Steuerpraktiken und Verbesserung der Streitbeilegung (*OECD*, BEPS-Projekt Erläuterung: Abschlussberichte 2015, S. 6 – Rn. 11).

Handlungsgrundlage zur Bekämpfung der BEPS-Ursachen schaffen könnten.[1066] Eines der Kernlösungen des Projekts ist dabei darin zu erblicken, dass Gewinne zukünftig dort besteuert werden sollen, wo die hierzu erforderliche wirtschaftliche Aktivität und Wertschöpfung zuvor stattfand.[1067]

a) Bekämpfung schädlicher Steuerpraktiken bezüglich des Teilaspekts der Anpassung von Präferenzregimen

Um dieser Idee Gestalt zu geben, ist zunächst das Ergebnis des *Aktionspunktes 5* zur wirksamen Bekämpfung schädlicher Steuerpraktiken bezüglich des Teilaspekts der Anpassung von Präferenzregimen durch das Substanzerfordernis einer wesentlichen Geschäftstätigkeit von großer Bedeutung. So wurde zur Konkretisierung des Begriffs der „wesentlichen Geschäftstätigkeit" der sog. „*Nexus-Ansatz*"[1068] ausgearbeitet, dessen Sinn und Zweck darin zu erblicken ist, den Steuerpflichtigen zu *eigenen* wertschöpfenden Tätigkeiten anzuregen.[1069] Dieser Ansatz geht zunächst nur von IP-Boxen als eine besondere Art von Präferenzregimen für Lizenzeinkünfte aus, dessen Sinn und Zweck wiederum darin gesehen wird, Anreize für F&E-Tätigkeiten und Wirtschaftswachstum zu schaffen sowie die Beschäftigung zu fördern. Im Fall solcher IP-Boxen soll dem Steuerpflichtigen im Kern ein steuerlicher Vorteil nur dann gewährt werden, wenn er *selbst* qualifizierte F&E-Ausgaben getätigt hat, die zu den betroffenen IP-Einkünften führten.[1070]

Die Besonderheit des Nexus-Ansatzes liegt darin, dass er sich der Idee *ausgaben*orientierter Steuerregelungen – etwa der Steuergutschrift für F&E-Leistungen – zur Förderung eines Ressourceneinsatzes bedient und sie auf *einnahme*orientierte Steuerregelungen zu erfolgreich geschaffenen und genutzten immateriellen Wirtschaftsgütern – namentlich geistigem Eigentum[1071] –

1066 *OECD*, BEPS-Projekt Erläuterung: Abschlussberichte 2015, S. 6 – Rn. 11.

1067 *OECD*, BEPS-Projekt Erläuterung: Abschlussberichte 2015, S. 5 – Rn. 7, 10 – Rn. 22.

1068 Auf Englisch: „Nexus Approach" (*OECD*, Countering Harmful Tax Practices More Effectively, Taking into Account Transparency and Substance, S. 9).

1069 *OECD*, Wirksamere Bekämpfung schädlicher Steuerpraktiken unter Berücksichtigung von Transparenz und Substanz, S. 27 – Rn. 29.

1070 *OECD*, Wirksamere Bekämpfung schädlicher Steuerpraktiken unter Berücksichtigung von Transparenz und Substanz, S. 9.

1071 Unter „geistiges Eigentum" fasst die *OECD* Patente im weiteren Sinne, urheberrechtlich geschützte Software sowie unter bestimmten Umständen sonstige Gegenstände, dessen Erfindung nach dem gegenwärtigen Erkenntnisstand nützlich, neuartig sowie nicht naheliegend sind. Ausdrücklich auszuschließen sind

anwendet.[1072] Knüpft der Nexus-Ansatz also an „Ausgaben“ an, so handelt es sich hierbei um Aufwendungen jener Art, die *direkt* mit dem erfolgreich geschaffenen geistigen Eigentumswert verbunden sind, für die auf Gewinnseite schließlich die besteuernden Einkünfte entstehen.[1073] Vor diesem Hintergrund sind die Ausgaben im betreffenden Staat als Hilfsvariable zu betrachten, um schließlich auf eine *tatsächlich* durchgeführte F&E-Tätigkeit zu schließen.[1074]

---

marketingbezogene geistige Eigentumswerte – wie Marken (*OECD*, Wirksamere Bekämpfung schädlicher Steuerpraktiken unter Berücksichtigung von Transparenz und Substanz, S. 28 ff. – Rn. 34 ff.).

1072 *OECD*, Wirksamere Bekämpfung schädlicher Steuerpraktiken unter Berücksichtigung von Transparenz und Substanz, S. 27 – Rn. 28. Im Rahmen der Diskussionen des Aktionspunktes 5 hat sich dieser Ansatz gegen die Variante zur direkten Anknüpfung an die Wertschöpfung und einen Verrechnungspreisansatz durchgesetzt. Der *Wertschöpfungsansatz* hätte von den Steuerpflichtigen verlangt, eine bestimmte Anzahl wesentlicher F&E-Tätigkeiten durchzuführen. Dieser Ansatz erhielt im Vergleich zu den beiden anderen keine Unterstützung. Der *Verrechnungspreisansatz* hätte die Anwendung einer Regelung zur Steuervergünstigung für die gesamten aus dem geistigen Eigentum resultierenden Einnahmen gestattet, wenn der Steuerpflichtige eine bestimmte Anzahl wichtiger Funktionen in dem betroffenen Staat angesiedelt hat, der rechtliche Eigentümer jener Vermögenswerte ist, die zu den Steuervergünstigungen Anlass geben, diese Vermögenswerte selbst nutzt und schließlich dessen wirtschaftliche Risiken trägt. Dieser Ansatz fand nur bedingte Zustimmung (*OECD*, Wirksamere Bekämpfung schädlicher Steuerpraktiken unter Berücksichtigung von Transparenz und Substanz, S. 26 f. – Rn. 27).

1073 Die *OECD* erachtet diese „direkte Verbindung“ von Ausgaben beispielweise bei Lohn- und Gehaltszahlungen im Zusammenhang mit F&E-Einrichtungen, Direktkosten, Gemeinkosten und Kosten für Lieferungen für gegeben, solange sie auf Tätigkeiten zurückgehen, die durchgeführt wurden, um das Verständnis von wissenschaftlichen Zusammenhängen oder Technologien zu verbessern, bekannte wissenschaftliche oder technologische Hindernisse zu überwinden oder den Kenntnisstand anderweitig zu erweitern oder neue Anwendungen zu entwickeln (*OECD*, Wirksamere Bekämpfung schädlicher Steuerpraktiken unter Berücksichtigung von Transparenz und Substanz, S. 30 – Fn. 10). Neben nicht einzeln abziehbaren Investitionskosten – wie Baukosten – können auch Zinszahlungen, Anschaffungskosten für den Erwerb von Lizenzrechten oder vergleichbare Kosten keine Berücksichtigung finden, sofern sie nicht direkt i.V.m. spezifischen geistigen Eigentumswerten gebracht werden können (*OECD*, Wirksamere Bekämpfung schädlicher Steuerpraktiken unter Berücksichtigung von Transparenz und Substanz, S. 30 – Rn. 39, 34 – Rn. 52).

1074 *OECD*, BEPS-Projekt Erläuterung: Abschlussberichte 2015, S. 14 f.; *dies.*, Wirksamere Bekämpfung schädlicher Steuerpraktiken unter Berücksichtigung von Transparenz und Substanz, S. 9 f., 27 – Rn. 28 f.

Hiermit wird zunächst dem Zweck der IP-Boxen dahingehend Ausdruck verliehen, dass Anreize für F&E-Tätigkeiten gesetzt werden. Um darüber hinaus auch dem Zweck des Nexus-Ansatzes zu entsprechen, müssen die Ausgaben für die F&E-Tätigkeiten von „qualifizierter" Art sein. So reicht es nicht aus, dass bloße Kapitalleistungen oder Ausgaben für wesentliche F&E-Tätigkeiten von anderen Beteiligten vorgenommen werden. Vielmehr muss der Steuerpflichtige *selbst* diese F&E-Tätigkeiten durchführen und für dessen Ausgaben aufkommen. Um die tatsächliche Wertschöpfung des Steuerpflichtigen zum Ausdruck zu bringen, ist vor diesem Hintergrund nicht auf den *Betrag* der Ausgaben an sich, sondern auf den *Anteil* der direkt mit den F&E-Tätigkeiten verknüpften Ausgaben des Steuerpflichtigen abzustellen.[1075] Im Ergebnis darf mithin nur der Teil der Einkünfte des Steuerpflichtigen aus geistigen Eigentumswerten einem reduzierten Steuersatz von IP-Boxen unterworfen werden, der dem Verhältnis der qualifizierten zu den gesamten Ausgaben für F&E-Leistungen von geistigen Eigentumswerten entspricht.[1076] Namentlich berechnet sich dieses sog. „*Nexus-Verhältnis*" für steuerlich begünstigte Einkünfte nach folgender Formel:[1077]

$$\frac{Ausgaben^{Qual.}}{Ausgaben^{Ges.}} \cdot Einkünfte^{Ges.} = Einkünfte^{IP-Box}$$

Formel F.5.1.0.[1078]

1075 *OECD*, Wirksamere Bekämpfung schädlicher Steuerpraktiken unter Berücksichtigung von Transparenz und Substanz, S. 27 – Rn. 29.

1076 Die Beweislast zum Vorliegen der für die begünstigte Besteuerung von Einkünften i.S.e. Präferenzregimes erforderlichen Anforderungen liegt beim Steuerpflichtigen. Namentlich obliegt ihm grundsätzlich eine Dokumentationspflicht, um einen Zusammenhang zwischen den Ausgaben, den Gegenständen *geistigen Eigentums* und den entsprechenden Einkünften nachzuweisen. Falls sich dieser Nachweis als unrealistisch erweist, kann der Steuerpflichtige subsidiär dazu verpflichtet werden, einen Zusammenhang zwischen den Ausgaben, den aus den Gegenständen geistigen Eigentums resultierenden *Produkten* und den Einkünften zu beweisen (*OECD*, Wirksamere Bekämpfung schädlicher Steuerpraktiken unter Berücksichtigung von Transparenz und Substanz, S. 34 ff. – Rn. 53 ff.).

1077 *OECD*, Wirksamere Bekämpfung schädlicher Steuerpraktiken unter Berücksichtigung von Transparenz und Substanz, S. 28 – Rn. 30.

1078 „*Ausgaben*$^{Qual.}$" steht für solche Ausgaben des Steuerpflichtigen, die vom Präferenzregime berücksichtigt werden können. Es umfasst die F&E-Ausgaben, die für Tätigkeiten des Steuerpflichtigen selbst oder für die Beauftragung fremder Dritter angefallen sowie direkt mit dem betreffenden geistigen Eigentumswert

Dem Nexus-Ansatz ist deshalb eine besondere Bedeutung beizumessen, weil sich alle OECD- und G20-Staaten gemeinsam darauf geeinigt haben, diesen Ansatz als *Mindeststandard* für IP-Box-Regime anzuwenden.[1079] Überdies lässt sich der Nexus-Ansatz auch auf weitere Präferenzregime anwenden, welche sich nicht auf Einkünfte aus geistigem Eigentum beziehen. In anderen Worten kann also von der besonderen Regelung zu IP-Boxen auf ein *allgemeingültiges Prinzip* für Präferenzregime geschlossen werden, indem zur Konkretisierung einer „wesentlichen Geschäftstätigkeit" auf den Nexus-Ansatz abgestellt wird. Da Präferenzregime stets an Einkunftsarten anknüpfen, lässt sich der Nexus-Ansatz dahingehend verallgemeinern, dass eine entsprechende vorteilhafte Besteuerung nur dann möglich ist, wenn ein Zusammenhang zwischen den betroffenen Einkünften und den zur Erzielung dieser Einkünfte *entscheidenden Aktivitäten* des Steuerpflichtigen hergestellt werden kann. Zur Feststellung der „Aktivitäten" ist allerdings nicht zwangsläufig auf die Ausgaben abzustellen. Diese Hilfsvariable stellt vielmehr eine Besonderheit im Rahmen des geistigen Eigentums dar. Im Rahmen anderer Regelungen können die Aktivitäten – etwa Dienstleistungsaktivitäten – *direkt* zur Generierung der Einkünfte

---

verbunden sind. „*Ausgaben*$^{Ges.}$" steht für die Summe aller Ausgaben des Steuerpflichtigen, die als qualifizierte Ausgaben eingestuft würden, wenn sie durch den Steuerpflichtigen selbst getätigt worden wären. Neben den qualifizierten Ausgaben umfasst es auch sämtliche Anschaffungskosten sowie die F&E-Ausgaben für die Beauftragung nahestehender Dritter (*OECD*, Wirksamere Bekämpfung schädlicher Steuerpraktiken unter Berücksichtigung von Transparenz und Substanz, S. 31 f. – Rn. 42 ff.). „*Einkünfte*$^{Ges.}$" steht für sämtliche Einkünfte aus geistigem Eigentum, wie u.a. Lizenzgebühren und Veräußerungsgewinne, die dem Steuerpflichtigen unter Anwendung der innerstaatlichen Rechtsvorschriften und Verrechnungspreisregeln in verhältnismäßiger Höhe zugerechnet werden (*OECD*, Wirksamere Bekämpfung schädlicher Steuerpraktiken unter Berücksichtigung von Transparenz und Substanz, S. 32 f. – Rn. 46 ff.). „*Einkünfte*$^{IP\text{-}Box}$" steht für jenen Anteil der Gesamteinkünfte, der im Lichte der konkret angebotenen IP-Box steuerlich begünstigt wird.

1079 Namentlich sollten IP-Boxen, die nicht dem Nexus-Ansatz entsprechen, ab dem 30.06.2016 für neue Unternehmen und geistige Eigentumswerte nicht mehr anwendbar sein. Für Unternehmen und Patente, die bereits zuvor von einer IP-Box profitierten, wurde ein Abschaffungstermin vereinbart. So dürfen steuerliche Vorteile bei Nichtanwendung des Nexus-Ansatzes nur noch bis zum 30.06.2021 in Anspruch genommen werden (*OECD*, Wirksamere Bekämpfung schädlicher Steuerpraktiken unter Berücksichtigung von Transparenz und Substanz, S. 39 f. – Rn. 62 ff.; vgl. auch *OECD*, Agreement on Modified Nexus Approach for IP Regimes, S. 3 ff.).

beitragen.[1080] Welche der Aktivitäten zur Erzielung der steuerlich bevorzugten Einkünfte konkret „entscheidend" sind, unterliegt weiterhin einer besonderen Feststellung im Lichte des konkret geregelten Präferenzregimes des nationalen Rechts. Zwecks dieser Feststellung ist unter anderem der konkrete Sinn und Zweck der nationalen Regelung hilfsweise miteinzubeziehen.[1081]

b) *Erarbeitung von internationalen Standards für die Hinzurechnungsbesteuerung*

Im Abschlussbericht zum *Aktionspunkt 3* zur Erarbeitung von internationalen Standards für die Hinzurechnungsbesteuerung moniert die *OECD* unter anderem, dass die unterschiedlichen Fundamentalprinzipien des Internationalen Steuerrechts hinsichtlich der Hinzurechnungsbesteuerungsvorschriften in den einzelnen Staaten zu unterschiedlichen Ergebnissen führen. Folge ein Staat dem *Welteinkommensprinzip*, so sei dessen Hinzurechnungsbesteuerung sehr weit auszulegen, da insoweit alle Einnahmen besteuert werden können, die bisher im Inland steuerlich unberücksichtigt blieben. Dem hingegen unterliege eine Hinzurechnungsbesteuerung auf Grundlage des *Territorialitätsprinzips* einer engeren Auslegung, da nur solche Einnahmen berücksichtigt werden können, die aufgrund einer besonderen territorialen Nähe zum Inland hätten besteuert werden müssen. Daraus schließt die *OECD*, dass eine Hinzurechnungsbesteuerungsvorschrift auf Grundlage des Welteinkommensprinzips einen Wettbewerbsnachteil für solche Unternehmen begründe, die unter dessen Anwendung fallen, da sie im Ergebnis einer höheren Besteuerung ausgesetzt seien als jene Unternehmen, die sich einer Hinzurechnungsbesteuerung auf Grundlage des Territorialitätsprinzips verbindlich zu zeigen haben.[1082]

Um die geschilderten Wertungsunterschiede und dessen wettbewerbliche Auswirkungen zu vermeiden, setzte sich die OECD zum Ziel, auf Grundlage eines Konsenses beider Fundamentalgrundsätze des Internationalen Steuerrechts eine einheitliche Regelung zur Hinzurechnungsbesteuerung zu formulieren, die in allen Staaten gleichermaßen angewendet werden kann. Hierzu versucht sie den Fokus der Länder zu schärfen, eben solche Einnahmen von der Hinzurechnungsbesteuerung auszunehmen, welche eine – wörtlich aus

---

1080 *OECD*, Wirksamere Bekämpfung schädlicher Steuerpraktiken unter Berücksichtigung von Transparenz und Substanz, S. 42 – Rn. 71 f.

1081 Vgl. *OECD*, Wirksamere Bekämpfung schädlicher Steuerpraktiken unter Berücksichtigung von Transparenz und Substanz, S. 42 – Rn. 71 ff.

1082 *OECD*, Designing Effective Controlled Foreign Company Rules, S. 15 f. – Rn. 13 ff.

dem Englischen übersetzte – „*tatsächliche wirtschaftliche Tätigkeit*“[1083] in einer ausländischen Gesellschaft aufweisen und insoweit als „aktive Einkünfte“ zu klassifizieren seien.[1084] Vor diesem Hintergrund wurden im Abschlussbericht des Aktionspunktes 3 in sechs Bausteinen[1085] – wenn auch unverbindliche[1086] – Empfehlungen zur nationalen Implementierung von Vorschriften zwecks eines funktionierenden Instruments der Hinzurechnungsbesteuerung erarbeitet. Dieser internationale Standard soll dabei primär dem Ziel folgen, die Gewinnverkürzung und Gewinnverlagerung in beherrschte ausländische Gesellschaften (kurz: „CFC“)[1087] zu verhindern, soweit die Begründung solcher nach deutschem Verständnis als Zwischengesellschaften[1088] zu bezeichnenden

1083 Auf Englisch: „Real economic activity“ (*OECD*, Designing Effective Controlled Foreign Company Rules, S. 16 – Rn. 15).

1084 *OECD*, Designing Effective Controlled Foreign Company Rules, S. 16 – Rn. 15.

1085 Hierbei handelt es sich namentlich um folgende Bausteine: Definition der Zwischengesellschaft; Eintrittsschwelle in die Hinzurechnungsbesteuerung; Definition der Zwischeneinkünfte; Ermittlung des Hinzurechnungsbetrags; Zurechnung des Hinzurechnungsbetrags; Regelungen zur Vermeidung der Doppelbesteuerung (*OECD*, Designing Effective Controlled Foreign Company Rules, S. 11 – Rn. 2).

1086 *OECD*, Designing Effective Controlled Foreign Company Rules, S. 9; vgl. auch *OECD*, BEPS-Projekt Erläuterung: Abschlussberichte 2015, S. 10 – Rn. 23.

1087 Auf Englisch: „Controlled Foreign Companies“ oder „Controlled Foreign Corporations“ (vgl. auch Fn. 289).

1088 Die Definition einer Zwischengesellschaft wird von der *OECD* weit gefasst. Als „Zwischengesellschaft“ soll jede Form von Kapitalgesellschaft, Personengesellschaft, Betriebsstätte oder Treuhandgesellschaft sowie vergleichbare Rechtsgebilde im Lichte des Steuerrechts jenes Ansässigkeitsstaats eines Hinzurechnungsverpflichteten verstanden werden. In diesem Zusammenhang werden auch die Wertungen aus dem Aktionspunkt 2 zu hybriden Gesellschaften miteinbezogen, indem eine besondere sog. „hybrid mismatch“-Regelung empfohlen wird, um eine Umgehung der Hinzurechnungsbesteuerung durch eine unterschiedliche Qualifikation einer „Zwischengesellschaft“ im Ansässigkeitsstaat der Gesellschaft zum einen und des Gesellschafters zum anderen zu verhindern. Darüber hinaus bestimmt sich der Begriff vor allem nach dem Typ und Grad der Kontrolle und Beherrschung. So sei von einer „Zwischengesellschaft“ nach der OECD dann auszugehen, wenn diese rechtlich oder – alternativ hierzu – wirtschaftlich beherrscht wird und somit auch *faktisch* Besteuerungssubstrat in das niedriger besteuernde Ausland verlagert werden kann (*OECD*, Designing Effective Controlled Foreign Company Rules, S. 21 ff. – Rn. 23 ff.).

Unternehmen allein oder hauptsächlich aus steuerlichen Gründen erfolgt und hierin ein missbräuchliches Verhalten des Steuerpflichtigen zu erblicken ist.[1089]

Im Lichte des Teilziels des Anti-BEPS-Projekts zur Gewährleistung einer Besteuerung am Ort der Wertschöpfung ist vor allem ein besonderes Augenmerk auf die im dritten Baustein der OECD-Empfehlungen diskutierten Definition des Begriffs des „CFC-Income" zu legen, welches nach deutschem Verständnis die „Zwischeneinkünfte" betrifft. Im Hinblick auf die bestehenden Hinzurechnungsbesteuerungsvorschriften der einzelnen Staaten geht die OECD zur Bestimmung der Zwischeneinkünfte zunächst von einer pauschalen Kategorisierung der Einkünfte aus. Dabei steht zunächst eine *rechtliche* Kategorisierung im Fokus ihrer Untersuchung, wonach vor allem Einkünfte mobiler Art – etwa Dividenden, Zinsen, Versicherungseinkünfte, Einkünfte aus Lieferungen und Leistungen sowie Lizenzeinkünfte oder andere Einkünfte aus immateriellen Wirtschaftsgütern[1090] – von den Staaten als Zwischeneinkünfte zu bewerten sind.[1091] Allerdings erachtet die OECD eine solche kategorisierende Analyse als zu pauschal, um dem Problem einer Gewinnverkürzung und Gewinnverlagerung effektiv entgegenzuwirken.[1092] Vor diesem Hintergrund wählt die OECD die Lösung einer *Substanzanalyse* zur Definition der Zwischeneinkünfte. Demnach soll sich die Bestimmung von Zwischeneinkünften danach bemessen, ob „substanzielle Aktivitäten"[1093] zur Begründung der Einkünfte im Ausland[1094]

1089 *OECD*, Designing Effective Controlled Foreign Company Rules, S. 11 – Rn. 1; *F. Haase*, Überlegungen zur Reform der Hinzurechnungsbesteuerung, S. 71.

1090 Unter die „immateriellen Wirtschaftsgüter" sind im Rahmen der Definition der Zwischeneinkünfte vor allem auch Einkünfte aus *digitalen* Gütern und Dienstleistungen zu zählen. Dies zeigt, dass der Aktionspunkt 1 zur Lösung der mit der digitalen Wirtschaft verbundenen Besteuerungsprobleme nicht separat, sondern nur im Lichte der anderen Aktionspunkte des Anti-BEPS-Projekts untersucht werden kann (*OECD*, Designing Effective Controlled Foreign Company Rules, S. 45 – Fn. 6; vgl. auch *dies.*, BEPS-Projekt Erläuterung: Abschlussberichte 2015, S. 13).

1091 *OECD*, Designing Effective Controlled Foreign Company Rules, S. 44 ff. – Rn. 77 ff.

1092 Vgl. *OECD*, Designing Effective Controlled Foreign Company Rules, S. 44 f. – Rn. 78, 47 – Rn. 81.

1093 Auf Englisch: „Substantial activities" (*OECD*, Designing Effective Controlled Foreign Company Rules, S. 47 – Rn. 81).

1094 Zur *Anwendbarkeit* der Hinzurechnungsbesteuerung, muss der Steuerpflichtige im Ausland, wo die Zwischengesellschaft gegründet wurde, von einem niedrigeren Steuersatz als jenem im eigenen Ansässigkeitsstaat (mit der Hinzurechnungsbesteuerung) profitieren (*OECD*, Designing Effective Controlled Foreign Company Rules, S. 33 – Rn. 51).

tatsächlich festgestellt werden können oder nicht.[1095] Mithin geht zwar auch die OECD bei der Annahme von Zwischeneinkünften von „passiven Einkünften“ mobiler Art aus. Allerdings unterliegt die Feststellung der „Passivität“ jenseits der rechtlichen Kategorisierung einer gesonderten *wirtschaftlichen* Analyse.[1096] Dabei stellt sich die Kernfrage, ob die niedrig besteuerten Einkünfte von der Zwischengesellschaft selbst generiert werden konnten oder nicht.[1097] In anderen Worten bemisst sich die Feststellung einer „tatsächlichen wirtschaftlichen Tätigkeit“ nach dem Maßstab ihrer wirtschaftlichen „Wesentlichkeit“, sodass eher von einer „wesentlichen wirtschaftlichen Tätigkeiten“ gesprochen werden kann. Ist eine solche Wesentlichkeit im konkreten Fall zu verneinen, so sind die Einkünfte aufgrund ihrer passiven Natur als Zwischeneinkünfte zu qualifizieren, welche im Rahmen der Hinzurechnungsbesteuerung bei jener Gesellschaft geltend gemacht werden können, welche die Zwischengesellschaft beherrscht.[1098]

aa) Die Substanzanalyse zur Definition der „Zwischeneinkünfte“

Zur Feststellung jener „substanziellen Aktivitäten“ hat die OECD drei wirtschaftliche Analysen diskutiert, welche auf unterschiedliche objektive Faktoren abstellen. In Anlehnung an die US-amerikanische Hinzurechnungsbesteuerung[1099] schlägt sie als erste Variante vor, im Rahmen einer *Wertschöpfungsanalyse* zu überprüfen, ob im Lichte der konkreten Umstände das Personal der Zwischengesellschaft tatsächlich einen ausreichenden Wertschöpfungsbeitrag

---

1095 *OECD*, Designing Effective Controlled Foreign Company Rules, S. 47 – Rn. 81.

1096 *F. Haase*, Überlegungen zur Reform der Hinzurechnungsbesteuerung, S. 73.

1097 *OECD*, Designing Effective Controlled Foreign Company Rules, S. 47 – Rn. 81.

1098 Nach Auffassung der *OECD* gilt die Zwischengesellschaft von einer anderen Gesellschaft oder anderen Gesellschaftern dann als „beherrscht“, wenn die Gesellschaft oder die Gesellschafter mit gleichgerichtetem Interesse zu mehr als 50 % an der Zwischengesellschaft beteiligt sind. Um festzustellen, ob die Mindestbeteiligungsgrenze überschritten ist, werden bei der Berechnung der Beherrschung sowohl die Beteiligung der Gesellschaft oder des Gesellschafters selbst als auch die Beteiligungen nahestehender Personen berücksichtigt. Damit das Kriterium der 50 %-Grenze nicht umgangen wird, stellt es die *OECD* den Staaten frei, auch eine niedrigere Grenze für die Beteiligung festzulegen, sofern die Gesellschaft oder die Gesellschafter das Geschehen auf Gesellschaftsebene weiterhin tatsächlich beherrscht bzw. beherrschen (*OECD*, Designing Effective Controlled Foreign Company Rules, S. 25 ff. – Rn. 37 ff.).

1099 *OECD*, Designing Effective Controlled Foreign Company Rules, S. 48 – Fn. 11.

zu dessen Einkünfte geleistet hat.[1100] Als zweite Variante schlägt die OECD, inspiriert von der Hinzurechnungsbesteuerung des Vereinigten Königreichs,[1101] eine *Unabhängigkeitsanalyse* vor. Demnach ist die Frage zu stellen, ob die Zwischengesellschaft die ausgeführten Funktionen, die übernommenen Risiken und die eingesetzten Wirtschaftsgüter im Lichte eines Fremdvergleichs auch ausgeführt, übernommen oder eingesetzt hätte, wenn sie nicht Teil eines Konzerns oder einer Unternehmensgruppe gewesen wäre.[1102] Hierin ist im Kern eine Funktions- und Risikoanalyse zu erblicken, wonach passive Einkünfte dann anzunehmen sind, wenn bestimmte Funktionen, Risiken oder Wirtschaftsgüter im Falle einer mangelnden gesellschaftsrechtlichen Verbundenheit nicht von der Zwischengesellschaft ausgeführt, übernommen oder eingesetzt werden würden.[1103] Als dritte Variante empfiehlt die OECD schließlich eine *Ausstattungsanalyse*, wonach grundsätzlich zu untersuchen ist, ob die Zwischengesellschaft die erforderlichen Kapitalgüter zur Verfügung stellt, um den Großteil der eigenen Kernfunktion selbst auszuführen. In Anlehnung an die südafrikanische Regelung zur Hinzurechnungsbesteuerung,[1104] können passive Einkünfte demnach grundsätzlich dann ausgeschlossen werden, wenn die Zwischengesellschaft nebst den notwendigen Räumlichkeiten und Einrichtungen – also Sachkapital – auch über eine notwendige Anzahl von qualifizierten Arbeitskräften – also Humankapital[1105] – verfügt, um ihre Kernfunktion auszuführen. Hinsichtlich der Einkünfte aus geistigen Eigentumswerten, welche im Ausland einem steuerlichen Präferenzregime – namentlich einer IP-Box – unterliegen oder unterliegen könnten, stellt die OECD bei der Ausstattungsanalyse im Besonderen auf den im Rahmen des Aktionspunktes 5 herausgearbeiteten Nexus-Ansatz ab. Auf dieser Grundlage könnte eben jener Teil der Einkünfte der Zwischengesellschaft von den Zwischeneinkünften ausgenommen werden, der auf qualifizierte Ausgaben zurückzuführen und entsprechend dem Nexus-Verhältnis[1106] als „aktiv" zu erachten ist.[1107]

1100 *OECD*, Designing Effective Controlled Foreign Company Rules, S. 48 – Rn. 85.
1101 *OECD*, Designing Effective Controlled Foreign Company Rules, S. 48 – Fn. 12.
1102 *OECD*, Designing Effective Controlled Foreign Company Rules, S. 48 – Rn. 85.
1103 *F. Haase*, Überlegungen zur Reform der Hinzurechnungsbesteuerung, S. 73.
1104 *OECD*, Designing Effective Controlled Foreign Company Rules, S. 48 – Fn. 13.
1105 Siehe zu diesem volkswirtschaftlich geprägten Begriff *4. Teil* GldPkt. B I 1 a) bb).
1106 Die Höhe der „aktiven" Einkünfte bemisst sich namentlich nach dem Verhältnis der – einer Zwischengesellschaft selbst entstandenen – *qualifizierten* zu den *gesamten* Ausgaben für F&E-Leistungen der betroffenen geistigen Eigentumswerte (vgl. hierzu *5. Teil* GldPkt. A I 2 a)).
1107 *OECD*, Designing Effective Controlled Foreign Company Rules, S. 48 – Rn. 85.

Jenseits der besonderen Berechnung der Zwischeneinkünfte nach dem Nexus-Verhältnis bietet die OECD für die drei Varianten zur Substanzanalyse[1108] die Möglichkeit an, die Höhe der Zwischeneinkünfte entweder nach einem Schwellentest oder einer Anteilsanalyse zu bestimmen. Der *Schwellentest* folgt dem „Alles-oder-Nichts"-Prinzip und bezieht im Falle des Vorliegens von Zwischeneinkünften gemäß der gewählten Analyse grundsätzlich alle Einkünfte in die Hinzurechnungsbesteuerung ein. Die von der OECD aufgrund ihrer Genauigkeit bevorzugte *Anteilsanalyse* nimmt eine weitere Unterscheidung vor, indem nur jener Anteil der Einkünfte einer Hinzurechnungsbesteuerung unterworfen wird, welcher gemäß der gewählten Analyse tatsächlich als „passiv" zu erachten ist.[1109]

Zur Entscheidung, welche Analyse letzten Endes von den Staaten zur Feststellung der Zwischeneinkünfte an sich zum einen und der zu beachtenden Höhe zum anderen gewählt wird, sollte vor allem die Genauigkeit der geltend zu machenden Zwischeneinkünfte mit dem damit zusammenhängenden Verwaltungs- und Kostenaufwand in ein Verhältnis gesetzt werden.[1110]

bb) Der Konflikt der Rechtsprechungslinie des EuGH mit der empfohlenen Substanzanalyse der OECD

Besondere Aufmerksamkeit wird im Rahmen der geschilderten Ausführungen zur Definition der „Zwischeneinkünfte" dem Unionsrecht geschenkt.[1111] Die *OECD* erachtet ihre Empfehlungen als mit dem Unionsrecht vereinbar, da sie die Zwischeneinkünfte im Lichte des Mangels einer hinreichenden wirtschaftlichen Tätigkeit im Ausland und zur Verhinderung der Gewinnverlagerung und Gewinnverkürzung möglichst genau definiere.[1112] Konsequent hierzu sei überdies der Anteilsanalyse gegenüber dem Schwellentest innerhalb der EU

1108 Jenseits der Substanzanalyse schlägt die *OECD* zur allgemeinen Feststellung der Höhe der hinzuzurechnenden Zwischeneinkünfte vor, gem. einer *Mehrgewinnanalyse* den Hinzurechnungsbetrag danach zu berechnen, inwieweit die Einkünfte der Zwischengesellschaft den gewöhnlichen Profit eines solchen Unternehmens übersteigt, welches nicht Teil eines Konzerns oder einer Unternehmensgruppe ist (vgl. *OECD*, Designing Effective Controlled Foreign Company Rules, S. 49 f. – Rn. 87 ff.).

1109 *OECD*, Designing Effective Controlled Foreign Company Rules, S. 47 – Rn. 82.

1110 *OECD*, Designing Effective Controlled Foreign Company Rules, S. 49 – Rn. 86.

1111 *OECD*, Designing Effective Controlled Foreign Company Rules, S. 17 – Rn. 19 ff.

1112 Vgl. *OECD*, Designing Effective Controlled Foreign Company Rules, S. 47 – Rn. 82, 51 – Rn. 97.

Vorrang zu geben.[1113] Ferner nimmt die *OECD* konkreten Bezug auf die Rechtsprechungslinie des EuGH – namentlich auf die Rechtssache *Cadbury Schweppes*. So betont sie, dass die Auslegung der Hinzurechnungsbesteuerung auch jenseits der EU im Lichte des Unionsrechts zu erfolgen habe, sofern den in Mitgliedstaaten der EU ansässigen multinationalen Unternehmen ansonsten aufgrund eines durch die Entscheidung in der Rechtssache *Cadbury Schweppes* begründeten vergleichsweise schwachen Instruments der Hinzurechnungsbesteuerung ein Wettbewerbsvorteil gegenüber Unternehmen in Drittstaaten entstehen würde.[1114] Nicht zuletzt wohl auch aufgrund dieser Bedeutsamkeit des Unionsrechts erlaubt sich die *OECD* überdies, den Charakter der Entscheidung in der Rechtssache *Cadbury Schweppes* als „Leitentscheidung" zu relativieren. So sei neben der Bekämpfung missbräuchlicher Praktiken, dem sich der EuGH in der Rechtssache primär widmete, eben auch die ausgewogene Aufteilung der Besteuerungsbefugnis zwischen den Mitgliedstaaten ein vom EuGH anerkannter Rechtfertigungsgrund. Entsprechend der in dieser Arbeit geäußerten Kritik,[1115] vertritt die *OECD* vor diesem Hintergrund die Auffassung, dass eine Hinzurechnungsbesteuerung auch jenseits „rein künstlicher Gestaltungen" im Lichte des Unionsrechts gerechtfertigt sei, soweit die Mitgliedstaaten hiermit ihre Steuerhoheit für Einkünfte durchsetzen wollen, welche durch Tätigkeiten im eigenen Hoheitsgebiet entstanden sind.[1116]

II. Die Anti Tax Avoidance Directive (ATAD): Eine Reaktion der EU

Die Abschlussberichte über die Aktionspunkte des Anti-BEPS-Projekts der OECD wurden in den Schlussfolgerungen des *Rates der EU* vom

1113 *OECD*, Designing Effective Controlled Foreign Company Rules, S. 47 – Rn. 82.

1114 *OECD*, Designing Effective Controlled Foreign Company Rules, S. 17 – Rn. 19 f. Dies gilt umso mehr vor dem Hintergrund, dass das Phänomen der Gewinnverlagerung in der Vergangenheit vor allem in den Mitgliedstaaten der EU beobachtet werden konnte (vgl. hierzu *E.D. Kleinbard*, in: TNI 68 (2012), S. 499 (501 ff.); *R. Pinkernell*, in: StuW 2012, S. 369 (370 ff.); *ders.*, in: IStR-LB 11/2013, S. 59 (59 ff.); *ders.*, Internationale Steuergestaltung im Electronic Commerce, S. 117 ff.).

1115 In dieser Arbeit wird allerdings nicht auf die „Künstlichkeit", sondern die enger gefasste „Zweckwidrigkeit" abgestellt (siehe hierzu *3. Teil* GldPkt. B II 3 d) ee) (2) (c) (aa)), indem eine Hinzurechnungsbesteuerung auch jenseits einer „jeder wirtschaftlichen Realität baren Rechtsgestaltung" im Lichte des Unionsrechts gerechtfertigt sein kann (siehe hierzu *3. Teil* GldPkt. C III 4).

1116 *OECD*, Designing Effective Controlled Foreign Company Rules, S. 18 – Rn. 22.

8. Dezember 2015 erstmals begrüßt.[1117] Seither wurden mehrere Maßnahmen in die Wege geleitet.[1118] Im Bereich des sekundären Unionsrechts wurde neben einigen Änderungen von bereits bestehenden Richtlinien[1119] vor allem

---

1117 *Rat d. EU*, Schlussfolg. v. 08.12.2015, Dok. 15150/15 – FISC 185 ECOFIN 965, S. 2 f. – Rn. 6, 10. Nebst der EU haben auch die *USA* nach dem Anti-BEPS-Projekt der OECD mit dem sog. „Tax Cuts and Jobs Act" (kurz: „TCJA") bedeutende Änderungen in ihrem Steuerrecht vorgenommen, welche am 01.01.2018 in Kraft traten. Dabei hat sich die USA dazu entschieden, als weiteres wirtschaftliches Schwergewicht in den Steuerwettbewerb einzutreten, indem neue Steueranreizen geregelt wurden (vertiefend hierzu *W. Schön*, in: IStR 2018, S. 125; *J. Schönfeld/T. Zinowsky/J. Rieke*, in: IStR 2018, S. 127; *T. Zinowsky/B. Ellenrieder*, in: IStR 2018, S. 134). Es ist davon auszugehen, dass *US*-Konzerne, welche bisher die Präferenzregime anderer Staaten nutzten, ihre thesaurierten Gewinne in die Heimat zurückführen und vermehrt in den Wirtschaftsstandort der USA investieren werden (zu entsprechenden Plänen des *Apple*-Konzerns *D. Wakabayashi/B.X. Chen*, in: NYT v. 18.01.2018, S. A17 (A17)). Jene Staaten, deren Haushaltsplanung bisher maßgeblich auf ebendiesen US-Konzernen aufbauten, könnten damit zunehmend unter Druck geraten und anderweitigen Konzernen Anreize für Direktinvestitionen bieten, um dem drohenden Anstieg eines Haushaltsdefizits entgegenzuwirken (zur Bedeutung der Rückführung von ausländischen Gewinnen des *Apple*-Konzerns in die USA für *Irland* als Wirtschaftsstandort *C. Taylor*, in: IrT v. 19.01.2018, S. 5). Vor diesem Hintergrund hängt es nunmehr maßgeblich von den übrigen Mitgliedstaaten der OECD ab, der zunehmenden Gefahr eines Steuerwettbewerbs schädlicher Art Einhalt zu gebieten, indem namentlich die Ergebnisse des Anti-BEPS-Projekts ganzheitlich und koordiniert umgesetzt werden.

1118 So wurde zunächst das unionale Beihilferecht durch die Einleitung entsprechender Verfahren gegen mehrere Vereinbarungen zwischen einzelnen Staaten und bestimmten Steuerpflichtigen, wie u.a. zwischen dem *Apple*-Konzern und *Irland* (*Europ. Kom.*, Pressemitt. v. 30.08.2016, Nr. IP/16/2923) und dem *Amazon*-Konzern und *Luxemburg* (*Europ. Kom.*, Pressemitt. v. 04.10.2017, Nr. IP/17/3701), in Position gebracht.

1119 Zu nennen ist vor allem die Einfügung einer Missbrauchsklausel in die *Mutter-Tochter-Richtlinie* (*Rat d. EU*, RL v. 27.01.2015, Nr. 2015/121 (EU) – *„Mutter-Tochter-Richtlinie"*, ABl. 2015 L 21 (de), S. 1 (1 f.)). Ferner wurde die *Richtlinie 2011/16/EU* zum verpflichtenden automatischen Informationsaustausch im Bereich der Besteuerung über meldepflichtige grenzüberschreitende Modelle seither mehrmals abgeändert, um vor allem einen automatischen Austausch von Informationen über grenzüberschreitende Steuervorbescheide (*Rat d. EU*, RL v. 08.12.2015, Nr. 2015/2376 (EU), ABl. 2015 L 332 (de), S. 1 (1 ff.)), von länderbezogenen Berichterstattungen multinationaler Unternehmen zwischen Steuerbehörden (*Rat d. EU*, RL v. 25.05.2016, Nr. 2016/881 (EU), ABl. 2016 L 146 (de), S. 8 (8 ff.)) sowie von

mit der neuen Einführung der Richtlinie mit Vorschriften zur Bekämpfung von Steuervermeidungspraktiken (kurz: „ATAD")[1120] ein besonderes Zeichen gesetzt. Die Richtlinie verfolgt das Ziel, die Steuervermeidungspraktiken damit zu bekämpfen, dass eine Besteuerung an dem Ort der Gewinnerwirtschaftung und Wertschöpfung gewährleistet werden soll. Dabei soll ein besonderes Gewicht daraufgelegt werden, den einzelnen Mitgliedstaaten eine wirksame Ausübung ihrer Steuerhoheiten zur Schaffung einer ausgewogenen Besteuerung zu ermöglichen.[1121] In *sachlicher* Hinsicht wird mit der Richtlinie ein Mindeststandard festgelegt. Gemäß Art. 3 ATAD steht den Mitgliedstaaten allerdings weiterhin das Recht zu, auch strengere Regelungen zur Wahrung eines höheren Maßes an Schutz der inländischen Körperschaftsteuerbemessungsgrundlagen zu schaffen.[1122]

1. *Wesentlicher Inhalt*

Namentlich regelt die ATAD zur Gewährleistung einer Besteuerung am Ort der Gewinnerwirtschaftung und Wertschöpfung neben Vorschriften zur Beschränkung der Abzugsfähigkeit von Zinsen, zur Wegzugsbesteuerung sowie gegen hybride Gestaltungen[1123] eben auch einen hier genauer zu erläuternden

---

relevanten Informationen über potenziell aggressive Steuergestaltungen (*Rat d. EU*, RL v. 25.05.2018, Nr. 2018/822 (EU), ABl. 2018 L 139 (de), S. 1 (1 ff.)) zu schaffen.

1120 Auf Englisch: „Anti Tax Avoidance Directive" (*A. Linn*, in: IStR 2016, S. 645 (645); *F. Oppel*, in: IStR 2016, S. 797 (797)); zum Teil wird die Richtlinie auch als „Anti-BEPS"-Richtlinie bezeichnet (*Ch. Kahlenberg*, in: StuB 2016, S. 911 (911)).

1121 *Rat d. EU*, RL v. 12.07.2016, Nr. (EU) 2016/1164 – *„ATAD I"*, ABl. 2016 L 193 (de), S. 1 (1 – ErwGrd. 1).

1122 In *persönlicher* Hinsicht findet die Richtlinie gem. Art. 1 ATAD auf alle Steuerpflichtige Anwendung, die in einem oder mehreren Mitgliedstaaten einer Körperschaftsteuer unterliegen. In *örtlicher* Hinsicht betrifft die ATAD grundsätzlich zwar grenzüberschreitende Sachverhalte innerhalb der EU. Allerdings sollen sich bestimmte Regelungen – namentlich jene zur allgemeinen Verhinderung von Missbrauch – auch auf Sachverhalte im Inland sowie gegenüber Drittländern erstrecken. *Rat d. EU*, RL v. 12.07.2016, Nr. 2016/1164 (EU) – *„ATAD I"*, ABl. 2016 L 193 (de), S. 1 (3 f. – ErwGrd. 11).

1123 Da sich die Richtlinie ursprünglich nur auf hybride Gestaltungen erstreckte, die sich aus den Wechselwirkungen zwischen den Körperschaftsteuersystemen der *Mitgliedstaaten* ergaben, wurde sie mit einem Erlass vom 29.05.2017 dahingehend abgeändert, dass nunmehr auch hybride Gestaltungen berücksichtigt werden, an denen *Drittstaaten* beteiligt sind. Namentlich wurde die ATAD um Vorschriften zur Neutralisierung von hybriden Gestaltungen in Bezug auf Drittstaaten bei

Mindeststandard zur allgemeinen Verhinderung von Missbrauch sowie für beherrschte ausländische Unternehmen.[1124]

a) General Anti-Abuse Rule

Die allgemeine Vorschrift zur Verhinderung von Missbrauch (kurz: „GAAR“)[1125] regelt gemäß Art. 6 Abs. 1 S. 1 ATAD, dass im Falle einer unter Einbeziehung aller relevanten Fakten und Umstände unangemessenen Gestaltung oder einer entsprechenden Abfolge von Gestaltungen, die Mitgliedstaaten diese bei der Berechnung der Körperschaftsteuerschuld nicht berücksichtigen, sofern der wesentliche Zweck oder einer der wesentlichen Zwecke darin besteht, einen steuerlichen Vorteil zu erlangen, welcher ferner dem Ziel oder Zweck des geltenden Steuerrechts zuwiderläuft. Als „unangemessen“ sind gemäß Art. 6 Abs. 2 ATAD Gestaltungen zu erachten, soweit sie nicht aus triftigen wirtschaftlichen Gründen, die die wirtschaftliche Realität widerspiegeln, vorgenommen wurden.[1126] Die Vorschrift dient der Bekämpfung schädlicher bzw. missbräuchlicher Steuerpraktiken, für die noch keine besondere Vorschrift besteht. Ihr kommt somit die Funktion zur Füllung von Regelungslücken zu.[1127] Allerdings soll dem Steuerpflichtigen dabei jenseits einer unangemessenen Gestaltung das Recht vorbehalten bleiben, die steuereffizienteste Struktur für seine geschäftlichen Angelegenheiten wählen zu können.[1128]

b) Hinzurechnungsbesteuerung

Des Weiteren wird mit den Vorschriften für beherrschte ausländische Unternehmen gemäß Art. 7 f. ATAD das Instrument der Hinzurechnungsbesteuerung

---

hybriden Gesellschaften, hybriden Finanzinstrumenten, Betriebsstätten, hybriden Übertragungen, importierten Inkongruenzen sowie Inkongruenzen bei doppelter Ansässigkeit ergänzt (*Rat d. EU*, RL v. 29.05.2017, Nr. 2017/952 (EU) – „*ATAD II*“, ABl. 2017 L 144 (de), S. 1 (1 ff.)).

1124 *Rat d. EU*, RL v. 12.07.2016, Nr. 2016/1164 (EU) – „*ATAD I*“, ABl. 2016 L 193 (de), S. 1 (2 – ErwGrd. 5).

1125 Auf Englisch: „General anti-abuse rule“ (*Rat d. EU*, RL v. 12.07.2016, Nr. 2016/1164 (EU) – „*ATAD I*“, ABl. 2016 L 193 (en), S. 1 (11)).

1126 *Rat d. EU*, RL v. 12.07.2016, Nr. 2016/1164 (EU) – „*ATAD I*“, ABl. 2016 L 193 (de), S. 1 (11).

1127 *Rat d. EU*, RL v. 12.07.2016, Nr. 2016/1164 (EU) – „*ATAD I*“, ABl. 2016 L 193 (de), S. 1 (4 – ErwGrd. 11).

1128 *Rat d. EU*, RL v. 12.07.2016, Nr. 2016/1164 (EU) – „*ATAD I*“, ABl. 2016 L 193 (de), S. 1 (4 – ErwGrd. 11).

harmonisiert. Demnach sollen Einkünfte einer niedrig besteuerten beherrschten Tochtergesellschaft ihrer Muttergesellschaft zugerechnet werden, um Einkünfte in dem Staat zu besteuern, in dem die Muttergesellschaft ansässig ist. Ob die Vorschriften dabei auf die niedrig besteuerte Tochtergesellschaft *als ganze*, auf *bestimmte* Kategorien von Einkünften oder nur auf Einkünfte abzielen, *soweit* ihr diese künstlich zugeleitet werden, soll den einzelnen Mitgliedstaaten weiterhin anheimgestellt werden.[1129]

Gemäß Art. 7 Abs. 1 ATAD werden zunächst die kumulativen Voraussetzungen an die beherrschten ausländischen Unternehmen geregelt, welche nach deutschem Recht „Zwischengesellschaften" darstellen. Demnach kommt es erstens gemäß Art. 7 Abs. 1 lit. a) ATAD auf ein Beherrschungserfordernis an, wonach der Steuerpflichtige selbst oder zusammen mit seinen verbundenen Unternehmen unmittelbar oder mittelbar zu mehr als der Hälfte am Kapital, an den Stimmrechten oder am Gewinn des beherrschten ausländischen Unternehmens beteiligt sein muss. Zweitens wird gemäß Art. 7 Abs. 1 lit. b) ATAD eine Niedrigbesteuerung gefordert, welche anzunehmen ist, wenn die von der beherrschten ausländischen Gesellschaft im Ausland entrichtete Körperschaftsteuer für dessen Gewinne weniger als 50 Prozent jener Steuer beträgt, die im Mitgliedstaat des Steuerpflichtigen zu entrichten gewesen wäre.

Der Art. 7 Abs. 2 ATAD regelt die für die Hinzurechnungsbesteuerung einzubeziehenden Einkünfte, welche nach deutschem Recht „Zwischeneinkünfte" darstellen. Gemäß der ATAD soll es sich bei diesen Einkünften im Rahmen der Hinzurechnungsbesteuerung lediglich um solche handeln, welche noch nicht ausgeschüttet wurden, Art. 7 Abs. 2 S. 1 ATAD. Zur konkreten Bestimmung der zu besteuernden Einkünfte werden den Mitgliedstaaten wiederum zwei Alternativen zur Verfügung gestellt. Zum einen können die Einkünfte gemäß Art. 7 Abs. 2 *lit. a)* ATAD nach einer rechtlichen Kategorisierung bestimmt werden.[1130] Allerdings ist diese pauschale Kategorisierung mit einer

---

1129 *Rat d. EU*, RL v. 12.07.2016, Nr. 2016/1164 (EU) – *„ATAD I"*, ABl. 2016 L 193 (de), S. 1 (4 – ErwGrd. 12).

1130 Hierbei handelt es sich namentlich um Zinsen oder sonstige Einkünfte aus Finanzanlagevermögen, Lizenzgebühren oder sonstige Einkünfte aus geistigem Eigentum, Dividenden und Einkünfte aus der Veräußerung von Anteilen, Einkünfte aus Finanzierungsleasing, Einkünfte aus Tätigkeiten von Versicherungen und Banken und aus anderen finanziellen Tätigkeiten sowie Einkünfte von Abrechnungsunternehmen, die Einkünfte aus dem Verkauf von Waren und der Erbringung von Dienstleistungen erzielen, die von verbundenen Unternehmen erworben oder an diese verkauft werden, und keinen oder nur geringen wirtschaftlichen Mehrwert

Ausnahmeregelung zu verbinden. So bleiben die Einkünfte bei der Hinzurechnungsbesteuerung gemäß Art. 7 Abs. 2 lit. a) UAbs. 2 ATAD unberücksichtigt, wenn das beherrschte ausländische Unternehmen, gestützt auf Personal, Ausstattung, Vermögenswerte und Räumlichkeiten eine wesentliche wirtschaftliche Tätigkeit ausübt.[1131] Zum anderen können die Mitgliedstaaten alternativ hierzu gemäß Art. 7 Abs. 2 *lit. b)* ATAD nicht ausgeschüttete Einkünfte aus unangemessenen Gestaltungen als Zwischeneinkünfte qualifizieren, deren wesentlicher Zweck darin besteht, einen steuerlichen Vorteil zu erlangen. Dabei gilt eine Gestaltung oder eine Abfolge von Gestaltungen als „unangemessen", sofern die Zwischengesellschaft nicht selbst Eigentümer der Vermögenswerte bzw. die zur Erzielung der Einkünfte notwendigen Risiken nicht eingegangen wäre, wenn es nicht von einer Gesellschaft beherrscht würde, deren Entscheidungsträger jene für diese Vermögenswerte und Risiken relevanten Aufgaben ausführen, welche für die Erzielung der Einkünfte des beherrschten Unternehmens ausschlaggebend sind.[1132]

Zur Berechnung der Steuerschuld des Steuerpflichtigen regelt der Art. 8 Abs. 3 ATAD, dass die in die Steuerbemessungsgrundlage einzubeziehenden Einkünfte anteilig zu der vom Steuerpflichtigen an der Zwischengesellschaft gehaltenen Beteiligung berechnet werden. Zur Verhinderung einer Doppelbesteuerung wird überdies gemäß Art. 8 Abs. 7 ATAD klargestellt,[1133] dass der Mitgliedstaat des Steuerpflichtigen einen Abzug der von der Zwischengesellschaft entrichteten Steuer von der Steuerschuld des Steuerpflichtigen zuzulassen hat.

2. *Schlussfolgerung*

Mit der nachdrücklichen Betonung in den Erwägungsgründen, dass auf EU-Ebene gemeinsame, aber flexible Lösungen im Einklang mit den Schlussfolgerungen aus den Abschlussberichten zum Anti-BEPS-Projekt der OECD aus dem Jahre 2015 gefunden und eine wirksame, rasche und koordinierte

---

bringen (*Rat d. EU*, RL v. 12.07.2016, Nr. 2016/1164 (EU) – „*ATAD I*", ABl. 2016 L 193 (de), S. 1 (11)).

1131 *Rat d. EU*, RL v. 12.07.2016, Nr. 2016/1164 (EU) – „*ATAD I*", ABl. 2016 L 193 (de), S. 1 (12).

1132 *Rat d. EU*, RL v. 12.07.2016, Nr. 2016/1164 (EU) – „*ATAD I*", ABl. 2016 L 193 (de), S. 1 (12).

1133 *J. Schönfeld*, in: IStR 2017, S. 721 (727); vgl. auch *Rat d. EU*, RL v. 12.07.2016, Nr. 2016/1164 (EU) – „*ATAD I*", ABl. 2016 L 193 (de), S. 1 (2 – ErwGrd. 5).

Umsetzung der Anti-BEPS-Maßnahmen auf EU-Ebene unterstützt werden müssen,[1134] lässt die ATAD zunächst eine besondere Nähe zum neuen Ansatz der OECD erwarten, um dem Phänomen der Gewinnverlagerung entgegenzuwirken. Auch bei genauerer Untersuchung der GAAR und Hinzurechnungsbesteuerungsvorschrift lässt sich feststellen, dass die Richtlinie im Einzelnen diesem Erwägungsgrund konsequent folge leistet.

a) General Anti-Abuse Rule

Mit der GAAR aus Art. 6 ATAD schafft die EU eine Brücke von der OECD-Initiative zur allgemeinen Bekämpfung der einen schädlichen Steuerwettbewerb begründenden Steuervermeidungspraktiken, welche über keinen Vorschlag einer allgemeinen Anti-Missbrauchsvorschrift verfügt,[1135] hin zu einem konkreten unionsrechtlich harmonisierten Instrument zur Missbrauchsbekämpfung. Die Regelung weist vor allem[1136] eine besondere Nähe zum allgemeinen Rechtsgrundsatz des unionsrechtlichen Missbrauchskonzepts auf.[1137]

aa) Nähe zum objektiven Element des unionsrechtlichen Missbrauchskonzepts

In objektiver Hinsicht stellt die GAAR der ATAD darauf ab, ob die gewählte Gestaltung dem Ziel oder Zweck eines geltenden Steuerrechts zuwiderläuft, indem namentlich im Widerspruch dessen dem Steuerpflichtigen ein steuerlicher Vorteil entsteht. Auch wenn der Wortlaut der GAAR insoweit sowohl eine Tatbestandserschleichung als auch eine Tatbestandsvermeidung erfasst, so lässt das Abstellen auf das „geltende“ Steuerrecht bereits erkennen, dass der Fokus der Betrachtung auf der Zulässigkeit des tatsächlich erlangten individuellen Vorteils eines erschlichenen Tatbestands liegt. Diese Annahme wird unter Einbeziehung der Rechtsfolge der GAAR bekräftigt, wonach nicht etwa die Anwendbarkeit der umgangenen Norm erweitert werden, sondern vielmehr die erschlichene Norm keine Anwendung finden soll, indem gemäß

1134 *Rat d. EU*, RL v. 12.07.2016, Nr. 2016/1164 (EU) – *„ATAD I“*, ABl. 2016 L 193 (de), S. 1 (1 f. – ErwGrd. 2).

1135 *Ch. Kahlenberg*, in: StuB 2016, S. 911 (911).

1136 Hinsichtlich des subjektiven Tatbestands entspricht der Art. 6 Abs. 1 und Abs. 2 ATAD im Wesentlichen dem Art. 1 Abs. 2 und Abs. 3 MuToRi zur direkten Steuer. Diese Missbrauchsklausel wurde bereits im Jahre 2015 und damit vor der ATAD eingeführt.

1137 Siehe zur rechtsmethodischen Einordnung des unionsrechtlichen Missbrauchskonzepts als „allgemeinen Rechtsgrundsatz“ *3. Teil* GldPkt. B II 3 d) ee).

Art. 6 Abs. 3 ATAD die gewählte, den konkreten Vorteil aus der erschlichenen Norm begründende Gestaltung nicht berücksichtigt bzw. für unwirksam erklärt wird. Im Ergebnis ist somit gleich dem allgemeinen Rechtsgrundsatz des Unionsrechts auch in der GAAR insoweit eine Nähe zum französischen Rechtsinstitut der fraude à la loi zu erkennen. Entsprechend diesem Rechtsinstitut adressiert der GAAR überdies auch einen institutionellen Rechtsmissbrauch, sofern allein auf das „Ziel" des geltenden Steuerrechts abgestellt wird.[1138] Anders als jene Missbrauchsdefinition des allgemeinen Rechtsgrundsatzes aus der Rechtssache *Emsland-Stärke*[1139] belässt es der Art. 6 Abs. 1 S. 1 ATAD allerdings nicht bei dieser Prüfungsreichweite, sondern erstreckt sie vielmehr auch auf den „Zweck" des geltenden Steuerrechts, dem das Ziel schließlich zu dienen hat. Dies deutet daraufhin, dass die Besonderheiten des Steuerrechts dahingehend Beachtung finden,[1140] dass *jenseits* einer teleologischen Auslegung auch – ähnlich dem deutschen Steuerrecht[1141] – auf die gesetzesimmanenten Wertungen des betroffenen Gesetzes abgestellt und damit Raum für eine teleologische Reduktion des geltenden Steuerrechts geschaffen wird.

Indem zur Feststellung einer unangemessenen Gestaltung „alle relevanten Fakten und Umstände" Berücksichtigung finden, wird sich schließlich in objektiver Hinsicht zur Feststellung der Zweckwidrigkeit wie beim unionsrechtlichen Missbrauchskonzept dem Instrument einer Gesamtwürdigung bedient.[1142]

bb) Nähe zum subjektiven Element des unionsrechtlichen Missbrauchskonzepts

Nebst dem objektiven Tatbestand einer Zweckwidrigkeit wird gemäß Art. 6 Abs. 1 S. 1 ATAD vorausgesetzt, dass bei der Wahl der Gestaltung zumindest einer der wesentlichen Zwecke des Steuerpflichtigen darin besteht, einen steuerlichen Vorteil zu erlangen. Jenes Abstellen auf die individuellen Beweggründe zur Wahl der konkreten Rechtsgestaltung lässt gleich dem allgemeinen Rechtsgrundsatz auf ein subjektives Element schließen. Im Gegensatz zur GAAR kommt es beim allgemeinen Rechtsgrundsatz zwar zunächst auf

---

1138 Vgl. zum allgemeinen Rechtsgrundsatz *3. Teil* GldPkt. B II 3 d) ee) (2) (a).

1139 Siehe zur abstrakt-generellen Missbrauchsdefinition gem. der Rspr. des EuGH (in der Rs. *Emsland-Stärke*) *3. Teil* GldPkt. B II 3 c) aa) (2).

1140 Siehe hierzu *1. Teil* GldPkt. B II.

1141 Siehe hierzu *1. Teil* GldPkt. B IV.

1142 Vgl. zum allgemeinen Rechtsgrundsatz *3. Teil* GldPkt. B II 3 d) ee) (2) (a).

die Absicht an, sich einen rechtlichen Vorteil dadurch zu verschaffen, dass die entsprechenden Voraussetzungen *willkürlich* geschaffen werden. Wie bereits erläutert,[1143] sei zur Vermutung dieses subjektiven Elements jener Missbrauchsabsicht jedoch gemäß der Rechtsprechung des EuGH auf den objektiven Umstand der „Künstlichkeit" einer Rechtsgestaltung abzustellen, welcher sich wiederum aus einem Mangel wirtschaftlicher Gründe herleiten lasse. Namentlich sei danach zu fragen, ob wirtschaftliche Gründe für die Wahl der Rechtsgestaltung *wesentlich* waren oder nicht.[1144] Im Ergebnis sei das subjektive Element einer „willkürlichen Schaffung" von Voraussetzungen also dann zu vermuten, wenn für die Wahl der konkreten Rechtsgestaltung keine objektiv festzustellenden „wesentlichen wirtschaftlichen Gründe" ersichtlich seien. Vor diesem Hintergrund lässt sich festhalten, dass die Rechtsprechung des EuGH zum unionsrechtlichen Missbrauchskonzept insoweit dem Art. 6 Abs. 1 S. 1 ATAD in ihrer letztendlich ausschlaggebenden „Wesentlichkeit" gleicht. Überdies entspricht sie auch der wirtschaftlichen Betrachtungsweise, wie sie sich zur Konkretisierung des Abs. 1 aus dem Art. 6 *Abs. 2* ATAD ergibt, wonach es auf das objektive Nichtvorliegen „triftiger wirtschaftlicher Gründe" ankommt, um unangemessene Gestaltungen anzunehmen. Die Konkretisierung zur Annahme einer „unangemessenen Gestaltung" ist dabei so zu lesen, dass beim objektiven Nichtvorliegen „triftiger wirtschaftlicher Gründe" lediglich das subjektive Element zu vermuten ist.[1145] Das Ziel oder der Zweck eines geltenden Steuerrechts im Rahmen des objektiven Tatbestands lässt sich insoweit nämlich nicht verallgemeinern.

Schließlich gleicht auch das Instrument einer Gesamtwürdigung „aller relevanten Fakten und Umstände" zur Feststellung „triftiger wirtschaftlicher Gründe" zwecks einer Vermutung des subjektiven Elements jenem aus der Rechtsprechung des EuGH zum unionsrechtlichen Missbrauchskonzept, indem stets auf alle Teilakte abgestellt wird, um auf die eigentliche subjektive Intention zur Wahl einer konkreten Rechtsgestaltung schließen zu können.

1143 Siehe hierzu *3. Teil* GldPkt. B II 3 d) ee) (2) (b).

1144 *EuGH*, Urt. v. 21.02.2006, Rs. C-255/02 – „*Halifax*", Slg. 2006 (de), S. I-1609 (I-1676 – Rn. 75); Urt. v. 21.02.2008, Rs. C-425/06 – „*Part Service*", ECLI: EU: C:2008:108, Rn. 45; Urt. v. 13.03.2007, Rs. C-524/04 – „*Thin Cap Group Litigation*", Slg. 2007 (de), S. I-2107 (I-2192 – Rn. 81); Urt. v. 17.01.2008, Rs. C-105/07 – „*Lammers & Van Cleeff*", ECLI: EU: C:2008:24, Rn. 30; Urt. v. 21.02.2008, Rs. C-425/06 – „*Part Service*", ECLI: EU: C:2008:108, Rn. 45.

1145 Die Vermutung ergibt sich aus dem Wortlaut „gilt" des Art. 6 Abs. 2 ATAD (vgl. *J. Hey*, in: StuW 2017, S. 248 (263)).

Aufgrund dieser Nähe der GAAR zum allgemeinen Rechtsgrundsatz jenes unionsrechtlichen Missbrauchskonzepts ist hierbei zu berücksichtigen, dass sich die Gesamtwürdigung im Rahmen des subjektiven Elements von jener im Rahmen des objektiven Tatbestands insoweit unterscheidet, dass die abschließende Bewertung der gewählten Rechtsgestaltung im Lichte der konkreten wirtschaftlichen Zielsetzung *unabhängig* von dem Sinn und Zweck der in objektiver Hinsicht in Frage stehenden geltenden Steuerrechts zu erfolgen hat, um auf eine „Wesentlichkeit" bzw. die „triftigen wirtschaftlichen Gründe" zu schließen.[1146]

Da die Vermutung gemäß Art. 6 Abs. 2 ATAD von einem Mangel triftiger wirtschaftlicher Gründe abhängt,[1147] ist dem Steuerpflichtigen überdies das Recht einzuräumen, bei der Aufklärung des Sachverhalts entsprechend mitzuwirken. Jene Möglichkeit des Steuerpflichtigen zum Vortrag wirtschaftlicher Gründe zur Abwendung einer Vermutung entspricht jener auf die ATAD insoweit übertragbaren Rechtsprechung des EuGH zum unionsrechtlichen Missbrauchskonzept, wonach dem betroffenen Steuerpflichtigen das Recht einzuräumen ist, einen Gegenbeweis in Gestalt wesentlicher Gründe insbesondere wirtschaftlicher Art vorzutragen, um die Annahme des wesentlichen Zwecks zur Erlangung eines steuerlichen Vorteils vor dem Hintergrund des

1146 Siehe hierzu *3. Teil* GldPkt. B II 3 d) ee) (2) (b). Im Jahre 2012 hat die *Europäische Kommission* bereits in einer Empfehlung betreffend aggressiver Steuerplanungen die nationalen Behörden dazu aufgefordert, eine „künstliche Vorkehrung" anhand klar definierter Situationen der EU festzustellen (*Europ. Kom.*, Empf. v. 06.12.2012, C(2012) 8806 final (de), S. 5 – Ziff. 4.4). Der Leitfaden zur Feststellung einer künstlichen Vorkehrung folgte der Aufforderung der Europäischen Kommission an die Mitgliedstaaten, eine Klausel in die nationalen Rechtsvorschriften aufzunehmen, wonach eine künstliche Vorkehrung oder eine künstliche Reihe von Vorkehrungen, die mit dem wesentlichen Zweck eingeführt wurde, eine Besteuerung zu vermeiden und die zu einem steuerlichen Vorteil führt, bei der steuerlichen Berücksichtigung außer Acht zu lassen sei (*Europ. Kom.*, Empf. v. 06.12.2012, C(2012) 8806 final (de), S. 5 – Ziff. 4.2). Dabei kann festgestellt werden, dass die GAAR der ATAD weiterreicht als die noch im Jahre 2012 empfohlene Rechtsvorschrift. Denn während Letztere den steuerlichen Vorteil als *den* wesentlichen Zweck erforderte, genügt es gem. Art. 6 Abs. 1 S. 1 ATAD nunmehr, wenn *einer* der wesentlichen Zwecke zur Wahl der Rechtsgestaltung darin besteht, einen steuerlichen Vorteil zu erlangen. Mithin kann bei der Gesamtwürdigung zur Feststellung einer unangemessenen Gestaltung im Rahmen des subjektiven Tatbestands hilfsweise auf den Katalog der Europäischen Kommission aus dem Jahre 2012 zurückgegriffen werden. Allerdings ist dieser nicht von abschließender Natur (so im Ergebnis wohl auch *J. Hey*, in: StuW 2017, S. 248 (260)).

1147 *J. Hey*, in: StuW 2017, S. 248 (263).

festgestellten wirtschaftlichen Sachverhalts abzuwenden und sich somit von der Vermutung des subjektiven Elements zu exkulpieren.[1148]

b) Hinzurechnungsbesteuerung

Die Regelung des Mindeststandards zur Hinzurechnungsbesteuerung der ATAD folgt zunächst der Empfehlung der OECD zur Bestimmung der konkreten Reichweite. So können die Mitgliedstaaten je nach politischer Priorität entweder die gesamten Einkünfte oder nur einen Teil in die Besteuerung einbeziehen, indem jedem Staat grundsätzlich die Möglichkeit eingeräumt wird, die Genauigkeit der geltend zu machenden Zwischeneinkünfte mit dem damit zusammenhängenden Verwaltungs- und Kostenaufwand in ein Verhältnis zu setzen.[1149] Damit wird es den Mitgliedstaaten anheimgestellt, dem Schwellentest[1150] oder der Anteilsanalyse[1151] zu folgen. Mit der eigentlichen Bestimmung dieser „einzubeziehenden Einkünfte" bzw. Zwischeneinkünfte nach Art. 7 Abs. 2 ATAD adressiert die EU wiederum den Begriff des Missbrauchs – allerdings diesmal allein auf der dem unionsrechtlichen Missbrauchskonzept nachgelagerten Ebene einer kontrollierenden Verhältnismäßigkeitsprüfung.[1152] Um die Bedeutung jener Regelung für das unionsrechtliche Missbrauchsverständnis herauszustellen, sollten die beiden Alternativen zur Bestimmung von Zwischeneinkünften separat untersucht werden.

aa) Bedeutung des Katalogs passiver Einkünfte für das unionsrechtliche Missbrauchsverständnis

Hinsichtlich der ersten Alternative eines Katalogs passiver Einkünfte gemäß Art. 7 Abs. 2 lit. a) ATAD lässt sich die Bestimmung des Begriffs des

---

1148 Vgl. *EuGH*, Urt. v. 13.03.2007, Rs. C-524/04 – *„Thin Cap Group Litigation"*, Slg. 2007 (de), S. I-2107 (I-2192 – Rn. 82); vgl. zum allgemeinen Rechtsgrundsatz *3. Teil* GldPkt. B II 3 d) ee) (2) (b).

1149 *Rat d. EU*, RL v. 12.07.2016, Nr. 2016/1164 (EU) – *„ATAD I"*, ABl. 2016 L 193 (de), S. 1 (4 – ErwGrd. 12).

1150 Dieser kommt dann in Betracht, wenn die Vorschriften auf die Einkünfte der niedrig besteuerten Tochtergesellschaft *als Ganze* abzielen (vgl. hierzu *5. Teil* GldPkt. A I 2 b) aa); *6. Teil* GldPkt. B II 2 b) cc) (2)).

1151 Diese kommt dann in Betracht, wenn die Vorschriften auf *bestimmte* Kategorien von Einkünften oder nur auf Einkünfte der niedrig besteuerten Tochtergesellschaft abzielen, *soweit* ihr diese künstlich zugeleitet werden (vgl. hierzu *5. Teil* GldPkt. A I 2 b) aa); *6. Teil* GldPkt. B II 2 b) cc) (2)).

1152 Vgl. hierzu *3. Teil* GldPkt. C III 2 b), 3, 4.

„steuerrechtlichen Missbrauchs" aus der Ausnahme herauslesen. Demnach werden die nicht ausgeschütteten Einkünfte stets dann nicht einbezogen, wenn die betroffene Zwischengesellschaft in objektiver Hinsicht eine „wesentliche wirtschaftliche Tätigkeit"[1153] ausübt. Grundsätzlich bedient sich die EU mit der gewählten Formulierung der „Wesentlichkeit" einer eigenen Terminologie. Da es allerdings an einer hinreichenden Konkretisierung dieses Begriffs im Rahmen der ATAD mangelt, fragt sich, welche richtlinienfremden Erwägungen insoweit dennoch hilfsweise zur Auslegung und Begriffsbestimmung herangezogen werden können.

Einerseits weist die Terminologie eine besondere Nähe zu den Ergebnissen der *OECD* im Rahmen des Aktionspunktes 3 des Anti-BEPS-Projekts – zur Erarbeitung von internationalen Standards für die Hinzurechnungsbesteuerung – auf. Zwar will die OECD grundsätzlich solche Einnahmen von der Hinzurechnungsbesteuerung ausnehmen, welche eine „tatsächliche" wirtschaftliche Tätigkeit in einer ausländischen Gesellschaft aufweisen. Allerdings gilt es im Lichte der hierzu anzuwendenden, wirtschaftlich geprägten Substanzanalyse ebenfalls festzustellen, ob die niedrig besteuerten Einkünfte einer Zwischengesellschaft selbst generiert werden konnten und ihr insoweit eine wirtschaftliche „Wesentlichkeit" zuzusprechen ist.[1154] Indem die ATAD überdies als Aspekte zur Feststellung jener „wesentlichen wirtschaftlichen Tätigkeit" auf Personal, Ausstattung, Vermögenswerte und Räumlichkeiten abstellt, könnte ein besonderer Bezug auf die eine Substanzanalyse konkretisierende *Ausstattungsanalyse* angenommen werden,[1155] in dessen Lichte es den Wortlaut der ATAD sodann auszulegen gilt. Andererseits könnte allerdings auch daran gedacht werden, dass die EU nicht den Erwägungen der OECD folgen, sondern vielmehr die Rechtsprechung des *EuGH* kodifizieren wollte.[1156] So wird zur Bestimmung des hier interessierenden Begriffs des Missbrauchs auch in der Rechtssache *Cadbury Schweppes* auf jene Aspekte wie Geschäftsräume, Personal und Ausrüstungsgegenstände Bezug genommen. Allerdings bedient sich auch der EuGH nicht dem Begriff einer „Wesentlichkeit", sondern geht vielmehr vom Mangel einer „*wirklichen* wirtschaftlichen Tätigkeit" zur Annahme

1153 Auf Englisch: „Substantive economic activity" (*Rat d. EU*, RL v. 12.07.2016, Nr. 2016/1164 (EU) – „*ATAD I*", ABl. 2016 L 193 (en), S. 1 (12)).

1154 Siehe hierzu *5. Teil* GldPkt. A I 2 b).

1155 Vgl. hierzu *5. Teil* GldPkt. A I 2 b) aa).

1156 So etwa *A. Linn*, in: IStR 2016, S. 645 (646 f.); *J. Hey*, in: StuW 2017, S. 248 (253).

eines Missbrauchs aus.[1157] Folgt man vor diesem Hintergrund zur Bestimmung des Begriffs der „wesentlichen wirtschaftlichen Tätigkeit" gemäß Art. 7 Abs. 2 lit. a) UAbs. 2 ATAD den Erwägungen des EuGH, so können Zwischeneinkünfte namentlich nur dann angenommen werden, wenn diese einer „rein künstlichen, jede wirtschaftliche Realität baren Gestaltung" zugerechnet werden.[1158]

Zur Beantwortung der Frage, in welchem Lichte die ATAD denn nun auszulegen ist, sollten zunächst die Begriffe der „Wesentlichkeit" und „Wirklichkeit" abgegrenzt werden. Zwar impliziert eine „Wesentlichkeit" die „Wirklichkeit" einer wirtschaftlichen Tätigkeit. Allerdings lässt die „Wirklichkeit" einer wirtschaftlichen Tätigkeit nicht zwangsläufig auf ihre „Wesentlichkeit" schließen.[1159] In anderen Worten könnte das Abstellen auf eine „wirkliche wirtschaftliche Tätigkeit" zur Ausnahme von Zwischeneinkünften zu einem bedeutend *engeren* Anwendungsbereich der Hinzurechnungsbesteuerung führen, da insoweit nur „unwirkliche" statt „unwesentliche" Tätigkeiten der Hinzurechnungsbesteuerung unterfallen dürften. Dieses enge Verständnis zur Anwendung einer Hinzurechnungsbesteuerung würde die von der OECD empfohlene Substanzanalyse weitestgehend ins Leere laufen lassen. Die ausgearbeiteten Ergebnisse des Abschlussberichts zum Aktionspunkt 3 des Anti-BEPS-Projekts der OECD wären insoweit wertlos. Legt man die Rechtsprechungslinie des EuGH der ATAD als Maßstab zugrunde, so ist also in der Formulierung einer „wesentlichen wirtschaftlichen Tätigkeit" ein Redaktionsfehler zu sehen. Richtigerweise müsste auf eine bedeutend enger gefasste „*wirkliche* wirtschaftliche Tätigkeit" abgestellt werden. Eine solche Korrektur der ATAD würde dabei allerdings nicht nur im Widerspruch zum Bekenntnis der EU zu den Schlussfolgerungen der OECD aus dem Anti-BEPS-Projekt stehen. Vielmehr ist ein solcher Redaktionsfehler auch auszuschließen, wenn man die finale ATAD mit dem Richtlinienentwurf der Europäischen Kommission vom 28. Januar 2016 vergleicht. So wurde in der ursprünglichen Formulierung der Ausnahme zu den Zwischeneinkünften in Anlehnung an den Wortlaut in der Rechtssache *Cadbury Schweppes*

1157 Vgl. *EuGH*, Urt. v. 12.09.2006, Rs. C-196/04 – „*Cadbury Schweppes*", Slg. 2006 (de), S. I-7995 (I-8051 f. – Rn. 66 f.).

1158 Vgl. *EuGH*, Urt. v. 12.09.2006, Rs. C-196/04 – „*Cadbury Schweppes*", Slg. 2006 (de), S. I-7995 (I-8051 f. – Rn. 66 f.).

1159 *J. Schönfeld*, in: IStR 2017, S. 721 (727); *ders.*, in: Lang (Hrsg.), DStJG 41 (2018), S. 493 (521).

unter anderem noch auf eine „rein künstliche Gestaltung" abgestellt,[1160] bevor diese sodann *nachträglich* zum alleinigen Erfordernis einer „wesentlichen wirtschaftlichen Tätigkeit" abgeändert wurde. Darüber hinaus wird in den finalen Erwägungsgründen der ATAD zu dem Art. 7 der Richtlinie noch einmal besonders betont, dass die Mindeststandards der Regelung zur Hinzurechnungsbesteuerung eine „verhältnismäßige Reaktion" auf das BEPS-Anliegen der OECD darstellen sollen. Ferner soll es bei der Feststellung einer „Wesentlichkeit" im Rahmen der Ausnahme vom Begriff der Zwischeneinkünfte auf die wirtschaftliche *Substanz* ankommen, um mit den Grundfreiheiten in Einklang[1161] zu stehen,[1162] ohne dass, wie ursprünglich vorgeschlagen,[1163] auf eine „künstliche Gestaltung" abgestellt wird.[1164] Diese Abänderung lässt erahnen, dass sich die

1160 *Europ. Kom.*, RL-Vorschl. v. 28.01.2016, COM(2016) 26 final (de), S. 23 (Art. 8 Abs. 2 UAbs. 1 ATAD-E); vgl. *EuGH*, Urt. v. 12.09.2006, Rs. C-196/04 – *„Cadbury Schweppes"*, Slg. 2006 (de), S. I-7995 (I-8049 – Rn. 55).

1161 Zwar kann der geforderte „Einklang" mit den Grundfreiheiten auf den ersten Blick so interpretiert werden, dass die Ausnahmeregelung der Hinzurechnungsbesteuerung dem *Schutzbereich* der Grundfreiheiten zu entsprechen und diese in ihrer Wirkung – namentlich zur Errichtung eines Binnenmarkts – zu unterstützen habe, sodass hierin nichts Anderes als jenes Erfordernis des Ausschlusses einer „rein künstlichen, jede wirtschaftliche Realität baren Gestaltung" zu erblicken wäre. Allerdings wird diese Auslegung selbst vom *EuGH* nicht gestützt. So geht auch dieser trotz dem im Ergebnis vertretenen Abstellen auf jene Art der Gestaltung davon aus, dass die Hinzurechnungsbesteuerung grundsätzlich die Grundfreiheiten *beschränke* und die konkrete Maßnahme vielmehr *gerechtfertigt* sein müsse, um insoweit „im Einklang" mit den Grundfreiheiten zu sein (vgl. *EuGH*, Urt. v. 12.09.2006, Rs. C-196/04 – *„Cadbury Schweppes"*, Slg. 2006 (de), S. I-7995 (I-8046 – Rn. 47)). Mithin sind die Erwägungsgründe der ATAD so zu lesen, dass das Erfordernis einer „wesentlichen wirtschaftlichen Tätigkeit" zum Ausschluss einer Hinzurechnungsbesteuerung in Einklang mit der anerkannten *Reichweite* jener Grundfreiheiten – samt der bisher anerkannten Rechtsfertigungsgründe eines Verstoßes gegen die Grundfreiheiten (siehe hierzu *3. Teil* GldPkt. C III 2) – zu bringen ist.

1162 *Rat d. EU*, RL v. 12.07.2016, Nr. 2016/1164 (EU) – *„ATAD I"*, ABl. 2016 L 193 (de), S. 1 (4 – ErwGrd. 12).

1163 *Europ. Kom.*, RL-Vorschl. v. 28.01.2016, COM(2016) 26 final (de), S. 15 (ErwGrd. 10).

1164 Der besondere Bezug zu den Ergebnissen der OECD im Rahmen des Anti-BEPS-Projekts wird darüber hinaus auch in der englischen Fassung der Richtlinie erkennbar. So wird hier u.a. statt des einstigen „wholly artificial arrangement" (*Europ. Kom.*, RL-Vorschl. v. 28.01.2016, COM(2016) 26 final (en), S. 20 (Art. 8 Abs. 2 UAbs. 1 ATAD-E)) nunmehr gem. Art. 7 Abs. 2 lit. a) UAbs. 2 ATAD eine „substantive economic activity" (*Rat d. EU*, RL v. 12.07.2016, Nr. 2016/1164

EU nicht nur *gegen* die Kodifizierung jener Rechtsprechung des EuGH in der Rechtssache *Cadbury Schweppes*, sondern auch proaktiv *für* die Auffassung der OECD entschieden haben könnte, dass eine Hinzurechnungsbesteuerung auch gerechtfertigt sei, soweit die Mitgliedstaaten hiermit ihre Steuerhoheit für Einkünfte durchsetzen wollen, welche durch Tätigkeiten im eigenen Hoheitsgebiet entstanden sind.[1165] Das Abstellen auf eine „wirtschaftliche Substanz" könnte vor diesem Hintergrund jenseits der allgemeinen Bezugnahme auf die BEPS-Schlussfolgerungen der OECD als eine besondere Umsetzung der empfohlenen *Substanzanalyse* aus dem Abschlussbericht zum Aktionspunkt 3 des Anti-BEPS-Projekts zur Hinzurechnungsbesteuerung zu verstehen sein. Es lässt sich somit festhalten, dass mit der Endfassung der ATAD der Rat der EU dem EuGH nicht nur die Tür für eine Rechtsprechungsänderung offenhält. Er geht sogar einen Schritt weiter. So kann dessen Tendenz hin zur Umsetzung des konkreten Ergebnisses der Substanzanalyse unter Gewährleistung eines Einklangs mit den Grundfreiheiten im Sinne der Empfehlungen der OECD als indirekter Rat an den EuGH verstanden werden, diese Tür auch tatsächlich zu durchschreiten, um als gesamte EU – also in einheitlicher Abstimmung aller Organe – mit der OECD einen gemeinsamen wirtschaftspolitischen Weg zu gehen.[1166]

bb) Bedeutung des Principal Purpose-Tests für das unionsrechtliche Missbrauchsverständnis

Hinsichtlich der zweiten Alternative aus Art. 7 Abs. 2 lit. b) ATAD lässt sich der Begriff des „steuerrechtlichen Missbrauchs" aus der Annahme einer „unangemessenen Gestaltung" herleiten. Hierbei stellt die ATAD zunächst auf die wesentlichen Beweggründe des Steuerpflichtigen zur Wahl der einen Steuervorteil begründenden Gestaltungen ab. In dieser auch als sog. „Principal Purpose-Test"[1167] bezeichneten Alternative zur Bestimmung von Zwischeneinkünften ist mithin grundsätzlich ein subjektives Element zu erblicken, welches auf den ersten Blick eine besondere Nähe zum subjektiven Element der GAAR gemäß Art. 6 Abs. 1 ATAD zu haben scheint. Allerdings unterscheiden sich beide

---

(EU) – „*ATAD I*", ABl. 2016 L 193 (en), S. 1 (12)) zur Ausnahme der Hinzurechnungsbesteuerung vorausgesetzt.

1165 Siehe hierzu *5. Teil* GldPkt. A I 2 b) bb).

1166 So im Ansatz auch *J. Schönfeld*, in: Lang (Hrsg.), DStJG 41 (2018), S. 493 (498); vgl. auch *J. Hey*, in: Lang (Hrsg.), DStJG 41 (2018), S. 9 (21).

1167 *A. Schnitger/D. Nitzschke/R. Gebhardt*, in: IStR 2016, S. 960 (969 f.); *J. Schönfeld*, in: IStR 2017, S. 721 (724).

Regelungen hinsichtlich der objektiven Erwägungen zu dessen Vermutung.[1168] Denn im Gegensatz zum Art. 6 Abs. 2 ATAD stellt der Art. 7 Abs. 2 lit. b) UAbs. 2 ATAD nicht auf die objektive Feststellung „triftiger wirtschaftlicher Gründe" ab. Vielmehr regelt die Vorschrift im Kern eine Funktions- und Risikoanalyse, wonach passive Einkünfte dann anzunehmen sind, wenn bestimmte Funktionen, Risiken oder Wirtschaftsgüter im Falle einer mangelnden gesellschaftsrechtlichen Verbundenheit nicht von der Zwischengesellschaft ausgeführt, übernommen oder eingesetzt worden wären. Eben diese Vorgehensweise entspricht jener Unabhängigkeitsanalyse der OECD, welche alternativ zur Ausstattungsanalyse der Feststellung einer substanziellen Aktivität im Sinne der Substanzanalyse dienlich ist.[1169] Dass sich hierbei gänzlich von den Erwägungen zur Ausstattung einer Zwischengesellschaft und damit auch von der Rechtsprechung des EuGH entfernt wird, bestätigt die Annahme, dass sich die EU im Rahmen der Harmonisierung einer Hinzurechnungsbesteuerung vor allem den Erwägungen der OECD bedient.

Allerdings führt der Umstand, dass die EU den Mitgliedstaaten eine Wahlmöglichkeit hinsichtlich der Bestimmung von Zwischeneinkünften einräumt auch zu erheblichen Problemen. Denn während die OECD mit ihren Empfehlungen primär nur auf eine sachgerechte Regelung abzielt, um dem BEPS-Phänomen zu begegnen, erfordert die Harmonisierung innerhalb der EU zwecks dem Funktionieren eines Binnenmarkts vielmehr eine möglichst genaue Angleichung der Vorschriften zur Hinzurechnungsbesteuerung in den einzelnen Mitgliedstaaten. So könnte eine unterschiedliche Auslegung jener Vorschriften aufgrund der unterschiedlichen Analysen im Ergebnis auch zu einer unterschiedlichen Reichweite der Hinzurechnungsbesteuerung und damit zu Regelungslücken oder Handlungs- bzw. Markthindernissen für die Staatsangehörigen eines Mitgliedstaats führen und dem Zweck der Harmonisierung gar zuwiderlaufen.[1170] Vor diesem Hintergrund gilt es zu gewährleisten, dass mit der Annahme einer „unangemessenen Gestaltung" gemäß Art. 7 Abs. 2 lit. b) UAbs. 2 ATAD die gleichen Einkünfte von einer Hinzurechnungsbesteuerung ausgenommen werden, wie bei der Annahme einer „wesentlichen wirtschaftlichen Tätigkeit" gemäß Art. 7 Abs. 2 lit. a) UAbs. 2 ATAD. In beiden

---

1168 Die Vermutung ergibt sich aus dem Wortlaut „gilt" des Art. 6 Abs. 2 ATAD bzw. Art. 7 Abs. 2 lit. b) UAbs. 2 ATAD (vgl. *J. Hey*, in: StuW 2017, S. 248 (263)).

1169 Vgl. hierzu *5. Teil* GldPkt. A I 2 b) aa).

1170 Vgl. *A. Linn*, in: IStR 2016, S. 645 (647); *A. Schnitger/D. Nitzschke/R. Gebhardt*, in: IStR 2016, S. 960 (966, 970); *M. Kreienbaum*, in: Lang (Hrsg.), DStJG 41 (2018), S. 475 (489).

Fällen muss im Kern auf das gleiche Verständnis einer „substanziellen Aktivität" abgestellt werden.

B. Gemeinsame (Konsolidierte) Körperschaftsteuer-Bemessungsgrundlage (G(K)KB)

Der Ansatz einer sog. GKKB ist nicht erst seit dem Aktionsplan für eine faire und effiziente Unternehmensbesteuerung in der EU aus dem Jahre 2015 bekannt, sondern blickt auf eine weitaus längere Historie zurück.

Basierend auf einer Studie zur Effizienz der Unternehmensbesteuerung im Binnenmarkt,[1171] arbeitete die *Europäische Kommission* bereits im *Jahre 2001* erstmals die Grundidee einer konsolidierten Körperschaftsteuer-Bemessungsgrundlage innerhalb der EU heraus, um so eine größere Effizienz, Wirksamkeit, Einfachheit und Transparenz der Unternehmensteuersysteme in der EU sowie die Schließung von Lücken zwischen den einzelstaatlichen Systemen der Mitgliedstaaten, aus denen Steuervermeidungs- und Missbrauchspraktiken resultieren, zu erzielen.[1172] Dabei verstand sie als Grundproblem einer effizienten Unternehmensbesteuerung steuerliche Hindernisse für Unternehmen, die sich daraus ergeben, dass sie mit den verschiedenen Steuersystemen der einzelnen Mitgliedstaaten „zurechtkommen" müssen. Dies hindere die Unternehmen daran, die Vorteile des Binnenmarkts im vollen Umfang zu nutzen.[1173] Zu dessen Lösung sollte es den innerhalb der EU multinational tätigen Unternehmen künftig gestattet werden, das Einkommen des gesamten Konzerns anhand eines *einzigen* Regelwerks zu berechnen und für steuerliche Zwecke *konsolidierte* Bilanzen zu erstellen, um so die potenziellen steuerlichen Wirkungen rein konzerninterner Geschäfte auszuschalten. Für die einzelnen Mitgliedstaaten sollte dabei anhand eines gemeinsam

---

1171 Es sollten die Unterschiede beim effektiven Körperschaftsteuerniveau beleuchtet und die steuerlichen Regelungen ermittelt werden, die die grenzübergreifende Wirtschaftstätigkeit im Binnenmarkt behindern können, um sodann zu bewerten, inwieweit sich diese Unterschiede auf Standort- und Investitionsentscheidungen der Wirtschaft auswirken (*Europ. Kom.*, Mitt. v. 23.10.2001, KOM(2001) 582 endg. (de), S. 31 ff.).

1172 *Europ. Kom.*, Mitt. v. 23.10.2001, KOM(2001) 582 endg. (de), S. 17 f. In den *USA* wird ein mit der GKKB vergleichbarer Ansatz seit langem nach den Vorschriften einer formelhaften Gewinnzerlegung (sog. „Formulary Apportionment") und Ergebniskonsolidierung (sog. „Unitary Taxation") praktiziert (vertiefend hierzu *R.D. Pomp/A. Gerten*, in: IStR 2008, S. 377 (377 ff.)).

1173 *Europ. Kom.*, Mitt. v. 23.10.2001, KOM(2001) 582 endg. (de), S. 3, 17 f.

festzulegenden Aufteilungsschlüssels der anteilige Gewinn an der gesamten Bemessungsgrundlage ermittelt werden, um sodann zur Wahrung der Staatssouveränität den ermittelten Gewinnanteil für die einzelnen Mitgliedstaaten nach dem jeweils geltenden nationalen Steuersatz zu besteuern.[1174] Als die zur Umsetzung dieser Idee notwendigen Schritte schlug die Europäische Kommission unter anderem vor, den Unternehmen für ihre Tätigkeiten innerhalb der EU die Option einer konsolidierten Körperschaftsteuer-Bemessungsgrundlage anzubieten sowie einen zweckmäßigen, von allen Beteiligten akzeptierten formelhaften Aufteilungsschlüssel zu entwickeln.[1175]

Zur Konkretisierung des Ziels der Verhinderung steuerlicher Hindernisse und Erweiterung von Geschäftstätigkeiten von Unternehmen innerhalb der EU wurde im *Jahre 2011* eine umfangreiche Richtlinie über eine GKKB entworfen (kurz: „GKKB-RL-E 2011").[1176] Demnach könnte ein Unternehmen, welches entweder zu steuerlichen Zwecken in einem Mitgliedstaat ansässig oder gebietsfremd ist, unter den in dieser Richtlinie festgelegten Bedingungen bzw. für eine von ihr in einem Mitgliedstaat unterhaltene Betriebstätte für das System nach der Richtlinie optieren.[1177] Gemäß Art. 9 bis 43 GKKB-RL-E 2011 soll zunächst eine einheitliche steuerliche Gewinnermittlung durchgeführt werden, wonach nationale Unterschiede unter anderem hinsichtlich der Abschreibungsmethoden und -zeiträume aufgrund der Harmonisierung gemäß Art. 32 bis 42 GKKB-RL-E 2011 entfielen, bevor in einem zweiten Schritt dessen Ergebnisse gemäß Art. 54 bis 60 GKKB-RL-E 2011 konsolidiert und die Gewinnanteile in einem finalen dritten Schritt den Mitgliedstaaten zugeteilt werden.[1178] Infolge der Konsolidierung wären Verrechnungspreise[1179] obsolet.[1180] Denn statt jener direkten Methode zur Gewinnabgrenzung wäre nunmehr eine indirekte Methode notwendig, welche die

1174 *Europ. Kom.*, Mitt. v. 23.10.2001, KOM(2001) 582 endg. (de), S. 18.

1175 *Europ. Kom.*, Mitt. v. 23.10.2001, KOM(2001) 582 endg. (de), S. 19.

1176 Vgl. *Europ. Kom.*, RL-Vorschl. v. 16.03.2011, KOM(2011) 121 endg. (de), S. 12.

1177 Art. 6 Abs. 1 und Abs. 2 GKKB-RL-E 2011 (*Europ. Kom.*, RL-Vorschl. v. 16.03.2011, KOM(2011) 121 endg. (de), S. 22).

1178 Vgl. *Europ. Kom.*, RL-Vorschl. v. 16.03.2011, KOM(2011) 121 endg. (de), S. 23 ff.

1179 Die „Verrechnungspreise" sind Preisvereinbarungen zur Abwicklung von Lieferungen und Leistungen zwischen verbundenen Unternehmen aus verschiedenen Staaten (*G. Frotscher*, Internationales Steuerrecht, 4. Aufl. 2015, Rn. 952).

1180 *H. Jochum*, in: ZRP 2015, S. 115 (117).

einzelnen konzerninternen Transaktionen unberücksichtigt lassen würde.[1181] Namentlich müsste die Aufteilung der Gewinne nach typisierenden und pauschalierenden Schlüsselgrößen anhand einer Formel erfolgen,[1182] welche gemäß Art. 86 bis 103 GKKB-RL-E 2011 geregelt ist.[1183] Schließlich regelt der Vorschlag gemäß Art. 80 bis 83 GKKB-RL-E 2011 nebst Maßnahmen zur Verhinderung von besonderen Arten missbräuchlicher Praktiken auch eine allgemeine Vorschrift zur Verhinderung von Missbrauch, wonach Transaktionen ohne wirtschaftliche Grundlage, deren einziger Zweck darin besteht, eine Besteuerung zu vermeiden, bei der Berechnung der Steuerbemessungsgrundlage nicht berücksichtigt werden.[1184]

Dieser sehr ambitionierte Richtlinienentwurf stieß allerdings sowohl seitens der multinationalen Unternehmen als auch der Politik auf Widerspruch und konnte bisher nicht umgesetzt werden. Hinsichtlich der multinationalen Unternehmen zeigt die jüngste Vergangenheit, dass der Umstand unterschiedlicher Steuersysteme kein, wie von der Europäischen Kommission als Grundproblem angesehen, steuerliches *Hindernis* darstellt, sondern ihnen aufgrund der Möglichkeit einer Gewinnverlagerung vielmehr einen steuerlichen *Vorteil* gewährt, dessen Verzicht durch die freiwillige Wahl einer GKKB-Option individuell betrachtet irrational wäre.[1185] Seitens der Politik birgt vor allem der letzte Schritt der GKKB zur Erstellung eines formelhaften Aufteilungsschlüssels zwecks der Zuordnung der konsolidierten Gewinnanteile an die einzelnen Mitgliedstaaten ein besonderes Potential für Interessenskonflikte der Mitgliedstaaten, weshalb eine Einigung bisher nicht erreicht werden konnte.[1186]

1181 *F. Oppel*, in: IStR 2015, S. 813 (815); *Ch. Spengel/K. Stutzenberger*, in: IStR 2018, S. 37 (40); vgl. auch *O.H. Jacobs/D. Endres/Ch. Spengel*, in: Jacobs (Begr.), Internationale Unternehmensbesteuerung, 8. Aufl. 2016, S. 230, 236 f.

1182 *O.H. Jacobs/D. Endres/Ch. Spengel*, in: Jacobs (Begr.), Internationale Unternehmensbesteuerung, 8. Aufl. 2016, S. 230.

1183 Vgl. *Europ. Kom.*, RL-Vorschl. v. 16.03.2011, KOM(2011) 121 endg. (de), S. 52 ff.

1184 Art. 80 Abs. 1 GKKB-RL-E 2011 (*Europ. Kom.*, RL-Vorschl. v. 16.03.2011, KOM(2011) 121 endg. (de), S. 48).

1185 Vgl. *Europ. Kom.*, Mitt. v. 17.06.2015, COM(2015) 302 final (de), S. 9; *dies.*, RL-Vorschl. v. 25.10.2016, COM(2016) 685 final (de), S. 14 – ErwGrd. 1.

1186 Vgl. hierzu *Th. Rödder/R. Pinkernell*, in: IStR 2013, S. 619 (620); *A. Neumann-Tomm*, in: IStR 2015, S. 436 (436); auch *K. v. Brocke/G. Rottenmoser*, in: IWB 2011, S. 620 (623 ff.); *M. Vascega/S. v. Thiel*, in: ET 2011, S. 374 (379); *H. Kahle/S. Schulz*, in: FR 2013, S. 49 (51); *D.J. Piltz*, in: IStR 2013, S. 681 (682); *R. Seer*, in: GmbHR 2014, S. 505 (511); *OECD*, Verrechnungspreisleitlinien für multinationale Unternehmen und Steuerverwaltungen 2017, Rn. 1.23.

Vor diesem Hintergrund entschied sich die *Europäische Kommission* im *Jahre 2015* im Rahmen ihres Aktionsplans für eine faire und effiziente Unternehmensbesteuerung in der EU einen zweiten Versuch zu starten, um das Projekt einer GKKB zur effizienteren Funktionsfähigkeit des Binnenmarkts umzusetzen. Demnach soll eine GKKB nunmehr zum einen für multinationale Unternehmen verbindlich werden. Zum anderen sollen die einzelnen Schritte des GKKB-Ansatzes einer sukzessiven Einführung unterliegen.[1187] Zwecks dessen wurden am *25. Oktober 2016* zwei Richtlinienvorschläge vorgestellt, welche aufeinander aufbauen sollen.[1188] Neben dem ursprünglichen Ziel des GKKB-Vorschlags aus dem Jahre 2011 zur Erweiterung der Geschäftstätigkeit von Unternehmen innerhalb der EU wurde dabei nunmehr auch ein Schwerpunkt auf die Bekämpfung von Steuervermeidungspraktiken der Unternehmen gelegt.[1189] Ganz im Sinne des Aktionspunktes zur effektiven Besteuerung am Ort der Wertschöpfung im Rahmen des Aktionsplans zur fairen und effizienten Unternehmensbesteuerung in der EU sollen die Richtlinien unter anderem dazu dienen, dass die Unternehmen ihren gerechten Anteil an Steuern in jenen Ländern bezahlen, in denen die Gewinne erzielt werden.[1190]

In der ersten Richtlinie – die *„GKB-RL-E"* – schlägt die Europäische Kommission die Einführung einer Gemeinsamen Körperschaftsteuer-Bemessungsgrundlage[1191] (kurz: „GKB") vor, welche sich zunächst nur auf die Schaffung einer gemeinsamen Bemessungsgrundlage und die internationale Dimension des vorgeschlagenen Steuersystems konzentriert.[1192] Dabei öffnet

---

1187 *Europ. Kom.*, Mitt. v. 17.06.2015, COM(2015) 302 final (de), S. 9.

1188 Vgl. *Europ. Kom.*, RL-Vorschl. v. 25.10.2016, COM(2016) 683 final; *dies.*, RL-Vorschl. v. 25.10.2016, COM(2016) 685 final.

1189 *Europ. Kom.*, RL-Vorschl. v. 25.10.2016, COM(2016) 683 final (de), S. 14 – ErwGrd. 3; *dies.*, RL-Vorschl. v. 25.10.2016, COM(2016) 685 final (de), S. 15 – ErwGrd. 3.

1190 *Europ. Kom.*, RL-Vorschl. v. 25.10.2016, COM(2016) 683 final (de), S. 13 f. – ErwGrd. 2; *dies.*, RL-Vorschl. v. 25.10.2016, COM(2016) 685 final (de), S. 14 – ErwGrd. 2.

1191 Auf Englisch: „Common Corporate Tax Base", kurz: „CCTB" (*Europ. Kom.*, RL-Vorschl. v. 25.10.2016, COM(2016) 685 final (en), S. 1, 3, 9).

1192 *Europ. Kom.*, RL-Vorschl. v. 25.10.2016, COM(2016) 685 final (de), S. 3. In Abweichung zum GKKB-Vorschlag aus dem Jahre 2011 regelt die GKB dabei gem. Art. 2 Nr. 1 und Nr. 2 GKB-RL-E eine Pflicht zur Anwendung der neuen unionsrechtlichen Vorschriften für multinationale Unternehmen (vgl. Art. 2 Abs. 1 lit. (c) und lit. (d) GKB-RL-E). Der fakultative Charakter bleibt hingegen für KMU erhalten (vgl. Art. 2 Abs. 3 GKB-RL-E; *Europ. Kom.*, RL-Vorschl. v. 25.10.2016, COM(2016) 685 final (de), S. 10, 15 – ErwGrd. 5). Die Bemessungsgrundlage zur steuerlichen Gewinnermittlung sieht nunmehr nebst der Förderung von Innovation

sich die GKB auch dem Anti-BEPS-Projekt der OECD und bezieht dessen Ergebnisse teilweise bereits in den Vorschlag mit ein. Neben einer Definition der Betriebsstätte gemäß Art. 5 GKB-RL-E, die an das von der OECD empfohlene Verständnis anlehnt[1193] sowie der Einbeziehung einer Zinsschranke gemäß Art. 11 GKB-RL-E, die ebenfalls im Anti-BEPS-Projekt analysiert wurde,[1194] regelt der GKB-Vorschlag überdies eine allgemeine Vorschrift zur Verhinderung von Missbrauch, welche im Einklang mit dem Wortlaut der ATAD und unter ausdrücklicher Bezugnahme auf diese Richtlinie entworfen wurde.[1195] So erfolgte selbst eine Übernahme des Wortlauts aus den Erwägungsgründen der ATAD zur GAAR in den GKB-Vorschlag,[1196] indem die GAAR im Rahmen des GKB-Vorschlags ebenfalls die Funktion zur Füllung von Regelungslücken zukommen und die Vorschrift sowohl innerhalb der EU als auch gegenüber Drittländern gleichsam auf „unangemessene Gestaltungen" angewendet werden soll.[1197] Schließlich regelt der GKB-Vorschlag als besondere Maßnahme zur Bekämpfung der Steuervermeidung gemäß Art. 59 und 60 GKB-RL-E auch eine Hinzurechnungsbesteuerung, dessen Anwendungsbereich sich zunächst – bis zur Umsetzung der zweiten Richtlinie – ebenfalls auf Einkünfte von Gesellschaften sowohl innerhalb der EU als auch in Drittländern erstreckt. Ähnlich der Vorschrift zur Hinzurechnungsbesteuerung im Rahmen der ATAD, handelt es sich bei den zu berücksichtigenden „Zwischeneinkünften" um solche Einkünfte, welche noch nicht ausgeschüttet wurden. Allerdings beschränkt sich dessen Bestimmung im Gegensatz zur Wahlmöglichkeit im Rahmen der ATAD auf die Alternative einer rechtlichen Kategorisierung.[1198] Dabei ist auch

---

in der Wirtschaft einen erhöhten Abzug für F&E-Kosten vor (vgl. *Europ. Kom.*, RL-Vorschl. v. 25.10.2016, COM(2016) 685 final (de), S. 11, 16 – ErwGrd. 8, 30 f.). Überdies verfolgt die GKB das neue Ziel, Verschuldungsanreize zu minimieren, indem dem bereits existierenden Vorteil zugunsten einer Fremdkapitalfinanzierung – also die Möglichkeit des Abzugs von für Darlehen gezahlte Zinsen – ein angemessenes Gegengewicht beigebracht wird (vgl. *Europ. Kom.*, RL-Vorschl. v. 25.10.2016, COM(2016) 685 final (de), S. 12, 16 f. – ErwGrd. 10, 31 f.).

1193 *Europ. Kom.*, RL-Vorschl. v. 25.10.2016, COM(2016) 685 final (de), S. 10.

1194 *Europ. Kom.*, RL-Vorschl. v. 25.10.2016, COM(2016) 685 final (de), S. 11.

1195 *Europ. Kom.*, RL-Vorschl. v. 25.10.2016, COM(2016) 685 final (de), S. 12 f.

1196 Vgl. *Rat d. EU*, RL v. 12.07.2016, Nr. 2016/1164 (EU) – „*ATAD I*", ABl. 2016 L 193 (de), S. 1 (4 – ErwGrd. 11) und *Europ. Kom.*, RL-Vorschl. v. 25.10.2016, COM(2016) 685 final (de), S. 18 – ErwGrd. 15.

1197 *Europ. Kom.*, RL-Vorschl. v. 25.10.2016, COM(2016) 685 final (de), S. 18 – ErwGrd. 15.

1198 Art. 59 Abs. 2 UAbs. 1 GKB-RL-E (*Europ. Kom.*, RL-Vorschl. v. 25.10.2016, COM(2016) 685 final (de), S. 54).

hier die pauschale Kategorisierung gemäß des GKB-Vorschlags mit einer Ausnahmeregelung verbunden. So bleiben gemäß Art. 59 Abs. 2 UAbs. 2 GKB-RL-E Einkünfte bei der Hinzurechnungsbesteuerung unberücksichtigt, wenn das beherrschte ausländische Unternehmen aus triftigen wirtschaftlichen Gründen, die die wirtschaftliche Realität widerspiegeln, errichtet worden ist. Von einer „wirtschaftlichen Realität" ist dabei stets dann zu sprechen, wenn die Tätigkeit gestützt auf Personal, Ausstattung, Vermögenswerte und Räumlichkeiten in „angemessenem Umfang" ausgeübt wird.[1199]

Sobald eine politische Einigung über die GKB getroffen wurde, soll der Erlass einer zweiten Richtlinie – die „*GKKB-RL-E 2016*" – diskutiert werden, welche sich vor allem auf die Modalitäten der Konsolidierung und Gewinnaufteilung konzentriert und die GKKB mithin neu regelt. Bis dahin wird der Vorschlag aus dem Jahre 2011 allerdings weiterhin im Rat der EU zur Prüfung anhängig bleiben.[1200] Die Konsolidierung – als wichtigster Teil der zweiten Richtlinie – ist in Art. 5 bis 45 GKKB-RL-E 2016 geregelt.[1201] Um von der Konsolidierung profitieren zu können, muss gemäß Art. 5 f. GKKB-RL-E 2016 eine Gruppe gebildet werden, um sodann die Steuerbemessungsgrundlagen aller Mitglieder dieser Gruppe gemäß Art. 7 GKKB-RL-E 2016 zusammenzurechnen.[1202] Gemäß Art. 28 GKKB-RL-E 2016 bemisst sich die Formel zur Aufteilung der konsolidierten Gewinne nach drei gleich gewichteten Faktoren – Arbeit[1203], Vermögenswerte[1204] und

---

1199 Art. 59 Abs. 2 UAbs. 2 GKB-RL-E (*Europ. Kom.*, RL-Vorschl. v. 25.10.2016, COM(2016) 685 final (de), S. 54).

1200 *Europ. Kom.*, RL-Vorschl. v. 25.10.2016, COM(2016) 683 final (de), S. 3. Abgesehen von einigen Änderungen hinsichtlich des Verwaltungsverfahrens, dessen Vorschriften sich nunmehr auf die konsolidierten Gruppen beschränken, verbleibt der Vorschlag für die sukzessiv eingeführten und von der GKB nicht erfassten Regelungen weitestgehend unverändert gegenüber dem Vorschlag aus dem Jahre 2011 (vgl. *Europ. Kom.*, RL-Vorschl. v. 25.10.2016, COM(2016) 683 final (de), S. 10 ff.).

1201 *Europ. Kom.*, RL-Vorschl. v. 25.10.2016, COM(2016) 683 final (de), S. 22 ff.

1202 Diese „Gruppe" ersetzt in funktioneller Hinsicht eine deutsche „Organschaft". Allerdings reichen die Rechtsfolgen zur Besteuerung der „Gruppe" gem. der GKKB weiter als jene der „Organschaft" nach dem deutschen Steuerrecht (*A. Glaser*, in: DStR 2011, S. 2317 (2321 f.)).

1203 Art. 32, 33 GKKB-RL-E 2016 (*Europ. Kom.*, RL-Vorschl. v. 25.10.2016, COM(2016) 683 final (de), S. 32).

1204 Art. 34 bis 36 GKKB-RL-E 2016 (*Europ. Kom.*, RL-Vorschl. v. 25.10.2016, COM(2016) 683 final (de), S. 33 f.).

Umsatz[1205].[1206] Es wird vorgeschlagen, den Faktor *Arbeit* mit gleicher Gewichtung nach Lohnsumme und Beschäftigtenzahl zu berechnen,[1207] um so die unterschiedlich hohen Löhne und Gehälter in der EU berücksichtigen zu können.[1208] Der Faktor *Vermögenswerte* bezieht alle materiellen Wirtschaftsgüter des Anlagevermögens mit ein, während immaterielle Wirtschaftsgüter und Finanzanlagevermögen aufgrund ihres mobilen Charakters und der Gefahr einer Umgehung der Bestimmung der Richtlinie unberücksichtigt bleiben.[1209] Ferner manifestiert sich auch das Ziel der Richtlinie zur effektiven Besteuerung am Ort der Wertschöpfung in der Formel, indem zum einen der Faktor Arbeit jenem Mitgliedstaat zugeordnet werden soll, in dem die Arbeit aktiv ausgeführt wurde und zum anderen der Faktor der Vermögenswerte ebendort, wo das Sachvermögen tatsächlich belegen ist. Der *Umsatz* ist hingegen jenem Mitgliedstaat zuzuordnen, für den die betroffenen Gegenstände oder Dienstleistungen bestimmt sind.[1210] Sollte dieser Aufteilungsschlüssel bei der Zuweisung der Einkünfte zu unangemessenen Ergebnissen führen, so sieht eine Schutzklausel gemäß Art. 29 GKKB-RL-E 2016 die Möglichkeit zur Anwendung einer zu bestimmenden alternativen Methode vor, welche eine Einstimmigkeit zwischen den zuständigen Behörden der betroffenen Mitgliedstaaten erfordert. Abschließend regelt die Richtlinie gemäß Art. 69 bis 74 GKKB-RL-E 2016 einen Übergang von Komponenten der GKB in den Rechtsrahmen der neuen GKKB ebendort, wo sich Wechselwirkungen ergeben.[1211] Zu solchen Wechselwirkungen zählt unter anderem auch die Hinzurechnungsbesteuerung aus der GKB, da sie für Sachverhalte innerhalb der EU nach einer Konsolidierung obsolet

---

1205 Art. 37, 38 GKKB-RL-E 2016 (*Europ. Kom.*, RL-Vorschl. v. 25.10.2016, COM(2016) 683 final (de), S. 34 f.).

1206 Diese Formel weist insoweit eine besondere Nähe zur sog. „*Massachussetts Formula*“ aus den USA auf, wonach ebenfalls die Faktoren „Vermögen“, „Lohnsumme“ und „Umsatz“ zu gleichen Teilen verwendet werden, um Konzerngewinne aufzuteilen (vgl. *Ch.E. McLure*, in: PFQ 9 (1981), S. 395 (401 ff.); *A. Oestreicher*, in: StuW 2002, S. 342 (353)).

1207 Art. 32 Abs. 1 GKKB-RL-E 2016 (*Europ. Kom.*, RL-Vorschl. v. 25.10.2016, COM(2016) 683 final (de), S. 32).

1208 *Europ. Kom.*, RL-Vorschl. v. 25.10.2016, COM(2016) 683 final (de), S. 16 – ErwGrd. 10.

1209 *Europ. Kom.*, RL-Vorschl. v. 25.10.2016, COM(2016) 683 final (de), S. 12; vgl. auch Art. 34 Abs. 1 GKKB-RL-E 2016 (*Europ. Kom.*, RL-Vorschl. v. 25.10.2016, COM(2016) 683 final (de), S. 16 – ErwGrd. 10, 33).

1210 *Europ. Kom.*, RL-Vorschl. v. 25.10.2016, COM(2016) 683 final (de), S. 16 – ErwGrd. 10.

1211 *Europ. Kom.*, RL-Vorschl. v. 25.10.2016, COM(2016) 683 final (de), S. 17 – ErwGrd. 14, 46 ff.

werden[1212] und sich dessen Anwendungsbereich infolgedessen auf die Beziehungen der Gesellschaften zu Drittländern beschränken würde.[1213]

Der Ansatz der GK(K)B wird nach wie vor in der Politik[1214] als auch Wissenschaft[1215] ausgiebig diskutiert. Allerdings ist die Debatte im Kern

---

1212 *O.H. Jacobs/D. Endres/Ch. Spengel*, in: Jacobs (Begr.), Internationale Unternehmensbesteuerung, 8. Aufl. 2016, S. 234.

1213 Art. 73 GKKB-RL-E 2016 (*Europ. Kom.*, RL-Vorschl. v. 25.10.2016, COM(2016) 683 final (de), S. 47); vgl. auch *Ch. Spengel/K. Stutzenberger*, in: IStR 2018, S. 37 (40).

1214 Hierzu etwa *K. v. Brocke/G. Rottenmoser*, in: IWB 2011, S. 620 (623 ff.); *A. Glaser*, in: DStR 2011, S. 2317 (2323); *M. Vascega/S. v. Thiel*, in: ET 2011, S. 374 (379); *H. Kahle/S. Schulz*, in: FR 2013, S. 49 (51); *D.J. Piltz*, in: IStR 2013, S. 681 (682); *Th. Rödder/R. Pinkernell*, in: IStR 2013, S. 619 (620); *R. Seer*, in: GmbHR 2014, S. 505 (511); *A. Neumann-Tomm*, in: IStR 2015, S. 436 (436); *F. Oppel*, in: IStR 2015, S. 813 (815).

1215 Hierzu vor allem hinsichtlich der wirtschaftlichen Auswirkungen etwa *Europ. Kom.*, Mitt. v. 23.10.2001, KOM(2001) 582 endg. (de), S. 18; *dies.*, Mitt. v. 17.06.2015, COM(2015) 302 final (de), S. 8 f.; *dies.*, Folgenabsch. v. 25.10.2016, SWD(2016) 341 final (en), S. 136; *P.B. Sørensen*, in: CESifo Forum 1/2002, S. 31 (33 ff.); *J.M. Weiner*, in: ifo Studien 2002, S. 519 (527 f.); *D. Endres/A. Oestreicher*, in: IStR-Beihefter 15/2003, S. 1 (1 f.); *W. Hellerstein/Ch.E. McLure*, in: ITPF 11 (2004), S. 199 (209); *U. Schreiber*, in: StuW 2004, S. 212 (217 f., 220); *D. Wellisch*, in: StuW 2004, S. 267 (272); *N. Herzig/Th. Wagner*, in: DB 2005, S. 1 (9); *A. Oestreicher*, in: Endres/Oestreicher/Scheffler/Schreiber/Spengel (Hrsg.), FS Jacobs, S. 73 (76 ff., 83 ff.); *W. Scheffler*, in: BFuP 2005, S. 156 (158); *ders.*, in: Oestreicher (Hrsg.), Konzernbesteuerung, S. 305 (322 ff., 330 f.); *Ch. Spengel/R.U. Braunagel*, in: StuW 2006, S. 34 (47 f.); *C. Fuest/Th. Hemmelgarn/F. Ramb*, in: ITPF 14 (2007), S. 605 (620); *M.P. Devereux/S. Loretz*, in: FSt. 29 (2008), S. 1 (15 ff.); *R.D. Pomp/A. Gerten*, in: IStR 2008, S. 377 (388); *N. Herzig/M. Teschke/Ch. Joisten*, in: Intertax 2010, S. 334 (337, 339 ff.); *G. Förster/S. Krauß*, in: IStR 2011, S. 607 (614); *A. Glaser*, in: DStR 2011, S. 2317 (2320 ff.); *F.J. Marx*, in: DStZ 2011, S. 547 (549); *A. Oestreicher/R. Koch*, in: FinA 67 (2011), S. 64 (76 ff.); *M.J. García-Torres Fernández*, in: Intertax 2012, S. 598 (599); *E. Röder*, in: WTJ 4 (2012), S. 125 (137 ff.); *H. Kahle/M. Lipp*, in: DStR 2013, S. 1205 (1206 f.); *A. Musil/J. Schulz*, in: DStR 2013, S. 2205 (2208); *Ch. Spengel/M. Ortmann-Babel/B. Zinn/S. Matenaer*, in: DB-Beilage 2/2013, S. 1 (11 ff.); *M.Th. Evers/K. Finke/M. Köstler/I. Meier/W. Scheffler/Ch. Spengel*, ZEW Discussion Paper 14–112 (2014), S. 55 ff.; *M. de Wilde*, in: ELRev. 7 (2014), S. 24 (30, 34 ff.); *X. Ditz*, in: FR 2015, S. 115 (117 f.); *L.K. Evers*, Intellectual Property (IP) Box Regimes, S. 253; *D. Fehling*, in: Schaumburg/Englisch (Hrsg.), Europäisches Steuerrecht, Rn. 18.79; *H. Jochum*, in: ZRP 2015, S. 115 (116); *O.H. Jacobs/D. Endres/Ch. Spengel*, in: Jacobs (Begr.), Internationale Unternehmensbesteuerung, 8. Aufl. 2016, S. 233 ff.; *A. Eiling*, in: IWB 2017, S. 49 (52 ff.); *D. Gutmann/A. Perdelwitz/E.R. de la Blétière/R. Offermanns/M. Schellekens/G. Gallo/A. Grant Hap/M. Olejnicka*, in: ET 2017, S. 1 (20); *Ch. Spengel/K. Stutzenberger*, in: IStR 2018, S. 37 (39 ff.).

wirtschaftspolitischer Natur und damit dem Untersuchungsgegenstand und den Erkenntniszielen dieser Arbeit nicht dienlich.[1216]

C. Ergebnis und Schlussfolgerung

In der steuerpolitischen Diskussion steht vor allem das Problem einer Gewinnverkürzung und Gewinnverlagerung (kurz: „BEPS")[1217] im Fokus. Zu dessen Lösung lassen sich nunmehr zwei Ansätze feststellen, welche sich in ihrer Grundmethodik zur Gewinnabgrenzung unterscheiden und somit grundsätzlich in einem Alternativverhältnis zueinanderstehen.

Die *OECD* versucht, auf Grundlage der bereits vorherrschenden *direkten* Methode zur Gewinnabgrenzung das BEPS-Phänomen zu verhindern. Bei der direkten Methode wird von einer Bestimmung einzelfallbezogener Verrechnungspreise zwischen verbundenen Unternehmen im Lichte des Fremdvergleichsgrundsatzes[1218] ausgegangen, um so die Gewinne zwischen den weiterhin unabhängig zu betrachtenden verbundenen Unternehmen angemessen aufzuteilen. Den Mitgliedstaaten verbleibt weiterhin die Kompetenz, ihre Steuerhoheiten selbst zu definieren. Vor diesem Hintergrund bleibt auch die Ursache der bereits bekannten, auf das BEPS-Phänomen schließenden Steuervermeidungspraktiken grundsätzlich erhalten. Stattdessen wird versucht, dass Problem dieser klassischen Steuervermeidungspraktiken in ihrer *Folge* einer unerwünschten Steuerplanung zwecks einer Gewinnverkürzung und Gewinnverlagerung zu bekämpfen.

Die *EU* schlägt in Ihrem Aktionsplan für eine faire und effiziente Unternehmensbesteuerung in der EU aus dem Jahre 2015 vor, den bereits im Jahre 2001 vorgeschlagenen Weg zur Einführung einer Gemeinsamen Konsolidierten Körperschaftsteuer-Bemessungsgrundlage (kurz: „GKKB") weiterhin zu verfolgen. Hierbei handelt es sich um eine *indirekte* Methode zur Gewinnabgrenzung

---

1216 Vgl. *Einleitung* GldPkt. C.

1217 Auf Englisch: „Base Erosion and Profit Shifting" (*OECD*, Addressing Base Erosion and Profit Shifting, S. 5).

1218 Bei dem sog. „Fremdvergleichsgrundsatz" – auch „Arm's length principle" genannt (vgl. *G. Frotscher*, Internationales Steuerrecht, 4. Aufl. 2015, Rn. 983) – ist zur Festlegung von Verrechnungspreisen im Rahmen der steuerlichen Ergebnisermittlung und deren Prüfung darauf abzustellen, ob unabhängige Dritte in der gleichen oder einer ähnlichen Situation wie der Steuerpflichtige die betreffenden Geschäfte zu gleichen oder ähnlichen Bedingungen vereinbaren würden (*BMF*, Schrb. v. 12.04.2005, Gz. IV B 4 – S 1341 – 1/05, BStBl. 2005 I, S. 570 (580 – Ziff. 3.4.10.2)).

zwecks einer Verhinderung des BEPS-Phänomens. Bei der indirekten Methode werden die nach einer unionsweit einheitlichen steuerlichen Bemessungsgrundlage ermittelten Gewinne einer Gruppe von verbundenen Unternehmen konsolidiert und sodann den einzelnen Mitgliedstaaten im Lichte einer auf pauschalierenden Schlüsselgrößen basierenden Formel entsprechend zugeteilt. Den Mitgliedstaaten verbleibt lediglich die Kompetenz, ihre Steuersätze für die zugeteilten Gewinne selbst festzulegen. Vor diesem Hintergrund wird bereits die *Ursache* der bisher bekannten und auf das BEPS-Phänomen schließenden Steuervermeidungspraktiken verhindert. Zur Umsetzung dieses Vorschlags wurde von der EU der Vorschlag unterbreitet, dass sich die Mitgliedstaaten zunächst auf eine Gemeinsame Körperschaftsteuer-Bemessungsgrundlage (kurz: „GKB") einigen sollten, bevor in einem zweiten Schritt die Konsolidierung thematisiert wird. Die hierzu vorgelegten Richtlinien-Entwürfe müssten allerdings von den Mitgliedstaaten gemäß Art. 115 AEUV einstimmig verabschiedet werden.

Gemeinsam ist beiden Methoden, dass sie sich gleichsam unter anderem zum Ziel setzen, eine Besteuerung am Ort der Wertschöpfung zu gewährleisten. In anderen Worten sollte eine abschließende Besteuerung im jeweiligen Quellenstaat erfolgen, sodass dem Territorialitätsprinzip gegenüber dem Welteinkommensprinzip in beiden politischen Konzepten der Vorrang eingeräumt wird. Allerdings wirkt sich die unterschiedliche Herangehensweise zur Gewährleistung dieses Ziels auf die Art der zu befürchtenden Steuervermeidungspraktiken und infolgedessen auch auf die konkrete Ausgestaltung der hierzu erforderlichen Gegenmaßnahmen aus. Da die *indirekte* Methode bereits die *Ursache* der klassischen Steuervermeidungspraktiken versucht zu verhindern, indem es eine harmonisierte Definition der Besteuerungsbefugnisse in Form einer pauschalierenden Formel unionsrechtlich kodifiziert, eröffnen sich neue Möglichkeiten von Steuervermeidungspraktiken – namentlich durch Gestaltungen zur scheinbaren[1219] oder tatsächlichen, allerdings zweckentfremdenden[1220]

1219 *J.M. Weiner*, in: ifo Studien 2002, S. 519 (528); *N. Herzig/M. Teschke/Ch. Joisten*, in: Intertax 2010, S. 334 (337, 339 ff.); *M.J. García-Torres Fernández*, in: Intertax 2012, S. 598 (599); *M. de Wilde*, in: ELRev. 7 (2014), S. 24 (30, 34 ff.); ebenso *O.H. Jacobs/D. Endres/Ch. Spengel*, in: Jacobs (Begr.), Internationale Unternehmensbesteuerung, 8. Aufl. 2016, S. 240; *A. Eiling*, in: IWB 2017, S. 49 (54); vgl. auch *OECD*, Verrechnungspreisleitlinien für multinationale Unternehmen und Steuerverwaltungen 2017, Rn. 1.23.

1220 *P.B. Sørensen*, in: CESifo Forum 1/2002, S. 31 (33 f.); *J.M. Weiner*, in: ifo Studien 2002, S. 519 (527); *U. Schreiber*, in: StuW 2004, S. 212 (217, 220); *A. Oestreicher*, in: Endres/Oestreicher/Scheffler/Schreiber/Spengel (Hrsg.), FS Jacobs, S. 73 (88);

Funktionsverlagerung.[1221] Zu dessen Korrektur soll den zuständigen Behörden der im Einzelfall betroffenen Mitgliedstaaten die Möglichkeit eröffnet werden, anhand einer Schutzklausel einstimmig herausgearbeitete alternative Methoden zur Gewinnaufteilung anzuwenden. In anderen Worten kann die durch *alle* Mitgliedstaaten im Rahmen eines besonderen Gesetzgebungsverfahrens zugestimmte kodifizierte Formel zur Gewinnaufteilung durch *einzelne* Mitgliedstaaten mittels ihrer Behörden einzelfallbezogen abgeändert werden. Neben den demokratischen Bedenken aufgrund einer faktischen Kompetenzverlagerung von den Legislativ- hin zu den Exekutivorganen mit der Folge erheblicher Rechtsunsicherheiten zulasten der Unternehmen, droht die Aufteilung der Besteuerungsbefugnisse zu einem reinen Politikum zu werden. Die konkret anzuwendende Methode könnte im Ergebnis also ein Verhandlungsergebnis kontrahierender Interessen der betroffenen Mitgliedstaaten darstellen, das wohl eher die Machtverhältnisse der einzelnen Mitliedstaaten innerhalb der EU widerspiegelt. Dieses Problem stellt sich bei der *direkten* Methode hingegen nicht. Indem die bereits bekannten, klassischen Steuervermeidungspraktiken lediglich in ihrer *Folge* bekämpft werden, konzentrieren sich die Maßnahmen auf die konkrete Ausgestaltung von Anti-Missbrauchsvorschriften. In diesem Rahmen werden die Besteuerungsbefugnisse allerdings nicht gesetzlich definiert, sondern könnten lediglich mittelbar im Rahmen der Rechtsfortbildung Berücksichtigung finden. Mithin würde diese Frage den Judikativorganen der EU überlassen werden, welche sich allein den Werten und Zielen des Unionsrechts verpflichtet fühlen. Während im Ergebnis also die Aufteilung der Besteuerungsbefugnisse zwischen den einzelnen Mitgliedstaaten bei der *indirekten* Methode von mehreren kontrahierenden *subjektiven* Interessen geprägt ist, welche sich entsprechend der unterschiedlichen Machtverhältnisse mehr oder weniger durchsetzen, könnte bei der *direkten* Methode allein aus *objektiven* Erwägungen eines supranationalen Organs im Lichte übergeordneter

---

W. Scheffler, in: Oestreicher (Hrsg.), Konzernbesteuerung, S. 305 (330 f.); *A. Glaser*, in: DStR 2011, S. 2317 (2323); *O.H. Jacobs/D. Endres/Ch. Spengel*, in: Jacobs (Begr.), Internationale Unternehmensbesteuerung, 8. Aufl. 2016, S. 240; vgl. auch *D. Wellisch*, in: StuW 2004, S. 267 (272); *E. Röder*, in: WTJ 4 (2012), S. 125 (135); *M. de Wilde*, in: ELRev. 7 (2014), S. 24 (30).

1221 Dies lässt sich vor allem auf das weiterhin fortbestehende Steuergefälle innerhalb der EU, die typisierenden und pauschalierenden Schlüsselgrößen im Rahmen der formelhaften Gewinnaufteilung sowie den Wegfall einer Berücksichtigung konzerninterner Liefer- und Leistungsbeziehungen zurückführen.

ökonomischer Interessen der gesamten EU eine kollektiv-rationale Entscheidung begründet werden.

Ob und inwieweit die Steuerhoheiten im Rahmen der direkten Methode zur Verhinderung des BEPS-Phänomens schließlich berücksichtigt werden, bemisst sich nicht zuletzt auch nach der unionsrechtlichen Ausgestaltung der Anti-Missbrauchsvorschriften. In diesem Zusammenhang ist die ATAD als zukünftiger politischer Pfad der EU zur Bekämpfung von Steuervermeidungspraktiken zu verstehen. Neben der Adaption des allgemeinen Rechtsgrundsatzes zum unionsrechtlichen Missbrauchskonzept, ergänzt um eine nachgelagerte Ebene zu dessen Ergebnis-Korrektur, weist die Richtlinie eine besondere Nähe zu den Ergebnissen des Anti-BEPS-Projekts der OECD auf und versucht diese innerhalb der EU umzusetzen. Es stellt sich somit die Kernfrage, welche Auswirkung dieser neue politische Pfad in Form der kodifizierten ATAD auf das Unionsrecht und dessen Missbrauchsverständnis hat bzw. welche Bedeutung dem Aspekt einer ausgewogenen Aufteilung der Besteuerungsbefugnisse zur Bestimmung des Begriffs des „steuerrechtlichen Missbrauchs" mittels der Besteuerung am Ort der Wertschöpfung nunmehr konkret zukommt.

6. Teil: Auswirkung auf das Begriffsverständnis des „steuerrechtlichen Missbrauchs" im Unionsrecht

Bevor die konkrete Auswirkung der ATAD auf das Unionsrecht und den Begriff des „steuerrechtlichen Missbrauchs" festgestellt werden kann (*B.*), gilt es zunächst ihre rechtliche Wirksamkeit zu untersuchen (*A.*).

A. Rechtswirksamkeit der ATAD

Zur Untersuchung eben jener Rechtswirksamkeit der ATAD ist zunächst die Besonderheit der Richtlinie herauszuarbeiten (*I.*), um sodann in dessen Lichte ihre Unionsrechtmäßigkeit zu überprüfen (*II.*).

I. Die neue Zielsetzung der EU hinsichtlich der direkten Steuern im Rahmen des Sekundärrechts

Wie bereits festgestellt wurde,[1222] wirkt sich die konkrete Reichweite der Zielsetzung von Richtlinien auf die Reichweite des im Rahmen einer Richtlinie geregelten Begriffs eines „steuerrechtlichen Missbrauchs" aus. Bisher zielten die Richtlinien zu direkten Steuern stets auf den Abbau von Hemmnissen für den Binnenmarkt ab, indem mittels einer aktiven Einräumung von Rechten für den Steuerpflichtigen vor allem Doppelbesteuerungen sowie anderweitige nachteilige steuerliche Vorschriften verhindert und die Entscheidungsfreiheit der Steuerpflichtigen zur grenzüberschreitenden wirtschaftlichen Tätigkeit uneingeschränkt gewährleistet werden sollte.[1223] In anderen Worten gingen die

---

1222 Siehe hierzu *3. Teil* GldPkt. B II 2.

1223 Die drei maßgeblichen Richtlinien zur *direkten* Steuer sind die Fusionsrichtlinie (kurz: „FuRi"; ursprünglich *Rat d. EG*, RL v. 23.07.1990, Nr. 90/434/EWG – „*Fusionsrichtlinie*", ABl. 1990 L 225 (de), S. 1; neugefasst durch *Rat d. EU*, RL v. 19.10.2009, Nr. 2009/133/EG – „*Fusionsrichtlinie*", ABl. 2009 L 310 (de), S. 34), Zins- und Lizenzrichtlinie (kurz: „ZiLiRi"; *Rat d. EU*, RL v. 03.06.2003, Nr. 2003/49/EG – „*Zins- und Lizenzrichtlinie*", ABl. 2003 L 157 (de), S. 49) sowie Mutter-Tochter-Richtlinie (kurz: „MuToRi"; ursprünglich *Rat d. EG*, RL v. 23.07.1990, Nr. 90/435/EWG – „*Mutter-Tochter-Richtlinie*", ABl. 1990 L 225 (de), S. 6; neugefasst durch *Rat d. EU*, RL v. 30.11.2011, Nr. 2011/96/EU – „*Mutter-Tochter-Richtlinie*",

Richtlinien grundsätzlich immer *zum Vorteil* des Steuerpflichtigen. Geregelte Missbrauchsvorschriften beschränkten sich insoweit darauf, das eingeräumte Recht aus der Richtlinie im Lichte der Zielsetzung zu begrenzen, um die Missbrauchsart eines Directive Shopping – also die Erschleichung eines steuerlichen Rechts aus der Richtlinie mittels einer missbräuchlichen Rechtsgestaltung – zu verhindern. Diese Richtlinien sind ohne Weiteres als rechtmäßig zu erachten, da sie für die Angleichung derjenigen Rechts- und Verwaltungsvorschriften der Mitgliedstaaten dienlich sind, die sich unmittelbar auf die *Errichtung* des Binnenmarkts auswirken und sich insoweit auf die Ermächtigungsgrundlage des Art. 115 AEUV stützen können.

Die ATAD obliegt hingegen nunmehr dem Ziel zur Bekämpfung schädlicher Steuervermeidungspraktiken an sich. Dabei soll vor allem die korrekte Bewertung von Unternehmenstätigkeiten in den jeweiligen Hoheitsgebieten der Mitgliedstaaten mittels einer Besteuerung am Ort der Gewinnerwirtschaftung und Wertschöpfung gewährleistet werden.[1224] Somit werden mit dieser Richtlinie im Rahmen der direkten Steuer erstmalig keine Rechte für den Steuerpflichtigen – namentlich zur Gewährleistung der Entscheidungsfreiheit – begründet, sondern stattdessen *beschränkt*, indem die Anwendbarkeit des weiterhin unterschiedlich ausgestalteten nationalen Rechts zwischenstaatlich abgestimmt wird, um so die Erschleichung von Steuervorteilen bzw. die Umgehung von Steuernachteilen anhand missbräuchlicher Rechtsgestaltungen zu verhindern. In anderen Worten gereicht die ATAD allein *zum Nachteil* des Steuerpflichtigen.[1225] Sofern

---

ABl. 2011 L 345 (de), S. 8; zuletzt geändert durch *Rat d. EU*, RL v. 27.01.2015, Nr. 2015/121 (EU) – *„Mutter-Tochter-Richtlinie"*, ABl. 2015 L 21 (de), S. 1) Die Ziele der Richtlinien sind unter den gleichen Nenner zur Schaffung binnenmarktähnlicher Verhältnisse innerhalb der EU zu fassen (*O. Rousselle/H.M. Liebman*, in: ET 2006, S. 559 (563); vgl. auch *Rat d. EU*, RL v. 19.10.2009, Nr. 2009/133/EG – *„Fusionsrichtlinie"*, ABl. 2009 L 310 (de), S. 34 (34); RL v. 30.11.2011, Nr. 2011/96/EU – *„Mutter-Tochter-Richtlinie"*, ABl. 2011 L 345 (de), S. 8 (8)). Aufgrund dieses *einseitigen* Schutzes der Entscheidungsfreiheit ist der Begriff des Missbrauchs, welcher die Entscheidungsfreiheit des Steuerpflichtigen eben beschränkt, besonders *eng* auszulegen (so auch *W. Schön*, in: Kirchhof/Nieskens (Hrsg.), FS Reiss, S. 571 (593, 596)).

1224 Vgl. *Europ. Kom.*, Mitt. v. 17.06.2015, COM(2015) 302 final (de), S. 7; *Rat d. EU*, RL v. 12.07.2016, Nr. 2016/1164 (EU) – *„ATAD I"*, ABl. 2016 L 193 (de), S. 1 (1 – ErwGrd. 1).

1225 *Ch. Kahlenberg*, in: StuB 2016, S. 911 (911); *A. Linn*, in: IStR 2016, S. 645 (652); *A. Schnitger/D. Nitzschke/R. Gebhardt*, in: IStR 2016, S. 960 (960); *Ch. Spengel/K. Stutzenberger*, in: IStR 2018, S. 37 (41). Hierin ist eine Angleichung der Zielsetzung an die Richtlinien der indirekten Steuern zu erblicken. Die

sich das zu beschränkende Recht der Entscheidungsfreiheit aus dem Unionsrecht ergibt, werden mit dem sekundärrechtlichen Instrument einer Richtlinie nunmehr auch die Missbrauchsvermeidungsvorschriften zum Rule Shopping – also die missbräuchliche Berufung auf primärrechtlich begründete Rechte der Steuerpflichtigen – durch die Schaffung eines Mindeststandards innerhalb der EU teilweise harmonisiert. Hierbei fragt sich allerdings, ob die ATAD mit ihrem belastenden Charakter gegenüber den steuerpflichtigen Unternehmen ebenfalls von der Ermächtigungsgrundlage des Art. 115 AEUV getragen werden kann, auf der sie laut des Richtlinienentwurfs ebenfalls begründet ist.[1226]

II. Vorliegen einer „unmittelbaren Auswirkung auf das Funktionieren des Binnenmarkts" gemäß Art. 115 AEUV

Neben dem Zweck zur Errichtung eines Binnenmarkts, kann der Rat der EU gemäß Art. 115 AEUV im Rahmen eines besonderen Gesetzgebungsverfahrens Richtlinien auch zwecks der Angleichung jener Rechts- und Verwaltungsvorschriften der Mitgliedstaaten erlassen, welche sich unmittelbar auf das

---

Mehrwertsteuer-Systemrichtlinie zur *indirekten* Steuer zielt etwa auf die Gewährleistung einer steuerlichen Gleichbehandlung zur Schaffung gleicher Wettbewerbsvoraussetzungen *aller* Wirtschaftssubjekte ab (vgl. *Rat d. EU*, RL v. 28.11.2006, Nr. 2006/112/EG – *„Mehrwertsteuer-Systemrichtlinie"*, ABl. 2006 L 347 (de), S. 1 (1 – ErwGrd. 4 f.)). Dies lässt den Schluss zu, dass die Erschleichung steuerlicher Vorteile durch die Harmonisierung der Steuersysteme allumfassend vermieden werden soll. Mithin gereicht die Richtlinie nicht einseitig den multinational tätigen Unternehmen zum Vorteil, sondern berücksichtigt auch die mit einer Harmonisierung möglicherweise einhergehende Benachteiligung rein national tätiger Unternehmen. Der Entscheidungsfreiheit multinational tätiger Unternehmen im Lichte der Zielsetzung der Richtlinie wird ebendort Grenzen gesetzt, wo durch die Wahl einer Rechtsgestaltung steuerliche Vorteile gegenüber rein national tätigen Unternehmen eingeräumt werden. Aufgrund dieses *beidseitigen* Schutzes ist das Missbrauchsverständnis im Rahmen der Erschleichung von sekundärrechtlichen Ansprüchen der Mehrwertsteuer-Systemrichtlinie vergleichsweise *weit* zu fassen, soweit es nicht das nationalrechtliche Missbrauchsverständnis zulasten des Steuerpflichtigen korrigiert (ähnlich wohl auch *O. Rousselle/H.M. Liebman*, in: ET 2006, S. 559 (563)). Eine Korrektur zulasten des Steuerpflichtigen würde gegen das Gebot der Rechtssicherheit verstoßen, welches bei dem rechtlichen Missbrauch indirekter Steuern berücksichtigt werden muss, da mangels eines harmonisierten Missbrauchsverbots weiterhin auf den allgemeinen Rechtsgrundsatz zurückgegriffen wird.

1226 *Europ. Kom.*, Mitt. v. 17.06.2015, COM(2015) 302 final (de), S. 4.

Funktionieren des Binnenmarkts auswirken. Eben dieser Alternative widmet sich auch die ATAD mit den Vorschriften zur Bekämpfung von Steuervermeidungspraktiken.[1227]

Die Angleichung von Rechtsvorschriften der Mitgliedstaaten ist unproblematisch in der sekundärrechtlichen Maßnahme eines teilharmonisierten Missbrauchskonzepts zu erblicken, welche es in Form eines Mindeststandards in die nationalen Rechtsvorschriften umzusetzen gilt. Hinsichtlich der konkreten Wirkungsart ist zunächst festzustellen, was unter der „unmittelbaren Auswirkung auf das Funktionieren des Binnenmarkts" genau zu verstehen ist, bevor es sodann zu subsumieren gilt, ob und inwieweit sich die sekundärrechtliche Maßnahme der ATAD zu dessen Wirksamkeit gemäß Art. 115 AEUV hierauf schließlich unmittelbar auswirken kann.

1. Bisherige Auslegung der Anforderung

Der Begriff des „Binnenmarkts" wird – zur Erinnerung – gemäß Art. 26 Abs. 2 AEUV als Raum ohne Binnengrenzen definiert, in dem der freie Verkehr von Waren, Personen, Dienstleistungen und Kapital gemäß den Bestimmungen der Verträge gewährleistet ist.[1228] In anderen Worten handelt es sich bei diesem Konzept um eine konkrete Ausprägung einer offenen Volkswirtschaft.[1229] Klarstellend versteht das *Schrifttum* den Binnenmarkt vor diesem Hintergrund als ökonomische Wettbewerbsgemeinschaft, in welcher sich die Produktionsfaktoren Arbeit und Kapital frei von protektionistischen Maßnahmen der Mitgliedstaaten an den Ort bewegen können, wo sie am effizientesten wirken können.[1230] Das Binnenmarktideal sei also in einer optimalen Allokationseffizienz zu erblicken.[1231]

Mit dem Abstellen auf die „Errichtung" und das „Funktionieren" dieses Binnenmarkts knüpft das Instrumentarium der Rechtsangleichung gemäß Art. 114 AEUV und dem hier einschlägigen Art. 115 AEUV überdies an die Vorschriften des Art. 3 Abs. 3 UAbs. 1 S. 1 EUV und Art. 26 Abs. 1 AEUV

1227 *Rat d. EU*, RL v. 12.07.2016, Nr. 2016/1164 (EU) – „*ATAD I*", ABl. 2016 L 193 (de), S. 1 (1).

1228 Siehe hierzu *3. Teil* GldPkt. A II 1 a).

1229 Vgl. hierzu *4. Teil* GldPkt. B I 1 b).

1230 *J. Schönfeld*, in: IStR 2017, S. 721 (722); kritisch hierzu *M. Kreienbaum*, in: Lang (Hrsg.), DStJG 41 (2018), S. 475 (477 ff.).

1231 *W. Schön*, in: Pelka (Hrsg.), DStJG 23 (2000), S. 191 (193 f.); *ders.*, in: BIT 2015, S. 271 (272); *J. Hey*, in: Lang (Hrsg.), DStJG 41 (2018), S. 9 (38 f.).

an,[1232] womit ihm gleichzeitig der dynamische und integrationspolitische Charakter eben jener Vorschriften des Unionsrechts immanent ist.[1233] Zu solchen integrationstheoretischen Konzepten hat sich in der *Literatur* die Schule des Institutionalismus entwickelt, welche die internationalen politischen Beziehungen genau untersucht und sich dabei in die Lehren des Funktionalismus und Föderalismus unterteilen lässt.[1234] Der *Föderalismus* ist vor allem von einer formalistisch vorab festgelegten Strategie geprägt, die einen *sprunghaften* Integrationsfortschritt begründet, indem sich die Parteien aufgrund gemeinsamer Interessen eine gemeinsame Ordnung geben, ohne allerdings die eigene Identität zu verlieren.[1235] Der *Funktionalismus* beschreibt hingegen einen *graduellen* Prozess, welcher weniger von territorial fixierten politischen Aktionen und Interessen, sondern vielmehr von grenzübergreifenden Interdependenzen und pragmatischen Aspekten objektiver bzw. kollektiv-rationaler Art geprägt ist.[1236] Streng genommen erachtet dieser graduelle Prozess, welcher sich allein einem Entwicklungs- und Modernisierungsprozess verschreibt, bereits eine kodifizierte und damit rein föderalistisch geprägte Grundordnung zur Definition von Zielen und Werten – zu denken sei an eine Verfassung – als überflüssig.[1237]

Projiziert man nunmehr die Integrationstheorien des Föderalismus und Funktionalismus auf das unionsrechtliche Instrument der Rechtsangleichung, so kann festgestellt werden, dass das Instrument zunächst zwar einer Erfüllung der in Art. 3 EUV genannten Unionsziele dient.[1238] Allerdings kommt

---

1232 *St. Korte*, in: Calliess/Ruffert (Hrsg.), EUV/AEUV, 5. Aufl. 2016, Art. 115 AEUV Rn. 7; vgl. auch *H.-H. Herrnfeld*, in: Schwarze (Hrsg.), EU-Kommentar, 4. Aufl. 2019, Art. 114 AEUV Rn. 8.

1233 *Ch. Tietje*, in: Grabitz/Hilf/Nettesheim (Hrsg.), Das Recht der Europäischen Union, 66. EL 2019, Art. 115 AEUV Rn. 16; siehe zum dynamischen und integrationspolitischen Charakter auch *3. Teil* GldPkt. A II 1 a).

1234 *V. Rittberger/B. Zangl/A. Kruck*, Internationale Organisationen, 4. Aufl. 2013, S. 32 f.

1235 *C.J. Friedrich*, in: PVS 5 (1964), S. 154 (169, 175).

1236 *D. Mitrany*, A Working Peace System, S. 6, 54; *E.B. Haas*, The Obsolescence of Regional Integration Theory, S. 12 f.; *A. Peters*, Elemente einer Theorie der Verfassung Europas, S. 195.

1237 *E.B. Haas*, The Obsolescence of Regional Integration Theory, S. 12.

1238 *Ch. Tietje*, in: Grabitz/Hilf/Nettesheim (Hrsg.), Das Recht der Europäischen Union, 66. EL 2019, Art. 114 AEUV Rn. 6; vgl. auch *H. v.d. Groeben*, in: NJW 1970, S. 359 (359); *H.F.O. Kutscher*, in: Begegnung von Justiz und Hochschule, S. I-3 (I-31); *N. Reich*, in: Horn (Hrsg.), FS Coing, Bd. II, S. 441 (461); *Ch. Eiden*, Die Rechtsangleichung gem. Art. 100 des EWG-Vertrages, S. 45; *M. Wagner*, Das

ihm im Rahmen dieser *föderalistisch* geprägten Aufgabe der Ziel*verwirklichung* auch eine *funktionalistisch* geprägte Aufgabe der Ziel*bestimmung* insoweit zu, dass auf Grundlage des jeweils erreichten Standes der Entwicklung jene zur Erfüllung der unionsrechtlich festgelegten Aufgaben erforderlichen Maßnahmen festzustellen sind.[1239] Vor diesem Hintergrund wird vertreten, es handele sich bei der „Errichtung" und dem „Funktionieren" lediglich um zwei zeitlich aufeinander aufbauende Integrationsphasen. Während die „Errichtung" als ebenfalls in Art. 3 Abs. 3 UAbs. 1 S. 1 EUV festgesetzte Ziel*verwirklichung* zunächst die erstmalige Beseitigung von Binnenmarktschranken betreffe, beziehe sich das „Funktionieren" als nachgelagerte Ziel*bestimmung* auf dessen spätere Anpassung, um für eine fortwährende Funktionsoptimierung Sorge zu tragen.[1240] In Anlehnung an Art. 114 Abs. 3 AEUV erfordere diese Funktionsoptimierung insoweit vor allem die Möglichkeit einer Änderung von einmal erlassenen harmonisierten Rechtsvorschriften an neue Entwicklungen sowohl von wissenschaftlicher und technischer als auch wirtschaftlicher oder

---

Konzept der Mindestharmonisierung, S. 25; siehe zum allgemeinen Verhältnis der Vertragsziele der EU zueinander *3. Teil* GldPkt. A II 1 c).

1239 *H. v.d. Groeben*, in: NJW 1970, S. 359 (360); *Ch. Tietje*, in: Grabitz/Hilf/Nettesheim (Hrsg.), Das Recht der Europäischen Union, 66. EL 2019, Art. 114 AEUV Rn. 7. Da mit dem sich nach den rechtspositiven Grenzen des unionalen Primärrechts zu bemessenden Integrationsprozess einer fortschreitenden Rechtsangleichung innerhalb der EU zwangsläufig auch eine Intensivierung der politischen Integration einhergehe, wird *zum Teil* vertreten, dass die Rechtsangleichung überdies in mittelbarer Hinsicht auch immer einen politischen und gesellschaftlichen Zweck verfolge, welcher *über* jene positivierten Zwecke *hinaus*gehe (*Ch. Tietje*, in: Grabitz/Hilf/Nettesheim (Hrsg.), Das Recht der Europäischen Union, 66. EL 2019, Art. 115 AEUV Rn. 18; vgl. wohl auch *A. Bleckmann*, in: EuR 1979, S. 239 (257 f.); *Ch. Eiden*, Die Rechtsangleichung gem. Art. 100 des EWG-Vertrages, S. 46; *Ch. Hillgruber*, in: Krause/Veelken/Vieweg (Hrsg.), GS Blomeyer, S. 597 (606)). Die *Gegenmeinung* verneint dies mit der Begründung, dass das Instrument der Rechtsangleichung insoweit kein Selbstzweck sei, sondern *allein* einem bestimmten Zweck zu *dienen* habe (*I.E. Schwartz*, in: v. Caemmerer/Schlochauer/Steindorff (Hrsg.), FS Hallstein, S. 474 (486); *H.C. Taschner*, in: v.d. Groeben/Schwarze (Hrsg.), EUV/EGV, Bd. II, 6. Aufl. 2003, Art. 94 EGV Rn. 39).

1240 *P.-Ch. Müller-Graff*, in: EuR 1989, S. 107 (131); *H.C. Taschner*, in: v.d. Groeben/Schwarze (Hrsg.), EUV/EGV, Bd. II, 6. Aufl. 2003, Art. 94 EGV Rn. 41; *C.D. Classen*, in: v.d. Groeben/Schwarze/Hatje (Hrsg.), Europäisches Unionsrecht, 7. Aufl. 2015, Art. 114 AEUV Rn. 41; *M. Schröder*, in: Streinz (Hrsg.), EUV/AEUV, 3. Aufl. 2018, Art. 115 AEUV Rn. 7.

politischer Art,[1241] um neben den wirtschaftlichen Aspekten vor allem auch im Lichte der sozialen Ziele der EU ein höheres Schutzniveau zu gewährleisten.[1242] Allerdings sei eine Anpassung nur insoweit möglich, als sie zum Zeitpunkt des Erlasses vom gesetzgeberischen Ermessensspielraum gedeckt gewesen wäre – namentlich der Errichtung eines Binnenmarkts mittels der Beseitigung tatsächlich bestehender Hemmnisse nicht zuwiderlaufe.[1243]

Abschließend ist eine Rechtsangleichung der einzelnen mitgliedstaatlichen Vorschriften nur dann rechtmäßig, wenn dessen Nicht-Harmonisierung eine „unmittelbare Auswirkung“ auf die Errichtung oder das Funktionieren des Binnenmarkts hat.[1244] Im Lichte des festgestellten Verständnisses der Literatur

---

1241 *EuGH*, Urt. v. 10.12.2002, Rs. C-491/01 – „*BAT*“, Slg. 2002 (de), S. I-11453 (I-11579 – Rn. 79 f.); *Ch. Hillgruber*, in: Krause/Veelken/Vieweg (Hrsg.), GS Blomeyer, S. 597 (605 f.); a.A.: Es sei eine neue Erkenntnis *wissenschaftlicher* Art erforderlich (*W. Schroeder*, in: EuZW 2001, S. 489 (491)).

1242 *J. Pipkorn/A. Bardenhewer-Rating/H.C. Taschner*, in: v.d. Groeben/Schwarze (Hrsg.), EUV/EGV, Bd. II, 6. Aufl. 2003, Art. 95 EGV Rn. 34; *Ch. Hillgruber*, in: Krause/Veelken/Vieweg (Hrsg.), GS Blomeyer, S. 597 (605 f.); *M. Ludwigs*, Rechtsangleichung nach Art. 94, 95 EG-Vertrag, S. 231; *C.D. Classen*, in: v.d. Groeben/Schwarze/Hatje (Hrsg.), Europäisches Unionsrecht, 7. Aufl. 2015, Art. 114 AEUV Rn. 86; vgl. auch *Y. Bock*, Rechtsangleichung und Regulierung im Binnenmarkt, S. 159 ff.; *H.-H. Herrnfeld*, in: Schwarze (Hrsg.), EU-Kommentar, 4. Aufl. 2019, Art. 114 AEUV Rn. 32.

1243 *H.-G. Kamann*, in: ZEuS 2001, S. 23 (39 f.); *Ch. Koenig/J. Kühling*, in: EWS 2002, S. 12 (17); *M. Ludwigs*, Rechtsangleichung nach Art. 94, 95 EG-Vertrag, S. 232; *Ch. Tietje*, in: Grabitz/Hilf/Nettesheim (Hrsg.), Das Recht der Europäischen Union, 66. EL 2019, Art. 114 AEUV Rn. 113.

1244 Wann eine „Unmittelbarkeit“ anzunehmen sei, ist umstritten. Der *EuGH* lässt die *Geeignetheit zur Beeinträchtigung* des Binnenmarkts genügen (*EuGH*, Urt. v. 16.12.1976, Rs. 33/76 – „*Rewe*“, Slg. 1976 (de), S. 1989 (1998 – Rn. 5); Urt. v. 11.06.1991, Rs. C-300/89 – „*Kommission/Rat*“, Slg. 1991 (de), S. I-2867 (I-2901 – Rn. 23); Urt. v. 05.10.2000, Rs. C-376/98 – „*Deutschland/Parlament und Rat*“ / „*Tabakwerbeverbot*“, Slg. 2000 (de), S. I-8419 (I-8529 – Rn. 106); Urt. v. 12.12.2006, Rs. C-380/03 – „*Deutschland/Parlament und Rat*“, Slg. 2006 (de), S. I-11573 (I-11644 – Rn. 37); Urt. v. 08.06.2010, Rs. C-58/08 – „*Vodafone*“, ECLI:EU:C:2010:321, Rn. 32). In der *Literatur* stellt eine *Mindermeinung* auf die *mangelnde Förderung* des Binnenmarkts ab (*H.C. Taschner*, in: v.d. Groeben/Schwarze (Hrsg.), EUV/EGV, Bd. II, 6. Aufl. 2003, Art. 94 EGV Rn. 36; vgl. wohl auch *H.P. Ipsen*, Europäisches Gemeinschaftsrecht, S. 690). Die *herrschende Meinung* fordert hingegen, dass sich die unterschiedliche Ausgestaltung der mitgliedstaatlichen Vorschriften mit einer gewissen Intensität *spürbar störend* auf den Binnenmarkt auswirken muss (*M. Ludwigs*, Rechtsangleichung nach Art. 94, 95 EG-Vertrag, S. 185; *W. Kahl*,

hinsichtlich des Begriffs des „Funktionierens“ eines Binnenmarkts könne auch insoweit eine „Auswirkung“ der mitgliedstaatlichen Vorschriften nur dann angenommen werden, wenn sie spürbare Hemmnisse für den freien Waren- oder Dienstleistungsverkehr oder Wettbewerbsverzerrungen begründen.[1245]

Der *EuGH* folgt dieser Auffassung der Literatur in seiner grundlegenden Entscheidung zur Tabakwerbe-Richtlinie 98/43/EG aus dem Jahre 2000 dahingehend, dass eine Harmonisierung zwecks der Errichtung und dem Funktionieren des Binnenmarkts nur dann rechtmäßig sei, wenn erstens ein Binnenmarkthemmnis – sei es durch eine Beeinträchtigung des freien Waren- bzw. Dienstleistungsverkehrs oder eine Wettbewerbsverzerrung – vorliege und zweitens eben jenes Hindernis mittels der Harmonisierungsmaßnahme beseitigt werde.[1246]

Legt man dieses Verständnis der in Art. 115 AEUV kodifizierten Rechtsangleichung nunmehr der ATAD zugrunde, so muss festgestellt werden, dass eine „unmittelbare Auswirkung auf das Funktionieren des Binnenmarkts“ *nicht* angenommen werden kann. Indem die ATAD nur zum Nachteil des Steuerpflichtigen geht, fördert sie weder die Errichtung noch das Funktionieren des Binnenmarkts nach dem obigen Verständnis, sondern steht gar in dessen Widerspruch. Mit dem Ziel der ATAD zur Bekämpfung von Steuervermeidungspraktiken werden keine Maßnahmen ergriffen, um Hemmnisse zur Verwirklichung des Binnenmarkts zu beseitigen bzw. die Entscheidungsfreiheit der Staatsangehörigen eines Mitgliedstaats durch das Recht aus den Grundfreiheiten nachdrücklich zu gewährleisten oder eine Wettbewerbsverfälschung hinsichtlich der Unternehmen zu verhindern. Vielmehr könnten sich jene durch die Richtlinie zu verhindernden Steuervermeidungspraktiken durch

---

in: Calliess/Ruffert (Hrsg.), EUV/AEUV, 4. Aufl. 2011, Art. 115 AEUV Rn. 7; *D.-E. Khan*, in: Geiger/Khan/Kotzur (Hrsg.), EUV/AEUV, 6. Aufl. 2017, Art. 115 AEUV Rn. 4; *M. Schröder*, in: Streinz (Hrsg.), EUV/AEUV, 3. Aufl. 2018, Art. 115 AEUV Rn. 8; *M. Haag*, in: Bieber/Epiney/Haag/Kotzur (Hrsg.), Die Europäische Union, 13. Aufl. 2019, § 17 Rn. 23; *H.-H. Herrnfeld*, in: Schwarze (Hrsg.), EU-Kommentar, 4. Aufl. 2019, Art. 115 AEUV Rn. 5).

1245 *H.G. Fischer*, in: Lenz/Borchardt (Hrsg.), EU-Verträge, 6. Aufl. 2013, Art. 115 AEUV Rn. 2; *M. Schröder*, in: Streinz (Hrsg.), EUV/AEUV, 3. Aufl. 2018, Art. 115 AEUV Rn. 9; vgl. auch *W. Kahl*, in: Calliess/Ruffert (Hrsg.), EUV/AEUV, 4. Aufl. 2011, Art. 114 AEUV Rn. 21.

1246 *EuGH*, Urt. v. 05.10.2000, Rs. C-376/98 – *„Deutschland/Parlament und Rat“ / „Tabakwerbeverbot“*, Slg. 2000 (de), S. I-8419 (I-8523 f. – Rn. 81 ff.); Urt. v. 10.12.2002, Rs. C-491/01 – *„BAT“*, Slg. 2002 (de), S. I-11453 (I-11574 – Rn. 60).

zu *weitreichende* Entscheidungsfreiheiten des Steuerpflichtigen – namentlich aus einer missbräuchlichen Berufung auf die Grundfreiheiten – erst ergeben. Nach dem geschilderten Begriffsverständnis könnte die ATAD somit vielmehr das „Funktionieren" des Binnenmarkts *verhindern*, sofern die Entscheidungsfreiheit des Steuerpflichtigen im Sinne einer Berufung auf die Grundfreiheiten beschränkt wird.

2. *Nunmehrige Auslegung der Anforderung im Lichte der wirtschaftspolitischen Entwicklung*

Statt die ATAD gemäß der bisherigen Auslegung der Anforderungen zur „unmittelbaren Auswirkung auf das Funktionieren des Binnenmarkts" als rechtswidrig zu erachten, könnte sich aus der wirtschaftspolitischen Entwicklung vielmehr eine *Fortbildung* des Begriffsverständnisses zum „Funktionieren" eines Binnenmarkts herleiten lassen. Namentlich könnte sich die Ziel*bestimmung* mittels dem unionalen Sekundärrecht zwecks der Erfüllung der übergeordneten, föderalistisch geprägten Aufgabe zur Ziel*verwirklichung* aus dem unionalen Primärrecht aufgrund der geschilderten wirtschaftspolitischen Entwicklung zur Bekämpfung der Gewinnverkürzung und Gewinnverlagerung im Lichte der funktionalistischen Integrationstheorie in einem graduellen Prozess angepasst haben, indem das Funktionieren eines Binnenmarkts aus dem Schatten jener Errichtung herausgetreten ist. Um die maßgeblichen Untersuchungsschritte eines solchen graduellen Prozesses herausarbeiten zu können, erscheint es zunächst notwendig, die Kernaussagen der Lehre des Funktionalismus darzustellen.

a) *Der Neofunktionalismus als theoretischer Ausgangspunkt*

Der Funktionalismus lässt auf eine langjährige Entwicklung zurückblicken, welche nunmehr in einem reifen Neofunktionalismus mündete. Im *ursprünglichen Funktionalismus* wurde angenommen, dass die Interdependenzen allein von sich graduell ausweitenden funktionalen Aktivitäten im Sinne eines technischen Fortschritts bzw. wirtschaftlicher Kooperationen rein unideologischer und pragmatischer Art abhingen, welche eine hiervon als getrennt zu betrachtende politische Integration *automatisch* nach sich ziehe.[1247] Man folgte kurzgefasst dem Leitsatz *„form follows function"*.[1248] Im nunmehr vorherrschenden

---

1247 *D. Mitrany*, The Progress of International Government, S. 125.

1248 *P. Taylor*, in: Groom/Taylor (Hrsg.), Frameworks for International Co-operation, S. 125 (126); *J.M. Gabriel*, in: Aussenwirtschaft 55 (2000), S. 121 (156); *A. Peters*, Elemente einer Theorie der Verfassung Europas, S. 195; *V. Rittberger/B. Zangl/A.*

Neofunktionalismus wird von dieser zunächst angenommenen Trennbarkeit unpolitischer – rein wirtschaftlicher und technischer – sowie politischer Sektoren abgesehen und stattdessen von einer gegenseitigen Abhängigkeit von Wirtschaft und Politik ausgegangen.[1249] Dabei sei der Integrationsprozess nicht nur als entwicklungsgesetzliche Folge eines technischen Fortschritts und somit allein als Entwicklungs- und Modernisierungsprozess anzusehen.[1250] Vielmehr müsse den politischen Optionen eine selbständige Bedeutung eingestanden werden. In anderen Worten sei nebst der funktionalen Aktivität *technokratischer* Art eine eigenständige Kreativität *politischer* Art erforderlich, um einen dynamischen Integrationsprozess zu gewährleisten.[1251]

Kruck, Internationale Organisationen, 4. Aufl. 2013, S. 33; *M.P. Karns/K.A. Mingst/K.W. Stiles*, International Organizations, 3. Aufl. 2015, S. 49; ähnlich: „function determines structure" (*D. Mitrany*, in: JCMS 4 (1965), S. 119 (144)); vgl. auch *D. Mitrany*, A Working Peace System, S. 35; *C. Navari*, in: Long/Wilson (Hrsg.), Thinkers of the Twenty Years' Crisis, S. 230 f.

1249 *E.B. Haas*, The Obsolescence of Regional Integration Theory, S. 72.

1250 Zunächst wurde an einer automatischen Auswirkung funktionaler Aspekte auf die politische Entscheidungsfindung als Spillover-Effekt weiterhin festgehalten, indem angenommen wurde, dass eine technokratische Elite bestehe (vgl. *E.B. Haas*, The Uniting of Europe, S. 292; *B. Kohler-Koch*, in: Kreile (Hrsg.), PVS-Sonderheft 23 (1992), S. 81 (109)). Nach dieser habe sich die politische Entscheidungsfindung und somit auch der Integrationsprozess ausschließlich zu richten (*E.B. Haas/Ph.C. Schmitter*, in: IO 18 (1964), S. 705 (717); *A. Peters*, Elemente einer Theorie der Verfassung Europas, S. 194; vgl. auch *R. Mangin*, in: Auswärtiges Amt (Hrsg.), Europa, 2. Aufl. 1953, S. 11; *C.F. Ophüls*, in: v. Caemmerer/Schlochauer/Steindorff (Hrsg.), FS Hallstein, S. 387 (388); *W. Hallstein*, Die Europäische Gemeinschaft, S. 21). Allerdings sind Vertreter dieses einstigen Ansatzes des Neofunktionalismus selbst zu der Erkenntnis gelangt, dass eine solche sich selbst generierende, rein pragmatische politische Entscheidungsfindung nicht ohne Weiteres gelingen könne. So habe man eingesehen, dass die erforderliche Interessenkonvergenz der einzelnen politischen Akteure, von denen die ausschlaggebende Entscheidungsfindung zur Integration final abhinge, zu wenig hinterfragt und mögliche auf die Entscheidungsfindung einwirkende exogene Faktoren nicht berücksichtigt worden seien (vgl. *E.B. Haas*, The Obsolescence of Regional Integration Theory, S. 11, 15, 87 f.). Vor diesem Hintergrund erfuhr der Neofunktionalismus eine Neuausrichtung.

1251 *L.N. Lindberg/St.A. Scheingold*, Europe's Would-Be Polity, S. 217, 301; vgl. auch *R.J. Harrison*, in: Groom/Taylor (Hrsg.), Frameworks for International Co-operation, S. 139 (146 f.); *R.O. Keohane/St. Hoffman*, in: Wallace (Hrsg.), The Dynamics of European Integration, S. 276 (277).

Folgt man dem Funktionalismus als Prämisse für die weitere Untersuchung, so bleibt festzuhalten, dass weiterhin die konkrete institutionelle Form als pragmatische Folge einer *funktionalen Aktivität* anzusehen und der Leitsatz „form follows function" sowie der Charakter eines graduellen Prozesses insoweit einschlägig ist.[1252] In dem funktionalen Entwicklungs- und Modernisierungsprozess kann insoweit eine endogene *Triebkraft* für die Integration erblickt werden. Allerdings bedarf es nebst solch funktionaler Aktivitäten einer technokratischen Elite[1253] überdies auch eines finalen *politischen Impulses*, welcher möglichen exogenen, einer Interessenkonvergenz der politischen Akteure ggf. entgegenstehenden Faktoren Rechnung trägt und sie – falls notwendig – zu überbrücken hilft. Es ist somit von einem „Push-and-Pull"-Effekt zu sprechen, wonach die funktionalen Aktivitäten den Integrationsprozess zunächst nur anstoßen, damit dieser sodann mittels politischer Aktivitäten final umgesetzt bzw. „an sich gezogen" werden kann.[1254]

Projiziert man diese theoretische Grundlage des Neofunktionalismus nunmehr auf die geschilderte wirtschaftspolitische Entwicklung im Steuerrecht, so stellt sich in einem ersten Schritt die Frage, *wem* genau als „Akteur" der Integration eine ausschlaggebende Rolle für die erforderlichen funktionalistischen Aktivitäten zugesprochen werden kann (*b)*), bevor sodann in einem zweiten Schritt festzustellen ist, *wie* jene Aktivitäten der identifizierten Akteure konkret zu qualifizieren sind und welche finalen Auswirkungen diese Aktivitäten schlussendlich auf die institutionelle Form haben (*c)*).

b) Die Rolle der internationalen Organisationen zur Förderung einer Integration

aa) Ausgangsposition als rationales „Instrument"

Der Institutionalismus nimmt neben den einzelnen Staaten auch die internationalen Organisationen in den Fokus und fragt nach dessen Rolle in der internationalen Politik.[1255] Aufgrund zunehmender Interdependenzen der Staaten

1252 *J.M. Gabriel*, in: Aussenwirtschaft 55 (2000), S. 121 (156).

1253 Vgl. zum Begriff einer „technokratischen Elite" *E.B. Haas*, The Uniting of Europe, S. 292; *B. Kohler-Koch*, in: Kreile (Hrsg.), PVS-Sonderheft 23 (1992), S. 81 (109).

1254 *J.M. Gabriel*, in: Aussenwirtschaft 55 (2000), S. 121 (153).

1255 Zwar handeln die einzelnen souveränen Staaten zunächst individuell-rational gem. ihren eigenen Interessen. Allerdings ist es nicht zuletzt dem Globalisierungsprozess geschuldet, dass eine effektive Steuerung der Politik allein auf nationalstaatlicher Ebene heutzutage kaum noch möglich erscheint (*A. Liese/S. Weinlich*, in: Bogumil/Jann/Nullmeier (Hrsg.), PVS-Sonderheft 37 (2006), S. 491 (492); vgl.

müssen Tätigkeiten international ausgestaltet und Kompetenzen entsprechend „internationalisiert" werden.[1256] So wird im Institutionalismus angenommen, dass Staaten aufgrund rationaler Erwägungen einen eigenen Anreiz zur Gründung internationaler Organisationen[1257] verspüren können, um zum Erreichen des gemeinsamen Interesses eines kollektiv-optimalen Ergebnisses ihre Kooperation hinsichtlich bestimmter Verhaltenserwartungen auf eine konsensfähige Grundlage von Prinzipien, Normen und Regeln zu stellen.[1258] Den internationalen Organisationen kommt mithin ein *funktionaler* Charakter zu.[1259] Sie können als maßgebliches „*Instrument*" der Mitgliedstaaten zwecks der Förderung einer Integration verstanden werden.

Die *Notwendigkeit* zur Errichtung einer internationalen Organisation steht unter der Bedingung einer problematischen Interessenkonstellation der Staaten, indem die Verwirklichung *kollektiver* Interessen als weniger wünschenswert

---

auch *St. Leibfried/M. Zürn*, in: Leibfried/Zürn (Hrsg.), Transformation des Staates?, S. 19 (54); *V. Rittberger/A. Kruck/A. Romund*, Grundzüge der Weltpolitik, S. 91 ff.).

1256 *A. Liese/S. Weinlich*, in: Bogumil/Jann/Nullmeier (Hrsg.), PVS-Sonderheft 37 (2006), S. 491 (492); *R.O. Keohane/J.S. Nye*, Power and Interdependence, 4. Aufl. 2012, S. 16 f.

1257 Internationale *Organisationen* sind als ein Typ von internationalen *Institutionen* anzusehen und in diesem Rahmen von internationalen *Regimen* zu unterscheiden. „Internationale Institutionen" sind charakterisiert durch Verhaltensprinzipien, -normen, und –regeln, die den jeweiligen Akteuren – namentlich den Staaten – in wiederkehrenden Situationen bestimmte Verhaltensweisen vorgeben, um dadurch deren Verhaltenserwartungen auszugleichen. Während sich „internationale Regime" auf *spezifische* Politikfelder beschränken und *keine* Akteursqualität besitzen, agieren „internationale Organisationen" politikfeld*übergreifend* und sind überdies als *Akteure* zu betrachten (*D. Peters/K. Freistein/J. Leininger*, in: Freistein/Leininger (Hrsg.), Handbuch Internationale Organisationen, S. 20; *V. Rittberger/B. Zangl/A. Kruck*, Internationale Organisationen, 4. Aufl. 2013, S. 20 f.).

1258 *D. Mitrany*, A Working Peace System, S. 6; *R.O. Keohane*, International Institutions and State Power, S. 6; *A.L. Bennett/J.K. Oliver*, International Organizations, 7. Aufl. 2002, S. 3; *R.O. Keohane/J.S. Nye*, Power and Interdependence, 4. Aufl. 2012, S. 29 f.; ebenso *V. Rittberger/B. Zangl/A. Kruck*, Internationale Organisationen, 4. Aufl. 2013, S. 32; zum quantitativen Wachstum internationaler Organisationen seit 1946 *V. Rittberger/A. Kruck/A. Romund*, Grundzüge der Weltpolitik, S. 95 f.

1259 *R.O. Keohane*, After Hegemony, S. 80; vgl. auch *H.A. Simon*, in: AERev. 68 (1978), S. 1 (3); *H.K. Jacobson/W.M. Reisinger/T. Mathers*, in: APSRev. 80 (1986), S. 141 (144); *M.P. Karns/K.A. Mingst/K.W. Stiles*, International Organizations, 3. Aufl. 2015, S. 50.

zu erachten ist, als die Verwirklichung *individueller* Interessen.[1260] Vor diesem Hintergrund können im Lichte der Spieltheorie allein solche Interessenkonstellationen von der Errichtung einer internationalen Organisation betroffen sein, bei denen ein Nash-Gleichgewicht droht, welches hinsichtlich der Verfolgung eines jeweils *individuell*-optimalen Ergebnisses einzelner Spieler und dem Pareto-Optimum zur Verfolgung eines *kollektiv*-optimalen Ergebnisses aller Spieler[1261] keinen vollständigen Gleichlauf zeigt.

Im Falle eines *Dilemmaspiels*, wonach die individuell dominante Strategie im Zusammenspiel mit anderen Spielern zu suboptimalen Ergebnissen führt und somit das Pareto-Optimum und das Nash-Gleichgewicht auseinanderfallen, erscheint die Bildung einer internationalen Organisation – im Gegensatz zu einem sog. „Koordinationsspiel"[1262] – allerdings zunächst weniger wahrscheinlich. Zwar wird von allen Spielern das Pareto-Optimum dem Nash-Gleichgewicht vorgezogen. Allerdings erwartet jeder einzelne Spieler, dass sich die jeweils anderen Spieler nachträglich von der koordinierten Strategie abwenden und sich stattdessen zur individuellen Gewinnmaximierung ihrer eigenen

---

1260 *B. Zangl*, Interessen auf zwei Ebenen, S. 80 f.; *V. Rittberger/B. Zangl/A. Kruck*, Internationale Organisationen, 4. Aufl. 2013, S. 35; vgl. auch *M. Zürn*, Interessen und Institutionen in der internationalen Politik, S. 153 ff.

1261 Siehe hierzu *4. Teil* GldPkt. A I 1.

1262 Bei einem „Koordinationsspiel" sind die individuellen, allerdings nicht alternativlosen Strategien in einer Zusammenarbeit mit den jeweils anderen Spielern zu erblicken, womit das Pareto-Optimum mit dem Nash-Gleichgewicht zusammenfällt (*A.A. Stein*, in: IO 36 (1982), S. 299 (302 ff.); *M. Zürn*, Interessen und Institutionen in der internationalen Politik, S. 174 ff.; *B. Zangl*, Interessen auf zwei Ebenen, S. 82 ff.; vgl. auch *L.L. Martin*, in: IO 46 (1992), S. 765 (780 ff.)). Die Bildung einer internationalen Organisation erscheint hier sehr wahrscheinlich. Hinsichtlich der konkreten Ausgestaltung einer internationalen Organisation bedarf es insoweit lediglich einer Programmorganisation mit intergouvernementaler Entscheidungskompetenz. Im Falle eines Verteilungskonflikts, wonach mindestens zwei Pareto-Optima alternativ zueinanderstehen, erscheint stattdessen eher eine supranationale Entscheidungskompetenz der internationalen Organisation über die Bestimmung wechselseitiger Verhaltenserwartungen der betroffenen Staaten notwendig, um zu einem kollektiv-optimalen Ergebnis zu gelangen (*V. Rittberger/ B. Zangl/A. Kruck*, Internationale Organisationen, 4. Aufl. 2013, S. 36; vgl. auch *A.A. Stein*, in: IO 36 (1982), S. 299 (310 ff.); *R.O. Keohane*, After Hegemony, S. 90; *L.L. Martin*, in: IO 46 (1992), S. 765 (775 ff.); *M. Zürn*, Interessen und Institutionen in der internationalen Politik, S. 184 f.; *A. Kydd/D. Snidal*, in: Rittberger/Mayer (Hrsg.), Regime Theory and International Relations, S. 112 (123 ff.); *B. Zangl*, Interessen auf zwei Ebenen, S. 74 f., 84 f.).

dominanten Strategie widmen, sodass im Ergebnis jeder Spieler dazu tendiert, sein eigenes Verhalten präventiv durch die Wahl seiner individuell dominanten Strategie anzupassen.[1263] Aufgrund dieser starken Gegenläufe von individuellem und kollektivem Interesse ist bei dem Dilemmaspiel typischerweise ein *Vertrauenskonflikt* anzunehmen.[1264] Um eine Koordination der unterschiedlichen Interessen insoweit zum Erfolg zu führen, sollte die konkrete Ausgestaltung neben einer grundsätzlich intergouvernemental[1265] zu entscheidenden Programmorganisation stets auch einen supranational[1266] *operativen* Charakter haben, wonach neben der Spezifizierung und Implementierung jener im Programm festgelegten Bestimmungen wechselseitiger Verhaltenserwartungen vor allem auch dessen Nichteinhalten festgestellt und Maßnahmen zur wechselseitigen Kontrolle und Sanktionierung für den Fall eines unkooperativen Verhaltens einzelner Spieler getroffen werden.[1267]

1263 Siehe hierzu *4. Teil* GldPkt. A I 1.

1264 *D. Snidal*, in: APSRev. 79 (1985), S. 923 (926 f.); *B. Zangl*, Interessen auf zwei Ebenen, S. 86 ff.; *V. Rittberger/B. Zangl/A. Kruck*, Internationale Organisationen, 4. Aufl. 2013, S. 36; vgl. auch *A.A. Stein*, in: IO 36 (1982), S. 299 (304 ff.); *L.L. Martin*, in: IO 46 (1992), S. 765 (769 f.); *M. Zürn*, Interessen und Institutionen in der internationalen Politik, S. 202 f.

1265 Die „intergouvernementale" Entscheidung ist in einer Einigung zwischen den Mitgliedstaaten der internationalen Organisation zu erblicken. Der Verwaltungsstab der internationalen Organisation agiert weitestgehend nur als *Mittler* zwischen den unterschiedlichen – ggf. konfligierenden – Interessen dieser Mitgliedsaaten (*V. Rittberger/B. Zangl/A. Kruck*, Internationale Organisationen, 4. Aufl. 2013, S. 111 f.).

1266 Die „supranationale" Entscheidung wird von der internationalen Organisation getroffen. Sie folgt aus Sicht der Gesamtorganisation einem kollektiv rationalen Ziel und ist insoweit als besonders *autonom* gegenüber den individuellen Interessen der Mitgliedstaaten anzusehen (*V. Rittberger/B. Zangl/A. Kruck*, Internationale Organisationen, 4. Aufl. 2013, S. 114).

1267 Vgl. *R. Axelrod/R.O. Keohane*, in: WP 38 (1985), S. 226 (234 ff.); *D. Snidal*, in: APSRev. 79 (1985), S. 923 (927); *L.L. Martin*, in: IO 46 (1992), S. 765 (772 f.); *B. Zangl*, Interessen auf zwei Ebenen, S. 73, 87, 89; *V. Rittberger/B. Zangl/A. Kruck*, Internationale Organisationen, 4. Aufl. 2013, S. 36, 134; zum Erfordernis einer supranationalen Entscheidungskompetenz auch hinsichtlich der Programmorganisation bei mindestens zwei Pareto-Optima *V. Rittberger/B. Zangl/A. Kruck*, Internationale Organisationen, 4. Aufl. 2013, S. 36; vgl. auch *A.A. Stein*, in: IO 36 (1982), S. 299 (311); *B. Zangl*, Interessen auf zwei Ebenen, S. 89. Es wird argumentiert, dass die Einführung eines internationalen Regimes die Kosten zur Implementierung von Kooperationsvereinbarungen senkt (*V. Rittberger/B. Zangl/A. Kruck*, Internationale Organisationen, 4. Aufl. 2013, S. 37).

bb) Beförderung zum selbständigen „Akteur"

Überdies gewinnt aufgrund der immer komplexer werdenden, grenzüberschreitenden Wechselwirkungen in der Politik das Expertenwissen zunehmend an Bedeutung für die internationale Politikgestaltung.[1268] Jene erforderliche Expertise lässt sich wiederum vor allem in den internationalen Organisationen auffinden, da sich diese durch einen besonders hohen Grad an Arbeitsteilung und Spezialisierung auszeichnen und insoweit bedeutsame Expertennetzwerke bilden können.[1269] Den Mitgliedstaaten selbst fehlen hingegen häufig die notwendigen Informationen oder ausschlaggebenden Expertisen zur Lösung einer durch Interdependenzen begründeten und problematischen Interessenkonstellation. Um sich an plötzlich auftretende und hochkomplexe Veränderungen und Entwicklungen im Globalisierungsprozess anzupassen, wird den politischen Vorschlägen mandatierter internationaler Organisationen vor diesem Hintergrund eine große Bedeutung beigemessen.[1270] Damit internationale Organisationen mit ihren Vorschlägen den erwarteten Beitrag für die internationale Politik auch leisten können, soll ihnen die Möglichkeit eingeräumt werden, in einem gewissen Maße[1271] unabhängig von jener Kontrolle der

---

1268 *A. Liese/S. Weinlich*, in: Bogumil/Jann/Nullmeier (Hrsg.), PVS-Sonderheft 37 (2006), S. 491 (492); vgl. auch *P.M. Haas*, in: IO 46 (1992), S. 1 (1 ff.).

1269 Vgl. *M. Goldmann*, Internationale öffentliche Gewalt, S. 117.

1270 *M.A. Pollack*, The Engines of European Integration, S. 23, 28 f.; *D.G. Hawkins/D.A. Lake/D.L. Nielson/M.J. Tierney*, in: Hawkins/Lake/Nielson/Tierney (Hrsg.), Delegation and Agency in International Organizations, S. 3 (13 ff.); vgl. auch *D.R. Kiewiet/M.D. McCubbins*, The Logic of Delegation, S. 25 ff.

1271 Die Frage, *wie weit* die Autonomie der internationalen Organisationen reicht, wird in der *Literatur* unterschiedlich beantwortet. Als *rationalistischer Ansatz* wird das sog. „Prinzipal-Agent-Modell" angewendet. Demnach erschöpfe sich die Autonomie im vertraglich eingeräumten konkreten Mandat bzw. dem *Delegationsvertrag* (*J. Tallberg*, in: WEP 25 (2002), S. 23 (25)). Es sei insoweit allerdings zu vermuten, dass die internationalen Organisationen stets ein Eigeninteresse verfolgen, welches sie versuchen durchzusetzen. Die Mitgliedstaaten versuchen wiederum, dieses Verhalten durch Kontrollmechanismen zu beherrschen (*D.R. Kiewiet/M.D. McCubbins*, The Logic of Delegation, S. 26 ff.; *D.L. Nielson/M.J. Tierney*, in: IO 57 (2003), S. 241 (245); *D.G. Hawkins/D.A. Lake/D.L. Nielson/M.J. Tierney*, in: Hawkins/Lake/Nielson/Tierney (Hrsg.), Delegation and Agency in International Organizations, S. 3 (7 ff.)). Gem. dem *konstruktivistischen Ansatz* sei hingegen davon auszugehen, dass die internationalen Organisationen *jenseits* des Delegationsvertrags über *eigene* Quellen verfügen, um von Dritten als *Autorität* akzeptiert zu werden. Diese als soziales Konstrukt von der Zuschreibung und Anerkennung Dritter abhängige Autorität wirke sich sodann auf die konkrete Beziehung zu den

Mitgliedstaaten und neutral agieren zu können.[1272] Aufgrund dieser *Autonomie* sind die delegierten internationalen Organisationen mehr als nur ein Instrument der Mitgliedstaaten.[1273] Vielmehr ist ihnen die Rolle eines *selbständigen* „*Akteurs*“ zuzusprechen, dessen besondere Expertise auf eine technokratische Elite schließen lässt.[1274]

Als Akteur der internationalen Politik können die internationalen Organisationen dabei sowohl funktionale Aktivitäten wahrnehmen als auch politische Impulse setzen. Aus den bisherigen Erläuterungen lässt sich herleiten, dass von einer „funktionalen Aktivität“ dann auszugehen ist, wenn eine internationale Organisation in der Rolle als *autonom* agierende technokratische Elite mittels ihrer Ausarbeitungen konkrete Politikfelder aus der inneren Logik des technischen Fortschritts heraus zu einem entsprechend pragmatisch geleiteten Entwicklungs- und Modernisierungsprozess anstößt. Von einem „politischen Impuls“ ist hingegen dann zu sprechen, wenn eine internationale Organisation allein in der Rolle eines intergouvernementalen *Mittlers* im Rahmen einer zwischenstaatlichen Verhandlung agiert, um einen Konsens zwischen den Mitgliedstaaten zur Implementierung bereits bestehender technokratischer Ausarbeitungen zu erreichen, indem sie namentlich versucht, exogene Faktoren, welche einer Interessenkonvergenz entgegenstehen könnten, zu überbrücken.

Eliten der Mitgliedstaaten und final auf das autonome Handeln der internationalen Organisationen aus (*M.N. Barnett/M. Finnemore*, Rules for the World, S. 27). Ausschlaggebend sei hierbei die subjektive Einschätzung der moralischen und rational-legalen Autorität sowie fachlichen Expertise von internationalen Organisationen durch Dritte (*M.N. Barnett/M. Finnemore*, Rules for the World, S. 22 ff.; *dies.*, in: Barnett/Duvall (Hrsg.), Power in Global Governance, S. 161 (169 ff.); *A. Liese/S. Weinlich*, in: Bogumil/Jann/Nullmeier (Hrsg.), PVS-Sonderheft 37 (2006), S. 491 (505 f.); *M.W. Bauer/E. da Conceição-Heldt/J. Ege*, in: da Conceição-Heldt / Koch/Liese (Hrsg.), PVS-Sonderheft 49 (2015), S. 28 (39 f.)).

1272 *Y.Z. Haftel/A. Thompson*, in: JCR 50 (2006), S. 253 (255 f.); *A. Liese/S. Weinlich*, in: Bogumil/Jann/Nullmeier (Hrsg.), PVS-Sonderheft 37 (2006), S. 491 (504); *M.W. Bauer/E. da Conceição-Heldt/J. Ege*, in: da Conceição-Heldt /Koch/Liese (Hrsg.), PVS-Sonderheft 49 (2015), S. 28 (31).

1273 *A. Liese/S. Weinlich*, in: Bogumil/Jann/Nullmeier (Hrsg.), PVS-Sonderheft 37 (2006), S. 491 (504).

1274 *J.M. Gabriel*, in: Aussenwirtschaft 55 (2000), S. 121 (134, 140).

c) *Qualifizierung von Aktivitäten der internationalen Organisationen zur Bekämpfung der Gewinnverkürzung und Gewinnverlagerung*

Projiziert man die Rolle der internationalen Organisationen als Akteure der internationalen Politik nunmehr auf die aktuelle wirtschaftspolitische Entwicklung zur Bekämpfung der Gewinnverkürzung und Gewinnverlagerung, so gilt es zu klären, welche Rolle den internationalen Organisationen der OECD und EU jeweils zugesprochen werden können (*aa)*), wie ihre konkreten Aktivitäten in diesem Zusammenhang zu qualifizieren sind (*bb*) und welche finalen Auswirkungen diese schlussendlich auf die Ziel*bestimmung* des unionalen Sekundärrechts zwecks der Erfüllung einer übergeordneten Ziel*verwirklichung* der EU haben (*cc)*).

aa) *Die EU und OECD als „Akteure": Eine allgemeine Vergleichung der internationalen Organisationen*

Als Beispiel für eine internationale Organisation mit funktionalem Charakter können sowohl die OECD als auch die EU angeführt werden. Beide Organisationen nehmen nur ausgewählte, sich vor allem zu einer demokratischen Verfassung und marktwirtschaftlichen Struktur bekennende Staaten als Mitglieder auf,[1275] in dessen Interesse spezifische Mandate zur Lösung problematischer Interessenkonstellationen zu wirtschaftlichen, sozialen und politischen Themen erfüllt werden.[1276] Während sich allerdings die EU als *regional* agierende Organisation des europäischen Raumes versteht, welche sich gemäß dem Vertrag von Lissabon *universellen* Aufgaben widmet, handelt es sich bei der OECD um eine *global* agierende Organisation, welche sich nur auf die *spezielle* Aufgabe zur Förderung der wirtschaftlichen Entwicklung und des gesamtgesellschaftlichen Lebensstandards insbesondere ihrer Mitgliedstaaten konzentriert.[1277] Überdies stellt die EU aufgrund ihrer von den Mitgliedstaaten umfassend übertragenen Hoheitsrechte zur selbständigen Willensbildung eines aus Sicht

---

1275 Für die *OECD dies.*, The OECD, S. 8; vgl. für die *EU* ErwGrd. 5 EUV-Präambel; Art. 3 Abs. 3 S. 2 EUV.

1276 *A.L. Bennett/J.K. Oliver*, International Organizations, 7. Aufl. 2002, S. 262 ff.; vgl. auch *H.K. Jacobson/W.M. Reisinger/T. Mathers*, in: APSRev. 80 (1986), S. 141 (144); *M.P. Karns/K.A. Mingst/K.W. Stiles*, International Organizations, 3. Aufl. 2015, S. 50, 404 f.

1277 ErwGrd. 7 und Art. 1 OECD-Konvention; vgl. auch *K. Martens/G. Schulze*, in: Freistein/Leininger (Hrsg.), Handbuch Internationale Organisationen, S. 184; *D. Peters/K. Freistein/J. Leininger*, in: Freistein/Leininger (Hrsg.), Handbuch Internationale Organisationen, S. 19 f.

der Gesamtorganisation kollektiv-optimalen Ergebnisses auf Grundlage der EUV eine *supranationale* Organisation mit weitreichenden operativen Instrumenten dar.[1278] Die OECD verkörpert hingegen eher eine *intergouvernementale* Organisation, welche sich primär in den Dienst der individuellen Interessen der Mitgliedstaaten stellt.[1279] Überdies mangelt es der OECD an einem operativen Instrument zur Sanktionierung im Falle der Nichteinhaltung getroffener Beschlüsse.[1280] Mithin dient die OECD mehr dazu, Ideen für gemeinsame Werte und Ideale zur Lösung problematischer Interessenkonstellationen technokratisch zu entwickeln, dessen finale Umsetzung von den Mitgliedstaaten selbst oder jenen regional agierenden Organisationen mit entsprechender operativer Kompetenz – wie der EU – abhängt.[1281] In anderen Worten obliegt der OECD primär die Aufgabe zur Ausübung funktionaler Aktivitäten, während die EU sowohl funktionale Aktivitäten ausübt als auch politische Impulse setzt.

bb) Funktionale Aktivitäten der EU und OECD

Als konkretes Mandat der *OECD* zur Lösung einer durch Interdependenzen begründeten problematischen Interessenkonstellation mittels technokratischer Ausarbeitungen ihrer Expertengruppen[1282] ist das Anti-BEPS-Projekt

1278 Siehe hierzu *3. Teil* GldPkt. A I.

1279 Zwar wurde auch der OECD das Recht eingeräumt, rechtsverbindliche Beschlüsse für die Mitgliedstaaten selbst zu fassen (Art. 5 lit. (a) OECD-Konvention). Jedoch hat dieser grundsätzlich in einem Konsens aller Mitgliedstaaten zu erfolgen, während nur in konkret zu benennenden Ausnahmefällen eine qualifizierte Mehrheit ausreicht (Art. 6 Abs. 1 OECD-Konvention i.V.m. *OECD*, Rules of Procedure of the Organisation (Okt. 2013), Anh. II Rn. 35, 51; *R. Woodward*, The Organisation for Economic Co-operation and Development, S. 48; vgl. auch *OECD*, The OECD, S. 11).

1280 *R. Woodward*, The Organisation for Economic Co-operation and Development, S. 4; *K. Martens/G. Schulze*, in: Freistein/Leininger (Hrsg.), Handbuch Internationale Organisationen, S. 186.

1281 *K. Martens/G. Schulze*, in: Freistein/Leininger (Hrsg.), Handbuch Internationale Organisationen, S. 189; vgl. auch Art. 6 Abs. 3 OECD-Konvention; *N. Bayne*, in: Reinalda/Verbeek (Hrsg.), Autonomous Policy Making by International Organizations, S. 195 (206); *M. Marcussen*, in: Reinalda/Verbeek (Hrsg.), Decision Making within International Organizations, S. 90 (92).

1282 Der *Aufbau der OECD* unterteilt sich im Wesentlichen in eine Triasstruktur von Rat, Sekretariat und Ausschüssen. Während der *Rat* als oberstes Entscheidungsorgan die strategische Aufsicht und Führung der OECD übernimmt und sich das *Sekretariat* für die Umsetzung der Beschlüsse des Rates zuständig zeigt, findet der Kern der politischen Arbeit in den *Ausschüssen* statt, zu dessen Unterstützung sich

anzuführen, im Rahmen dessen es sich gemäß der zweiten Zielkategorie der Frage einer internationalen Abstimmung der Besteuerung von Unternehmenseinkünften am Ort der Gewinnerwirtschaftung und der Wertschöpfung widmete.[1283] Eine zu diesem Problem originäre funktionale Aktivität der *EU* zeigt sich vor allem in ihrer Ausarbeitung im Rahmen der GKKB, welche sich auf die Modalitäten der Konsolidierung und Gewinnaufteilung konzentriert.[1284]

(1) Bekämpfung schädlicher Steuerpraktiken bezüglich des Teilaspekts der Anpassung von Präferenzregimen der OECD

Wie bereits festgestellt wurde,[1285] ist in dem schädlichen Steuerwettbewerb ein Dilemmaspiel zu erblicken, da die individuell dominante Strategie zur Begründung eines Präferenzregimes im Zusammenspiel mit anderen Staaten zu dem suboptimalen Ergebnis eines race to the bottom führen kann. Hinsichtlich dieses interdependenten Verhaltens eines zunehmenden Angebots von Präferenzregimen handelt es sich insoweit um ein Dilemmaspiel *ohne* Verteilungskonflikt, als die Begründung des Phänomens eines race to the bottom im Interesse keines Staats steht. Vielmehr hat jeder Staat ein Interesse daran, zur Finanzierung des eigenen Staatshaushalts auch die Gewinne von Unternehmen angemessen zu besteuern.[1286] Das alleinige Pareto-Optimum ist mithin in dem kollektiv-optimalen Ergebnis zur Verhinderung jenes race to the

---

das Sekretariat ebenfalls verpflichtet (*OECD*, The OECD, S. 11 f.; *K. Martens/G. Schulze*, in: Freistein/Leininger (Hrsg.), Handbuch Internationale Organisationen, S. 186 ff.; vgl. auch *OECD*, Rules of Procedure of the Organisation (Okt. 2013), Anh. II Rn. 9, 16). Bei den Ausschüssen handelt es sich um Arbeits- und Expertengruppen, welche sich aus Vertretern der Mitgliedstaaten und eingeladenen Nicht-Mitgliedern zusammensetzen. Sie arbeiten Konzepte zu speziellen Themen und Problemen aus, um Fortschritte in den verschiedenen Politikbereichen zu erreichen. Mittlerweile umfassen die Ausschüsse ungefähr 200 Gruppen, zu denen sich jährlich etwa 40.000 hochrangige Vertreter aus den nationalen Verwaltungen treffen (*OECD*, The OECD, S. 11). Auf Grundlage jener technokratischen Ausarbeitungen der Expertengruppen zu problematischen Interessenkonstellationen werden schlussendlich die politischen Maßnahmen der OECD getroffen, sodass im Kern hierin die maßgebliche *funktionale Aktivität* der internationalen Organisation zu erblicken ist (vgl. *OECD*, Rules of Procedure of the Organisation (Okt. 2013), Anh. II Rn. 16; *K. Martens/G. Schulze*, in: Freistein/Leininger (Hrsg.), Handbuch Internationale Organisationen, S. 188).

1283 Siehe hierzu *5. Teil* GldPkt. A I 1.

1284 Siehe hierzu *5. Teil* GldPkt. B.

1285 Siehe hierzu *4. Teil* GldPkt. A I 4.

1286 *B. Zangl*, Interessen auf zwei Ebenen, S. 88.

bottom zu erblicken. Vor diesem Hintergrund ist die Wahrscheinlichkeit eines rechtsverbindlichen Konsenses der Mitgliedstaaten zur Abfassung eines regulativen Politikprogramms zwecks einer entsprechenden Koordinierung ihrer Verhalten sehr hoch. Für das Mandat der OECD zur Programmorganisation bedeutet dies im Ergebnis, dass eine intergouvernementale Entscheidungskompetenz genügt. In anderen Worten muss die OECD grundsätzlich nur als Mittler zwischen den Mitgliedsaaten agieren, um im Rahmen der Ausschüsse ein konsensfähiges kollektiv-optimales Ergebnis zu erreichen. Zur entscheidenden Ausarbeitung dessen bedarf es allerdings der besonderen Expertise der Ausschüsse, sodass der Kern der Ausarbeitung in der funktionalen Aktivität jener technokratischen Elite der OECD zu erblicken ist.[1287]

Die ausschlaggebende funktionale Aktivität der OECD ist im Nexus-Ansatz zu erblicken. Dabei gilt es allerdings zu beachten, dass diese Vereinbarung nur die Verhinderung eines Missbrauchs im Verhältnis *der Mitgliedstaaten untereinander* betrifft.[1288] So ist in der Verfolgung einer dominanten Strategie eines einzelnen Mitgliedstaats ein Ermessensmissbrauch dahingehend anzunehmen, dass die Interessen der anderen Mitgliedstaaten im Rahmen des Willensprozesses des jeweils handelnden Mitgliedstaats nicht berücksichtigt wurden und sich somit wider dem kollektiv-rationalen Ziel der OECD zur Förderung der wirtschaftlichen Entwicklung und des gesamtgesellschaftlichen Lebensstandards aller Mitgliedstaaten verhalten wurde.

(2) Gemeinsame Konsolidierte Körperschaftsteuer-Bemessungsgrundlage der EU

Sollte zur Bekämpfung eines schädlichen Steuerwettbewerbs hingegen auf Ebene *der Bürger* angesetzt werden, so ist hierin ein typisches Dilemmaspiel *mit* Verteilungskonflikt zu erblicken. Zunächst ist hiervon ohne Zweifel dann auszugehen, wenn ihre Einkünfte mittels einer einheitlich kodifizierten

1287 Diese Herleitung bestätigt sich in der Vereinbarung zum *Aktionspunkt 5* des Anti-BEPS-Projekts zur wirksamen Bekämpfung schädlicher Steuerpraktiken, in dessen Rahmen sich die Mitglieder der FHTP-Expertengruppe der OECD einstimmig und rechtsverbindlich darauf einigten, allgemeine Präferenzregime zur Verbesserung der Substanz unter die materiell-rechtliche Bedingung des Nexus-Ansatzes zu stellen (vgl. *OECD*, Agreement on Modified Nexus Approach for IP Regimes, S. 4; vertiefend zum Forum on Harmful Tax Practices (u.a. Mandatierung) *https://oecdgroups.oecd.org* (Leitfaden: Alphabetical Order – F – Forum on Harmful Tax Practices) – zuletzt abgerufen am 26.09.2021).

1288 Siehe allgemein zum Missbrauch im Verhältnis der Mitgliedstaaten untereinander *3. Teil* GldPkt. B I.

Formel – namentlich durch die gesetzliche Festlegung von pauschalen Faktoren – konkret auf die Mitgliedstaaten aufgeteilt werden sollen, wie es der GKKB-Ansatz der EU vorsieht. Hinsichtlich der konkreten Gewichtung der ausschlaggebenden Faktoren ist insoweit von unterschiedlichen Pareto-Optima der einzelnen Staaten auszugehen, welche sich nach ihren jeweiligen Bedingungen und Standortfaktoren bemessen. Ein Konsens der Mitgliedstaaten erscheint insoweit sehr unwahrscheinlich. Statt einer intergouvernementalen bedarf es mithin vielmehr einer supranationalen Entscheidungskompetenz der internationalen Organisationen, um ungeachtet der stark konfligierenden individuellen Interessen der Mitgliedstaaten allein aus Sicht der Gesamtorganisation zu einem kollektiv-optimalen Ergebnis zu gelangen.[1289]

(3) Erarbeitung von internationalen Standards für die Hinzurechnungsbesteuerung der OECD

Selbst wenn von einer solch kodifizierten Formel zur pauschalen Verteilung der Einkünfte abgesehen und stattdessen das durch eine zwischenstaatliche Interdependenz begründete Phänomen eines schädlichen Steuerwettbewerbs über die Qualifikation missbräuchlicher Steuervermeidungspraktiken von Unternehmen anhand eines vorformulierten juristischen Instruments zu lösen versucht wird, sind die Mitgliedstaaten mehr darauf bedacht, ihre Staatssouveränität zur unabhängigen Rechtsetzung zu bewahren. Dieses Bestreben liegt nicht zuletzt auch darin begründet, dass es sich als besonders schwierig erweist, einen allgemein zu kodifizierenden Regelungsvorschlag ohne entsprechende Anpassungsmöglichkeiten in die sich dogmatisch stark unterscheidenden Rechtssysteme der Mitgliedstaaten zu implementieren. Dieses Problem zeigt sich unter anderem bei dem Instrument einer Hinzurechnungsbesteuerung der einzelnen Mitgliedstaaten, welches bereits auf unterschiedlichen steuerrechtlichen Fundamentalprinzipien basieren und sich insoweit in ihrer Ausgestaltung unterscheiden kann.[1290] Auf Ebene einer global agierenden internationalen Organisation wie der OECD, erscheint ein Konsens zur Verpflichtung einer solch harmonisierten Rechtsetzung gar unmöglich.

Um den schädlichen Steuerwettbewerb dennoch an mehreren Fronten bekämpfen zu können, bietet es sich an, bei den internationalen Verhandlungen zur Bekämpfung von Steuervermeidungspraktiken nach der Alternativlösung

---

1289 Siehe zur politischen Uneinigkeit beim ursprünglichen GKKB-Ansatz aus dem Jahre 2011 *5. Teil* GldPkt. B.

1290 *OECD*, Designing Effective Controlled Foreign Company Rules, S. 15 f. – Rn. 12 ff.

des sog. „Soft Law" zu greifen.[1291] Hierbei handelt es sich um rechtlich unverbindliche Bekenntnisse oder Empfehlungen, welche sich erst nachträglich ggf. zu rechtlich verbindlichen Maßnahmen erhärten können.[1292] So wurde auch im Rahmen des *Aktionspunktes 3* des Anti-BEPS-Projekts zur Erarbeitung von internationalen Standards für die Hinzurechnungsbesteuerung der OECD-Arbeitsgruppe „Working Party No. 11 on Aggressive Tax Planning"[1293] aufgegeben, ihre Ausarbeitungen als Empfehlungen auszugestalten.[1294] Dabei ist diese Lösung nicht etwa als ultima ratio zu verstehen. Vielmehr bringt das Soft Law-Instrument auch Vorteile mit sich, die eine rechtsverbindliche Vereinbarung vermissen lässt. Als *erster Vorteil* werden durch den unverbindlichen Charakter einer Empfehlung die Mitgliedstaaten vom Risiko eines möglichen Verstoßes – etwa einer Pflichtverletzung wegen unzureichender Umsetzung – befreit.[1295] Aufgrund dieser erleichterten Verhandlungsbasis bietet das Soft Law die Möglichkeit, ambitioniertere und umfangreichere Vorschläge herauszuarbeiten, als sie jemals in einem rechtsverbindlichen Ergebnis konsensfähig gewesen wären. Statt als Mittler zu agieren, können die Ausschüsse der OECD mithin gelöst von jenen Fesseln der Suche nach einem gemeinsamen Nenner aller Mitgliedstaaten allein aus Sicht der Gesamtorganisation einen besonders ambitionierten und vornehmlich autonomen Vorschlag unterbreiten. Dieser kann weniger die individuellen Interessen der Mitgliedstaaten, sondern weiterhin technokratisch das kollektiv-optimale Ergebnis zur Förderung der wirtschaftlichen Entwicklung und des gesamtgesellschaftlichen Lebensstandards aller Mitgliedstaaten in den Fokus stellen und insoweit rein pragmatischer Natur sein.[1296] Vor diesem Hintergrund ist auch im Abschlussbericht zum Aktionspunkt 3 des Anti-BEPS-Projekts ausschließlich eine funktionale Aktivität der OECD

1291 Vgl. *M. Goldmann*, Internationale öffentliche Gewalt, S. 105.

1292 *A.T. Guzman/T.L. Meyer*, Explaining Soft Law, S. 44; vgl. auch *A.T. Guzman*, How International Law Works, S. 142 ff.; *V. Rittberger/B. Zangl/A. Kruck*, Internationale Organisationen, 4. Aufl. 2013, S. 132 f.; *M.P. Karns/K.A. Mingst/K.W. Stiles*, International Organizations, 3. Aufl. 2015, S. 30 f.

1293 Vertiefend zur Working Party No. 11 on Aggressive Tax Planning (u.a. Mandatierung) *https://oecdgroups.oecd.org* (Leitfaden: Alphabetical Order – W – Working Party No. 11 on Aggressive Tax Planning) – zuletzt abgerufen am 26.09.2021.

1294 *OECD*, Aktionsplan zur Bekämpfung der Gewinnverkürzung und Gewinnverlagerung, S. 19.

1295 Vgl. *A.T. Guzman/T.L. Meyer*, Explaining Soft Law, S. 20 ff.

1296 Vgl. *K. Raustiala*, in: AJIL 99 (2005), S. 581 (610 f.); *A.T. Guzman/T.L. Meyer*, Explaining Soft Law, S. 30; *M. Goldmann*, Internationale öffentliche Gewalt, S. 105.

zu erblicken, um den Prozess zur Entwicklung eines internationalen Standards für die Hinzurechnungsbesteuerung anzutreiben. Als *zweiter Vorteil* ist die Wahl einer bloßen Empfehlung insoweit als effizienteres Mittel zu erachten, als die Abweichungen der unterschiedlichen Rechtssysteme überbrückt und eine kontinuierliche und einheitliche Fortentwicklung eines multilateralen Maßstabs gewährleistet werden kann. So verbleibt den Mitgliedstaaten oder jenen regional agierenden Organisationen mit entsprechender operativer Kompetenz der Spielraum, die Ausarbeitung entsprechend anzupassen und dessen Ziel am besten zu gewährleisten.[1297] In anderen Worten wird ihnen die Möglichkeit eingeräumt, mit *politischen Impulsen* die ambitionierten funktionalen Aktivitäten der OECD individuell optimal umzusetzen bzw. „an sich zu ziehen".

cc) Politische Impulse der EU und ihre institutionellen Auswirkungen auf Ebene des Unionsrechts

Wie bereits angedeutet,[1298] kann dieser notwendige politische Impuls vor allem von der regional agierenden, mit weitreichenden supranationalen Kompetenzen ausgestatteten und die OECD insoweit ergänzenden Organisation der EU erfolgt sein, indem sie in pragmatischer Folge die zum Teil nur als Soft Law ausgestalteten funktionalen Aktivitäten der technokratischen Arbeits- und Expertengruppen der OECD rechtswirksam in eine institutionelle Form des Unionsrechts goss. Diese pragmatisch konsequent operative Tätigkeit der EU könnte namentlich in der ATAD als sekundärrechtliches Instrument zu erblicken sein, da im Rahmen dieser Richtlinie auf die Ergebnisse des Anti-BEPS-Projekts ausdrücklich Bezug genommen wird.[1299] Bevor vertieft darauf eingegangen werden kann, *wie* jene funktionale Aktivitäten der OECD das unionale Sekundärrecht beeinflussen können (*(2)*), muss die Frage vorangestellt werden, *ob* jene Wertungen der OECD überhaupt in das Unionsrecht übertragen werden können (*(1)*).

1297 Vgl. *M. Goldmann*, Internationale öffentliche Gewalt, S. 105.

1298 Vgl. *6. Teil* GldPkt. A II 2 c) cc).

1299 Die dabei abschließend notwendige Implementierung der Vorschriften in das nationale Recht der einzelnen Mitgliedstaaten der EU wird von der Europäischen Kommission gem. Art. 17 Abs. 1 S. 3 EUV überwacht (zu den konkret einzuleitenden Maßnahmen im Falle einer Pflichtverletzung der Mitgliedstaaten Art. 258 AEUV; hierzu auch *V. Rittberger/B. Zangl/A. Kruck*, Internationale Organisationen, 4. Aufl. 2013, S. 184 f.).

(1) Übertragbarkeit der OECD-Wertungen auf das Unionsrecht

Vor dem Hintergrund der bisher vorherrschenden binnenmarktfinalen steuerrechtlichen Wertungen der EU wird in der *Literatur* kritisiert, dass die Perspektive der OECD in dessen Widerspruch stehe, da sie sich grundsätzlich in den Dienst der Fiskalinteressen ihrer Mitgliedstaaten stelle und den Abbau von Hemmnissen für den Binnenmarkt konterkariere.[1300] Mit der Übernahme der Wertungen der OECD in das Unionsrecht werde die EU insoweit zu einem „Advokaten der mitgliedstaatlichen Fiskalinteressen".[1301] Diese Kritik an der aktuellen Entwicklung lässt sich so deuten, dass die EU mit ihrer binnenmarktfinalen Perspektive als supranationale Organisation eher die Sicht der Gesamtorganisation zur Gewährleistung kollektiv-optimaler Ergebnisse im Interesse aller Mitgliedstaaten – namentlich durch die Schaffung eines Binnenmarkts – verfolge, während die OECD als intergouvernementale Organisation eher die Sicht der einzelnen Mitgliedstaaten einnehme, *ohne* einem übergeordneten Ziel zu dienen. Mit dem Bekenntnis der EU zur Übertragung jener Wertungen der OECD aus dem Anti-BEPS-Projekt könne somit ein Perspektiven-, gar Rollenwechsel der EU stattfinden, welcher dem Unionsrecht insoweit widerspreche, dass zulasten der Staatsangehörigen eines Mitgliedstaats der als Fiskalinteresse zu klassifizierenden Bekämpfung einer Gewinnverkürzung und Gewinnverlagerung der Vorrang gegenüber der unionrechtlich zu garantierenden Verwirklichung des Binnenmarkts eingeräumt werde.

Diese Kritik eines Rollenwechsels der EU lässt unberücksichtigt, dass es sich bei beiden internationalen Organisationen um Akteure der internationalen Politik handelt, welche in dieser Rolle jeweils eine *Autonomie* gegenüber ihren Mitgliedstaaten genießen.[1302] Folgt man in diesem Zusammenhang einem in der Literatur zur Reichweite dieser Autonomie internationaler Organisationen weit verbreiteten *konstruktivistischen* Ansatz,[1303] so genießt die OECD aufgrund ihrer einzigartigen Expertise in bestimmten Politikbereichen gegenüber den Mitgliedstaaten eine besondere Autorität, welche sich in der Reichweite ihrer Autonomie entsprechend ausdrückt. Vor diesem Hintergrund müsste gerade in den konkreten Ausarbeitungen jener Ausschüsse der OECD, in denen sich

1300 Vgl. *J. Englisch*, in: Schaumburg/Englisch (Hrsg.), Europäisches Steuerrecht, Rn. 7.227; *J. Hey*, in: Lang (Hrsg.), DStJG 41 (2018), S. 9 (11, 26).

1301 *J. Hey*, in: StuW 2017, S. 248 (249); *dies.*, in: Lang (Hrsg.), DStJG 41 (2018), S. 9 (24); vgl. auch *G. Kofler*, in: Schön/Heber (Hrsg.), Grundfragen des Europäischen Steuerrechts, S. 1 (8 f.); *W. Schön*, in: ifo Schnelldienst 15/2015, S. 3 (4 f.).

1302 Siehe hierzu *6. Teil* GldPkt. A II 2 b) bb).

1303 Siehe hierzu Fn. 1271.

ihre Expertise gerade entfaltet, ein weitestgehend kollektiv-optimales Ergebnis zu erblicken sein, welches sich primär nach dem *eigenen* Aufgabenziel statt der individuellen Interessen der Mitgliedstaaten bemisst.[1304] Da insoweit bereits die OECD nicht als „Advokat" ihrer Mitgliedstaaten angesehen werden kann, ist auch die EU im Falle einer Übertragung ihrer Ausarbeitungen und Wertungen nicht so zu charakterisieren. Vielmehr handelt es sich sowohl bei der EU als auch der OECD um eigenständige Akteure der internationalen Politik, welche im Rahmen ihrer Autonomie gegenüber den Mitgliedstaaten primär danach streben, kollektiv-optimale Ergebnisse zu erzielen, um ihren selbst definierten Aufgaben aus Sicht der Gesamtorganisation am ehesten nachzukommen. Damit die Wertungen jener Ausarbeitungen der OECD zur Bekämpfung der Gewinnverkürzung und Gewinnverlagerung aus dem Anti-BEPS-Projekt auf das Unionsrecht der EU übertragen werden können, stellt sich somit im Kern die Frage, ob und inwieweit sich die einschlägigen selbst definierten Aufgaben der OECD und der EU zur Ziel*verwirklichung* gleichen.

Hinsichtlich der *EU* ist zunächst die alleinige Fokussierung auf das Unionsziel zur Errichtung des Binnenmarkts, wie sie bisher vor allem im sekundären Unionsrecht zur direkten Steuer vorherrschte,[1305] zu kritisieren. Vielmehr drückt sich das Unionsrecht und dessen Ziel*verwirklichung* über die kodifizierten Unions*zwecke* aus, welche durch mehrere, teilweise kontradiktorische Unions*ziele* konkretisiert werden,[1306] die sich wiederum mit den mitgliedstaatlichen Fiskalinteressen decken können. Die Aufgaben der *OECD* sind in ihrer Konvention festgehalten. Gemäß Art. 1 OECD-Konvention setzt sie sich vor allem zum Ziel, Strategien zu entwickeln, um ein hohes, nachhaltiges Wirtschaftswachstum sowie die Steigerung des Lebensstandards in ihren Mitgliedstaaten zu erreichen.[1307] Um dieses Ziel tatsächlich erreichen zu können, verpflichten sich die Mitgliedstaaten gemäß Art. 2 OECD-Konvention unter anderem dazu, zum einen eine auf wirtschaftliches Wachstum ausgerichtete Politik sowie zum anderen Anstrengungen zu verfolgen, um den Abbau von Hemmnissen sowohl des grenzüberschreitenden Austauschs von Waren und Dienstleistungen als auch des internationalen Kapitalverkehrs weiterhin zu

---

1304 Vgl. *M.N. Barnett/M. Finnemore*, Rules for the World, S. 24 ff.; *St. Bauer*, in: Joachim/Reinalda/Verbeek (Hrsg.), International Organizations and Implementation, S. 62 (63 f.).

1305 Siehe hierzu *6. Teil* GldPkt. A I.

1306 Siehe hierzu *3. Teil* GldPkt. A II 1.

1307 Art. 1 lit. (a) OECD-Konvention.

fördern.[1308] Hierin ist eine Konkretisierung der generellen Aufgaben aus dem Art. 1 OECD-Konvention zu erblicken. Diese Systematik gleicht jener der EU, wonach die Unionszwecke aus Art. 3 Abs. 1 EUV durch die Unionsziele gemäß Art. 3 Abs. 2 bis Abs. 4 EUV ebenfalls entsprechend konkretisiert werden.[1309] Auch inhaltlich gleicht die Aufgabe der OECD zur „Steigerung des Lebensstandards in ihren Mitgliedstaaten" jenem ökonomisch geprägten (Unions-)Zweck der EU zur „Förderung des Wohlergehens der Völker" ihrer Mitgliedstaaten. Überdies wird wie bei der OECD-Konvention auch im Unionsrecht diese übergeordnete Aufgabe unter anderem mittels der Unionsziele zur „Errichtung eines Binnenmarkts" – also eines Raumes ohne Binnengrenzen, in dem der freie Verkehr von Waren, Personen, Dienstleistungen und Kapital gewährleistet ist[1310] – sowie zur „Förderung eines nachhaltigen und ausgewogenen Wirtschaftswachstums" konkretisiert.[1311]

Es kann somit festgehalten werden, dass sich sowohl die allgemeinen ökonomisch geprägten Aufgaben zur Zielverwirklichung der OECD und der EU als auch dessen besondere Konkretisierungen stark gleichen. Im Rahmen ihres autonomen Handelns zur Erreichung eines kollektiv-optimalen Ergebnisses obliegt beiden internationalen Organisationen somit der gleiche ökonomische Maßstab. Mithin ist auch vor diesem Hintergrund anzunehmen, dass die EU als regional agierende Organisation mit weitreichenden supranationalen Kompetenzen die OECD als global agierende Organisation mit einer besonderen Expertise für problematische Interessenkonstellationen von globaler Dimension vor allem in der operativen Umsetzung ihrer funktionalen Aktivitäten – namentlich durch eine finale Begründung politischer Impulse – ergänzt. Für die Einführung der ATAD bedeutet dies im Ergebnis, dass die Wertungen der funktionalen Aktivitäten der OECD aus dem Anti-BEPS-Projekt zur Bekämpfung der Gewinnverkürzung und Gewinnverlagerung insoweit in das Unionsrecht übertragbar sind, als sie mittels einer Anpassung der Ziel*bestimmung* im Rahmen des unionalen Sekundärrechts die erforderlichen Maßnahmen begründen, um im Lichte des erreichten Standes der Entwicklung den im unionalen Primärrecht kodifizierten Unionszweck zur Förderung des Wohlergehens der Völker am besten zu *verwirklichen*.

1308 Art. 2 lit. (c) und lit. (d) OECD-Konvention.
1309 Siehe hierzu *3. Teil* GldPkt. A II 1.
1310 Art. 26 Abs. 2 AEUV.
1311 Siehe hierzu *3. Teil* GldPkt. A II 1 a), b).

(2) Übertragung der OECD-Wertungen auf das Unionsrecht

Betrachtet man die Systematik des unionalen Sekundärrechts genauer, so ist die bisherige Unterscheidung zwischen einer föderalistisch geprägten Aufgabe der Zielverwirklichung und einer funktionalistisch geprägten Aufgabe der Zielbestimmung klarstellungsbedürftig. Zwar lässt sich dem *Primärrecht* die Zielverwirklichung und zu dessen Konkretisierung dem *Sekundärrecht* eine Zielbestimmung entnehmen. Ergänzend hierzu lässt sich allerdings beobachten, dass auch im Rahmen des Sekundärrechts wiederum eine Unterscheidung vorgenommen wird, indem neben die Bestimmung des *Ziels* einer Richtlinie, welches bei der ATAD etwa in der Bekämpfung von Steuervermeidungspraktiken zu erblicken ist, ein *Zweck* tritt, dem das Ziel zu dienen hat. Entgegen der Literatur könnte dieser „Zweck" so gedeutet werden, jener adressierten Ziel*verwirklichung* aus dem Primärrecht im Rahmen der konkreten Richtlinie Ausdruck zu verleihen, um damit eine finale Brücke zwischen dem Primär- und Sekundärrecht zu schlagen, bevor das sekundärrechtliche Ziel sodann im Rahmen dessen die finale Ziel*bestimmung* vornimmt. Während der sekundärrechtliche Zweck zur „Errichtung" des Binnenmarkts ein konkretes Unionsziel aus Art. 3 Abs. 3 UAbs. 1 S. 1 EUV adressiert und insoweit hinreichend bestimmt ist, bleibt dessen Alternative zum „Funktionieren" des Binnenmarkts als behauptetes Brückenstück zwischen dem Primär- und Sekundärrecht bestimmungsbedürftig.

Der durch den Globalisierungsprozess begründete aktuelle Entwicklungsstand in der Steuerpolitik, wonach vor allem die Besteuerung am Ort der Gewinnerwirtschaftung und Wertschöpfung und damit die Wertungen des Territorialitätsprinzips in den Fokus zu stellen sind,[1312] gibt dem Begriff dahingehend eine neue Prägung, dass zum Erlass konkreter Maßnahmen eine weitreichendere Verwirklichung *mehrerer* Unionsziele möglich erscheint, indem diese in eine praktische Konkordanz treten, um schlussendlich der Zielverwirklichung des (primärrechtlichen) Unionszwecks zur Förderung des Wohlergehens der Völker der EU besser dienen zu können.[1313] Mithin schlägt der sekundärrechtliche Zweck zum „Funktionieren" des Binnenmarkts die Brücke zum primärrechtlichen (Unions-)Zweck zur Förderung des Wohlergehens der

1312 Siehe zu den Lösungsvorschlägen der *OECD*, die Gewinne zukünftig dort zu besteuern, wo die hierzu erforderliche wirtschaftliche Aktivität und Wertschöpfung zuvor stattfand, *5. Teil* GldPkt. A I.

1313 Siehe zur Herleitung des Territorialitätsprinzips aus den Unionszielen *4. Teil* GldPkt. B II.

Völker der EU. Vor diesem Hintergrund ist das „Funktionieren" der „Errichtung" eines Binnenmarkts nicht mehr nur *nachgelagert*, da etwa Letzteres zugleich die einzig relevante Zielverwirklichung aus dem Primärrecht sei. Vielmehr ist das „Funktionieren" der „Errichtung" eines Binnenmarkts zwecks der Integration nunmehr gar *übergeordnet*, indem Letzteres im Lichte des Ersteren auszulegen ist. Das „Funktionieren" ist damit bereits zum Zeitpunkt des Erlasses von konkreten Maßnahmen zu berücksichtigen, um der primärrechtlichen Zielverwirklichung des Unionszwecks zur Förderung des Wohlergehens der Völker der EU zu genügen, dem sämtliche Unionsziele wiederum zu dienen haben. Werden also *unionale* Maßnahmen zur Harmonisierung erlassen, welche den Binnenmarkt zwar errichten, allerdings insoweit einen schädlichen Charakter aufweisen, dass sie im Widerspruch zu den anderen Unionszielen stehen und den Unionszweck zur Förderung des Wohlergehens der Völker der EU konterkarieren, so bedarf es einer entsprechenden Korrektur, um das im Ergebnis ausschlaggebende „Funktionieren" gewährleisten zu können. Ebenso verhält es sich, wenn nicht-harmonisierte Vorschriften der *Mitgliedstaaten* den Binnenmarkt zwar nicht hemmen, diesen im Gegenteil allerdings insoweit ausnutzen, dass der übergeordnete Unionszweck zur Förderung des Wohlergehens der Völker der EU nicht verwirklicht wird.

Legt man dieses durch die funktionalen Aktivitäten der OECD geprägte neue Verständnis nunmehr der Ermächtigungsgrundlage des Art. 115 AEUV zur Rechtsangleichung mittels des Erlasses sekundärrechtlicher Maßnahmen zugrunde, so ist die ATAD insoweit auch im Lichte ihrer Ziel- und Zwecksetzung wirksam. Vor allem ist es nicht als unwirksam zu erachten, dass die ATAD als erste Richtlinie zu den direkten Steuern ausschließlich zum Nachteil des Steuerpflichtigen gereicht, indem dessen Entscheidungsfreiheit bewusst beschränkt wird und dies darüber hinaus allein aus ökonomischen – nicht sozialen – Gründen geschieht, sofern es der Förderung des übergeordneten Unionszwecks des Wohlergehens der Völker der EU dient.

Diesem Ergebnis zur Korrektur des Begriffs des „Funktionierens" mittels einer Beschränkung der Reichweite des Rechts zur Wahrnehmung des Binnenmarkts wird entgegengehalten, dass die *primär*rechtlichen (Unions-)Zwecke und (Unions-)Ziele – also nicht bloß die sekundärrechtlichen etwa einer Richtlinie – lediglich als plausible Erwartungen zu verstehen seien, dessen *konkrete Ergebnisse* allerdings in einem Entdeckungsverfahren des *Wettbewerbs* gefunden werden müssen. Zur Gewährleistung dieses maßgeblichen Wettbewerbs müsse den Staatsangehörigen eines Mitgliedstaats als dessen Wirtschaftsakteure eine unbeschränkte Entscheidungsfreiheit eingeräumt werden.[1314] Dabei sei ein unternehmerischer Wettbewerb als Ordnungsprinzip der EU zu verstehen,[1315] welcher sich auch auf die Gewährleistung des Binnenmarktideals einer Allokationseffizienz erstrecke.[1316] Diese Meinung greift vor allem auf Untersuchungen von *F.A. von Hayek* zur Wirkungsweise eines „Entdeckungsverfahrens des Wettbewerbs" zurück. Den Wettbewerb versteht *von Hayek* als Verfahren zur Entdeckung von Tatsachen, dessen Ergebnis sich in einer spontanen Marktordnung manifestiere. Dabei wohne dem Wettbewerb die Besonderheit inne, dass dieses Ergebnis nicht-voraussagbarer Art sei und eine wohltätige Wirkung begründe, wie sie niemals hätte bewusst angestrebt werden können.[1317] Um dieses Ergebnis einer spontanen Marktordnung allerdings erreichen zu können, sei vor allem die Enttäuschung von ursprünglichen Erwartungen maßgeblich, um schließlich durch die Anpassung individueller Strategien der betroffenen Wettbewerber ein hohes Maß an Übereinstimmung in neuen Erwartungen zu finden.[1318] In den „Erwartungen" seien insoweit nur Muster-Voraussagen zu erblicken, welche ein Phänomen versuchen zu begründen, indem sie auf Grundlage bestimmter Theorien die hierzu notwendigen, genau umrissenen Umstände definieren.[1319] Mithin sei es zu verhindern, eine Marktordnung im Lichte starrer Erwartungen in Form übergeordneter, einer Rangordnung folgender Zwecke und Ziele zu bestimmen – in anderen Worten eine Beurteilung der Marktordnung „von oben herunter" vorzunehmen. Vielmehr müsse sich durch die Nutzung des Wissens der Wettbewerber eine spontane Marktordnung selbst generieren – also mittels neuer Methoden ein Prozess „von unten herauf" passieren.[1320] In diesem Prozess zur Schaffung einer nicht-voraussagbaren, spontanen Marktordnung erschöpfe sich zugleich auch der Zweck und das Ziel. Dabei geht *von Hayek* sogar so weit, dass im Rahmen jenes Zwecks und Ziels nicht einmal festgehalten werden könne, *wer* bei der spontanen Marktordnung schlussendlich begünstigt werde.[1321]

1314 *P.-Ch. Müller-Graff*, in: EuR 1989, S. 107 (130 f.).

1315 *K.M. Meessen*, in: JZ 2009, S. 697 (701 f.).

1316 *W. Schön*, in: Pelka (Hrsg.), DStJG 23 (2000), S. 191 (194); *J. Hey*, in: Lang (Hrsg.), DStJG 41 (2018), S. 9 (40); vgl. auch *J. Basedow*, Von der deutschen zur europäischen Wirtschaftsverfassung, S. 31 f.

1317 *F.A. v. Hayek*, Der Wettbewerb als Entdeckungsverfahren, S. 3.

1318 *F.A. v. Hayek*, Der Wettbewerb als Entdeckungsverfahren, S. 10.

1319 *F.A. v. Hayek*, Die Theorie komplexer Phänomene, S. 10 f., 16; *P.-Ch. Müller-Graff*, in: EuR 1989, S. 107 (130).

1320 *F.A. v. Hayek*, Der Wettbewerb als Entdeckungsverfahren, S. 9, 11.

1321 *F.A. v. Hayek*, Der Wettbewerb als Entdeckungsverfahren, S. 9.

Gegen diese Kritik lässt sich zunächst anführen, dass die Ziele und Zwecke des primärrechtlichen Unionsrechts nicht zusammen zu betrachten sind. Vielmehr bedarf es einer klaren Unterscheidung zwischen dem Inhalt beider Begriffe und deren Bedeutungen zur Bestimmung des konkreten Ergebnisses einer „funktionierenden" Marktordnung. Der „*Zweck*" beschreibt ein übergeordnetes subjektives Interesse, welches den Vorteil klar zu definierender Adressaten – meistens einen bestimmten Personenkreis – betrifft. Zu denken sei namentlich an jene im Unionsrecht gemäß Art. 3 Abs. 1 EUV formulierten Zwecke des eigenen Wohlergehens, des Friedens sowie der Schaffung gemeinsamer Werte. Vor diesem Hintergrund wird sodann nach objektiven Phänomenen gesucht, welche diesem Zweck zum Vorteil oder Nachteil gereichen. Als ein solches Phänomen ist das Wirtschaftswachstum anzusehen, welches nach der in dieser Arbeit vertretenen Auffassung als der primäre Garant für den Wohlstand in den Mitgliedstaaten zu erachten ist.[1322] Die „*Ziele*" beschreiben hingegen jene „Erwartungen" im Sinne der Ausarbeitung von *von Hayek* – also jene Muster-Voraussagen, welche ein Phänomen versuchen zu begründen, indem sie auf Grundlage bestimmter Theorien die hierzu notwendigen, genau umrissenen Umstände definieren. Zu denken sei an eine offene Volkswirtschaft wie dem europäischen Binnenmarkt zum einen, welche als Instrument zur Förderung eines Wirtschaftswachstums zu qualifizieren ist sowie die Wettbewerbsfähigkeit zum anderen, dessen Verbesserung sich langfristig entsprechend auf die Gesamtproduktivität auswirkt und mithin das Wirtschaftswachstum fördert. Es kann somit festgehalten werden, dass der Zweck *starrer* Natur ist, da er dem Vorhaben zur Schaffung einer Marktordnung erst seinen Existenzgrund gibt. Die Ziele stellen sich hingegen allein in den Dienst dieser übergeordneten Zwecke und sind insoweit als dessen Instrumente zu interpretieren, um im Ergebnis eine zweckfördernde und mithin „funktionierende" Marktordnung zu begründen. Da sich dieses Instrument stets nach dem jeweiligen Stand der Entwicklung bemisst, ist es einem fortwährenden Optimierungsprozess ausgesetzt und schlussendlich *dynamischer* Natur.

Die Rolle des Wettbewerbs ist der Ziel-Ebene zuzuordnen. Als Teil dieser Ebene hat sich somit auch der Wettbewerb einem Zweck unterzuordnen. Läuft ein Wettbewerb dem übergeordneten Zweck zuwider, so ist er als „schädlich" zu beurteilen und zu korrigieren. Vor diesem Hintergrund ist *von Hayek* in seiner Auffassung zu widersprechen, man könne im Rahmen jenes gemeinsamen Ziels des Wettbewerbs nicht einmal festhalten, *wer* in diesem Prozess

1322 Siehe hierzu *3. Teil* GldPkt. A II 1 c) bb).

begünstigt werde. Ebendies erschließt sich aus dem übergeordneten Zweck. Im Übrigen ist der Auffassung allerdings zuzustimmen. So dient der Wettbewerb nicht nur zur Förderung jener durch theoretische Erkenntnisse festgestellten Ziele – zu denken sei an technische Neuerung als Resultat eines Innovationswettbewerbs zur Förderung des Ziels eines Wirtschaftswachstums gemäß dem Verständnis herrschender Theorien.[1323] Vielmehr stellen sich auch die Ziele in den Dienst des Wettbewerbs, indem sie im Lichte des fortwährenden Entdeckungsverfahrens des Wettbewerbs anzupassen sind, *sofern* jene neuen Entdeckungen der Förderung des übergeordneten Zwecks dienlich sind.

Dabei genügt es allerdings nicht von einem „Wettbewerb" an sich zu sprechen. Stattdessen bedarf es wiederum einer Unterscheidung zwischen einem Wettbewerb *zwischenstaatlicher* und *privater* Art, wobei sich die Ausgestaltung des privaten Wettbewerbs nach jenem zwischenstaatlichen Wettbewerb bemisst, da letzterer die Regeln für den ersteren Wettbewerb festsetzt. Mithin ist auch beim Wettbewerb von unterschiedlichen Ebenen zu sprechen. Die Kritik zur Bestimmung des Begriffs des „Funktionierens" des Binnenmarkts übersieht diese maßgebliche Unterscheidung und stellt allein auf die Ebene des privaten Wettbewerbs ab. So wird im Ergebnis damit argumentiert, dass ein Markt seine genuine Leistung im Grundsatz am besten unter den Bedingungen eines von Privaten unbeschränkten und hoheitlich unverfälschten Wettbewerbs optimal erbringen und in diesem Sinne funktionieren könne.[1324] Indem sich der Begriff eines „Funktionierens" des Binnenmarkts allein auf die Perspektive des privaten Wettbewerbs beschränkt, wird die Sicht für andere, weit tiefer liegende Probleme anderer Wettbewerbsebenen versperrt und die Förderung des übergeordneten Zwecks schlussendlich nicht umfassend gewährleistet.

Lässt sich ein zweckwidriger und mithin schädlicher Wettbewerb objektiv feststellen, so ist vielmehr im ersten Schritt die Frage zu stellen, *welcher* Wettbewerb betroffen ist. In einem zweiten Schritt ist das Problem schließlich auf der einschlägigen Wettbewerbsebene zu lösen. Als Beispiel kann erneut das Gefangenendilemma eines race to the bottom im Internationalen Steuerrecht angeführt werden. Da das Problem eines suboptimalen, den Wettbewerb gar schadenden Nash-Gleichgewichts auf Ebene des *zwischenstaatlichen* Wettbewerbs zu verorten ist, gilt es auch die Lösung zunächst in der Schaffung eines kollektiv-optimalen Ergebnisses für die Mitgliedstaaten als Pareto-Optimum

---

1323 Siehe zur Bedeutung von Innovationen für das Wirtschaftswachstum *4. Teil* GldPkt. B I 1 a) cc), dd).

1324 *P.-Ch. Müller-Graff*, in: EuR 1989, S. 107 (131).

zu finden, indem diese namentlich dazu verleitet werden, auf gemeinsamer Grundlage des Territorialitätsprinzips ihre individuellen Strategien insoweit anzupassen, dass eine ausgewogene Aufteilung der Besteuerungsbefugnisse gewährleistet wird.[1325] Um dieser Lösung zur Schaffung eines funktionsfähigen Steuerwettbewerbs auch in tatsächlicher Hinsicht eine Wirkung zu verschaffen, muss sie sich auf die Ebene der Steuersubjekte – namentlich der Staatsangehörigen eines Mitgliedstaats – auswirken, indem die betroffenen privaten Wirtschaftsakteure letzten Endes eben dort steuerlich zu verpflichten sind, wo sie die inländischen öffentlichen Leistungen zur Begründung von Einkünften tatsächlich wahrgenommen haben. Sollte eine Berufung der Staatsangehörigen eines Mitgliedstaats auf die Grundfreiheit dazu dienen, dieses Ergebnis zu umgehen, um zulasten eines funktionsfähigen zwischenstaatlichen Steuerwettbewerbs einen eigenen Vorteil zu begründen, so gilt es die Reichweite des Rechts und damit die dem *privaten* Wettbewerb zugrundeliegende Entscheidungsfreiheit jener Staatsangehörigen schließlich entsprechend zu beschränken.[1326] Vor diesem Hintergrund ist *von Hayeks* Auffassung gar noch zu kurzsichtig, da er verkennt, dass selbst der Wettbewerb privater Art einem Entdeckungsverfahren des zwischenstaatlichen Wettbewerbs ausgesetzt sein kann. Ganz *im Sinne* seiner Auffassung allerdings, bleibt das Entdeckungsverfahren eines Wettbewerbs weiterhin zur Ausgestaltung einer konkreten Marktordnung im Fokus, indem die Bedeutung und das Gewicht der einzelnen Unionsziele im Lichte der gefundenen Lösung zur Schaffung eines funktionsfähigen zwischenstaatlichen Steuerwettbewerbs zu bewerten sind, sofern sie der Förderung des übergeordneten Zwecks dient. Schließlich wird auch dem Charakter einer Unbegrenztheit des Wettbewerbs weiterhin eine maßgebliche Rolle zugesprochen, um diesen Entwicklungsprozess der Ziele und schlussendlich der Gewährleistung jener übergeordneten Zwecke zum Erfolg zu verhelfen. So ist im hier interessierenden Beispiel einer Lösung des race to the bottom durch die geschilderte Anpassung des zwischenstaatlichen Wettbewerbs keine Wettbewerbsbegrenzung zu erblicken, sondern eher eine *Optimierung* dessen, indem den Staaten das Instrument einer nunmehr weiter auszulegenden Hinzurechnungsbesteuerung an die Hand gegeben[1327] und die Möglichkeit geschaffen wird, die steuerliche Ausgestaltung anderer Staaten selbst zu kontrollieren. Dieser Mechanismus einer gegenseitigen Kontrolle der Staaten hinsichtlich ihrer steuerlichen Anreize im

---

1325 Siehe hierzu *4. Teil* GldPkt. C.

1326 Siehe hierzu *4. Teil* GldPkt. D.

1327 Siehe hierzu *3. Teil* GldPkt. C III 2 b) aa); *4. Teil* GldPkt. D.

Lichte des Territorialitätsprinzips gibt dem zwischenstaatlichen Wettbewerb mithin die Möglichkeit einer Selbstregulierung. Die Reichweite der einzelnen Souveränität der betroffenen Staaten – als staatliche Entscheidungsfreiheit – bleibt hingegen weiterhin unangetastet. Dass der *EuGH* bisher hingegen die Reichweite einer Hinzurechnungsbesteuerung durch seine Entscheidung in der Rechtssache *Cadbury Schweppes* bedeutsam beschränkt,[1328] hat im Umkehrschluss zufolge, dass er den Mitgliedstaaten die Möglichkeit auf dieses Kontrollinstrument sowie schlussendlich dem zwischenstaatlichen Wettbewerb die Möglichkeit einer Selbstregulierung nimmt. Vor diesem Hintergrund kann vielmehr in der vorherrschenden Rechtsprechung eine schädliche Einwirkung in den zwischenstaatlichen Wettbewerb erblickt werden, indem die Entscheidungsfreiheiten der Staaten insoweit eine Beschränkung erfahren, dass ihnen die Waffen im Kampf gegen einen schädlichen Steuerwettbewerb genommen und sie stattdessen dazu gedrängt werden, am steuerlichen Unterbietungswettbewerb zugunsten der Unternehmen teilzunehmen, um Kapitalinvestitionen überhaupt erst generieren zu können. In anderen Worten begründet die bisherige Auffassung des EuGH einen Zustand, welcher den natürlichen Kräften eines Entdeckungsverfahrens des Wettbewerbs sowie schlussendlich *von Hayeks* Auffassung widerspricht und den Grundstein für einen schädlichen Wettbewerb legt.

III. Ergebnis

Die ATAD lässt sich unter die Ermächtigungsgrundlage gemäß Art. 115 AEUV subsumieren, indem es im Rahmen eines besonderen Gesetzgebungsverfahrens zwecks der Angleichung derjenigen Rechts- und Verwaltungsvorschriften der Mitgliedstaaten erlassen wurde, welche sich unmittelbar auf das Funktionieren des Binnenmarkts auswirken. Besonders hervorzuheben gilt, dass der Begriff des „Funktionierens“ nunmehr aufgrund der globalen wirtschaftspolitischen Entwicklung zur Bekämpfung von Steuervermeidungspraktiken im Lichte der in das Unionsrecht übertragbaren Ergebnisse des Anti-BEPS-Projekts der OECD, zu denen sich die EU bekennt, fortzubilden ist, um dem Unionszweck zur Förderung des Wohlergehens der Völker der EU besser dienen zu können. Dabei rückt vor allem die ausgewogene Aufteilung der Besteuerungsbefugnisse in den Fokus, wonach die gesamten Vorschriften der ATAD und damit auch die harmonisierte GAAR und Hinzurechnungsbesteuerung auszulegen und anzuwenden ist, indem namentlich die Besteuerung der Einkünfte am Ort der

1328 Siehe hierzu 3. *Teil* GldPkt. C III 2 b) bb) (1).

Gewinnerwirtschaftung und der Wertschöpfung erfolgen soll.[1329] Vor diesem Hintergrund fragt sich, welche Auswirkung die neue Zielsetzung und Harmonisierung auf das *konkrete* Begriffsverständnis des Missbrauchs bei der direkten Steuer hat.

B. Konkrete Auswirkung der ATAD auf das Begriffsverständnis des „steuerrechtlichen Missbrauchs"

Durch die sekundärrechtliche Kodifizierung des Missbrauchskonzepts der direkten Steuer ist ein Rückgriff auf den allgemeinen Rechtsgrundsatz, welcher als eigenständige Rechtsquelle das geschriebene Unionsrecht bloß *ergänzen* soll,[1330] insoweit nicht mehr notwendig. Mit der nunmehrigen Harmonisierung eines Mindeststandards für Anti-Missbrauchsvorschriften gemäß der ATAD entsteht für die Mitgliedstaaten hingegen die Pflicht zu dessen Umsetzung in das nationale Recht, um Ziel und Zweck der Richtlinie zu erreichen.[1331] Indem der Mindeststandard auch die materiell-rechtliche *Reichweite* von Anti-Missbrauchsvorschriften adressiert, könnte das nationale Missbrauchskonzept nunmehr – anders als beim allgemeinen Rechtsgrundsatz[1332] – auch weiter als ursprünglich gefasst werden und mithin zulasten des Steuerpflichtigen gehen. Für die Untersuchung, welche *konkrete* Auswirkung die ATAD auf das umsetzungspflichtige Begriffsverständnis des „steuerrechtlichen Missbrauchs" hat, bietet es sich wiederum an, zunächst einen inhaltlichen Vergleich zum allgemeinen Rechtsgrundsatz vorzunehmen (*I.*), um sodann auf dessen Komplettierung auf Ebene der nachgelagerten Verhältnismäßigkeitsprüfung einzugehen (*II.*).

1329 Soweit die Harmonisierung reicht, wird nunmehr dem EuGH die Auslegung und Rechtsfortbildung der Missbrauchsvorschriften sowohl für grenzüberschreitende als auch rein inländische Fälle in die Hände gelegt (*J. Hey*, in: FR 2016, S. 554 (559); vgl. allgemein zur Möglichkeit des EuGH zur Prüfung von reinen Inlandssachverhalten *EuGH*, Urt. v. 22.12.2008, Rs. C-48/07 – *„Les Vergers du Vieux Tauves"*, ECLI:EU:C:2008:758, Rn. 21).

1330 Siehe hierzu *3. Teil* GldPkt. A II 3.

1331 Vgl. hierzu *3. Teil* GldPkt. B II 1.

1332 Zwar müssen die Mitgliedstaaten auch die allgemeinen Rechtsgrundsätze als Teil des Unionsrechts mit Vertragsrang gem. dem Effektivitäts- bzw. effet utile-Grundsatz aus Art. 4 Abs. 3 EUV im Rahmen der Auslegung ihres nationalen Rechts berücksichtigen. Allerdings darf dies nicht zulasten des Steuerpflichtigen gehen, da ansonsten die Rechtssicherheit nicht gewährleistet wäre (siehe hierzu *3. Teil* GldPkt. B II 1).

I. Grundsätzliches Begriffsverständnis in Vergleichung mit dem allgemeinen Rechtsgrundsatz

Wie bereits erläutert,[1333] weist die GAAR gemäß Art. 6 ATAD besondere Gemeinsamkeiten mit dem allgemeinen Rechtsgrundsatz des Unionsrechts auf.

1. Subjektives Element

Wie in der Entscheidung des EuGH zur Rechtssache *Halifax* wird zur Annahme eines „steuerrechtlichen Missbrauchs“ auch gemäß Art. 6 Abs. 1 ATAD in subjektiver Hinsicht ausdrücklich darauf abgestellt, ob der *steuerliche Vorteil* zur Wahl der Rechtsgestaltung *wesentlich* war. Mit der ATAD lässt sich insoweit eine Annäherung des Begriffsverständnisses eines „steuerrechtlichen Missbrauchs“ hinsichtlich der direkten und indirekten Steuerarten im Rahmen des subjektiven Elements erkennen.[1334] Ferner lässt sich auch die zur indirekten Steuer ergangene und die Rechtsprechung in der Rechtssache *Halifax* klarstellende Entscheidung des EuGH in der Rechtssache *Part Service* auf die ATAD übertragen, sodass zur Vermutung des subjektiven Tatbestands mangels „triftiger wirtschaftlicher Gründe“ die wirtschaftlichen und nicht-wirtschaftlichen Gründe zur Wahl der Rechtsgestaltung in ein Verhältnis zu setzen sind.[1335] *Ergänzend* zum allgemeinen Rechtsgrundsatz wird überdies gemäß Art. 6 Abs. 1 ATAD sogar klargestellt, dass das subjektive Element eines Missbrauchs bereits dann angenommen werden kann, wenn der nicht-wirtschaftliche Grund eines steuerlichen Vorteils nur *einer von mehreren* wesentlichen Gründen zur Wahl der Rechtsgestaltung ist.[1336] Mithin ist das harmonisierte Verständnis eines

---

1333 Siehe hierzu *5. Teil* GldPkt. A II 2 a).

1334 Zur Reichweite des subjektiven Elements des Missbrauchsverbots im Rahmen der direkten Steuer hat der *EuGH* in der Rs. *Leur-Bloem* zur Fusionsrichtlinie noch vertreten, ein Missbrauch sei nicht bereits schon deshalb zu bejahen, weil eine gewählte Rechtsgestaltung dem bloßen Ziel einer Steuerersparnis diene. Vielmehr seien die Vorschriften der Richtlinie ungeachtet dessen anwendbar, ob die Gründe zur Vorteilsziehung finanzieller, wirtschaftlicher oder rein steuerlicher Art seien (*EuGH*, Urt. v. 17.07.1997, Rs. C-28/95 – „*Leur-Bloem*“, Slg. 1997 (de), S. I-4161 (I-4203 – Rn. 36)).

1335 Siehe zur Entscheidung des EuGH in der Rs. *Part Service* und der Rs. *Halifax* zur Annahme einer Missbrauchsabsicht *3. Teil* GldPkt. B II 3 d) ee) (2) (b).

1336 Siehe zu dieser noch offenen Frage im Rahmen des allgemeinen Rechtsgrundsatzes eines Missbrauchskonzepts *3. Teil* GldPkt. B II 3 d) ee) (2) (b).

„steuerrechtlichen Missbrauchs“ der direkten Steuer letztlich gar *weiter* gefasst, als jenes des allgemeinen Rechtsgrundsatzes.[1337]

2. *Objektives Element*

Hinsichtlich des objektiven Elements ist gemäß Art. 6 Abs. 1 ATAD zwar primär auf das Ziel oder den Zweck des geltenden (nationalen) Steuerrechts abzustellen. Allerdings gilt es bei grenzüberschreitenden Sachverhalten, auf die sich die Richtlinie schließlich vornehmlich bezieht, überdies das Unionsrecht in die Zweckwidrigkeitsprüfung miteinzubeziehen. So hat sich das Unionsrecht zur Einhaltung des Effektivitätsgrundsatzes schließlich *selbst* die Grenzen zur Rechtsausübung zu setzen.[1338] Vor diesem Hintergrund ist ganz im Sinne des allgemeinen Rechtsgrundsatzes[1339] hinsichtlich des „Ziels“ des geltenden Steuerrechts auf den Sinn und Zweck jener unionsrechtlichen Vorschrift abzustellen, auf die sich berufen wird, um den steuerlichen Vorteil aus dem nationalen Recht zu begründen. Namentlich konzentrieren sich die Erwägungen bei grenzüberschreitenden Sachverhalten insoweit auf die teleologische Auslegung der einschlägigen Grundfreiheit, auf die sich der Betroffene zur Gewährleistung seiner Entscheidungsfreiheit beruft.[1340]

II. Korrigiertes Begriffsverständnis im Lichte der Verhältnismäßigkeitsprüfung

Indem gemäß Art. 6 Abs. 1 ATAD überdies auf den „Zweck“ des geltenden Steuerrechts abzustellen ist, sind im Unionsrecht jene teleologischen Erwägungen der Grundfreiheiten, auf die sich der Steuerpflichtige beruft, im Lichte eines übergeordneten Unionszwecks zu betrachten und in diesem Rahmen mit möglicherweise kontradiktorischen, allerdings unionsrechtlich legitimierten

---

1337 Hinsichtlich des subjektiven Tatbestands entspricht der Art. 6 Abs. 1 und Abs. 2 ATAD im Wesentlichen dem Art. 1 Abs. 2 und Abs. 3 MuToRi zur direkten Steuer. Diese Missbrauchsklausel wurde bereits im Jahre 2015 und damit vor der ATAD eingeführt.

1338 Vgl. hierzu *3. Teil* GldPkt. B II 3 c) bb) (1) (c).

1339 Siehe hierzu *3. Teil* GldPkt. B II 3 d) ee) (2) (a).

1340 Hinsichtlich des objektiven Tatbestands sind die Wertungen der ATAD nicht mit jenen der Mutter-Tochter-Richtlinie gleichzustellen. So stellt im Rahmen des objektiven Tatbestands die ATAD gem. Art. 6 Abs. 1 ATAD auf das Ziel oder den Zweck „des geltenden Steuerrechts“ und die Mutter-Tochter-Richtlinie gem. Art. 1 Abs. 2 MuToRi auf das Ziel oder den Zweck der eigenen Richtlinie ab.

Interessen in ein Verhältnis zu setzen, um so den Begriff des „steuerrechtlichen Missbrauchs" durch die Einbeziehung gesetzesimmanenter Wertungen zu komplettieren[1341] und schließlich dem Zweck der Richtlinie zum Funktionieren des Binnenmarkts zu entsprechen[1342]. Eine entsprechende Korrektur eines Ergebnisses des unionsrechtlichen Missbrauchskonzepts drückt sich überdies auch in der Hinzurechnungsbesteuerung gemäß Art. 7 Abs. 2 ATAD aus.[1343] Zur Konkurrenz beider Vorschriften stellt die ATAD in ihren Erwägungsgründen fest, dass die GAAR allein dazu dienen soll, missbräuchliche Steuerpraktiken zu vermeiden, für die noch keine besonderen Vorschriften bestehen. Ihr ist somit ein lückenschließender Charakter zuzusprechen, ohne sich auf die Anwendbarkeit besonderer Vorschriften auszuwirken.[1344] Ein Blick auf die Rechtsfolgen beider Instrumente lässt allerdings den Schluss zu, dass es zu einem solchen Rangverhältnis gar nicht erst kommt. So zielt die GAAR gemäß Art. 6 ATAD auf die Verhinderung einer Tatbestands*erschleichung* ab,[1345] indem der Geltungsbereich einer *vorteilhaften* steuerrechtlichen Norm *reduziert* wird. Die Hinzurechnungsbesteuerung zielt hingegen gemäß Art. 7 ATAD auf die Verhinderung einer Tatbestands*vermeidung* ab, indem der Geltungsbereich einer *nachteiligen* steuerrechtlichen Norm *ausgeweitet* wird. Während also die GAAR in jenem Mitgliedstaat mit einer vorteilhaften steuerrechtlichen Norm Anwendung findet, adressiert die Hinzurechnungsbesteuerung jenen Mitgliedstaat mit einer nachteiligen steuerrechtlichen Norm. Beide Instrumente bzw. Mitgliedstaaten können sich vor diesem Hintergrund also ergänzen bzw. gegenseitig stützen. Hierzu bedarf es allerdings eines einheitlichen Begriffsverständnisses des „steuerrechtlichen Missbrauchs". Namentlich muss die Verhältnismäßigkeitsprüfung bei der GAAR und der Hinzurechnungsbesteuerung gleich ausgestaltet sein. Zwecks dessen kann daran gedacht werden, die Wertungen aus dem Art. 7 ATAD insoweit auf den Art. 6 ATAD zu übertragen, sodass sich die Untersuchung auf erstere Vorschrift beschränken kann.

1341 Vgl. hierzu *5. Teil* GldPkt. A II 2 a) aa).

1342 Vgl. hierzu *6. Teil* GldPkt. A II 2 c) cc) (2).

1343 Vgl. hierzu *3. Teil* GldPkt. C III 2 b), 3, 4; *5. Teil* GldPkt. A II 2 b).

1344 *Rat d. EU*, RL v. 12.07.2016, Nr. 2016/1164 (EU) – „*ATAD I*", ABl. 2016 L 193 (de), S. 1 (3 f. – ErwGrd. 11).

1345 Siehe hierzu *5. Teil* GldPkt. A II 2 a) aa).

1. Der „Ort der Gewinnerwirtschaftung und Wertschöpfung" als grundsätzlicher Maßstab

Auch nach Regelung der ATAD bleibt die Frage umstritten, wie das Interesse zur ausgewogenen Aufteilung des Steuersubstrats mit der Freizügigkeitsgarantie aus den Grundfreiheiten in ein Verhältnis zu setzen ist, um eine Missbrauchsbekämpfung mittels einer Hinzurechnungsbesteuerung gewährleisten zu können.[1346]

a) Meinungsstand

Dabei wird im Schrifttum zunächst einheitlich davon ausgegangen, dass das Europäische Steuerrecht allein der Verwirklichung des Binnenmarkts zu dienen habe.[1347] Zwar sei es grundsätzlich möglich, dass auch die Unionszwecke aus Art. 3 Abs. 1 EUV steuerpolitische Gerechtigkeitsanliegen ausdrücken. Allerdings stelle der Art. 115 AEUV klar, dass der konkrete Rechtsakt stets der Errichtung und dem (nachgelagerten) Funktionieren des Binnenmarkts zu dienen habe.[1348]

Jenseits dieses Konsenses wird *zum einen* vertreten, dass ein Mindeststandard den steuerlichen Anreiz für eine künstliche Verlagerung von Einkünften und damit Rechtsgestaltungen aus rein steuerlichen Aspekten, welche schlussendlich zu Fehlallokationen von Besteuerungssubstrat der Mitgliedstaaten führen, verhindere. Damit gehe das Fiskalinteresse mit einer Funktionsfähigkeit der einzelnen Mitgliedstaaten einher, welche wiederum für einen Binnenmarkt konstitutiv sei.[1349] Vor diesem Hintergrund seien aus dem Unionsziel zur Errichtung eines Binnenmarkts *an sich* nebst den Grundfreiheiten, auch Garantenpflichten der Mitgliedstaaten zu einem aktiven Handeln herauszulesen, die sich darin manifestieren, ein steuerliches Mindestmaß sicherzustellen.[1350] Konsequent hierzu sei im Falle einer Beschränkung konkreter Grundfreiheiten – etwa im Falle einer Hinzurechnungsbesteuerung – zu dessen Rechtfertigung

---

1346 Siehe zum Meinungsstreit in Bezug auf die Rspr. des EuGH (in der Rs. *Cadbury Schweppes*) *3. Teil* GldPkt. C III 2 b) bb).

1347 *M. Mick*, Die Steuerkonzeption der Europäischen Union, S. 74; *W. Schön*, in: Pelka (Hrsg.), DStJG 23 (2000), S. 191 (208 f.); *A. Linn*, in: IStR 2016, S. 645 (646); *J. Hey* in: Lang (Hrsg.), DStJG 41 (2018), S. 9 (35); *M. Kreienbaum*, in: Lang (Hrsg.), DStJG 41 (2018), S. 475 (476).

1348 *J. Hey*, in: Lang (Hrsg.), DStJG 41 (2018), S. 9 (35).

1349 *M. Kreienbaum*, in: Lang (Hrsg.), DStJG 41 (2018), S. 475 (479).

1350 *M. Kreienbaum*, in: Lang (Hrsg.), DStJG 41 (2018), S. 475 (479 f.).

im Rahmen des Unionsziels eine Abwägung zwischen der betroffenen Grundfreiheit und jener Garantenpflicht der Mitgliedstaaten vor dem Gesichtspunkt vorzunehmen, dass bei einem Nicht-Handeln der Mitgliedstaaten eine binnenmarktrelevante Funktionsfähigkeit der Mitgliedstaaten in dem Maße gefährdet wäre, dass es Auswirkungen auf das Funktionieren des Binnenmarkts insgesamt habe.[1351]

Zum anderen wird vertreten, das Interesse zur Aufteilung des Steuersubstrats stehe grundsätzlich nicht im Konflikt mit dem Binnenmarkt, sondern nur mit dem *Steuerwettbewerb* im Binnenmarkt.[1352] Ein Spannungsverhältnis mit dem Binnenmarktziel an sich entstehe allerdings dann, wenn durch eine *mittelbare* Regulierung des Steuerwettbewerbs – etwa durch eine Hinzurechnungsbesteuerung – die Mitgliedstaaten zu freizügigkeitsbegrenzenden Abwehrmaßnahmen gezwungen werden.[1353] Indem bei dieser mittelbaren Vorgehensweise auf das Verhalten des Steuerpflichtigen und nicht auf jenes der Mitgliedstaaten abgestellt werde, verliere sie jenen Fokus zur eigentlich ausschlaggebenden Differenzierung zwischen dem schädlichen und unschädlichen Steuerwettbewerb und führe aufgrund einer mangelnden Passgenauigkeit bloß zu neuen Wettbewerbsverzerrungen.[1354] Da es an den stattdessen erforderlichen genauen Kriterien zu einer ausgewogenen Verteilung des Steuersubstrats weiterhin mangele, die auch jene These zur Besteuerung am Ort der Wertschöpfung nicht liefere, könne auf einen erweiterten Missbrauchsbegriff als jenen des EuGH in der Rechtssache *Cadbury Schweppes* im Rahmen der Hinzurechnungsbesteuerung nicht abgestellt werden.[1355]

b) Stellungnahme

Vor dem Hintergrund der Begründung, dass die Unionszwecke aus Art. 3 Abs. 1 EUV aufgrund des Art. 115 AEUV keinen Einfluss auf die EU-Steuerpolitik nehmen und die Errichtung und das Funktionieren eines Binnenmarkts gleichlaufen,[1356] ist die allgemeine Auffassung der Literatur dahingehend zu verstehen, dass der Charakter des Europäischen Steuerrechts allein dem

---

1351 *M. Kreienbaum*, in: Lang (Hrsg.), DStJG 41 (2018), S. 475 (480 f.).

1352 *J. Hey*, in: Lang (Hrsg.), DStJG 41 (2018), S. 9 (37).

1353 *J. Hey*, in: Lang (Hrsg.), DStJG 41 (2018), S. 9 (39 f.); vgl. auch *M. Seidel*, in: Klein/Pieper/Ress (Hrsg.), GS Bleckmann, S. 365 (384).

1354 *J. Hey*, in: Lang (Hrsg.), DStJG 41 (2018), S. 9 (40 f.).

1355 *J. Hey*, in: Lang (Hrsg.), DStJG 41 (2018), S. 9 (40, 42).

1356 Siehe zur bisherigen Auffassung eines Gleichlaufs der „Errichtung" und des „Funktionierens" eines Binnenmarkts *6. Teil* GldPkt. A II 1.

Unionsziel zur *Errichtung* des Binnenmarkts zu dienen habe. Bereits jenem Ausgangspunkt wird in dieser Arbeit widersprochen,[1357] indem das „Funktionieren“ und „Errichten“ eines Binnenmarkts kontradiktorischer Natur sein kann und Ersteres dem Letzteren übergeordnet und im Lichte des Unionszwecks zur Förderung der Wohlergehens der Völker der EU auszulegen ist.

Der ersten Auffassung ist auf Grundlage dessen folgerichtig dahingehend zu widersprechen, dass eine Verhältnismäßigkeitsprüfung nicht etwa allein auf den Teil des unionalen Primärrechts zur Errichtung des Binnenmarkts zu beschränken ist. Vielmehr treten im Lichte des übergeordneten primärrechtlichen Unionszwecks zur Förderung des Wohlergehens der Völker der EU *alle* Unionsziele in eine praktische Konkordanz.[1358] Gegen das alleinige Abstellen auf das Unionsziel zur Errichtung des Binnenmarkts spricht ferner die konkrete Ausgestaltung der Verhältnismäßigkeitsprüfung. So ist mit der Kernfrage, ob ein Nicht-Handeln der Mitgliedstaaten ihre binnenmarktrelevante Funktionsfähigkeit in dem Maße gefährde, dass es Auswirkungen auf das Funktionieren des Binnenmarkts insgesamt habe, noch immer nicht geklärt, *wann genau* ebendies anzunehmen sei. Der insoweit erforderliche Maßstab, welcher ein „Funktionieren“ des Binnenmarkts anhand bestimmter Kriterien genau definiert, kann auch nicht aus der beschränkten Reichweite einer Verhältnismäßigkeitsprüfung im Rahmen des Unionsziels zur Errichtung eines Binnenmarkts hergeleitet werden. Hierzu muss die Prüfung vielmehr mittels einer ganzheitlichen ökonomischen Betrachtungsweise im Lichte des übergeordneten Unionszwecks zur Förderung des Wohlergehens der Völker der EU erfolgen.

Dieses Ergebnis entspricht jenem dieser Arbeit zur Bestimmung der Reichweite des Rechts zur Wahrnehmung eines Binnenmarkts der Staatsangehörigen eines Mitgliedstaats im Rahmen des Rechtfertigungsgrundes zur Verhinderung von Steuerhinterziehung und Steuerumgehung bzw. -missbrauch. Dabei wurde das „Funktionieren“ bzw. die „Funktionsfähigkeit“ eines Binnenmarkts unter Berücksichtigung unionsrechtlicher und volkswirtschaftlicher Wertungen mit folgender Formel umschrieben:

$$BM - \left(WW^{-} + WF^{-}\right) = WG = B\dot{M}$$

Formel F.4.3.1.[1359]

1357 Siehe hierzu 6. *Teil* GldPkt. A II 2 c) cc) (2).

1358 Siehe hierzu 6. *Teil* GldPkt. A II 2 c) cc) (2).

1359 „*BM*“ steht für das Unionsziel zur Errichtung eines Binnenmarkts; „*WW*“ steht für Beeinträchtigungen eines nachhaltigen und ausgewogenen Wirtschaftswachstums – als „Negativ“ zum gleichnamigen Unionsziel; „*WF*“ steht für

Zur Erinnerung, dieser Formel lässt sich die Erkenntnis entnehmen, dass das „Funktionieren“ eines Binnenmarkts (hier: „*BM*“) das Kernanliegen des primärrechtlichen Unionszwecks zur Förderung des Wohlergehens der Völker der EU (hier: „*WG*“) darstellt. Zu dessen Gewährleistung gilt es vor allem die Förderung eines Wirtschaftswachstums (hier: „*WW*“) und der Wettbewerbsfähigkeit (hier: „*WF*“) zu gewährleisten, zwecks dessen wiederum das Recht der Staatsangehörigen eines Mitgliedstaats zur Wahrnehmung des europäischen Binnenmarkts (hier: „*BM*“), welches sich als Instrument des Wirtschaftswachstums in dessen Dienst zu stellen hat, entsprechend zu beschränken bzw. anzupassen ist, sofern es sich insoweit als unökonomisch und ineffizient erweist.[1360] Kurz gefasst, ist ein funktionierender Binnenmarkt im Ergebnis also immer dann anzunehmen, wenn er das Wirtschaftswachstum innerhalb der gesamten EU fördert. Eben hiernach haben sich auch die konkreten Kriterien zu bemessen.

Der Kritik der zweiten Meinung, diese mittelbare Vorgehensweise verliere jenen Fokus zur eigentlich ausschlaggebenden Differenzierung des schädlichen vom unschädlichen Steuerwettbewerb, da es auf das Verhalten des Steuerpflichtigen und nicht auf jenes der Mitgliedstaaten abstelle, ist zu entgegnen, dass ein Instrument zur Verhinderung eines steuerrechtlichen Missbrauchs – wie jene Hinzurechnungsbesteuerung – im Ergebnis ebenfalls der Förderung des Wirtschaftswachstums und der Verhinderung eines schädlichen Steuerwettbewerbs zu dienen hat. Um dies zu gewährleisten, sind die Anforderungen der Hinzurechnungsbesteuerung entsprechend nach einem schrittweisen Vorgehen herzuleiten. Als Ausgangspunkt ist auf die *zwischenstaatliche Ebene* abzustellen, wonach eine ausgewogene Aufteilung des Steuersubstrats ein legitimes Ziel und ein funktionierender Wettbewerb um Realinvestitionen der Unternehmen ein geeignetes Mittel darstellt, um schlussendlich ein Wirtschaftswachstum bzw. das Wohlergehen der Völker zu fördern.[1361] Zur Funktionsfähigkeit dieses Wettbewerbs bietet es sich an, den Mitgliedstaaten insoweit disziplinierende Anreize zu setzen, dass

Beeinträchtigungen einer wettbewerbsfähigen sozialen Marktwirtschaft – als „Negativ“ zum gleichnamigen Unionsziel; „*WG*“ steht für den Unionszweck zur Förderung des Wohlergehens der Völker; „*BM*“ steht für die optimierte, funktionsfähige Ausgestaltung des Binnenmarkts.

1360 Siehe hierzu *4. Teil* GldPkt. D.

1361 Siehe hierzu *4. Teil* GldPkt. B III, C.

sich ihre Steuerhoheit nach einem globaläquivalenten Ansatz richtet, indem namentlich Unternehmen ebendort zu besteuern sind, wo sie die inländischen öffentlichen Leistungen zur Begründung ihrer Einkünfte tatsächlich wahrgenommen haben.[1362] Hierin manifestiert sich zugleich das Territorialitätsprinzip, welches sich insoweit entgegen dem Welteinkommensprinzip aus dem Unionsrecht herleiten lässt und vor diesem Hintergrund hin zu einer ausschließlichen unionsrechtlichen *Regel* entsprechend dem Begriffsverständnis von *R.M. Dworkin* entwickelt.[1363] Auf Grundlage dieser Erkenntnis ist sodann auf *Ebene des Steuerpflichtigen* der Begriff des „steuerrechtlichen Missbrauchs“ im Rahmen der Verhältnismäßigkeitsprüfung schließlich auszulegen. Kollidiert das Recht des Steuerpflichtigen zur Wahrnehmung des europäischen Binnenmarkts namentlich mit dem insoweit unionsrechtlich geschützten Territorialitätsprinzip zur Förderung eines Wirtschaftswachstums, so ist Ersteres stets zugunsten des Letzteren zu beschränken.[1364] Mit der *ATAD* unterstreicht die EU diese Schlussfolgerung nunmehr, indem die Entscheidungsfreiheit der Staatsangehörigen eines Mitgliedstaats zur Bekämpfung von Steuervermeidungspraktiken und zwecks dem Funktionieren des Binnenmarkts bzw. der Förderung des Wohlergehens der Völker mit dem Mittel der Besteuerung von Einkünften am Ort der Gewinnerwirtschaftung und Wertschöpfung zu beschränken ist, welches auf dem Territorialitätsprinzip basiert.[1365]

Es kann somit festgehalten werden, dass auf Ebene der Verhältnismäßigkeitsprüfung des unionsrechtlichen Missbrauchskonzepts immer dann eine Ergebniskorrektur hin zur Annahme eines steuerrechtlichen Missbrauchs anzunehmen ist, wenn der Steuerpflichtige im Widerspruch zum Territorialitätsprinzip eine Rechtsgestaltung gewählt hat, die zu einem steuerlichen Vorteil in einem Mitgliedstaat führt, ohne dass ebendort die Gewinnerwirtschaftung und Wertschöpfung der betroffenen Einkünfte zu verorten ist. Diese Erwägungen finden im Rahmen einer Hinzurechnungsbesteuerung gemäß Art. 7 Abs. 2 ATAD insoweit Berücksichtigung, dass sie namentlich nur dann Anwendung finden kann, wenn eine „wesentliche wirtschaftliche Tätigkeit“

1362 Siehe hierzu *4. Teil* GldPkt. B II 1.

1363 Siehe hierzu *4. Teil* GldPkt. B III.

1364 Siehe hierzu *4. Teil* GldPkt. D.

1365 *Rat d. EU*, RL v. 12.07.2016, Nr. 2016/1164 (EU) – „*ATAD I*“, ABl. 2016 L 193 (de), S. 1 (1 – ErwGrd. 1).

der beherrschten ausländischen Gesellschaft auszuschließen oder eine „unangemessene Gestaltung“ anzunehmen ist.

2. *Konkretisierung des Begriffs einer „wesentlichen wirtschaftlichen Tätigkeit“ gemäß Art. 7 Abs. 2 lit. a) UAbs. 2 ATAD*

Um der „wesentlichen wirtschaftlichen Tätigkeit“ gemäß Art. 7 Abs. 2 lit. a) UAbs. 2 ATAD Leben zu geben, bedarf es einer Konkretisierung. Hierzu bietet es sich an, den Begriff in zwei Anforderungen zu untergliedern – der positiven Feststellung einer „wirtschaftlichen Tätigkeit“ in einem Mitgliedstaat zum einen und ihrer „Wesentlichkeit“ zum anderen.

a) *Anforderung zum Vorliegen einer „wirtschaftlichen Tätigkeit“*

Hinsichtlich der Feststellung einer „wirtschaftlichen Tätigkeit“ in einem Mitgliedstaat fragt sich zunächst, welche Umstände genau ausschlaggebend sind, um von einem insoweit notwendigen „Ort der Gewinnerwirtschaftung und Wertschöpfung“ sprechen zu können. Zu dieser Kernfrage schweigt die ATAD. Auch der hier vertretene globaläquivalente Ansatz zur Bestimmung der Steuerhoheit der jeweiligen Mitgliedstaaten ist nicht hinreichend konkret. So bleibt die Frage offen, welche Faktoren genau zur „Begründung“ von Einkünften ausschlaggebend sind, um auf die Wahrnehmung der hierzu notwendigen öffentlichen Leistungen schließen zu können. Eine Auslegungshilfe zu dieser erforderlichen Konkretisierung könnte schließlich in den Abschlussberichten der OECD zum Anti-BEPS-Projekt zu erblicken sein, auf die in der ATAD schließlich Bezug genommen wird.[1366] So tritt bei den Abschlussberichten nicht nur ebenfalls die Besteuerung am Ort der Gewinnerwirtschaftung und Wertschöpfung und somit das Territorialitätsprinzip in den Fokus.[1367] Vielmehr geht die OECD noch einen Schritt weiter, indem sie diese Erwägungen für die Bekämpfung schädlicher bzw. missbräuchlicher Steuerpraktiken vor allem durch praktische Konzepte wie den Nexus-Ansatz aus dem Aktionspunkt 5 und der Substanzanalyse aus dem Aktionspunkt 3 noch einmal konkretisiert. Um die Bekämpfung schädlicher bzw. missbräuchlicher Steuerpraktiken innerhalb der EU und schlussendlich einen funktionsfähigen Binnenmarkt in tatsächlicher Hinsicht gewährleisten zu können, sind die Erwägungen der OECD als

---

1366 *Rat d. EU*, RL v. 12.07.2016, Nr. 2016/1164 (EU) – „*ATAD I*“, ABl. 2016 L 193 (de), S. 1 (1 f. – ErwGrd. 2).

1367 Siehe zu den Abschlussberichten der relevanten Aktionspunkte des Anti-BEPS-Projekts der OECD 5. *Teil* GldPkt. A I 2.

gemeinsames strategisches Konzept und abgestimmtes Vorgehen der Mitgliedstaaten bei der Umsetzung der ATAD und Bestimmung des „Orts der Gewinnerwirtschaftung und Wertschöpfung" zur Annahme einer „wirtschaftlichen Tätigkeit" im Rahmen der harmonisierten nationalrechtlichen Regelungen soweit wie möglich zu berücksichtigen.

aa) Einbeziehung der Substanzanalyse der OECD

Im Rahmen der Substanzanalyse könnte sich vor allem die von der OECD ausgearbeitete Variante einer Ausstattungsanalyse zur Konkretisierung des Begriffs als hilfreicher Ansatz erweisen. Demnach sei zur Feststellung „substanzieller Aktivitäten" zu untersuchen, ob Kapitalgüter zur Verfügung gestellt werden, um die Mehrheit der eigenen Kernfunktion selbst auszuführen. Hinsichtlich der „Kernfunktion" frage sich namentlich, ob die betroffene Gesellschaft neben den notwendigen Räumlichkeiten und Einrichtungen – also dem Sachkapital – auch über eine notwendige Anzahl von qualifizierten Arbeitskräften – also Humankapital – verfüge, um die zu besteuernden Einkünfte selbständig zu erwirtschaften.[1368] Während das Vorliegen der Faktoren des Sach- und Humankapitals zunächst auf die „Aktivität" einer *Kernfunktion* hinweist, beschreibt die notwendige Fähigkeit, jene Kernfunktion auch *zur Mehrheit selbst* auszuführen dessen wirtschaftliche „Substanz".

Für die Konkretisierung des Begriffs einer „wirtschaftlichen Tätigkeit" im Sinne des Art. 7 Abs. 2 lit. a) UAbs. 2 ATAD könnten die Erwägungen zur „Aktivität" im Rahmen der Ausstattungsanalyse zunächst insoweit übertragen werden, als zur Bestimmung abstrakter Kriterien für den „Ort der Gewinnerwirtschaftung und Wertschöpfung" auf die Faktoren des Sach- und Humankapitals abgestellt wird. Da nach Auffassung dieser Arbeit ein Binnenmarkt gemäß dem Unionsrecht vor allem das Wirtschaftswachstum und die Wettbewerbsfähigkeit der einzelnen Mitgliedstaaten zu fördern hat, um zu funktionieren, muss mit der inländischen Aktivität einer steuerpflichtigen Gesellschaft im Ergebnis vor allem ein hinreichender Beitrag zur Erhöhung der *Produktivität* des betroffenen Mitgliedstaats einhergehen. Mithin kommt vor allem jenen ökonomischen Faktoren eine ausschlaggebende Bedeutung zu, welche im Rahmen der volkswirtschaftlichen Lehre zum Wirtschaftswachstum als erforderlich diskutiert werden. Während das *Solow-Modell* allgemein auf die Faktoren Kapital und Arbeit abstellt,[1369] unterscheidet das *AK-Modell* hinsichtlich des

1368 Siehe hierzu *5. Teil* GldPkt. A I 2 b) aa).

1369 Siehe hierzu *4. Teil* GldPkt. B I 1 a) aa).

ersten Faktors bereits zwischen dem Sachkapital und Humankapital,[1370] indem es den technischen Fortschritt in ihre Formel endogenisiert. Das *Romer-Modell* konzentriert sich schließlich auf die Ressourcenallokation der ausschlaggebenden Faktoren und misst vor allem dem Humankapital eine besondere Bedeutung bei,[1371] sodass sich die Erläuterungen der Ausstattungsanalyse der OECD zur „Aktivität“ in der Lehre zum Wirtschaftswachstum widerfinden und sich insoweit auf das Unionsrecht zwecks der Konkretisierung des Begriffs einer „wirtschaftlichen Tätigkeit“ im Rahmen des Rechtsinstruments zur Verhinderung eines steuerrechtlichen Missbrauchs übertragen lassen.

Aus dem Romer-Modell lassen sich allerdings noch weitere Erkenntnisse herleiten, welche jene aus der Ausstattungsanalyse gar ergänzen. So wird zwecks der Ressourcenallokation vor allem zwischen dem Forschungs- und Endproduktsektor differenziert, indem sich beide Sektoren in ihrem Output unterscheiden. Während der Forschungssektor immaterielle Wirtschaftsgüter – wie etwa Patente und sonstiges geistiges Eigentum – produziert, resultieren aus dem Endproduktsektor materielle Wirtschaftsgüter – namentlich Konsumgüter. Der Forschungssektor erfordert nebst dem Wissen vor allem den Faktor Humankapital. Der Endproduktsektor verwendet hingegen nebst den Erträgen aus dem Forschungssektor und dem Faktor Humankapital auch den Faktor unqualifizierter Arbeit.[1372] Es kann somit festgehalten werden, dass als abstrakte Kriterien für den „Ort der Gewinnerwirtschaftung und Wertschöpfung“ zur Annahme einer „wirtschaftlichen Tätigkeit“ in einem Mitgliedstaat zwischen Einkünften aus immateriellen und materiellen Wirtschaftsgütern zu unterscheiden ist. Der Begriff der „immateriellen Wirtschaftsgüter“ ist hierbei weit zu fassen und betrifft vor allem auch Einkünfte aus diversen Dienstleistungen.[1373] Bei Einkünften aus *immateriellen* Wirtschaftsgütern ist ein Ort der Gewinnerwirtschaftung und Wertschöpfung entsprechend der Ausstattungsanalyse dort zu erblicken, wo die notwendige Anzahl von Humankapital lokalisiert ist. Bei Einkünften aus *materiellen* Wirtschaftsgütern – also bei direkten Einkünften aus Konsumgütern – ist

1370 Siehe hierzu *4. Teil* GldPkt. B I 1 a) bb).

1371 Siehe hierzu *4. Teil* GldPkt. B I 1 a) cc).

1372 *M. Frenkel/H.-R. Hemmer*, Grundlagen der Wachstumstheorie, S. 244.

1373 Bei den Zwischeneinkünften gem. Art. 7 Abs. 2 lit. a) ATAD handelt es sich insoweit um Einkünfte aus *immateriellen* Wirtschaftsgütern (vgl. *OECD*, Designing Effective Controlled Foreign Company Rules, S. 44 f., 45 – Fn. 6).

nebst dem Humankapital auch auf ausreichende unqualifizierte Arbeitskräfte zur Produktion des Endprodukts abzustellen.[1374]

bb) Einbeziehung des Nexus-Ansatzes der OECD

Hinsichtlich der Einkünfte aus immateriellen Wirtschaftsgütern, welche im Ausland einem steuerlichen Präferenzregime unterliegen könnten, stellt die OECD als besondere Art der Ausstattungsanalyse überdies auf den Nexus-Ansatz ab und verweist insoweit auf den Abschlussbericht des Aktionspunktes 5 des Anti-BEPS-Projekts.[1375] Wie bereits erörtert,[1376] dient der Nexus-Ansatz grundsätzlich der Bewertung zur Anwendbarkeit von IP-Boxen. Diese besondere Art von Präferenzregimen für Lizenzeinkünfte verfolgt grundsätzlich den Sinn und Zweck, Steueranreize für Unternehmen zu Tätigkeiten im Forschungssektor zu begründen, um so den „Motor des Wirtschaftswachstums“[1377] eines Staats „zu frisieren“.[1378] Die Reichweite der IP-Boxen muss sich in der Erfüllung eben dieses Ziels erschöpfen und darf vor allem keinen schädlichen Steuerwettbewerb zwischen den Staaten begründen. Der Nexus-Ansatz soll dazu dienen, dass eben dieser Sinn und Zweck der IP-Boxen eingehalten wird, indem die wertschöpfenden Tätigkeiten im Forschungssektor von der steuerpflichtigen Gesellschaft *selbst* vorzunehmen sind, um von den IP-Boxen profitieren zu können. Mithin ist der Nexus-Ansatz ein assistierender Annex zu den IP-Boxen und insoweit als Hüter ihres wesentlichen Ziels zum Wirtschaftswachstum bzw. „TÜV-Plakette für den Motor“ zu verstehen. Dabei lässt sich feststellen, dass eben diese „Hüterfunktion“ des Nexus-Ansatzes jener Rolle der Verhältnismäßigkeitsprüfung im Rahmen des Rechtsinstruments zur Verhinderung eines steuerrechtlichen Missbrauchs entspricht. Denn nach der hier vertretenen Auffassung erfolgt auch die insoweit vorzunehmende Korrektur eines Ergebnisses des unionsrechtlichen Missbrauchskonzepts zulasten des Steuerpflichtigen bzw. ihrer verbundenen Unternehmen im Kern nur deshalb, um das

---

1374 Zwar sind *materielle* Wirtschaftsgüter für eine missbräuchliche Gestaltung weniger geeignet. Der Vollständigkeit halber erfolgen im weiteren Verlauf dieser Arbeit allerdings auch Erläuterungen hierzu.

1375 *OECD*, Designing Effective Controlled Foreign Company Rules, S. 48 – Rn. 85.

1376 Siehe hierzu *5. Teil* GldPkt. A I 2 a).

1377 Siehe zur Einsetzung des Humankapitals im Forschungssektor als „Motor des Wirtschaftswachstums“ *4. Teil* GldPkt. B I 1 a) cc).

1378 *OECD*, Wirksamere Bekämpfung schädlicher Steuerpraktiken unter Berücksichtigung von Transparenz und Substanz, S. 26 – Rn. 26, 27 – Rn. 28.

wesentliche Ziel eines Wirtschaftswachstums zu hüten.[1379] Vor diesem Hintergrund ist daran zu denken, den Nexus-Ansatz als finalen praktischen Leitfaden zur konkreten Lokalisierung des Orts der Gewinnerwirtschaftung und Wertschöpfung im Lichte der abstrakten Kriterien aus der Ausstattungsanalyse heranzuziehen, um den Begriff der „wirtschaftlichen Tätigkeit“ abschließend zu konkretisieren.

(1) Einkünfte aus immateriellen Wirtschaftsgütern

Zunächst könnten die Kriterien aus dem Nexus-Ansatz insoweit übertragbar sein, als das Rechtsinstrument zur Verhinderung eines steuerrechtlichen Missbrauchs die gleichen zu besteuernden Einkünfte adressiert wie die IP-Boxen. Namentlich betrifft dies die Lizenzeinnahmen für die Einräumung von Nutzungsrechten immaterieller Wirtschaftsgüter – also die IP-Einkünfte. Wie bereits erörtert,[1380] knüpft der Nexus-Ansatz als Hilfsvariable zur Feststellung „wesentlicher Geschäftstätigkeiten“ in einem Staat mit Präferenzregimen an jene Ausgaben an, die direkt mit dem erfolgreich geschaffenen geistigen Eigentumswert verbunden sind, für die auf Gewinnseite schließlich die besteuernden IP-Einkünfte entstehen, bevor sodann diese qualifizierten Ausgaben mit den Gesamtausgaben des Steuerpflichtigen in ein Verhältnis gesetzt werden. Die Gesamtausgaben beziehen sowohl *Anschaffungs*kosten für bereits anderweitig geschaffene als auch *Auftragsforschungs*kosten für noch zu schaffene geistige Eigentumswerte mit ein. Abschließend wird dieser Quotient der qualifizierten zu den gesamten Ausgaben mit den betroffenen IP-Einkünften multipliziert, um so den finalen Anteilswert der steuerbegünstigten Einkünfte festzustellen. Wie bei der Ausstattungsanalyse der Begriff der „substanziellen Aktivitäten“ lässt sich auch der Begriff der „wesentlichen Geschäftstätigkeiten“ des Nexus-Ansatzes im Lichte ihrer konkreten Aussage untergliedern. Denn während die Ausgaben, welche direkt mit dem erfolgreich geschaffenen geistigen Eigentumswert verbunden sind und auf Gewinnseite schließlich die besteuernden IP-Einkünfte entstehen lassen, zunächst nur auf eine „Geschäftstätigkeit“ hinweisen, ergibt sich ihre für die Anwendbarkeit des Präferenzregimes erforderliche „Wesentlichkeit“ erst aus einer Errechnung des Quotienten, welcher schließlich auf die betroffenen IP-Einkünfte zu projizieren ist.

Zur Bestimmung der „wirtschaftlichen Tätigkeit“ einer Gesellschaft könnten die Erwägungen zur „Geschäftstätigkeit“ im Rahmen des Nexus-Ansatzes auf das Rechtsinstrument zur Verhinderung eines steuerrechtlichen Missbrauchs

1379 Vgl. hierzu *4. Teil* GldPkt. D.

1380 Siehe hierzu *5. Teil* GldPkt. A I 2 a).

insoweit übertragen werden, als sich die Hilfsvariable qualifizierter Ausgaben einer betroffenen Gesellschaft zur Lokalisierung des Orts der Gewinnerwirtschaftung und Wertschöpfung eignet.

(a) Identifizierung der konkreten IP-Einkünfte und erforderlichen Kapitalleistung zu dessen Begründung

Hierzu sollte im ersten Schritt die entscheidende Art einer ausschlaggebenden Leistung zur finalen Begründung der IP-Einkünfte herausgestellt werden, die als „Kernfunktion" der betroffenen Gesellschaft zu qualifizieren ist. Die Schlussfolgerung zur Ausstattungsanalyse zeigt bereits, dass bei immateriellen Wirtschaftsgütern insoweit generell auf die Leistungen des Faktors Humankapital zu schauen ist, da sich nach dessen Höhe die konkrete Produktivität zur Schaffung eines geistigen Eigentumswerts bemisst. Auf *welche* Leistung des Humankapitals als „Kernfunktion" der betroffenen Gesellschaft in diesem Zusammenhang genau abzustellen ist, lässt sich aus der konkreten Art der IP-Einkünfte lesen. Im Fall, wo die Lizenzierung eines geschaffenen geistigen Eigentums durch die Urheber bzw. dessen sog. *„F&E-Gesellschaft"*[1381] direkt erfolgt, sind die IP-Einkünfte in der vollständigen Lizenzgebühr für das geschaffene geistige Eigentum zu erblicken. Mit der Schaffung des geistigen Eigentums direkt verbunden, sind die F&E-Leistungen des Humankapitals, sodass hierin die Kernfunktion jener F&E-Gesellschaft zu erblicken ist. Erfolgt die Lizenzierung hingegen durch eine mit der F&E-Gesellschaft verbundene sog. *„Sales-Gesellschaft"*[1382], welche insoweit nur eine Unterlizenzierung – etwa an den Endverbraucher – vornimmt, so erschöpfen sich die IP-Einkünfte dieser Sales-Gesellschaft in der Differenz zwischen den Aufwendungen für den Erwerb der Lizenz von der verbundenen F&E-Gesellschaft und den Lizenzgebühren aus dem Vertrieb der Unterlizenz an den Endverbraucher. Mit dem Vertrieb einer Unterlizenz an den Endverbraucher direkt verbunden, sind die entsprechenden Vertriebsleistungen des Humankapitals, sodass hierin wiederum die Kernfunktion der Sales-Gesellschaft zu erblicken ist. Bei einer sog. *„Oasen-Gesellschaft"*[1383] oder einer sog. *„IP-*

1381 Eine „F&E-Gesellschaft" beschreibt in diesem Zusammenhang jene Gesellschaft, in der die F&E-Leistungen für ein bestimmtes Endprodukt vorgenommen werden, dessen Einkünfte im Ergebnis zu besteuern sind.

1382 Eine „Sales-Gesellschaft" beschreibt in diesem Zusammenhang jene Gesellschaft, die für den Vertrieb eines Endprodukts bzw. Geschäftsleistungen in einer grenzüberschreitenden Region zuständig ist.

1383 Eine „Oasen-Gesellschaft" beschreibt in diesem Zusammenhang jene Gesellschaft, die ihren Verwaltungssitz in einem Land mit niedrigen Steuern hat, und

Gesellschaft“[1384], welche lediglich ein Vermögen – also fremd generierte Einkünfte – verwaltet, erschöpft sich auch ihre Kernfunktion in dieser Verwaltungsleistung und dem hierzu erforderlichen Kapital in Form von qualifizierten Büroangestellten.

(b) Eigene Durchführung der erforderlichen Kapitalleistung durch die betroffene Gesellschaft

Wurde die für die konkrete Art der IP-Einkünfte entscheidende Leistung des Humankapitals und damit die Kernfunktion der betroffenen Gesellschaft festgestellt, so fragt sich im zweiten Schritt, ob jene Gesellschaft diese Kernfunktion auch *selbst* durchgeführt hat. An dieser Stelle ist gemäß dem Nexus-Ansatz hilfsweise auf die Ausgaben der betroffenen Gesellschaft für jene im ersten Schritt festgestellten Leistungen des Humankapitals abzustellen. Auf *welche* Arten von Ausgaben in diesem Zusammenhang genau abzustellen sind, um insoweit von „qualifizierten Ausgaben“ sprechen zu können, ist wiederum in einer genaueren Untersuchung festzustellen.

(aa) Lohn- und Gehaltskosten als Hilfsvariable

Zunächst können solche Ausgaben einer betroffenen Gesellschaft als „qualifiziert“ betrachtet werden, die der Leistung des *eigenen* Humankapitals geschuldet sind. Sind zur finalen Begründung betroffener IP-Einkünfte die F&E-Tätigkeiten entscheidend, so stellt die *OECD* zutreffend unter anderem[1385] auf Lohn- und Gehaltszahlungen im Zusammenhang mit F&E-Einrichtungen ab, solange diese Kosten auf Leistungen zurückgehen, die erbracht wurden, um das Verständnis von wissenschaftlichen Zusammenhängen oder Technologien zu verbessern, bekannte wissenschaftliche oder technologische Hindernisse zu überwinden oder den Kenntnisstand anderweitig zu erweitern oder neue

---

als selbständiges Steuersubjekt ihre Abschirmwirkung gegenüber der Muttergesellschaft nutzt, um die Gewinne aus einem Endprodukt zu thesaurieren.

1384 Eine „IP-Gesellschaft“ beschreibt in diesem Zusammenhang jene Gesellschaft, die als Lizenzgeber der Sales-Gesellschaft auftritt und in einem Land ansässig und gegründet ist, die für Lizenzgebühren Präferenzregime – namentlich IP-Boxen – anbietet.

1385 Die weiteren von der *OECD* benannten Ausgaben wie Direktkosten, Gemeinkosten und Kosten für Lieferungen können unbeachtet bleiben. Hierbei handelt es sich lediglich um Kosten, die der Leistung des Humankapitals dienlich sind und mit ihr einhergehen. Eine entsprechende Erweiterung der Ausgabenanalyse auf jene Kosten im Lichte des Zwecks zur Förderung eines Wirtschaftswachstums würde somit zu keinem anderen Ergebnis führen. Vielmehr würde eine Verfälschung des Ergebnisses *zulasten* des Zwecks drohen.

Anwendungen zu entwickeln.[1386] Diese Erwägungen können entsprechend auf andere Leistungen übertragen werden. So sind zum Beispiel bei Vertriebsleistungen die „qualifizierten Ausgaben" in den Lohn- und Gehaltszahlungen für Humankapital zu erblicken, dessen Leistungen erbracht wurden, um einem Endverbraucher die Lizenz erfolgreich einzuräumen.

(bb) Auftragsforschungskosten als Hilfsvariable

Des Weiteren geht die *OECD* im Rahmen des Nexus-Ansatzes auch bei einer Auftragsforschung „fremder Dritter" – gemeint sind Gesellschaften außerhalb eines Konzernverbunds – *zur Schaffung* eines geistigen Eigentumswerts von „qualifizierten Ausgaben" aus, während eine entsprechende Beauftragung „nahestehender Dritter" – gemeint sind verbundene Unternehmen eines Konzerns – von der Definition auszunehmen sei. Dem liegt der Gedanke zugrunde, dass fremde Dritte im Gegensatz zu nahestehenden Dritten nicht mit dem gesamten Spektrum der F&E-Leistungen beauftragt werden können, ohne dass der Auftraggeber zukünftig erhebliche wirtschaftliche Nachteile erfahre, da sich der Großteil des wirtschaftlichen Werts eines entwickelten geistigen Eigentums aus der F&E-Leistung selbst sowie den hieraus resultierenden Informationen und dem Know-How ergebe. Bei Unternehmen, welche ihre Einkünfte hauptsächlich aus eben solchen geistigen Eigentumswerten generieren, sei hierin häufig zugleich der Kern des Unternehmenserfolgs an sich zu erblicken. Mithin werde ein Auftraggeber bei der Auftragsforschung fremder Dritter im Gegensatz zu der Beauftragung nahestehender Dritter weiterhin dazu angehalten, grundlegende F&E-Leistungen zur Wertschöpfung selbst vorzunehmen und nur einen unwesentlichen Teil anderweitig zu vergeben, womit dem Sinn und Zweck des Nexus-Ansatzes insoweit entsprochen werde.[1387] Um die Unternehmen, welche F&E-Leistungen bei nahestehenden Dritten in Auftrag geben allerdings nicht zu sehr zu benachteiligen, könne ein 30 prozentiger Aufschlag auf die qualifizierten Ausgaben im Rahmen der IP-Boxen geregelt werden, wobei der geltend zumachende Betrag die Höhe der Gesamtausgaben nicht überschreiten dürfe.[1388]

1386 *OECD*, Wirksamere Bekämpfung schädlicher Steuerpraktiken unter Berücksichtigung von Transparenz und Substanz, S. 30 – Fn. 10.

1387 *OECD*, Wirksamere Bekämpfung schädlicher Steuerpraktiken unter Berücksichtigung von Transparenz und Substanz, S. 33 – Rn. 49 f.

1388 *OECD*, Wirksamere Bekämpfung schädlicher Steuerpraktiken unter Berücksichtigung von Transparenz und Substanz, S. 30 f. – Rn. 40 f.

Überträgt man diesen Gedanken des Nexus-Ansatzes von der Anwendbarkeit eines Präferenzregimes auf die Bestimmung der Besteuerungsbefugnis eines Mitgliedstaats, so ist der OECD zunächst dahingehend zuzustimmen, die Auftragsforschung von *nahestehenden Dritten* von dem Begriff der „qualifizierten Ausgaben" auszunehmen. Denn mit der von der OECD zutreffend erkannten Möglichkeit einer Beauftragung verbundener Unternehmen zur Durchführung des gesamten Spektrums der F&E-Leistungen droht die Vereinbarung eines sog. „Cost Sharing Agreement", wonach die Rechte an den erfolgreich geschaffenen immateriellen Wirtschaftsgütern im Ergebnis nicht dort entstehen, wo sie entwickelt wurden.[1389] Die Ausgabe trifft mithin keine zur Annahme einer „wirtschaftlichen Tätigkeit" erforderliche Aussage über die Lokalisierung des Orts der Gewinnerwirtschaftung und Wertschöpfung. Entgegen des Vorschlags der OECD ist nebst dem umfassenden Ausschluss von Ausgaben für die Auftragsforschung nahestehender Dritter allerdings auch von der Einbeziehung einer Auftragsforschung *fremder Dritter* in den Begriff „qualifizierter Ausgaben" abzusehen. Zwar ist der OECD insoweit zuzustimmen, dass die Auftragsforschungen fremder Dritter vergleichsweise gering ausfallen und grundlegende F&E-Leistungen zur Wertschöpfung von dem Steuerpflichtigen im Wesentlichen weiterhin selbst vorgenommen werden. Allerdings rechtfertigt dies nicht dessen Berücksichtigung zur Bestimmung einer ausschließlichen Besteuerungsbefugnis. So räumt die OECD selbst ein, dass von „qualifizierten Ausgaben" bei einer Auftragsforschung unabhängig davon auszugehen sei, ob die F&E-Leistungen im Ergebnis innerhalb oder außerhalb des betreffenden Staats stattfinden.[1390] In anderen Worten wird eingestanden, dass die Ausgaben eine Aussage über den Ort der Gewinnerwirtschaftung und Wertschöpfung vermissen lassen und als Hilfsvariable zur Annahme der „wirtschaftlichen Tätigkeit" einer Gesellschaft ebenfalls ungeeignet sind.

(cc) Anschaffungskosten als Hilfsvariable

Als Pendant zur Berücksichtigung von Ausgaben für externe F&E-Leistungen zur Schaffung eines geistigen Eigentums stellt sich die entsprechende Frage zur Berücksichtigung von Ausgaben zum Erwerb von *bereits geschaffenem* geistigen Eigentum. Zu denken ist etwa an den Erwerb eines Zwischenprodukts

1389 Vertiefend hierzu *E.D. Kleinbard*, in: TNI 68 (2012), S. 499 (502); *R. Pinkernell*, in: IStR 2013, S. 180 (181 f.); *J. Malherbe*, in: Jochum/Essers/Lang/Winkeljohann/Wimann (Hrsg.), FS Mössner, S. 305 (306 ff.).

1390 *OECD*, Wirksamere Bekämpfung schädlicher Steuerpraktiken unter Berücksichtigung von Transparenz und Substanz, S. 33 – Rn. 49.

durch eine Gesellschaft, welches für die Schaffung des endgültigen geistigen Eigentumswerts notwendig ist.[1391] Gemäß der Erläuterung der *OECD* seien in diesem Fall nur jene Ausgaben zur Verbesserung des geistigen Eigentumswerts *nach* dessen Erwerb als „qualifizierte Ausgaben" anzusehen. Jene Kosten zum Erwerb des geistigen Eigentums an sich – die Anschaffungskosten – blieben stattdessen unberücksichtigt.[1392] Dieser Auffassung ist uneingeschränkt zuzustimmen. Schließlich erfolgen jene Tätigkeiten zur *Verbesserung* eines bereits erworbenen geistigen Eigentumswerts durch Leistungen des eigenen Humankapitals einer Gesellschaft, sodass insoweit keine besondere Konstellation anzunehmen ist. Jene F&E-Leistungen, die der Schaffung des *erworbenen* geistigen Eigentumswerts zugrunde liegen, können hingegen nicht hinreichend lokalisiert werden, sodass der Ort der Gewinnerwirtschaftung und Wertschöpfung der hieraus resultierenden IP-Einkünfte insoweit unklar bleibt.

(c) Durchführung der erforderlichen Kapitalleistung im Territorium des besteuernden Mitgliedstaats

In einem dritten Schritt gilt es festzustellen, dass die selbst durchgeführten Leistungen der Gesellschaft auch in jenem Mitgliedstaat passiert sind, wo die Einkünfte besteuert werden sollen, um schließlich eine Besteuerung am Ort der Gewinnerwirtschaftung und Wertschöpfung gewährleisten und schlussendlich von einer „wirtschaftlichen Tätigkeit" ausgehen zu können. Hierzu ist, wie im Ansatz bereits in der Rechtssache *Cadbury Schweppes* erkannt wurde, sowohl auf das Sachkapital wie Räumlichkeiten und materielle Vermögenswerte als auch die Beschäftigtenzahl des Humankapitals im Inland abzustellen, welches für die im ersten Schritt herausgestellten Leistungen erforderlich ist. Sieht man von diesem Schritt ab, so könnte es sein, dass die betroffene Gesellschaft zwar diverse Ausgaben für ihre Kernfunktion trägt, die wirtschaftliche Tätigkeit tatsächlich allerdings im Ausland passiert, sodass die staatlichen Vorleistungen des Mitgliedstaats, in dem die Steuern schließlich zu entrichten sind, für die Begründung der IP-Einkünfte schlussendlich nicht beansprucht werden.

(2) Einkünfte aus materiellen Wirtschaftsgütern

Dieses Vorgehen einer konkreten Lokalisierung des Orts der Gewinnerwirtschaftung und Wertschöpfung von IP-Einkünften zwecks der Feststellung

---

1391 Vgl. *M. Frenkel/H.-R. Hemmer*, Grundlagen der Wachstumstheorie, S. 244; *OECD*, Wirksamere Bekämpfung schädlicher Steuerpraktiken unter Berücksichtigung von Transparenz und Substanz, S. 33 – Fn. 17.

1392 *OECD*, Wirksamere Bekämpfung schädlicher Steuerpraktiken unter Berücksichtigung von Transparenz und Substanz, S. 34 – Rn. 52.

einer „wirtschaftlichen Tätigkeit“ könnte darüber hinaus auf jene Einkünfte übertragbar sein, die sich aus materiellen Wirtschaftsgütern ergeben. Zunächst kann festgehalten werden, dass dem im Fokus stehenden Sinn und Zweck des Rechtsinstruments zur Verhinderung eines steuerrechtlichen Missbrauchs – bzw. zum Funktionieren eines Binnenmarkts im Sinne der Förderung des Wirtschaftswachstums – auch bei Einkünften aus materiellen Wirtschaftsgütern durch einen praktischen Leitfaden zu jener konkreten Lokalisierung des Orts der Gewinnerwirtschaftung und Wertschöpfung entsprechend gedient werden kann.[1393] Zwar ist nach dem Romer-Modell das im Forschungssektor eingesetzte Humankapital, aus dem allein geistige Eigentumswerte – also immaterielle Wirtschaftsgüter – entstehen, als *Motor* des Wirtschaftswachstums anzusehen. Jedoch ist für die tatsächliche Steigerung der Produktivität bzw. Förderung des Wirtschaftswachstums überdies auch eine angemessene Faktorallokation im Endproduktsektor notwendig, in dem die materiellen Konsumgüter, welche das BIP weitestgehend bestimmen und als *Antrieb* des Motors dienen, schlussendlich erzeugt werden.[1394]

Zur Feststellung einer „wirtschaftlichen Tätigkeit“ bedarf es einer entsprechenden Anpassung des bereits geschilderten praktischen Leitfadens. Zunächst ist im Rahmen des *ersten Schritts* zur Identifizierung der die konkreten Einkünfte begründenden Kapitalleistungen zu beachten, dass sich diese nunmehr sowohl auf qualifizierte als auch unqualifizierte Arbeitskräfte erstrecken. Hinsichtlich des *zweiten Schritts* zur Feststellung der eigenen Durchführung der konkret erforderlichen Kapitalleistungen durch die betroffene Gesellschaft kann als Hilfsvariable wiederum auf die Lohn- und Gehaltszahlungen im Zusammenhang mit den jeweils ausschlaggebenden Leistungen abgestellt werden, da in diesen Ausgaben für die entsprechenden Faktoren – wie bei den IP-Einkünften – ein direkter Zusammenhang zu den konkret zu besteuernden Einkünften aus materiellen Wirtschaftsgütern zu erblicken ist. Im *dritten Schritt* der Feststellung einer Durchführung der konkret erforderlichen Kapitalleistung im Territorium des besteuernden Mitgliedstaats ist konsequent zum ersten Schritt eine Anpassung dahingehend vorzunehmen, dass nebst dem

1393 Vgl. zur entsprechenden Übertagung des Nexus-Ansatzes von Regelungen für geistiges Eigentum auf jene Regelungen, die sich nicht auf geistiges Eigentum beziehen *OECD*, Wirksamere Bekämpfung schädlicher Steuerpraktiken unter Berücksichtigung von Transparenz und Substanz, S. 42 – Rn. 71 f.

1394 Siehe hierzu *4. Teil* GldPkt. B I 1 a) cc).

Sachkapital und der Beschäftigtenzahl der qualifizierten Arbeit nunmehr auch auf die Beschäftigtenzahl der unqualifizierten Arbeit im Inland abzustellen ist.

b) Anforderung zum Vorliegen einer „Wesentlichkeit" der wirtschaftlichen Tätigkeit unter Einbeziehung der Substanzanalyse der OECD

Während die Feststellung einer „wirtschaftlichen Tätigkeit" in einem ersten Schritt zunächst die abstrakte *Möglichkeit* eines Mitgliedstaats zur Besteuerung bestimmter Einkünfte einer Gesellschaft erläutert, indem die einzelnen Mitgliedstaaten als Ort der Gewinnerwirtschaftung und Wertschöpfung konkreter Einkünfte isoliert betrachtet werden, fragt sich nunmehr in einem zweiten Schritt, in welch einem konkreten *Umfang* die insoweit begründeten Einkünfte in den betroffenen Mitgliedstaaten zu besteuern sind. Um dieser Frage Ausdruck zu verleihen, kann die Anforderung der „Wesentlichkeit" einer wirtschaftlichen Tätigkeit betroffener Gesellschaften in einem konkreten Mitgliedstaat dienen.

Damit anhand eines gemeinsamen strategischen Konzepts und abgestimmten Vorgehens der Mitgliedstaaten die Bekämpfung schädlicher bzw. missbräuchlicher Steuerpraktiken innerhalb der EU und schlussendlich ein funktionsfähiger Binnenmarkt in tatsächlicher Hinsicht gewährleistet werden kann, lassen sich zur Konkretisierung dieses Begriffs der „Wesentlichkeit" als Auslegungshilfe ebenfalls die Abschlussberichte der OECD zum Anti-BEPS-Projekt anführen. Zunächst sollten hierzu wiederum die Erläuterungen zur Substanzanalyse der OECD aus dem Abschlussbericht des Aktionspunktes 3 zur Hinzurechnungsbesteuerung herangezogen werden. Hinsichtlich der die Substanzanalyse konkretisierenden Ansätze zur Bestimmung einer „substanziellen Aktivität" ist dabei konsequent zur Bestimmung des Begriffs der „wirtschaftlichen Tätigkeit" ebenfalls auf die Ausstattungsanalyse abzustellen. Nebst jener grundsätzlichen Feststellung des Vorliegens einer solchen substanziellen Aktivität thematisiert allerdings auch die OECD die Frage zur Bestimmung des *Umfangs* von CFC-Income bzw. Zwischeneinkünften im Rahmen einer Hinzurechnungsbesteuerung dahingehend, dass entweder auf einen Schwellentest oder eine Anteilsanalyse abgestellt werden kann. Da den Mitgliedstaaten zur Umsetzung der ATAD ein entsprechendes Wahlrecht hinsichtlich beider Alternativen eingeräumt wird, indem je nach politischer Priorität entweder die gesamten Einkünfte oder nur ein Teil in die Hinzurechnungsbesteuerung einbezogen werden können,[1395] sollten auch zur Bestimmung des Begriffs der

---

1395 *Rat d. EU*, RL v. 12.07.2016, Nr. 2016/1164 (EU) – *„ATAD I"*, ABl. 2016 L 193 (de), S. 1 (4 – ErwGrd. 12).

„Wesentlichkeit“ jene Erwägungen der OECD zum Umfang miteinbezogen und entsprechend separat untersucht werden.

aa) „Wesentlichkeit“ im Lichte der Anteilsanalyse

Gemäß der Anteilsanalyse kann die Reichweite der Zwischeneinkünfte in den einzelnen Mitgliedstaaten direkt beschränkt werden, indem nur jener Anteil der Einkünfte einer Hinzurechnungsbesteuerung unterworfen wird, für den der betroffene Mitgliedstaat einer Zwischengesellschaft nicht als Ort der Gewinnerwirtschaftung und Wertschöpfung zu erachten ist.[1396]

(1) Einbeziehung des Nexus-Ansatzes der OECD

Im Rahmen der die Substanzanalyse konkretisierenden Ausstattungsanalyse verweist die *OECD* zur Feststellung eines Anteils insoweit auf den Nexus-Ansatz, als der Quotient qualifizierter Ausgaben zu den Gesamtausgaben mit den hierdurch begründeten Gesamteinkünften des Steuerpflichtigen aus den konkreten immateriellen Wirtschaftsgütern zu multiplizieren sei.[1397] Gemäß dem Nexus-Ansatz ist hierin die „Wesentlichkeit“ einer Geschäftstätigkeit zu erblicken. Eine Übertragbarkeit zur Konkretisierung des Begriffs der „Wesentlichkeit“ wirtschaftlicher Tätigkeiten im Sinne der ATAD erscheint allerdings problematisch. So gilt es zu beachten, dass der Nexus-Ansatz eine andere Ebene betrifft als das Rechtsinstrument zur Verhinderung eines steuerrechtlichen Missbrauchs. Während die Präferenzregime nur die Bevorzugung eines bestimmten Teils der im betroffenen Staat *vollständig* zu besteuernden Einkünfte betreffen soll, zielt die Annahme eines steuerrechtlichen Missbrauchs mangels einer „wesentlichen wirtschaftlichen Tätigkeit“ in einem Mitgliedstaat schließlich auf eine ausgewogene *Aufteilung* des Steuersubstrats zwischen den Staaten ab und regelt damit die Besteuerung der Einkünfte an sich. In anderen Worten betreffen IP-Boxen das „Wie“ der Besteuerung von bereits bestimmten Einkünften, während das Rechtsinstrument zur Verhinderung des steuerrechtlichen Missbrauchs die Ebene des „Ob“ der Besteuerung – also die Bestimmung der zu besteuernden Einkünfte an sich – zu regeln versucht.

Dieser Unterschied zeigt sich in der rein nationalen Bestimmung der Ausgaben im Rahmen des Nexus-Ansatzes, welche insoweit nebst den qualifizierten Ausgaben auch für die Gesamtausgaben nur die *eigenen* Ausgaben einer steuerpflichtigen Gesellschaft im Sinne von Anschaffungs- und Auftragsforschungskosten einbeziehen. Diese Kosten spiegeln allerdings nur bedingt eine

---

1396 Vgl. *OECD*, Designing Effective Controlled Foreign Company Rules, S. 48 – Rn. 85.
1397 Vgl. *OECD*, Designing Effective Controlled Foreign Company Rules, S. 48 – Fn. 14.

wirtschaftliche Tätigkeit in anderen Mitgliedstaaten wider. Zwar weisen sie auf solche Tätigkeiten in anderen Mitgliedstaaten grundsätzlich hin. Allerdings bedarf es für den hier interessierenden zwischenstaatlichen Vergleich wirtschaftlicher Tätigkeiten in unterschiedlichen Mitgliedstaaten zur Bestimmung eines konkreten Besteuerungsanteils einer Analyse, welche feststellt, wieviel Kapital in den anderen Mitgliedstaaten *konkret* eingesetzt wurde.

(2) Einbeziehung des GKKB-Ansatzes der EU

Eine solche Analyse, welche den konkreten Anteil an Kapital in einem Mitgliedstaat zur Begründung konkreter Einkünfte ermittelt, um eine ausgewogene Aufteilung des Steuersubstrats zu gewährleisten, ist im GKKB-Ansatz der *Europäischen Kommission* zu erblicken. Gemäß Art. 28 GKKB-RL-E 2016 bemisst sich die Formel zur Aufteilung der konsolidierten Einkünfte, wie bereits erläutert,[1398] nach drei gleich gewichteten Faktoren – Arbeit[1399], Vermögenswerte[1400] und Umsatz[1401]. Um den Besteuerungsanteil eines Mitgliedstaats festzustellen, wird die Faktoranzahl in jenem Mitgliedstaat in ein Verhältnis zu der gesamten Faktoranzahl in allen betroffenen Mitgliedstaaten einer Gruppe von Gesellschaften gesetzt und dieser ermittelte Quotient sodann mit den Einkünften multipliziert, die sich aus der gemeinsamen Steuerbemessungsgrundlage errechneten. Die Formel für die Aufteilung der gemäß einer konsolidierten Bemessungsgrundlage errechneten Einkünfte lautet mithin gemäß Art. 28 Abs. 1 GKKB-RL-E 2016 wie folgt:[1402]

$$Anteil^{MS} = \left[\frac{1}{3}\frac{Umsatz^{MS}}{Umsatz^{Ges.}} + \frac{1}{3}\left(\frac{1}{2}\frac{Lohn(HL)^{MS}}{Lohn(HL)^{Ges.}} + \frac{1}{2}\frac{K(HL)^{MS}}{K(HL)^{Ges.}} \right) + \frac{1}{3}\frac{K(S)^{MS}}{K(S)^{Ges.}} \right] \bullet Einkünfte$$

Formel F.6.1.0.[1403]

1398 Siehe hierzu *5. Teil* GldPkt. B.

1399 Art. 32, 33 GKKB-RL-E 2016 (*Europ. Kom.*, RL-Vorschl. v. 25.10.2016, COM(2016) 683 final (de), S. 32).

1400 Art. 34 bis 36 GKKB-RL-E 2016 (*Europ. Kom.*, RL-Vorschl. v. 25.10.2016, COM(2016) 683 final (de), S. 33 f.).

1401 Art. 37, 38 GKKB-RL-E 2016 (*Europ. Kom.*, RL-Vorschl. v. 25.10.2016, COM(2016) 683 final (de), S. 34 f.).

1402 *Europ. Kom.*, RL-Vorschl. v. 25.10.2016, COM(2016) 683 final (de), S. 31.

1403 „$Anteil^{MS}$" steht für die Reichweite der Kompetenz eines konkreten Mitgliedstaats zur Besteuerung eines Anteilswerts von Einkünften; „*Einkünfte*" steht

Inwieweit die Erwägungen aus dem GKKB-Ansatz der Europäischen Kommission schlussendlich auf die Konkretisierung der „Wesentlichkeit“ wirtschaftlicher Tätigkeiten im Sinne der ATAD übertragen werden können, soll hier zunächst wiederum für die Einkünfte aus immateriellen Wirtschaftsgütern untersucht werden (*(a)*), bevor sodann auf die Besonderheiten für die Einkünfte aus materiellen Wirtschaftsgütern einzugehen ist (*(b)*).

(a) Einkünfte aus immateriellen Wirtschaftsgütern

Im Rahmen der Einkünfte aus immateriellen Wirtschaftsgütern bietet es sich an, zunächst die Übertragbarkeit der im GKKB-Ansatz einbezogenen Faktoren zur Bestimmung eines Quotienten für die Besteuerung in den einzelnen Mitgliedstaaten zu untersuchen (*(aa)*). Sodann gilt es jenen Wert zu bestimmen, mit dem der aus den Faktoren errechnete Quotient in dem jeweiligen Mitgliedstaat schlussendlich zu multiplizieren ist (*(bb)*), um so den zulässigen Besteuerungsanteil konkret zu beziffern.

(aa) Bestimmung der Faktoren für den Quotienten

Zur Bestimmung der Faktoren fragt sich namentlich, ob und inwieweit die Faktoren der Arbeit, der Vermögenswerte und des Umsatzes aus der Formel der

für einen konsolidierten Betrag von Gewinnen einer Gruppe i.S.v. Art. 5 und 6 GKKB-RL-E 2016 auf Grundlage einer gemeinsamen Körperschaftsteuer-Bemessungsgrundlage; „$Umsatz^{MS}$“ steht für den Verkaufserlös von Gegenständen oder Dienstleistungen eines Gruppenmitglieds, welches in jenem Mitgliedstaat ansässig ist, in dem der Versand oder die Beförderung des Gegenstands an den Erwerber endete bzw. die Dienstleistungen tatsächlich erbracht wurden; „$Umsatz^{Ges.}$“ steht für den Verkaufsgesamterlös von Gegenständen oder Dienstleistungen der Gruppe in allen betroffenen Mitgliedstaaten; „ $Lohn(HL)^{MS}$ “ steht für die Kosten von Löhnen und Gehältern, Sondervergütungen und sonstige Vergütungen für Beschäftigte eines Gruppenmitglieds in einem bestimmten Mitliedstaat; „ $Lohn(HL)^{Ges.}$ “ steht für die Gesamtkosten von Löhnen und Gehältern, Sondervergütungen und sonstige Vergütungen für Beschäftigte der Gruppe in allen betroffenen Mitgliedstaaten; „ $K(HL)^{MS}$ “ steht für die Beschäftigtenzahl an qualifizierter und unqualifizierter Arbeit eines Gruppenmitglieds in einem bestimmten Mitliedstaat; „ $K(HL)^{Ges.}$ “ steht für die Beschäftigtenzahl an qualifizierter und unqualifizierter Arbeit der Gruppe in allen betroffenen Mitgliedstaaten; „ $K(S)^{MS}$ “ steht für den durchschnittlichen Wert aller Sachanlagen, die ein Gruppenmitglied in einem bestimmten Mitliedstaat besitzt oder gemietet bzw. geleast hat; „ $K(S)^{Ges.}$ “ steht für den durchschnittlichen Gesamtwert aller Sachanlagen, die die Gruppe in allen betroffenen Mitgliedstaaten besitzt oder gemietet bzw. geleast hat.

GKKB übertragen werden können. Den *Faktor Arbeit* berechnet der GKKB-Ansatz mit gleicher Gewichtung nach Lohnsumme und Beschäftigtenzahl. Zur Konkretisierung der „Wesentlichkeit“ wirtschaftlicher Tätigkeiten im Sinne der ATAD ist hinsichtlich des Faktors Arbeit zunächst entsprechend dem ersten und zweiten Schritt zur Bestimmung einer „wirtschaftlichen Tätigkeit“ auf die qualifizierten Ausgaben einer Gesellschaft für Leistungen des eigenen Humankapitals in Form von Lohn- und Gehaltszahlungen abzustellen, die direkt mit dem erfolgreich geschaffenen geistigen Eigentumswert verbunden sind, aus dem wiederum die betroffenen Einkünfte resultieren. Überdies weist die Europäische Kommission in ihren Erwägungsgründen zur Aufteilung konsolidierter Einkünfte zutreffend darauf hin, dass in der EU unterschiedlich hohe Löhne und Gehälter gezahlt werden können. Die Menge des Humankapitals, welche letzten Endes die staatlichen Vorleistungen des betroffenen Mitgliedstaats zur Begründung der konkreten Einkünfte nutzt, lässt sich also nicht ohne Weiteres ausschließlich aus der entrichteten Lohnsumme herleiten. Für eine gerechte Aufteilung der Einkünfte nach dem Kriterium des Orts der Gewinnerwirtschaftung und Wertschöpfung sollte als gleichgewichtiges Kriterium zur Konkretisierung der „Wesentlichkeit“ wirtschaftlicher Tätigkeiten neben die Lohnsumme vielmehr auch die konkrete Beschäftigtenzahl in dem betroffenen Mitgliedstaat treten.[1404] Darüber hinaus ist ganz im Sinne des GKKB-Ansatzes sowie im Lichte des dritten Schritts zur Feststellung einer „wirtschaftlichen Tätigkeit“ – namentlich zur Einbeziehung der Voraussetzung einer Durchführung der erforderlichen Kapitalleistung im Territorium des besteuernden Mitgliedstaats – nebst der bereits in die Formel einbezogenen Beschäftigtenzahl an Humankapital, für welches die Lohnsumme entrichtet wurde, gleichgewichtig zum Faktor Arbeit auch auf den *Faktor Sachkapital* – wie Räumlichkeiten und materielle Vermögenswerte – der betroffenen Gesellschaft abzustellen, sofern dessen Nutzung direkt mit dem erfolgreich geschaffenen geistigen Eigentumswert verbunden ist, aus dem wiederum die betroffenen Einkünfte jener Gesellschaft resultieren.[1405] Anders als beim GKKB-Ansatz ist vom *Faktor Umsatz* bei der Konkretisierung der „Wesentlichkeit“ wirtschaftlicher Tätigkeiten im Sinne der ATAD allerdings abzusehen. Gemäß dem GKKB-Ansatz soll dieser Faktor stets jenem Mitgliedstaat zugeordnet werden, für welchen die Produkte oder Dienstleistungen, aus denen die Einkünfte resultieren, bestimmt

1404 Vgl. *Europ. Kom.*, RL-Vorschl. v. 25.10.2016, COM(2016) 683 final (de), S. 16 – ErwGrd. 10.

1405 Siehe hierzu *5. Teil* GldPkt. B.

seien. Die EU folgt insoweit dem Ansatz, dass Gewinne eben dort zu besteuern seien, wo sie tatsächlich *anfallen*.[1406] Mithin trifft der Faktor lediglich eine Aussage über die Konsumstärke eines Mitgliedstaats bzw. die wirtschaftliche Bedeutung eines nationalen Markts. Die für die Produktivität maßgeblichen und hier allein entscheidenden Erwägungen einer effektiven Besteuerung am Ort der Gewinnerwirtschaftung und Wertschöpfung zur ausgewogenen Aufteilung des Steuersubstrats zwecks der Förderung eines Wirtschaftswachstums erschöpfen sich hingegen auch bei dem GKKB-Ansatz im Abstellen auf die Faktoren Arbeit – namentlich das Humankapital – und Sachkapital bzw. Vermögenswerte.[1407] Es kann somit festgehalten werden, dass zur Konkretisierung der „Wesentlichkeit" wirtschaftlicher Tätigkeiten im Sinne der ATAD aus dem GKKB-Ansatz ausschließlich die Faktoren Arbeit und Vermögenswerte übertragen werden können, wobei der Faktor Arbeit ebenfalls wiederum mit gleicher Gewichtung nach Lohnsumme und Beschäftigtenzahl zu berechnen ist.

Nach dem die ausschlaggebenden Faktoren festgestellt wurden, fragt sich nunmehr, in welch eine Relation diese zu setzen sind, um einen Quotienten zu erhalten, nach dem eine Gesellschaft ihre Einkünfte in den einzelnen Mitgliedstaaten zu besteuern hat. Während sich die Ebene des *Zählers* offensichtlich nach jener Anzahl der im Inland eingesetzten Faktoren bzw. der inländischen wirtschaftlichen Tätigkeit bemisst, ist der nach internationaler Perspektive zu bestimmende Gesamtwert auf Ebene des *Nenners*, zu dem der nationale Wert in Relation zu setzen ist, weniger eindeutig. Es könnte daran gedacht werden, den Gesamtwert entsprechend dem GKKB-Ansatz[1408] auf die eingesetzten Faktoren und Ausgaben verbundener Unternehmen zu beschränken. Dafür könnte sprechen, dass das Problem eines steuerrechtlichen Missbrauchs vor allem den rechtlichen Gestaltungsmöglichkeiten im Rahmen einer Konzernstruktur geschuldet ist. Jene direkt mit der Begründung des geistigen Eigentumswerts verbundenen Faktoren von fremden Dritten – etwa im Fall einer Auftragsarbeit – könnten aus der Bewertung auszunehmen sein, da schließlich davon auszugehen ist, dass für jene Leistungen ein angemessenes Entgelt gezahlt wird. Diese Argumentation ist allerdings zu kurzsichtig. Tatsächlich erschöpfen sich missbräuchliche Gestaltungsmöglichkeiten nicht zwangsläufig

---

1406 *Europ. Kom.*, RL-Vorschl. v. 25.10.2016, COM(2016) 683 final (de), S. 16 – ErwGrd. 10.

1407 Vgl. *Europ. Kom.*, RL-Vorschl. v. 25.10.2016, COM(2016) 683 final (de), S. 16 – ErwGrd. 10.

1408 Beim GKKB-Ansatz wird zur Konsolidierung gem. Art. 5 f. GKKB-RL-E 2016 eine Gruppe gebildet.

in Rechtsgestaltungen zwischen verbundenen Unternehmen. Vielmehr können sie sich auch unter Einbeziehung fremder Dritter ausdrücken. Denn beschränkt man die Leistungen auf die Perspektive verbundener Unternehmen, so könnte eine Zwischengesellschaft zwar im Hinblick auf alle verbundenen Unternehmen die vollständigen Kapitalleistungen einer ihr konzernintern aufgetragenen Tätigkeit ausüben, sodass hierin *konzernintern* betrachtet nicht nur die wesentliche, sondern gar ausschließliche wirtschaftliche Tätigkeit zu erblicken wäre. Allerdings könnte diese Zwischengesellschaft *objektiv* betrachtet dennoch kein lebendig wirkendes Unternehmen darstellen, sofern die wirtschaftlichen Tätigkeiten ihrer Kernfunktion wiederum auf fremde Dritte ausgelagert wurden.[1409] Um eine missbräuchliche Rechtsgestaltung zu verhindern und die Besteuerung von Einkünften durch lebendige Unternehmen mit einer objektiv betrachtet „wesentlichen wirtschaftlichen Tätigkeit" zu gewährleisten, müssen auch eben jene an Dritte ausgelagerte Leistungen einbezogen werden.

Es lässt sich somit festhalten, dass hinsichtlich der *Lohnsumme* im Rahmen des Faktors Arbeit auf Zählerseite die qualifizierten Ausgaben einer steuerpflichtigen Gesellschaft in einem konkreten Mitgliedstaat im Sinne eigener Lohn- und Gehaltszahlungen für Humankapital zu beachten sind, sofern diese

---

1409 Um dieses Szenario zu verdeutlichen, dient ein einfaches Beispiel. Ein im Hochsteuerland niedergelassenes Unternehmen gründet als Muttergesellschaft eine ausländische Gesellschaft in einem Niedrigsteuerland und stattet dieses mit besonders hohem Eigenkapital aus. Die ausländische Gesellschaft verfügt lediglich über einen Büroraum und einen Geschäftsführer, dessen Aufgabe darin besteht, nebst den Anlagerichtlinien der Muttergesellschaft auch das Kapital an ausländische Banken weiterzugeben (vgl. zum Fall *J. Schönfeld/F. Wassermeyer*, in: Flick/Wassermeyer/Baumhoff/Schönfeld (Hrsg.), Außensteuerrecht, 88. EL 2019, § 8 AStG Rn. 476; siehe hierzu auch *7. Teil* GldPkt. C II 1 d) bb)). Lässt man die Leistungen der Banken als fremde Dritte unberücksichtigt, ist der ausländischen Gesellschaft hinsichtlich der ihr konzernintern aufgetragenen vermögensverwaltenden Leistung die vollumfängliche Quote der allein konzerninternen Kapitalleistungen zuzusprechen, obwohl *objektiv betrachtet* ebendort keine nennenswerte Infrastruktur zur Begründung von Gewinnen beansprucht wurde. Nichtsdestotrotz würden jene Gewinne aus der Vermögensverwaltung lediglich unter Abzug der Aufwendungen für die Beauftragung der ausländischen Banken vollständig im Niedrigsteuerland besteuert, obwohl dessen Wertschöpfung tatsächlich woanders zu verorten ist. Die Zwischenschaltung der ausländischen Gesellschaft und die Auslagerung der ihr von der Muttergesellschaft aufgetragenen vermögensverwaltenden Leistung auf fremde Dritte verfolgt in diesem Beispiel den einzigen Zweck zur Begründung einer Abschirmwirkung gegenüber der Muttergesellschaft im Hochsteuerland und der Besteuerung jener Gewinne im Niedrigsteuerland.

Kosten direkt mit jenem erfolgreich geschaffenen geistigen Eigentumswert verbunden sind, aus dem wiederum die betroffenen Einkünfte des Steuerpflichtigen resultieren. Auf Nennerseite ist dieser Wert in Relation mit der Summe von Lohn- und Gehaltszahlungen aller Gesellschaften für Leistungen des Humankapitals mit direktem Bezug zum geschaffenen geistigen Eigentumswert zu setzen, die als qualifizierte Ausgaben eingestuft werden würden, wenn sie durch den Steuerpflichtigen selbst getätigt worden wären. Hinsichtlich der *Beschäftigenzahlen* im Rahmen des Faktors Arbeit ist auf Zählerseite entsprechend auf jene Beschäftigtenzahl des Humankapitals einer steuerpflichtigen Gesellschaft in einem konkreten Mitgliedstaat abzustellen, welche die Lohn- und Gehaltszahlungen aus den qualifizierten Ausgaben jener Gesellschaft erhält. Wie bei den Lohnausgaben ist auch dieser Wert wiederum auf Seiten des Nenners in ein Verhältnis zur Summe des gesamten Humankapitals zu setzen, dessen Nutzung direkt mit dem erfolgreich geschaffenen geistigen Eigentumswert verbunden ist, aus dem wiederum die betroffenen Einkünfte des Steuerpflichtigen resultieren. Schließlich ist auch beim Faktor *Sachkapital* entsprechend jene Anzahl einer steuerpflichtigen Gesellschaft in einem konkreten Mitgliedstaat, dessen Nutzung direkt mit dem erfolgreich geschaffenen geistigen Eigentumswert verbunden ist und aus dem die betroffenen Einkünfte des Steuerpflichtigen resultieren, in Relation zur Gesamtheit aller Gesellschaften zu setzen. Sind zum Beispiel die F&E-Leistungen als die für bestimmte IP-Einkünfte der steuerpflichtigen Gesellschaft entscheidenden wirtschaftlichen Tätigkeiten anzusehen, so ist nebst dem leistenden Humankapital jener F&E-Gesellschaft und dessen entsprechenden Ausstattung mit Sachkapital auch die Beschäftigtenzahl an qualifizierten Arbeitern, ihre Entlohnung sowie Ausstattung von Sachkapital anderer Gesellschaften in die Bestimmung eines Quotienten mit einzubeziehen, welche etwa für Auftragsarbeiten oder für die Erstellung eines vom Steuerpflichtigen zur Schaffung des endgültigen geistigen Eigentumswerts erworbenen Zwischenprodukts erforderlich war.

(bb) Bestimmung der Einkünfte für den Anteilswert

Abschließend gilt es jenen Wert genau zu bestimmen, mit dem der aus den Faktoren errechnete Quotient in dem jeweiligen Mitgliedstaat schlussendlich zu multiplizieren ist, um den zulässigen Besteuerungsanteil konkret zu beziffern. Um zum einen die rechtliche Gestaltung als Ganzes zu bewerten und zum anderen eine doppelte Berücksichtigung jener Faktorausgaben des Steuerpflichtigen zu vermeiden, die direkt mit dem betroffenen geistigen Eigentumswert verbunden sind, ist der errechnete Quotient in einem *ersten Schritt* mit einem Wert von Bruttoeinnahmen zu multiplizieren. Diese „Bruttoeinnahmen" setzen sich namentlich aus dem Nettowert der betroffenen IP-Einkünfte zuzüglich jener Ausgaben für dessen Begründung zusammen. Diese „Ausgaben" umfassen die eigenen qualifizierten Ausgaben sowie jene Kosten für direkt mit dem betroffenen geistigen Eigentumswert verknüpften Leistungen Dritter im Sinne sowohl konzerninterner als auch konzernexterner Gesellschaften. Wurde der zu besteuernde Anteil von Einnahmen für den betroffenen Mitgliedstaat aus diesem Bruttowert errechnet,[1410] sind in einem *zweiten Schritt* die Ausgaben für eigene Leistungen – namentlich die Ausgaben für Lohn- und Gehaltszahlungen, dessen Nutzung direkt mit dem erfolgreich geschaffenen geistigen Eigentumswert verbunden ist – hiervon abzuziehen. In diesem um die qualifizierten Ausgaben reduzierten Anteilswert der Einnahmen sind die finalen IP-Einkünfte des Steuerpflichtigen zu erblicken, welche schlussendlich der Besteuerung des Mitgliedstaats unterfallen sollten.[1411]

(cc) Ergebnis

Im Ergebnis lässt sich somit zur Kernfrage der Konkretisierung des Begriffs der „Wesentlichkeit" wirtschaftlicher Tätigkeiten festhalten, dass diese an einem konkreten Quotienten von Faktoren in einem Mitgliedstaat zur Gesamtheit der Faktoren in allen Mitgliedstaaten geknüpft ist, aus dem sich der Anspruch eines Mitgliedstaats zur Besteuerung von IP-Einkünften in einer konkret bezifferten Anteilshöhe herleiten lässt. Dieser bezifferte Anteilswert zur Besteuerung von Bruttoeinnahmen in einem Mitgliedstaat berechnet sich nach folgender Formel:

1410 Jener Anteil der Einnahmen, welcher in einem Mitgliedstaat *nicht* zu besteuern ist, spiegelt konsequenterweise jene Kosten wider, welche für direkt mit dem betroffenen geistigen Eigentumswert verknüpfte Leistungen Dritter sachgerecht zu zahlen wären.

1411 Diese Begriffsbeschreibung unterscheidet sich wiederum von jener des Nexus-Ansatzes zu den IP-Boxen. Die *OECD* betont das Abstellen auf Nettoeinnahmen, da Bruttoeinnahmen dazu führen können, dass 100% der Nettoeinnahmen dem Präferenzregime unterfielen (*OECD*, Wirksamere Bekämpfung schädlicher Steuerpraktiken unter Berücksichtigung von Transparenz und Substanz, S. 32 – Rn. 47). Diese Argumentation weist erneut auf eine mangelnde Übertragbarkeit der Regelung zum Präferenzregime auf Ebene des „Wie" einer Besteuerung auf das Rechtsinstrument zur Verhinderung eines steuerrechtlichen Missbrauchs auf Ebene des „Ob" einer Besteuerung hin. Denn erfolgt im letzteren Fall eine 100%ige Besteuerung der Nettoeinnahmen in einem bestimmten Staat, so bedeutet dies lediglich, dass ein steuerrechtlicher Missbrauch im konkreten Fall nicht anzunehmen ist.

$$Anteil^{MS} = \left[\frac{1}{2} \left(\frac{1}{2} \frac{Lohn(HL)^{MS}}{Lohn(HL)^{Ges.}} + \frac{1}{2} \frac{K(HL)^{MS}}{K(HL)^{Ges.}} \right) + \frac{1}{2} \frac{K(S)^{MS}}{K(S)^{Ges.}} \right] \bullet Einnahmen^{IP}$$

Formel F.6.2.0.[1412]

Von diesem Anteilswert der zu besteuernden Bruttoeinnahmen sind schlussendlich die eigenen qualifizierten Ausgaben des Steuerpflichtigen abzuziehen, um auf die finale Höhe der in einem konkreten Mitgliedstaat zu besteuernden IP-Einkünfte schließen zu können.

1412 „ $Anteil^{MS}$ “ steht für die Reichweite der Kompetenz eines konkreten Mitgliedstaats zur Besteuerung eines Anteilswerts von Einnahmen eines Steuerpflichtigen; „ $Einnahmen^{IP}$ “ steht für die gesamten Einkünfte eines Steuerpflichtigen aus einem bestimmten immateriellen Wirtschaftsgut zuzüglich qualifizierter sowie sonstiger Ausgaben des Steuerpflichtigen, die direkt mit dem erfolgreich geschaffenen geistigen Eigentumswert verbunden sind, aus dem wiederum die betroffenen Einkünfte des Steuerpflichtigen resultieren; „ $Lohn(H)^{MS}$ “ steht für die qualifizierten Ausgaben eines Steuerpflichtigen i.S.v. eigenen Lohn- und Gehaltszahlungen für Humankapital insb. im Zusammenhang mit F&E- oder Vertriebsleistungen, sofern diese Kosten direkt mit dem erfolgreich geschaffenen geistigen Eigentumswert verbunden sind, aus dem wiederum die betroffenen Einkünfte des Steuerpflichtigen resultieren; „ $Lohn(H)^{Ges.}$ “ steht für die Summe der qualifizierten Ausgaben eines Steuerpflichtigen zuzüglich jener Ausgaben aller Gesellschaften, die als qualifizierte Ausgaben eingestuft werden würden, wenn sie durch den Steuerpflichtigen selbst getätigt worden wären; „ $K(H)^{MS}$ “ steht für die Beschäftigtenzahl des Humankapitals eines Steuerpflichtigen im konkreten Mitgliedstaat, welche die Lohn- und Gehaltszahlungen des Steuerpflichtigen aus den qualifizierten Ausgaben erhält; „ $K(H)^{Ges.}$ “ steht für die Summe des Humankapitals aller Gesellschaften, dessen Nutzung direkt mit dem erfolgreich geschaffenen geistigen Eigentumswert verbunden ist, aus dem wiederum die betroffenen Einkünfte eines Steuerpflichtigen resultieren; „ $K(S)^{MS}$ “ steht für die Anzahl des Sachkapitals eines Steuerpflichtigen im konkreten Mitgliedstaat, dessen Nutzung direkt mit dem erfolgreich geschaffenen geistigen Eigentumswert verbunden ist, aus dem wiederum die betroffenen Einkünfte des Steuerpflichtigen resultieren; „ $K(S)^{Ges.}$ “ steht für die Summe des Sachkapitals aller Gesellschaften, dessen Nutzung direkt mit dem erfolgreich geschaffenen geistigen Eigentumswert verbunden ist, aus dem wiederum die betroffenen Einkünfte eines Steuerpflichtigen resultieren.

(b) Einkünfte aus materiellen Wirtschaftsgütern

Dieses formelhafte Ergebnis zur Konkretisierung des Begriffs der „Wesentlichkeit“ wirtschaftlicher Tätigkeiten ist überdies auf jene Einkünfte übertragbar, die sich aus materiellen Wirtschaftsgütern ergeben. Im Lichte der angepassten Anforderung zum Vorliegen einer „wirtschaftlichen Tätigkeit“ gilt es schließlich auch bei jener Formel die Faktoren unqualifizierter Arbeit miteinzubeziehen, welche zur Produktion eines Endprodukts gebraucht werden, aus dem wiederum die betroffenen Einkünfte des Steuerpflichtigen resultieren. Mithin ist die Formel zur Errechnung des Anteilswerts zur Besteuerung von Bruttoeinnahmen in einem Mitgliedstaat wie folgt anzupassen:

$$Anteil^{MS} = \left[\frac{1}{2} \left(\frac{1}{2} \frac{Lohn(HL)^{MS}}{Lohn(HL)^{Ges.}} + \frac{1}{2} \frac{K(HL)^{MS}}{K(HL)^{Ges.}} \right) + \frac{1}{2} \frac{K(S)^{MS}}{K(S)^{Ges.}} \right] \bullet Einnahmen^{mWG}$$

Formel F.6.2.1.[1413]

1413 „ $Anteil^{MS}$ “ steht für die Reichweite der Kompetenz eines konkreten Mitgliedstaats zur Besteuerung eines Anteilswerts von Einnahmen eines Steuerpflichtigen; „ $Einnahmen^{mWG}$ “ steht für die gesamten Einkünfte eines Steuerpflichtigen aus einem bestimmten materiellen Wirtschaftsgut zuzüglich qualifizierter sowie sonstiger Ausgaben des Steuerpflichtigen, die direkt mit dem erfolgreich geschaffenen materiellen Wirtschaftsgut verbunden sind, aus dem wiederum die betroffenen Einkünfte des Steuerpflichtigen resultieren; „ $Lohn(HL)^{MS}$ “ steht für die qualifizierten Ausgaben eines Steuerpflichtigen i.S.v. eigenen Lohn- und Gehaltszahlungen für qualifizierte und unqualifizierte Arbeit insb. im Zusammenhang mit F&E-, Vertriebs- oder Produktionsleistungen, sofern diese Kosten direkt mit dem erfolgreich geschaffenen materiellen Wirtschaftsgut verbunden sind, aus dem wiederum die betroffenen Einkünfte des Steuerpflichtigen resultieren; „ $Lohn(HL)^{Ges.}$ “ steht für die Summe der qualifizierten Ausgaben eines Steuerpflichtigen zuzüglich jener Ausgaben aller Gesellschaften, die als qualifizierte Ausgaben eingestuft werden würden, wenn sie durch den Steuerpflichtigen selbst getätigt worden wären; „ $K(HL)^{MS}$ “ steht für die Beschäftigtenzahl der qualifizierten und unqualifizierten Arbeit eines Steuerpflichtigen im konkreten Mitgliedstaat, welche die Lohn- und Gehaltszahlungen des Steuerpflichtigen aus den qualifizierten Ausgaben erhält; „ $K(HL)^{Ges.}$ “ steht für die Summe der qualifizierten und unqualifizierten Arbeit aller Gesellschaften, dessen Nutzung direkt mit dem erfolgreich geschaffenen materiellen Wirtschaftsgut verbunden ist, aus dem wiederum die betroffenen Einkünfte eines Steuerpflichtigen resultieren; „ $K(S)^{MS}$ “ steht für die Anzahl des Sachkapitals eines Steuerpflichtigen im konkreten Mitgliedstaat, dessen Nutzung direkt mit dem erfolgreich geschaffenen materiellen Wirtschaftsgut verbunden

bb) „Wesentlichkeit“ im Lichte des Schwellentests

Der Schwellentest folgt dem Alles-oder-Nichts-Prinzip und schließt im Falle des Vorliegens der „Substanz“ einer Aktivität im betroffenen Staat alle Einkünfte oder alle Einkünfte einer Kategorie von einer Hinzurechnungsbesteuerung aus.[1414] Gemäß der hier interessierenden Ausstattungsanalyse sei gemäß der OECD für die Bestimmung einer solchen wirtschaftlichen „Substanz“ einer Aktivität grundsätzlich festzustellen, ob die betroffene Zwischengesellschaft die Mehrheit ihrer Kernfunktion selbst ausführt.[1415] Jene „Substanz“ ist insoweit mit einer „Wesentlichkeit“ gleichzustellen.

Während sich die „Kernfunktion“ auf Besteuerungsseite über die im Ergebnis zu besteuernde Art der Einkünfte herauslesen lässt,[1416] bemisst sich die „Ausführung“ jener Kernfunktion schließlich über die Verfügbarkeit der notwendigen Anzahl von Kapitalgütern zu dessen Begründung – also der konkreten Ausstattung einer Gesellschaft. Diese konkret erforderliche Anzahl von Kapitalgütern stellt mithin die *Grundlage* zur Errechnung jenes Schwellenwerts dar, den es zur Annahme einer „Substanz“ der Aktivität schließlich zu erreichen gilt. Für den *Maßstab* dieser konkret erforderlichen Anzahl der Kapitalgüter lässt sich wiederum auf die Formel aus der Anteilsanalyse zurückgreifen. Namentlich sind also das Kapital und die qualifizierten Ausgaben einer Gesellschaft in ein Verhältnis zum gesamten Kapital und der Summe der qualifizierten Ausgaben aller Gesellschaften zu setzen, welche zur Begründung der konkreten Einkünfte notwendig waren. Fraglich ist allerdings, bei welcher *konkreten Höhe* jenes Anteils der Kapitalgüter im Lichte des Maßstabs aus der Anteilsanalyse der erforderliche Schwellenwert anzusetzen ist, um von einer „substanziellen“ Aktivität einer Gesellschaft auszugehen und bei einer Hinzurechnungsbesteuerung im Ergebnis gemäß dem Alles-oder-Nichts-Prinzip alle Einkünfte von dieser auszuschließen. In anderen Worten stellt sich die Kernfrage, bei welchem für die Begründung der zu besteuernden Einkünfte

---

ist, aus dem wiederum die betroffenen Einkünfte des Steuerpflichtigen resultieren; „ $K(S)^{Ges.}$ “ steht für die Summe des Sachkapitals aller Gesellschaften, dessen Nutzung direkt mit dem erfolgreich geschaffenen materiellen Wirtschaftsgut verbunden ist, aus dem wiederum die betroffenen Einkünfte eines Steuerpflichtigen resultieren.

1414 *OECD*, Designing Effective Controlled Foreign Company Rules, S. 47 – Rn. 82.

1415 *OECD*, Designing Effective Controlled Foreign Company Rules, S. 48 – Rn. 85.

1416 Vgl. hierzu *6. Teil* GldPkt. B II 2 a) bb) (1) (a).

erforderlichen Anteilswert an Kapitalgütern von einer Ausführung der „Mehrheit“ jener Kernfunktion einer Gesellschaft genau auszugehen ist.

Eine „Mehrheit“ kann grundsätzlich absoluter oder relativer Natur sein. Demnach könnte zum einen *mehr als die Hälfte* oder zum anderen nur der im Vergleich zu den anderen Gesellschaften *meiste* Anteil der Kapitalgüter von der betroffenen Gesellschaft – bei der Hinzurechnungsbesteuerung der beherrschten ausländischen Gesellschaft bzw. Zwischengesellschaft – gefordert werden, um von einer „Substanz“ der Aktivität bzw. „Wesentlichkeit“ der wirtschaftlichen Tätigkeit auszugehen. Welche der beiden Alternativen zu wählen ist, ergibt sich bereits aus dem Wortlaut der OECD. Denn indem sie darauf abstellt, „ob die beherrschte ausländische Gesellschaft *die Mehrheit* ihrer Kernfunktion selbst ausführt“,[1417] bezieht sich der Maßstab jener „Mehrheit“ auf die zur Begründung der Einkünfte notwendigen Kapitalgüter an sich. Vor diesem Hintergrund ist wohl eine *absolute* Mehrheit gemeint. Für eine *relative* Mehrheit hätte es vielmehr darauf ankommen müssen, ob die (beherrschte ausländische) Gesellschaft *als Mehrheit* ihre Kernfunktion selbst ausführt,[1418] da sich der Maßstab zur Ausführung jener „Mehrheit“ der zur Begründung der Einkünfte notwendigen Kapitalgüter insoweit in ein Verhältnis mit anderen Gesellschaften setzen würde.

Es kann somit festgehalten werden, dass im Lichte des Schwellentests die „Substanz“ einer Aktivität bzw. die „Wesentlichkeit“ einer wirtschaftlichen Tätigkeit dann anzunehmen ist, wenn *mehr als die Hälfte* des für die Begründung der zu besteuernden Einkünfte erforderlichen Anteilswerts an Kapitalgütern entsprechend der Formel aus der Anteilsanalyse der (Zwischen-)Gesellschaft zuzurechnen ist. Da es im Rahmen des Schwellentests entgegen der Anteilsanalyse allerdings nicht um die *anteilige* Zuordnung von Einkünften einer (Zwischen-)Gesellschaft aus einem bestimmten Wirtschaftsgut zwischen den Mitgliedstaaten geht, sondern insoweit eben dem Alles-oder-Nichts-Prinzip gefolgt wird, ist die Formel nunmehr für Einkünfte aus *immateriellen* Wirtschaftsgütern wie folgt anzupassen:

1417 Originalzitat: „[…] to undertake the *majority of the CFC's core function.*“ (*OECD*, Designing Effective Controlled Foreign Company Rules, S. 48 – Rn. 85; Hervorhebungen durch den Verfasser).

1418 Im Englischen müsste die Formulierung entsprechend wie folgt lauten: „[…] to undertake the *CFC's core function as the majority.*“.

$$Anteil^{MS} = \frac{1}{2}\left(\frac{1}{2}\frac{Lohn(H)^{MS}}{Lohn(H)^{Ges.}} + \frac{1}{2}\frac{K(H)^{MS}}{K(H)^{Ges.}}\right) + \frac{1}{2}\frac{K(S)^{MS}}{K(S)^{Ges.}}$$

Formel F.6.3.0.[1419]

Für die Einkünfte aus *materiellen* Wirtschaftsgütern gilt unter Einbeziehung des für die Produktivität insoweit ebenfalls ausschlaggebenden Faktors der unqualifizierten Arbeit entsprechend folgende angepasste Formel:

$$Anteil^{MS} = \frac{1}{2}\left(\frac{1}{2}\frac{Lohn(HL)^{MS}}{Lohn(HL)^{Ges.}} + \frac{1}{2}\frac{K(HL)^{MS}}{K(HL)^{Ges.}}\right) + \frac{1}{2}\frac{K(S)^{MS}}{K(S)^{Ges.}}$$

Formel F.6.3.1.[1420]

1419 „$Anteil^{MS}$“ steht für den Anteil an Kapitalgütern zur Begründung der zu besteuernden Einnahmen im konkreten Mitgliedstaat eines Steuerpflichtigen; „$Lohn(H)^{MS}$“ steht für die qualifizierten Ausgaben eines Steuerpflichtigen i.S.v. eigenen Lohn- und Gehaltszahlungen für Humankapital insb. im Zusammenhang mit F&E- oder Vertriebsleistungen, sofern diese Kosten direkt mit dem erfolgreich geschaffenen geistigen Eigentumswert verbunden sind, aus dem wiederum die betroffenen Einkünfte des Steuerpflichtigen resultieren; „$Lohn(H)^{Ges.}$“ steht für die Summe der qualifizierten Ausgaben eines Steuerpflichtigen zuzüglich jener Ausgaben aller Gesellschaften, die als qualifizierte Ausgaben eingestuft werden würden, wenn sie durch den Steuerpflichtigen selbst getätigt worden wären; „$K(H)^{MS}$“ steht für die Beschäftigtenzahl des Humankapitals eines Steuerpflichtigen im konkreten Mitgliedstaat, welche die Lohn- und Gehaltszahlungen des Steuerpflichtigen aus den qualifizierten Ausgaben erhält; „$K(H)^{Ges.}$“ steht für die Summe des Humankapitals aller Gesellschaften, dessen Nutzung direkt mit dem erfolgreich geschaffenen geistigen Eigentumswert verbunden ist, aus dem wiederum die betroffenen Einkünfte eines Steuerpflichtigen resultieren; „$K(S)^{MS}$“ steht für die Anzahl des Sachkapitals eines Steuerpflichtigen im konkreten Mitgliedstaat, dessen Nutzung direkt mit dem erfolgreich geschaffenen geistigen Eigentumswert verbunden ist, aus dem wiederum die betroffenen Einkünfte des Steuerpflichtigen resultieren; „$K(S)^{Ges.}$“ steht für die Summe des Sachkapitals aller Gesellschaften, dessen Nutzung direkt mit dem erfolgreich geschaffenen geistigen Eigentumswert verbunden ist, aus dem wiederum die betroffenen Einkünfte eines Steuerpflichtigen resultieren.

1420 „$Anteil^{MS}$“ steht für den Anteil an Kapitalgütern zur Begründung der zu besteuernden Einnahmen im konkreten Mitgliedstaat eines Steuerpflichtigen; „$Lohn(HL)^{MS}$“ steht für die qualifizierten Ausgaben eines Steuerpflichtigen i.S.v.

cc) Verhältnis der unterschiedlichen Bedeutungen der „Wesentlichkeit" zueinander

Abschließend fragt sich, welchem der beiden Auslegungen einer „Wesentlichkeit" der Vorrang zu geben ist.

(1) Verhältnis gemäß der OECD
Die *OECD* räumt im Rahmen ihres Abschlussberichts zum Aktionspunkt 3 des Anti-BEPS-Projekts der Anteilsanalyse gegenüber dem Schwellentest einen Vorrang ein. Nebst der Gefahr einer Ausnutzung starrer Schwellen dahingehend, dass stets nur die geringsten Aufwendungen von einer (Zwischen-)Gesellschaft getätigt werden, um einen steuerrechtlichen Missbrauch zu verhindern und im Ergebnis sämtliche Einkünfte in einem Niedrigsteuerland besteuern zu können, merkt die OECD an, dass die Anteilsanalyse mit dem Unionsrecht besser zu vereinbaren sei als der Schwellentest, da den Mitgliedstaaten ermöglicht werde, Einkünfte im Rahmen einer Hinzurechnungsbesteuerung nur genau *insoweit* zu berücksichtigen, als sie nicht aus einer wesentlichen wirtschaftlichen Tätigkeit der Zwischengesellschaft resultieren.[1421]

---

eigenen Lohn- und Gehaltszahlungen für qualifizierte und unqualifizierte Arbeit insb. im Zusammenhang mit F&E-, Vertriebs- oder Produktionsleistungen, sofern diese Kosten direkt mit dem erfolgreich geschaffenen materiellen Wirtschaftsgut verbunden sind, aus dem wiederum die betroffenen Einkünfte des Steuerpflichtigen resultieren; „$Lohn(HL)^{Ges.}$" steht für die Summe der qualifizierten Ausgaben eines Steuerpflichtigen zuzüglich jener Ausgaben aller Gesellschaften, die als qualifizierte Ausgaben eingestuft werden würden, wenn sie durch den Steuerpflichtigen selbst getätigt worden wären; „$K(HL)^{MS}$" steht für die Beschäftigtenzahl der qualifizierten und unqualifizierten Arbeit eines Steuerpflichtigen im konkreten Mitgliedstaat, welche die Lohn- und Gehaltszahlungen des Steuerpflichtigen aus den qualifizierten Ausgaben erhält; „$K(HL)^{Ges.}$" steht für die Summe der qualifizierten und unqualifizierten Arbeit aller Gesellschaften, dessen Nutzung direkt mit dem erfolgreich geschaffenen materiellen Wirtschaftsgut verbunden ist, aus dem wiederum die betroffenen Einkünfte eines Steuerpflichtigen resultieren; „$K(S)^{MS}$" steht für die Anzahl des Sachkapitals eines Steuerpflichtigen im konkreten Mitgliedstaat, dessen Nutzung direkt mit dem erfolgreich geschaffenen materiellen Wirtschaftsgut verbunden ist, aus dem wiederum die betroffenen Einkünfte des Steuerpflichtigen resultieren; „$K(S)^{Ges.}$" steht für die Summe des Sachkapitals aller Gesellschaften, dessen Nutzung direkt mit dem erfolgreich geschaffenen materiellen Wirtschaftsgut verbunden ist, aus dem wiederum die betroffenen Einkünfte eines Steuerpflichtigen resultieren.

1421 Zwar spricht die *OECD* in diesem Zusammenhang von einer „genuine economic activity", welche als „*wirkliche* wirtschaftliche Tätigkeit" übersetzt werden kann

Dieser Auffassung ist zunächst dahingehend zuzustimmen, dass durch eine positive Feststellung der konkreten Reichweite einer wirtschaftlichen Tätigkeit zur Begründung der betroffenen Einkünfte einer (Zwischen-)Gesellschaft und zwecks der Bestimmung eines entsprechenden Besteuerungsanteils im *Niedrigsteuerland* der Kapitalimportneutralität im Ergebnis ein Vorrang gegenüber der Kapitalexportneutralität eingeräumt und damit dem Territorialitätsprinzip als unionsrechtliche staatenübergreifende Regel[1422] zur ausgewogenen Aufteilung des Steuersubstrats entsprochen wird.[1423] Überdies kann unter den gleichen Anforderungen die Bestimmung der Reichweite des Besteuerungsanteils auch jenes *Hochsteuerlandes* erfolgen, das sich der Hinzurechnungsbesteuerung der Muttergesellschaft bedient. Damit würde sich das Territorialitätsprinzip auf den gesamten Tatbestand der Hinzurechnungsbesteuerung erstrecken und zu dessen Grundlage werden, indem ausschließlich solche Einnahmen berücksichtigt werden, die aufgrund einer besonderen territorialen Nähe zum Inland der Muttergesellschaft hätten besteuert werden müssen.[1424] Mit einer solch allumfassenden Einhaltung des Territorialitätsprinzips zur ausgewogenen Aufteilung des Steuersubstrats im Lichte der Formel zur Anteilsanalyse würden

---

(*OECD*, Designing Effective Controlled Foreign Company Rules, S. 47 – Rn. 82). Allerdings gilt es zu beachten, dass die Feststellung jener „wirklichen wirtschaftlichen Tätigkeit“ gem. der OECD im Lichte der *Substanzanalyse* nach dem Maßstab ihrer wirtschaftlichen „Wesentlichkeit“ erfolgt, sodass eher von einer *„wesentlichen* wirtschaftlichen Tätigkeiten“ gesprochen werden kann (vgl. hierzu *5. Teil* GldPkt. A I 2 b), II 2 b) aa)).

1422 Siehe hierzu *4. Teil* GldPkt. B III.

1423 Eben diese Erwägungen spiegeln jene hier vertretene neue Auslegung zum Zweck des „Funktionierens des Binnenmarkts“ im Lichte der wirtschaftspolitischen Entwicklung wider, wonach für die Zuordnung der Steuerhoheiten entscheidend auf ihre Ausgewogenheit abzustellen ist und die Staatssouveränität nur insoweit beschränkt werden darf, als die betroffenen Mitgliedstaaten gem. dem Territorialitätsprinzip keine Befugnis zur Besteuerung von Einkünften haben, indem namentlich die Gewinnerwirtschaftung und Wertschöpfung der in Frage stehenden Einkünfte stattdessen woanders zu verorten ist (vgl. hierzu *6. Teil* GldPkt. A II 2 c) cc) (2)).

1424 Hierin ist eine *unmittelbare* Wirkung zur Förderung einer ausgewogenen Verteilung des Steuersubstrats zu erblicken. Der Ausschluss von Zwischeneinkünften begründet lediglich eine *mittelbare* Wirkung zur Förderung einer ausgewogenen Verteilung des Steuersubstrats, indem die Zwischengesellschaften dazu angehalten werden, im Ausland das Territorialitätsprinzip einzuhalten, um eine faktische Doppelbesteuerung oder Heraufschleusung des Steuerniveaus zu vermeiden.

die Mitgliedstaaten gleichzeitig ihren Beitrag zur Verhinderung einer Doppelbesteuerung und schlussendlich zur Errichtung eines funktionierenden Binnenmarkts leisten. Sollte eine Doppelbesteuerung dennoch entstehen, so hat sich der betroffene Mitgliedstaat, welcher das Territorialitätsprinzip und damit seine Pflicht zur Verhinderung einer Doppelbesteuerung eingehalten hat, hierfür nicht – etwa in Form einer Anpassung seiner Steuerhoheit – verantwortlich zu zeigen.[1425] Vor diesem Hintergrund ist eben dieser Art der Hinzurechnungsbesteuerung gegenüber jener, die das Territorialitätsprinzip lediglich im Rahmen einer Ausnahmeregelung berücksichtigt, ein Vorrang einzuräumen.[1426]

(2) Verhältnis gemäß der EU

Die ATAD lässt hingegen erkennen, dass die *EU* jenem Vorrang der Anteilsanalyse nicht vollständig zu folgen vermag. Zwar folgt sie jener Empfehlung der OECD zur Bestimmung der Reichweite der Hinzurechnungsbesteuerung grundsätzlich dahingehend, dass die Mitgliedstaaten je nach politischer Priorität entweder die gesamten Einkünfte oder nur einen Teil einbeziehen kann, sodass ihnen insoweit ein Wahlrecht zwischen der Anteilsanalyse und dem Schwellentest anheimgestellt wird.[1427] Allerdings sind in diesem Zusammenhang wiederum die beiden Alternativen zur Bestimmung der Zwischeneinkünfte, in dessen Rahmen jene Analysen schließlich ihre Berücksichtigung finden, zu unterscheiden. Hinsichtlich des Principal Purpose-Tests lässt sich

1425 Vgl. zur Pflicht von Mitgliedstaaten zur Verhinderung einer Doppelbesteuerung *3. Teil* GldPkt. C III 2 a) bb).

1426 Ein weiteres Argument ist darin zu erblicken, dass eine Hinzurechnungsbesteuerung auf Grundlage des Territorialitätsprinzips im Gegensatz zu jener auf Grundlage des Welteinkommensprinzips ein *besser geeignetes Mittel* zur Erreichung des Ziels zur Bekämpfung von Steuervermeidungspraktiken zwecks dem Funktionieren des Binnenmarkts darstellt und ein Messen nach zweierlei Maß jenes Mitgliedstaats, der sich des Instruments dieser Hinzurechnungsbesteuerung bedient, vermieden wird. Denn basiert die Hinzurechnungsbesteuerung an sich auf dem Welteinkommensprinzip, so wird die beherrschte *Zwischengesellschaft*, welche gegen das Territorialitätsprinzip verstößt, zwar durch eine faktische Doppelbesteuerung oder Heraufschleusung des Steuerniveaus getadelt. Allerdings wird nicht gewährleistet, dass die *Muttergesellschaft* das Territorialitätsprinzip ebenfalls aktiv einhält. In unmittelbarer Hinsicht wird bei dieser Alternative also keine ausgewogene Verteilung des Steuersubstrats gefördert, sondern nur eine konkrete Art der *un*ausgewogenen Verteilung des Steuersubstrats verhindert (so im Ansatz auch *OECD*, Designing Effective Controlled Foreign Company Rules, S. 16 – Rn. 15).

1427 Siehe hierzu *5. Teil* GldPkt. A II 2 b); vgl. auch *Rat d. EU*, RL v. 12.07.2016, Nr. 2016/1164 (EU) – „*ATAD I*“, ABl. 2016 L 193 (de), S. 1 (4 – ErwGrd. 12).

dem Wortlaut des Art. 7 Abs. 2 lit. b) UAbs. 2 ATAD zur Vermutung einer unangemessenen Gestaltung entnehmen, dass diese gilt, „sofern“ eine Funktions- und Risikoanalyse dies gebietet. Im Gegensatz hierzu wird im Rahmen der Regelung zu kategorisierten Zwischeneinkünften gemäß Art. 7 Abs. 2 lit. a) UAbs. 2 ATAD geregelt, dass die Alternative keine Anwendung findet, „wenn“ eine wesentliche wirtschaftliche Tätigkeit ausgeübt wird. Zwar sind die Formulierungen „sofern“ und „wenn“ grundsätzlich als Synonyme zu verstehen. Allerdings fragt sich, warum sich nicht um die selbe Wortwahl bemüht wurde. Dies scheint kein Zufall zu sein. Denn auch in der englischen Fassung unterscheiden sich beide Regelungen insoweit. So heißt es gemäß Art. 7 Abs. 2 lit. a) UAbs. 2 ATAD:

> „This point shall not apply *where* the controlled foreign company carries on a substantive economic activity supported by staff, equipment, assets and premises, as evidenced by relevant facts and circumstances.“[1428]

Im Art. 7 Abs. 2 lit. b) UAbs. 2 ATAD wurde hingegen folgende Formulierung gewählt:

> „For the purposes of this point, an arrangement or a series thereof shall be regarded as non-genuine *to the extent* that the entity or permanent establishment would not own the assets or would not have undertaken the risks which generate all, or part of, its income if it were not controlled by a company where the significant people functions, which are relevant to those assets and risks, are carried out and are instrumental in generating the controlled company's income.“[1429]

Die Formulierung „where“ ist in der Tat mit „wenn“ zu übersetzen. Die Wortwahl „to the extent“ aus Art. 7 Abs. 2 lit. b) UAbs. 2 ATAD bedeutet allerdings nicht „sofern“, sondern vielmehr „in dem Umfang“ oder „soweit“. Legt man also die englische Fassung der ATAD zugrunde, so lässt sich diesem unterschiedlichen Wortlaut entnehmen, dass die eine Alternative zur Bestimmung von Zwischeneinkünften auf eine bestimmte Reichweite – also eine *anteilige* Berücksichtigung der *gesamten* Einkünfte der Zwischengesellschaft – abstellt, während die andere Alternative durch eine feste Anwendungsvoraussetzung mehr dem Alles-oder-Nichts-Prinzip – also einer *vollständigen* Berücksichtigung bereits *kategorisierter* Einkünfte der Zwischengesellschaft – folgt. Diese Schlussfolgerung lässt sich überdies aus jenen Erwägungsgründen der ATAD herauslesen, die den Mitgliedstaaten das Wahlrecht zwischen einem

---

1428 Hervorhebungen durch den Verfasser.
1429 Hervorhebungen durch den Verfasser.

Schwellentest und einer Anteilsanalyse erst einräumen. So konkretisiert die ATAD die Möglichkeit einer Anteilsanalyse dahingehend, dass bei der Hinzurechnungsbesteuerung unter anderem auf solche Einkünfte abgezielt werden kann, die der Zwischengesellschaft künstlich zugeteilt sind. Zur Bestimmung jener „künstlichen Zuteilung“ soll durch das Abstellen auf präzise Situationen danach gefragt werden, wo die meisten Entscheidungsaufgaben zur Erzielung der Einkünfte durchgeführt werden.[1430] Jenes Kriterium der Entscheidungshoheit ist der Ausstattungsanalyse allerdings fremd und manifestiert sich allein in der Unabhängigkeitsanalyse, sodass sich auch insoweit die Anteilsanalyse in der Alternative eines Principal Purpose-Tests zu erschöpfen scheint. Zur Bestimmung von Zwischeneinkünften im Sinne einer rechtlichen Kategorisierung gemäß Art. 7 Abs. 2 lit. a) ATAD wird hingegen dem *Schwellentest* über die Ausnahmeregelung einer „wesentlichen wirtschaftlichen Tätigkeit“ ein Vorrang eingeräumt und insoweit der Empfehlung der OECD widersprochen. Die anteilige Besteuerung von Zwischeneinkünften der Muttergesellschaft entfällt allerdings nicht gänzlich. Vielmehr wird sie auf einer nachgelagerten Ebene gemäß Art. 8 Abs. 3 ATAD geregelt, wobei hier nicht auf die wirtschaftliche Aktivität, sondern auf die Beteiligung jener Gesellschaften abgestellt wird, für die die Hinzurechnungsbesteuerung gelten soll.

Darüber hinaus regelt die ATAD auch die Verteilung der Verantwortung im Falle einer Doppelbesteuerung gemäß Art. 8 Abs. 7 ATAD zulasten des Staats mit der Hinzurechnungsbesteuerung und begründet dies in den Erwägungsgründen dahingehend, dass mit der ATAD nicht nur Steuervermeidungspraktiken, sondern auch Markthemmnisse unterbunden werden sollen.[1431] In der *Literatur* wird dieser Ansatz damit begründet, dass zum Schutz des Steuerpflichtigen – gemeint ist im Falle der Hinzurechnungsbesteuerung die Muttergesellschaft der beherrschten Zwischengesellschaft – ein notwendiger Ausgleich zu dem vom Art. 7 ATAD ausgehenden Eingriff in die Grundfreiheiten geschaffen werden müsse. Mithin sei in der Regelung ein Mindestschutzniveau für den Steuerpflichtigen zu erblicken, welches dem Verhältnismäßigkeitsgedanken entspringe.[1432] Dass dem Steuerpflichtigen ein Mindestschutzniveau im Sinne der Verhinderung einer faktischen Doppelbesteuerung einzuräumen

---

1430 *Rat d. EU*, RL v. 12.07.2016, Nr. 2016/1164 (EU) – *„ATAD I“*, ABl. 2016 L 193 (de), S. 1 (4 – ErwGrd. 12).

1431 *Rat d. EU*, RL v. 12.07.2016, Nr. 2016/1164 (EU) – *„ATAD I“*, ABl. 2016 L 193 (de), S. 1 (2 – ErwGrd. 5).

1432 *J. Schönfeld*, in: IStR 2017, S. 721 (727 f.).

ist, ergibt sich bereits aus dem Zweck zur Schaffung eines funktionierenden Binnenmarkts, da mit jeder Doppelbesteuerung gleichzeitig ein Hindernis zur grenzüberschreitenden Investition einhergeht. Allerdings ergibt sich aus dem Mindestschutzniveau nicht, dass der Steuerpflichtige darauf vertrauen darf, dass die Besteuerung allein in jenem Staat zu erfolgen hat, in dem die Zwischengesellschaft niedergelassen ist und im Ergebnis jener Staat mit der Hinzurechnungsbesteuerung auch die Verantwortung für die Doppelbesteuerung trägt. Vielmehr ist stets *der* Staat zur Gewährleistung des Mindestschutzniveaus eines Steuerpflichtigen aufgerufen, welcher gegen den Grundsatz der loyalen Zusammenarbeit im Verhältnis der Mitgliedstaaten untereinander verstößt, indem die Ausübung mitgliedstaatlicher Kompetenzen in unionsrechtlich garantierte Rechtspositionen Einzelner – namentlich zur Binnenmarktverwirklichung – eingreift.[1433] Wie bereits erläutert wurde,[1434] ist eben dieser Eingriff nicht in einer Hinzurechnungsbesteuerung zu erblicken, soweit sie als Instrument zur Verhinderung eines steuerrechtlichen Missbrauchs einem anerkannten Rechtfertigungsgrund dient und eben eine Schrankenwirkung für die Reichweite zur Ausübung der unionsrechtlich garantierten Rechtspositionen Einzelner – namentlich der Geltendmachung von Grundfreiheiten – begründet. Stattdessen ist der Hinzurechnungsbesteuerung die Funktion zuzusprechen, eben diejenigen Mitgliedstaaten zur Einhaltung des Grundsatzes der loyalen Zusammenarbeit anzuhalten, welche für eine faktische Doppelbesteuerung aufgrund eines Verstoßes gegen eine Regel zur ausgewogenen Aufteilung der Besteuerungsansprüche *verantwortlich* sind, indem den steuerlichen Anreizen des Niedrigsteuerlandes jenseits der nach dem Territorialitätsprinzip gesetzten Reichweite der „Wind aus den Segeln“ genommen wird.[1435] Gewiss kann eine sachgerechte Verteilung der Verantwortung nur *in dem Fall* erfolgen, wenn auch jenseits einer Ausnahmeregelung zur Annahme von Zwischeneinkünften der *gesamte* Tatbestand der Hinzurechnungsbesteuerung auf dem Territorialitätsprinzip basiert, indem namentlich nur solche Einnahmen berücksichtigt werden, die aufgrund einer besonderen territorialen Nähe zum Inland der Muttergesellschaft hätten besteuert werden müssen.[1436] Allerdings wurde im Rahmen der ATAD mit der gewählten Regelung zur ausdrücklichen Verteilung

---

1433 Siehe hierzu *3. Teil* GldPkt. C III 2 a) cc).

1434 Siehe hierzu *3. Teil* GldPkt. C III 2 b) aa).

1435 Vgl. hierzu *3. Teil* GldPkt. C III 2 b) aa); siehe zur Qualifikation des Territorialitätsprinzips als „Regel“ *4. Teil* GldPkt. B III.

1436 Siehe hierzu *6. Teil* GldPkt. B II 2 b) cc) (1).

der Verantwortung ein Weg gewählt, der dem Territorialitätsprinzip *in jedem Fall* zuwiderläuft. Zwar kann dem Niedrigsteuerland noch insoweit der „Wind aus den Segeln" genommen werden, dass das Steuerniveau durch die Hinzurechnungsbesteuerung – sei es im Falle des Territorialitätsprinzips teilweise oder im Falle des Welteinkommensprinzips vollständig – heraufgeschleust wird, sodass seitens der steuerpflichtigen Gesellschaft weniger Anreize entstehen rechtliche Gestaltungen zu wählen, um insbesondere Präferenzregime zu nutzen. Allerdings entsteht durch diesen Effekt nur eine mittelbare Druckwirkung auf die erhoffte Anpassung der Steuersätze, solange dem Niedrigsteuerland trotz eines Verstoßes gegen das Territorialitätsprinzip gegenüber jenen Staaten mit einer Hinzurechnungsbesteuerung ein Vorrecht zur Durchsetzung eines Steueranspruchs eingeräumt wird. Ein höherer Druck zur Anpassung der Steuerhoheiten der Niedrigsteuerländer im Sinne des Territorialitätsprinzips aufgrund einer schieren Eliminierung von Anreizen insbesondere zur Nutzung von Präferenzregimen seitens der steuerpflichtigen Gesellschaft und eine damit einhergehende höhere Effizienz zur Gewährleistung des Funktionierens eines Binnenmarkts verspricht vielmehr die – zugegebenermaßen aggressivere – Alternative, die multinationalen Unternehmen solange einer faktischen Doppelbesteuerung auszusetzen, bis das Niedrigsteuerland von jenem Steueranspruch absieht, welches mit dem Territorialitätsprinzip im Widerspruch steht. Es kann somit festgehalten werden, das dem Zweck zum Funktionieren des Binnenmarkts im Ergebnis besser entsprochen worden wäre, wenn die Verantwortung nicht pauschal dem Staat der Hinzurechnungsbesteuerung zugeteilt worden wäre, sondern vielmehr jenem Staat, welcher einen Steueranspruch für Einkünfte geltend macht, obwohl dessen Wertschöpfung insoweit nicht im Inland zu verorten ist.

3. Zusammenfassung und Schlussfolgerung

Im Rahmen der Verhältnismäßigkeitsprüfung zur Korrektur des Begriffs des „steuerrechtlichen Missbrauchs" zulasten einer Muttergesellschaft kommt es im Lichte des Art. 7 Abs. 2 lit. a) UAbs. 2 ATAD auf die Frage an, ob diese eine Rechtsgestaltung in Form der Gründung einer ausländischen Zwischengesellschaft gewählt hat, die zu einem steuerlichen Vorteil in einem Mitgliedstaat führt, ohne dass ebendort eine „wesentliche wirtschaftliche Tätigkeit" ausgeführt wird. Zur Konkretisierung dieser Anforderung bedarf es zunächst der Klarstellung des Begriffs der „wirtschaftlichen Tätigkeiten" in dem betroffenen Mitgliedstaat, bevor sodann dessen „Wesentlichkeit" definiert werden kann.

Für die Feststellung einer *„wirtschaftlichen Tätigkeit"* ist zunächst eine rein nationale Untersuchung dahingehend geboten, ob jener Mitgliedstaat, in dem die betroffenen Einkünfte über eine (Zwischen-)Gesellschaft zu besteuern sind, insoweit überhaupt als „Ort der Gewinnerwirtschaftung und Wertschöpfung" zu bezeichnen ist. Im Lichte der die Substanzanalyse der OECD konkretisierenden Ausstattungsanalyse sind als abstrakte Kriterien zunächst auf die Kapitalleistungen abzustellen, welche direkt mit dem erfolgreich geschaffenen Produktwert verbunden sind, aus dem wiederum die betroffenen Einkünfte einer Gesellschaft resultieren. Zur konkreten Lokalisierung gilt es sodann unter Einbeziehung der Erwägungen des Nexus-Ansatzes der OECD festzustellen, ob die betroffene Gesellschaft Ausgaben für Leistungen beschäftigter Arbeiter – qualifizierter oder unqualifizierter Art – in Form von Lohn- und Gehaltszahlungen getätigt hat, die direkt mit dem erfolgreich geschaffenen Produktwert verbunden sind und die Lokalisierung sowohl dieser Arbeiter als auch der hierzu notwendigen Räumlichkeiten und materiellen Vermögenswerte – also das Sachkapital – in jenem Mitgliedstaat auf eine Tätigkeit zur Begründung der betroffenen Einkünfte schließen lassen.

Zur Bestimmung der *„Wesentlichkeit"* dieser wirtschaftlichen Tätigkeit ist sodann auf einen Schwellentest abzustellen, welcher nach dem Alles-oder-Nichts-Prinzip vorgeht. Demnach ist eine „Wesentlichkeit" namentlich dann anzunehmen, wenn im Rahmen einer internationalen Untersuchung mehr als die Hälfte des für die Begründung der zu besteuernden Einkünfte erforderlichen Anteilswerts an Kapitalgütern im Inland der (Zwischen-)Gesellschaft zu verorten ist. Um diesen Wert konkret ermitteln zu können, sind anhand einer Formel die Ergebnisse zur Untersuchung der wirtschaftlichen Tätigkeit in den einzelnen Mitgliedstaaten zu den betroffenen Einkünften in ein Verhältnis zu setzen. Für Einkünfte aus *immateriellen* Wirtschaftsgütern lautet diese unter Einbeziehung der Erwägungen des GKKB-Ansatzes der EU wie folgt:

$$Anteil^{MS} = \frac{1}{2}\left(\frac{1}{2}\frac{Lohn(H)^{MS}}{Lohn(H)^{Ges.}} + \frac{1}{2}\frac{K(H)^{MS}}{K(H)^{Ges.}}\right) + \frac{1}{2}\frac{K(S)^{MS}}{K(S)^{Ges.}}$$

Formel F.6.3.0.[1437]

1437 Siehe zur Erläuterung der Abkürzungen Fn. 1419.

Für die Einkünfte aus *materiellen* Wirtschaftsgütern gilt unter Einbeziehung des für die Produktivität insoweit ebenfalls ausschlaggebenden Faktors der unqualifizierten Arbeit entsprechend folgende Formel:

$$Anteil^{MS} = \frac{1}{2}\left(\frac{1}{2}\frac{Lohn(HL)^{MS}}{Lohn(HL)^{Ges.}} + \frac{1}{2}\frac{K(HL)^{MS}}{K(HL)^{Ges.}}\right) + \frac{1}{2}\frac{K(S)^{MS}}{K(S)^{Ges.}}$$

Formel F.6.3.1.[1438]

Sollte nicht mehr als die Hälfte des notwendigen Kapitals, welches für die Begründung der zu besteuernden Einkünfte notwendig ist, in dem Mitgliedstaat der beherrschten ausländischen Zwischengesellschaft zu verorten sein, so ist eine „wesentliche wirtschaftliche Tätigkeit" zu verneinen, da die Mehrheit der Kernfunktion jener Zwischengesellschaft zur Gewinnerwirtschaftung und Wertschöpfung der zu besteuernden Einkünfte in anderen Staaten zu verorten ist. Entsteht der Muttergesellschaft aus diesem Umstand ein steuerlicher Vorteil, indem namentlich durch die Wahl der rechtlichen Gestaltung jener Zwischengesellschaft Voraussetzungen geschaffen werden, um die Anwendbarkeit einer vorteilhaften steuerrechtlichen Norm im Sinne einer Tatbestandserschleichung herbeizuführen bzw. die Anwendbarkeit einer nachteiligen steuerrechtlichen Norm im Sinne einer Tatbestandsvermeidung auszuweichen, so liegt ein „steuerrechtlicher Missbrauch" vor.

4. Verhältnis zum Begriff einer „unangemessenen Gestaltung" gemäß Art. 7 Abs. 2 lit. b) UAbs. 2 ATAD

Abschließend gilt es zu berücksichtigen, dass das geschilderte Verständnis eines steuerrechtlichen Missbrauchs als Umkehrschluss zur Feststellung einer „wesentlichen wirtschaftlichen Tätigkeit" nach Art. 7 Abs. 2 lit. a) UAbs. 2 ATAD nur als *eine* Möglichkeit anzusehen ist. Wie bereits erläutert,[1439] lässt sich ein steuerrechtlicher Missbrauch alternativ auch aus Art. 7 Abs. 2 lit. b) ATAD herleiten, wonach auf eine „unangemessene Gestaltung" abzustellen ist. Dieser Alternative liegt nicht etwa die Ausstattungsanalyse, sondern gemäß ihres UAbs. 2 eine Unabhängigkeitsanalyse zugrunde. Hierbei werden zur

1438 Siehe zur Erläuterung der Abkürzungen Fn. 1420.
1439 Siehe hierzu 5. *Teil* GldPkt. A II 1 b).

Konkretisierung der Substanzanalyse der OECD statt des Kapitals, vielmehr die Funktionen und Risiken der Zwischengesellschaft analysiert. Um mögliche Regelungslücken und Markthemmnisse bei der Umsetzung der ATAD zu verhindern, sollte Wert daraufgelegt werden, dass beide Alternativen im Ergebnis zum gleichen Verständnis einer „substanziellen Aktivität“ gelangen und konsequent hierzu auch den „steuerrechtlichen Missbrauch“ gleich definieren.[1440]

Legt man diese Erkenntnis zum Begriffsverhältnis einer „wesentlichen wirtschaftlichen Tätigkeit“ zu einer „unangemessenen Gestaltung“ zugrunde, so drängt sich der Schluss auf, dass in dem Begriffsverständnis eines steuerrechtlichen Missbrauchs gemäß der auf der Ausstattungsanalyse begründeten ersten Alternative ein Musterergebnis zu erblicken ist, welches jenem aus der zweiten Alternative auf Grundlage der Unabhängigkeitsanalyse *vorrangig* ist. Nicht nur stellt die Ausstattungsanalyse auf die gleichen Kriterien für einen „steuerrechtlichen Missbrauch“ ab wie der EuGH in der Rechtssache *Cadbury Schweppes* und begründet insoweit lediglich eine Ergebniskorrektur hinsichtlich ihrer Gewichtung, statt eine vollständige Ersetzung der Kriterien an sich. Überdies werden in die Bewertung der Ausstattungsanalyse ausschließlich Faktoren zur Bestimmung der Produktivität einbezogen, sodass auch zur Annahme eines steuerrechtlichen Missbrauchs das Ziel zur Förderung von Wirtschaftswachstum zentral in den Fokus rückt, während dies bei der Unabhängigkeitsanalyse nicht zwangsläufig der Fall ist. Mithin lässt die Ausstattungsanalyse eine besondere Nähe zu den Unionszielen der EU erkennen und kann im Gegensatz zur Unabhängigkeitsanalyse als gezielte Ergänzung zum Territorialitätsprinzip verstanden werden, um schlussendlich das Funktionieren des Binnenmarkts zu gewährleisten. Überdies deutet die OECD in ihrem Abschlussbricht bereits an, dass die Substanzanalyse teilweise ähnliche Anforderungen wie jene zu den Verrechnungspreisen aufweisen kann.[1441] Eben dies trifft auf den Principal Purpose-Test zu. So lässt der Umstand, dass zur Feststellung einer „unangemessenen Gestaltung“ ein Vergleich zwischen verbundenen und nicht-verbundenen Unternehmen angestrebt wird, eine besondere Nähe zum Fremdvergleichsgrundsatz erkennen.[1442] Dieser Eindruck bestätigt sich unter Einbeziehung eines Vergleichs des Art. 7 Abs. 2 lit. b) UAbs. 2 ATAD mit dem OECD-Musterabkommen. Zum einen weist der Principal Purpose-Test inhaltlich eine besondere Nähe zum Art. 9 Abs. 1 OECD-MA

1440 Siehe hierzu *5. Teil* GldPkt. A II 2 b) bb).

1441 *OECD*, Designing Effective Controlled Foreign Company Rules, S. 47 – Rn. 83.

1442 So auch *G. Ginevra*, in: Intertax 2017, S. 120 (127 f.).

zur Zurechnungsbesteuerung verbundener Unternehmen auf,[1443] den es gemäß der Kommentierung der OECD wiederum im Lichte der Erwägungen zu den Verrechnungspreisen – namentlich des Fremdvergleichsgrundsatzes – anzuwenden gilt.[1444] Zum anderen bedient sich der Principal Purpose-Test in der englischen Fassung der ATAD den Begrifflichkeiten aus der Kommentierung des Art. 7 Abs. 2 OECD-MA zum sog. „Authorised OECD-Approach“[1445], welcher die Selbständigkeitsfiktion zur Gewinnermittlung und -abgrenzung bei Betriebsstätten dahingehend konkretisiert, unselbständige rechtliche Einheiten als funktionale selbständige Einheiten zu fingieren. Namentlich wird in beiden Fällen die Formulierung sog. „significant people functions“ gewählt, wonach auf die Entscheidungsträger abzustellen ist, welche die relevanten Aufgaben für die Vermögenswerte und Risiken ausführen.[1446] Diese Verbindung lässt die Annahme zu, dass sich die EU bei der Regelung des Principal Purpose-Tests zur Hinzurechnungsbesteuerung im Rahmen der ATAD vornehmlich von den Erwägungen des Authorised OECD-Approach zur Betriebsstättenbesteuerung im Rahmen der OECD-MA hat leiten lassen,[1447] wobei es zu beachten gilt, dass letzterer Ansatz zur Abrechnung der Innentransaktionen zwischen dem Stammhaus und der Betriebsstätte schlussendlich wiederum den Fremdvergleichsgrundsatz anwendet.[1448]

1443 Der Art. 9 Abs. 1 OECD-MA regelt u.a., dass ein Unternehmen eines Vertragsstaats, welches unmittelbar oder mittelbar an der Geschäftsleitung, der Kontrolle oder dem Kapital eines Unternehmens des anderen Vertragsstaats beteiligt ist und in diesem Fall die beiden Unternehmen in ihren kaufmännischen oder finanziellen Beziehungen an vereinbarte oder auferlegte Bedingungen gebunden sind, die von denen abweichen, die *unabhängige Unternehmen* miteinander vereinbaren würden, die Gewinne, die eines der Unternehmen ohne diese Bedingungen erzielt hätte, wegen dieser Bedingungen aber nicht erzielt hat, den Gewinnen dieses Unternehmens *zugerechnet* und entsprechend besteuert werden dürfen.

1444 *OECD*, Model Tax Convention on Income and on Capital, Gekürzte Fassung 2017, Art. 7 Rn. 16, 22, Art. 9 Rn. 2.

1445 Hierzu *J. Wilmanns*, in: Fuhrmann (Hrsg.), AStG, 3. Aufl. 2017, § 1 Rn. 551.

1446 Vgl. *Rat d. EU*, RL v. 12.07.2016, Nr. 2016/1164 (EU) – *„ATAD I“*, ABl. 2016 L 193 (en), S. 1 (12) und *OECD*, Model Tax Convention on Income and on Capital, Gekürzte Fassung 2017, Art. 7 Rn. 20 f.

1447 *A. Navarro/L. Parada/P. Schwarz*, in: ECTRev. 25 (2016), S. 117 (126); *G. Ginevra*, in: Intertax 2017, S. 120 (127 f.); *M. Kreienbaum*, in: Lang (Hrsg.), DStJG 41 (2018), S. 475 (488).

1448 *OECD*, Model Tax Convention on Income and on Capital, Gekürzte Fassung 2017, Art. 7 Rn. 21 f.

Dieser konstruierte Gleichlauf verkennt allerdings, dass die Verrechnungspreise und die Hinzurechnungsbesteuerung in ihrer Wirkungsweise eben nicht gleichzusetzen sind. Zwar kann der Fremdvergleichsgrundsatz ebenfalls als Maßstab zur Verteilung des Steuersubstrats zwischen den Mitgliedstaaten angesehen werden.[1449] Würden sich beide Instrumente allerdings den gleichen Kriterien bedienen, wäre die Hinzurechnungsbesteuerung letztendlich überflüssig. Um ihr stattdessen eine Relevanz im Kampf gegen die Gewinnverkürzung und Gewinnverlagerung beizumessen, ist in ihr vor allem – wenn auch nicht abschließend[1450] – eine die Verrechnungspreise *ergänzende* Funktion zu erblicken.[1451] Im Unionsrecht liegt diese namentlich darin, das wirtschaftliche bzw. ökonomische Ergebnis jener Verrechnungspreise, die gemäß dem Fremdvergleichsgrundsatz zwar festgestellt wurden, allerdings unangemessen sind, zwecks einer Gewährleistung des Funktionierens des Binnenmarkts zu korrigieren.[1452] Ebendies bietet der Maßstab einer Ausstattungsanalyse, indem die selben Tatumstände aus einer anderen Perspektive betrachtet werden, um das Steuersubstrat zwischen den Mitgliedstaaten ausgewogen zu verteilen.[1453]

III. Auswirkung auf das steuerliche Verfahrensrecht

Ob und inwieweit das materiell-rechtliche Verständnis eines Begriffs tatsächlich umsetzbar ist, bestimmt sich nicht zuletzt nach dem Verfahrensrecht. Denn sofern die für einen materiell-rechtlichen Tatbestand erforderlichen Informationen – etwa zur Feststellung eines steuerrechtlichen Missbrauchs – tatsächlich

---

1449 *EuGH*, Urt. v. 21.01.2010, Rs. C-311/08 – „*SGI*“, ECLI:EU:C:2010:26, Rn. 71 f.; *I. Oellerich*, in: Schaumburg/Englisch (Hrsg.), Europäisches Steuerrecht, Rn. 8.132; *J. Schönfeld*, in: Lang (Hrsg.), DStJG 41 (2018), S. 493 (496, 523).

1450 *OECD*, Designing Effective Controlled Foreign Company Rules, S. 14 – Rn. 8 f.

1451 So auch *J.C. Fleming/R.J. Peroni/St.E. Shay*, in: EmoryLJ 59 (2009), S. 79 (105); *Ch.H. Gustafson/R.J. Peroni/R.C. Pugh*, Taxation of International Transactions, 4. Aufl. 2011, S. 500 – Fn. 12; ebenfalls kritisch zum indirekten Bezug des Principal Purpose-Tests auf die Verrechnungspreise über den Authorised OECD-Approach *A. Navarro/L. Parada/P. Schwarz*, in: ECTRev. 25 (2016), S. 117 (126 f.).

1452 An eine ergänzende Wirkung ist vor allem in Fällen einer missbräuchlichen Gestaltung zu denken, die sich erst in der Einbeziehung fremder Dritter manifestiert, indem eine Zwischengesellschaft gegründet wird, dessen Kernfunktion allerdings auf nicht-verbundene Unternehmen ausgelagert wird (sog. „*Outsourcing*“) (siehe hierzu *7. Teil* GldPkt. C II 1 c), d)).

1453 Kritisch zu dieser Rolle der Hinzurechnungsbesteuerung *J. Schönfeld*, in: Lang (Hrsg.), DStJG 41 (2018), S. 493 (523).

nicht in Erfahrung gebracht werden können, erstarrt dieses Rechtsinstrument in der Theorie und läuft im Ergebnis ins Leere. Mithin fragt sich abschließend, welche verfahrensrechtlichen Mindestanforderungen existieren müssen, um das hier vertretene Begriffsverständnis eines steuerrechtlichen Missbrauchs auf Ebene der Verhältnismäßigkeitsprüfung – namentlich das Fehlen einer „wesentlichen wirtschaftlichen Tätigkeit" – tatsächlich feststellen zu können.

Dem Art. 7 Abs. 2 lit. a) UAbs. 2 ATAD lässt sich zunächst entnehmen, dass der steuerpflichtigen Muttergesellschaft die Gelegenheit eines Entlastungsbeweises eigeräumt wird, indem durch relevante Fakten und Umstände nachgewiesen werden kann, dass die beherrschte ausländische Tochtergesellschaft bzw. Zwischengesellschaft eine wesentliche wirtschaftliche Tätigkeit ausübt. Im Rahmen der Erwägungsgründe wird klargestellt, dass für die Zusammentragung jener relevanten Fakten und Umstände die Zusammenarbeit von Finanzbehörden und Steuerpflichtigen besonders wichtig sei.[1454] Während die Amtsermittlung der Finanzbehörde in den Erwägungsgründen weiterhin dahingehend konkretisiert wird, dass es den Mitgliedstaaten erlaubt sei, Länderlisten zu führen, welche unter anderem die Höhe der Körperschaftsteuersätze anderer Staaten dokumentieren und bewertend kategorisieren,[1455] bleibt die Kernfrage, welche Fakten und Umstände letztlich als „relevant" zu betrachten sind und wie weit die Mitwirkungspflicht des Steuerpflichtigen in diesem Zusammenhang zu reichen hat, weiterhin offen. Mithin könnte auch insoweit in den Abschlussberichten der OECD zum Anti-BEPS-Projekt eine Auslegungshilfe erblickt werden. Dabei fällt wiederum der Abschlussbericht zum Aktionspunkt 5 der OECD in den Fokus. Denn nebst den materiellrechtlichen Erwägungen des Nexus-Ansatzes lassen sich diesem zum Erfordernis der wesentlichen Geschäftstätigkeit im Kontext von Regelungen für geistiges Eigentum auch verfahrensrechtliche Erwägungen entnehmen.

1. Der Tracking-Ansatz der OECD

Nach der OECD ist für die verfahrensrechtliche Gewährleistung des Nexus-Ansatzes erforderlich, dass der Steuerpflichtige mittels eines sog. „Tracking" den Zusammenhang zwischen den Ausgaben und Einkünften zurückverfolgen

---

1454 *Rat d. EU*, RL v. 12.07.2016, Nr. 2016/1164 (EU) – „*ATAD I*", ABl. 2016 L 193 (de), S. 1 (4 – ErwGrd. 12).

1455 *Rat d. EU*, RL v. 12.07.2016, Nr. 2016/1164 (EU) – „*ATAD I*", ABl. 2016 L 193 (de), S. 1 (4 – ErwGrd. 12).

und seiner Steuerverwaltung einen entsprechenden Nachweis vorlegen kann.[1456] Hinsichtlich der Art und Weise dieser Nachweispflicht unterscheidet die OECD im Kontext mit Regelungen für IP-Einkünfte zwischen zwei Arten einer Nachweiskette. Grundsätzlich dient das Tracking im Sinne der Grundidee des Nexus-Ansatzes dazu, einen Zusammenhang zwischen den Ausgaben, den Gegenständen geistigen Eigentums *an sich* und den entsprechenden Einkünften nachzuvollziehen. Sollte ein solch *direkter* Nachweis allerdings nicht umsetzbar sein und zu willkürlichen Ergebnissen führen,[1457] so ist ein Nachweis *indirekter* Art ausreichend, indem ein Zusammenhang zwischen den qualifizierten Ausgaben, den aus den Gegenständen geistigen Eigentums resultierenden *Produkten* und den Einkünften nachgewiesen wird. Dabei ist der Umfang der Nachweispflicht in der zweiten Alternative zwar allgemeiner, allerdings auch entsprechend umfassender. Denn konsequenterweise ist insoweit der Nachweis von Ausgaben für sämtliche Gegenstände geistigen Eigentums erforderlich, die zu dem Produkt beitrugen.[1458]

Vor dem Hintergrund dieser Alternativen hat die OECD abschließend entsprechende Mindestanforderungen an die Dokumentationspflichten für die Steuerpflichtigen formuliert, die einer staatlichen Umsetzung bedürfen.[1459] Als allgemeine Dokumentationspflicht soll hinsichtlich beider Nachweisalternativen – also sowohl direkter als auch indirekter Art – *erstens* der Nachweis

---

1456 *OECD*, Wirksamere Bekämpfung schädlicher Steuerpraktiken unter Berücksichtigung von Transparenz und Substanz, S. 34 f. – Rn. 53.

1457 Zu denken sei an den Fall, dass die Einkünfte aus einem Produkt resultieren, welches aus mehreren immateriellen Wirtschaftsgütern zusammengesetzt ist oder die F&E-Aufwendungen nicht entsprechend einzelner Gegenstände geistigen Eigentums strukturiert, sondern anfänglich als allgemeine Projekte zu bestimmten Forschungsfragen oder technischen Problemen ausgestaltet sind und erst nachträglich in mehrere Gegenstände einfließen (*OECD*, Wirksamere Bekämpfung schädlicher Steuerpraktiken unter Berücksichtigung von Transparenz und Substanz, S. 35 f. – Rn. 55 f.).

1458 *OECD*, Wirksamere Bekämpfung schädlicher Steuerpraktiken unter Berücksichtigung von Transparenz und Substanz, S. 35 f. – Rn. 55 f. Zur konkreten Anwendung des produktbezogenen Ansatzes vor allem durch das Abstellen auf eine zweckdienliche Produktdefinition *OECD*, Wirksamere Bekämpfung schädlicher Steuerpraktiken unter Berücksichtigung von Transparenz und Substanz, S. 36 – Rn. 57.

1459 Es haben sich alle OECD und G20-Länder im Rahmen einer Vereinbarung aus dem Jahre 2015 dazu verpflichtet, u.a. auch die verfahrensrechtlichen Regelungen zum Nexus-Ansatz zwecks der Bekämpfung schädlicher Steuerpraktiken umzusetzen (*OECD*, Agreement on Modified Nexus Approach for IP Regimes, S. 3, 5).

gelingen, dass der Steuerpflichtige über einen qualifizierten Gegenstand geistigen Eigentums verfügte, indem entweder direkt die Einkünfte und Ausgaben zu jenem geistigen Eigentumswert oder indirekt eine entsprechende Erzeugung des betroffenen Produkts unter Verwendung des geistigen Eigentums zurückverfolgt wird. *Zweitens* hat die Dokumentation darzulegen, dass die angegebenen Ausgaben – sowohl gesamter als auch qualifizierter Art – und die Einkünfte auf den gleichen Gegenstand geistigen Eigentums oder das gleiche Produkt Bezug nehmen und miteinander verknüpft sind. *Drittens* ist eine Dokumentation zu allen einschlägigen Betriebsausgabenabzügen und sonstigen Steuerermäßigungen hinsichtlich der IP-Einkünfte notwendig, die sich aus demselben Gegenstand geistigen Eigentums oder Produkt ergeben haben oder hätten ergeben können.[1460] Überdies gibt die OECD auch *besondere* Dokumentationspflichten an, die in Einzelfällen zuzüglich zu berücksichtigen sind. So ist im Falle eines indirekten – produktbezogenen – Nachweises eine Vorlage von Aufzeichnungen notwendig, die die Komplexität des IP-Geschäftsmodells belegen und die Verwendung des subsidiären produktbezogenen Ansatzes begründen. Bei F&E-Aufwendungen, die anfänglich allgemeinen Projekten zu bestimmten Forschungsfragen oder technischen Problemen gewidmet waren, ist überdies notwendig, einen Zusammenhang zwischen diesen Ausgaben und dem Gegenstand geistigen Eigentums oder Produkt nachzuweisen oder die anteilsmäßige Aufteilung dieser Ausgaben auf verschiedene Gegenstände geistigen Eigentums oder Produkte zu erläutern. Entstehen Ausgaben durch die Beauftragung eines nahestehenden Dritten, so ist die Einhaltung des Fremdvergleichsgrundsatzes bei der Festlegung der Verrechnungspreise zu beweisen.[1461]

2. Übertragbarkeit des Tracking-Ansatzes

Ob und inwieweit diese Ergebnisse der OECD für die Mitwirkungspflicht des Steuerpflichtigen zur Feststellung einer „wesentlichen wirtschaftlichen Tätigkeit“ herangezogen werden können, lässt sich wiederum mittels einer getrennten Betrachtung der Anforderungen einer „wirtschaftlichen Tätigkeit“ der ausländischen (Zwischen-)Gesellschaft in einem Mitgliedstaat und dessen „Wesentlichkeit“ beurteilen.

1460 *OECD*, Wirksamere Bekämpfung schädlicher Steuerpraktiken unter Berücksichtigung von Transparenz und Substanz, S. 38 f. – Rn. 61.

1461 *OECD*, Wirksamere Bekämpfung schädlicher Steuerpraktiken unter Berücksichtigung von Transparenz und Substanz, S. 38 f. – Rn. 61.

Der Umfang zum Nachweis einer „wirtschaftlichen Tätigkeit“ der ausländischen Gesellschaft betrifft in Anbetracht der bereits herausgearbeiteten Erkenntnisse[1462] grundsätzlich die Rückverfolgung von Einkünften und des zu dessen Begründung erforderlichen Personals – qualifizierter sowie unqualifizierter Art – und Sachkapitals, sofern es von der ausländischen Gesellschaft selbst ausgeführt wurde und im Inland zu verorten ist. Da für die selbständige Ausführung in diesem Zusammenhang auf die qualifizierten Ausgaben für Leistungen der Arbeitskräfte der ausländischen Gesellschaft zur Begründung der Einkünfte abzustellen ist, welche sich schließlich wiederum des erforderlichen Sachkapitals bedienen, sollte der – gemäß der Hinzurechnungsbesteuerung steuerpflichtigen – Muttergesellschaft eine Dokumentationspflicht vor allem dahingehend obliegen, Ausgaben, Wirtschaftsgüter und Einkünfte der ausländischen Gesellschaft insoweit zurückzuverfolgen, dass erkennbar wird, ob und inwieweit die im Inland jener Tochtergesellschaft zu besteuernden Einkünfte effektiv aus solchen qualifizierten Ausgaben resultieren. Vor diesem Hintergrund kann der grundsätzlichen Erwägung zur Rückverfolgung von Einkünften und Ausgaben der OECD zugestimmt werden, wobei die steuerpflichtige Gesellschaft allerdings keine – wie dem Tracking zum Nachweis eines Nexus-Ansatzes immanent – *eigenen* Ausgaben darzulegen hat, sondern vielmehr jene ihrer beherrschten ausländischen Gesellschaft. Überdies sind die Erwägungen der OECD insoweit auch auf Einkünfte aus materiellen Wirtschaftsgütern übertragbar, sofern die erforderlichen Kapitalleistungen zur Identifizierung der konkreten Einkünfte entsprechend angepasst werden.[1463]

Um die relevanten Fakten und Umstände zur „Wesentlichkeit“ einer wirtschaftlichen Tätigkeit der ausländischen Gesellschaft klarstellen zu können, gilt es die unterschiedliche Perspektive des Rechtsinstruments zur Verhinderung des steuerrechtlichen Missbrauchs zum Nexus-Ansatz auch in verfahrensrechtlicher Hinsicht zu berücksichtigen. Denn wie bereits erläutert wurde,[1464] soll beim Rechtsinstrument zur Verhinderung des steuerrechtlichen Missbrauchs entgegen des Nexus-Ansatzes nicht das „Wie“ der Besteuerung von bereits bestimmten Einkünften, sondern das „Ob“ der Besteuerung – also die Bestimmung der zu besteuernden Einkünfte an sich – geregelt werden. Da eine rein nationale Untersuchung der Ausgaben einer ausländischen Gesellschaft demnach nicht genügt, sondern vielmehr eine internationale Sicht

1462 Siehe hierzu *6. Teil* GldPkt. B II 2 a).
1463 Vgl. hierzu *6. Teil* GldPkt. B II 2 a) bb) (2).
1464 Siehe hierzu *6. Teil* GldPkt. B II 2 b) aa) (1).

geboten ist und die qualifizierten Ausgaben der ausländischen Gesellschaft in Relation mit den gesamten Ausgaben aller betroffenen Gesellschaften gesetzt werden müssen, die zur Begründung der Einkünfte notwendig waren, erstrecken sich auch die relevanten Fakten und Umstände sowohl auf die Ausgaben jener beherrschten ausländischen Gesellschaft als auch dritter Gesellschaften, die zur teilweisen Ausübung der Kernfunktion der ausländischen Gesellschaft beauftragt wurden und hierzu entsprechendes Personal und Sachkapital benötigten. Die Mitwirkungspflicht des Steuerpflichtigen reicht mithin hinsichtlich des Rechtsinstruments zur Verhinderung des steuerrechtlichen Missbrauchs weiter als beim Nexus-Ansatz und umfasst gar solche Informationen, die der vom Steuerpflichtigen beherrschten ausländischen Gesellschaft selbst erst von dritten Gesellschaften zugetragen werden müssen. Sofern allerdings jede Gesellschaft zum Tracking verpflichtet ist, sollte die steuerpflichtige Muttergesellschaft eben auch dieser Reichweite einer Mitwirkungspflicht entsprechen können, indem die Gesellschaften untereinander einen Informationsaustausch zur Angabe benötigter Ressourcen zur Erfüllung einer Auftragsarbeit oder Schaffung eines erworbenen Zwischenprodukts vereinbaren, um so eine vollständige Rückverfolgung zu gewährleisten.

Es kann festgehalten werden, dass die Dokumentationspflicht der einzelnen Gesellschaften *insoweit* jener des Tracking im Zusammenhang mit dem Nexus-Ansatz entspricht, als sie nicht der Feststellung des „Wie“ der Besteuerung von bereits bestimmten Einkünften dienlich ist. Hinsichtlich der allgemeinen Dokumentationspflichten können somit die ersten beiden Anforderungen ohne Weiteres vom Nexus-Ansatz auf das Rechtsinstrument zur Verhinderung eines steuerrechtlichen Missbrauchs übertragen werden. Die dritte Anforderung einer Dokumentationspflicht von Betriebsausgabenabzügen und sonstigen Steuerermäßigungen dient allerdings wohl dazu, die steuerliche Bevorzugung eines bestimmten Teils von Einkünften von den im betroffenen Staat vollständig zu besteuernden Einkünften abzugrenzen, sodass eben dieses Kriterium für das Rechtsinstrument zur Verhinderung eines steuerrechtlichen Missbrauchs wenig zielführend erscheint und unberücksichtigt bleiben kann. Hinsichtlich der besonderen Dokumentationspflichten sind wiederum die Anforderungen an den produktbezogenen Nachweis sowie an die allgemeinen und spekulativen F&E-Ausgaben übertragbar, während die Einhaltung des Fremdvergleichsgrundsatzes bei der Beauftragung nahestehender Dritter unnötig erscheint. So werden die Kosten für die Beauftragung dritter – auch nahestehender – Personen in der Formel zur Bestimmung des Anteils an Kapitalgütern zur Begründung der zu besteuernden Einkünfte im konkreten Mitgliedstaat einer ausländischen Gesellschaft nicht berücksichtigt, da es insoweit vielmehr auf den tatsächlichen Einsatz von Personal und Sachkapital jener Gesellschaften ankommt, um eine ausgewogene Aufteilung des Steuersubstrats zwischen den Staaten gewährleisten zu können.[1465]

IV. Ergebnis

Als Ergebnis lässt sich festhalten, dass sich der Begriff eines „steuerrechtlichen Missbrauchs“ gemäß der ATAD am Maßstab der Besteuerung am „Ort der Gewinnerwirtschaftung und Wertschöpfung“ bemisst. Im Kern kommt es darauf an, ob eine Gesellschaft in jenem Staat, wo sie steuerpflichtig ist, nicht etwa nur eine – wie vom EuGH vertreten[1466] – „tatsächliche“, sondern vielmehr gemäß Art. 7 Abs. 2 lit. a) UAbs. 2 ATAD bereits eine „wesentliche“ wirtschaftliche Tätigkeit zur Begründung der besteuernden Einkünfte vermissen lässt.[1467]

Unter Einbeziehung der die Substanzanalyse konkretisierenden Ausstattungsanalyse und des Nexus-Ansatzes aus dem Anti-BEPS-Projekt der OECD sowie den Erwägungen des GKKB-Ansatzes der EU zur formelhaften Aufteilung der Einkünfte bemisst sich der Begriff der „wesentlichen wirtschaftlichen Tätigkeit“ nach dem Anteil an Kapitalgütern zur Begründung der zu besteuernden Einkünfte im konkreten Mitgliedstaat eines Steuerpflichtigen.[1468] Es wird somit auf die gleichen Kriterien abgestellt wie bei der EuGH-Entscheidung in der Rechtssache *Cadbury Schweppes*. Eine Korrektur erfolgt allerdings hinsichtlich ihrer Gewichtung. Denn eine „wesentliche wirtschaftliche Tätigkeit“ ist bereits dann zu verneinen, wenn nicht mehr als *die Hälfte* des notwendigen Kapitals, welches für die Begründung der zu besteuernden Einkünfte notwendig ist, in dem Mitgliedstaat der betroffenen Gesellschaft zu verorten ist. Entsteht einer anderen Gesellschaft, welche als Muttergesellschaft über die betroffene (Tochter-)Gesellschaft verfügt, aus diesem Umstand ein steuerlicher Vorteil,[1469] so liegt ein „steuerrechtlicher Missbrauch“ vor.[1470]

1465 Siehe hierzu 6. *Teil* GldPkt. B II 2 a) bb) (1) (b).

1466 Siehe hierzu 3. *Teil* GldPkt. C III 2 b) bb) (1).

1467 Siehe hierzu 5. *Teil* GldPkt. A II 2 b) aa).

1468 Siehe zur konkreten Formel 6. *Teil* GldPkt. B II 3.

1469 Namentlich, indem durch die Wahl der rechtlichen Gestaltung der betroffenen (Tochter-)Gesellschaft als Zwischengesellschaft Voraussetzungen geschaffen werden, um die Anwendbarkeit einer vorteilhaften steuerrechtlichen Norm i.S.e. Tatbestandserschleichung herbeizuführen bzw. die Anwendbarkeit einer nachteiligen steuerrechtlichen Norm i.S.e Tatbestandsvermeidung auszuweichen.

1470 Siehe hierzu 6. *Teil* GldPkt. B II 3.

Mittels einem Missbrauchsverbot im Sinne des Art. 7 Abs. 2 lit. a) UAbs. 2 ATAD können wirtschaftliche bzw. ökonomische Ergebnisse aus Verrechnungspreisen zwecks einer Gewährleistung des Funktionierens des Binnenmarkts korrigiert werden.[1471] Das alternative Missbrauchsverständnis aus Art. 7 Abs. 2 lit. b) ATAD gleicht stattdessen jenen Erwägungen zu dem Fremdvergleichsgrundsatz bzw. den Verrechnungspreisen und ist dem Verständnis aus Art. 7 Abs. 2 lit. a) UAbs. 2 ATAD insoweit nachrangig.[1472]

In verfahrensrechtlicher Hinsicht lässt sich der Tracking-Ansatz der OECD zur Feststellung einer „wesentlichen wirtschaftlichen Tätigkeit" entsprechend heranziehen, sofern er der ausgewogenen Aufteilung des Steuersubstrats zwischen den Staaten dienlich ist.[1473]

1471 An eine ergänzende Wirkung ist vor allem in Fällen einer missbräuchlichen Gestaltung zu denken, die sich erst in der Einbeziehung fremder Dritter manifestiert, indem eine Zwischengesellschaft gegründet wird, dessen Kernfunktion allerdings auf nicht-verbundene Unternehmen ausgelagert wird (sog. „*Outsourcing*") (siehe hierzu *7. Teil* GldPkt. C II 1 c), d)).

1472 Siehe hierzu *6. Teil* GldPkt. B II 4.

1473 Siehe hierzu *6. Teil* GldPkt. B III 2.

7. Teil: Auswirkung auf das Begriffsverständnis des „steuerrechtlichen Missbrauchs" im deutschen Recht

Um den Kreis der Untersuchung zu schließen, ist in diesem letzten Teil der Arbeit zu prüfen, welche Auswirkungen das neue unionsrechtliche Begriffsverständnis des „steuerrechtlichen Missbrauchs" auf das deutsche Steuerrecht hat. Hierzu gilt es zunächst in allgemeiner Hinsicht die Bedeutung der ATAD für das deutsche Steuerrecht zu untersuchen (*A.*), bevor sodann auf die besonderen Vorschriften des Steuerumgehungstatbestands gemäß § 42 AO (*B.*) und der Hinzurechnungsbesteuerung gemäß §§ 7 bis 14 AStG (*C.*) sowie ihr Konkurrenzverhältnis (*D.*) einzugehen ist.

A. Allgemeine Bedeutung der ATAD für das deutsche Steuerrecht

Nebst den Vorgaben der Richtlinie – namentlich der ATAD – muss das deutsche Steuerrecht weiterhin auch der Rechtsprechung des EuGH – vornehmlich in der Rechtssache *Cadbury Schweppes* – entsprechen.[1474] Hinsichtlich der ATAD ist das nationale Legislativorgan nicht dazu verpflichtet, den Wortlaut dieser Richtlinie zu übernehmen, solange der geregelte Mindeststandard zur Erreichung ihres konkreten Ziels und Zwecks durch die nationale Rechtsetzung auch anderweitig gewährleistet werden kann.[1475] Hinsichtlich der Rechtsprechung des EuGH obliegt dem nationalen Gesetzgeber zur Gewährleistung einer Rechtssicherheit die Pflicht, die nationale Rechtslage dem Urteilsspruch anzupassen.[1476]

Die Rechtsprechung des EuGH könnte in Zukunft erheblich an Umfang und Bedeutung gewinnen. Denn indem das nationale Recht durch das unionale Sekundärrecht angepasst wird, handelt es sich bei jenen betroffenen nationalen Vorschriften um umgesetztes Unionsrecht, womit das Auslegungsmonopol

---

1474 Vgl. *A. Cordewener*, in: ECTRev. 26 (2017), S. 60 (65 f.); *J. Hey*, in: StuW 2017, S. 248 (254).

1475 Siehe zur Wirkungsweise der EU-Richtlinien 3. *Teil* GldPkt. A II 2.

1476 Siehe zur Wirkungsweise der EuGH-Rspr. Fn. 511, 512.

des EuGH greift.[1477] Dabei hält sich der *EuGH* nach ständiger Rechtsprechung insoweit sogar für die Auslegung nationaler Vorschriften zuständig, die zwar nicht auf einen grenzüberschreitenden Sachverhalt anwendbar sind, allerdings auf unionalem Recht beruhen, indem bei der Umsetzung der Richtlinie eine weitergehende Reichweite geregelt wurde, als unionsrechtlich vorgegeben. Der EuGH begründet dies damit, dass es dem Unionsrecht entspreche, Bestimmungen unabhängig davon, ob sie inländischer oder grenzüberschreitender Natur seien, eine einheitliche Auslegung zu geben.[1478] Dieser Gedankengang lässt sich auch auf Fälle übertragen, bei denen in persönlicher oder sachlicher Hinsicht eine weitergehende Reichweite geregelt wurde, als unionsrechtlich vorgegeben, sofern eine uneinheitliche Auslegung insoweit zu Wettbewerbsverzerrungen führen und dem Funktionieren des Binnenmarkts damit hinderlich sein würde. Überdies gilt es allerdings zu beachten, dass die Ausweitung einer unionsrechtlichen Auslegung jenseits der eigentlichen Reichweite einer Richtlinie auch dem Willen des deutschen Gesetzgebers entsprechen muss.[1479] Hiervon ist zunächst wohl immer dann auszugehen, wenn sich der nationale Gesetzgeber bewusst zu einer weit gefassten *nachträglichen* Anpassung des nationalen Rechts an die unionale Richtlinie entschieden hat.[1480] Fraglich ist allerdings, wie sich die Reichweite der Kompetenzverlagerung von den nationalen Gerichten hin zum EuGH verhält, wenn gar keine Anpassung erfolgt ist, etwa weil das nationale Recht insoweit bereits *im Voraus* den unionsrechtlichen Vorgaben entsprach bzw. über jene Reichweite hinausging. Für den von der Umsetzungspflicht nachträglich umfassten Teil einer betroffenen nationalen Vorschrift kann es zunächst einmal keinen Unterschied machen, ob dieser bereits präventiv oder in Folge der Richtlinie nachträglich geregelt wurde, sodass eine Kompetenzverlagerung hin zum EuGH insoweit ohne Weiteres anzunehmen ist. Hinsichtlich jenem

---

1477 *J. Hey*, in: StuW 2017, S. 248 (263 f.).

1478 *EuGH*, Urt. v. 18.10.1990, Rs. C-297/88, 197/89 – „*Dzodzi*“, Slg. 1990 (de), S. I-3763 (I-3793 – Rn. 36 f.); Urt. v. 17.07.1997, Rs. C-28/95 – „*Leur-Bloem*“, Slg. 1997 (de), S. I-4161 (I-4200 – Rn. 27); Urt. v. 17.07.1997, Rs. C-130/95 – „*Giloy*“, Slg. 1997 (de), S. I-4291 (I-4302 f. – Rn. 23); Urt. v. 03.12.1998, Rs. C-247/97 – „*Schoonbroodt*“, Slg. 1998 (de), S. I-8095 (I-8121 – Rn. 14); Urt. v. 17.03.2005, Rs. C-170/03 – „*Feron*“, Slg. 2005 (de), S. I-2299 (I-2331 f. – Rn. 11); Urt. v. 22.12.2008, Rs. C-48/07 – „*Les Vergers du Vieux Tauves*“, ECLI: EU: C:2008:758, Rn. 21; ebenso *J. Hey*, in: StuW 2017, S. 248 (257).

1479 *J. Hey*, in: StuW 2017, S. 248 (257); vgl. auch *BGH*, Urt. v. 17.10.2012, Rs. VIII ZR 226/11, EuZW 2013, S. 157 (158 – Rn. 22).

1480 *J. Hey*, in: StuW 2017, S. 248 (257).

über das harmonisierte Recht hinausgehenden, allerdings mit den harmonisierten Aspekten gemeinsam geregelten Teil einer betroffenen Vorschrift ist hingegen auf den mutmaßlichen Willen des nationalen Gesetzgebers zur Harmonisierung abzustellen. Sollte bei einer Aufteilung der Kompetenz zwischen den nationalen und unionalen Gerichten eine gespaltene Rechtsentwicklung drohen, so ist der mutmaßliche Wille des nationalen Gesetzgebers im Einklang mit dem Unionsrecht regelmäßig ebenfalls dahingehend zu vermuten, dass zur Verhinderung von Wettbewerbsverzerrungen auch hinsichtlich des grundsätzlich nicht-harmonisierten Teils eine richtlinienkonforme Auslegung zu erfolgen hat und schlussendlich auch insoweit von einer Zuständigkeit des EuGH auszugehen ist. Projiziert man diese Erkenntnis nunmehr auf die ATAD, so gilt es festzuhalten, dass mit einer unionalen Harmonisierung von Vorschriften zur Bekämpfung von Steuervermeidungspraktiken auch die *Auslegung* eben jener harmonisierten Vorschriften zur Gewährleistung ihrer einheitlichen Rechtsanwendung möglichst umfassend zu zentralisieren ist. Zwecks dessen ist eine entsprechend weitreichende Kompetenzverlagerung von den nationalen hin zu den unionalen Gerichten – namentlich dem EuGH – anzunehmen.[1481]

B. Besondere Auswirkung auf den Steuerumgehungstatbestand gemäß § 42 AO

Eine der GAAR aus Art. 6 ATAD entsprechende deutsche Vorschrift ist bereits im Steuerumgehungstatbestand gemäß § 42 AO zu erblicken.[1482] Dabei unterscheiden sich beide Regelungen in ihrer persönlichen Reichweite. Dem Art. 1 ATAD sowie den Erwägungsgründen lässt sich zunächst entnehmen, dass sich die Richtlinie in persönlicher Hinsicht auf Steuerpflichtige beschränkt, die in einem Mitgliedstaat der Körperschaftsteuer unterliegen.[1483] Da es sich bei dem § 42 AO hingegen um eine ergänzende teleologische Hilfsnorm zum jeweiligen steuerlichen Gesetz handelt,[1484] entspricht ihre Reichweite eben jener des deutschen Steuerrechts. Mithin beschränkt sie sich in persönlicher Hinsicht grundsätzlich nicht auf die Besteuerung von Körperschaften, sondern erstreckt sich bei der Unternehmensbesteuerung vielmehr auch auf Mitunternehmer von Personengesellschaften und Einzelunternehmen.

1481 So auch *J. Hey*, in: StuW 2017, S. 248 (257, 263 f.).

1482 Siehe zum deutschen Steuerumgehungstatbestand auch *1. Teil* GldPkt. B.

1483 *Rat d. EU*, RL v. 12.07.2016, Nr. 2016/1164 (EU) – „*ATAD I*“, ABl. 2016 L 193 (de), S. 1 (2 – ErwGrd. 4).

1484 Siehe hierzu *1. Teil* GldPkt. B IV.

Der mutmaßliche Wille des deutschen Gesetzgebers ist dahingehend zu vermuten, dass sich der Mindeststandard der ATAD auf die gesamte Reichweite des Steuerumgehungstatbestands zu erstrecken hat, um so eine einheitliche Rechtsentwicklung des gesamten Unternehmensteuerrechts zu gewährleisten. Zwar wird im Rahmen der ATAD selbst betont, dass steuerlich transparente Unternehmen von der Richtlinie auszunehmen seien, um nicht ein noch breiteres Spektrum an nationalen Steuern von der Harmonisierung zu erfassen.[1485] Allerdings steht jene Erwägung nicht nur im Widerspruch zur unionsrechtlich gewollten einheitlichen Auslegung. Vielmehr läuft sie auch dem Gleichheitssatz aus dem deutschen Grundrecht gemäß Art. 3 Abs. 1 GG zuwider. Es ist kein sachlicher Grund für eine unterschiedliche steuerliche Belastung unternehmerischer Tätigkeiten bzw. einbehaltener Gewinne von Unternehmen ersichtlich. Vor allem knüpft der Steuerumgehungstatbestand nicht an strukturelle Unterschiede zwischen Körperschaften und Personenunternehmen an.[1486] Eine Ausweitung der unionalen Vorgaben auf die einkommensteuerpflichtigen Unternehmen ist mithin verfassungsrechtlich geboten.[1487] Nebst dieser *persönlichen* Reichweite fragt sich in *sachlicher* Hinsicht, welche Auswirkungen die Harmonisierung der GAAR gemäß Art. 6 ATAD auf den Gesetzeswortlaut des deutschen Pendants eines Steuerumgehungstatbestands gemäß § 42 AO (*I.*) sowie dessen Auslegung (*II.*) hat.

I. Auswirkung auf den Gesetzeswortlaut

Auf Tatbestandsebene stellen die GAAR der ATAD und der Steuerumgehungstatbestand der AO zwar zunächst beide auf eine Rechtsgestaltung ab und adressieren somit gemeinsam einen Gestaltungsmissbrauch. Allerdings lassen sich hinsichtlich der Anforderung eines Steuervorteils doch Unterschiede erkennen. Denn während der deutsche Steuerumgehungstatbestand allein auf den objektiven Erfolg eines Steuervorteils abstellt, setzt die ATAD darüber hinaus ein subjektives Element zur Erlangung eines solchen steuerlichen Vorteils

---

1485 *Rat d. EU*, RL v. 12.07.2016, Nr. 2016/1164 (EU) – „*ATAD I*", ABl. 2016 L 193 (de), S. 1 (2 – ErwGrd. 4).

1486 Zum Nichtvorliegen des Gebots einer Rechtsformneutralität, sofern eine Vorschrift der vermögensrechtlichen Trennung einer Kapitalgesellschaft gegenüber ihren Anteilseignern Rechnung trägt *BVerfG*, Beschl. v. 21.6.2006, Rs. 2 BvL 2/99, BVerfGE 116, S. 164 (199); Beschl. v. 12.10.2010, Rs. 1 BvL 12/07, BVerfGE 127, S. 224 (248).

1487 *J. Hey*, in: StuW 2017, S. 248 (252, 256, 261).

voraus.[1488] Vor diesem Hintergrund erscheint der Steuerumgehungstatbestand gar als strengere Norm,[1489] sodass der Mindeststandard der ATAD hinsichtlich jenes subjektiven Elements keine Anpassungspflicht begründen kann. Hinsichtlich des objektiven Elements stellen beide Vorschriften wiederum gleichermaßen auf eine „Unangemessenheit" der rechtlichen Gestaltung ab, sodass auch insoweit keine Anpassung des Gesetzeswortlauts notwendig erscheint.[1490]

Auf Rechtsfolgenebene lässt sich ein Unterschied zwischen beiden Vorschriften feststellen, welcher auf den ersten Blick bedeutend erscheint. Denn während der deutsche Steuerumgehungstatbestand gemäß § 42 Abs. 1 S. 3 AO eine Fiktion des Sachverhalts dahingehend begründet, dass der Steueranspruch so entsteht, wie er bei einer den wirtschaftlichen Vorgängen angemessenen rechtlichen Gestaltung entstehen würde und damit der Anwendungsbereich des Gesetzes faktisch ausgeweitet wird,[1491] bleiben die betroffenen Gestaltungen oder Abfolgen von Gestaltungen gemäß Art. 6 Abs. 3 ATAD bloß unberücksichtigt. Der Fokus liegt im Unionsrecht also auf der Verhinderung einer Tatbestands*erschleichung* und im deutschen Steuerrecht auf der Verhinderung einer Tatbestands*vermeidung*.[1492] Obwohl beide Rechtsfolgen einen

---

1488 Vgl. § 42 Abs. 2 S. 1 AO: „[…], die beim Steuerpflichtigen oder einem Dritten im Vergleich zu einer angemessenen Gestaltung zu einem gesetzlich nicht vorgesehenen Steuervorteil *führt*." (Hervorhebungen durch den Verfasser); vgl. Art. 6 Abs. 1 S. 1 ATAD: „[…],bei der der wesentliche Zweck oder einer der *wesentlichen Zwecke darin besteht*, einen steuerlichen Vorteil *zu erlangen*, […]" (Hervorhebungen durch den Verfasser).

1489 Vgl. *J. Hey*, in: StuW 2017, S. 248 (263); siehe zum Verhältnis des subjektiven zum objektiven Element im Rahmen des allgemeinen Rechtsgrundsatzes, dem die GAAR der ATAD angelehnt ist, *3. Teil* GldPkt. B II 3 d) ee) (2) (c).

1490 § 42 Abs. 2 S. 1 AO: „Ein Missbrauch liegt vor, wenn eine *unangemessene rechtliche Gestaltung* gewählt wird, die beim […]" (Hervorhebungen durch den Verfasser); Art. 6 Abs. 1 S. 1 ATAD: „Liegt unter Berücksichtigung aller relevanten Fakten und Umstände eine *unangemessene Gestaltung* oder eine unangemessene Abfolge von Gestaltungen vor, bei der […]" (Hervorhebungen durch den Verfasser).

1491 Zwar wird nicht der Tatbestand eines Gesetzes – wie bei einer Analogie – dem tatsächlichen Sachverhalt, sondern der Sachverhalt dem tatsächlich geregelten Tatbestand eines Gesetzes angepasst, sodass der Anwendungsbereich des Gesetzes an sich gleichbleibt. Allerdings handelt es sich hierbei im Ergebnis um den gleichen Effekt einer Anwendbarkeit des betroffenen Gesetzes, sodass sich beide Ansätze im Wesen gleichen und bei der Fiktion von einer „gesetzlich angeordneten Analogie" zu sprechen ist (siehe hierzu *1. Teil* GldPkt. B IV 5).

1492 Siehe zur GAAR auch *5. Teil* GldPkt. A II 2 a) aa); zum Steuerumgehungstatbestand auch *1. Teil* GldPkt. B III.

unterschiedlichen Ansatz wählen, offenbart der zweite Blick doch, dass sie bei einheitlicher Bewertung eines steuerlichen Tatbestands die Zielsetzung der ATAD zur Bekämpfung von Steuervermeidungspraktiken mittels einer Besteuerung am Ort der Wertschöpfung gleichermaßen gewährleisten, indem einerseits die ungerechtfertigte Rechtsanwendung aktiv vermieden und andererseits – als dessen Gegenstück – die stattdessen gerechtfertigte Rechtsanwendung aktiv fingiert wird. Eine Anpassung des Gesetzeswortlauts ist mithin auch hier nicht notwendig.

Auch die Feststellungslast eines Missbrauchs im Rahmen der GAAR entspricht jener des Steuerumgehungstatbestands. Die von objektiven Umständen geprägte Vermutung des subjektiven Elements hängt gemäß Art. 6 Abs. 2 ATAD von einem Mangel triftiger wirtschaftlicher Gründe ab, welche vom Steuerpflichtigen im Rahmen der Aufklärung des Sachverhalts vorgetragen werden können. Bei dieser Exkulpationsmöglichkeit handelt es sich um nichts Anderes als den Vortrag von „beachtlichen außersteuerlichen Gründen“ wie er bereits gemäß § 42 Abs. 2 S. 2 AO ermöglicht wird.[1493]

Es lässt sich somit festhalten, dass eine Änderung des Gesetzeswortlauts von § 42 AO aufgrund des neuen unionsrechtlichen Mindeststandards gemäß der ATAD nicht notwendig ist, da der Steuerumgehungstatbestand bereits im Voraus den unionsrechtlichen Vorgaben entsprach und zum Teil über diese gar hinausgeht.

II. Auswirkung auf die Auslegung

Hinsichtlich möglicher Auswirkungen der Harmonisierung auf die Auslegung des Steuerumgehungstatbestands gilt es zunächst festzuhalten, dass es im Rahmen des objektiven Elements bei beiden Vorschriften maßgeblich darauf ankommt, ob und inwieweit der mittels einer Gesamtwürdigung im Sinne einer wirtschaftlichen Betrachtungsweise festgestellte wirtschaftliche Zweck der gewählten Rechtsgestaltung mit dem Gesetzeszweck der betroffenen steuerrechtlichen Norm in Einklang zu bringen ist und in dessen Relation „angemessen“ erscheint. In anderen Worten erfolgt im Ergebnis sowohl bei der unionsrechtlichen GAAR der ATAD als auch dem deutschen Steuerumgehungstatbestand eine Zweckwidrigkeitsprüfung im Sinne einer Mittel-Zweck-Relation.[1494]

1493 Vgl. hierzu *1. Teil* GldPkt. B III.

1494 Siehe zur GAAR auch *6. Teil* GldPkt. B I 2 i.V.m. *3. Teil* GldPkt. B II 3 d) ee) (2) (a); zum Steuerumgehungstatbestand auch *1. Teil* GldPkt. B III.

Geht mit einer Tatbestandsvermeidung – die der § 42 AO primär adressiert – zugleich eine Tatbestandserschleichung einher, könnte daran gedacht werden, zur Gewährleistung der europaweit einheitlichen Anwendung einer Anti-Missbrauchsvorschrift im Lichte der GAAR auch beim Steuerumgehungstatbestand auf Tatbestandsebene vorrangig auf den Gesetzeszweck der *erschlichenen* Norm abzustellen.[1495] Relevanz könnte diese Frage vor allem bei grenzüberschreitenden Sachverhalten haben.[1496] Allerdings ergibt sich aus der ATAD insoweit keine neue Auslegung. Denn wird sich zur Erschleichung einer steuerrechtlichen Norm eines anderen Mitgliedstaats der EU einer Rechtsgestaltung unter Berufung auf das Unionsrecht bedient, so ist es bereits dem Effektivitätsgrundsatz geschuldet, dass für die Annahme eines steuerrechtlichen Missbrauchs – im Sinne eines institutionellen Rechtsmissbrauchs – abschließend nicht etwa auf die Teleologie des nationalen Rechts, sondern vielmehr auf jene des Unionsrechts abzustellen ist. Das Unionsrecht hat sich somit *selbst* die Grenzen zur Rechtsausübung zu setzen.[1497]

Hierauf aufbauend, stellt sich die Frage, wie weit jene Art der Mittel-Zweck-Relation bei grenzüberschreitenden Sachverhalten reichen muss, um der ATAD zu entsprechen. Indem die GAAR neben dem „Ziel" auch auf den „Zweck"

1495 A.A. wohl *J. Hey*, in: StuW 2017, S. 248 (258); siehe zur Nähe der GAAR zur fraude à la loi-Konstellation *5. Teil* GldPkt. A II 2 a) aa).

1496 Bei *rein inländischen* Sachverhalten obliegt die Mittel-Zweck-Relation sowohl bei erschlichenen als auch vermiedenen Fiskalzwecknormen der gleichen *gesetzesimmanenten Sachgesetzlichkeit* des Steuerrechts. Mithin ist eine „Unangemessenheit" im Kern nach wie vor dann anzunehmen, wenn eine rechtliche Gestaltung einen wirtschaftlichen Zweck zu erreichen versucht, der eine Besteuerung nach der wirtschaftlichen Leistungsfähigkeit verhindert und keine anderweitigen beachtlichen außersteuerlichen Gründe ersichtlich sind (vgl. hierzu *1. Teil* GldPkt. B IV 5).

1497 Dies hat zufolge, dass sich die Rechts*anwendbarkeit* des nationalen Rechts ggf. nach den gesetzesimmanenten Wertungen jener Rechtsordnung des Rechts*ausübungs*tatbestands bemisst, statt umgekehrt (siehe hierzu *3. Teil* GldPkt. B II 3 c) bb) (1) (c)). Im deutschen Steuerrecht setzt hingegen die gesetzesimmanente Wertung des Rechts*anwendbarkeits*tatbestands dem Rechts*ausübungs*tatbestand insoweit Grenzen, als die *zivilrechtlichen* Gestaltungen im Lichte der gesetzesimmanenten *steuerrechtlichen* Wertungen – namentlich der konkretisierten Sachgesetzlichkeit – zu beurteilen sind. So wird eine rechtliche Gestaltung eben dann als „missbräuchlich" verstanden, wenn der Steuerpflichtige mittels dessen einen wirtschaftlichen Zweck versucht zu erreichen, der eine Besteuerung nach der *wirtschaftlichen Leistungsfähigkeit* verhindert und keine anderweitigen beachtlichen außersteuerlichen Gründe ersichtlich sind (siehe hierzu *1. Teil* GldPkt. B IV 5).

des Steuerrechts abstellt, ist namentlich nebst einer einfachen teleologischen Auslegung auch eine gesetzesimmanente Wertung notwendig.[1498] Hinsichtlich der inländischen Sachverhalte entspricht dies bereits der üblichen Praxis des Steuerumgehungstatbestands.[1499] Bei grenzüberschreitenden Sachverhalten sei gemäß der Basisrechtsprechung des *BFH* zur Annahme eines Rechtsmissbrauchs[1500] im Ergebnis allerdings nur auf die Frage abzustellen, ob es bei der Basisgesellschaft an einer beachtlichen eigenen, selbständigen wirtschaftlichen Tätigkeit bzw. Funktion fehle, wobei vor allem Briefkastengesellschaften zu verhindern seien.[1501] Hinsichtlich europäischer Sachverhalte weist diese restriktive Anwendung insoweit eine Nähe zur Entscheidung des EuGH in der Rechtssache *Cadbury Schweppes* auf, als dass sich die Prüfung auf die teleologische Auslegung bzw. das „Ziel" jener unionsrechtlichen Regelung beschränkt, auf die sich der Steuerpflichtige zur Wahl einer Rechtsgestaltung beruft.[1502] Namentlich handelt es sich hierbei um die Bestimmung des gewährleisteten Schutzbereichs der betroffenen Grundfreiheit. Ob es diese durch die Basisrechtsprechung bestimmte Reichweite des Steuerumgehungstatbestands im Lichte der ATAD nunmehr anzupassen gilt, indem auch bei grenzüberschreitenden Sachverhalten gesetzesimmanente Wertungen des Unionsrechts zu berücksichtigen sind, bestimmt sich danach, ob die bisherige restriktive Anwendung zu einer unzureichenden Umsetzung des Mindeststandards aus der ATAD führt oder eben jene Lücke durch die deutsche Hinzurechnungsbesteuerung gefüllt werden kann.[1503]

C. Besondere Auswirkung auf die Hinzurechnungsbesteuerung gemäß §§ 7 bis 14 AStG

Auch eine Hinzurechnungsbesteuerung im Sinne des Art. 7 f. ATAD ist im deutschen Recht bereits gemäß §§ 7 ff. AStG geregelt.[1504] Während es in der

---

1498 Siehe hierzu *5. Teil* GldPkt. A II 2 a) aa).

1499 Vgl. *1. Teil* GldPkt. B IV 5.

1500 Bei *grenzüberschreitenden* Sachverhalten rückt der institutionelle Rechtsmissbrauch als Mittel bzw. Merkmal des Rechtsanwendbarkeitstatbestands in den Fokus, indem die Berufung auf das Unionsrecht allein der Wahl zur Rechtsgestaltung gilt (siehe hierzu *3. Teil* GldPkt. B II 3 c) bb) (1) (c)).

1501 Siehe hierzu *1. Teil* GldPkt. B V 1 a).

1502 Vgl. zur Bedeutung einer „wirklichen wirtschaftlichen Tätigkeit" gem. der EuGH-Rspr. (in der Rs. *Cadbury Schweppes*) *7. Teil* GldPkt. C II 3.

1503 Siehe hierzu *7. Teil* GldPkt. C, D.

1504 Siehe zur deutschen Hinzurechnungsbesteuerung auch *1. Teil* GldPkt. B V.

Natur der Sache einer Hinzurechnungsbesteuerung liegt, dass sich beide Vorschriften in *örtlicher* Hinsicht dahingehend gleichen, den grenzüberschreitenden Sachverhalt einer ausländischen Tochtergesellschaft mit einer inländischen Muttergesellschaft zu regeln, lässt sich in *persönlicher* Hinsicht entsprechend der obigen Erläuterung zum Steuerumgehungstatbestand wiederum festhalten, dass die richtlinienkonforme Auslegung sowohl natürliche als auch juristische Personen als Hinzurechnungssubjekte zu betreffen hat.[1505] Überdies lassen sich auch in *sachlicher* Hinsicht einige Unterschiede erkennen, die sich auf den Gesetzeswortlaut des nationalen Rechts auswirken (*I.*) und eine neue Auslegung nach sich ziehen (*II.*) können.

I. Auswirkung auf den Gesetzeswortlaut

Aus der ATAD ergaben sich diverse *Pflichten* zur gesetzlichen Anpassung, da die Anforderungen gemäß Art. 7 f. ATAD im Vergleich zu §§ 7 ff. AStG a.F. zum Teil strengere Mindeststandards regelten, welche den Anwendungsbereich der Hinzurechnungsbesteuerung entsprechend weiter fassten.[1506] So wurde hinsichtlich des Beherrschungserfordernisses zur Bestimmung des Begriffs einer „Zwischengesellschaft" gemäß Art. 7 Abs. 1 lit. a) ATAD im Gegensatz zum

---

1505 Vgl. hierzu *7. Teil* GldPkt. B; zur Beschränkung der Reichweite einer ausländischen „Zwischengesellschaft" auf Körperschaften hingegen *F. Haase*, Überlegungen zur Reform der Hinzurechnungsbesteuerung, S. 180 f.

1506 In der *Literatur* werden überdies diverse *Empfehlungen* ausgesprochen, die deutsche Hinzurechnungsbesteuerung freiwillig an die Vorgaben der ATAD anzupassen, um vor allem eine überschießende Wirkung der Hinzurechnungsbesteuerung nach dem deutschen Recht zu verhindern. So wird gefordert, die Niedrigsteuergrenze zur Annahme einer „Zwischengesellschaft" auf jene der Richtlinie herabzusetzen (*A. Linn*, in: IStR 2016, S. 645 (648); *A. Schnitger/D. Nitzschke/R. Gebhardt*, in: IStR 2016, S. 960 (964); *F. Haase*, Überlegungen zur Reform der Hinzurechnungsbesteuerung, S. 182; vgl. auch *M. Kreienbaum*, in: Lang (Hrsg.), DStJG 41 (2018), S. 475 (490); insoweit von einer *Verpflichtung* ausgehend, die Niedrigsteuergrenze unterhalb des eigenen Steuerniveaus zu ziehen *J. Schönfeld*, in: IStR 2017, S. 721 (723)). Hinsichtlich der „Zwischeneinkünfte" wird vertreten die Regelung gem. § 8 Abs. 1 AStG, wonach alle *nicht* in die Hinzurechnungsbesteuerung einzubeziehenden, *aktiven* Einkünfte aufgezählt werden, dahingehend abzuändern, stattdessen gem. Art. 7 Abs. 2 lit. a) UAbs. 1 ATAD alle in die Hinzurechnungsbesteuerung einzubeziehenden, *passiven* Einkünfte positiv zu regeln, um so eine klarere Abgrenzung zu gewährleisten (*A. Schnitger/D. Nitzschke/R. Gebhardt*, in: IStR 2016, S. 960 (967); *F. Haase*, Überlegungen zur Reform der Hinzurechnungsbesteuerung, S. 183).

deutschen Pendant gemäß § 7 Abs. 1 AStG a.F. nicht nur auf eine unmittelbare, sondern auch auf eine mittelbare Beherrschung des Steuerpflichtigen an der ausländischen Tochtergesellschaft abgestellt, indem auch die Anteile verbundener Unternehmen im Sinne von Art. 2 Abs. 4 ATAD des Steuerpflichtigen einbezogen wurden.[1507] Hinsichtlich der „Zwischeneinkünfte" erfasst die ATAD überdies Einkünfte, die in Deutschland (weiterhin) nicht der Hinzurechnungsbesteuerung unterliegen. So werden namentlich ohne weitere Differenzierung sämtliche Veräußerungsgewinne, Lizenzeinkünfte und Zinsen sowie Einkünfte aus Finanzierungsleasing in die Hinzurechnungsbesteuerung miteinbezogen.[1508] Eine Einschränkung dieses weit gefassten Verständnisses von Zwischeneinkünften erfolgt sodann erst gemäß Art. 7 Abs. 2 lit. a) UAbs. 2 ATAD durch die ausbleibende Berücksichtigung solcher Zwischengesellschaften, die eine wesentliche wirtschaftliche Tätigkeit nachweisen. Eine entsprechende Vorschrift ließ sich im deutschen Recht zwar gemäß § 8 Abs. 2 S. 1 AStG a.F. finden, wonach Zwischeneinkünfte ebenfalls stets dann auszuschließen waren, wenn eine beherrschte ausländische Gesellschaft im EU- oder EWR-Staat ihres Sitzes oder ihrer Geschäftsleitung eine bestimmte Substanz nachwies. Für die Annahme jener Substanz wurde hierbei allerdings auf eine *tatsächliche* wirtschaftliche Tätigkeit abgestellt. Da zwar eine „Wesentlichkeit" die „Tatsächlichkeit" einer wirtschaftlichen Tätigkeit impliziert, die „Tatsächlichkeit" einer wirtschaftlichen Tätigkeit allerdings nicht zwangsläufig auf ihre „Wesentlichkeit" schließen lässt,[1509] konnte die unionale Regelung zum Ausschluss von Zwischeneinkünften enger ausgelegt werden, als es der damalige Wortlaut des deutschen Steuerrechts erlaubte. Im Umkehrschluss konnte der Anwendungsbereich einer Hinzurechnungsbesteuerung gemäß der Richtlinie entsprechend weiterreichen als nach dem damaligen deutschen Steuerrecht. Im Ergebnis entsprach die deutsche Hinzurechnungsbesteuerung also auch insoweit nicht dem Mindeststandard der Richtlinie, sodass sich aus der unionsrechtlichen

---

1507 *A. Schnitger/D. Nitzschke/R. Gebhardt*, in: IStR 2016, S. 960 (963); *J. Schönfeld*, in: IStR 2017, S. 721 (723); *M. Kreienbaum*, in: Lang (Hrsg.), DStJG 41 (2018), S. 475 (483 f.); kritisch hierzu *F. Haase*, Überlegungen zur Reform der Hinzurechnungsbesteuerung, S. 179.

1508 *A. Linn*, in: IStR 2016, S. 645 (651); *M. Kreienbaum*, in: Lang (Hrsg.), DStJG 41 (2018), S. 475 (485); vgl. zur Anpassungsnotwendigkeit hinsichtlich der einzelnen Einkunftsarten des Katalogs *A. Schnitger/D. Nitzschke/R. Gebhardt*, in: IStR 2016, S. 960 (967 ff.); *J. Schönfeld*, in: IStR 2017, S. 721 (724 ff.).

1509 Vgl. zur Gegenüberstellung des Begriffs der „Wesentlichkeit" mit der „Wirklichkeit" einer wirtschaftlichen Tätigkeit 5. *Teil* GldPkt. A II 2 b) aa).

Regelung eines Substanztests der Zwischengesellschaft eine *Pflicht* zur entsprechenden Anpassung des Wortlauts aus § 8 Abs. 2 AStG a.F. von einer „tatsächlichen wirtschaftlichen Tätigkeit" hin zu einer „wesentlichen wirtschaftlichen Tätigkeit" ergab, um so das volle Spektrum neuer Auslegungsmöglichkeiten des Substanztests zur Bestimmung der Reichweite der Hinzurechnungsbesteuerung im Lichte des Unionsrechts gewährleisten zu können.

In Deutschland wurden die hier vertretenen Anpassungen des Außensteuergesetzes mit Wirkung zum 30. Juni 2021 umgesetzt.[1510]

II. Auswirkung auf die Auslegung

Hinsichtlich der Auswirkungen der ATAD auf die Auslegung der deutschen Regeln zur Hinzurechnungsbesteuerung interessiert vor dem Hintergrund der soeben geschilderten Anpassungspflichten vor allem die Auslegung des § 8 Abs. 2 AStG zur Bestimmung von „Zwischeneinkünften". Dabei gilt es zunächst den bisherigen Meinungsstand zur Auslegung des damaligen Wortlauts einer „tatsächlichen wirtschaftlichen Tätigkeit" darzulegen (*1.*), bevor sodann auf den möglichen Einfluss der Formulierung einer „wesentlichen wirtschaftlichen Tätigkeit" gemäß Art. 7 Abs. 2 lit. a) UAbs. 2 ATAD auf den § 8 Abs. 2 AStG einzugehen ist (*2. und 3.*).

1. Meinungsstand zur Auslegung des Wortlauts der „tatsächlichen wirtschaftlichen Tätigkeit" gemäß § 8 Abs. 2 AStG a.F.

Mit der Einfügung der Vorschrift des § 8 Abs. 2 AStG a.F. sollte die Rechtsprechung zur Rechtssache *Cadbury Schweppes* des EuGH in das deutsche Steuerrecht umgesetzt werden. Dies ergibt sich bereits aus der Begründung zum Gesetzentwurf der Bundesregierung zur Einführung des § 8 Abs. 2 S. 1 AStG a.F. vom 04. September 2007, dessen Formulierungsvorschlag vom Bundestag

---

1510 Die Mitgliedstaaten waren gem. Art. 11 Abs. 1 ATAD dazu verpflichtet, bis zum 31.12.2018 die erforderlichen Rechts- und Verwaltungsvorschriften zu erlassen und zu veröffentlichen. Die *Europäische Kommission* leitete ein förmliches Vertragsverletzungsverfahren gegen Deutschland wegen Nichtmitteilung der Umsetzung der Richtlinie 2016/1164 (EU) ein. Das hierzu korrespondierende Mahnschreiben der Europäischen Kommission nach Art. 258 AEUV wurde dem BT gem. § 4 Abs. 6 Nr. 1 EUZBBG am 30.01.2020 übermittelt (*BReg.*, Antw. v. 17.03.2020, BT-Drucks. 19/18056, S. 3). Die Gesetzesänderung wurde am 25.06.2021 vom BT verabschiedet und am 30.06.2021 verkündet (*BT*, Ges. v. 25.06.2021, BGBl. 2021 I, S. 2035).

mit Zustimmung des Bundesrates beschlossen und zu eigen gemacht wurde.[1511] Dabei wurde sich direkt auf jene Leitentscheidung des EuGH bezogen und ihre Erläuterungen teilweise gar wortlautgetreu übernommen, indem als Kriterium zur Feststellung einer „tatsächlichen wirtschaftlichen Tätigkeit" auf jenes Ziel der Niederlassungsfreiheit abgestellt wurde, es den Staatsangehörigen der EU zu ermöglichen, „in stabiler und kontinuierlicher Weise am Wirtschaftsleben eines anderen Mitgliedstaats teilzunehmen". Dies impliziere die Ausübung einer wirtschaftlichen Tätigkeit mittels einer festen Einrichtung in diesem Staat auf unbestimmte Zeit, sodass im Kern eine tatsächliche Ansiedlung der betreffenden Gesellschaft im Aufnahmemitgliedstaat und die Ausübung einer „wirklichen wirtschaftlichen Tätigkeit" vorausgesetzt wurde. Als objektive Anhaltspunkte zum Vorliegen einer solchen Tätigkeit sei schließlich ganz im Sinne der EuGH-Rechtsprechung unter anderem auf das Ausmaß des greifbaren Vorhandenseins der beherrschten ausländischen Gesellschaft in Form von Geschäftsräumen, Personal und Ausrüstungsgegenständen abzustellen.[1512]

Da der EuGH für das Fehlen einer „wirklichen wirtschaftlichen Tätigkeit" lediglich die Beispiele einer Briefkastengesellschaft oder Strohfirma nennt,[1513] lassen die gewählten Begrifflichkeiten des EuGH im Übrigen weiterhin großen Auslegungsspielraum. So kam es, dass nebst dem Gesetzgeber auch deutsche Exekutiv- und Judikativorgane unterschiedliche Deutungsversuche zum Verständnis der Rechtsprechung des EuGH vornahmen und die Auslegung des § 8 Abs. 2 S. 1 AStG a.F. zur Annahme einer „tatsächlichen wirtschaftlichen Tätigkeit" bis zur Gesetzesänderung umstritten blieb.

a) Deutsche Legislative

Mit der Zustimmung des Gesetzentwurfs der Bundesregierung deutete der *Gesetzgeber* die „stabile und kontinuierliche Teilnahme am Wirtschaftsleben" eines anderen Mitgliedstaats als Teilnahme am allgemeinen wirtschaftlichen Verkehr. Hieran – und damit auch an einer „wirklichen wirtschaftlichen Tätigkeit" – fehle es, wenn die *Kernfunktionen* der Gesellschaft nicht von ihr selbst ausgeübt werden. Das gelte ebenso, wenn sich die Funktionen der Gesellschaft

---

1511 Vgl. *BReg.*, Ges.-Entw. v. 04.09.2007, BT-Drucks. 16/6290, S. 37 und *BT*, Ges. v. 20.12.2007, BGBl. 2007 I, S. 3150 (3185).

1512 *BReg.*, Ges.-Entw. v. 04.09.2007, BT-Drucks. 16/6290, S. 92; siehe zur Rspr. des EuGH (in der Rs. *Cadbury Schweppes*) *3. Teil* GldPkt. C III 2 b) bb) (1).

1513 *EuGH*, Urt. v. 12.09.2006, Rs. C-196/04 – *„Cadbury Schweppes"*, Slg. 2006 (de), S. I-7995 (I-8052 – Rn. 68).

in gelegentlicher Kapitalanlage oder in der Verwaltung von Beteiligungen ohne gleichzeitiger Ausübung geschäftsleitender Funktionen erschöpfen.[1514] Bei Geschäften zwischen verbundenen Unternehmen sei zu berücksichtigen, dass eine nach diesen Kriterien festgestellte „tatsächliche wirtschaftliche Tätigkeit" gemäß § 8 Abs. 2 S. 1 AStG a.F. nur *insoweit* von einer Hinzurechnungsbesteuerung auszuschließen sei, als die betroffenen Einkünfte mit dieser Tätigkeit im Zusammenhang stehen.[1515]

b) Deutsche Exekutive

Vor der Einführung des § 8 Abs. 2 AStG a.F. hat das *Bundesministerium der Finanzen* (kurz: „BMF") in einem Schreiben vom 8. Januar 2007 bereits zur Entscheidung des EuGH in der Rechtssache *Cadbury Schweppes* Stellung genommen.[1516] Dabei wurde ebenfalls erklärt, dass vor dem Hintergrund jener Rechtsprechung die §§ 7 bis 14 AStG keine Anwendung finden sollen, wenn der Steuerpflichtige nachweise, dass die betroffene ausländische Gesellschaft eine wirkliche wirtschaftliche Tätigkeit in jenem Ausland ausübe. Wohl mit Bezug auf das Ziel der Niederlassungsfreiheit zur Gewährleistung einer „stabilen und kontinuierlichen Teilnahme am Wirtschaftsleben" eines anderen Mitgliedstaats sei es zunächst erforderlich, dass die Gesellschaft im Rahmen ihrer gewöhnlichen Geschäftstätigkeit am Marktgeschehen jenes Mitgliedstaats ihres Sitzes oder ihrer Geschäftsleitung aktiv, ständig und nachhaltig teilnehme. Für eine „wirkliche wirtschaftliche Tätigkeit" sei nach Auffassung des BMF überdies notwendig, dass die Gesellschaft ihre Einkünfte ursächlich aufgrund eigener Aktivitäten erziele, indem die der Gesellschaft übertragenen Aufgaben eigenverantwortlich und selbständig erfüllt werden. Zwecks dessen müsse nebst einer Geschäftsleitung zuzüglich *stets* auch qualifiziertes Personal bei der betroffenen Gesellschaft beschäftigt sein. Sofern die Gesellschaft mit nahestehenden Personen bzw. verbundenen Unternehmen Geschäfte betreibe, sei überdies besonders darauf zu achten, dass den Leistungen der Gesellschaft

1514 *BReg.*, Ges.-Entw. v. 04.09.2007, BT-Drucks. 16/6290, S. 92.

1515 § 8 Abs. 2 S. 5 AStG; *BReg.*, Ges.-Entw. v. 04.09.2007, BT-Drucks. 16/6290, S. 93.

1516 Zwar wurde das BMF-Schreiben mittlerweile formal mit einer Verwaltungsanweisung vom 23.04.2010 aufgehoben. Allerdings sollte hiermit nicht die einst geäußerte Rechtsauffassung aufgegeben, sondern lediglich die Weisungslage bereinigt werden (*BMF*, Verwaltungsanw. v. 23.04.2010, Gz. IV A 6 – O 1000/09/10095, BStBl. 2010 I, S. 391). Überdies findet die geäußerte Rechtsauffassung des *BMF* im Schrifttum weiterhin eine große Bedeutung und bedarf nicht zuletzt auch aus diesem Grund einer Darstellung an dieser Stelle.

insoweit eine wertschöpfende Bedeutung zukomme und die Ausstattung mit Kapital zu der erbrachten Wertschöpfung in einem angemessenen Verhältnis stehe.[1517] Vor diesem Hintergrund müsste auch gemäß der Auffassung des BMF bei einer Gesellschaft mit der Funktion einer gelegentlichen Kapitalanlage oder Verwaltung von Beteiligungen ohne gleichzeitiger Ausübung sowohl geschäftsleitender als auch jener der Geschäftsleitung dienender Funktionen eine „wirkliche wirtschaftliche Tätigkeit" zu verneinen sein.

c) Deutsche Judikative

Das *FG Münster* vertrat in einem Urteil vom 20. November 2015, für eine „stabile und kontinuierliche Teilnahme am Wirtschaftsleben" genüge eine ausschließliche Nutzung des *Beschaffungs*markts. Auf den *Absatz*markt komme es hingegen grundsätzlich nicht an. Mithin müsse eine Verflechtung mit dem Markt insoweit bestehen, dass gezielt bestimmte Ressourcen im Aufnahmestaat genutzt werden. Als objektive Anhaltspunkte diene die Nutzung besonders günstiger oder entsprechend der Tätigkeit besonders ausgestatteter Räumlichkeiten, Maschinen, gut ausgebildetes Personal oder besondere Produktionsbedingungen.[1518] Zur Annahme einer „wirklichen wirtschaftlichen Tätigkeit" sei zuzüglich erforderlich, dass die unternehmerischen Entscheidungen zur Erreichung des betriebswirtschaftlichen Zwecks der ausländischen Gesellschaft von ihr selbst getroffen werden müssen, da hierin die „wirtschaftliche Kernfunktion" im Sinne der Begründung des Gesetzentwurfs zu erblicken sei.[1519] In diesem Zusammenhang wurde – wohl entgegen der Auffassung des BMF – nicht *pauschal* auf die Beschäftigung des sowohl geschäftsleitenden als auch qualifizierten Personals abgestellt. Vielmehr richte sich die erforderliche Ausstattung sachlicher und personeller Art nach der *konkreten* Funktion jener Gesellschaft. In diesem Rahmen sei sodann für die Annahme einer „wirklichen wirtschaftlichen Tätigkeit" danach zu fragen, ob das beschäftigte Personal die insoweit geschuldeten Leistungen anordnen, überprüfen und beurteilen könne.[1520] Mithin könnte bei einer Gesellschaft mit der Funktion einer gelegentlichen Kapitalanlage oder Verwaltung von Beteiligungen ohne gleichzeitige Ausübung geschäftsleitender Funktionen eine „wirkliche wirtschaftliche Tätigkeit" nicht

1517 *BMF*, Schrb. v. 08.01.2007, Gz. IV B 4 – S 1351 – 1/07, BStBl. 2007 I, S. 99.
1518 *FG Münster*, Urt. v. 20.11.2015, Rs. 10 K 1410/12 F, EFG 2016, S. 453 (457 – Rn. 46).
1519 *FG Münster*, Urt. v. 20.11.2015, Rs. 10 K 1410/12 F, EFG 2016, S. 453 (458 – Rn. 50).
1520 *FG Münster*, Urt. v. 20.11.2015, Rs. 10 K 1410/12 F, EFG 2016, S. 453 (458 – Rn. 52).

grundsätzlich ausgeschlossen werden, sofern der ausländischen Gesellschaft jene Kompetenz einer Anordnung, Überprüfung und Beurteilung verbleibe.

Vom *BFH* wurde das Urteil des FG Münster zwar teilweise aufgehoben. Allerdings wurde dabei zu der hier interessierenden Frage, welche Anforderungen an die „wirkliche wirtschaftliche Tätigkeit“ konkret zu stellen seien, keine Stellung genommen.[1521] Eine rechtliche Positionierung des BFH lässt sich allerdings anderen Entscheidungen entnehmen. Allem voran kommt in einem Urteil vom 19. Januar 2000 – also *vor* der Entscheidung des EuGH in der Rechtssache *Cadbury Schweppes* vom 12. September 2006 – zum Ausdruck, dass ein steuerrechtlicher Missbrauch bei einem Kapitalanlagegeschäft nicht bereits dann anzunehmen sei, wenn eine ausländische Gesellschaft mittels eines Managementvertrags[1522] unternehmerische Anlageentscheidungen von einer anderen Gesellschaft sowohl vorbereiten als auch durchführen lasse, da dies im Kapitalanlagegeschäft üblich sei.[1523] Überträgt man diese Auffassung auf die jetzige Rechtslage im Sinne von *Cadbury Schweppes*, so sei in jenem Vorgang eines sog. „Outsourcing“ kein Grund zum Ausschluss einer „wirklichen wirtschaftlichen Tätigkeit“ zu erblicken, soweit die Entscheidungsverantwortung von der weiterhin beschäftigten Geschäftsleitung getragen wird. Eben diese Schlussfolgerung wurde auch in weiteren Entscheidungen des BFH mit direktem Bezug auf die Rechtsprechung in der Rechtssache *Cadbury Schweppes* bekräftigt. So sei bei Gesellschaften die lediglich eine Funktion zur Kapitalanlage oder Finanzierung besitzen, das Substanzerfordernis zur Annahme einer „wirklichen wirtschaftlichen Tätigkeit“ soweit herabzusetzen, dass es keiner besonderen Ausstattung sachlicher, räumlicher oder personeller Art bedürfe.[1524]

1521 *BFH*, Urt. v. 13.06.2018, Rs. I R 94/15, ECLI: DE: BFH:2018: U.130618.IR94.15.0, Rn. 15, 35.

1522 Bei einem „Managementvertrag“ handelt es sich um einen Betriebsführungsvertrag, teilw. kombiniert mit einem Mietvertrag bezüglich der sachlichen Ausstattung. Vertragsgegenstand ist der „Einkauf“ von Managementleistungen durch die Gesellschaft, welche selbst nicht über ausreichende Managementkapazitäten oder das erforderliche Know-How verfügt (*C. Lehfeldt*, in: Strunk/Kaminski/Köhler (Hrsg.), AStG/DBA, 52. EL 2019, § 8 AStG Rn. 32).

1523 *BFH*, Urt. v. 19.01.2000, Rs. I R 94/97, BStBl. 2001 II, S. 222 (224); Urt. v. 19.01.2000, Rs. I R 117/97, BFH/NV 2000, S. 824 (824).

1524 *BFH*, Urt. v. 29.01.2008, Rs. I R 26/06, BStBl. 2008 II, S. 978 (980); vgl. auch *BFH*, Urt. v. 13.10.2010, Rs. I R 61/90, BStBl. 2011 II, S. 249 (251 – Rn. 18).

d) Literatur

Mit Bezugnahme auf diese sich zum Teil überschneidenden Stellungnahmen der deutschen Staatsgewalten wurde auch in der *Literatur* die Bedeutung der EuGH-Rechtsprechung diskutiert. Hinsichtlich des Ziels der Niederlassungsfreiheit zur „stabilen und kontinuierlichen Teilnahme am Wirtschaftsleben" genüge – in Übereinstimmung mit der Auffassung des FG Münster – die Teilnahme am Beschaffungsmarkt. Konkretisierend wird vertreten, nebst der Anmietung von festen Geschäftseinrichtungen für Personal oder die Nutzung der Infrastruktur, der lokalen Arbeitskräfte oder des Wirtschaftsverkehrs mit lokalen Firmen[1525] reiche überdies bereits die bloße Inanspruchnahme rechtlicher Rahmenbedingungen etwa des Steuer- oder Gesellschaftsrechts aus, um den Schutz der Niederlassungsfreiheit in Anspruch nehmen zu können, da mit der Einbettung in das Rechtssystem eines Mitgliedstaats zugleich wirtschaftliche Rahmenbedingungen geschaffen werden und schlussendlich am „Wirtschaftsleben" teilgenommen werde. Allerdings sei mit jenem Schutzbereich der Niederlassungsfreiheit nicht zugleich eine missbräuchliche Rechtsgestaltung auszuschließen. Um die hier interessierende rechtsmissbräuchliche Berufung auf die Niederlassungsfreiheit festzustellen, sei danach zu fragen, ob und inwieweit eine konkrete Verflechtung mit den Absatz- und Beschaffungsmärkten des Aufnahmemitgliedstaats bestehe oder nur eine Inanspruchnahme günstiger steuerrechtlicher Rahmenbedingungen erfolge.[1526] Zum Ausschluss eines steuerrechtlichen Missbrauchs bzw. zur Annahme einer „wirklichen wirtschaftlichen Tätigkeit" aufgrund jener konkreten Verflechtung mit dem inländischen Markt genüge es allerdings nicht, dass die ausländische Gesellschaft nur über Geschäftsräume, Personal und Ausrüstungsgegenstände verfüge. Gemessen an der Funktion der Gesellschaft sei vielmehr entscheidend, ob diese aufgrund ihrer personellen und sachlichen Ausstattung in der Lage sei, die angestrebte wirtschaftliche Tätigkeit selbständig zu erfüllen.[1527] Während sich die Ansichten in der Literatur insoweit noch auf einen gemeinsamen Nenner bringen

---

1525 *St. Köhler/K. Eicker*, in: DStR 2007, S. 331 (333); *F. Reiche*, in: Haase (Hrsg.), AStG/DBA, 2. Aufl. 2012, § 8 AStG Rn. 137; *J. Schönfeld/F. Wassermeyer*, in: Flick/Wassermeyer/Baumhoff/Schönfeld (Hrsg.), Außensteuerrecht, 88. EL 2019, § 8 AStG Rn. 472.

1526 *C. Lehfeldt*, in: Strunk/Kaminski/Köhler (Hrsg.), AStG/DBA, 52. EL 2019, § 8 AStG Rn. 182.20; *J. Schönfeld/F. Wassermeyer*, in: Flick/Wassermeyer/Baumhoff/Schönfeld (Hrsg.), Außensteuerrecht, 88. EL 2019, § 8 AStG Rn. 473.

1527 *J. Haun/H. Kahle/S. Goebel/B. Cortez/H. Reiser/S. Schmidt*, in: Haun/Kahle/Goebel/Reiser (Hrsg.), Außensteuerrecht, 41. EL 2019, § 8 AStG Rn. 581; *J. Schönfeld/F.*

lassen, besteht ein Meinungsstreit dahingehend, *wie weit* diese Funktion zur Annahme einer „wirklichen wirtschaftlichen Tätigkeit“ der Gesellschaft zu reichen habe. Im Wesentlichen fragt sich, ob insoweit eine „Kernfunktion“ der Gesellschaft – entgegen der Definition des FG Münster – in *dem* Sinne notwendig sei, dass nebst einer Geschäftsleitung auch qualifiziertes Personal beschäftigt sein müsse, welches die Entscheidung der Geschäftsleitung entsprechend selbständig vorzubereiten und umzusetzen – nicht bloß anzuordnen, zu überprüfen und zu beurteilen – habe.

aa) Keine Erforderlichkeit einer Kernfunktion

Der *eine Teil der Literatur* vertritt, die ausländische Gesellschaft müsse nicht zwangsläufig eine solche Kernfunktion selbst ausüben. In Einklang mit der Auffassung des BFH sei allein entscheidend, dass die ausländische Gesellschaft ihre zugedachten Aufgaben *insoweit* selbst ausübe, dass die Geschäftsführer wesentliche Entscheidungen in dem Zusammenhang treffen und verantworten sowie bei Delegation von Aufgaben an andere Konzerngesellschaften oder Externe in der Lage seien, diese entsprechend anzuweisen, zu überwachen und zu kontrollieren. Jenseits dieser mit der übertragenen Aufgabe zu korrelierenden Kompetenzen und Kapazitäten der Geschäftsleitung sei die Ausübung jener Tätigkeit eines qualifizierten Fachpersonals, die eine konkrete Entscheidung vorbereite und sie schlussendlich umsetze, allerdings nicht erforderlich.[1528] Von dem Mangel einer „wirklichen wirtschaftlichen Tätigkeit“ sei vor diesem Hintergrund erst dann auszugehen, wenn eine Übertragung betrieblicher Funktionen in dem Maße auf andere Gesellschaften erfolge, dass die ausländische Gesellschaft dadurch wirtschaftlich *ausgehöhlt* werde.[1529] Dies könne allerdings wohl erst dann angenommen werden, wenn selbst dem Geschäftsleiter

---

Wassermeyer, in: Flick/Wassermeyer/Baumhoff/Schönfeld (Hrsg.), Außensteuerrecht, 88. EL 2019, § 8 AStG Rn. 486.

1528 *C. Lehfeldt*, in: Strunk/Kaminski/Köhler (Hrsg.), AStG/DBA, 52. EL 2019, § 8 AStG Rn. 182.21; *G. Vogt*, in: Blümich (Begr.), EStG/KStG/GewStG, 146. EL 2019, § 8 AStG Rn. 164a; wohl auch *F. Reiche*, in: Haase (Hrsg.), AStG/DBA, 2. Aufl. 2012, § 8 AStG Rn. 135; *Th. Loose/Ch. Herbst*, in: BB 2011, S. 292 (295); *W. Schön*, in: IStR-Beihefter 6/2013, S. 1 (10); *G. Kraft*, in: Kraft (Hrsg.), AStG, 2. Aufl. 2019, § 8 Rn. 750.

1529 *J. Haun/D. Käshammer/H. Reiser*, in: GmbHR 2007, S. 184 (185); *V. Schmidt/H. Schwind*, in: NWB 2008, S. 723 (727); *J. Haun/H. Kahle/S. Goebel/B. Cortez/H. Reiser/S. Schmidt*, in: Haun/Kahle/Goebel/Reiser (Hrsg.), Außensteuerrecht, 41. EL 2019, § 8 AStG Rn. 584.

keine nennenswerte Aufgabe mehr zukomme und ihm sämtliche Kompetenz fehle, die eigenen Entscheidungen zu überprüfen und zu beurteilen. Namentlich wäre dies wohl *nur* bei einer Briefkastengesellschaft der Fall. Am Beispiel einer Gesellschaft, die allein die Funktion einer Vermögensverwaltung besitzt und hinsichtlich der Anlageentscheidungen mittels eines Managementvertrags ein Outsourcing betreibt, sei grundsätzlich von keinem steuerrechtlichen Missbrauch auszugehen, sofern die Geschäftsleitung weiterhin bei der ausländischen Gesellschaft beschäftigt und für die „eingekauften" Entscheidungen verantwortlich bleibe.[1530]

Begründet wird diese Auffassung zunächst damit, dass das Erfordernis des Gesetzgebers nicht im Einklang mit der Rechtsprechung stehe. So seien durch die hohe Anforderung an die Ausnahme zur Hinzurechnungsbesteuerung die Grundfreiheiten nicht im größtmöglichen Umfang gewährleistet, wie es der EuGH allerdings fordere.[1531] Überdies sei es als Teil der zu gewährleistenden Entscheidungsfreiheit des Unternehmers zu verstehen, welche Tätigkeiten schlussendlich selbst ausgeführt und für welche Tätigkeiten andere Personen beauftragt werden sollten.[1532] Nebst jenen unionsrechtlichen Bedenken, spreche ferner auch ein praktisches Argument gegen das Abstellen auf eine Kernfunktion. So sei es bereits aufgrund der zunehmenden Arbeitsteilung schwierig festzustellen, welches die „Kernfunktion" einer bestimmten Tätigkeit von Gesellschaften genau seien.[1533] Schließlich wird die große Reichweite der Hinzurechnungsbesteuerung auch als unnötig erachtet. So finde eine fehlende

---

1530 *S. Fuhrmann*, in: Fuhrmann (Hrsg.), AStG, 3. Aufl. 2017, § 8 Rn. 286; *J. Haun/H. Kahle/S. Goebel/B. Cortez/H. Reiser/S. Schmidt*, in: Haun/Kahle/Goebel/Reiser (Hrsg.), Außensteuerrecht, 41. EL 2019, § 8 AStG Rn. 584; *G. Vogt*, in: Blümich (Begr.), EStG/KStG/GewStG, 146. EL 2019, § 8 AStG Rn. 163; wohl auch *C. Quilitzsch*, in: IStR 2012, S. 645 (647).

1531 *St. Köhler/J. Haun*, in: Ubg 2008, S. 73 (78 f.); *J. Haun/H. Kahle/S. Goebel/B. Cortez/H. Reiser/S. Schmidt*, in: Haun/Kahle/Goebel/Reiser (Hrsg.), Außensteuerrecht, 41. EL 2019, § 8 AStG Rn. 586; wohl auch *S. Fuhrmann*, in: Fuhrmann (Hrsg.), AStG, 3. Aufl. 2017, § 8 Rn. 286; *G. Kraft*, in: Kraft (Hrsg.), AStG, 2. Aufl. 2019, § 8 Rn. 750; *G. Vogt*, in: Blümich (Begr.), EStG/KStG/GewStG, 146. EL 2019, § 8 AStG Rn. 163.

1532 *G. Vogt*, in: Blümich (Begr.), EStG/KStG/GewStG, 146. EL 2019, § 8 AStG Rn. 164a.

1533 *St. Köhler/J. Haun*, in: Ubg 2008, S. 73 (79); *S. Fuhrmann*, in: Fuhrmann (Hrsg.), AStG, 3. Aufl. 2017, § 8 Rn. 286; *J. Haun/H. Kahle/S. Goebel/B. Cortez/H. Reiser/S. Schmidt*, in: Haun/Kahle/Goebel/Reiser (Hrsg.), Außensteuerrecht, 41. EL 2019, § 8 AStG Rn. 584; *C. Lehfeldt*, in: Strunk/Kaminski/Köhler (Hrsg.), AStG/DBA, 52. EL 2019, § 8 AStG Rn. 182.21.

wirtschaftliche Tätigkeit einer Gesellschaft bereits in der Gewinnabgrenzung hinreichenden Ausdruck. Denn werden Leistungen zugekauft, erfordere dies schließlich ein entsprechendes Entgelt, welches den zu besteuernden Gewinn letzten Endes mindere. Etwas Anderes sei auch nicht bei Geschäften zwischen verbundenen Unternehmen anzunehmen, da insoweit der Fremdvergleichsgrundsatz im Rahmen der Verrechnungspreise greife. Mithin verbleibe einer ausländischen Gesellschaft nur jener Gewinn, welcher ihren tatsächlich ausgeübten Funktionen entspreche, sodass es ausreichend sein müsse, wenn für eben diese Funktionen die entsprechende Infrastruktur zur Verfügung stehe.[1534]

bb) Erforderlichkeit einer Kernfunktion

Ein *anderer Teil der Literatur* folgt im Ergebnis der Auffassung des BMF sowie der Begründung des Gesetzentwurfs[1535]. Entscheidend sei demnach, ob die Gesellschaft gemessen an ihrer Kernfunktion in der Lage sei, mittels ihrer personellen und sachlichen Ausstattung die angestrebte wirtschaftliche Tätigkeit selbständig zu erfüllen.[1536] Zwar lässt sich hieraus ebenfalls eine Anpassungsmöglichkeit des Ausstattungserfordernisses an die Funktion der Gesellschaft lesen. Jedoch sei diese im Sinne der Auffassung des BMF dahingehend zu beschränken, dass sowohl geschäftsleitendes als auch anderes qualifiziertes Personal, welches sich dazu eigne, die angestrebte wirtschaftliche Tätigkeit selbständig ausüben zu können, ständig zu beschäftigen sei. Von einer „tatsächlichen wirtschaftlichen Tätigkeit" im Sinne des § 8 Abs. 2 S. 1 AStG a.F. – und konsequent zur Begründung des zugestimmten Gesetzentwurfs wohl auch von

---

1534 *J. Haun/D. Käshammer/H. Reiser*, in: GmbHR 2007, S. 184 (185); *W. Schön*, in: IStR-Beihefter 6/2013, S. 1 (15); *C. Lehfeldt*, in: Strunk/Kaminski/Köhler (Hrsg.), AStG/DBA, 52. EL 2019, § 8 AStG Rn. 182.21.

1535 Aus der Begründung des Gesetzentwurfs lässt sich allerdings nicht klar herauslesen, wie der Begriff einer „Kernfunktion" genau zu definieren sei. Die Erläuterung zu einer vermögensverwaltenden Gesellschaft lässt hierbei gar den Eindruck zu, dass für eine Kernfunktion, jene Funktion geschäftsleitender Art genüge. Allerdings soll dieses Beispiel nicht konkretisierender Natur sein, da statt der Formulierung „insbesondere" o.Ä. der Wortlaut „ebenso" gewählt wurde (*BReg.*, Ges.-Entw. v. 04.09.2007, BT-Drucks. 16/6290, S. 92).

1536 *B. Gropp*, in: Lademann (Begr.), AStG, 2. Aufl. 2015, § 8 Rn. 150; *J. Schönfeld/F. Wassermeyer*, in: Flick/Wassermeyer/Baumhoff/Schönfeld (Hrsg.), Außensteuerrecht, 88. EL 2019, § 8 AStG Rn. 486.

einer „wirklichen wirtschaftlichen Tätigkeit“[1537] – sei mithin erst dann auszugehen, wenn sich die Tätigkeit der Gesellschaft nicht auf die Entscheidungsverantwortung einer beschäftigten Geschäftsleitung beschränke, sondern diese Entscheidungen vielmehr auch durch beschäftigtes qualifiziertes Personal selbständig vorbereitet und umgesetzt werde.[1538] Am Beispiel einer bloß vermögensverwaltenden Gesellschaft sei das Outsourcing jener Aufgaben zur Vorbereitung und Umsetzung von Entscheidungen in Ermangelung einer hinreichenden Ausstattung eines „lebendigen Unternehmens“ entgegen der Auffassung des BFH mithin als schädlich bzw. missbräuchlich zu betrachten und von der Hinzurechnungsbesteuerung nicht befreit.[1539]

Der Argumentation, eine Kernfunktion sei aufgrund der zunehmenden Arbeitsteilung schwer festzustellen, wird entgegengehalten, dass in den ganz überwiegenden Fällen der konkrete betriebswirtschaftliche Zweck einer ausländischen Gesellschaft und ob dieser selbständig oder durch Dritte ausgeführt werde, sehr wohl bekannt sei. So könne zum Beispiel eine Sales-Gesellschaft nicht mehr als eine solche betrachtet werden, wenn der Vertrieb auf einen Dritten ausgelagert werde. Gegen die Lösung einer zutreffenden Gewinnabgrenzung spreche überdies, dass diese bereits bei einfachen Gestaltungskonstellationen zur Begründung einer steuerlichen Abschirmwirkung durch die Einschaltung von Zwischengesellschaften nicht hinreichend wirke, weshalb das Instrument einer Hinzurechnungsbesteuerung weiterhin notwendig erscheine.[1540]

2. Meinungsstand zur Auslegung des Wortlauts der „wesentlichen wirtschaftlichen Tätigkeit“ gemäß Art. 7 Abs. 2 lit. a) UAbs. 2 ATAD

Die Umsetzung der ATAD in das nationale Steuerrecht ließ eine Diskussion um die deutsche Hinzurechnungsbesteuerung zwar neu entfachen. Neue

---

1537 Vgl. *H. Schaumburg*, in: Schaumburg (Hrsg.), Internationales Steuerrecht, 4. Aufl. 2017, Rn. 13.147; *J. Schönfeld/F. Wassermeyer*, in: Flick/Wassermeyer/Baumhoff/Schönfeld (Hrsg.), Außensteuerrecht, 88. EL 2019, § 8 AStG Rn. 489.

1538 *H. Schaumburg*, in: Schaumburg (Hrsg.), Internationales Steuerrecht, 4. Aufl. 2017, Rn. 13.148; *J. Schönfeld/F. Wassermeyer*, in: Flick/Wassermeyer/Baumhoff/Schönfeld (Hrsg.), Außensteuerrecht, 88. EL 2019, § 8 AStG Rn. 489 f.; vgl. auch *Ph. Léger*, Schlussantr. v. 02.05.2006, Rs. C-196/04 – *„Cadbury Schweppes“*, Slg. 2006 (de), S. I-7995 (I-8022 – Rn. 113).

1539 *J. Schönfeld/F. Wassermeyer*, in: Flick/Wassermeyer/Baumhoff/Schönfeld (Hrsg.), Außensteuerrecht, 88. EL 2019, § 8 AStG Rn. 476.

1540 *J. Schönfeld/F. Wassermeyer*, in: Flick/Wassermeyer/Baumhoff/Schönfeld (Hrsg.), Außensteuerrecht, 88. EL 2019, § 8 AStG Rn. 477.

Impulse des geschilderten Meinungsstreits werden jedoch weiterhin vermisst. In der Begründung zum Gesetzentwurf der Bundesregierung zur Einführung des § 8 Abs. 2 bis Abs. 4 AStG vom 19. April 2021 wird sich erneut direkt auf jene Leitentscheidung des EuGH in der Rechtssache *Cadbury Schweppes* bezogen und ohne weitere Erläuterung behauptet, die ATAD halte sich an diese Entscheidung.[1541] In der Literatur wird ebenfalls vornehmlich vertreten, dass die „wesentliche wirtschaftliche Tätigkeit" als „wirkliche wirtschaftliche Tätigkeit" im Sinne des EuGH auszulegen sei.[1542] Eine Erläuterung dieser Auffassung und des Einflusses der ATAD auf das bisherige Verständnis der Hinzurechnungsbesteuerung bietet *F. Haase*. Ihm zufolge führe die Harmonisierung dazu, dass sich nunmehr die *gesamte* Hinzurechnungsbesteuerung – also auch jenseits europäischer Sachverhalte – *ausschließlich* nach Missbrauchserwägungen zu richten habe, um den Ausgleich eines Steuervorteils durch eine ersatzweise Besteuerung der Muttergesellschaft mittels der Aufhebung einer Abschirmwirkung ausländischer Gesellschaften zu erwirken.[1543] Hintergrund sei der, dass nicht jedweder Steuervorteil, der auf einer Betätigung im Ausland beruhe, durch eine ersatzweise Besteuerung im Inland ausgeglichen werden solle.[1544] Vielmehr sei im Einklang mit der weltpolitischen Entwicklung und der ATAD ein Wechsel von einer das deutsche Steuerrecht bisher prägenden Kapital*export*neutralität hin zur Kapital*import*neutralität zu vollziehen.[1545] Das Missbrauchsverständnis an sich habe dabei allerdings weiterhin den Vorgaben des EuGH aus der Rechtssache *Cadbury Schweppes* zu folgen, indem sich die

1541 *BReg.*, Ges.-Entw. v. 19.04.2021, BT-Drucks. 19/28652, S. 57.

1542 *A. Linn*, in: IStR 2016, S. 645 (646 f.); *A. Schnitger/D. Nitzschke/R. Gebhardt*, in: IStR 2016, S. 960 (969); *F. Haase*, Überlegungen zur Reform der Hinzurechnungsbesteuerung, S. 145; *J. Hey*, in: StuW 2017, S. 248 (253); *Ch. Kahlenberg*, in: FR 2018, S. 499 (504); *J. Schönfeld*, in: IStR 2018, S. 325 (328); *O. Heinsen/M. Gsödl/M. Dietrich*, in: IStR 2020, S. 729 (731, 735); *S. Rechid/P. Schäfer*, in: BB 2020, S. 2199 (2203).

1543 So wohl auch unter Abstellung auf die aktuelle EuGH-Rspr. *Ch. Kahlenberg/C. Quilitzsch*, in: IStR 2019, S. 901 (908); *dies.*, in: IStR 2021, S. 135 (135 ff.); *R. Baumgartner*, in: IStR 2020, S. 524 (528); *T. Schienke-Ohletz/M.F. Kühn*, in: PIStB 2021, S. 009 (015).

1544 So sei beispielsweise von jenen Erwägungen aus § 8 Abs. 1 Nr. 6 lit. a) AStG abzusehen, wonach passive Erträge i.S.v. Zwischeneinkünften bei Lizenzerträgen entgegen dem Substanztest des EuGH dann anzunehmen sind, wenn sie nicht das Ergebnis eigener F&E-Arbeit der ausländischen Gesellschaft darstellen (*F. Haase*, Überlegungen zur Reform der Hinzurechnungsbesteuerung, S. 178; vgl. hierzu auch *A. Linn*, in: IStR 2016, S. 645 (650)).

1545 *F. Haase*, Überlegungen zur Reform der Hinzurechnungsbesteuerung, S. 177.

Anforderung einer „wesentlichen wirtschaftlichen Tätigkeit“ namentlich in dem Substanztest einer „wirklichen wirtschaftlichen Tätigkeit“ erschöpfe.[1546] Vor diesem Hintergrund ist der bisher geführte Meinungsstreit zur Bedeutung der „tatsächlichen wirtschaftlichen Tätigkeit“ im Sinne einer „wirklichen wirtschaftlichen Tätigkeit“ nach Maßgabe des EuGH trotz der ATAD weiterhin von ausschlaggebender Bedeutung und auf die Formulierung einer „wesentlichen wirtschaftlichen Tätigkeit“ übertragbar.

3. *Stellungnahme*

Um nicht in Widerspruch zur bisherigen Rechtsprechung des EuGH zu treten, ist der Wortlaut einer „wesentlichen wirtschaftlichen Tätigkeit“ gemäß Art. 7 Abs. 2 lit. a) UAbs. 2 ATAD und mithin auch die entsprechend angepasste Anforderung gemäß § 8 Abs. 2 S. 1 AStG zur Ausnahme einer Hinzurechnungsbesteuerung vorerst weiterhin als „wirkliche wirtschaftliche Tätigkeit“ zu lesen.[1547] Hinsichtlich der bisherigen Diskussion zur Deutung jener offenen Begrifflichkeit in der Rechtssache *Cadbury Schweppes* gilt es zu beachten, dass der EuGH zu dessen Bestimmung auf den allgemeinen Rechtsgrundsatz eines unionsrechtlichen Missbrauchskonzepts abstellt und das Substanzerfordernis zur Ausnahme einer Hinzurechnungsbesteuerung im Kern allein einer teleologischen Auslegung der Niederlassungsfreiheit dienlich ist.[1548] Die Auslegung einer „wirklichen wirtschaftlichen Tätigkeit“ erfolgt mithin – gleich den Grundfreiheiten[1549] – ausschließlich im Lichte einer Gewährleistung des Unionsziels zur Errichtung eines Binnenmarkts, sodass der Entscheidungsfreiheit der Staatsangehörigen eines Mitgliedstaats ein absoluter Vorrang eingeräumt wird. Das Erfordernis einer „Kernfunktion“ stellt als Kriterium einer „substanziellen Aktivität“ hingegen das Ergebnis einer Abwägung jenes Unionsziels zur Errichtung eines Binnenmarkts mit weiteren gleichwertigen Unionszielen dar, indem es die Entscheidungsfreiheit des Einzelnen beschränkt bzw. die Niederlassungsfreiheit teleologisch reduziert.[1550] Mithin kann es auf Grundlage der Rechtsprechung des EuGH in der Rechtssache *Cadbury Schweppes* hierauf nicht ankommen, um eine „wirkliche wirtschaftliche Tätigkeit“ zur Ausnahme

---

1546 *F. Haase*, Überlegungen zur Reform der Hinzurechnungsbesteuerung, S. 184.

1547 So auch *A. Cordewener*, in: ECTRev. 26 (2017), S. 60 (65); *J. Hey*, in: StuW 2017, S. 248 (254); *J. Schönfeld*, in: IStR 2017, S. 721 (727).

1548 Siehe hierzu *3. Teil* GldPkt. C III 2 b) bb) (1).

1549 Siehe hierzu *3. Teil* GldPkt. A II 1 a).

1550 Vgl. hierzu *6. Teil* GldPkt. B II.

einer Hinzurechnungsbesteuerung anzunehmen. Vor diesem Hintergrund ist hinsichtlich der Frage zur Deutung der offenen Begrifflichkeiten der Rechtsprechung des EuGH der Auffassung des BFH bzw. der ersten Literaturmeinung zu folgen. Eine Gesellschaft, welche allein vermögensverwaltend tätig wird und lediglich über eine Geschäftsleitung zur Verantwortung von Entscheidungen verfügt, dessen Vorbereitung und Umsetzung andere Personen übernehmen, kann insoweit nicht als missbräuchlich betrachtet werden. Jener Missbrauch ist vielmehr erst dann anzunehmen, wenn es einer Gesellschaft überdies an sämtlicher Kompetenz fehle, die eigenen Entscheidungen zu überprüfen sowie zu beurteilen und damit im Ergebnis zu verantworten – es sich namentlich also um eine Briefkastengesellschaft handelt. Allerdings gilt es zu beachten, dass eben dieses Ergebnis, welches der EuGH in seiner Entscheidung in der Rechtssache *Cadbury Schweppes* vorgibt, aufgrund der Einseitigkeit zugunsten einer Entscheidungsfreiheit der Staatsangehörigen eines Mitgliedstaats und dem Unionsziel zur schieren *Errichtung* eines Binnenmarkts im Lichte des übergeordneten Unionszwecks zur Förderung des Wohlergehens der Völker der EU eben nicht sachgerecht ist. Jenes sachgerechte Ergebnis ist vielmehr in der zweiten Literaturmeinung zu erblicken, wonach eine legitime wirtschaftliche Tätigkeit einer Gesellschaft erst in der selbständigen Erfüllung einer Kernfunktion zu erblicken sei.

Der in dieser Arbeit geäußerten Kritik zur EuGH-Entscheidung[1551] wird nunmehr im Rahmen der ATAD Ausdruck verliehen, indem auf den weiter gefassten Begriff einer „wesentlichen wirtschaftlichen Tätigkeit" zur Ausnahme einer Hinzurechnungsbesteuerung und das Ziel zur Bekämpfung von Steuervermeidungspraktiken zwecks dem *Funktionieren* des Binnenmarkts abgestellt wird und eine Verhältnismäßigkeitsprüfung zwischen den Unionszielen an Bedeutung gewinnt.[1552] Dabei wird sich dem Erfordernis einer „wirklichen wirtschaftlichen Tätigkeit" namentlich dahingehend abgewandt, dass nach Auffassung dieser Arbeit zum einen für die „wirtschaftliche Tätigkeit" im Sinne einer Kernfunktion gemäß der die Substanzanalyse der OECD konkretisierenden Ausstattungsanalyse auf die direkt mit dem erfolgreich geschaffenen Produktwert verbundenen Kapitalleistungen abzustellen ist, aus denen die betroffenen Einkünfte eines Steuerpflichtigen schließlich resultieren und sich zum anderen ihre „Wesentlichkeit" dahingehend konkretisieren lässt, dass es der selbständigen Ausführung der Mehrheit jener Kernfunktion bedarf.[1553]

1551 Siehe hierzu *3. Teil* GldPkt. C III 2 b) bb) (4).
1552 Siehe hierzu *6. Teil* GldPkt. A II 2 c) cc) (2), B II.
1553 Siehe hierzu *6. Teil* GldPkt. B II 2, 3.

Zu diesem Ergebnis müsste bei konsequenter Schlussfolgerung auch die Literatur *nach* Erlass der ATAD gelangen. Auch wenn ihrer Forderung zum allgemeinen Abstellen auf Missbrauchserwägungen zur Annahme einer Hinzurechnungsbesteuerung bei Sachverhalten innerhalb der EU formal bereits entsprochen wird, läuft diese faktisch ins Leere, da mit dem jetzigen Verständnis des steuerrechtlichen Missbrauchs im Lichte der Rechtsprechung des EuGH dem von der Literatur eigentlich geforderten Kernanliegen eines Wechsels der Besteuerung auf Grundlage der Kapital*export*neutralität hin zur Kapital*import*neutralität nicht entsprochen wird. Wie bereits festgestellt,[1554] liegt der Schaffung einer Kapitalimportneutralität das Territorialitätsprinzip zugrunde, während die Kapitalexportneutralität auf dem Welteinkommensprinzip basiert. Dem Territorialitätsprinzip wird allerdings erst dann entsprochen, wenn der Substanztest zum Ausschluss einer Hinzurechnungsbesteuerung vom Maßstab einer „*wirklichen* wirtschaftlichen Tätigkeit" hin zur „*wesentlichen* wirtschaftlichen Tätigkeit" erhöht wird. Denn um anhand dem Instrument einer Hinzurechnungsbesteuerung demjenigen Staat einen steuerlichen Zugriff zu gewähren, der die Erwirtschaftung einer Steuerquelle durch Bereitstellung staatlicher Infrastruktur ermöglicht, genügt nicht das bloße Abstellen auf das Vorhandensein einer Geschäftsleitung, die zwar die Verantwortung von Entscheidungen trägt, diese allerdings nicht selbständig, sondern von anderen Gesellschaften vorbereiten und umsetzen lässt. Vielmehr ist danach zu fragen, ob eben diese Tätigkeiten zur Vorbereitung und Umsetzung von Entscheidungen im Inland oder Ausland zu verorten sind, da hierin die entscheidende wirtschaftliche Tätigkeit zur Gewinnerwirtschaftung und Wertschöpfung der zu besteuernden Einkünfte zu erblicken ist.[1555]

1554 Siehe hierzu *1. Teil* GldPkt. B IV 3 a).

1555 Vgl. hierzu *6. Teil* GldPkt. B II 2 a) bb). Legt man eben dieses Verständnis dem Begriff des „Missbrauchs" zugrunde, so lässt sich feststellen, dass die Erwägungen aus § 8 Abs. 1 Nr. 6 lit. a) AStG entgegen der Auffassung von *F. Haase* (siehe hierzu Fn. 1544) sehr wohl den Missbrauchserwägungen entsprechen. Schließlich sind demnach Einkünfte aus einem Wirtschaftsgut in jenem Staat zu besteuern, wo die F&E-Aufwendungen zu dessen Begründung erfolgt sind und staatliche Infrastruktur entsprechend genutzt wurde. Diese Regelung ist insoweit vergleichbar mit dem § 4j EStG, der in Reaktion auf den vom OECD ausgearbeiteten Abschlussbericht zum Aktionspunkt 5 des Anti-BEPS-Projekts eingeführt wurde. Da die aus der ATAD zu übernehmende positive Kategorisierung passiver Einkünfte ohne weitere Differenzierung erfolgen sollte, bietet es sich zwar an, von jener Formulierung des § 8 Abs. 1 Nr. 6 lit. a) AStG Abstand zu nehmen. Allerdings sollten ihre

D. Auswirkung auf das Konkurrenzverhältnis zwischen dem Steuerumgehungstatbestand und der Hinzurechnungsbesteuerung

Abschließend gilt es zu untersuchen, welche Auswirkungen die notwendigen Änderungen des Wortlauts und der Auslegung im deutschen Steuerrecht auf das bisherige Konkurrenzverhältnis zwischen dem Steuerumgehungstatbestand gemäß § 42 AO und der Hinzurechnungsbesteuerung gemäß §§ 7 bis 14 AStG haben kann. Die in diesem Zusammenhang relevanten Erwägungen der ATAD, dass die GAAR allein dazu dienen soll, missbräuchliche Steuerpraktiken zu vermeiden, für die noch keine besonderen Vorschriften bestehen – ihr also nur ein lückenschließender Charakter zuzusprechen ist, ohne sich auf die Anwendbarkeit besonderer Vorschriften auszuwirken[1556] – entspricht jener Regelung gemäß § 42 Abs. 1 S. 2 AO und setzt an sich keinen neuen Impuls für das Konkurrenzverhältnis zur Hinzurechnungsbesteuerung. Da der § 42 AO den §§ 7 ff. AStG denklogisch vorrangig ist, kann in der Hinzurechnungsbesteuerung keine spezielle Missbrauchsvorschrift zu erblicken sein.[1557]

Überdies gilt es allerdings zu beachten, dass sich der Missbrauch wiederum nach der Umgehung von Sinn und Zweck der Steuergesetze bemisst, womit zu dessen Ausschluss die Wertungen der §§ 7 ff. AStG miteinzubeziehen sind und das Erzielen von passiven Einkünften in einem Niedrigsteuerland aufgrund jener Berücksichtigung im Rahmen der Hinzurechnungsbesteuerung keinen Gestaltungsmissbrauch im Sinne des § 42 AO darstellen kann. Vielmehr ist hiervon erst dann auszugehen, wenn die ausländischen Gesellschaften keine eigenen wirtschaftlichen Tätigkeiten im Sinne von bedeutenden wirtschaftlichen Funktionen wahrnehmen bzw. in Form einer Briefkastengesellschaft wirtschaftlich ausgehöhlt sind, da dieser Sachverhalt stärker mit dem Sinn und Zweck des Steuerumgehungstatbestands korrespondiert als mit jenem der Hinzurechnungsbesteuerung.[1558] Dieser grundsätzliche Ansatz, dem eine praktische Bedeutung stets dann zukommt, wenn beide Vorschriften eine unterschiedliche Reichweite aufweisen, relativiert sich bisher jedoch bei europäischen Sachverhalten. Denn im Lichte der EuGH-Rechtsprechung

---

Erwägungen stattdessen in die Auslegung des § 8 Abs. 2 AStG einbezogen werden (so wohl auch *M. Kreienbaum*, in: Lang (Hrsg.), DStJG 41 (2018), S. 475 (486 f.)).

1556 *Rat d. EU*, RL v. 12.07.2016, Nr. 2016/1164 (EU) – „*ATAD I*“, ABl. 2016 L 193 (de), S. 1 (3 f. – ErwGrd. 11).

1557 Siehe hierzu *1. Teil* GldPkt. B V 2.

1558 Siehe hierzu *1. Teil* GldPkt. B V 2.

gleichen sich beide Vorschriften dahingehend, dass allein auf die teleologische Auslegung des betroffenen Unionsrechts bzw. das hiermit konkretisierte Unions*ziel* abgestellt wird. Der Sinn und Zweck erschöpft sich damit stets in der Gewährleistung zur Errichtung eines Binnenmarkts. Nach der hier vertretenen Auslegung der EuGH-Rechtsprechung kann es damit sowohl bei dem Steuerumgehungstatbestand als auch der Hinzurechnungsbesteuerung im Ergebnis namentlich allein auf die Annahme einer Briefkastengesellschaft ankommen, womit die Konkurrenzfrage insoweit weniger von praktischer, als vielmehr rein akademischer Natur ist.

Mit dem nunmehr harmonisierten Mindeststandard der ATAD kann jene Konkurrenzfrage allerdings neu zum Leben erwecken. So kann sich der Sinn und Zweck des Steuerumgehungstatbestands bei europäischen Sachverhalten auch im Lichte des Art. 6 ATAD weiterhin auf die Gewährleistung des (Unions-) *Ziels* des geltenden Steuerrechts zur *Errichtung* des Binnenmarkts beschränken, sofern zu dessen Ergänzung hinsichtlich der Hinzurechnungsbesteuerung eine teleologische Anpassung dahingehend erfolgt, dem sekundärrechtlichen Zweck der ATAD zur Gewährleistung eines *Funktionierens* des Binnenmarkts zu entsprechen.[1559] Dabei genügt nicht etwa, es den Staatsangehörigen der EU – wie bisher – gemäß der Niederlassungsfreiheit zu ermöglichen, in stabiler und kontinuierlicher Weise am Wirtschaftsleben eines anderen Mitgliedstaats teilzunehmen. Vielmehr muss jenseits dessen auf den (Unions-) *Zweck* zur Förderung des Wohlergehens der Völker abgestellt werden, sodass sich der Sinn und Zweck der Hinzurechnungsbesteuerung darin ausdrückt, eine Besteuerung am Ort der Gewinnerwirtschaftung und Wertschöpfung zu gewährleisten, indem Unternehmen gemäß dem Territorialitätsprinzip ebendort zu besteuern sind, wo sie die inländischen öffentlichen Leistungen zur Begründung ihrer Einkünfte tatsächlich wahrgenommen haben.[1560] Während der Steuerumgehungstatbestand gemäß § 42 AO also weiterhin bei Briefkastengesellschaften Anwendung findet, könnte die Hinzurechnungsbesteuerung gemäß §§ 7 bis 14 AStG Bedeutung erlangen, wenn eine Briefkastengesellschaft zwar auszuschließen, allerdings auch nicht mehr als die Hälfte des für die Begründung der zu besteuernden Einkünfte notwendigen Kapitals in dem Mitgliedstaat der ausländischen Gesellschaft zu verorten ist.[1561] Ob eine

---

1559 Siehe zum Einfluss des sekundären Unionsrechts auf die Teleologie der nationalen Gesetze *3. Teil* GldPkt. A II 2.

1560 Siehe hierzu *6. Teil* GldPkt. B II 1 b).

1561 Da sich der § 42 AO am Normzweck der §§ 7 ff. AStG auszurichten hat und nur Anwendung findet, wenn der Sinn und Zweck auch jener Regelungen der AStG

hierzu notwendige Rechtsprechungsänderung des EuGH allerdings tatsächlich erfolgt, indem das Ausnahmeerfordernis einer Hinzurechnungsbesteuerung von einer bloß „wirklichen wirtschaftlichen Tätigkeit“ hin zu einer „wesentlichen wirtschaftlichen Tätigkeit“ im hier vertretenen Sinne abgeändert wird, bleibt abzuwarten.

umgangen wird, kann überdies festgestellt werden, dass die der teleologischen Auslegung eines (Unions-)Ziels rechts*methodisch* (siehe hierzu *1. Teil* GldPkt. A II 2) und im Rahmen des unionsrechtlichen Missbrauchskonzepts rechts*dogmatisch* (siehe hierzu *3. Teil* GldPkt. C III 4) grundsätzlich als Ergebniskorrektur *nachgelagerte* teleologische Reduktion mittels einer Verhältnismäßigkeitsprüfung zwischen den (Unions-)Zielen in der Prüfungsreihenfolge im Rahmen des § 42 AO tatsächlich *vorzuziehen* ist.

Ergebnisse

Um das mehrdimensionale Ausgangsproblem einer ungerechten Steuerbelastung der Steuersubjekte innerhalb der EU einerseits sowie einer sowohl ungerechten als auch ineffizienten Aufteilung des Steuersubstrats zwischen den Mitgliedstaaten andererseits mittels des Rechtsinstruments eines Missbrauchsverbots zur Beschränkung der Gestaltungsfreiheit jener Steuersubjekte zu lösen, bedarf es eines neuen Verständnisses des „steuerrechtlichen Missbrauchs".

In der Rechtssache *Emsland-Stärke* hat der EuGH eine abstrakt-generelle Definition zur Feststellung einer missbräuchlichen Berufung auf das Unionsrecht formuliert, in der eine Leitidee zur umfassenden Verhinderung eines rechtlichen Missbrauchs zu erblicken ist. Die gedankliche Einheit dieser Definition in sowohl unionsrechtsebenen- als auch missbrauchsartenübergreifender Hinsicht lässt auf ein einheitliches unionsrechtliches Missbrauchskonzept schließen,[1562] welches rechtsmethodisch als *allgemeiner Rechtsgrundsatz* des Unionsrechts einzuordnen ist. Während sich die Idee zur Verhinderung eines rechtlichen Missbrauchs noch allen Mitgliedstaaten der EU gemeinsam entnehmen lässt, erweist sich die konkrete Ausgestaltung des französischen Äquivalents als besondere Inspiration und Rechtsquelle des unionsrechtlichen Missbrauchskonzepts.[1563] Dies zeigt sich vor allem darin, dass in beiden Konzepten nebst einer objektiven Zweckwidrigkeit, auch eine subjektive Vorwerfbarkeit erforderlich ist. Allerdings hat die Untersuchung ergeben, dass beim unionsrechtlichen Missbrauchskonzept regelmäßig das objektive Element final ausschlaggebend ist.[1564] Bei der Missbrauchsart der Rechtsanwendbarkeitstatbestände beschränkt sich dieses – ähnlich wie bei dem französischen Rechtsinstitut der fraude à la loi[1565] – auf Erwägungen zum Sinn und Zweck des betroffenen Unionsrechts – namentlich auf das von der betroffenen Vorschrift konkretisierte Unionsziel. Aus deutscher Perspektive ist in der Bewertung eines Missbrauchs damit im Ergebnis ein institutioneller Rechtsmissbrauch zu erblicken, welcher sich rechtsmethodisch in einer teleologischen *Auslegung* erschöpft. Die eigentliche Funktion des Missbrauchskonzepts zur teleologischen *Reduktion*

1562 Siehe hierzu *3. Teil* GldPkt. B II 3 c).

1563 Siehe hierzu *3. Teil* GldPkt. B II 3 d) ee) (1).

1564 Siehe hierzu *3. Teil* GldPkt. B II 3 d) ee) (2) (c).

1565 Siehe hierzu *2. Teil* GldPkt. B II.

des Unionsrechts[1566] droht somit faktisch ins Leere zu laufen, sodass die Prüfung zu keinem sachgerechten Ergebnis führen könnte.[1567]

Setzt man den allgemeinen Rechtsgrundsatz nunmehr in ein Verhältnis mit anderen allgemeinen Rechtsgrundsätzen des Unionsrechts, so kann festgestellt werden, dass dessen Prüfungsergebnis stets im Lichte des Verhältnismäßigkeitsgrundsatzes zu kontrollieren ist, um so den Induktionsschluss des unionsrechtlichen Missbrauchskonzepts logisch abzusichern. Namentlich ist das im Rahmen des unionsrechtlichen Missbrauchskonzepts zu prüfende Unionsziel mit widerstreitenden Unionszielen in ein Verhältnis zu setzen, um so das Prinzip des Missbrauchskonzepts rechtlich zu optimieren und im Sinne der Sachlogik des Unionsrechts ein (sach-)gerechtes Ergebnis in der Rechtsanwendung zu gewährleisten. Die nachgelagerte und kontrollierende Verhältnismäßigkeitsprüfung ist dabei als Ergänzung zum Missbrauchskonzept und Komplettierung des unionalen Missbrauchsverständnisses zu verstehen, indem nunmehr auf gesetzesimmanente Wertungen der *gesamten* Rechtsordnung abgestellt wird, statt sich auf die Teleologie der *betroffenen* unionsrechtlichen Vorschrift zu beschränken. Nach deutschem Verständnis erfolgt in objektiver Hinsicht eine Korrektur im Sinne graduell verschiedener Stufen desselben Gedankenverfahrens der Rechtsanwendung, indem von einer teleologischen *Auslegung* zur Verhinderung eines institutionellen Rechtsmissbrauchs hin zu einer teleologischen *Reduktion* zur Verhinderung einer Tatbestandserschleichung gewechselt wird.[1568]

Dieses zweistufige Missbrauchsverständnis eines allgemeinen Rechtsgrundsatzes einerseits und einer nachgelagerten Verhältnismäßigkeitsprüfung andererseits wird im Rahmen des Steuerrechts verkannt. Zur Annahme einer missbräuchlichen Berufung von Staatsangehörigen eines Mitgliedstaats auf das primäre Unionsrecht – namentlich die Grundfreiheiten – beschränkt sich der *EuGH* in der Rechtssache *Cadbury Schweppes* vielmehr auf eine teleologische Auslegung im Sinne des allgemeinen Rechtsgrundsatzes. So wird auf Rechtfertigungsebene der Grundfreiheitsprüfung allein auf das Ziel der Grundfreiheiten und damit auf das Unionsziel zur Errichtung eines Binnenmarkts abgestellt. Aufgrund dieser bloßen Wiederholung einer bereits erfolgten Prüfung auf der Tatbestandsebene läuft der ungeschriebene Rechtfertigungsgrund zur Verhinderung von Steuerhinterziehung und Steuerumgehung bzw.

1566 Siehe hierzu *3. Teil* GldPkt. B II 3 d) cc).

1567 Siehe hierzu *3. Teil* GldPkt. B II 3 d) ee) (2).

1568 Siehe hierzu *3. Teil* GldPkt. B II 3 d) ff).

-missbrauch faktisch ins Leere.[1569] Um eine (sach-)gerechte Rechtsanwendung des unionalen Primärrechts im Sinne der Sachlogik des Unionsrechts tatsächlich gewährleisten zu können, ist entgegen der Rechtsprechung des EuGH auf der *Tatbestandsebene* zunächst die Frage zu stellen, ob der Geltungs- bzw. Schutzbereich der Grundfreiheiten, auf welche sich berufen wird, eröffnet ist. Hierbei wird ein möglicher Missbrauch des Unionsrechts im Sinne eines institutionellen Rechtsmissbrauchs geprüft, welcher sich in einer teleologischen Auslegung der Grundfreiheiten zur Errichtung eines Binnenmarkts erschöpft. Ein „steuerrechtlicher Missbrauch" ist insoweit dann anzunehmen, wenn keine reale wirtschaftliche Tätigkeit mittels einer festen Einrichtung in einem anderen Mitgliedstaat – in anderen Worten eine „jede wirtschaftliche Realität bare Rechtsgestaltung" – festgestellt werden kann und die gewählte Rechtsgestaltung allein dem Zweck dient, einer Steuer zu entgehen, die normalerweise für erzielte Gewinne inländischer Tätigkeiten geschuldet wird. Ist eine wirtschaftliche – wenn auch atypische – Tätigkeit hingegen anzunehmen und der Schutzbereich einer Grundfreiheit damit eröffnet, so sind auf der *Rechtfertigungsebene* sowie der *Verhältnismäßigkeitsebene* im Rahmen des ungeschriebenen Rechtfertigungsgrundes zur Verhinderung von Steuerhinterziehung und Steuerumgehung bzw. -missbrauch weitere Erwägungen jenseits der Grundfreiheitsgewährleistung in die Prüfung miteinzubeziehen, um so das unionsrechtliche Missbrauchskonzept von einer teleologischen Auslegung hin zu einer teleologischen Reduktion der Grundfreiheit zu korrigieren. Dabei stellt dieser Rechtfertigungsgrund eine *Ergänzung* zum Rechtfertigungsgrund einer ausgewogenen Aufteilung der Besteuerungsbefugnisse dar, indem das gleiche mitgliedstaatliche Fiskalinteresse auf einer anderen Ebene sichergestellt wird. Während die ausgewogene Aufteilung der Besteuerungsbefugnisse zunächst das *abstrakte* Verhältnis der Mitgliedstaaten untereinander beschreibt, in dessen Rahmen lediglich ein Missbrauch in eben diesem Verhältnis angenommen werden kann,[1570] adressiert der Rechtfertigungsgrund zur Verhinderung

1569 Siehe hierzu *3. Teil* GldPkt. C III 2 b) bb).

1570 Ein „Missbrauch" auf Ebene der *Mitgliedstaaten* ist dann anzunehmen, wenn die aus der Staatssouveränität herzuleitenden Kompetenzen dahingehend ausgeübt werden, dass sie den Handlungsspielraum anderer Mitgliedstaaten schikanieren. Folgt eine konkrete Maßnahme eines Mitgliedstaats einem nationalen Ziel, so ist sie stets nach den einschlägigen Unionszielen zu bewerten und darf diese nicht konterkarieren, sofern dies nicht zugleich einem anderen Unionsziel dienlich und zur Gewährleistung des übergeordneten Unionszwecks notwendig ist (siehe hierzu *3. Teil* GldPkt. B I).

von Steuerhinterziehung und Steuerumgehung bzw. -missbrauch das *konkrete* Verhalten des Steuerpflichtigen sowie die adäquate Partizipation der einzelnen Mitgliedstaaten am Steuersubstrat.[1571] Vor diesem Hintergrund erfährt der Begriff des „steuerrechtlichen Missbrauchs" dahingehend eine Komplettierung, dass das mitgliedstaatliche Fiskalinteresse zur adäquaten Beteiligung am Steuersubstrat gemäß dem Territorialitätsprinzip in die objektiven Erwägungen miteinbezogen wird, dessen Durchsetzung sich vor allem in der staatlichen Maßnahme einer Hinzurechnungsbesteuerung ausdrückt. Nebst einer Prüfung zur Geeignetheit und Erforderlichkeit der staatlichen Maßnahme ist schließlich das mitgliedstaatliche Fiskalinteresse mit dem Unionsinteresse zur Errichtung eines unbeschränkten Binnenmarkts in ein Verhältnis zu setzen. Ob und inwieweit ein „steuerrechtlicher Missbrauch" der Steuersubjekte anzunehmen ist, bemisst sich somit im Kern nach der rechtlichen Legitimation und Gewichtung sowie konkreten Bedeutung des Territorialitätsprinzips.[1572]

A. Zum ersten Erkenntnisziel der Untersuchung

Das erste Erkenntnisziel dieser Arbeit, aus den ökonomisch geprägten Unionszielen eine rechtlich vorrangige Regel zur effizienten, dem kollektiv-rationalen Interesse aller Mitgliedstaaten dienenden Aufteilung des Steuersubstrats zwischen den Mitgliedstaaten herzuleiten, stellt eben jene (unions-)rechtliche Legitimation des Territorialitätsprinzips in den Fokus. Die interdisziplinäre Untersuchung unter Einbeziehung volkswirtschaftlicher Erkenntnisse hat ergeben, dass das marktoffene Konzept des Territorialitätsprinzips den Zielsetzungen der EU zum Zweck der Förderung des Wohlergehens der Völker grundsätzlich nähersteht, als das protektionistisch geprägte Welteinkommensprinzip. Namentlich lässt es sich als steuerpolitische Maßnahme zur Erreichung einer nachhaltigen Entwicklung Europas sowohl aus dem Unionsziel eines ausgewogenen Wirtschaftswachstums als auch einer wettbewerbsfähigen sozialen Marktwirtschaft herleiten, indem es als einziges der beiden Gerechtigkeitsprinzipien zum einen den *Disziplinierungseffekt* gegenüber den Staaten und den *Kostenentlastungseffekt* gegenüber den Unternehmen zur Generierung einer höheren Wachstumsrate sowie zum anderen einen *Förderungseffekt* gegenüber wirtschaftlichen Standorten zur besseren Wettbewerbsfähigkeit der EU auch effizient gewährleistet. In anderen Worten ist dem Territorialitätsprinzip ein

1571 Siehe hierzu *3. Teil* GldPkt. C III 2 b) aa).
1572 Siehe hierzu *3. Teil* GldPkt. C III.

unionsrechtlicher Vorrang gegenüber dem Welteinkommensprinzip einzuräumen, soweit dessen Effekte einen *funktionsfähigen* Steuerwettbewerb generieren. Indem das Territorialitätsprinzip damit nicht nur dem Fiskalinteresse der einzelnen Mitgliedstaaten, sondern vielmehr dem übergeordneten Unionsinteresse dient, ist es im Rahmen des Unionsrechts als *Regel* entsprechend dem Begriffsverständnis von *R.M. Dworkin* mit einem funktionalen Charakter zu verstehen.[1573]

Projiziert man das Ergebnis dieser unionsrechtlich legitimierten ökonomischen Betrachtungsweise nunmehr auf die zweistufige Prüfung eines steuerrechtlichen Missbrauchs, so lässt sich hinsichtlich der rechtlichen Gewichtung im Rahmen der dem allgemeinen Rechtsgrundsatz nachgelagerten Ebene der Verhältnismäßigkeitsprüfung insoweit festhalten, dass sich sowohl das Unionsziel zur Errichtung eines europäischen Binnenmarkts, welches sich durch die Grundfreiheiten konkretisiert, als auch die Unionsziele eines ausgewogenen Wirtschaftswachstums sowie einer wettbewerbsfähigen sozialen Marktwirtschaft, welche sich in dem Territorialitätsprinzip ausdrücken, grundsätzlich gleichwertig in den Dienst der Förderung des Wohlergehens der EU-Völker stellen. Dabei zeigen die volkswirtschaftlichen Erkenntnisse allerdings auch, dass das Wirtschaftswachstum als *Ziel* zu verstehen ist, welches in ökonomischer Hinsicht[1574] mit dem Wohlergehen der Völker einhergeht, während die Errichtung des Binnenmarkts als volkswirtschaftliches Modell nur ein politisches *Mittel* darstellt, um das Wohlergehen der Völker bzw. das Wirtschaftswachstum zu fördern.[1575] Mithin ist das Territorialitätsprinzip als steuerpolitische Maßnahme und der europäische Binnenmarkt als volkswirtschaftliches Modell miteinander so abzustimmen, dass im Ergebnis ein optimales *Wirtschaftswachstum* innerhalb der EU gewährleistet wird. Hinsichtlich des europäischen Binnenmarkts ist der durch die Grundfreiheiten zu gewährleistende Freiverkehr als Unterziel des europäischen Binnenmarkts zwar grundsätzlich geeignet, wirtschaftsfördernde dynamische Effekte zu generieren.[1576] Sofern

1573 Siehe hierzu *4. Teil* GldPkt. B.

1574 Das Wirtschaftswachstum ist nicht als Synonym für den Unionszweck zu verstehen und dient damit nicht bloß dem (ökonomischen) Selbstzweck. Vielmehr steht er zum einen unter der *Bedingung* einer Ausgewogenheit und hat zum anderen eine harmonische Entwicklung i.S.e. Konvergenz der Mitgliedstaaten zu fördern, um dem Unionszweck auch in *sozialer* Hinsicht zu entsprechen (siehe hierzu *3. Teil* GldPkt. A II 1 c) bb)).

1575 Siehe hierzu *3. Teil* GldPkt. A II 1 c) bb).

1576 Siehe hierzu *4. Teil* GldPkt. B I 1 b).

sich allerdings auf die Grundfreiheiten berufen wird, ohne diese positiven Effekte eines Binnenmarkts effizient zu fördern, dem Sinn des volkswirtschaftlichen Modells also nicht entsprochen wird, kann der Schutzbereich insoweit beschränkt werden. Da das Territorialitätsprinzip nach Auffassung dieser Arbeit bereits nur in dem Rahmen einen unionsrechtlichen Schutz genießt, wie es die positiven Effekte eines funktionierenden Steuerwettbewerbs generiert,[1577] sich dessen unionsrechtliche Legitimation an sich also bereits nach der Effizienz zur Förderung eines ausgewogenen Wirtschaftswachstums sowie die Wettbewerbsfähigkeit der EU bestimmt, ist der europäische Binnenmarkt im Falle einer Kollision mit dem unionsrechtlich geschützten Territorialitätsprinzip stets zugunsten des Letzteren zu beschränken. Die hiermit einhergehende Optimierung hin zu einem „funktionsfähigen" Binnenmarkt ist daher mit dem Begriff eines „funktionsfähigen Steuerwettbewerbs" gleichzusetzen.[1578] Vor diesem Hintergrund ist ein „steuerrechtlicher Missbrauch" in objektiver Hinsicht dann anzunehmen, wenn rechtliche Gestaltungen von Staatsangehörigen eines Mitgliedstaats gegen die Regel zur ausgewogenen Aufteilung der Besteuerungsbefugnisse im Sinne des Territorialitätsprinzips verstoßen.[1579]

B. Zum zweiten Erkenntnisziel der Untersuchung

Hinsichtlich des zweiten Erkenntnisziels, ob und inwieweit der harmonisierte Mindeststandard zur Bekämpfung von Steuervermeidungspraktiken gemäß der ATAD das bisher vorherrschende Verständnis des Unionsrechts und mitunter die Bewertungen der Unionsziele im Sinne der Ergebnisse des ersten Erkenntnisziels tatsächlich neu prägt und sich insoweit – samt ihrer Bezugnahme auf die Ausarbeitungen der OECD – auf das unionsrechtliche Missbrauchskonzept im Bereich der direkten Steuer auswirkt, lässt sich zunächst feststellen, dass diese Richtlinie ebenfalls das „Funktionieren" des europäischen Binnenmarkts bezweckt. Dabei weist die ATAD daraufhin, dass das „Funktionieren" nicht etwa – wie bisher vertreten[1580] – in die gleiche Richtung zeigt wie die „Errichtung" eines (unbeschränkten) Binnenmarkts. Vielmehr ist Ersteres dem Letzteren *übergeordnet*, indem sich der Binnenmarkt zwecks dem Funktionieren ggf. anzupassen bzw. zu beschränken hat. Die Richtlinie stellt vor allem die Besteuerung am Ort der Gewinnerwirtschaftung und Wertschöpfung

---

1577 Siehe hierzu *4. Teil* GldPkt. B III.
1578 Siehe hierzu *4. Teil* GldPkt. D.
1579 Siehe hierzu *4. Teil* GldPkt. E.
1580 Siehe hierzu *6. Teil* GldPkt. A II 1.

und damit die Wertungen des Territorialitätsprinzips in den Fokus. Dies gibt dem Begriff des „Funktionierens" dahingehend eine neue Prägung, dass zum Erlass konkreter Maßnahmen eine weitreichendere Verwirklichung *mehrerer* Unionsziele möglich erscheint, indem diese in eine praktische Konkordanz treten, um schlussendlich dem übergeordneten Unionszweck zur Förderung des Wohlergehens der Völker der EU besser dienen zu können. Dieser graduelle Prozess zur neuen sekundärrechtlichen Zweckbestimmung stimmt mit dem aktuellen Entwicklungsstand in der Steuerpolitik überein und liegt namentlich in dem Anti-BEPS-Projekt der OECD begründet, dessen Kernlösung ebenfalls vor allem darauf abzielt, Gewinne zukünftig ebendort zu besteuern, wo die hierzu erforderliche wirtschaftliche Aktivität und Wertschöpfung zuvor stattfand.[1581] Da sich die OECD und die EU als internationale Organisationen sowohl hinsichtlich der allgemeinen ökonomisch geprägten Aufgaben als auch der organisationsinternen Konkretisierungen jener Aufgaben stark gleichen und ihnen im Rahmen ihres autonomen Handelns zur Erreichung eines kollektiv-optimalen Ergebnisses ein gleicher ökonomischer Maßstab obliegt, sind die OECD-Wertungen auch zur Fortbildung der funktionalistisch geprägten Ziel- bzw. Zweckbestimmung des unionalen Sekundärrechts übertragbar, sofern sie die erforderlichen Maßnahmen begründen, um den im unionalen Primärrecht kodifizierten und föderalistisch geprägten Unionszweck zur Förderung des Wohlergehens der Völker gemäß des erreichten Standes der Entwicklung am besten zu verwirklichen.[1582]

Die zentrale Frage des zweiten Erkenntnisziels, wie weit die Beschränkung der Gestaltungsfreiheit von Steuersubjekten nunmehr im Lichte des geschilderten graduellen Prozesses zugunsten des Territorialitätsprinzips reicht und der Begriff eines „steuerrechtlichen Missbrauchs" in diesem Rahmen konkret auszulegen ist, um eine gerechte Steuerbelastung aller Steuersubjekte sowie eine sowohl gerechte als auch effiziente Aufteilung des Steuersubstrats zwischen den Mitgliedstaaten zu schaffen, konzentriert sich auf die Ebene zur Ergebniskorrektur des unionsrechtlichen Missbrauchskonzepts im Lichte der Verhältnismäßigkeitsprüfung. Am Maßstab der Besteuerung am „Ort der Gewinnerwirtschaftung und Wertschöpfung" kommt es im Kern darauf an, ob eine Gesellschaft in jenem Staat, wo sie steuerpflichtig ist, nicht etwa nur eine – wie vom EuGH vertreten[1583] – „tatsächliche", sondern vielmehr bereits

1581 Siehe zum Anti-BEPS-Projekt der OECD *5. Teil* GldPkt. A I.
1582 Siehe hierzu *6. Teil* GldPkt. A II 2 c) cc) (2).
1583 Siehe hierzu *3. Teil* GldPkt. C III 2 b) bb) (1).

eine „wesentliche“ wirtschaftliche Tätigkeit zur Begründung der besteuernden Einkünfte vermissen lässt.[1584] Unter Einbeziehung der die Substanzanalyse konkretisierenden Ausstattungsanalyse und des Nexus-Ansatzes aus dem Anti-BEPS-Projekt der OECD sowie den Erwägungen des GKKB-Ansatzes der EU zur formelhaften Aufteilung der gemäß einer konsolidierten Bemessungsgrundlage errechneten Einkünfte bemisst sich der Begriff der „wesentlichen wirtschaftlichen Tätigkeit“ für Einkünfte aus *immateriellen* Wirtschaftsgütern im Ergebnis nach folgender Formel:

$$Anteil^{MS} = \frac{1}{2}\left(\frac{1}{2}\frac{Lohn(H)^{MS}}{Lohn(H)^{Ges.}} + \frac{1}{2}\frac{K(H)^{MS}}{K(H)^{Ges.}}\right) + \frac{1}{2}\frac{K(S)^{MS}}{K(S)^{Ges.}}$$

Formel F.6.3.0.[1585]

Für die Einkünfte aus *materiellen* Wirtschaftsgütern gilt folgende Formel:

1584 Siehe hierzu *5. Teil* GldPkt. A II 2 b) aa).

1585 „*Anteil*^{MS}“ steht für den Anteil an Kapitalgütern zur Begründung der zu besteuernden Einnahmen im konkreten Mitgliedstaat eines Steuerpflichtigen; „ $Lohn(H)^{MS}$ “ steht für die qualifizierten Ausgaben eines Steuerpflichtigen i.S.v. eigenen Lohn- und Gehaltszahlungen für Humankapital insb. im Zusammenhang mit F&E- oder Vertriebsleistungen, sofern diese Kosten direkt mit dem erfolgreich geschaffenen geistigen Eigentumswert verbunden sind, aus dem wiederum die betroffenen Einkünfte des Steuerpflichtigen resultieren; „ $Lohn(H)^{Ges.}$ “ steht für die Summe der qualifizierten Ausgaben eines Steuerpflichtigen zuzüglich jener Ausgaben aller Gesellschaften, die als qualifizierte Ausgaben eingestuft werden würden, wenn sie durch den Steuerpflichtigen selbst getätigt worden wären; „ $K(H)^{MS}$ “ steht für die Beschäftigtenzahl des Humankapitals eines Steuerpflichtigen im konkreten Mitgliedstaat, welche die Lohn- und Gehaltszahlungen des Steuerpflichtigen aus den qualifizierten Ausgaben erhält; „ $K(H)^{Ges.}$ “ steht für die Summe des Humankapitals aller Gesellschaften, dessen Nutzung direkt mit dem erfolgreich geschaffenen geistigen Eigentumswert verbunden ist, aus dem wiederum die betroffenen Einkünfte eines Steuerpflichtigen resultieren; „ $K(S)^{MS}$ “ steht für die Anzahl des Sachkapitals eines Steuerpflichtigen im konkreten Mitgliedstaat, dessen Nutzung direkt mit dem erfolgreich geschaffenen geistigen Eigentumswert verbunden ist, aus dem wiederum die betroffenen Einkünfte des Steuerpflichtigen resultieren; „ $K(S)^{Ges.}$ “ steht für die Summe des Sachkapitals aller Gesellschaften, dessen Nutzung direkt mit dem erfolgreich geschaffenen geistigen Eigentumswert verbunden ist, aus dem wiederum die betroffenen Einkünfte eines Steuerpflichtigen resultieren.

$$Anteil^{MS}=\frac{1}{2}\left(\frac{1}{2}\frac{Lohn(HL)^{MS}}{Lohn(HL)^{Ges.}}+\frac{1}{2}\frac{K(HL)^{MS}}{K(HL)^{Ges.}}\right)+\frac{1}{2}\frac{K(S)^{MS}}{K(S)^{Ges.}}$$

Formel F.6.3.1.[1586]

Diese Formeln beschreiben den Anteil an Kapitalgütern zur Begründung der zu besteuernden Einkünfte im konkreten Mitgliedstaat eines Steuerpflichtigen. Sollte nicht mehr als die Hälfte des notwendigen Kapitals, welches für die Begründung der zu besteuernden Einkünfte notwendig ist, in dem Mitgliedstaat der betroffenen Gesellschaft zu verorten sein, so ist eine „wesentliche wirtschaftliche Tätigkeit" zu verneinen, da die Mehrheit der Kernfunktion jener Gesellschaft zur Gewinnerwirtschaftung und Wertschöpfung der zu besteuernden Einkünfte in anderen Staaten zu verorten ist. Entsteht einer anderen Gesellschaft, welche als Muttergesellschaft über die betroffene (Tochter-)Gesellschaft verfügt, aus diesem Umstand ein steuerlicher Vorteil, indem namentlich

1586 „*Anteil*^{MS}" steht für den Anteil an Kapitalgütern zur Begründung der zu besteuernden Einnahmen im konkreten Mitgliedstaat eines Steuerpflichtigen; „$Lohn(HL)^{MS}$" steht für die qualifizierten Ausgaben eines Steuerpflichtigen i.S.v. eigenen Lohn- und Gehaltszahlungen für qualifizierte und unqualifizierte Arbeit insb. im Zusammenhang mit F&E-, Vertriebs- oder Produktionsleistungen, sofern diese Kosten direkt mit dem erfolgreich geschaffenen materiellen Wirtschaftsgut verbunden sind, aus dem wiederum die betroffenen Einkünfte des Steuerpflichtigen resultieren; „$Lohn(HL)^{Ges.}$" steht für die Summe der qualifizierten Ausgaben eines Steuerpflichtigen zuzüglich jener Ausgaben aller Gesellschaften, die als qualifizierte Ausgaben eingestuft werden würden, wenn sie durch den Steuerpflichtigen selbst getätigt worden wären; „$K(HL)^{MS}$" steht für die Beschäftigtenzahl der qualifizierten und unqualifizierten Arbeit eines Steuerpflichtigen im konkreten Mitgliedstaat, welche die Lohn- und Gehaltszahlungen des Steuerpflichtigen aus den qualifizierten Ausgaben erhält; „$K(HL)^{Ges.}$" steht für die Summe der qualifizierten und unqualifizierten Arbeit aller Gesellschaften, dessen Nutzung direkt mit dem erfolgreich geschaffenen materiellen Wirtschaftsgut verbunden ist, aus dem wiederum die betroffenen Einkünfte eines Steuerpflichtigen resultieren; „$K(S)^{MS}$" steht für die Anzahl des Sachkapitals eines Steuerpflichtigen im konkreten Mitgliedstaat, dessen Nutzung direkt mit dem erfolgreich geschaffenen materiellen Wirtschaftsgut verbunden ist, aus dem wiederum die betroffenen Einkünfte des Steuerpflichtigen resultieren; „$K(S)^{Ges.}$" steht für die Summe des Sachkapitals aller Gesellschaften, dessen Nutzung direkt mit dem erfolgreich geschaffenen materiellen Wirtschaftsgut verbunden ist, aus dem wiederum die betroffenen Einkünfte eines Steuerpflichtigen resultieren.

durch die Wahl der rechtlichen Gestaltung der betroffenen (Tochter-)Gesellschaft als Zwischengesellschaft Voraussetzungen geschaffen werden, um die Anwendbarkeit einer vorteilhaften steuerrechtlichen Norm im Sinne einer Tatbestandserschleichung herbeizuführen bzw. die Anwendbarkeit einer nachteiligen steuerrechtlichen Norm im Sinne einer Tatbestandsvermeidung auszuweichen, so liegt ein „steuerrechtlicher Missbrauch" vor.[1587]

C. Zum dritten Erkenntnisziel der Untersuchung

Hinsichtlich des dritten Erkenntnisziels zur Untersuchung der Auswirkung des hier vertretenen neuen unionalen Verständnisses eines „steuerrechtlichen Missbrauchs" auf das für den Einzelfall ausschlaggebende deutsche Rechtsinstrument eines Missbrauchsverbots, rückt nebst der Pflicht der nationalen Legislative zur Umsetzung des Mindeststandards der ATAD in das kodifizierte Recht auch der effet utile-Grundsatz in den Fokus, indem sich auch die teleologische Auslegung des nationalen Rechtsinstruments dem Zweck jenes unionalen Sekundärrechts anzupassen hat. Überdies geht mit der Harmonisierung eine weitreichende Kompetenzverlagerung von den nationalen hin zu den unionalen Gerichten – namentlich dem EuGH – einher, sodass sich die nationale Rechtslage vor allem dem Urteilsspruch des EuGH anzupassen hat.[1588]

Hinsichtlich der deutschen Regelung des Steuerumgehungstatbestands lässt sich zunächst festhalten, dass eine Änderung des Gesetzeswortlauts des § 42 AO nicht notwendig ist, da dieser bereits im Voraus den unionsrechtlichen Vorgaben entsprach und zum Teil über diese gar hinausgeht.[1589] Bei der Auslegung des Steuerumgehungstatbestands erschöpft sich die ausschlaggebende Mittel-Zweck-Relation bei grenzüberschreitenden europäischen Sachverhalten bisher in einer teleologischen *Auslegung* jener unionsrechtlichen Regelung – namentlich der Grundfreiheit, auf die sich der Steuerpflichtige zur Wahl einer Rechtsgestaltung beruft. So wird im Ergebnis allein danach gefragt, ob es bei einer Basisgesellschaft an einer beachtlichen eigenen, selbständigen wirtschaftlichen Tätigkeit bzw. Funktion fehlt, welche auch im Lichte der Grundfreiheiten nicht schutzwürdig ist. Zwar steht dies im Einklang mit der EuGH-Rechtsprechung in der Rechtssache *Cadbury Schweppes*, allerdings im Widerspruch zum Art. 6 ATAD sowie dem Zweck der Richtlinie.[1590] Diese

---

1587 Siehe hierzu *6. Teil* GldPkt. B II 3.
1588 Siehe hierzu *7. Teil* GldPkt. A.
1589 Siehe hierzu *7. Teil* GldPkt. B I.
1590 Siehe hierzu *7. Teil* GldPkt. B II.

unterschiedliche Reichweite der allgemeinen Anti-Missbrauchsvorschrift im nationalen und unionalen Recht kann allerdings durch eine entsprechende Anpassung der nationalen Vorschrift zur Hinzurechnungsbesteuerung gemäß §§ 7 bis 14 AStG an das unionale Sekundärrecht kompensiert werden.

Hinsichtlich des Wortlauts mussten die §§ 7 bis 14 AStG nebst dem Beherrschungserfordernis zur Bestimmung des Begriffs einer „Zwischengesellschaft" vor allem auch bei der Ausnahmeregelung zu den „Zwischeneinkünften" an den Mindeststandard der ATAD angepasst werden. Letzteres musste namentlich dahingehend erfolgen, dass Zwischeneinkünfte – stellvertretend für den Anwendungsbereich der Hinzurechnungsbesteuerung – gemäß § 8 Abs. 2 S. 1 AStG nicht bereits dann auszuschließen sind, wenn eine beherrschte ausländische Gesellschaft im EU- oder EWR-Staat ihres Sitzes oder ihrer Geschäftsleitung nur eine „tatsächliche wirtschaftliche Tätigkeit", sondern vielmehr erst eine „wesentliche wirtschaftliche Tätigkeit" im Sinne des Art. 7 Abs. 2 lit. a) UAbs. 2 ATAD vorweist. Die unionale Regelung zum Ausschluss von Zwischeneinkünften lässt sich dabei enger auslegen, als es der Wortlaut des deutschen Steuerrechts bisher erlaubte.[1591] Um nicht in Widerspruch zur bisherigen Rechtsprechung des EuGH zu treten, ist der Wortlaut einer „wesentlichen wirtschaftlichen Tätigkeit" gemäß Art. 7 Abs. 2 lit. a) UAbs. 2 ATAD und mithin auch die Anforderung gemäß § 8 Abs. 2 S. 1 AStG zur Ausnahme einer Hinzurechnungsbesteuerung zwar vorerst weiterhin als „wirkliche wirtschaftliche Tätigkeit" zu lesen. Allerdings wurde mit der Angleichung des Wortlauts an jenen der ATAD die Möglichkeit eröffnet, auf eine zukünftige Rechtsprechungsänderung des EuGH – hin zu jenem in dieser Arbeit vertretenen Verständnis eines „steuerrechtlichen Missbrauchs" – zu reagieren, um so dem eigentlichen Zweck der Richtlinie zum Funktionieren des Binnenmarkts bzw. dem Unionszweck zur Förderung des Wohlergehens der Völker im Lichte des erreichten Standes der Entwicklung besser entsprechen zu können.[1592]

Die in dieser Arbeit vertretene Auffassung zur Auslegung einer „wesentlichen wirtschaftlichen Tätigkeit" hätte überdies Auswirkung auf die Konkurrenz des Steuerumgehungstatbestands gemäß § 42 AO zur Hinzurechnungsbesteuerung gemäß §§ 7 ff. AStG. So kann sich der Sinn und Zweck des Steuerumgehungstatbestands gemäß § 42 AO bei europäischen Sachverhalten auch im Lichte des Art. 6 ATAD weiterhin auf die Gewährleistung des (Unions-)*Ziels* zur *Errichtung* des Binnenmarkts erschöpfen, sofern zu dessen Ergänzung im

---

1591 Siehe hierzu *7. Teil* GldPkt. C I.

1592 Siehe hierzu *7. Teil* GldPkt. C II.

Rahmen der Hinzurechnungsbesteuerung gemäß §§ 7 ff. AStG eine teleologische Anpassung dahingehend erfolgt, dem sekundärrechtlichen Zweck der ATAD zur Gewährleistung eines *Funktionierens* des Binnenmarkts zu entsprechen, indem überdies auf den (Unions-)*Zweck* zur Förderung des Wohlergehens der Völker abgestellt wird. Dabei hat sich der Sinn und Zweck der Hinzurechnungsbesteuerung namentlich darin auszudrücken, eine Besteuerung am Ort der Gewinnerwirtschaftung und Wertschöpfung zu gewährleisten, indem Unternehmen gemäß dem Territorialitätsprinzip ebendort zu besteuern sind, wo sie die inländischen öffentlichen Leistungen zur Begründung ihrer Einkünfte tatsächlich wahrgenommen haben.[1593] *Rechtsmethodisch* hätten die unterschiedlichen Gesetzeszwecke zufolge, dass sich der Steuerumgehungstatbestand gemäß § 42 AO weiterhin in einer teleologischen *Auslegung* der betroffenen Grundfreiheiten im Lichte eines Unions*ziels* erschöpft, während die Hinzurechnungsbesteuerung gemäß §§ 7 ff. AStG vielmehr dessen teleologische *Reduktion* anstrebt, indem mehrere Unionsziele im Lichte des übergeordneten Unions*zwecks* in ein Verhältnis gesetzt werden. *Praktisch* hätte dies zufolge, dass der Steuerumgehungstatbestand im Falle des Mangels einer „wirklichen wirtschaftlichen Tätigkeit" und damit weiterhin bei Briefkastengesellschaften anwendbar wäre, während die Hinzurechnungsbesteuerung im Falle des Mangels einer „wesentlichen wirtschaftlichen Tätigkeit" und somit nunmehr eben dann Anwendung finden würde, wenn eine Briefkastengesellschaft zwar auszuschließen, allerdings auch nicht mehr als die Hälfte des für die Begründung der zu besteuernden Einkünfte notwendigen Kapitals in dem Mitgliedstaat einer ausländischen Gesellschaft zu verorten ist.[1594]

1593 Siehe zum Vorrang einer Hinzurechnungsbesteuerung auf Grundlage des *Territorialitätsprinzips* gegenüber einer Hinzurechnungsbesteuerung auf Grundlage des *Welteinkommensprinzips*, bei der sich das Territorialitätsprinzip allein in der Ausnahmeregel manifestiert, *6. Teil* GldPkt. B II 2 b) cc) (1).

1594 Siehe hierzu *7. Teil* GldPkt. D.

Anhang: Das „race to the bottom" in der EU

In der EU ist es nicht zuletzt der weiten Auslegung der Niederlassungsfreiheit gemäß der Leitentscheidung in der Rechtssache *Cadbury Schweppes* des EuGH aus dem Jahre 2006 und den damit einhergehenden aggressiven Rechtsgestaltungen multinational tätiger Unternehmen geschuldet, dass der Anpassungsdruck der Mitgliedstaaten hinsichtlich der vorteilhaften Besteuerung von mobilen Faktoren nur verstärkt wurde. So zeigt sich, dass finanzschwache immobile Faktoren – etwa niedrig bis mittel qualifizierte Arbeit – grundsätzlich einer hohen Steuerbelastung ausgesetzt sind, während finanzstarke mobile Faktoren – etwa Kapital – geringer besteuert werden und sich diese Schere in den letzten Jahrzehnten gar vergrößert hatte.[1595] Infolgedessen unterbleibt nicht nur eine Lastenumverteilung zugunsten der Bedürftigen im Sinne eines Sozialstaats. Vielmehr drohen sich die Finanzierungsstarken – oder zumindest ihre zu besteuernden Einkünfte – gar zunehmend aus der sozialstaatlichen Solidar- und Versicherungsgemeinschaft gänzlich zu verabschieden.[1596]

1595 Vgl. *L. Gerken/J. Märkt/G. Schick*, Internationaler Steuerwettbewerb, S. 168 ff. m.w.N.; *Europ. Kom.*, RL-Vorschl. v. 21.06.2017, COM(2017) 335 final (de), S. 5. Während sich die Steuersätze für den Faktor *Arbeit* innerhalb der EU im Allgemeinen erhöhten, sank dessen Höchststeuersatz für Vielverdiener. Seit 2013 verhält sich der Steuersatz in beiden Fällen allerdings relativ stabil (*Europ. Kom.*, Taxation Trends in the European Union 2016, S. 26 f. – Grafik 10,11; *dies.*, Taxation Trends in the European Union 2021, S. 29 – Grafik 11, 32 – Grafik 12). Ein besonderer Anstieg der Steuersätze ließ sich u.a. in *Irland* (Differenz zwischen 2004 und 2014 von 7,2 %; seit 2015 relativ stabil), *Luxemburg* (Differenz zwischen 2004 und 2014 von 4,2 %; seit 2015 relativ stabil) und den *Niederlanden* (Differenz zwischen 2004 und 2014 von 2,7 %; seit 2015 relativ stabil) verzeichnen. In *Deutschland* zeigt sich im Vergleich hierzu ein stabiler Verlauf (Differenz zwischen 2004 und 2014 von 0,2 %; seit 2015 leicht ansteigend) (*Europ. Kom.*, Taxation Trends in the European Union 2016, S. 287; *dies.*, Taxation Trends in the European Union 2021, S. 247 – Tabelle 80). Bei der Besteuerung der Einkünfte von *Körperschaften* zeigt sich genau das Gegenteil. Es reduzierten sich die Steuersätze innerhalb der EU im Zeitraum von 2000 bis 2021 (*Europ. Kom.*, Taxation Trends in the European Union 2016, S. 33 – Grafik 16; *dies.*, Taxation Trends in the European Union 2021, S. 44 – Grafik 18).

1596 *B. Hohaus*, Steuerwettbewerb in Europa, S. 140, 154 f.; *H.-W. Sinn*, in: JPE 66 (1997), S. 247 (262 ff.); *T. Dagan*, in: Brauner/Stewart (Hrsg.), Tax, Law and Development, S. 57 (69 f.); *M. Valta*, Das internationale Steuerrecht zwischen Effizienz, Gerechtigkeit und Entwicklungshilfe, S. 175.

In *Deutschland* zeigt sich der internationale Steuerwettbewerb in der unterschiedlichen Besteuerung von mobilen und immobilen Faktoren, indem im Jahre 2009 eine progressionslose *flat-tax* auf Kapitaleinkünfte in Höhe von 25 Prozent (sog. „Abgeltungssteuer") eingeführt wurde, während die übrigen Einkunftsarten weiterhin progressiv mit bis zu 45 Prozent besteuert werden können.[1597] Überdies wurde die Gesamtsteuerbelastung der Kapitalgesellschaften mit der Unternehmensteuerreform aus dem Jahre 2008 unter die 30 Prozent-Grenze gesenkt, um so die internationale Wettbewerbsfähigkeit des deutschen Unternehmensteuerrechts zu gewährleisten.[1598]

In vielen *anderen Mitgliedstaaten* wurden zur großen Beunruhigung internationaler Institutionen[1599] überdies *IP-Boxen* eingeführt, um Unternehmen dazu anzuregen, unter Berufung auf die Niederlassungsfreiheit ihre mobilen Einkünfte zu verlagern. Die konkrete Ausgestaltung der einzelnen steuerlichen Präferenzregime für qualifizierte Lizenzeinkünfte ist dabei sehr uneinheitlich. Neben selbstgeschaffenen immateriellen Wirtschaftsgütern handelte es sich ursprünglich[1600] zum Teil auch nur um *erworbene* Patente, Know-How, Warenzeichen, Marken usw., wie auch Wirtschaftsgüter, die auf Grundlage von Patenten oder Know-How hergestellt worden sind. Dabei konnten Steuerpflichtige unter anderem in den Genuss steuerlicher Präferenzregime kommen, ohne dass die hierzu notwendigen F&E-Aufwendungen oder Betriebsausgaben in die Bewertung einbezogen wurden.[1601]

Die Unternehmensteuern stellen trotz der gesunkenen Steuersätze für alle Mitgliedstaaten nach wie vor eine wichtige Einnahmequelle dar. So entfielen

---

1597 *J. Hey*, in: Tipke/Lang (Hrsg.), Steuerrecht, 23. Aufl. 2018, § 8 Rn. 804, § 7 Rn. 88. Den Unternehmen gereicht dies vor allem bei solchen Einkünften zum Vorteil, welche nicht durch Körperschaft- und Gewerbesteuer vorbelastet sind – namentlich bei Zinsen (*M. Valta*, Das internationale Steuerrecht zwischen Effizienz, Gerechtigkeit und Entwicklungshilfe, S. 175).

1598 *C. Kavcic/A. Vogel*, in: DStR 2008, S. 573 (578).

1599 Neben der Europäischen Kommission und der Deutschen Bundesregierung steht vor allem die *OECD* dem Phänomen der IP-Boxen sehr kritisch gegenüber und hat aus diesem Grund im Rahmen des Aktionsplans zur Verhinderung von Gewinnverkürzungen und Gewinnverlagerungen (auf Englisch: „Base Erosion and Profit Shifting", kurz: „BEPS") gemeinsame Maßnahmen gegen Steuergestaltungen von multinationalen Unternehmen entwickelt (siehe hierzu *5. Teil* GldPkt. A I).

1600 Siehe zum Lösungsansatz der *OECD* zur Bekämpfung schädlicher Steuerpraktiken bezüglich des Teilaspekts der Anpassung von Präferenzregimen im Rahmen des Anti-BEPS-Projekts *5. Teil* GldPkt. A I 2 a).

1601 *BReg.*, Antw. v. 25.04.2014, BT-Drucks. 18/1238, S. 2.

Abbildung A.Anh.1.0: Die aktuellen IP-Boxen der Mitgliedstaaten der EU.

	Effektiver Steuersatz auf Lizenzeinkünfte[a]	**Regulärer Steuersatz für Körperschaften**[b]	**Jahr der Einführung**[c] **(ggf. letzte Anpassung)**
	in Prozent	*in Prozent*	
Belgien[d]	3,75[e]	25,0[f]	2007 (2016)
Frankreich[g]	10,0	26,5[h]	2000 (2019)
Irland[i]	6,25	12,5	2016
Italien[j]	13,95	27,9	2015 (2017)
Litauen	5,0	15,0[k]	2018
Luxemburg[l]	4,99	24,94	2007 (2018)
Niederlande[m]	9,0[n]	25,0	2007 (2021)
Polen[o]	5,0	19,0	2019
Portugal	10,5	21,0	2014 (2016)
Slowakei	10,5	21,0	2018
Spanien[p]	10,0[q]	25,0[r]	2008 (2018)
Ungarn[s]	4,5[t]	9,0	2003 (2016)
Zypern[u]	2,5	12,5	2012 (2016)

a *OECD*, Corporate Tax Statistics, S. 36; *PwC*, in: Worldwide Tax Summaries, *https://taxsummaries.pwc.com/ID/tax-summaries-home* (Leitfaden: Land (eingeben) – Thema „Corporate – Taxes on corporate income“ / „Corporate – Tax credits and incentives“ / „Corporate – Income determination“) – zuletzt abgerufen am 26.09.2021.
b *PwC*, in: Worldwide Tax Summaries, *https://taxsummaries.pwc.com/ID/tax-summaries-home* (Leitfaden: Land (eingeben) – Thema „Corporate – Taxes on corporate income“) – zuletzt abgerufen am 26.09.2021.
c *BReg.*, Antw. v. 25.04.2014, BT-Drucks. 18/1238, S. 2.
d *EY*, Global Tax Alert v. 27.08.2018, EYG Nr. 010942-18Gbl.
e Der effektive Steuersatz reduzierte sich bis zum Jahre 2021 sukzessiv auf 3,75 %.
f Der reguläre Steuersatz reduzierte sich bis zum Jahre 2021 sukzessiv auf 25 %.
g *EY*, Global Tax Alert v. 21.12.2018, EYG Nr. 012550-18Gbl; Global Tax Alert v. 20.12.2019, EYG Nr. 005838-19Gbl.
h Für Unternehmen mit einem Umsatz von mindestens 250 Mio. Euro beträgt der reguläre Steuersatz 27,5 %. Der reguläre Steuersatz reduziert sich bis zum Jahre 2022 sukzessiv auf 25 %.
i *EY*, Global Tax Alert v. 30.10.2015, EYG Nr. CM5923.
j *EY*, Global Tax Alert v. 12.12.2017, EYG Nr. 07007-171Gbl.
k Im Zeitraum von Anfang 2020 bis Ende 2022 wird ein erhöhter regulärer Steuersatz i.H.v. 20 % auf steuerpflichtige Gewinne von Kreditinstituten angewendet, die den Schwellenwert von 2 Mio. Euro überschreiten.
l *EY*, Global Tax Alert v. 26.04.2018, EYG Nr. 02366-181Gbl.
m *EY*, Global Tax Alert v. 15.09.2020, EYG Nr. 006368-20Gbl.
n Der effektive Steuersatz erhöhte sich bis zum Jahre 2021 sukzessiv auf 9 %.
o *EY*, Global Tax Alert v. 30.08.2018, EYG Nr. 010822-18Gbl.
p *EY*, Global Tax Alert v. 07.08.2015, EYG Nr. CM5674; Global Tax Alert v. 12.09.2017, EYG Nr. 05144-171Gbl.

(*Fortführung auf der nächsten Seite*)

Abbildung A.Anh.1.0: (*Fortführung*)

q Im Baskenland kann der effektive Steuersatz nur 7,2 % betragen (*PwC*, in: Worldwide Tax Summaries, *https://taxsummaries.pwc.com/spain/corporate/other-issues* – zuletzt abgerufen am 26.09.2021).
r Im Baskenland beträgt der reguläre Steuersatz nur 24 % (*PwC*, in: Worldwide Tax Summaries, *https://taxsummaries.pwc.com/spain/corporate/other-issues* – zuletzt abgerufen am 26.09.2021).
s *EY*, Global Tax Alert v. 14.07.2016, EYG Nr. 02030-161Gbl.
t Unter besonderen Voraussetzungen kann sich der effektive Steuersatz auch auf 0 % reduzieren.
u *EY*, Global Tax Alert v. 19.10.2016, EYG Nr. 03469-161Gbl.

im Jahre 2019 innerhalb der EU im Durchschnitt 6,7 Prozent der Steuereinnahmen auf Körperschaften, was einem BIP-Anteil von 2,6 Prozent entsprach.[1602] Zwar sind die Steuereinnahmen seit dem Jahre 2009 insoweit relativ gleich geblieben.[1603] Viele Faktoren sprechen allerdings dafür, dass sie bei gleichbleibender Ertragslage der Unternehmen mit der Zeit eigentlich hätten steigen müssen.[1604] Nicht zuletzt aufgrund der aggressiven Steuergestaltungen multinational tätiger Unternehmen blieb dies aus.[1605]

1602 *Europ. Kom.*, Taxation Trends in the European Union 2021, S. 184 f. – Tabelle 17 und 18.

1603 *Europ. Kom.*, Taxation Trends in the European Union 2021, S. 47 – Grafik 19.

1604 Zum einen wurden die Auswirkungen niedriger Steuersätze durch eine Verbreiterung der Bemessungsgrundlage wettgemacht, was nicht zuletzt auch daran lag, dass der Steuerabzug für Zinszahlungen wegen der relativ niedrigen Zinssätze der letzten Jahre geringer ausfiel. Zum anderen wurden in den letzten Jahren mehr Unternehmen gegründet, sodass sich die Zahl der Steuerpflichtigen insgesamt erhöht hat (*Europ. Kom.*, Mitt. v. 17.06.2015, COM(2015) 302 final (de), S. 5).

1605 *Europ. Kom.*, Mitt. v. 17.06.2015, COM(2015) 302 final (de), S. 5; *F. Oppel*, in: IStR 2015, S. 813 (814).

Schlusswort

„And in the end
the love you take
is equal to
the love you make.“[1606]

1606 *J. Lennon/P.J. McCartney*, in: The Beatles, Abbey Road, Seite II Nr. 10 – „*The End*“.

Literaturverzeichnis

Adamovich, Ivan B. A. / Wohlgemuth, Michael: „‚Exit' und ‚voice' im Systemwettbewerb: Das Zusammenwirken von Föderalismus und direkter Demokratie in der Schweiz", in: Systemwettbewerb als Herausforderung an Politik und Theorie, herausgegeben von *Manfred E. Streit* und *Michael Wohlgemuth*, Schriftenreihe: Contributiones Jenenses (Band 7), Baden-Baden 1999, S. 123 bis 149 (zit.: *I.B.A. Adamovich/M. Wohlgemuth*, in: Streit/Wohlgemuth (Hrsg.), Systemwettbewerb als Herausforderung an Politik und Theorie, S.)

Adams, Thomas S.: „Fundamental Problems of Federal Income Taxation", in: The Quarterly Journal of Economics, Zeitschrift, Band 35, Oxford (u.a.) 1921, S. 527 bis 556 (zit.: *Th.S. Adams*, in: QJE 35 (1921), S.)

Aghion, Philippe / Howitt, Peter: „A Model of Growth Through Creative Destruction", in: Econometrica, Zeitschrift, Band 60, Oxford (u.a.) 1992, S. 323 bis 351 (zit.: *Ph. Aghion/P. Howitt*, in: Econometrica 60 (1992), S.)

Aghion, Philippe / Howitt, Peter: Endogenous Growth Theory, Cambridge/Massachusetts 1998 (zit.: *Ph. Aghion/P. Howitt*, Endogenous Growth Theory, S.)

Aghion, Philippe / Howitt, Peter: Wachstumsökonomie, Berlin 2015 (zit.: *Ph. Aghion/P. Howitt*, Wachstumsökonomie, S.)

Alexy, Robert: Theorie der Grundrechte, Habilitationsschrift (Universität Göttingen 1984), Schriftenreihe: Studien und Materialien zur Verfassungsgerichtsbarkeit (Band 28), Baden-Baden 1985 (zit.: *R. Alexy*, Theorie der Grundrechte, S.)

Anweiler, Jochen: Die Auslegungsmethoden des Gerichtshofs der Europäischen Gemeinschaften, Dissertationsschrift (Universität Göttingen 1996/1997), Schriftenreihe: Schriften zum internationalen und zum öffentlichen Recht (Band 17), Frankfurt a.M. (u.a.) 1997 (zit.: *J. Anweiler*, Die Auslegungsmethoden des Gerichtshofs der Europäischen Gemeinschaften, S.)

Arnauld, Andreas von: Völkerrecht, Schriftenreihe: Schwerpunktbereich: Öffentliches Recht/Steuerrecht, 3. Auflage, Heidelberg 2016 (zit.: *A. v. Arnauld*, Völkerrecht, 3. Aufl. 2016, Rn.)

Arnull, Anthony: The European Union and its Court of Justice, Schriftenreihe: Oxford EC Law Library, 2. Auflage, Oxford (u.a.) 2006 (zit.: *A. Arnull*, The European Union and its Court of Justice, 2. Aufl. 2006, S.)

Arrow, Kenneth J.: „The Economic Implications of Learning by Doing“, in: The Review of Economic Studies, Zeitschrift, Band 29, Oxford (u.a.) 1962, S. 155 bis 173 (zit.: *K.J. Arrow*, in: RevES 29 (1962), S.)

Aubry, Charles / Rau, Charles-Frédéric (Hrsg.): Droit civil francais, Band 6, Teil 2: Responsabilité délictuelle, 8. Auflage, Paris 1989 (zit.: *Bearbeiter/in*, in: Aubry/Rau (Hrsg.), Droit civil francais, Bd. VI/2, 8. Aufl. 1989, Rn.)

Audit, Bernard: La fraude à la loi, Dissertationsschrift (Universität Paris 1971), Paris 1974 (zit.: *B. Audit*, La fraude à la loi, Rn.)

Ault, Hugh. J.: „Tax Competition: What (If Anything) To Do About It?“, in: Staaten und Steuern, Festschrift für Klaus Vogel zum 70. Geburtstag, herausgegeben von *Paul Kirchhof, Moris Lehner, Arndt Raupach, Michael Rodi*, Heidelberg 2000, S. 1117 bis 1123 (zit.: *H.J. Ault*, in: Kirchhof/Lehner/Raupach/Rodi (Hrsg.), FS Vogel, S.)

Auswärtiges Amt (Hrsg.): Europa – Dokumente zur Frage der europäischen Einigung, 2. Auflage, Bonn 1953 (zit.: *Bearbeiter/in*, in: Auswärtiges Amt (Hrsg.), Europa, 2. Aufl. 1953, S.)

Avi-Yonah, Reuven S.: „Bridging the North/South Divide: International Redistribution and Tax Competition“, in: Michigan Journal of International Law, Zeitschrift, Band 26, Buffalo (u.a.) 2004, S. 371 bis 387 (zit.: *R.S. Avi-Yonah*, in: MJIL 26 (2004), S.)

Axelrod, Robert / Keohane, Robert O.: „Achieving Cooperation under Anarchy: Strategies and Institutions“, in: World Politics, Zeitschrift, Band 38, Cambridge (u.a.) 1985, S. 226 bis 254 (zit.: *R. Axelrod/R.O. Keohane*, in: WP 38 (1985), S.)

Axer, Georg: „Der Europäische Gerichtshof auf dem Weg zur ‚doppelten Kohärenz‘ – Eine Zukunft der Hinzurechnungsbesteuerung nach dem Cadbury Schweppes-Urteil“, in: Internationales Steuerrecht, Zeitschrift, München (u.a.) 2007, S. 162 bis 169 (zit.: *G. Axer*, in: IStR 2007, S.)

Baldwin, Richard E.: „The Growth Effects of 1992“, in: Economic Policy, Zeitschrift, Band 4 (Nr. 9: Europe 1992), Oxford 1989, S. 247 bis 281 (zit.: *R.E. Baldwin*, in: EP 4 (1989), S.)

Baratta, Alessandro / Giannoulis, Christina: „Vom Europarecht zum Europa der Rechte“, in: Kritische Vierteljahresschrift für Gesetzgebung und Rechtswissenschaft, Zeitschrift, Band 79, Baden-Baden 1996, S. 237 bis 266 (zit.: *A. Baratta/Ch. Giannoulis*, in: KritV 79 (1996), S.)

Barnett, Michael N. / Finnemore, Martha: Rules for the World – International Organizations in Global Politics, Ithaca 2004 (zit.: *M.N. Barnett/M. Finnemore*, Rules for the World, S.)

Barnett, Michael N. / Finnemore, Martha: „The power of liberal international organizations“, in: Power in Global Governance, herausgegeben von *Michael N. Barnett* und *Raymond Duvall*, Schriftenreihe: Cambridge Studies in International Relations (Band 98), Cambridge (u.a.) 2005, S. 161 bis 184 (zit.: *M.N. Barnett/M. Finnemore*, in: Barnett/Duvall (Hrsg.), Power in Global Governance, S.)

Barro, Robert J. / Sala-i-Martin, Xavier: Economic Growth, 2. Auflage, Cambridge/Massachusetts 2004 (zit.: *R.J. Barro/X. Sala-i-Martin*, Economic Growth, 2. Aufl. 2004, S.)

Bartels, Hans-Joachim: Methode und Gegenstand intersystemarer Rechtsvergleichung, Dissertationsschrift (Universität Hamburg 1982), Schriftenreihe: Studien zum ausländischen und internationalen Privatrecht (Band 7), Tübingen 1982 (zit.: *H.-J. Bartels*, Methode und Gegenstand intersystemarer Rechtsvergleichung, S.)

Barth, Rainer: Richterliche Rechtsfortbildung im Steuerrecht, Dissertationsschrift (Universität Münster 1995), Schriftenreihe: Schriften zum Steuerrecht (Band 50), Berlin 1996 (zit.: *R. Barth*, Richterliche Rechtsfortbildung im Steuerrecht, S.)

Basedow, Jürgen: Von der deutschen zur europäischen Wirtschaftsverfassung, Schriftenreihe: Walter-Eucken-Institut – Vorträge und Aufsätze (Band 137), Tübingen 1992 (zit.: *J. Basedow*, Von der deutschen zur europäischen Wirtschaftsverfassung, S.)

Basedow, Jürgen: „Zielkonflikte und Zielhierarchien im Vertrag über die Europäische Gemeinschaft“, in: Festschrift für Ulrich Everling, herausgegeben von *Ole Due, Marcus Lutter* und *Jürgen Schwarze*, Band 1, Baden-Baden 1995, S. 49 bis 68 (zit.: *J. Basedow*, in: Due/Lutter/Schwarze (Hrsg.), FS Everling, Bd. I, S.)

Bauer, Michael W. / Conceição-Heldt, Eugénia da / Ege, Jörn: „Autonomiekonzeptionen internationaler Organisationen im Vergleich“, in: Internationale Organisationen – Autonomie, Politisierung, interorganisationale Beziehungen und Wandel, herausgegeben von *Eugénia da Conceição-Heldt, Martin Koch* und *Andrea Liese*, Schriftenreihe: Politische Vierteljahresschrift-Sonderheft (Band 49), Baden-Baden 2015, S. 28 bis 53 (zit.: *M.W. Bauer/E. da Conceição-Heldt/J. Ege*, in: da Conceição-Heldt /Koch/Liese (Hrsg.), PVS-Sonderheft 49 (2015), S.)

Bauer, Steffen: „Bureaucratic authority and the implementation of international treaties: evidence from two convention secretariats“, in: International Organizations and Implementation – Enforcers, Managers, Authorities?, herausgegeben von *Jutta Joachim, Bob Reinalda* und *Bertjan Verbeek*, Schriftenreihe: Routledge ECPR Studies in European Political Science (Band 51), London (u.a.) 2008, S. 62 bis 74 (zit.: *St. Bauer*, in: Joachim/Reinalda/Verbeek (Hrsg.), International Organizations and Implementation, S.)

Baumgartner, Raphael: „Mögliche Änderungen der Hinzurechnungsbesteuerung durch den zweiten Referentenentwurf eines ATADUmsG“, in: Internationales Steuerrecht, Zeitschrift, München (u.a.) 2020, S. 524 bis 529 (zit.: *R. Baumgartner*, in: IStR 2020, S.)

Bayne, Nicholas: „International economic organizations – More policy making, less autonomy“, in: Autonomous Policy Making by International Organizations, herausgegeben von *Bob Reinalda* und *Bertjan Verbeek*, Schriftenreihe: Routledge ECPR Studies in European Political Science (Band 5), London (u.a.) 1998, S. 195 bis 210 (zit.: *N. Bayne*, in: Reinalda/Verbeek (Hrsg.), Autonomous Policy Making by International Organizations, S.)

Beckerath, Hans-Jochem von: Der Durchgriff im deutschen Außensteuerrecht, Dissertationsschrift (Universität Münster 1977), Schriftenreihe: Schriften zum Steuerrecht (Band 18), Berlin 1978 (zit.: *H.-J. v. Beckerath*, Der Durchgriff im deutschen Außensteuerrecht, S.)

Behrends, Okko: Die fraus legis – Zum Gegensatz von Wortlaut- und Sinngeltung in der römischen Gesetzesinterpretation, Schriftenreihe: Göttinger rechtswissenschaftliche Studien (Band 121), Göttingen 1982 (zit.: *O. Behrends*, Die fraus legis, S.)

Beier, Friedrich-Karl: „Objektive oder subjektive Marktabschottung? – Ein Beitrag zur Auslegung des Art. 36 Satz 2 EGV", in: Festschrift für Ralf Vieregge zum 70. Geburtstag (am 6. November 1995), herausgegeben von *Jürgen F. Baur, Rainer Jacobs, Manfred Lieb* und *Peter-Christian Müller-Graff*, Berlin (u.a.) 1995, S. 43 bis 59 (zit.: *F.-K. Beier*, in: Baur/Jacobs/Lieb/Müller-Graff (Hrsg.), FS Vieregge, S.)

Benecke, Martina: Gesetzesumgehung im Zivilrecht – Lehre und praktischer Fall im allgemeinen und internationalen Privatrecht, Habilitationsschrift (Universität Göttingen 2002), Schriftenreihe: Jus Privatum (Band 94), Tübingen 2004 (zit.: *M. Benecke*, Gesetzesumgehung im Zivilrecht, S.)

Bennett, Alvin L. / Oliver, James K.: International Organizations – Principles and Issues, 7. Auflage, Upper Saddle River 2002 (zit.: *A.L. Bennett/J.K. Oliver*, International Organizations, 7. Aufl. 2002, S.)

Bernstorff, Christoph Graf von: Einführung in das englische Recht, 5. Auflage, München 2018 (zit.: *Ch. Graf v. Bernstorff*, Einführung in das englische Recht, 5. Aufl. 2018, S.)

Bieber, Roland / Epiney, Astrid / Haag, Marcel / Kotzur, Markus (Hrsg.): Die Europäische Union – Europarecht und Politik, Schriftenreihe: NomosLehrbuch, 13. Auflage, Baden-Baden 2019 (zit.: *Bearbeiter/in*, in: Bieber/Epiney/Haag/Kotzur (Hrsg.), Die Europäische Union, 13. Aufl. 2019, § Rn.)

Bieder, Marcus: „Abgrenzung zwischen der Auslegung und der Anwendung des Europarechts – Dargestellt am Beispiel der Richtlinie über missbräuchliche Klauseln in Verbraucherverträgen", in: Zivilgerichtsbarkeit und Europäisches Justizsystem, herausgegeben von *Beate Gsell* und *Wolfgang Hau*, Tübingen 2012, S. 155 bis 177 (zit.: *M. Bieder*, in: Gsell/Hau (Hrsg.), Zivilgerichtsbarkeit und Europäisches Justizsystem, S.)

Billig, Hildegard: „Missbräuchliche Praktiken im Bereich des Mehrwertsteuerrechts", in: Umsatzsteuer-Rundschau, Zeitschrift, Köln 2006, S. 437 bis 441 (zit.: *H. Billig*, in: UR 2006, S.)

Blankart, Charles B.: „Braucht Europa mehr zentralstaatliche Koordination? – Einige Bemerkungen zu Hans-Werner Sinn", in: Wirtschaftsdienst, Zeitschrift, Band 76, Baden-Baden (u.a.) 1996, S. 87 bis 91 (zit.: *Ch.B. Blankart*, in: Wirtschaftsdienst 76 (1996), S.)

Bleckmann, Albert: „Teleologie und dynamische Auslegung des Europäischen Gemeinschaftsrechts", in: Europarecht, Zeitschrift, Baden-Baden (u.a.) 1979, S. 239 bis 260 (zit.: *A. Bleckmann*, in: EuR 1979, S.)

Bleckmann, Albert: Ermessensfehlerlehre – Völker- und Europarecht, vergleichendes Verwaltungsrecht, Köln (u.a.) 1997 (zit.: *A. Bleckmann*, Ermessensfehlerlehre, S.)

Bleckmann, Albert (Hrsg.): Europarecht – Das Recht der Europäischen Union und der Europäischen Gemeinschaften, Schriftenreihe: Academia Iuris, 6. Auflage, Köln (u.a.) 1997 (zit.: *Bearbeiter/in*, in: Bleckmann (Hrsg.), Europarecht, 6. Aufl. 1997, Rn.)

Bleckmann, Albert: Völkerrecht, Baden-Baden 2001 (zit.: *A. Bleckmann*, Völkerrecht, Rn.)

Blümich, Walter (Begr.): Einkommensteuergesetz, Körperschaftsteuergesetz, Gewerbesteuergesetz, Gesetzeskommentar, herausgegeben von *Bernd Heuermann* und *Peter Brandis*, Loseblattsammlung, München seit 1995, Stand: bis zur 146. Ergänzungslieferung Februar 2019 (zit.: *Bearbeiter/in,* in: Blümich (Begr.), EStG/KStG/GewStG, 146. EL 2019, § Gesetz Rn.)

Blundell, Richard W. / Griffith, Rachel / Reenen, John M. van: „Market Share, Market Value and Innovation in a Panel of British Manufacturing Firms“, in: The Review of Economic Studies, Zeitschrift, Band 66, Oxford (u.a.) 1999, S. 529 bis 554 (zit.: *R.W. Blundell/R. Griffith/J.M. v. Reenen*, in: RevES 66 (1999), S.)

Boadway, Robin W. / Wildasin, David E.: Public Sector Economics, 2. Auflage, Boston 1984 (zit.: *R.W. Boadway/D.E. Wildasin*, Public Sector Economics, 2. Aufl. 1984, S.)

Bock, Yves: Rechtsangleichung und Regulierung im Binnenmarkt – Zum Umfang der allgemeinen Binnenmarktkompetenz, Dissertationsschrift (Universität Passau 2004), Schriftenreihe: Schriftenreihe Europäisches Recht, Politik und Wirtschaft (Band 306), Baden-Baden 2005 (zit.: *Y. Bock*, Rechtsangleichung und Regulierung im Binnenmarkt, S.)

Böckenförde, Ernst-Wolfgang: Aussprache und Schlußworte zum 1. Beratungsgegenstand: Der Gleichheitssatz, in: Der Gleichheitssatz – Gesetzesgestaltung und Gesetzesanwendung im Leistungsrecht, Konferenzschrift, Schriftenreihe: Veröffentlichungen der Vereinigung der Deutschen Staatsrechtslehrer (Band 47), Berlin (u.a.) 1989, S. 63 bis 112 (zit.: *E.-W. Böckenförde*, in: VVDStRL 47 (1989), S.)

Böing, Christian: Steuerlicher Gestaltungsmissbrauch in Europa – Eine rechtsvergleichende und gemeinschaftsrechtliche Untersuchung von Konzeptionen zur Bekämpfung des Gestaltungsmissbrauchs, Dissertationsschrift (Universität Münster 2006), Schriftenreihe: Steuerrecht in Forschung und Praxis (Band 22), Hamburg 2006 (zit.: *Ch. Böing*, Steuerlicher Gestaltungsmissbrauch in Europa, S.)

Bogdandy, Armin von: „Rechtsfortbildung mit Art. 5 EG-Vertrag", in: Gedächtnisschrift für Eberhard Grabitz, herausgegeben von *Albrecht Randelzhofer, Rupert Scholz* und *Dieter Wilke*, München 1995, S. 17 bis 28 (zit.: *A. v. Bogdandy*, in: Randelzhofer/Scholz/Wilke (Hrsg.), GS Grabitz, S.)

Bogdandy, Armin von: Supranationaler Föderalismus als Wirklichkeit und Idee einer neuen Herrschaftsform – zur Gestalt der Europäischen Union nach Amsterdam, Schriftenreihe: Forum Rechtswissenschaft (Band 28), Baden-Baden 1999 (zit.: *A. v. Bogdandy*, Supranationaler Föderalismus als Wirklichkeit und Idee einer neuen Herrschaftsform, S.)

Bogdandy, Armin von (Hrsg.): Europäisches Verfassungsrecht – Theoretische und dogmatische Grundzüge, 1. Auflage, Berlin (u.a.) 2003 (zit.: *Bearbeiter/in*, in: v. Bogdandy (Hrsg.), Europäisches Verfassungsrecht, 1. Aufl. 2003, S.)

Bogdandy, Armin von / Bast, Jürgen (Hrsg.): Europäisches Verfassungsrecht – Theoretische und dogmatische Grundzüge, 2. Auflage, Berlin (u.a.) 2009 (zit.: *Bearbeiter/in*, in: v. Bogdandy/Bast (Hrsg.), Europäisches Verfassungsrecht, 2. Aufl. 2009, S.)

Bork, Reinhard: Allgemeiner Teil des Bürgerlichen Gesetzbuchs, 4. Auflage, Tübingen 2016 (zit.: *R. Bork*, Allgemeiner Teil des Bürgerlichen Gesetzbuchs, 4. Aufl. 2016, Rn.)

Brennan, Geoffrey / Buchanan, James M.: „Towards a Tax Constitution for Leviathan", in: Journal of Public Economics, Zeitschrift, Band 8, Amsterdam (u.a.) 1977, S. 255 bis 273 (zit.: *G. Brennan/J.M. Buchanan*, in: JPE 8 (1977), S.)

Bretschger, Lucas: Wachstumstheorie, Schriftenreihe: Wolls Lehr- und Handbücher der Wirtschafts- und Sozialwissenschaften, 3. Auflage, München (u.a.) 2004 (zit.: *L. Bretschger*, Wachstumstheorie, 3. Aufl. 2004, S.)

Brinkmann, Johannes A.: Tatbestandsmäßigkeit der Besteuerung und formeller Gesetzesbegriff, Dissertationsschrift (Universität Bochum 1981/1982), Schriftenreihe: Steuerwissenschaft (Band 15), Köln 1982 (zit.: *J.A. Brinkmann*, Tatbestandsmäßigkeit der Besteuerung und formeller Gesetzesbergriff, S.)

Brocke, Klaus von / Rottenmoser, Georg: „Die GKKB im Lichte der Rechtsetzungskompetenzen der EU – Harmonisierung direkter Steuern?", in: Internationale Wirtschaftsbriefe, Zeitschrift, Herne 2011, S. 620 bis 626 (zit.: *K. v. Brocke/G. Rottenmoser*, in: IWB 2011, S.)

Brown, Lionel N.: „Is there a General Principle of Abuse of Rights in European Community Law?", in: Essays in Honour of Henry G. Schermers (Festschrift), herausgegeben von *Deirdre M. Curtin* und *Ton Heukels*, Band 2: Institutional Dynamics of European Integration, Dordrecht (u.a.) 1994, S. 511 bis 525 (zit.: *L.N. Brown*, in: Curtin/Heukels (Hrsg.), FS Schermers, Bd. II, S.)

Brümmerhoff, Dieter / Büttner, Thiess: Finanzwissenschaft, 12. Auflage, Berlin (u.a.) 2018 (zit.: *D. Brümmerhoff/Th. Büttner*, Finanzwissenschaft, 12. Aufl. 2018, S.)

Buchanan, James M. / Lee, Dwight R.: „On a Fiscal Constitution for the European Union", in: Journal des Économistes et des Études Humaines, Zeitschrift, Band 5, Berlin (u.a.) 1994, S. 219 bis 232 (zit.: *J.M. Buchanan/D.R. Lee*, in: JEEH 5 (1994), S.)

Buchet, Maxime: Anmerkung zum Urteil des Conseil d'État vom 11. April 2014 (Rs. 352999 – „SARL Garnier Choiseul Holding"), in: Revue de Droit Fiscal, Zeitschrift, Paris 2014, Anmerkung zu Nr. 408 (zit.: *M. Buchet*, in: DF 2014, Nr. 408 Rn.)

Buck, Carsten: Über die Auslegungsmethoden des Gerichtshofs der Europäischen Gemeinschaft, Dissertationsschrift (Universität Münster 1997), Schriftenreihe: Europäische Hochschulschriften (Band 2375), Frankfurt a.M. (u.a.) 1998 (zit.: *C. Buck*, Über die Auslegungsmethoden des Gerichtshofs der Europäischen Gemeinschaft, S.)

Bühler, Ottmar: Prinzipien des Internationalen Steuerrechts – IStR, ein systematischer Versuch, München 1964 (zit.: *O. Bühler*, Prinzipien des Internationalen Steuerrechts, S.)

Bydlinski, Franz: Juristische Methodenlehre und Rechtsbegriff, 2. Auflage, Wien (u.a.) 1991 (zit.: *F. Bydlinski*, Juristische Methodenlehre und Rechtsbegriff, 2. Aufl. 1991, S.)

Bydlinski, Franz: „Skizzen zum Verbot des Rechtsmißbrauchs im österreichischen Privatrecht", in: Zum Recht der Wirtschaft, Festschrift für Heinz Krejci zum 60. Geburtstag, herausgegeben von *Erwin Bernat*, *Elisabeth Böhler* und *Arthur Weilinger*, Band 2, Wien 2001, S. 1079 bis 1098 (zit.: *F. Bydlinski*, in: Bernat/Böhler/Weilinger (Hrsg.), FS Krejci, Bd. II, S.)

Calliess, Christian / Ruffert, Matthias (Hrsg.): EUV/EGV, Gesetzeskommentar, 2. Auflage, Neuwied (u.a.) 2002 (zit.: *Bearbeiter/in*, in: Calliess/Ruffert (Hrsg.), EUV/EGV, 2. Aufl. 2002, Art. Gesetz Rn.)

Calliess, Christian / Ruffert, Matthias (Hrsg.): EUV/EGV, Gesetzeskommentar, 3. Auflage, München 2007 (zit.: *Bearbeiter/in*, in: Calliess/Ruffert (Hrsg.), EUV/EGV, 3. Aufl. 2007, Art. Gesetz Rn.)

Calliess, Christian / Ruffert, Matthias (Hrsg.): EUV/AEUV, Gesetzeskommentar, 4. Auflage, München 2011 (zit.: *Bearbeiter/in*, in: Calliess/Ruffert (Hrsg.), EUV/AEUV, 4. Aufl. 2011, Art. Gesetz Rn.)

Calliess, Christian / Ruffert, Matthias (Hrsg.): EUV/AEUV, Gesetzeskommentar, 5. Auflage, München 2016 (zit.: *Bearbeiter/in*, in: Calliess/Ruffert (Hrsg.), EUV/AEUV, 5. Aufl. 2016, Art. Gesetz Rn.)

Canaris, Claus-Wilhelm: Die Feststellung von Lücken im Gesetz – Eine methodologische Studie über Voraussetzungen und Grenzen der richterlichen Rechtsfortbildung praeter legem, Dissertationsschrift (Universität München 1963), Schriftenreihe: Schriften zur Rechtstheorie (Band 3), 2. Auflage, Berlin 1983 (zit.: *C.-W. Canaris*, Die Feststellung von Lücken im Gesetz, 2. Aufl. 1983, S.)

Cane, Peter / Conaghan, Joanne (Hrsg.): The New Oxford Companion to Law, Oxford (u.a.) 2008 (zit.: *Bearbeiter/in*, in: Cane/Conaghan (Hrsg.), The New Oxford Companion to Law, S.)

Catala, Pierre / Weir, John A.: „Delict and Torts – A Study in Parallel“, in: Tulane Law Review, Zeitschrift, Band 38, New Orleans (u.a.) 1964, S. 221 bis 278 (zit.: *P. Catala/J.A. Weir*, in: TulLRev. 38 (1964), S.)

Clausen, Uwe: „Struktur und Rechtsfolgen des § 42 AO“, in: Der Betrieb, Zeitschrift, Düsseldorf (u.a.) 2003, S. 1589 bis 1596 (zit.: *U. Clausen*, in: DB 2003, S.)

Cnossen, Sijbren: „Reform and Coordination of Corporation Taxes in the European Union: An Alternative Agenda“, in: Bulletin for International Taxation, Zeitschrift, Amsterdam 2004, S. 134 bis 150 (zit.: *S. Cnossen*, in: BIT 2004, S.)

Conway, Gerard: The Limits of Legal Reasoning and the European Court of Justice, Schriftenreihe: Cambridge Studies in European Law and Policy, Cambridge (u.a.) 2012 (zit.: *G. Conway*, The Limits of Legal Reasoning and the European Court of Justice, S.)

Cordewener, Axel: Europäische Grundfreiheiten und nationales Steuerrecht – „Konvergenz“ des Gemeinschaftsrechts und „Kohärenz“ der direkten Steuern in der Rechtsprechung des EuGH, Dissertationsschrift (Universität Bonn 2001), Schriftenreihe: Rechtsordnung und Steuerwesen (Band 29), Köln 2002 (zit.: *A. Cordewener*, Europäische Grundfreiheiten und nationales Steuerrecht, S.)

Cordewener, Axel: „Deutsche Unternehmensbesteuerung und europäische Grundfreiheiten – Grundzüge des materiellen und formellen Rechtsschutzsystems der EG“, in: Deutsches Steuerrecht, Zeitschrift, München (u.a.) 2004, S. 6 bis 15 (zit.: *A. Cordewener*, in: DStR 2004, S.)

Cordewener, Axel: „Anti-Abuse Measures in the Area of Direct Taxation: Towards Converging Standards under Treaty Freedoms and EU Directives?“, in: EC Tax Review, Zeitschrift, Band 26, Dordrecht (u.a.) 2017, S. 60 bis 66 (zit.: *A. Cordewener*, in: ECTRev. 26 (2017), S.)

Cornu, Gérard: Droit civil, Band 1: Introduction, les personnes, les biens, 8. Auflage, Paris 1997 (zit.: *G. Cornu*, Droit civil, Bd. I, 8. Aufl. 1997, Rn.)

Cornut, Étienne: Théorie critique de la fraude à la loi – Étude de droit international privé de la famille, Dissertationsschrift (Universität Paris 2004), Schriftenreihe: Doctorat et notariat (Band 12), Paris 2006 (zit.: *É. Cornut*, Théorie critique de la fraude à la loi, Rn.)

Cozian, Maurice: „La gestion fiscale de l'entreprise“, in: Revue de jurisprudence fiscale, Zeitschrift, Paris 1980, S. 202 bis 206 (zit.: *M. Cozian*, in: RJF 1980, S.)

Cozian, Maurice: Les grands principes de la fiscalité des entreprises, 3. Auflage, Paris 1996 (zit.: *M. Cozian*, Les grands principes de la fiscalité des entreprises, 3. Aufl. 1996, S. Rn.)

Cozian, Maurice / Deboissy, Florence / Chadefaux, Martial: Précis de fiscalité des entreprises, 40. Auflage, Paris 2016 (zit.: *M. Cozian/F. Deboissy/M. Chadefaux*, Précis de fiscalité des entreprises, 40. Aufl. 2016, Rn.)

Crezelius, Georg: Steuerrechtliche Rechtsanwendung und allgemeine Rechtsordnung – Grundlagen für eine liberale Besteuerungspraxis, Habilitationsschrift (Universität Bielefeld 1982/1983), Schriftenreihe: Steuerrecht in Wissenschaft und Praxis, Herne (u.a.) 1983 (zit.: *G. Crezelius*, Steuerrechtliche Rechtsanwendung und allgemeine Rechtsordnung, S.)

Crezelius, Georg: „Kodifizierte und rechtsprechungstypisierte Umgehungen", in: Steuer und Wirtschaft, Zeitschrift, Köln (u.a.) 1995, S. 313 bis 325 (zit.: *G. Crezelius*, in: StuW 1995, S.)

Crezelius, Georg: „Das Argumentationsmuster des sog. Gesamtplans", in: Finanz-Rundschau, Zeitschrift, Köln 2003, S. 537 bis 542 (zit.: *G. Crezelius*, in: FR 2003, S.)

Dagan, Tsilly: „The tragic choices of tax policy in a globalized economy", in: Tax, Law and Development, herausgegeben von *Yariv Brauner* und *Miranda Stewart*, Cheltenham 2013, S. 57 bis 76 (zit.: *T. Dagan*, in: Brauner/Stewart (Hrsg.), Tax, Law and Development, S.)

Damas, Jens-Peter / Ungemach, Markus: „Schreckgespenst Gesamtplanrechtsprechung?", in: Deutsche Steuer-Zeitung, Zeitschrift, Bonn (u.a.) 2007, S. 552 bis 560 (zit.: *J.-P. Damas/M. Ungemach*, in: DStZ 2007, S.)

Danwitz, Thomas von: Europäisches Verwaltungsrecht, Schriftenreihe: Enzyklopädie der Rechts- und Staatswissenschaft, Berlin (u.a.) 2008 (zit.: *Th. v. Danwitz*, Europäisches Verwaltungsrecht, S.)

Danzer, Jürgen: Die Steuerumgehung, Dissertationsschrift (Universität Bochum 1981), Schriftenreihe: Steuerwissenschaft (Band 9), Köln 1981 (zit.: *J. Danzer*, Die Steuerumgehung, S.)

Dauses, Manfred A. / Ludwigs, Markus (Hrsg.): Handbuch des EU-Wirtschaftsrechts, Loseblattsammlung, München seit 1998, Stand: bis zur 47. Ergänzungslieferung März 2019 (zit.: *Bearbeiter/in*, in: Dauses/Ludwigs (Hrsg.), EU-Wirtschaftsrecht, 47. EL 2019, GldPkt. Rn.)

Debatin, Helmut: „Konzeptionen zur Steuerpflicht", in: Finanz-Rundschau, Zeitschrift, Köln 1969, S. 277 bis 284 (zit.: *H. Debatin*, in: FR 1969, S.)

Debatin, Helmut: „Außensteuerreformgesetz", in: Deutsche Steuer-Zeitung, Zeitschrift, Ausgabe A, Bonn 1972, S. 265 bis 278 (zit.: *H. Debatin*, in: DStZ/A 1972, S.)

Deboissy, Florence: La simulation en droit fiscal, Dissertationsschrift (Universität Dijon 1995), Schriftenreihe: Bibliothèque de droit privé (Band 276), Paris 1997 (zit.: *F. Deboissy*, La simulation en droit fiscal, S. Rn.)

Deboissy, Florence: „L'opposabilité à l'administration fiscale des montages contractuels", in: Revue des Contrats, Zeitschrift, Paris 2007, S. 1006 bis 1021 (zit.: *F. Deboissy*, in: RDC 2007, S.)

Delahaye, Thomas: Le choix de la voie la moins imposée – Étude de droit fiscal comparé, Brüssel 1977 (zit.: *Th. Delahaye*, Le choix de la voie la moins imposée, S.)

Deutscher Juristentag e.V.: „Besteuerung von Einkommen – Aufgaben, Wirkungen und europäische Herausforderungen", in: Verhandlungen des 66. Deutschen Juristentages (Stuttgart 2006), Beschlüsse, herausgegeben von der ständigen Deputation des Deutschen Juristentages e.V., München 2006, S. 25 bis 29 (zit.: *Deutscher Juristentag e.V.*, in: Verhandlungen des 66. Deutschen Juristentages, Beschlüsse, S. Rn.)

Devereux, Michael P. / Loretz, Simon: „The Effects of EU Formula Apportionment on Corporate Tax Revenues", in: Fiscal Studies, Zeitschrift, Band 29, Oxford (u.a.) 2008, S. 1 bis 33 (zit.: *M.P. Devereux/S. Loretz*, in: FSt. 29 (2008), S.)

Dharmapala, Dhammika / Hines Jr., James R.: „Which countries become tax havens?", in: Journal of Public Economics, Zeitschrift, Band 93, Amsterdam (u.a.) 2009, S. 1058 bis 1068 (zit.: *Dh. Dharmapala/J.R. Hines*, in: JPE 93 (2009), S.)

Ditz, Xaver: „Die Grenzen des Fremdvergleichs – Zugleich Plädoyer für ein Festhalten am Fremdvergleichsgrundsatz", in: Finanz-Rundschau, Zeitschrift, Köln 2015, S. 115 bis 121 (zit.: *X. Ditz*, in: FR 2015, S.)

Doralt, Werner / Ruppe, Hans G. (Hrsg.): Grundriss des Österreichischen Steuerrechts, Band 2, 7. Auflage, Wien 2014 (zit.: *Bearbeiter/in*, in: Doralt/ Ruppe (Hrsg.), Steuerrecht, Bd. II, 7. Aufl. 2014, S. Rn.)

Dougan, Michael: „Minimum Harmonization and the Internal Market", in: Common Market Law Review, Zeitschrift, Band 37, Den Haag (u.a.) 2000, S. 853 bis 885 (zit.: *M. Dougan*, in: CMLRev. 37 (2000), S.)

Dourado Ana P.: „The EU Anti Tax Avoidance Package: Moving Ahead of BEPS?", in: Intertax, Zeitschrift, London 2016, S. 440 bis 446 (zit.: *A.P. Dourado*, in: Intertax 2016, S.)

Drüen, Klaus-Dieter / Kahler, Björn: „Die nationale Steuerhoheit im Prozess der Europäisierung", in: Steuer und Wirtschaft, Zeitschrift, Köln (u.a.) 2005, S. 171 bis 184 (zit.: *K.-D. Drüen/B. Kahler*, in: StuW 2005, S.)

Durry, Georges: „Responsabilité civile", in: Revue Trimestrielle des Droit Civil, Zeitschrift, Band 70, Paris 1972, S. 395 bis 412 (zit.: *G. Durry*, in: RTDCiv. 70 (1972), S.)

Dworkin, Ronald M.: Taking Rights Seriously, Cambridge/Massachusetts 1977 (zit.: *R.M. Dworkin*, Taking Rights Seriously, S.)

Eckhoff, Rolf: Rechtsanwendungsgleichheit im Steuerrecht – Die Verantwortung des Gesetzgebers für einen gleichmäßigen Vollzug des Einkommensteuerrechts, Habilitationsschrift (Universität Münster 1999), Köln 1999 (zit.: *R. Eckhoff*, Rechtsanwendungsgleichheit im Steuerrecht, S.)

Ehlermann, Claus-Dieter: „Ökonomische Aspekte des Subsidiaritätsprinzips: Harmonisierung versus Wettbewerb der Systeme", in: Integration, Zeitschrift, Band 18, Baden-Baden 1995, S. 11 bis 21 (zit.: *C.-D. Ehlermann*, in: Integration 18 (1995), S.)

Eiden, Christoph: Die Rechtsangleichung gemäss Art. 100 des EWG-Vertrages, Dissertationsschrift (Universität Münster 1983), Schriftenreihe: Schriften zum Internationalen Recht (Band 31), Berlin 1984 (zit.: *Ch. Eiden*, Die Rechtsangleichung gem. Art. 100 des EWG-Vertrages, S.)

Eilers, Stephan / Oppel, Florian: „BEPS erreicht die EU: Das Anti Tax Avoidance Package der EU-Kommission", in: Internationales Steuerrecht, Zeitschrift, München (u.a.) 2016, S. 312 bis 319 (zit.: *St. Eilers/F. Oppel*, in: IStR 2016, S.)

Eiling, Astrid: „Das GK(K)B-Projekt bekommt neuen Wind – Neue Richtlinienentwürfe zur Umsetzung des GKKB-Projekts", in: Internationale Wirtschaftsbriefe, Zeitschrift, Herne 2017, S. 49 bis 54 (zit.: *A. Eiling*, in: IWB 2017, S.)

Ellis, Maarten J.: „The Code of Conduct in 2000: Cracking the Code or Coating the Crack?", in: European Taxation, Zeitschrift, Amsterdam 2000, S. 414 bis 416 (zit.: *M.J. Ellis*, in: ET 2000, S.)

Emmerich-Fritsche, Angelika: Der Grundsatz der Verhältnismäßigkeit als Direktive und Schranke der EG-Rechtsetzung – Mit Beiträgen zu einer gemeineuropäischen Grundrechtslehre sowie zum Lebensmittelrecht, Dissertationsschrift (Universität Bayreuth 1998), Schriftenreihe: Beiträge zum Europäischen Wirtschaftsrecht (Band 13), Berlin 2000 (zit.: *A. Emmerich-Fritsche*, Der Grundsatz der Verhältnismäßigkeit als Direktive und Schranke der EG-Rechtsetzung, S.)

Endres, Dieter / Oestreicher, Andreas: „Grenzüberschreitende Ergebnisabgrenzung: Verrechnungspreise, Konzernumlagen, Betriebsstättengewinnermittlung – Bestandsaufnahme und Neuentwicklungen", in: Internationales Steuerrecht, Zeitschrift, München (u.a.) 2003, Beilage zu Heft 15, S. 1 bis 16 (zit.: *D. Endres/A. Oestreicher*, in: IStR-Beihefter 15/2003, S.)

Endriss, Horst W.: „Ist die Unterscheidung zwischen unbeschränkter und beschränkter Steuerpflicht noch zeitgemäß“, in: Finanz-Rundschau, Zeitschrift, Köln 1968, S. 338 bis 343 (zit.: *H.W. Endriss*, in: FR 1968, S.)

Englisch, Joachim: „Verbot des Rechtsmissbrauchs – Ein allgemeiner Rechtsgrundsatz des Gemeinschaftsrechts?“, in: Steuer und Wirtschaft, Zeitschrift, Köln (u.a.) 2009, S. 3 bis 22 (zit.: *J. Englisch*, in: StuW 2009, S.)

Englisch, Joachim: „Grundfreiheiten: Vergleichbarkeit, Rechtfertigung und Verhältnismäßigkeit“, in: Europäisches Steuerrecht, Konferenzschrift, herausgegeben von *Michael Lang* (i.A. der Deutschen Steuerjuristischen Gesellschaft e.V.), Schriftenreihe: Veröffentlichungen der Deutschen Steuerjuristischen Gesellschaft e.V. (Band 41), Köln 2018, S. 273 bis 357 (zit.: *J. Englisch*, in: Lang (Hrsg.), DStJG 41 (2018), S.)

Erman, Walter (Begr.): Bürgerliches Gesetzbuch, Gesetzeskommentar, herausgegeben von *Harm P. Westermann*, *Barbara Grunewald* und *Georg Maier-Reimer*, Band 1: §§ 1–761, AGG, 15. Auflage, Köln 2017 (zit.: *Bearbeiter/in*, in: Erman (Begr.), BGB, Bd. I, 15. Aufl. 2017, § Rn.)

Esser, Josef: Schuldrecht, Band 1: Allgemeiner Teil, 4. Auflage, Karlsruhe 1970 (zit.: *J. Esser*, Schuldrecht, Bd. I, 4. Aufl. 1970, S.)

Europäische Kommission: „Eine Politik der industriellen Wettbewerbsfähigkeit für die Europäische Union“, in: Bulletin der Europäischen Union, Zeitschrift, Luxemburg 1994, Beilage 3 (zit.: *Europ. Kom.*, in: Bulletin der EU, Beilage 3/1994, S.)

Europäische Kommission: Bericht des unabhängigen Sachverständigenausschusses zur Unternehmensbesteuerung, Luxemburg 1995 (zit.: *Europ. Kom.*, Bericht des unabhängigen Sachverständigenausschusses zur Unternehmensbesteuerung – *„Ruding Report“*, S.)

Europäische Kommission: Taxation Trends in the European Union – Data for the EU Member States, Iceland and Norway, Luxemburg 2016, abrufbar unter: *https://doi.org/10.2785/751842*
(zit.: *Europ. Kom.*, Taxation Trends in the European Union 2016, S.)

Europäische Kommission: Taxation Trends in the European Union – Data for the EU Member States, Iceland and Norway, Luxemburg 2021, abrufbar unter: *https://doi.org/10.2778/732541*
(zit.: *Europ. Kom.*, Taxation Trends in the European Union 2021, S.)

Everling, Ulrich: „Sind die Mitgliedstaaten der Europäischen Gemeinschaft noch Herren der Verträge? Zum Verhältnis von Europäischem Gemeinschaftsrecht und Völkerrecht", in: Völkerrecht als Rechtsordnung, Internationale Gerichtsbarkeit, Menschenrechte, Festschrift für Hermann Mosler, herausgegeben von *Rudolf Bernhardt, Wilhelm K. Geck, Günter Jaenicke* und *Helmut Steinberger*, Schriftenreihe: Beiträge zum ausländischen öffentlichen Recht und Völkerrecht (Band 81), Berlin (u.a.) 1983, S. 173 bis 191 (zit.: *U. Everling*, in: Bernhardt/Geck/Jaenicke/Steinberger (Hrsg.), FS Mosler, S.)

Everling, Ulrich: „Richterliche Rechtsfortbildung in der Europäischen Gemeinschaft", in: JuristenZeitung, Zeitschrift, Tübingen 2000, S. 217 bis 227 (zit.: *U. Everling*, in: JZ 2000, S.)

Evers, Lisa K.: Intellectual Property (IP) Box Regimes – Tax Planning, Effective Tax Burdens, and Tax Policy Options, Dissertationsschrift (Universität Mannheim 2014/2015), Mannheim 2015, abrufbar unter:
https://madoc.bib.uni-mannheim.de/37562/
(zit.: *L.K. Evers*, Intellectual Property (IP) Box Regimes, S.)

Evers, Maria Th. / Finke, Katharina / Köstler, Melanie / Meier, Ina / Scheffler, Wolfram / Spengel, Christoph: Gemeinsame Körperschaftsteuer-Bemessungsgrundlage in der EU – Konkretisierung der Gewinnermittlungsprinzipien und Weiterentwicklungen, Arbeitspapier (des Leibniz-Zentrums für Europäische Wirtschaftsforschung), Schriftenreihe: Zentrum für Europäische Wirtschaftsforschung – Discussion Paper (Nr. 14–112), Mannheim 2014, abrufbar unter:
http://ftp.zew.de/pub/zew-docs/dp/dp14112.pdf
(zit.: *M.Th. Evers/K. Finke/M. Köstler/I. Meier/W. Scheffler/Ch. Spengel*, ZEW Discussion Paper 14–112 (2014), S.)

Fastenrath, Ulrich / Nowak, Carsten: „Wozu brauchen wir den Vertrag von Lissabon und was bringt er?", in: Der Lissabonner Reformvertrag – Änderungsimpulse in einzelnen Rechts- und Politikbereichen, herausgegeben von *Ulrich Fastenrath* und *Carsten Nowak*, Schriftenreihe: Tübinger Schriften zum internationalen und europäischen Recht (Band 94), Berlin 2009, S. 13 bis 32 (zit.: *U. Fastenrath/C. Nowak*, in: Fastenrath/Nowak (Hrsg.), Der Lissabonner Reformvertrag, S.)

Feld, Lars P.: Steuerwettbewerb und seine Auswirkungen auf Allokation und Distribution – Ein Überblick und eine empirische Analyse für die Schweiz, Dissertationsschrift (Universität St. Gallen 1999), Schriftenreihe: Beiträge zur Finanzwissenschaft (Band 10), Tübingen 2000 (zit.: *L.P. Feld*, Steuerwettbewerb und seine Auswirkungen auf Allokation und Distribution, S.)

Feria, Rita de la: „Prohibition of Abuse of (Community) Law: The Creation of a New General Principle of EC Law through Tax", in: Common Market Law Review, Zeitschrift, Band 45, Den Haag (u.a.) 2008, S. 395 bis 441 (zit.: *R. de la Feria*, in: CMLRev. 45 (2008), S.)

Ferid, Murad / Sonnenberger, Hans J.: Das Französische Zivilrecht, Band 1, Teil 1: Allgemeine Lehren des französischen Zivilrechts: Einführung und allgemeiner Teil des Zivilrechts, 2. Auflage, Heidelberg 1994 (zit.: *M. Ferid/H.J. Sonnenberger*, Das Französische Zivilrecht, Bd. I/1, 2. Aufl. 1994, Rn.)

Fikentscher, Wolfgang: Methoden des Rechts in vergleichender Darstellung, Band 1: Frühe und religiöse Rechte – Romanischer Rechtskreis, Tübingen 1975 (zit.: *W. Fikentscher*, Methoden des Rechts, Bd. I, S.)

Fischer, Peter: „Substanz und Form – oder: ‚Das Steuergesetz kann nicht umgangen werden'", in: Steuer und Wirtschaft, Zeitschrift, Köln (u.a.) 1995, S. 87 bis 97 (zit.: *P. Fischer*, in: StuW 1995, S.)

Fischer, Peter: „Die Umgehung des Steuergesetzes – Zu den Bedingungen einer Bewahrung der Steuerrechtsordnung ‚aus eigener Kraft'", in: Der Betrieb, Zeitschrift, Düsseldorf (u.a.) 1996, S. 644 bis 653 (zit.: *P. Fischer*, in: DB 1996, S.)

Fischer, Peter: „Geltungsanspruch des Steuergesetzes, Steuerumgehung und ‚wirtschaftliche oder sonst beachtliche außersteuerliche Gründe' – Zehn Thesen zum Meinungsstreit zwischen ‚Außen- und Innentheorie'", in: Finanz-Rundschau, Zeitschrift, Köln 2001, S. 1212 bis 1215 (zit.: *P. Fischer*, in: FR 2001, S.)

Fischer, Peter: „Überlegungen zum fraus-legis-Gedanken nach deutschem und europäischem Recht", in: Festschrift für Wolfram Reiss zum 65. Geburtstag, herausgegeben von *Paul Kirchhof* und *Hans Nieskens*, Köln 2008, S. 621 bis 644 (zit.: *P. Fischer*, in: Kirchhof/Nieskens (Hrsg.), FS Reiss, S.)

Fleischer, Holger: „Der Rechtsmißbrauch zwischen Gemeineuropäischem Privatrecht und Gemeinschaftsprivatrecht", in: JuristenZeitung, Zeitschrift, Tübingen 2003, S. 865 bis 873 (zit.: *H. Fleischer*, in: JZ 2003, S.)

Fleming Jr., Joseph C. / Peroni, Robert J. / Shay, Stephen E.: „Worse Than Exemption", in: Emory Law Journal, Zeitschrift, Band 59, Atlanta (u.a.) 2009, S. 79 bis 149 (zit.: *J.C. Fleming/R.J. Peroni/St.E. Shay*, in: EmoryLJ 59 (2009), S.)

Flick, Hans: „Recht und Gerechtigkeit im internationalen Steuerrecht", in: Finanz-Rundschau, Zeitschrift, Köln 1961, S. 171 bis 174 (zit.: *H. Flick*, in: FR 1961, S.)

Flick, Hans: „Folgerungen und Fortentwicklung“, in: Steuern auf ausländische Einkünfte – Geltendes Recht, Rechtsvergleichung, Fortentwicklung, Konferenzschrift, bearbeitet von *Michael Engelschalk*, *Hans Flick*, *Edision Gnazzo*, *Thomas Menck*, *Enrique Piedrabuena* und *Ramón Costa*, Schriftenreihe: Münchener Schriften zum Internationalen Steuerrecht (Band 7), München 1985, S. 93 bis 104 (zit.: *H. Flick*, in: Engelschalk/Flick/Gnazzo/Menck/Piedrabuena/Costa (Bearb.), Steuern auf ausländische Einkünfte, S.)

Flick, Hans / Wassermeyer, Franz / Baumhoff, Hubertus / Schönfeld, Jens (Hrsg.): Außensteuerrecht, Gesetzeskommentar, Loseblattsammlung, Köln seit 1973, Stand: bis zur 88. Ergänzungslieferung März 2019 (zit.: *Bearbeiter/in*, in: Flick/Wassermeyer/Baumhoff/Schönfeld (Hrsg.), Außensteuerrecht, 88. EL 2019, § Gesetz Rn./S.)

Flour, Jacques / Aubert, Jean-Luc / Savaux, Éric: Les obligations, Band 2: Le fait juridique – Quasi-contrats, responsabilité délictuelle, Schriftenreihe: Sirey Université – Droit civil, 12. Auflage, Paris 2007 (zit.: *J. Flour/J.-L. Aubert/É. Savaux*, Les obligations, Bd. II, 12. Aufl. 2007, Rn.)

Flume, Werner: „Der gesetzliche Steuertatbestand und die Grenztatbestände in Steuerrecht und Steuerpraxis“, in: Steuerberater-Jahrbuch, Konferenzschrift, Band 1967/1968, herausgegeben von *Gerhard Thoma*, *Otto H. Zacharias*, *Ursula Niemann* (i.A. des Fachinstituts der Steuerberater e.V.), Köln 1968, S. 63 bis 94 (zit.: *W. Flume*, in: Thoma/Zacharias/Niemann (Hrsg.), StbJb 1967/1968, S.)

Förster, Guido / Krauß, Sebastian: „Der Richtlinienvorschlag der Europäischen Kommission zur Gemeinsamen konsolidierten Körperschaftsteuer-Bemessungsgrundlage (GKKB) vom 16.3.2011“, in: Internationales Steuerrecht, Zeitschrift, München (u.a.) 2011, S. 607 bis 615 (zit.: *G. Förster/S. Krauß*, in: IStR 2011, S.)

Förster, Guido / Schmidtmann, Dirk: „Die Gesamtplanrechtsprechung im Steuerrecht mit einem Vergleich der sog. ‚Step transaction doctrine‘ im amerikanischen, britischen und belgischen Steuerrecht“, in: Steuer und Wirtschaft, Zeitschrift, Köln (u.a.) 2003, S. 114 bis 124 (zit.: *G. Förster/D. Schmidtmann*, in: StuW 2003, S.)

Freedman, Judith: „Defining Taxpayer Responsibility: In Support of a General Anti-Avoidance Principle“, in: British Tax Review, Zeitschrift, London 2004, S. 332 bis 357 (zit.: *J. Freedman*, in: BTRev. 2004, S.)

Freistein, Katja / Leininger, Julia (Hrsg.): Handbuch Internationale Organisationen – Theoretische Grundlagen und Akteure, Schriftenreihe: Lehr- und Handbücher der Politikwissenschaft, München 2012 (zit.: *Bearbeiter/in*, in: Freistein/Leininger (Hrsg.), Handbuch Internationale Organisationen, S.)

Frenkel, Michael / Hemmer, Hans-Rimbert: Grundlagen der Wachstumstheorie, Schriftenreihe: Vahlens Handbücher der Wirtschafts- und Sozialwissenschaften, München 1999 (zit.: *M. Frenkel/H.-R. Hemmer*, Grundlagen der Wachstumstheorie, S.)

Friedrich, Carl J.: „Nationaler und Internationaler Föderalismus in Theorie und Praxis“, in: Politische Vierteljahresschrift, Zeitschrift, Band 5, Baden-Baden (u.a.) 1964, S. 154 bis 187 (zit.: *C.J. Friedrich*, in: PVS 5 (1964), S.)

Frommel, Stefan N.: „United Kingdom tax law and abuse of rights“, in: Intertax, Zeitschrift, London 1991, S. 54 bis 81 (zit.: *St.N. Frommel*, in: Intertax 1991, S.)

Frotscher, Gerrit: Internationales Steuerrecht, Schriftenreihe: Studium und Praxis, 4. Auflage, München 2015 (zit.: *G. Frotscher*, Internationales Steuerrecht, 4. Aufl. 2015, Rn.)

Fudenberg, Drew / Tirole, Jean: Game Theory, Cambridge/Massachusetts (u.a.) 1991 (zit.: *D. Fudenberg/J. Tirole*, Game Theory, S.)

Fuest, Clemens: „Interjurisdictional Competition and Public Expenditures: Is Tax Co-ordination Counterproductive?“, in: FinanzArchiv, Zeitschrift, Band 52, Tübingen (u.a.) 1995, S. 478 bis 496 (zit.: *C. Fuest*, in: FinA 52 (1995), S.)

Fuest, Clemens: „Internationale Koordination der Fiskalpolitik: Wohlfahrtsökonomische versus Politökonomische Sicht“, in: Jahrbuch für Wirtschaftswissenschaften / Review of Economics, Zeitschrift, Band 48, Göttingen (u.a.) 1997, S. 174 bis 192 (zit.: *C. Fuest*, in: RevE 48 (1997), S.)

Fuest, Clemens: „Ist Deutschland dem internationalen Steuerwettbewerb gewachsen?“, in: Wo steht das deutsche Internationale Steuerrecht? – Steuerwettbewerb, Schranken der Verfassung, Revisionen des OECD-Musterabkommens, Missbrauchsvorschriften, Internationale Personengesellschaften, Konferenzschrift, herausgegeben von *Jürgen Lüdicke*, Schriftenreihe: Forum der internationalen Besteuerung (Band 35), Köln 2009, S. 1 bis 18 (zit.: *C. Fuest*, in: Lüdicke (Hrsg.), Wo steht das deutsche Internationale Steuerrecht?, S.)

Fuest, Clemens / Hemmelgarn, Thomas / Ramb, Fred: „How would the introduction of an EU-wide formula apportionment affect the distribution and size of the corporate tax base? An analysis based on German multinationals", in: International Tax and Public Finance, Zeitschrift, Band 14, New York (u.a.) 2007, S. 605 bis 626 (zit.: *C. Fuest/Th. Hemmelgarn/F. Ramb*, in: ITPF 14 (2007), S.)

Fuhrmann, Sven (Hrsg.): Außensteuergesetz, Gesetzeskommentar, 3. Auflage, Herne 2017 (zit.: *Bearbeiter/in*, in: Fuhrmann (Hrsg.), AStG, 3. Aufl. 2017, § Rn.)

Gabriel, Jürg M.: „Die Renaissance des Funktionalismus", in: Aussenwirtschaft, Zeitschrift, Band 55, St. Gallen (u.a.) 2000, S. 121 bis 168 (zit.: *J.M. Gabriel*, in: Aussenwirtschaft 55 (2000), S.)

Gammie, Malcolm: „Non-Discrimination and the Taxation of Cross-Border Dividends", in: World Tax Journal, Zeitschrift, Band 2, Amsterdam 2010, S. 162 bis 174 (zit.: *M. Gammie*, in: WTJ 2 (2010), S.)

Gandenberger, Otto: Diskussion zum 1. Teil: Grundfragen des Deutschen Außensteuerrechts, in: Grundfragen des internationalen Steuerrechts, Konferenzschrift, herausgegeben von *Klaus Vogel* (i.A. der Deutschen Steuerjuristischen Gesellschaft e.V.), Schriftenreihe: Veröffentlichungen der Deutschen Steuerjuristischen Gesellschaft e.V. (Band 8), Köln 1985, S. 119 bis 134 (zit.: *O. Gandenberger*, in: Vogel (Hrsg.), DStJG 8 (1985), S.)

García Prats, Francisco A.: „Revisiting ‚Schumacker': Source, Residence and Citizenship in the ECJ Case Law on Direct Taxation", in: Allocating Taxing Powers within the European Union, Konferenzschrift, herausgegeben von *Isabelle Richelle, Wolfgang Schön* und *Edoardo Traversa*, Schriftenreihe: MPI Studies in Tax Law and Public Finance (Band 2), Berlin (u.a.) 2013, S. 1 bis 42 (zit.: *F.A. García Prats*, in: Richelle/Schön/Traversa (Hrsg.), Allocating Taxing Powers within the European Union, S.)

García-Torres Fernández, María Jesús: „Corporate Tax Harmonization: Key Issues for Ensuring an Efficient Implementation of the CCCTB", in: Intertax, Zeitschrift, London 2012, S. 598 bis 605 (zit.: *M.J. García-Torres Fernández*, in: Intertax 2012, S.)

Geiger, Rudolf / Khan, Daniel-Erasmus / Kotzur, Markus (Hrsg.): EUV, AEUV, Gesetzeskommentar, 6. Auflage, München 2017 (zit.: *Bearbeiter/in*, in: Geiger/Khan/Kotzur (Hrsg.), EUV/AEUV, 6. Aufl. 2017, Art. Gesetz Rn.)

Gerards, Janneke H.: „Intensity of Judicial Review in Equal Treatment Cases", in: Netherlands International Law Review, Zeitschrift, Band 51, Dordrecht (u.a.) 2004, S. 135 bis 183 (zit.: *J.H. Gerards*, in: NILRev. 51 (2004), S.)

Gerber, Robert I. / Hewitt, Daniel P.: „Decentralized Tax Competition for Business Capital and National Economic Efficiency", in: Journal of Regional Science, Zeitschrift, Band 27, Oxford 1987, S. 451 bis 460 (zit.: *R.I. Gerber/D.P. Hewitt*, in: JoRS 27 (1987), S.)

Gerken, Lüder / Märkt, Jörg / Schick, Gerhard: Internationaler Steuerwettbewerb, Schriftenreihe: Untersuchungen zur Ordnungstheorie und Ordnungspolitik (Band 40), Tübingen 2000 (zit.: *L. Gerken/J. Märkt/G. Schick*, Internationaler Steuerwettbewerb, S.)

Gerschenkron, Alexander: Economic Backwardness in Historical Perspective – A Book of Essays, Cambridge/Massachusetts 1962 (zit.: *A. Gerschenkron*, Economic Backwardness in Historical Perspective, S.)

Gest, Guy / Tixier, Gilbert: Manuel de droit fiscal, 4. Auflage, Paris 1986 (zit.: *G. Gest/G. Tixier*, Manuel de droit fiscal, 4. Aufl. 1986, S.)

Ghestin, Jacques / Goubeaux, Gilles: Traité de droit civil, Band 1: Introduction générale, 3. Auflage, Paris 1990 (zit.: *J. Ghestin/G. Goubeaux*, Traité de droit civil, Bd. I, 3. Aufl. 1990, Rn.)

Ghosh, Julian: „Cadbury Schweppes: Breach, Abuse Justification and Why They Are Different", in: Prohibition of Abuse of Law – A New General Principle of EU Law?, herausgegeben von *Rita de la Feria* und *Stefan Vogenauer*, Schriftenreihe: Studies of the Oxford Institute of European and Comparative Law (Band 13), Oxford (u.a.) 2011, S. 459 bis 468 (zit.: *J. Ghosh*, in: de la Feria/Vogenauer (Hrsg.), Prohibition of Abuse of Laws, S.)

Gibbons, Robert: A Primer in Game Theory, Harlow (u.a.) 1992 (zit.: *R. Gibbons*, A Primer in Game Theory, S.)

Gifford, Donald J. / Salter, John: How to Understand an Act of Parliament, London 1996 (zit.: *D.J. Gifford/J. Salter*, How to Understand an Act of Parliament, S.)

Ginevra, Guglielmo: „The EU Anti-Tax Avoidance Directive and the Base Erosion and Profit Shifting (BEPS) Action Plan: Necessity and Adequacy of the Measures at EU level", in: Intertax, Zeitschrift, London 2017, S. 120 bis 137 (zit.: *G. Ginevra*, in: Intertax 2017, S.)

Glaser, Andreas: „Auf dem Weg zu einer sachgerechten Konzernbesteuerung – die GKKB als Leitbild?", in: Deutsches Steuerrecht, Zeitschrift, München (u.a.) 2011, S. 2317 bis 2325 (zit.: *A. Glaser*, in: DStR 2011, S.)

Glaser, Andreas: Die Entwicklung des Europäischen Verwaltungsrechts aus der Perspektive der Handlungsformenlehre, Habilitationsschrift (Universität Heidelberg 2012), Schriftenreihe: Jus Publicum (Band 221), Tübingen 2013 (zit.: *A. Glaser*, Die Entwicklung des Europäischen Verwaltungsrechts aus der Perspektive der Handlungsformenlehre, S.)

Goertzen, Reiner: „Steuerliche Abzugsfähigkeit von Ausgaben an Domizilgesellschaften", in: Finanz-Rundschau, Zeitschrift, Köln 1994, S. 770 bis 777 (zit.: *R. Goertzen*, in: FR 1994, S.)

Goldmann, Matthias: Internationale öffentliche Gewalt – Handlungsformen internationaler Institutionen im Zeitalter der Globalisierung, Dissertationsschrift (Universität Heidelberg 2013), Schriftenreihe: Beiträge zum ausländischen öffentlichen Recht und Völkerrecht (Band 251), Heidelberg (u.a.) 2015 (zit.: *M. Goldmann*, Internationale öffentliche Gewalt, S.)

Gosch, Dietmar: „Die Zwischengesellschaft nach ‚Hilversum I und II', ‚Cadbury Schweppes' und den Jahressteuergesetzen 2007 und 2008", in: Festschrift für Wolfram Reiss zum 65. Geburtstag, herausgegeben von *Paul Kirchhof* und *Hans Nieskens*, Köln 2008, S. 597 bis 620 (zit.: *D. Gosch*, in: Kirchhof/Nieskens (Hrsg.), FS Reiss, S.)

Gosch, Dietmar: „Missbrauchsabwehr im Internationalen Steuerrecht", in: Internationales Steuerrecht, Konferenzschrift, herausgegeben von *Markus Achatz* (i.A. der Deutschen Steuerjuristischen Gesellschaft e.V.), Schriftenreihe: Veröffentlichungen der Deutschen Steuerjuristischen Gesellschaft e.V. (Band 36), Köln 2013, S. 201 bis 222 (zit.: *D. Gosch*, in: Achatz (Hrsg.), DStJG 36 (2013), S.)

Grabitz, Eberhard / Hilf, Meinhard / Nettesheim, Martin (Hrsg.): Das Recht der Europäischen Union, Gesetzeskommentar, Loseblattsammlung, München seit 1994, Stand: bis zur 66. Ergänzungslieferung Februar 2019 (zit.: *Bearbeiter/in*, in: Grabitz/Hilf/Nettesheim (Hrsg.), Das Recht der Europäischen Union, 66. EL 2019, Art. Gesetz Rn.)

Graetz, Michael J. / O'Hear, Michael M.: „The ‚Original Intent' of U.S. International Taxation", in: Duke Law Journal, Zeitschrift, Band 46, Durham (u.a.) 1997, S. 1021 bis 1109 (zit.: *M.J. Graetz/M.M. O'Hear*, in: DLJ 46 (1997), S.)

Graveson, Ronald H.: „Philosophical Aspects of the English Conflict of Laws", in: Law Quarterly Review, Zeitschrift, Band 78, Buffalo (u.a.) 1962, S. 337 bis 370 (zit.: *R.H. Graveson*, in: LQRev. 78 (1962), S.)

Groeben, Hans von der: „Die Politik der Europäischen Kommission auf dem Gebiet der Rechtsangleichung“, in: Neue Juristische Wochenschrift, Zeitschrift, München 1970, S. 359 bis 364 (zit.: *H. v.d. Groeben*, in: NJW 1970, S.)

Groeben, Hans von der / Boeckh, Hans von / Thiesing, Jochen / Ehlermann, Claus-Dieter (Hrsg.): EWG-Vertrag, Gesetzeskommentar, Band 1: Art. 1–136, 3. Auflage, Baden-Baden 1983 (zit.: *Bearbeiter/in*, in: v.d. Groeben/v. Boeckh/Thiesing/Ehlermann (Hrsg.), EWG-Vertrag, Bd. I, 3. Aufl. 1983, Art. Rn.)

Groeben, Hans von der / Schwarze, Jürgen (Hrsg.): Vertrag über die Europäische Union und zur Gründung der Europäischen Gemeinschaft, Gesetzeskommentar, Band 1: Art. 1–53 EUV / Art. 1–80 EGV, 6. Auflage, Baden-Baden 2003 (zit.: *Bearbeiter/in*, in: v.d. Groeben/Schwarze (Hrsg.), EUV/EGV, Bd. I, 6. Aufl. 2003, Art. Gesetz Rn.)

Groeben, Hans von der / Schwarze, Jürgen (Hrsg.): Vertrag über die Europäische Union und zur Gründung der Europäischen Gemeinschaft, Gesetzeskommentar, Band 2: Art. 81–97 EGV, 6. Auflage, Baden-Baden 2003 (zit.: *Bearbeiter/in*, in: v.d. Groeben/Schwarze (Hrsg.), EUV/EGV, Bd. II, 6. Aufl. 2003, Art. Gesetz Rn.)

Groeben, Hans von der / Schwarze, Jürgen / Hatje, Armin (Hrsg.): Europäisches Unionsrecht, Gesetzeskommentar, Schriftenreihe: Beck-Online – Bücher, Nomos-Kommentar, 7. Auflage, Baden-Baden 2015 (zit.: *Bearbeiter/in*, in: v.d. Groeben/Schwarze/Hatje (Hrsg.), Europäisches Unionsrecht, 7. Aufl. 2015, Art./Präambel Gesetz Rn.)

Großfeld, Bernhard: Basisgesellschaften im Internationalen Steuerrecht, Tübingen 1974 (zit.: *B. Großfeld*, Basisgesellschaften im Internationalen Steuerrecht, S.)

Grossman, Gene M. / Helpman, Elhanan: Innovation and Growth in the Global Economy, Cambridge/Massachusetts 1991 (zit.: *G.M. Grossman/E. Helpman*, Innovation and Growth in the Global Economy, S.)

Grübel, Sven: „Das Spannungsfeld zwischen § 50d Abs. 3 EStG und § 8 Abs. 2 AStG de lege lata“, in: Internationale Steuer-Rundschau, Zeitschrift, Köln 2021, S. 45 bis 55 (zit.: *S. Grübel*, in: ISR 2021, S.)

Güida, Juan J.: Internationale Volkswirtschaftslehre – Eine empirische Einführung, Stuttgart 2007 (zit.: *J.J. Güida*, Internationale Volkswirtschaftslehre, S.)

Gustafson, Charles H./ Peroni, Robert J. / Pugh, Richard C.: Taxation of International Transactions – Materials, Text, and Problems, Schriftenreihe: American Casebook Series, 4. Auflage, St. Paul 2011 (zit.: *Ch.H. Gustafson/R.J. Peroni/R.C. Pugh*, Taxation of International Transactions, 4. Aufl. 2011, S.)

Gutmann, Daniel / Perdelwitz, Andreas / Blétière, Emmanuel R. de la / Offermanns, René / Schellekens, Marnix / Gallo, Giulia / Grant Hap, Adrián / Olejnicka, Magdalena: „The Impact of the ATAD on Domestic Systems: A Comparative Survey“, in: European Taxation, Zeitschrift, Amsterdam 2017, S. 2 bis 20 (zit.: *D. Gutmann/A. Perdelwitz/E.R. de la Blétière/R. Offermanns/M. Schellekens/G. Gallo/A. Grant Hap/M. Olejnicka*, in: ET 2017, S.)

Guzman, Andrew T.: How International Law Works – A Rational Choice Theory, Oxford (u.a.) 2008 (zit.: *A.T. Guzman*, How International Law Works, S.)

Guzman, Andrew T. / Meyer, Timothy L.: Explaining Soft Law, Berkeley 2009 (zit.: *A.T. Guzman/T.L. Meyer*, Explaining Soft Law, S.)

Haas, Ernst B.: The Uniting of Europe – Political, Social and Economical Forces 1950-1957, Schriftenreihe: The Library of World Affairs (Band 42), London 1958 (zit.: *E.B. Haas*, The Uniting of Europe, S.)

Haas, Ernst B.: The Obsolescence of Regional Integration Theory, Schriftenreihe: Institute of International Studies Research Series (Band 25), Berkeley 1975 (zit.: *E.B. Haas*, The Obsolescence of Regional Integration Theory, S.)

Haas, Ernst B. / Schmitter, Philippe C.: „Economics and Differential Patterns of Political Integration – Projections about Unity in Latin America“, in: International Organization, Zeitschrift, Band 18, Cambridge/Massachusetts 1964, S. 705 bis 737 (zit.: *E.B. Haas/Ph.C. Schmitter*, in: IO 18 (1964), S.)

Haas, Peter M.: „Introduction: Epistemic Communities and International Policy Coordination“, in: International Organization, Zeitschrift, Band 46, Cambridge/Massachusetts 1992, S. 1 bis 35 (zit.: *P.M. Haas*, in: IO 46 (1992), S.)

Haase, Florian (Hrsg.): Außensteuergesetz, Doppelbesteuerungsabkommen, Gesetzeskommentar, 2. Auflage, Heidelberg 2012 (zit.: *Bearbeiter/in*, in: Haase (Hrsg.), AStG/DBA, 2. Aufl. 2012, § Gesetz Rn.)

Haase, Florian: Überlegungen zur Reform der Hinzurechnungsbesteuerung, Schriftenreihe: ifst-Schrift (Nr. 521), Berlin 2017 (zit.: *F. Haase*, Überlegungen zur Reform der Hinzurechnungsbesteuerung, S.)

Häcker, Birke: „Das englische Common Law – Eine Einführung", in: Juristische Schulung, Zeitschrift, München (u.a.) 2014, S. 872 bis 876 (zit.: *B. Häcker*, in: JuS 2014, S.)

Härtel, Ines: Handbuch Föderalismus – Föderalismus als demokratische Rechtsordnung und Rechtskultur in Deutschland, Europa und der Welt, Band 4: Föderalismus in Europa und der Welt, Berlin (u.a.) 2012 (zit.: *I. Härtel*, Handbuch Föderalismus, Bd. IV, § Rn.)

Haftel, Yoram Z. / Thompson, Alexander: „The Independence of International Organizations – Concept and Applications", in: The Journal of Conflict Resolution, Zeitschrift, Band 50, Thousand Oaks 2006, S. 253 bis 275 (zit.: *Y.Z. Haftel/A. Thompson*, in: JCR 50 (2006), S.)

Hahn, Hartmut: „Bemerkungen zum EuGH-Urteil ‚Cadbury Schweppes' ", in: Internationales Steuerrecht, Zeitschrift, München (u.a.) 2006, S. 667 bis 670 (zit.: *H. Hahn*, in: IStR 2006, S.)

Hahn, Hartmut: „Gestaltungsmissbrauch und europäisches Steuerrecht", in: Österreichische Steuerzeitung, Zeitschrift, Wien 2006, S. 399 bis 404 (zit.: *H. Hahn*, in: ÖStZ 2006, S.)

Hallstein, Walter: Die Europäische Gemeinschaft, 1. Auflage, Düsseldorf 1973 (zit.: *W. Hallstein*, Die Europäische Gemeinschaft, S.)

Halsch, Volker: „Tendenzen der Unternehmensbesteuerung in der Europäischen Union", in: Tendenzen der Europäischen Unternehmensbesteuerung, herausgegeben von *Jürgen Lüdicke*, Schriftenreihe: Forum der internationalen Besteuerung (Band 30), Köln 2005, S. 1 bis 15 (zit.: *V. Halsch*, in: Lüdicke (Hrsg.), Tendenzen der Europäischen Unternehmensbesteuerung, S.)

Hamson, Charles J.: „Methoden der Auslegung – Kritische Wertung der Ergebnisse", in: Begegnung von Justiz und Hochschule (am 27. und 28. September 1976), Konferenzschrift, herausgegeben von dem Gerichtshof der Europäischen Gemeinschaften, Luxemburg 1976, S. II-3 bis II-30 (zit.: *Ch.J. Hamson*, in: Begegnung von Justiz und Hochschule, S.)

Haratsch, Andreas / Koenig, Christian / Pechstein, Matthias (Hrsg.): Europarecht, Schriftenreihe: Mohr Siebeck Lehrbuch, 11. Auflage, Tübingen 2018 (zit.: *A. Haratsch/Ch. Koenig/M. Pechstein*, Europarecht, 11. Aufl. 2018, Rn.)

Harris, Peter: „The Notion of Abuse de Droit and Its Potential Application in Fiscal Matter within the EU Legal Order", in: The EC Tax Journal, Zeitschrift, Band 5, London 2001, S. 187 bis 201 (zit.: *P. Harris*, in: ECTJ 5 (2001), S.)

Harrison, Reginald. J.: „Neo-functionalism“, in: Frameworks for International Co-operation, herausgegeben von *A. J. R. Groom* und *Paul Taylor*, London 1990, S. 139 bis 150 (zit.: *R.J. Harrison*, in: Groom/Taylor (Hrsg.), Frameworks for International Co-operation, S.)

Haun, Jürgen / Käshammer, Daniel / Reiser, Hagen: „Das BMF-Schreiben vom 8.1.2007 zur Hinzurechnungsbesteuerung – Eine erste Analyse“, in: GmbH-Rundschau, Zeitschrift, Saarbrücken (u.a.) 2007, S. 184 bis 188 (zit.: *J. Haun/ D. Käshammer/H. Reiser*, in: GmbHR 2007, S.)

Haun, Jürgen / Kahle, Holger / Goebel, Sören / Reiser, Hagen (Hrsg.): Außensteuerrecht, Gesetzeskommentar, begründet von *Winfried Wöhrle, Diether Schelle* und *Ekkehard Gross*, Loseblattsammlung, Stuttgart seit 1973, Stand: bis zur 41. Ergänzungslieferung März 2019 (zit.: *Bearbeiter/in*, in: Haun/Kahle/ Goebel/Reiser (Hrsg.), Außensteuerrecht, 41. EL 2019, § Gesetz Rn.)

Hawkins, Darren G. / Lake, David A. / Nielson, Daniel L. / Tierney, Michael J.: „Delegation under anarchy: states, international organizations, and principal-agent theory“, in: Delegation and Agency in International Organizations, herausgegeben von *Darren G. Hawkins, David A. Lake, Daniel L. Nielson* und *Michael J. Tierney*, Schriftenreihe: Political Economy of Institutions and Decisions, Cambridge (u.a.) 2006, S. 3 bis 38 (zit.: *D.G. Hawkins/ D.A. Lake/D.L. Nielson/M.J. Tierney*, in: Hawkins/Lake/Nielson/Tierney (Hrsg.), Delegation and Agency in International Organizations, S.)

Hayek, Friedrich A. von: Der Wettbewerb als Entdeckungsverfahren, Schriftenreihe: Kieler Vorträge (Band 56 N.F.), Kiel 1968 (zit.: *F.A. v. Hayek*, Der Wettbewerb als Entdeckungsverfahren, S.)

Hayek, Friedrich A. von: Die Theorie komplexer Phänomene, Schriftenreihe: Walter-Eucken-Institut – Vorträge und Aufsätze (Band 36), Tübingen 1972 (zit.: *F.A. v. Hayek*, Die Theorie komplexer Phänomene, S.)

Heiderhoff, Bettina: Europäisches Privatrecht, Schriftenreihe: Schwerpunktbereich – Jura auf den [Punkt] gebracht, 4. Auflage, Heidelberg 2016 (zit.: *B. Heiderhoff*, Europäisches Privatrecht, 4. Aufl. 2016, Rn.)

Heinrich, Christan: „Die Generalklausel des § 242 BGB“, in: Humaniora / Medizin, Recht, Geschichte, Festschrift für Adolf Laufs zum 70. Geburtstag, herausgegeben von *Bernd-Rüdiger Kern, Elmar Wadle, Klaus-Peter Schroeder* und *Christian Katzenmeier*, Berlin (u.a.) 2006, S. 585 bis 607 (zit.: *Ch. Heinrich*, in: Kern/Wadle/Schroeder/Katzenmeier (Hrsg.), FS Laufs, S.)

Heinrichshofen, Stefan: „Missbräuchlicher Vorsteuerabzug II" – Anmerkung zum Urteil des EuGH vom 21. Februar 2006 (Rs. C-223/03 – „University of Huddersfield"), in: Internationales Steuerrecht, Zeitschrift, München (u.a.) 2006, S. 279 bis 281 (zit.: *St. Heinrichshofen*, in: IStR 2006, S.)

Heinsen, Oliver / Gsödl, Markus / Dietrich, Marco: „Reform der Hinzurechnungsbesteuerung – Zum geänderten Motivtest (§ 8 Abs. 2–4 AStG-RefE)", in: Internationales Steuerrecht, Zeitschrift, München (u.a.) 2020, S. 729 bis 735 (zit.: *O. Heinsen/M. Gsödl/M. Dietrich*, in: IStR 2020, S.)

Hellerstein, Walter / McLure Jr., Charles E.: „The European Commission's Report on Company Income Taxation: What the EU Can Learn from the Experience of the US States", in: International Tax and Public Finance, Zeitschrift, Band 11, New York (u.a.) 2004, S. 199 bis 220 (zit.: *W. Hellerstein/ Ch.E. McLure*, in: ITPF 11 (2004), S.)

Hensel, Albert: „Zur Dogmatik des Begriffs ‚Steuerumgehung'", in: Bonner Festgabe für Ernst Zitelmann – Zum fünfzigjährigen Doktorjubiläum, herausgegeben von der Rheinischen Friedrich-Wilhelms-Universität Bonn (Juristische Fakultät), München (u.a.) 1923, S. 219 bis 288 (zit.: *A. Hensel*, in: FS Zitelmann, S.)

Herdegen, Matthias: „General Principles of EU Law – The Methodological Challenge", in: General Principles of EC Law in a Process of Development, herausgegeben von *Ulf Bernitz, Joakim Nergelius* und *Cecilia Cardner*, Schriftenreihe: European Monographs (Band 62), Austin (u.a.) 2008, S. 343 bis 355 (zit.: *M. Herdegen*, in: Bernitz/Nergelius/Cardner (Hrsg.), General Principles of EC Law in a Process of Development, S.)

Herdegen, Matthias: Europarecht, Schriftenreihe: Grundrisse des Rechts, 20. Auflage, München 2018 (zit.: *M. Herdegen*, Europarecht, 20. Aufl. 2018, § Rn.)

Herrmann, Christoph / Niestedt, Marian (Hrsg.): EU-Außenwirtschafts- und Zollrecht, Band 1, Loseblattkommentar, München seit 2012, Stand: bis zur 17. Ergänzungslieferung April 2021 (zit.: *Bearbeiter/in*, in: Herrmann/ Niestedt (Hrsg.), EU-Außenwirtschafts- und Zollrecht, Bd. I, 17. EL 2021, GldPkt. Rn.)

Herzig, Norbert: „Besteuerung der Unternehmen in Europa – Harmonisierung im Wettbewerb der Systeme“, in: Steuerrecht im Europäischen Binnenmarkt – Einfluß des EG-Rechts auf die nationalen Steuerrechtsordnungen, Konferenzschrift, herausgegeben von *Moris Lehner* (i.A. der Deutschen Steuerjuristischen Gesellschaft e.V.), Schriftenreihe: Veröffentlichungen der Deutschen Steuerjuristischen Gesellschaft e.V. (Band 19), Köln 1996, S. 121 bis 149 (zit.: *N. Herzig*, in: Lehner (Hrsg.) DStJG 19 (1996), S.)

Herzig, Norbert / Teschke, Manuel / Joisten, Christian: „Between Extremes: Merging the Advantages of Separate Accounting and Unitary Taxation“, in: Intertax, Zeitschrift, London 2010, S. 334 bis 349 (zit.: *N. Herzig/M. Teschke/Ch. Joisten*, in: Intertax 2010, S.)

Herzig, Norbert / Wagner, Thomas: „Zukunft der Organschaft im EG-Binnenmarkt“, in: Der Betrieb, Zeitschrift, Düsseldorf (u.a.) 2005, S. 1 bis 9 (zit.: *N. Herzig/Th. Wagner*, in: DB 2005, S.)

Hesse, Konrad: Grundzüge des Verfassungsrechts der Bundesrepublik Deutschland, 20. Auflage, Heidelberg 1995 (zit.: *K. Hesse*, Grundzüge des Verfassungsrechts der Bundesrepublik Deutschland, 20. Aufl. 1995, Rn.)

Heuermann, Bernd: „Vermieten als unangemessenes Gestalten durch gegenläufige Rechtsgeschäfte auf der Nutzungsebene – Zugleich einige methodenkritische Bemerkungen über den Sinn der Unterscheidung von Innen- und Außentheorie“, in: Steuer und Wirtschaft, Zeitschrift, Köln (u.a.) 2004, S. 124 bis 130 (zit.: *B. Heuermann*, in: StuW 2004, S.)

Hey, Johanna: Harmonisierung der Unternehmensbesteuerung in Europa – Ein Vorschlag unter Auswertung des Ruding-Berichts und der US-amerikanischen „integration debate“, Dissertationsschrift (Universität Köln 1996), Schriftenreihe: Steuerfragen der Wirtschaft (Band 7), Köln 1997 (zit.: *J. Hey*, Harmonisierung der Unternehmensbesteuerung in Europa, S.)

Hey, Johanna: „Perspektiven der Unternehmensbesteuerung in Europa“, in: Steuer und Wirtschaft, Zeitschrift, Köln (u.a.) 2004, S. 193 bis 211 (zit.: *J. Hey*, in: StuW 2004, S.)

Hey, Johanna: „Wettbewerb der Rechtsordnungen oder Europäisierung des Steuerrechts?“, in: Europäisches Gesellschafts- und Steuerrecht – Grundlagen, Entwicklungen, Verbindungslinien, herausgegeben von *Meiko Dillmann, Matthias Laier, Stephan Lammel, Ekkehart Reimer* und *Matthias M. Schmitz*, Schriftenreihe: Münchener Schriften zum Internationalen Steuerrecht (Band 27), München 2007, S. 295 bis 312 (zit.: *J. Hey*, in: Dillmann/Laier/Lammel/Reimer/Schmitz (Hrsg.), Münchener Schriften zum Internationalen Steuerrecht 27 (2007), S.)

Hey, Johanna: „Spezialgesetzliche Missbrauchsgesetzgebung aus steuersystematischer, verfassungs- und europarechtlicher Sicht", in: Steuer und Wirtschaft, Zeitschrift, Köln (u.a.) 2008, S. 167 bis 183 (zit.: *J. Hey*, in: StuW 2008, S.)

Hey, Johanna: „Vom Nutzen des Nutzenprinzips für die Gestaltung der Steuerrechtsordnung", in: Gestaltung der Steuerrechtsordnung, Festschrift für Joachim Lang zum 70. Geburtstag, herausgegeben von *Klaus Tipke*, *Roman Seer*, *Johanna Hey* und *Joachim Englisch*, Köln 2011, S. 133 bis 165 (zit.: *J. Hey*, in: Tipke/Seer/Hey/Englisch (Hrsg.), FS Lang, S.)

Hey, Johanna: „Grenzen steuerlicher Gestaltungsfreiheit – Verhältnis des § 42 AO zu speziellen Missbrauchsvorschriften – Münchner Unternehmenssteuerforum am 23.10.2013", in: Deutsches Steuerrecht, Zeitschrift, München (u.a.) 2014, Beilage zu Heft 3, S. 8 bis 13 (zit.: *J. Hey*, in: DStR-Beihefter 3/2014, S.)

Hey, Johanna: „Harmonisierung der Unternehmensbesteuerung in Europa – Eine Standortbestimmung in Zeiten von BEPS", in: Finanz-Rundschau, Zeitschrift, Köln 2016, S. 554 bis 560 (zit.: *J. Hey*, in: FR 2016, S.)

Hey, Johanna: „Harmonisierung der Missbrauchsabwehr durch die Anti-Tax-Avoidance-Directive (ATAD) – Rechtsmethodische, kompetenzielle und verfassungsrechtliche Fragen unter besonderer Berücksichtigung der Auswirkungen auf § 42 AO", in: Steuer und Wirtschaft, Zeitschrift, Köln (u.a.) 2017, S. 248 bis 265 (zit.: *J. Hey*, in: StuW 2017, S.)

Hey, Johanna: „Europäische Steuergesetzgebung zwischen Binnenmarkt und Fiskalinteressen", in: Europäisches Steuerrecht, Konferenzschrift, herausgegeben von *Michael Lang* (i.A. der Deutschen Steuerjuristischen Gesellschaft e.V.), Schriftenreihe: Veröffentlichungen der Deutschen Steuerjuristischen Gesellschaft e.V. (Band 41), Köln 2018, S. 9 bis 56 (zit.: *J. Hey*, in: Lang (Hrsg.), DStJG 41 (2018), S.)

Hillgruber, Christian: „Grenzen der Rechtsfortbildung durch den EuGH – Hat Europarecht Methode?", in: Auf dem Wege zu einer Europäischen Staatlichkeit, herausgegeben von *Thomas von Danwitz, Markus Heintzen, Matthias Jestaedt, Stefan Korioth* und *Michael Reinhardt*, Schriftenreihe: Tagung der Wissenschaftlichen Mitarbeiterinnen und Mitarbeiter der Fachrichtung Öffentliches Recht (Band 33), Stuttgart (u.a.) 1993, S. 31 bis 46 (zit.: *Ch. Hillgruber*, in: v. Danwitz/Heintzen/Jestaedt/Korioth/Reinhardt (Hrsg.), Auf dem Wege zu einer Europäischen Staatlichkeit, S.)

Hillgruber, Christian: „Die Verwirklichung des Binnenmarktes durch Rechtsangleichung – Gemeinschaftsziel und -kompetenz ohne Grenzen?", in: Recht der Wirtschaft und der Arbeit in Europa, Gedächtnisschrift für Wolfgang Blomeyer, herausgegeben von *Rüdiger Krause*, *Winfried Veelken* und *Klaus Vieweg*, Schriftenreihe: Beiträge zum Europäischen Wirtschaftsrecht (Band 25), Berlin 2004, S. 597 bis 616 (zit.: *Ch. Hillgruber*, in: Krause/Veelken/Vieweg (Hrsg.), GS Blomeyer, S.)

Hirschman, Albert O.: Exit, Voice, and Loyalty – Responses to Decline in Firms, Organizations, and States, Cambridge/Massachusetts (u.a.) 1970 (zit.: *A.O. Hirschman*, Exit, Voice and Loyalty, S.)

Hobbes, Thomas: Leviathan, or the Matter, Forme, and Power of a Common-Wealth Ecclesiastical and Civil, London 1651 (zit.: *Th. Hobbes*, Leviathan, or the Matter, Forme, and Power of a Common-Wealth Ecclesiastical and Civil, S. GldPkt.)

Hobe, Stephan: Europarecht, Schriftenreihe: Academia Iuris – Lehrbücher der Rechtswissenschaft, 9. Auflage, München 2017 (zit.: *St. Hobe*, Europarecht, 9. Aufl. 2017, Rn.)

Höpfner, Clemens / Rüthers, Bernd: „Grundlagen einer europäischen Methodenlehre", in: Archiv für die civilistische Praxis, Zeitschrift, Band 209, Tübingen 2009, S. 1 bis 36 (zit.: *C. Höpfner/B. Rüthers*, in: AcP 209 (2009), S.)

Höpner, Martin: „Von der Lückenfüllung zur Vertragsumdeutung – Ein Vorschlag zur Unterscheidung von Stufen der Rechtsfortbildung durch den Europäischen Gerichtshof (EuGH)", in: Der moderne Staat, Zeitschrift, Leverkusen (u.a.) 2010, S. 165 bis 185 (zit.: *M. Höpner*, in: dms 2010, S.)

Höppner, Horst-Dieter: „Das Äquivalenzprinzip als zentraler Maßstab für fairen Steuerwettbewerb – Bemerkungen dazu aus der Sicht der Finanzverwaltung", in: Regeln für den europäischen Systemwettbewerb – Steuern und soziale Sicherungssysteme, Konferenzschrift, herausgegeben von *Walter Müller*, *Oliver Fromm* und *Bernd Hansjürgens*, Marburg 2001, S. 89 bis 104 (zit.: *H.-D. Höppner*, in: Müller/Fromm/Hansjürgens (Hrsg.), Regeln für den europäischen Systemwettbewerb, S.)

Hohaus, Bolko: Steuerwettbewerb in Europa – Eine Analyse der Folgen unbeschränkter Güter- und Faktormobilität im europäischen Binnenmarkt, Dissertationsschrift (Universität München 1995), Schriftenreihe: Europäische Hochschulschriften (Band 1862), Frankfurt a.M. (u.a.) 1996 (zit.: *B. Hohaus*, Steuerwettbewerb in Europa, S.)

Holler, Manfred J. / Illing, Gerhard: Einführung in die Spieltheorie, Schriftenreihe: Springer-Lehrbuch, 7. Auflage, Berlin (u.a.) 2009 (zit.: *M.J. Holler/G. Illing*, Einführung in die Spieltheorie, 7. Aufl. 2009, S.)

Homburg, Stefan: Allgemeine Steuerlehre, Schriftenreihe: Vahlens Handbücher der Wirtschafts- und Sozialwissenschaften, 7. Auflage, München 2015 (zit.: *St. Homburg*, Allgemeine Steuerlehre, 7. Aufl. 2015, S.)

Honsell, Heinrich: „In fraudem legis agere", in: Festschrift für Max Kaser zum 70. Geburtstag, herausgegeben von *Dieter Medicus* und *Hans. H. Seiler*, München 1976, S. 111 bis 126 (zit.: *H. Honsell*, in: Medicus/Seiler (Hrsg.), FS Kaser, S.)

Huber, Bernd: „Steuerwettbewerb: Gefahr oder Chance?", in: List Forum für Wirtschafts- und Finanzpolitik, Zeitschrift, Band 23, Wiesbaden (u.a.) 1997, S. 242 bis 256 (zit.: *B. Huber*, in: ListForum 23 (1997), S.)

Huber, Ulrich: „Typenzwang, Vertragsfreiheit und Gesetzesumgehung", in: Juristische Analysen, Zeitschrift, Frankfurt a.M. (u.a.) 1970, S. 784 bis 812 (zit.: *U. Huber*, in: JurA 1970, S.)

Hübner, Ulrich / Constantinesco, Vlad: Einführung in das französische Recht, Schriftenreihe: Schriftenreihe der Juristischen Schulung (Band 16), 4. Auflage, München 2001 (zit.: *U. Hübner/V. Constantinesco*, Einführung in das französische Recht, 4. Aufl. 2001, S.)

Hübschmann, Walter / Hepp, Ernst / Spitaler, Armin (Hrsg.): Abgabenordnung und Finanzgerichtsordnung, Gesetzeskommentar, Loseblattsammlung, Köln seit 1981, Stand: bis zur 252. Ergänzungslieferung Mai 2019 (zit.: *Bearbeiter/in*, in: Hübschmann/Hepp/Spitaler (Hrsg.), AO/FGO, 252. EL 2019, § Gesetz Rn.)

Ipsen, Hans P.: Europäisches Gemeinschaftsrecht, Tübingen 1972 (zit.: *H.P. Ipsen*, Europäisches Gemeinschaftsrecht, S.)

Ipsen, Hans P.: „Die Verfassungsrolle des Europäischen Gerichtshofs für die Integration", in: Der Europäische Gerichtshof als Verfassungsgericht und Rechtsschutzinstanz, Konferenzschrift, herausgegeben von *Jürgen Schwarze*, Schriftenreihe: Schriftenreihe des Arbeitskreises Europäische Integration e.V. (Band 20), Baden-Baden 1983, S. 29 bis 62 (zit.: *H.P. Ipsen*, in: Schwarze (Hrsg.), Der Europäische Gerichtshof als Verfassungsgericht und Rechtsschutzinstanz, S.)

Ipsen, Knut (ehem. Hrsg.): Völkerrecht, begründet von *Eberhard Menzel*, sodann fortgeführt von *Knut Ipsen*, nunmehr herausgegeben von *Volker Epping* und *Wolff Heintschel von Heinegg*, 7. Auflage, München 2018 (zit.: *Bearbeiter/in*, in: Ipsen (ehem. Hrsg.), Völkerrecht, 7. Aufl. 2018, § Rn.)

Isensee, Josef: Die typisierende Verwaltung – Gesetzesvollzug im Massenverfahren am Beispiel der typisierenden Betrachtungsweise des Steuerrechts, Habilitationsschrift (Universität Erlangen 1975), Schriftenreihe: Schriften zum öffentlichen Recht (Band 288), Berlin 1976 (zit.: *J. Isensee*, Die typisierende Verwaltung, S.)

Isensee, Josef: „Das Billigkeitskorrektiv des Steuergesetzes – Rechtfertigung und Reichweite des Steuererlasses im Rechtssystem des Grundgesetzes", in: Festschrift für Werner Flume zum 70. Geburtstag, herausgegeben von *Horst H. Jakobs*, *Brigitte Knobbe-Keuk*, *Eduard Picker* und *Jan Wilhelm*, Band 2, Köln 1978, S. 129 bis 147 (zit.: *J. Isensee*, in: Jakobs/Knobbe-Keuk/Picker/Wilhelm (Hrsg.), FS Flume, Bd. II, S.)

Isensee, Josef / Kirchhof, Paul (Hrsg.): Handbuch des Staatsrechts der Bundesrepublik Deutschland, Band 4: Finanzverfassung – Bundesstaatliche Ordnung, 2. Auflage, Heidelberg (u.a.) 1999 (zit.: *Bearbeiter/in*, in: Isensee/Kirchhof (Hrsg.), Handbuch des Staatsrechts, Bd. IV, 2. Aufl. 1999, § Rn.)

Jachmann-Michel, Monika: Die Fiktion im öffentlichen Recht, Habilitationsschrift (Universität Regensburg 1995/1996), Schriftenreihe: Schriften zum öffentlichen Recht (Band 742), Berlin 1998 (zit.: *M. Jachmann-Michel*, Die Fiktion im öffentlichen Recht, S.)

Jacobs, Otto H. (Begr.): Internationale Unternehmensbesteuerung – Deutsche Investitionen im Ausland, ausländische Investitionen im Inland, herausgegeben von *Dieter Endres* und *Christoph Spengel*, 8. Auflage, München 2016 (zit.: *Bearbeiter/in*, in: Jacobs (Begr.), Internationale Unternehmensbesteuerung, 8. Aufl. 2016, S.)

Jacobson, Harold K. / Reisinger, William M. / Mathers, Todd: „National Entanglements in International Governmental Organizations", in: The American Political Science Review, Zeitschrift, Band 80, New York 1986, S. 141 bis 159 (zit.: *H.K. Jacobson/W.M. Reisinger/T. Mathers*, in: APSRev. 80 (1986), S.)

Jacoby, Sigrid: Allgemeine Rechtsgrundsätze – Begriffsentwicklung und Funktion in der Europäischen Rechtsgeschichte, Dissertationsschrift (Universität Trier 1996), Schriftenreihe: Schriften zur Europäischen Rechts- und Verfassungsgeschichte (Band 19), Berlin 1997 (zit.: *S. Jacoby*, Allgemeine Rechtsgrundsätze, S.)

Jeandidier, Wilfrid: Droit pénal des affaires, 4. Auflage, Paris 2000 (zit.: *W. Jeandidier*, Droit pénal des affaires, 4. Aufl. 2000, S.)

Jehke, Christian: Bestimmtheit und Klarheit im Steuerrecht, Dissertationsschrift (Universität Münster 2004), Schriftenreihe: Münsterische Beiträge zur Rechtswissenschaft, Berlin 2005 (zit.: *Ch. Jehke*, Bestimmtheit und Klarheit im Steuerrecht, S.)

Jochum, Heike: Grundfragen des Steuerrechts – Eine verfassungsrechtliche und methodische Einführung für Lehre und Praxis, Tübingen 2012 (zit.: *H. Jochum*, Grundfragen des Steuerrechts, S.)

Jochum, Heike: „Faires Steuerrecht für Europa", in: Zeitschrift für Rechtspolitik, Zeitschrift, München (u.a.) 2015, S. 115 bis 118 (zit.: *H. Jochum*, in: ZRP 2015, S.)

Josserand, Louis: De l'esprit des droits et de leur relativité – Théorie dite de l'abus des droits, Schriftenreihe: Essais de téléologie juridique (Band 1), 2. Auflage, Paris 1939 (zit.: *L. Josserand*, De l'esprit des droits et de leur relativité, 2. Aufl. 1939, Rn.)

Kahl, Wolfgang: Umweltprinzip und Gemeinschaftsrecht – Eine Untersuchung zur Rechtsidee des „bestmöglichen Umweltschutzes" im EWG-Vertrag, Dissertationsschrift (Universität Augsburg 1992), Schriftenreihe: Augsburger Rechtsstudien (Band 17), Heidelberg 1993 (zit.: *W. Kahl*, Umweltprinzip und Gemeinschaftsrecht, S.)

Kahl, Wolfgang / Waldhoff, Christian / Walter, Christian (Hrsg.): Bonner Kommentar zum Grundgesetz, Gesetzeskommentar, Band 2: Art. 2–3, Loseblattsammlung, Heidelberg (u.a.) seit 1950, Stand: bis zur 198. Ergänzungslieferung Mai 2019 (zit.: *Bearbeiter/in*, in: Kahl/Waldhoff/Walter (Hrsg.), Bonner Kommentar, GG, Bd. II, 198. EL 2019, Art. Rn.)

Kahle, Holger / Lipp, Marisa: „Die Komplexität einer G(K)KB: Ein vergleichender Blick auf den Prozess der Umsatzsteuerharmonisierung in Europa", in: Deutsches Steuerrecht, Zeitschrift, München (u.a.) 2013, S. 1205 bis 1212 (zit.: *H. Kahle/M. Lipp*, in: DStR 2013, S.)

Kahle, Holger / Schulz, Sebastian: „Sachstand und Lösungsansätze zur Entwicklung einer G(K)KB", in: Finanz-Rundschau, Zeitschrift, Köln 2013, S. 49 bis 57 (zit.: *H. Kahle/S. Schulz*, in: FR 2013, S.)

Kahlenberg, Christian: „BEPS wird Realität – Die Anti-BEPS-RL als Sekundärrechtsakt gegen Gewinnverlagerung und Bemessungsgrundlagenerosion", in: Steuern und Bilanzen, Zeitschrift, Herne 2016, S. 911 bis 917 (zit.: *Ch. Kahlenberg*, in: StuB 2016, S.)

Kahlenberg, Christian: „Unionsrechtskonforme Anwendung von § 50d Abs. 3 EStG?“, in: Finanz-Rundschau, Zeitschrift, Köln 2018, S. 499 bis 505 (zit.: *Ch. Kahlenberg*, in: FR 2018, S.)

Kahlenberg, Christian / Quilitzsch, Carsten: „BFH, 22.05.2019 – I R 11/19 (I R 80/14): Schlussurteil zu ‚X-GmbH‘: Unionsrechtmäßigkeit der Hinzurechnungsbesteuerung im Drittstaatenfall“, in: Internationales Steuerrecht, Zeitschrift, München (u.a.) 2019, S. 901 bis 908 (zit.: *Ch. Kahlenberg/C. Quilitzsch*, in: IStR 2019, S.)

Kahlenberg, Christian / Quilitzsch, Carsten: „Das Ende der Hinzurechnungsbesteuerung in Drittstaatenfällen?“, in: Internationales Steuerrecht, Zeitschrift, München (u.a.) 2021, S. 135 bis 140 (zit.: *Ch. Kahlenberg/C. Quilitzsch*, in: IStR 2021, S.)

Kamann, Hans-Georg: „Viel Rauch um nichts? – Gesundheitsschutz im Rahmen der Binnenmarktharmonisierung gemäß Artikel 95 EGV nach dem ‚Tabakwerbeurteil‘ des EuGH“, in: Zeitschrift für Europarechtliche Studien, Zeitschrift, Baden-Baden 2001, S. 23 bis 41 (zit.: *H.-G. Kamann*, in: ZEuS 2001, S.)

Karns, Margaret P. / Mingst, Karen A. / Stiles, Kendall W.: International Organizations – The Politics and Processes of Global Governance, 3. Auflage, Boulder (u.a.) 2015 (zit.: *M.P. Karns/K.A. Mingst/K.W. Stiles*, International Organizations, 3. Aufl. 2015, S.)

Kaufmann, Arthur: Analogie und „Natur der Sache“ – Zugleich ein Beitrag zur Lehre vom Typus, Schriftenreihe: Heidelberger Forum (Band 12), 2. Auflage, Heidelberg (u.a.) 1982 (zit.: *A. Kaufmann*, Analogie und „Natur der Sache“, 2. Aufl. 1982, S.)

Kaufmann, Arthur: Rechtsphilosophie, 2. Auflage, München 1997 (zit.: *A. Kaufmann*, Rechtsphilosophie, 2. Aufl. 1997, S.)

Kavcic, Claudia / Vogel, Andrea: „Der tatsächliche Verlauf des Unternehmensteuertarifs nach der Unternehmensteuerreform 2008 – Wird das Ziel der internationalen Wettbewerbsfähigkeit des deutschen Unternehmensteuerrechts durch die Unternehmensteuerreform 2008 erreicht?“, in: Deutsches Steuerrecht, Zeitschrift, München (u.a.) 2008, S. 573 bis 578 (zit.: *C. Kavcic/A. Vogel*, in: DStR 2008, S.)

Keller, Wolfgang: „International Technology Diffusion“, in: Journal of Economic Literature, Zeitschrift, Band 42, Nashville 2004, S. 752 bis 782 (zit.: *W. Keller*, in: JEL 42 (2004), S.)

Kemmeren, Eric C. C. M.: Principle of Origin in Tax Conventions – A Rethinking of Models, Dissertationsschrift (Universität Brabant 2001), Dongen 2001 (zit.: *E.C.C.M. Kemmeren*, Principle of Origin in Tax Conventions, S.)

Kemmeren, Eric C. C. M.: „Double Tax Conventions on Income and Capital and the EU: Past, Present and Future", in: EC Tax Review, Zeitschrift, Band 21, Dordrecht (u.a.) 2012, S. 157 bis 177 (zit.: *E.C.C.M. Kemmeren*, in: ECTRev. 21 (2012), S.)

Kemmeren, Eric C. C. M.: „Legitimacy of Tax Claims of Developing Countries on Interest and Royalties of MNEs", in: Practical Problems in European and International Tax Law, Essays in Honour of Manfred Mössner (Festschrift), herausgegeben von *Heike Jochum*, *Peter H. J. Essers*, *Michael Lang*, *Norbert Winkeljohann* und *Bertil Wiman*, Amsterdam 2016, S. 163 bis 185 (zit.: *E.C.C.M. Kemmeren*, in: Jochum/Essers/Lang/Winkeljohann/Wimann (Hrsg.), FS Mössner, S.)

Keohane, Robert O.: After Hegemony – Cooperation and Discord in the World Political Economy, Schriftenreihe: Princeton Paperbacks, Princeton 1984 (zit.: *R.O. Keohane*, After Hegemony, S.)

Keohane, Robert O.: International Institutions and State Power – Essays in International Relations Theory, Boulder (u.a.) 1989 (zit.: *R.O. Keohane*, International Institutions and State Power, S.)

Keohane, Robert O. / Hoffman, Stanley: „Conclusions: Community politics and institutional change", in: The Dynamics of European Integration, herausgegeben von *William Wallace*, London 1990, S. 276 bis 300 (zit.: *R.O. Keohane/St. Hoffman*, in: Wallace (Hrsg.), The Dynamics of European Integration, S.)

Keohane, Robert O. / Nye, Joseph S.: Power and Interdependence, Schriftenreihe: Longman Classics in Political Science, 4. Auflage, Glenview (u.a.) 2012 (zit.: *R.O. Keohane/J.S. Nye*, Power and Interdependence, 4. Aufl. 2012, S.)

Kielawa-Buzała, Greta: „Die doppelte Hinzurechnungsbesteuerung in Deutschland nach dem ATADUmsG", in: Internationales Steuerrecht, Zeitschrift, München (u.a.) 2020, S. 609 bis 615 (zit.: *G. Kielawa-Buzała*, in: IStR 2020, S.)

Kiewiet, Dennis R. / McCubbins, Mathew D.: The Logic of Delegation – Congressional Parties and the Appropriations Process, Schriftenreihe: American Politics and Political Economy Series, Chicago (u.a.) 1991 (zit.: *D.R. Kiewiet/M.D. McCubbins*, The Logic of Delegation, S.)

Kirchhof, Paul: „Steuerumgehung und Auslegungsmethoden“, in: Steuer und Wirtschaft, Zeitschrift, Köln (u.a.) 1983, S. 173 bis 183 (zit.: *P. Kirchhof*, in: StuW 1983, S.)

Kirchhof, Paul: „Der Grundrechtsschutz des Steuerpflichtigen: Zur Rechtsprechung des Bundesverfassungsgerichts im vergangenen Jahrzehnt“, in: Archiv des öffentlichen Rechts, Zeitschrift, Band 128, Tübingen (u.a.) 2003, S. 1 bis 51 (zit.: *P. Kirchhof*, in: AöR 128 (2003), S.)

Kirchhof, Paul: Der sanfte Verlust der Freiheit – Für ein neues Steuerrecht – klar, verständlich, gerecht, München (u.a.) 2004 (zit.: *P. Kirchhof*, Der sanfte Verlust der Freiheit, S.)

Kjellgren, Anders: „On the Border of Abuse“, in: European Business Law Review, Zeitschrift, Band 11, London 2000, S. 179 bis 194 (zit.: *A. Kjellgren*, in: EBLRev. 11 (2000), S.)

Klaver, Jan A. M. / Timmermans, Ad J. M.: „EU taxation: policy competition or policy coordination?“, in: EC Tax Review, Zeitschrift, Band 8, Dordrecht (u.a.) 1999, S. 185 bis 191 (zit.: *J.A.M. Klaver/A.J.M. Timmermans*, in: ECTRev. 8 (1999), S.)

Klein, Franz / Orlopp, Gerd (Begr.): Abgabenordnung, Gesetzeskommentar, 14. Auflage, München 2018 (zit.: *Bearbeiter/in*, in: Klein (Begr.), AO, 14. Aufl. 2018, § Rn.)

Klein, Martin: Die nicht „angemessene rechtliche Gestaltung“ im Steuerumgehungstatbestand des § 42 AO, Dissertationsschrift (Universität Bochum 1993), Schriftenreihe: Der Rechts- und Steuerdienst (Band 79), Köln 1994 (zit.: *M. Klein*, Die nicht „angemessene rechtliche Gestaltung“ im Steuerumgehungstatbestand des § 42 AO, S.)

Kleinbard, Edward D.: „Stateless Income’s Challenge to Tax Policy“, in: Tax Notes International, Zeitschrift, Band 68, Falls Church (u.a.) 2012, S. 499 bis 518 (zit.: *E.D. Kleinbard*, in: TNI 68 (2012), S.)

Klinke, Ulrich: „Europäisches Unternehmensrecht und EuGH – Die Rechtsprechung in den Jahren 1998 bis 2000“, in: Zeitschrift für Unternehmens- und Gesellschaftsrecht, Zeitschrift, Berlin (u.a.) 2002, S. 163 bis 203 (zit.: *U. Klinke*, in: ZGR 2002, S.)

Klöpfer, Matthias: Missbrauch im europäischen Zivilverfahrensrecht, Dissertationsschrift (Universität Konstanz 2014/2015), Schriftenreihe: Veröffentlichungen zum Verfahrensrecht (Band 124), Tübingen 2016 (zit.: *M. Klöpfer*, Missbrauch im Europäischen Zivilverfahrensrecht, S.)

Kluge, Volker: „Die Hinzurechnungsbesteuerung nach §§ 7–14 AStG und die Normen des allgemeinen Steuerrechts“, in: Steuer und Wirtschaft, Zeitschrift, Köln (u.a.) 1976, S. 101 bis 112 (zit.: *V. Kluge*, in: StuW 1976, S.)

Köhler, Stefan / Eicker, Klaus: „Kritische Anmerkungen zum BMF-Schreiben ‚Cadbury Schweppes‘ vom 8.1.2007“, in: Deutsches Steuerrecht, Zeitschrift, München (u.a.) 2007, S. 331 bis 334 (zit.: *St. Köhler/K. Eicker*, in: DStR 2007, S.)

Köhler, Stefan / Haun, Jürgen: „Kritische Analyse der Änderungen der Hinzurechnungsbesteuerung durch das JStG 2008“, in: Die Unternehmensbesteuerung, Zeitschrift, Köln 2008, S. 73 bis 88 (zit.: *St. Köhler/J. Haun*, in: Ubg 2008, S.)

Koenig, Christian / Kühling, Jürgen: „Der Streit um die neue Tabakproduktrichtlinie – Ist der Gemeinschaftsgesetzgeber bei seinem Kampf gegen den Tabakkonsum einmal mehr im Konflikt mit Gemeinschaftsgrundrechten und Kompetenzbestimmungen?“, in: Europäisches Wirtschafts- und Steuerrecht, Zeitschrift, Frankfurt a.M. (u.a.) 2002, S. 12 bis 20 (zit.: *Ch. Koenig/J. Kühling*, in: EWS 2002, S.)

Kofler, Georg: „Steuergestaltung im Europäischen und Internationalen Recht“, in: Gestaltungsfreiheit und Gestaltungsmissbrauch im Steuerrecht, Konferenzschrift, herausgegeben von *Rainer Hüttemann* (i.A. der Deutschen Steuerjuristischen Gesellschaft e.V.), Schriftenreihe: Veröffentlichungen der Deutschen Steuerjuristischen Gesellschaft e.V. (Band 33), Köln 2010, S. 213 bis 241 (zit.: *G. Kofler*, in: Hüttemann (Hrsg.), DStJG 33 (2010), S.)

Kofler, Georg: „Ist der Spuk des Europäischen Steuerrechts bald vorbei?“, in: Grundfragen des Europäischen Steuerrechts, herausgegeben von *Wolfgang Schön* und *Caroline Heber*, Berlin 2015, S. 1 bis 24 (zit.: *G. Kofler*, in: Schön/Heber (Hrsg.), Grundfragen des Europäischen Steuerrechts, S.)

Kohler-Koch, Beate: „Interessen und Integration – Die Rolle organisierter Interessen im westeuropäischen Integrationsprozeß“, in: Die Integration Europas, herausgegeben von *Michael Kreile*, Schriftenreihe: Politische Vierteljahresschrift-Sonderheft (Band 23), Opladen 1992, S. 81 bis 119 (zit.: *B. Kohler-Koch*, in: Kreile (Hrsg.), PVS-Sonderheft 23 (1992), S.)

Kohler-Koch, Beate: „Ordnungsdenken in einer globalisierten Welt“, in: Globalisierung und nationale Souveränität, Festschrift für Wilfried Röhrich, herausgegeben von *Dieter S. Lutz*, Schriftenreihe: Demokratie, Sicherheit, Frieden (Band 131), Baden-Baden 2000, S. 189 bis 225 (zit.: *B. Kohler-Koch*, in: Lutz (Hrsg.), FS Röhrich, S.)

Kottke, Klaus: Steuerersparung, Steuerumgehung, Steuerhinterziehung – Eine Sammlung lehrreicher Grenzfälle, 10. Auflage, Freiburg 1994 (zit.: *K. Kottke*, Steuerersparung, Steuerumgehung, Steuerhinterziehung, 10. Aufl. 1994, S.)

Koutrakos, Panos: „The Emsland-Stärke Abuse of Law Test in the Law of Agriculture and Free Movement of Goods", in: Prohibition of Abuse of Law – A New General Principle of EU Law?, herausgegeben von *Rita de la Feria* und *Stefan Vogenauer*, Schriftenreihe: Studies of the Oxford Institute of European and Comparative Law (Band 13), Oxford (u.a.) 2011, S. 203 bis 217 (zit.: *P. Koutrakos*, in: de la Feria/Vogenauer (Hrsg.), Prohibition of Abuse of Laws, S.)

Kraft, Gerhard: „Schlußfolgerungen aus der BFH-Rechtsprechung zur Abgrenzung des § 42 AO von den §§ 7 ff. AStG aus der Sicht der internationalen Steuerberatung", in: Internationales Steuerrecht, Zeitschrift, München (u.a.) 1993, S. 148 bis 153 (zit.: *G. Kraft*, in: IStR 1993, S.)

Kraft, Gerhard (Hrsg.): Außensteuergesetz, Gesetzeskommentar, 2. Auflage, München 2019 (zit.: *Bearbeiter/in*, in: Kraft (Hrsg.), AStG, 2. Aufl. 2019, § Rn.)

Krech, Helmut: Die Theorie der allgemeinen Rechtsgrundsätze im französischen öffentlichen Recht, Dissertationsschrift (Universität Göttingen 1972), Schriftenreihe: Studien zum internationalen Wirtschaftsrecht und Atomenergierecht (Band 49), Göttingen 1973 (zit.: *H. Krech*, Die Theorie der allgemeinen Rechtsgrundsätze im französischen öffentlichen Recht, S.)

Kreienbaum, Martin: „Hinzurechnungsbesteuerung", in: Europäisches Steuerrecht, Konferenzschrift, herausgegeben von *Michael Lang* (i.A. der Deutschen Steuerjuristischen Gesellschaft e.V.), Schriftenreihe: Veröffentlichungen der Deutschen Steuerjuristischen Gesellschaft e.V. (Band 41), Köln 2018, S. 475 bis 492 (zit.: *M. Kreienbaum*, in: Lang (Hrsg.), DStJG 41 (2018), S.)

Kreile, Reinhold: „Steuerfluchtgesetz?", in: Betriebs-Berater, Zeitschrift, Frankfurt a.M. (u.a.) 1971, S. 53 bis 57 (zit.: *R. Kreile*, in: BB 1971, S.)

Krugman, Paul R. / Wells, Robin: Volkswirtschaftslehre, Schriftenreihe: Schäffer-Poeschel Lehrbuch, 2. Auflage, Stuttgart 2017 (zit.: *P.R. Krugman/R. Wells*, Volkswirtschaftslehre, 2. Aufl. 2017, S.)

Kruse, Heinrich W.: „Steuerspezifische Gründe und Grenzen der Gesetzesbindung", in: Grenzen der Rechtsfortbildung durch Rechtsprechung und Verwaltungsvorschriften im Steuerrecht, Konferenzschrift, herausgegeben von *Klaus Tipke* (i.A. der Deutschen Steuerjuristischen Gesellschaft e.V.), Schriftenreihe: Veröffentlichungen der Deutschen Steuerjuristischen Gesellschaft e.V. (Band 5), Köln 1982, S. 71 bis 83 (zit.: *H.W. Kruse*, in: Tipke (Hrsg.), DStJG 5 (1982), S.)

Kruse, Heinrich W.: Lehrbuch des Steuerrechts, Band 1: Allgemeiner Teil, München 1991 (zit.: *H.W. Kruse*, Lehrbuch des Steuerrechts, Bd. I, S.)

Kube, Hanno: EuGH-Rechtsprechung zum direkten Steuerrecht – Stand und Perspektiven, Schriftenreihe: Zentrum für Europäisches Wirtschaftsrecht – Vorträge und Berichte (Band 171), Bonn 2009 (zit.: *H. Kube*, EuGH-Rechtsprechung zum direkten Steuerrecht, S.)

Kube, Hanno: „Die ungeschriebenen Rechtfertigungsgründe im Bereich der Steuern", in: Die Rechtsprechung des EuGH in ihrer Bedeutung für das nationale und internationale Recht der direkten Steuern, Konferenzschrift, herausgegeben von *Jutta Kruthoffer-Röwekamp*, Schriftenreihe: Steuerwissenschaftliche Schriften (Band 21), Baden-Baden 2010, S. 133 bis 156 (zit.: *H. Kube*, in: Kruthoffer-Röwekamp (Hrsg.), Die Rechtsprechung des EuGH in ihrer Bedeutung für das nationale und internationale Recht der direkten Steuern, S.)

Kugelmüller-Pugh, Anette: „Der ‚Gesamtplan' im deutschen Steuerrecht – mehr als nur ein plastischer Name?", in: Finanz-Rundschau, Zeitschrift, Köln 2007, S. 1139 bis 1148 (zit.: *A. Kugelmüller-Pugh*, in: FR 2007, S.)

Kutscher, Hans F. O.: „Thesen zu den Methoden der Auslegung des Gemeinschaftsrechts, aus der Sicht eines Richters", in: Begegnung von Justiz und Hochschule (am 27. und 28. September 1976), Konferenzschrift, herausgegeben von dem Gerichtshof der Europäischen Gemeinschaften, Luxemburg 1976, S. I-3 bis I-56 (zit.: *H.F.O. Kutscher*, in: Begegnung von Justiz und Hochschule, S.)

Kydd, Andrew / Snidal, Duncan: „Progress in Game-Theoretical Analysis of International Regimes", in: Regime Theory and International Relations, herausgegeben von *Volker Rittberger* und *Peter Mayer*, Oxford 1993, S. 112 bis 135 (zit.: *A. Kydd/D. Snidal*, in: Rittberger/Mayer (Hrsg.), Regime Theory and International Relations, S.)

Lackum, Jens von: Die Gesetzesumgehung im Europarecht – Unter besonderer Berücksichtigung des europäischen Gesellschaftsrechts, Dissertationsschrift (Universität Heidelberg 2007/2008), Schriftenreihe: Abhandlungen zum deutschen und europäischen Handels- und Wirtschaftsrecht (Band 176), Köln (u.a.) 2009 (zit.: *J. v. Lackum*, Die Gesetzesumgehung im Europarecht, S.)

Lademann, Fritz (Begr.): Außensteuergesetz, Gesetzeskommentar, 2. Auflage, Stuttgart (u.a.) 2015 (zit.: *Bearbeiter/in*, in: Lademann (Begr.), AStG, 2. Aufl. 2015, § Rn.)

Lampert, Steffen: Doppelbesteuerungsrecht und Lastengleichheit – Qualifikations- und Zurechnungskonflikte bei der Besteuerung von Personengesellschaften, Dissertationsschrift (Universität Saarbrücken 2009), Schriftenreihe: Steuerwissenschaftliche Schriften (Band 22), Baden-Baden 2010 (zit.: *St. Lampert*, Doppelbesteuerungsrecht und Lastengleichheit, S.)

Lang, Joachim: Die Bemessungsgrundlage der Einkommensteuer – Rechtssystematische Grundlagen steuerlicher Leistungsfähigkeit im deutschen Einkommensteuerrecht, Habilitationsschrift (Universität Köln 1981), Köln 1988 (zit.: *J. Lang*, Die Bemessungsgrundlage der Einkommensteuer, S.)

Lang, Joachim: „Steuergerechtigkeit und Globalisierung", in: Steuerzentrierte Rechtsberatung, Festschrift für Harald Schaumburg zum 65. Geburtstag, herausgegeben von *Wolfgang Spindler*, *Klaus Tipke* und *Thomas Rödder*, Köln 2009, S. 45 bis 64 (zit.: *J. Lang*, in: Spindler/Tipke/Rödder (Hrsg.), FS Schaumburg, S.)

Lang, Joachim: „Unternehmensbesteuerung im internationalen Wettbewerb", in: Steuer und Wirtschaft, Zeitschrift, Köln (u.a.) 2011, S. 144 bis 158 (zit.: *J. Lang*, in: StuW 2011, S.)

Lang, Joachim: „Das Anliegen der Kölner Schule: Prinzipientreue des Steuerrechts", in: Steuer und Wirtschaft, Zeitschrift, Köln (u.a.) 2013, S. 53 bis 60 (zit.: *J. Lang*, in: StuW 2013, S.)

Lange, Hans-Friedrich: „Rechtsmissbrauch im Mehrwertsteuerrecht", in: Der Betrieb, Zeitschrift, Düsseldorf (u.a.) 2006, S. 519 bis 522 (zit.: *H.-F. Lange*, in: DB 2006, S.)

Larenz, Karl: Methodenlehre der Rechtwissenschaft, Schriftenreihe: Enzyklopädie der Rechts- und Staatswissenschaft, 1. Auflage, Berlin (u.a.) 1960 (zit.: *K. Larenz*, Methodenlehre der Rechtwissenschaft, 1. Aufl. 1960, S.)

Larenz, Karl: Methodenlehre der Rechtswissenschaft, Schriftenreihe: Enzyklopädie der Rechts- und Staatswissenschaft, 6. Auflage, Berlin (u.a.) 1991 (zit.: *K. Larenz*, Methodenlehre der Rechtswissenschaft, 6. Aufl. 1991, S.)

Larenz, Karl / Canaris, Claus-Wilhelm: Methodenlehre der Rechtswissenschaft, Schriftenreihe: Springer-Lehrbuch, 3. Auflage, Berlin (u.a.) 1995 (zit.: *K. Larenz/C.-W. Canaris*, Methodenlehre der Rechtswissenschaft, 3. Aufl. 1995, S.)

Larguier, Jean / Conte, Philippe: Droit pénal des affaires, 11. Auflage, Paris 2004 (zit.: *J. Larguier/Ph. Conte*, Droit pénal des affaires, 11. Aufl. 2004, S.)

Lavrijssen, Saskia / Visser, Maartje de: „Independent administrative authorities and the standard of judicial review“, in: Utrecht Law Review, Zeitschrift, Band 2, Utrecht (u.a.) 2006, S. 111 bis 135 (zit.: *S. Lavrijssen/M. de Visser*, in: ULRev. 2 (2006), S.)

Lehner, Moris: „Das Territorialitätsprinzip im Licht des Europarechts“, in: Körperschaftsteuer, Internationales Steuerrecht, Doppelbesteuerung, Festschrift für Franz Wassermeyer zum 65. Geburtstag, herausgegeben von *Rudolf Gocke*, *Dietmar Gosch* und *Michael Lang*, München 2005, S. 241 bis 261 (zit.: *M. Lehner*, in: Gocke/Gosch/Lang (Hrsg.), FS Wassermeyer, S.)

Leibfried, Stephan / Zürn, Michael: „Von der nationalen zur post-nationalen Konstellation“, in: Transformationen des Staates?, herausgegeben von *Stephan Leibfried* und *Michael Zürn*, Schriftenreihe: Edition Zweite Moderne, Frankfurt a.M. 2006, S. 19 bis 65 (zit.: *St. Leibfried/M. Zürn*, in: Leibfried/Zürn (Hrsg.), Transformation des Staates?, S.)

Lenaerts, Annekatrien: „The General Principle of the Prohibition of Abuse of Rights: A Critical Position on Its Role in a Codified European Contract Law“, in: European Review of Private Law, Zeitschrift, Band 18, Dordrecht 2010, S. 1121 bis 1154 (zit.: *A. Lenaerts*, in: ERPL 18 (2010), S.)

Lenz, Carl O. / Borchardt, Klaus-Dieter (Hrsg.): EU-Verträge, Gesetzeskommentar, 6. Auflage, Köln (u.a.) 2013 (zit.: *Bearbeiter/in*, in: Lenz/Borchardt (Hrsg.), EU-Verträge, 6. Aufl. 2013, Art. Gesetz Rn.)

Liese, Andrea / Weinlich, Silke: „Die Rolle von Verwaltungsstäben internationaler Organisationen. Lücken, Tücken und Konturen eines (neuen) Forschungsgebiets“, in: Politik und Verwaltung, herausgegeben von *Jörg Bogumil*, *Werner Jann* und *Frank Nullmeier*, Schriftenreihe: Politische Vierteljahresschrift-Sonderheft (Band 37), Wiesbaden 2006, S. 491 bis 524 (zit.: *A. Liese/S. Weinlich*, in: Bogumil/Jann/Nullmeier (Hrsg.), PVS-Sonderheft 37 (2006), S.)

Lindberg, Leon N. / Scheingold, Stuart A.: Europe's Would-Be Polity – Patterns of Change in the European Community, Englewood Cliffs 1970 (zit.: *L.N. Lindberg/St.A. Scheingold*, Europe's Would-Be Polity, S.)

Linn, Alexander: „Die Anti-Tax-Avoidance-Richtlinie der EU – Anpassungsbedarf in der Hinzurechnungsbesteuerung?“, in: Internationales Steuerrecht, Zeitschrift, München (u.a.) 2016, S. 645 bis 652 (zit.: *A. Linn*, in: IStR 2016, S.)

List, Heinrich: „Der Missbrauch von Gestaltungsmöglichkeiten des Rechts aus der Sicht des § 42 AO und des Gemeinschaftsrechts“, in: Der Betrieb, Zeitschrift, Düsseldorf (u.a.) 2007, S. 131 bis 133 (zit.: *H. List*, in: DB 2007, S.)

Lohse, Wieland-Christian: „Verwirrende Begriffsvielfalt im Gemeinschaftsrecht – Am Beispiel von Steuerbetrug, -umgehung und -missbrauch, sowie ähnlichen Begriffen", in: Festschrift für Wolfram Reiss zum 65. Geburtstag, herausgegeben von *Paul Kirchhof* und *Hans Nieskens*, Köln 2008, S. 645 bis 664 (zit.: *W.-Ch. Lohse*, in: Kirchhof/Nieskens (Hrsg.), FS Reiss, S.)

Long, David / Wilson, Peter (Hrsg.): Thinkers of the Twenty Years' Crisis – Inter-War Idealism Reassessed, Oxford 1995 (zit.: *Bearbeiter/in*, in: Long/ Wilson (Hrsg.), Thinkers of the Twenty Years' Crisis, S.)

Lonnquist, Tobias: „The Trend Towards Purposive Statutory Interpretation: Human Rights At Stake", in: Revenue Law Journal, Zeitschrift, Band 13, Gold Coast 2003, S. 18 bis 27 (zit.: *T. Lonnquist*, in: RLJ 13 (2003), S.)

Loose, Thomas / Herbst, Christian: Anmerkung zum Urteil des BFH vom 13. Oktober 2010 (Rs. I R 61/09), in: Betriebs-Berater, Zeitschrift, Frankfurt a.M. (u.a.) 2011, S. 292 bis 295 (zit.: *Th. Loose/Ch. Herbst*, in: BB 2011, S.)

Lornsen, Birgitt: Unilaterale Maßnahmen der Bundesrepublik Deutschland zur Ausschaltung der internationalen Doppelbesteuerung bei der Einkommen- und Körperschaftsteuer, Dissertationsschrift (Universität Berlin 1987), Schriftenreihe: Europäische Hochschulschriften (Band 814), Frankfurt a.M. (u.a.) 1987 (zit.: *B. Lornsen*, Unilaterale Maßnahmen der Bundesrepublik Deutschland zur Ausschaltung der internationalen Doppelbesteuerung bei der Einkommen- und Körperschaftsteuer, S.)

Luce, Robert D. / Raiffa, Howard: Games and Decisions – Introduction and Critical Survey, New York (u.a.) 1957 (zit.: *R.D. Luce/H. Raiffa*, Games and Decisions, S.)

Ludwigs, Markus: Rechtsangleichung nach Art. 94, 95 EG-Vertrag – Eine kompetenzrechtliche Untersuchung unter besonderer Berücksichtigung des Europäischen Privatrechts, Dissertationsschrift (Universität Göttingen 2004), Schriftenreihe: Schriften des Europa-Instituts der Universität des Saarlandes – Rechtswissenschaft (Band 50), Baden-Baden 2004 (zit.: *M. Ludwigs*, Rechtsangleichung nach Art. 94, 95 EG-Vertrag, S.)

Lück, Michael: Die Gemeinschaftstreue als allgemeines Rechtsprinzip im Recht der Europäischen Gemeinschaft – Ein Vergleich zur Bundestreue im Verfassungsrecht der Bundesrepublik Deutschland, Dissertationsschrift (Universität Kiel 1991), Schriftenreihe: Nomos-Universitätsschriften – Recht (Band 76), Baden-Baden 1992 (zit.: *M. Lück*, Die Gemeinschaftstreue als allgemeines Rechtsprinzip im Recht der Europäischen Gemeinschaft, S.)

Lüdicke, Jochen / Oppel, Florian: „Kommissions-Entwurf einer Anti-BEPS-Richtlinie: Grundlegende Änderungen und Verschärfungen des deutschen Rechts", in: Der Betrieb, Zeitschrift, Düsseldorf (u.a.) 2016, S. 549 bis 555 (zit.: *J. Lüdicke/F. Oppel*, in: DB 2016, S.)

Luttermann, Claus: „Die Rechtsprechung des Bundesfinanzhofes zur Anerkennung von Basisunternehmen im Internationalen Steuerrecht", in: Internationales Steuerrecht, Zeitschrift, München (u.a.) 1993, S. 153 bis 160 (zit.: *C. Luttermann*, in: IStR 1993, S.)

Lyons, Timothy: „State Aid, Taxation and Abuse of Law", in: Prohibition of Abuse of Law – A New General Principle of EU Law?, herausgegeben von *Rita de la Feria* und *Stefan Vogenauer*, Schriftenreihe: Studies of the Oxford Institute of European and Comparative Law (Band 13), Oxford (u.a.) 2011, S. 493 bis 508 (zit.: *T. Lyons*, in: de la Feria/Vogenauer (Hrsg.), Prohibition of Abuse of Laws, S.)

Mader, Peter: Rechtsmißbrauch und unzulässige Rechtsausübung, Habilitationsschrift (Universität Salzburg 1993), Wien 1994 (zit.: *P. Mader*, Rechtsmißbrauch und unzulässige Rechtsausübung, S.)

Maiterth, Ralf: „Der Einfluss der Besteuerung auf die internationale Wettbewerbsfähigkeit von Unternehmen", in: Steuer und Wirtschaft, Zeitschrift, Köln (u.a.) 2005, S. 47 bis 60 (zit.: *R. Maiterth*, in: StuW 2005, S.)

Maitland, Frederic W.: Equity – also: The Forms of Action at Common Law, Cambridge 1910 (zit.: *F.W. Maitland*, Equity – also: The Forms of Action at Common Law, S.)

Malaurie, Philippe / Morvan, Patrick: Introduction générale, Schriftenreihe: Droit civil, 2. Auflage, Paris 2005 (zit.: *Ph. Malaurie/P. Morvan*, Introduction générale, 2. Aufl. 2005, S. Rn.)

Malherbe, Jacques: „Cost Contribution Arrangements and Cost Sharing Agreements", in: Practical Problems in European and International Tax Law, Essays in Honour of Manfred Mössner (Festschrift), herausgegeben von *Heike Jochum, Peter H. J. Essers, Michael Lang, Norbert Winkeljohann* und *Bertil Wiman*, Amsterdam 2016, S. 305 bis 315 (zit.: *J. Malherbe*, in: Jochum/Essers/Lang/Winkeljohann/Wimann (Hrsg.), FS Mössner, S.)

Malta, Pierre di: Droit fiscal pénal, Schriftenreihe: Fiscalité – Gestion fiscale, Paris 1992 (zit.: *P. di Malta*, Droit fiscal pénal, S.)

Mankiw, Nicholas G. / Romer, David / Weil, David N.: „A Contribution to the Empirics of Economic Growth", in: The Quarterly Journal of Economics, Zeitschrift, Band 107, Oxford (u.a.) 1992, S. 407 bis 437 (zit.: *N.G. Mankiw/D. Romer/D.N. Weil*, in: QJE 107 (1992), S.)

Marchessou, Philippe: L'interprétation des textes fiscaux, Dissertationsschrift (Universität Straßburg 1978), Schriftenreihe: Collection Droit des Affaires et de l'Entreprise, Série Etudes et Recherches, Paris 1980 (zit.: *Ph. Marchessou*, L'interprétation des textes fiscaux, S.)

Marcussen, Martin: „The Organization for Economic Cooperation and Development as ideational artist and arbitrator – Reality or dream?", in: Decision Making within International Organizations, herausgegeben von *Bob Reinalda* und *Bertjan Verbeek*, Schriftenreihe: Routledge ECPR Studies in European Political Science (Band 31), London (u.a.) 2004, S. 90 bis 105 (zit.: *M. Marcussen*, in: Reinalda/Verbeek (Hrsg.), Decision Making within International Organizations, S.)

Martens, Sebastian A. E.: Methodenlehre des Unionsrechts, Habilitationsschrift (Universität Regensburg 2012), Schriftenreihe: Beiträge zum ausländischen und internationalen Privatrecht (Band 100), Tübingen 2013 (zit.: *S.A.E. Martens*, Methodenlehre des Unionsrechts, S.)

Martin, Lisa L.: „Interests, Power, and Multilateralism", in: International Organization, Zeitschrift, Band 46, Cambridge/Massachusetts 1992, S. 765 bis 792 (zit.: *L.L. Martin*, in: IO 46 (1992), S.)

Martinez, Jean-Claude: La fraude fiscale, Schriftenreihe: Que sais-je? (Band 2180), Paris 1984 (zit.: *J.-C. Martinez*, La fraude fiscale, S.)

Marty, Gabriel / Raynaud, Pierre: Droit civil, Band 1: Les Obligations, 2. Auflage, Paris 1988 (zit.: *G. Marty/P. Raynaud*, Droit Civil, Bd. I, 2. Aufl. 1988, S. Rn.)

Marx, Franz J.: „Die Gewinnermittlungskonzeption der GKKB nach dem Richtlinienentwurf der EU-Kommission", in: Deutsche Steuer-Zeitung, Zeitschrift, Bonn (u.a.) 2011, S. 547 bis 555 (zit.: *F.J. Marx*, in: DStZ 2011, S.)

Masson, Charles R.: La notion d'évasion fiscale en droit interne français, Dissertationsschrift (Universität Grenoble 1987), Schriftenreihe: Bibliothèque de science financière (Band 29), Paris 1990 (zit.: *Ch.R. Masson*, La notion d'évasion fiscale en droit interne français, Rn.)

Mayer, Otto: Deutsches Verwaltungsrecht, Band 1, Schriftenreihe: Systematisches Handbuch der deutschen Rechtswissenschaft (Abteilung 6, Band 1), 3. Auflage, Leipzig 1924 (zit.: *O. Mayer*, Deutsches Verwaltungsrecht, Bd. I, 3. Aufl. 1924, S.)

Mazeaud, Henri / Mazeaud, Léon / Mazeaud, Jean / Chabas, François (Hrsg.): Leçons de droit civil, Band 2, Teil 1: Obligations: Théorie générale, 9. Auflage, Paris 1998 (zit.: *Bearbeiter/in*, in: Mazeaud/Mazeaud/Mazeaud/Chabas (Hrsg.), Leçons de droit civil, Bd. II/1, 9. Aufl. 1998, Rn.)

Mazeaud, Henri / Mazeaud, Léon / Mazeaud, Jean / Chabas, François (Hrsg.): Leçons de droit civil, Band 1, Teil 1: Introduction à l'étude du droit, 12. Auflage, Paris 2000 (zit.: *Bearbeiter/in*, in: Mazeaud/Mazeaud/Mazeaud/Chabas (Hrsg.), Leçons de droit civil, Bd. I/1, 12. Aufl. 2000, Rn.)

Mazeaud, Henri / Mazeaud, Léon / Tunc, André: Traité théorique et pratique de la responsabilité civile délictuelle et contractuelle, Band 1, 6. Auflage, Paris 1965 (zit.: *H. Mazeaud/L. Mazeaud/A. Tunc*, Traité théorique et pratique de la responsabilité civile délictuelle et contractuelle, Bd. I, 6. Aufl. 1965, Rn.)

McCarthy, Hui Ling: „Abuse of Rights – The Effect of the Doctrine on VAT Planning", in: British Tax Review, London 2007, S. 160 bis 174 (zit.: *H.L. McCarthy*, in: BTRev. 2007, S.)

McLure Jr., Charles E.: „*The Elusive Incidence of the Corporate Income Tax: The State Case*", in: Public Finance Quarterly, Zeitschrift, Band 9, Beverly Hills (u.a.) 1981, S. 395 bis 413 (zit.: *Ch.E. McLure*, in: PFQ 9 (1981), S.)

Meessen, Karl M.: „Prinzip Wettbewerb", in: JuristenZeitung, Zeitschrift, Tübingen 2009, S. 697 bis 706 (zit.: *K.M. Meessen*, in: JZ 2009, S.)

Mehde, Veith: Wettbewerb zwischen Staaten – Die rechtliche Bewältigung zwischenstaatlicher Konkurrenzsituationen im Mehrebenensystem, Habilitationsschrift (Universität Hamburg 2005), Schriftenreihe: Neue Schriften zum Staatsrecht (Band 2), Baden-Baden 2005 (zit.: *V. Mehde*, Wettbewerb zwischen Staaten, S.)

Meilicke, Wienand: „Selbstkontrahieren nach europäischem Gemeinschaftsrecht", in: Recht der internationalen Wirtschaft, Zeitschrift, Frankfurt a.M. (u.a.) 1996, S. 713 bis 719 (zit.: *W. Meilicke*, in: RIW 1996, S.)

Melitz, Marc J.: „The Impact of Trade on Intra-Industry Reallocations and Aggregate Industry Productivity", in: Econometrica, Zeitschrift, Band 71, Oxford (u.a.) 2003, S. 1695 bis 1725 (zit.: *M.J. Melitz*, in: Econometrica 71 (2003), S.)

Menck, Thomas: „Welteinkommen und Territorialität der Besteuerung nach deutschem Recht und in deutscher Sicht“, in: Steuern auf ausländische Einkünfte – Geltendes Recht, Rechtsvergleichung, Fortentwicklung, Konferenzschrift, bearbeitet von *Michael Engelschalk, Hans Flick, Edision Gnazzo, Thomas Menck, Enrique Piedrabuena* und *Ramón Costa*, Schriftenreihe: Münchener Schriften zum Internationalen Steuerrecht (Band 7), München 1985, S. 28 bis 41 (zit.: *Th. Menck*, in: Engelschalk/Flick/Gnazzo/Menck/Piedrabuena/Costa (Bearb.), Steuern auf ausländische Einkünfte, S.)

Mersch, Eugen: Die Hinzurechnungsbesteuerung nach den §§ 7 ff. AStG unter Berücksichtigung des Rechts der Doppelbesteuerungsabkommen, Dissertationsschrift (Universität München 1984/1985), Schriftenreihe: Steuerwissenschaft (Band 23), Köln 1986 (zit.: *E. Mersch*, Die Hinzurechnungsbesteuerung nach den §§ 7 ff. AStG, S.)

Merten, Detlef / Papier, Hans-Jürgen (Hrsg.): Handbuch der Grundrechte in Deutschland und Europa, Band 6, Teil 1: Europäische und universelle Grund- und Menschenrechte, Heidelberg 2010 (zit.: *Bearbeiter/in*, in: Merten/Papier (Hrsg.), Handbuch der Grundrechte, Bd. VI/1, § Rn.)

Merz, Hans: „Vom Schikaneverbot zum Rechtsmißbrauch“, in: Zeitschrift für Rechtsvergleichung, Zeitschrift, Wien 1977, S. 162 bis 179 (zit.: *H. Merz*, in: ZfRV 1977, S.)

Metzger, Axel: Extra legem, intra ius – Allgemeine Rechtsgrundsätze im Europäischen Privatrecht, Habilitationsschrift (Universität Hamburg 2008), Schriftenreihe: Beiträge zum ausländischen und internationalen Privatrecht (Band 89), Tübingen 2009 (zit.: *A. Metzger*, Extra legem, intra ius, S.)

Mick, Marcus: Die Steuerkonzeption der Europäischen Union – Zielvorgaben, Umsetzung und Grenzen zulässiger Steuerharmonisierung, Dissertationsschrift (Universität Münster 1995), Schriftenreihe: Internationale Hochschulschriften (Band 175), Münster (u.a.) 1995 (zit.: *M. Mick*, Die Steuerkonzeption der Europäischen Union, S.)

Mitrany, David: The Progress of International Government, London 1933 (zit.: *D. Mitrany*, The Progress of International Government, S.)

Mitrany, David: „The Prospect of Integration: Federal or Functional“, in: Journal of Common Market Studies, Zeitschrift, Band 4, Oxford 1965, S. 119 bis 149 (zit.: *D. Mitrany*, in: JCMS 4 (1965), S.)

Mitrany, David: A Working Peace System, Chicago 1966 (zit.: *D. Mitrany*, A Working Peace System, S.)

Mössner, Jörg M.: „Die internationale Steuerflucht“, in: Staatsfinanzierung im Wandel, Konferenzschrift, herausgegeben von *Karl-Heinrich Hansmeyer* (i.A. des Vereins für Socialpolitik, Gesellschaft für Wirtschafts- und Sozialwissenschaften), Schriftenreihe: Schriften des Vereins für Socialpolitik (Band 134 N.F.), Berlin 1983, S. 817 bis 842 (zit.: *J.M. Mössner*, in: Hansmeyer (Hrsg.), Staatsfinanzierung im Wandel, S.)

Monsenego, Jérôme: Taxation of Foreign Business Income within the European Internal Market – An Analysis of the Conflict Between the Objective of Achievement of the European Internal Market and the Principles of Territoriality and Worldwide Taxation, Dissertationsschrift (Handelshochschule Stockholm und Universität Paris 2011), Schriftenreihe: IBFD Doctoral Series (Band 22), Amsterdam 2012 (zit.: *J. Monsenego*, Taxation of Foreign Business Income within the European Internal Market, S.)

Montesquieu, Charles-Louis de Secondat Baron de La Brède de: De l'Esprit des Lois, Band 2, Deux-Ponts 1784 (zit.: *Ch.-L. II Baron de Montesquieu*, De l'Esprit des Lois, Bd. II, S. GldPkt.)

Müller-Graff, Peter-Christian: Unternehmensinvestitionen und Investitionssteuerung im Marktrecht – Zu Massstäben und Schranken für die überbetriebliche Steuerung von Produktionsinvestitionen aus dem Recht des wettbewerbsverfassten Marktes, Habilitationsschrift (Universität Tübingen 1983), Schriftenreihe: Tübinger rechtswissenschaftliche Abhandlungen (Band 59), Tübingen 1984 (zit.: *P.-Ch. Müller-Graff*, Unternehmensinvestitionen und Investitionssteuerung im Marktrecht, S.)

Müller-Graff, Peter-Christian: „Die Rechtsangleichung zur Verwirklichung des Binnenmarktes“, in: Europarecht, Zeitschrift, Baden-Baden (u.a.) 1989, S. 107 bis 151 (zit.: *P.-Ch. Müller-Graff*, in: EuR 1989, S.)

Müller-Graff, Peter-Christian: „Binnenmarktauftrag und Subsidiaritätsprinzip?“, in: Zeitschrift für das gesamte Handels- und Wirtschaftsrecht, Zeitschrift, Band 159, Frankfurt a.M. (u.a.) 1995, S. 34 bis 77 (zit.: *P.-Ch. Müller-Graff*, in: ZHR 159 (1995), S.)

Müller-Graff, Peter-Christian: „Die Verdichtung des Binnenmarktrechts zwischen Handlungsfreiheiten und Sozialgestaltung“, in: Das Binnenmarktrecht als Daueraufgabe, herausgegeben von *Armin Hatje*, Schriftenreihe: Europarecht-Beiheft (Band 1/2002), Baden-Baden 2002, S. 7 bis 73 (zit.: *P.-Ch. Müller-Graff*, in: Hatje (Hrsg.), EuR-Beiheft 1/2002, S.)

Musil, Andreas / Schulz, Jan: „Grenzüberschreitende Einkünfteverlagerungen in verbundenen Unternehmen und europarechtliche Handlungsspielräume der Mitgliedstaaten“, in: Deutsches Steuerrecht, Zeitschrift, München (u.a.) 2013, S. 2205 bis 2211 (zit.: *A. Musil/J. Schulz*, in: DStR 2013, S.)

Napier, Brian W.: „Abuse of rights in british law“, in: Inchieste di diritto comparato, Band 7: L'abus de droit, herausgegeben von *Mario Rotondi*, Padova 1979, S. 265 bis 282 (zit.: *B.W. Napier*, in: Rotondi (Hrsg.), Inchieste di diritto comparato, Bd. VII, S.)

Nash Jr., John F.: „Non-Cooperative Games“, Dissertationsschrift (Universität Princeton 1950), in: Annals of Mathematics, Zeitschrift, 2. Serie, Band 54, Princeton (u.a.) 1951, S. 286 bis 295 (zit.: *J.F. Nash*, in: AoM II 54 (1951), S.)

Navarro, Aitor / Parada, Leopoldo / Schwarz, Paloma: „The Proposal for an EU Anti-avoidance Directive: Some Preliminary Thoughts“, in: EC Tax Review, Zeitschrift, Band 25, Dordrecht (u.a.) 2016, S. 117 bis 131 (zit.: *A. Navarro/L. Parada/P. Schwarz*, in: ECTRev. 25 (2016), S.)

Neumann-Tomm, Axel: „BEPS – Wenn überhaupt nationale Gegenmaßnahmen, dann mit Augenmaß“, in: Internationales Steuerrecht, Zeitschrift, München (u.a.) 2015, S. 436 bis 440 (zit.: *A. Neumann-Tomm*, in: IStR 2015, S.)

Nevermann, Karsten: Justiz und Steuerumgehung – Ein kritischer Vergleich der Haltung der Dritten Gewalt zu kreativer steuerlicher Gestaltung in Großbritannien und Deutschland, Dissertationsschrift (Universität Hamburg 1993), Schriftenreihe: Schriften zum Steuerrecht (Band 48), Berlin 1994 (zit.: *K. Nevermann*, Justiz und Steuerumgehung, S.)

Nickel, Stephen J.: „Competition and Corporate Performance“, in: Journal of Political Economy, Zeitschrift, Band 104, Chicago 1996, S. 724 bis 746 (zit.: *St.J. Nickell*, in: JoPE 104 (1996), S.)

Nielson, Daniel L. / Tierney, Michael J.: „Delegation to International Organizations: Agency Theory and World Bank Environmental Reform“, in: International Organization, Zeitschrift, Band 57, Cambridge/Massachusetts 2003, S. 241 bis 276 (zit.: *D.L. Nielson/M.J. Tierney*, in: IO 57 (2003), S.)

Niemann, Alice: Der allgemeine Missbrauchsvorbehalt nach der Rechtsprechung des EuGH und seine Auswirkungen auf die Anwendung des § 42 AO, Dissertationsschrift (Universität Heidelberg 2010), Schriftenreihe: Europäische Hochschulschriften (Band 5275), Frankfurt a.M. (u.a.) 2012 (zit.: *A. Niemann*, Der allgemeine Missbrauchsvorbehalt nach der Rechtsprechung des EuGH und seine Auswirkungen auf die Anwendung des § 42 AO, S.)

Niskanen, William A.: „On the origin and identification of government failures", in: Political Economy and Public Finance – The Role of Political Economy in the Theory and Practice of Public Economics, herausgegeben von *Stanley L. Winer* und *Hirofumi Shibata*, Cheltenham (u.a.) 2002, S. 111 bis 116 (zit.: *W.A. Niskanen*, in: Winer/Shibata (Hrsg.), Political Economy and Public Finance, S.)

Nörr, Dieter: Die Fides im römischen Völkerrecht, Schriftenreihe: Juristische Studiengesellschaft Karlsruhe (Band 191), Heidelberg 1991 (zit.: *D. Nörr*, Die Fides im römischen Völkerrecht, S.)

Oates, Wallace E.: Fiscal Federalism, Schriftenreihe: The Harbrace Series in Business and Economics, New York (u.a.) 1972 (zit.: *W.E. Oates*, Fiscal Federalism, S.)

Oberacher, Hans-Erwin: Wie löst das französische Recht die Fälle des § 242 BGB?, Dissertationsschrift (Universität München 1963), München 1963 (zit.: *H.-E. Oberacher*, Wie löst das französische Recht die Fälle des § 242 BGB?, S.)

Oestreicher, Andreas: „Konzernbesteuerung in Europa – Zum Vorschlag einer konsolidierten körperschaftsteuerlichen Bemessungsgrundlage für die grenzüberschreitende Unternehmenstätigkeit in der EU", in: Steuer und Wirtschaft, Zeitschrift, Köln (u.a.) 2002, S. 342 bis 356 (zit.: *A. Oestreicher*, in: StuW 2002, S.)

Oestreicher, Andreas: „Gewinnaufteilung" – Beitrag zum 2. Teil: Gewinnabgrenzung bei EU-Konzernen auf der Basis von Verrechnungspreisen oder durch formelhafte Gewinnaufteilung, in: Die internationale Unternehmensbesteuerung im Wandel, Symposium für Otto H. Jacobs zum 65. Geburtstag (Festschrift), herausgegeben von *Dieter Endres, Andreas Oestreicher, Wolfram Scheffler, Ulrich Schreiber* und *Christian Spengel*, München 2005, S. 73 bis 91 (zit.: *A. Oestreicher*, in: Endres/Oestreicher/Scheffler/Schreiber/Spengel (Hrsg.), FS Jacobs, S.)

Oestreicher, Andreas / Koch, Reinald: „The Revenue Consequences of Using a Common Consolidated Corporate Tax Base to Determine Taxable Income in the EU Member States", in: FinanzArchiv, Zeitschrift, Band 67, Tübingen (u.a.) 2011, S. 64 bis 102 (zit.: *A. Oestreicher/R. Koch*, in: FinA 67 (2011), S.)

Ophüls, Carl F.: „Zur ideengeschichtlichen Herkunft der Gemeinschaftsverfassung", in: Probleme des europäischen Rechts, Festschrift für Walter Hallstein zum 65. Geburtstag, herausgegeben von *Ernst von Caemmerer, Hans-Jürgen Schlochauer* und *Ernst Steindorff*, Frankfurt a.M. 1966, S. 387 bis 413 (zit.: *C.F. Ophüls*, in: v. Caemmerer/Schlochauer/Steindorff (Hrsg.), FS Hallstein, S.)

Oppel, Florian: „Der Aktionsplan für eine faire und effiziente Unternehmensbesteuerung in der EU – alter Wein in neuen Schläuchen?", in: Internationales Steuerrecht, Zeitschrift, München (u.a.) 2015, S. 813 bis 818 (zit.: *F. Oppel*, in: IStR 2015, S.)

Oppel, Florian: „BEPS in Europa: (Schein-) Harmonisierung der Missbrauchsabwehr durch neue Richtlinie 2016/1164 mit Nebenwirkungen", in: Internationales Steuerrecht, Zeitschrift, München (u.a.) 2016, S. 797 bis 803 (zit.: *F. Oppel*, in: IStR 2016, S.)

Organisation für wirtschaftliche Zusammenarbeit und Entwicklung: Harmful Tax Competition – An Emerging Global Issue, Paris 1998, abrufbar unter:
https://doi.org/10.1787/9789264162945-en
(zit.: *OECD*, Harmful Tax Competition, S. Rn.)

Organisation für wirtschaftliche Zusammenarbeit und Entwicklung: The OECD – Organisation for Economic Co-operation and Development, Paris 2008, abrufbar unter:
https://www.oecd.org/newsroom/34011915.pdf
(zit.: *OECD*, The OECD, S.)

Organisation für wirtschaftliche Zusammenarbeit und Entwicklung: Hybrid Mismatch Arrangements – Tax Policy and Compliance Issues, Paris 2012, abrufbar unter:
https://www.oecd.org/ctp/aggressive/HYBRIDS_ENG_Final_October2012.pdf
(zit.: *OECD*, Hybrid Mismatch Arrangements, S.)

Organisation für wirtschaftliche Zusammenarbeit und Entwicklung: OECD Secretary – General Report to the G20 Finance Ministers and Central Bank Governors, Gutachten (i.A. der Finanzminister der G20-Staaten), Moskau 2013, abrufbar unter:
https://www.oecd.org/ctp/exchange-of-tax-information/OECD-tax-report-G20.pdf
(zit.: *OECD*, General Report to the G20 Finance Ministers 2013, S.)

Organisation für wirtschaftliche Zusammenarbeit und Entwicklung: Addressing Base Erosion and Profit Shifting, Paris 2013, abrufbar unter:
https://doi.org/10.1787/9789264192744-en
(zit.: *OECD*, Addressing Base Erosion and Profit Shifting, S.)

Organisation für wirtschaftliche Zusammenarbeit und Entwicklung: Gewinnverkürzung und Gewinnverlagerung – Situationsbeschreibung und Lösungsansätze, Paris 2014, abrufbar unter:
https://doi.org/10.1787/9789264209695-de
(zit.: *OECD*, Gewinnverkürzung und Gewinnverlagerung – Situationsbeschreibung und Lösungsansätze, S.)

Organisation für wirtschaftliche Zusammenarbeit und Entwicklung: Aktionsplan zur Bekämpfung der Gewinnverkürzung und Gewinnverlagerung, Paris 2014, abrufbar unter:
https://doi.org/10.1787/9789264209688-de
(zit.: *OECD*, Aktionsplan zur Bekämpfung der Gewinnverkürzung und Gewinnverlagerung, S.)

Organisation für wirtschaftliche Zusammenarbeit und Entwicklung: OECD Secretary – General Report to the G20 Finance Ministers, Gutachten (i.A. der Finanzminister der G20-Staaten), Lima 2015, abrufbar unter:
https://www.oecd.org/tax/oecd-secretary-general-tax-report-g20-finance-ministers-october-2015.pdf
(zit.: *OECD*, General Report to the G20 Finance Ministers 2015, S.)

Organisation für wirtschaftliche Zusammenarbeit und Entwicklung: Designing Effective Controlled Foreign Company Rules, Action 3 – 2015 Final Report, Paris 2015, abrufbar unter:
https://doi.org/10.1787/9789264241152-en
(zit.: *OECD*, Designing Effective Controlled Foreign Company Rules, S. Rn.)

Organisation für wirtschaftliche Zusammenarbeit und Entwicklung: Countering Harmful Tax Practices More Effectively, Taking into Account Transparency and Substance, Action 5 – 2015 Final Report, Paris 2015, abrufbar unter:
https://doi.org/10.1787/9789264241190-en
(zit.: *OECD*, Countering Harmful Tax Practices More Effectively, Taking into Account Transparency and Substance, S.)

Organisation für wirtschaftliche Zusammenarbeit und Entwicklung: BEPS-Projekt Erläuterung – Abschlussberichte 2015, Paris 2016, abrufbar unter:
https://doi.org/10.1787/9789264263703-de
(zit.: *OECD*, BEPS-Projekt Erläuterung: Abschlussberichte 2015, S. Rn.)

Organisation für wirtschaftliche Zusammenarbeit und Entwicklung: Wirksamere Bekämpfung schädlicher Steuerpraktiken unter Berücksichtigung von Transparenz und Substanz, Aktionspunkt 5 – Abschlussbericht 2015, Paris 2016, abrufbar unter:
https://doi.org/10.1787/9789264258037-de
(zit.: *OECD*, Wirksamere Bekämpfung schädlicher Steuerpraktiken unter Berücksichtigung von Transparenz und Substanz, S. Rn.)

Organisation für wirtschaftliche Zusammenarbeit und Entwicklung: Model Tax Convention on Income and on Capital – Condensed Version 2017, Paris 2017, abrufbar unter:
https://doi.org/10.1787/mtc_cond-2017-en
(zit.: *OECD*, Model Tax Convention on Income and on Capital, Gekürzte Fassung 2017, Art. Rn.)

Organisation für wirtschaftliche Zusammenarbeit und Entwicklung: OECD-Verrechnungspreisleitlinien für multinationale Unternehmen und Steuerverwaltungen 2017, Paris 2018, abrufbar unter:
https://doi.org/10.1787/9789264304529-de
(zit.: *OECD*, Verrechnungspreisleitlinien für multinationale Unternehmen und Steuerverwaltungen 2017, Rn.)

Organisation für wirtschaftliche Zusammenarbeit und Entwicklung: Corporate Tax Statistics, Paris 2019, abrufbar unter:
https://oe.cd/corporate-tax-stats
(zit.: *OECD*, Corporate Tax Statistics, S.)

Osborne, Martin J.: An Introduction to Game Theory, New York (u.a.) 2004 (zit.: *M.J. Osborne*, An Introduction to Game Theory, S.)

Osterloh, Lerke: Gesetzesbindung und Typisierungsspielräume bei der Anwendung der Steuergesetze, Habilitationsschrift (Universität Berlin 1988/1989), Baden-Baden 1992 (zit.: *L. Osterloh*, Gesetzesbindung und Typisierungsspielräume bei der Anwendung der Steuergesetze, S.)

Ottersbach, Katrin: Rechtsmißbrauch bei den Grundfreiheiten des europäischen Binnenmarktes, Dissertationsschrift (Universität Bonn 2001), Schriftenreihe: Schriftenreihe europäisches Recht, Politik und Wirtschaft (Band 259), Baden-Baden 2001 (zit.: *K. Ottersbach*, Rechtsmißbrauch bei den Grundfreiheiten des Europäischen Binnenmarktes, S.)

Pahlke, Armin / Koenig, Ulrich (Hrsg.): Abgabenordnung, Gesetzeskommentar, 3. Auflage, München 2014 (zit.: *Bearbeiter/in*, in: Pahlke/Koenig (Hrsg.), AO, 3. Aufl. 2014, § Rn.)

Palandt, Otto (Begr.): Bürgerliches Gesetzbuch, Gesetzeskommentar, 78. Auflage, München 2019 (zit.: *Bearbeiter/in,* in: Palandt (Begr.), BGB, 78. Aufl. 2019, § Rn.)

Papier, Hans-Jürgen: Die finanzrechtlichen Gesetzesvorbehalte und das grundgesetzliche Demokratieprinzip – Zugleich ein Beitrag zur Lehre von den Rechtsformen der Grundrechtseingriffe, Berlin 1973 (zit.: *H.-J. Papier*, Die finanzrechtlichen Gesetzesvorbehalte und das grundgesetzliche Demokratieprinzip, S.)

Peters, Anne: Elemente einer Theorie der Verfassung Europas, Habilitationsschrift (Universität Kiel 2000/2001), Schriftenreihe: Veröffentlichungen des Walther-Schücking-Instituts für Internationales Recht an der Universität Kiel (Band 137), Berlin 2001 (zit.: *A. Peters*, Elemente einer Theorie der Verfassung Europas, S.)

Peters, Anne: „Wettbewerb von Rechtsordnungen – 1. Bericht", in: Gemeinwohl durch Wettbewerb?, Konferenzschrift, Schriftenreihe: Veröffentlichungen der Vereinigung der Deutschen Staatsrechtslehrer (Band 69), Berlin (u.a.) 2010, S. 7 bis 56 (zit.: *A. Peters*, in: VVDStRL 69 (2010), S.)

Pezzer, Heinz-Jürgen: „Neuere Entwicklungen in der BFH-Rechtsprechung zu § 42 AO", in: Steuerberater-Jahrbuch, Konferenzschrift, Band 2000/2001, herausgegeben von *Norbert Herzig, Manfred Günkel* und *Ursula Niemann* (i.A. des Fachinstituts der Steuerberater e.V.), Köln 2001, S. 61 bis 81 (zit.: *H.-J. Pezzer*, in: Herzig/Günkel/Niemann (Hrsg.), StbJb 2000/2001, S.)

Picod, Yves: Le devoir de loyauté dans l'exécution du contrat, Dissertationsschrift (Universität Dijon 1987), Schriftenreihe: Bibliothèque de droit privé (Band 208), Paris 1989 (zit.: *Y. Picod*, Le devoir de loyauté dans l'exécution du contrat, Rn.)

Piltz, Detlev J.: „Base Erosion and Profit Shifting (BEPS): Die ganze Wahrheit?", in: Internationales Steuerrecht, Zeitschrift, München 2013 (u.a.), S. 681 bis 682 (zit.: *D.J. Piltz*, in: IStR 2013, S.)

Pinkernell, Reimar: „Ein Musterfall zur internationalen Steuerminimierung durch US-Konzerne", in: Steuer und Wirtschaft, Zeitschrift, Köln (u.a.) 2012, S. 369 bis 374 (zit.: *R. Pinkernell*, in: StuW 2012, S.)

Pinkernell, Reimar: „Das Steueroasen-Dilemma der amerikanischen IT-Konzerne", in: Internationales Steuerrecht, Zeitschrift, München 2013 (u.a.), S. 180 bis 187 (zit.: *R. Pinkernell*, in: IStR 2013, S.)

Pinkernell, Reimar: „USA: Senatsausschuss untersucht internationale Steuergestaltung des Apple-Konzerns", in: Internationales Steuerrecht, Zeitschrift, München 2013 (u.a.), Heft 11, Länderbericht, S. 59 bis 60 (zit.: *R. Pinkernell*, in: IStR-LB 11/2013, S.)

Pinkernell, Reimar: Internationale Steuergestaltung im Electronic Commerce, Schriftenreihe: ifst-Schrift (Nr. 494), Berlin 2014 (zit.: *R. Pinkernell*, Internationale Steuergestaltung im Electronic Commerce, S.)

Pinkernell, Reimar: „Der OECD-Diskussionsentwurf zu den steuerlichen Herausforderungen der ‚Digital Economy' vom 24.3.2014", in: Internationales Steuerrecht, Zeitschrift, München 2014 (u.a.), S. 273 bis 279 (zit.: *R. Pinkernell*, in: IStR 2014, S.)

Pinto, Carlo: „EU and OECD to Fight Harmful Tax Competition: Has the Right Path Been Underaken?", in: Intertax, Zeitschrift, London 1998, S. 386 bis 410 (zit.: *C. Pinto*, in: Intertax 1998, S.)

Pinto, Carlo: Tax Competition and EU Law, Schriftenreihe: EUCOTAX Series on European Taxation (Band 7), Den Haag (u.a.) 2003 (zit.: *C. Pinto*, Tax Competition and EU Law, S.)

Planiol, Marcel: Traité élémentaire de droit civil, Band 2: Les preuves. Théorie générale des obligations. Les contrats. Les privilèges et les hypothèques, 11. Auflage, Paris 1939 (zit.: *M. Planiol*, Traité élémentaire de droit civil, Bd. II, 11. Aufl. 1939, Rn.)

Pollack, Mark A.: The Engines of European Integration – Delegation, Agency, and Agenda Setting in the EU, Oxford (u.a.) 2003 (zit.: *M.A. Pollack*, The Engines of European Integration, S.)

Pollock, Frederick: Essays in Jurisprudence and Ethics, London 1882 (zit.: *F. Pollock*, Essays in Jurisprudence and Ethics, S.)

Pomp, Richard D. / Gerten, Andreas: „Die Gemeinsame Konsolidierte Körperschaftsteuer-Bemessungsgrundlage: (R)Evolution der Konzernbesteuerung?", in: Internationales Steuerrecht, Zeitschrift, München (u.a.) 2008, S. 377 bis 392 (zit.: *R.D. Pomp/A. Gerten*, in: IStR 2008, S.)

Pons, Thierry / Coirault-Quinquet, Clement: „Abuse of Law in France: Developments regarding Financial Transactions“, in: European Taxation, Zeitschrift, Amsterdam 2005, S. 28 bis 32 (zit.: *Th. Pons/C. Coirault-Quinquet*, in: ET 2005, S.)

Porter, Michael E.: The Competitive Advantage of Nations, London (u.a.) 1990 (zit.: *M.E. Porter*, The Competitive Advantage of Nations, S.)

Prütting, Hanns / Wegen, Gerhard / Weinreich, Gerd (Hrsg.): Bürgerliches Gesetzbuch, Gesetzeskommentar, 13. Auflage, Köln 2018 (zit.: *Bearbeiter/in*, in: Prütting/Wegen/Weinreich (Hrsg.), BGB, 13. Aufl. 2018, § Rn.)

Quilitzsch, Carsten: „Die Hinzurechnungsbesteuerung i.d.F. des JStG 2013 – Kritische Würdigung der geplanten Neuregelungen in § 8 Abs. 2 AStG“, in: Internationales Steuerrecht, Zeitschrift, München (u.a.) 2012, S. 645 bis 648 (zit.: *C. Quilitzsch*, in: IStR 2012, S.)

Quilitzsch, Carsten: Die Hinzurechnungsbesteuerung – Eine rechtsökonomische Analyse der Regelungen in Deutschland und Japan, Dissertationsschrift (Universität Halle-Wittenberg 2012), Schriftenreihe: Steuerwissenschaftliche Schriften (Band 38), Baden-Baden 2013 (zit.: *C. Quilitzsch*, Die Hinzurechnungsbesteuerung, S.)

Raiser, Ludwig: „Rechtsschutz und Institutionenschutz im Privatrecht“, in: Summum ius summa iniuria – Individualgerechtigkeit und der Schutz allgemeiner Werte im Rechtsleben, herausgegeben von der Eberhard Karls Universität Tübingen (Juristische Fakultät), Schriftenreihe: Tübinger rechtswissenschaftliche Abhandlungen (Band 9), Tübingen 1963, S. 145 bis 167 (zit.: *L. Raiser*, in: Summum ius Summa iniuria, S.)

Racine, Pierre-François: „Bénéfices industriels et commerciaux“, in: Revue de jurisprudence fiscale, Zeitschrift, Paris 1983, S. 423 bis 425 (zit.: *P.-F. Racine*, in: RJF 1983, S.)

Raupach, Arndt: „Darf das Steuerrecht andere Teile der Rechtsordnung stören? Zur Eigenständigkeit des Steuerrechts und deren Grenzen“, in: Die Steuerrechtsordnung in der Diskussion, Festschrift für Klaus Tipke zum 70. Geburtstag, herausgegeben von *Joachim Lang*, Köln 1995, S. 105 bis 124 (zit.: *A. Raupach*, in: Lang (Hrsg.), FS Tipke, S.)

Raustiala, Kal: „Form and Substance in International Agreements“, in: The American Journal of International Law, Zeitschrift, Band 99, Cambridge (u.a.) 2005, S. 581 bis 614 (zit.: *K. Raustiala*, in: AJIL 99 (2005), S.)

Razin, Assaf / Sadka, Efraim: „Capital Market Integration: Issues of International Taxation", in: Reforming Capital Income Taxation, herausgegeben von *Horst Siebert*, Tübingen 1990, S. 155 bis 165 (zit.: *A. Razin/E. Sadka*, in: Siebert (Hrsg.), Reforming Capital Income Taxation, S.)

Rebelo, Sergio T.: „Long-Run Policy Analysis and Long-Run Growth", in: Journal of Political Economy, Zeitschrift, Band 99, Chicago 1991, S. 500 bis 521 (zit.: *S.T. Rebelo*, in: JoPE 99 (1991), S.)

Rebmann, Kurt / Säcker, Franz J. / Rixecker, Roland (Hrsg.): Münchener Kommentar zum Bürgerlichen Gesetzbuch, Gesetzeskommentar, Band 1: Allgemeiner Teil (§§ 1–240, AGB-Gesetz), 4. Auflage, München 2001 (zit.: *Bearbeiter/in*, in: Rebmann/Säcker/Rixecker (Hrsg.), Münchener Kommentar, BGB, Bd. I, 4. Aufl. 2001, § Rn.)

Rechid, Salar / Schäfer, Peter: „ATAD-Umsetzungsgesetz: Reform der Hinzurechnungsbesteuerung – Mögliche Konsequenzen in der Praxis von deutschen Kreditinstituten – Teil II", in: Betriebs-Berater, Zeitschrift, Frankfurt a.M. (u.a.) 2020, S. 2199 bis 2207 (zit.: *S. Rechid/P. Schäfer*, in: BB 2020, S.)

Rehfeld, Lars: Die Vereinbarkeit des Außensteuergesetzes mit den Grundfreiheiten des EG-Vertrags, Dissertationsschrift (Universität Bochum 2007), Schriftenreihe: Bochumer Schriften zum Steuerrecht (Band 10), Frankfurt a.M. (u.a.) 2008 (zit.: *L. Rehfeld*, Die Vereinbarkeit des Außensteuergesetzes mit den Grundfreiheiten des EG-Vertrages, S.)

Reich, Norbert: „Rechtliche Grundlagen zur Schaffung eines Konsumentenschutzrechtes innerhalb der Europäischen Gemeinschaften", in: Europäisches Rechtsdenken in Geschichte und Gegenwart, Festschrift für Helmut Coing zum 70. Geburtstag, herausgegeben von *Norbert Horn*, Band 2: Deutsches, vergleichendes und internationales Privat- und Wirtschaftsrecht, München 1982, S. 441 bis 467 (zit.: *N. Reich*, in: Horn (Hrsg.), FS Coing, Bd. II, S.)

Reich, Norbert: Stellungnahme zum Referat „Mindestharmonisierung im Verbraucherschutzrecht" von Hans C. Taschner, in: Mindestharmonisierung im Europäischen Binnenmarkt, Konferenzschrift, herausgegeben von *Ulrich Everling* und *Wulf-Henning Roth*, Schriftenreihe: Schriftenreihe Europäisches Recht, Politik und Wirtschaft (Band 194), Baden-Baden 1997, S. 175 bis 179 (zit.: *N. Reich*, in: Everling/Roth (Hrsg.), Mindestharmonisierung im Europäischen Binnenmarkt, S.)

Reid, Elspeth: „The Doctrine of Abuse of Rights: Perspective from a Mixed Jurisdiction“, in: Electronic Journal of Comparative Law, Zeitschrift, Band 8.3, Tilburg (u.a.) 2004, S. 1 bis 15, abrufbar unter: *https://www.ejcl.org/83/art83-2.PDF* (zit.: *E. Reid*, in: EJCL 8.3 (2004), S.)

Reimer, Franz: „Ziele und Zuständigkeiten – Die Funktionen der Unionszielbestimmungen“, in: Europarecht, Zeitschrift, Baden-Baden (u.a.) 2003, S. 992 bis 1012 (zit.: *F. Reimer*, in: EuR 2003, S.)

Rengeling, Hans-Werner (Hrsg.): Handbuch zum europäischen und deutschen Umweltrecht, Band 1: Allgemeines Umweltrecht, 2. Auflage, Köln (u.a.) 2003 (zit.: *Bearbeiter/in*, in: Rengeling (Hrsg.), Handbuch zum europäischen und deutschen Umweltrecht, Bd. I, 2. Aufl. 2003, § Rn.)

Rensen, Tom: „British Statutory Interpretation in the Light of Community and Other International Obligations“, in: Statute Law Review, Zeitschrift, Band 14, Oxford 1993, S. 186 bis 203 (zit.: *T. Rensen*, in: SLRev. 14 (1993), S.)

Richter, Dirk: „Frankreich: Wichtige Entscheidung des französischen Conseil d'Etat zum Vorliegen eines Gestaltungsmissbrauchs bei der Errichtung ausländischer Basisgesellschaften“, in: Internationales Steuerrecht, Zeitschrift, München (u.a.) 2004, Heft 9, Länderbericht, S. 3 (zit.: *D. Richter*, in: IStR-LB 9/2004, S.)

Richter, Wolfram F. / Seitz, Horst / Wiegard, Wolfgang: „Steuern und unternehmensbezogene Staatsausgaben als Standortfaktoren“, in: Steuerpolitik und Standortqualität – Expertisen zum Standort Deutschland, herausgegeben von *Horst Siebert*, Tübingen 1996, S. 13 bis 47 (zit.: *W.F. Richter/H. Seitz/W. Wiegard*, in: Siebert (Hrsg.), Steuerpolitik und Standortqualität, S.)

Riesenhuber, Karl: System und Prinzipien des Europäischen Vertragsrechts, Habilitationsschrift (Universität Erlangen-Nürnberg 2002), Berlin 2003 (zit.: *K. Riesenhuber*, System und Prinzipien des Europäischen Vertragsrechts, S.)

Riesenhuber, Karl (Hrsg.): Europäische Methodenlehre – Handbuch für Ausbildung und Praxis, Schriftenreihe: De Gruyter Handbuch, 3. Auflage, Berlin (u.a.) 2015 (zit.: *Bearbeiter/in*, in: Riesenhuber (Hrsg.), Europäische Methodenlehre, 3. Aufl. 2015, S.)

Ripert, Georges: La règle morale dans les obligations civiles, 2. Auflage, Paris 1927 (zit.: *G. Ripert*, La règle morale dans les obligations civiles, 2. Aufl. 1927, Rn.)

Rittberger, Volker / Kruck, Andreas / Romund, Anne: Grundzüge der Weltpolitik – Theorie und Empirie des Weltregierens, Schriftenreihe: Studienbücher Außenpolitik und internationale Beziehungen, Wiesbaden 2010 (zit.: *V. Rittberger/A. Kruck/A. Romund*, Grundzüge der Weltpolitik, S.)

Rittberger, Volker / Zangl, Bernhard / Kruck, Andreas: Internationale Organisationen, 4. Auflage, Wiesbaden 2013 (zit.: *V. Rittberger/B. Zangl/A. Kruck*, Internationale Organisationen, 4. Aufl. 2013, S.)

Rodi, Michael: „Internationaler Steuerwettbewerb“, in: Steuer und Wirtschaft, Zeitschrift, Köln (u.a.) 2008, S. 327 bis 336 (zit.: *M. Rodi*, in: StuW 2008, S.)

Rödder, Thomas / Pinkernell, Reimar: „Zum Seminar F: 20 Thesen zur BEPS-Diskussion“, in: Internationales Steuerrecht, Zeitschrift, München (u.a.) 2013, S. 619 bis 623 (zit.: *Th. Rödder/R. Pinkernell*, in: IStR 2013, S.)

Röder, Erik: „Proposal for an Enhanced CCTB as Alternative to a CCCTB with Formulary Apportionment“, in: World Tax Journal, Zeitschrift, Band 4, Amsterdam 2012, S. 125 bis 150 (zit.: *E. Röder*, in: WTJ 4 (2012), S.)

Römer, Gustav: Gesetzesumgehung im deutschen internationalen Privatrecht, Schriftenreihe: Neue Kölner rechtswissenschaftliche Abhandlungen (Band 2), Berlin 1955 (zit.: *G. Römer*, Gesetzesumgehung im deutschen Internationalen Privatrecht, S.)

Romer, David: Advanced Macroeconomics, Schriftenreihe: The McGraw-Hill Series in Economics, 5. Auflage, New York 2019 (zit.: *D. Romer*, Advanced Macroeconomics, 5. Aufl. 2019, S.)

Romer, Paul M.: „Endogenous Technological Change“, in: Journal of Political Economy, Zeitschrift, Band 98, Chicago 1990, Heft 5, Teil 2: The Problem of Development – A Conference of the Institute for the Study of Free Enterprise Systems, S. S 71 bis S 102 (zit.: *P.M. Romer*, in: JoPE 98 (5/1990 II), S.)

Rose, Gerd: „Missbrauchs-Innentheorie und Steuerplanungssicherheit“, in: Finanz-Rundschau, Zeitschrift, Köln 2003, S. 1274 bis 1277 (zit.: *G. Rose*, in: FR 2003, S.)

Roth, Günter H.: Anmerkung zum Urteil des EuGH vom 12. Mai 1998 (Rs. C-367/96 – „Efeteio Athen“), in: Entscheidungen zum Wirtschaftsrecht, Zeitschrift, Köln 1998, S. 907 bis 908 (zit.: *G.H. Roth*, in: EWiR 1998, S.)

Rousselle, Olivier / Liebman, Howard M.: „The Doctrine of the Abuse of Community Law: The Sword of Damocles Hanging over the Head of EC Corporate Tax Law?“, in: European Taxation, Zeitschrift, Amsterdam 2006, S. 559 bis 564 (zit.: *O. Rousselle/H.M. Liebman*, in: ET 2006, S.)

Rudolf, Michael: Treaty Shopping und Gestaltungsmissbrauch – Zugleich ein Beitrag zur Identifizierung und Bewältigung kollidierender Missbrauchsmaßstäbe im deutschen, europäischen und internationalen Steuerrecht, Dissertationsschrift (Universität Bayreuth 2012), Schriftenreihe: Rechtsordnung und Steuerwesen (Band 43), Köln 2012 (zit.: *M. Rudolf*, Treaty Shopping und Gestaltungsmissbrauch, S.)

Sachverständigenrat zur Begutachtung der gesamtwirtschaftlichen Entwicklung: Erfolge im Ausland – Herausforderungen im Inland, Jahresgutachten 2004/05, Wiesbaden (u.a.) 2004, abrufbar unter: *https://www.sachverstaendigenrat-wirtschaft.de/fileadmin/dateiablage/download/gutachten/04_gesa.pdf*
(zit.: *Sachverständigenrat*, Jahresgutachten 2004/05, Rn.)

Säcker, Franz J. / Rixecker, Roland / Oetker, Hartmut / Limperg, Bettina (Hrsg.): Münchener Kommentar zum Bürgerlichen Gesetzbuch, Gesetzeskommentar, Band 1: Allgemeiner Teil (§§ 1–240, AllgPersönlR, AGG), 8. Auflage, München 2018 (zit.: *Bearbeiter/in*, in: Säcker/Rixecker/Oetker/Limperg (Hrsg.), Münchener Kommentar, BGB, Bd. I, 8. Aufl. 2018, § Rn.)

Säcker, Franz J. / Rixecker, Roland / Oetker, Hartmut / Limperg, Bettina: Münchener Kommentar zum Bürgerlichen Gesetzbuch, Gesetzeskommentar, Band 2: Schuldrecht Allgemeiner Teil I (§§ 241–310), 8. Auflage, München 2019 (zit.: *Bearbeiter/in*, in: Säcker/Rixecker/Oetker/Limperg (Hrsg.), Münchener Kommentar, BGB, Bd. II, 8. Aufl. 2019, § Rn.)

Saleilles, Raymond: De la déclaration de volonté – Contribution à l'étude de l'acte juridique dans le code civil allemand, Paris 1901 (zit.: *R. Saleilles,* De la déclaration de volonté, S.)

Saleilles, Raymond: „De l'abus de droit", in: Bulletin de la Société d'études Législatives, Zeitschrift, Band 4, Paris 1905, S. 325 bis 350 (zit.: *R. Saleilles*, in: BSEL 4 (1905), S.)

Salin, Pascal: Diskussion zum Referat „Is There a Need for Harmonizing Capital Income Taxes within EC Countries?" von Vito Tanzi und Ary L. Bovenberg, in: Reforming Capital Income Taxation, Konferenzschrift, herausgegeben von *Horst Siebert*, Tübingen 1990, S. 198 bis 205 (zit.: *P. Salin*, in: Siebert (Hrsg.), Reforming Capital Income Taxation, S.)

Salter, David: „Some Thoughts on Fraudulent Evasion of Income Tax", in: British Tax Review, Zeitschrift, London 2002, S. 489 bis 505 (zit.: *D. Salter*, in: BTRev. 2002, S.)

Samuelson, Paul A. / Nordhaus, William D.: Volkswirtschaftslehre – Das internationale Standardwerk der Makro- und Mikroökonomie, 5. Auflage, München 2016 (zit.: *P.A. Samuelson/W.D. Nordhaus*, Volkswirtschaftslehre, 5. Aufl. 2016, S.)

Sanz, Fernando M.: „Good Faith of the Parties", in: Europäisches Vertragsrecht im Gemeinschaftsrecht, Konferenzschrift, herausgegeben von *Hans Schulte-Nölke* und *Reiner Schulze*, Schriftenreihe: Schriftenreihe der Europäischen Rechtsakademie Trier (Band 22), Köln 2002, S. 127 bis 138 (zit.: *F.M. Sanz*, in: Schulte-Nölke/Schulze (Hrsg.), Europäisches Vertragsrecht im Gemeinschaftsrecht, S.)

Savigny, Friedrich C. von: System des heutigen Römischen Rechts, Band 1, Berlin 1840 (zit.: *F.C. v. Savigny*, System des heutigen Römischen Rechts, Bd. I, §)

Saydé, Alexandre: Abuse of EU Law and Regulation of the Internal Market, Oxford (u.a.) 2014 (zit.: *A. Saydé*, Abuse of EU Law and Regulation of the Internal Market, S.)

Schaper, Nils I.: Steuerstaat im Wettbewerb – Internationaler Steuerwettbewerb und nationale Besteuerungsprinzipien als responsives System, Dissertationsschrift (Universität Hamburg 2013), Schriftenreihe: Recht der Steuern und der öffentlichen Finanzordnung (Band 1), Baden-Baden 2014 (zit.: *N.I. Schaper*, Steuerstaat im Wettbewerb, S.)

Schammo, Pierre: „Arbitrage and Abuse of Rights in the EC Legal System", in: European Law Journal, Zeitschrift, Band 14, Paris 2008, S. 351 bis 376 (zit.: *P. Schammo*, in: ELJ 14 (2008), S.)

Scharpf, Fritz W.: „Globalisierung als Beschränkung der Handlungsmöglichkeiten nationalstaatlicher Politik", in: Globalisierung, Systemwettbewerb und nationalstaatliche Politik, Konferenzschrift, herausgegeben von *Karl-Ernst Schenk*, *Dieter Schmidtchen*, *Manfred E. Streit* und *Viktor Vanberg*, Schriftenreihe: Jahrbuch für Neue Politische Ökonomie (Band 17), Tübingen 1998, S. 41 bis 66 (zit.: *F.W. Scharpf*, in: Schenk/Schmidtchen/Streit/Vanberg (Hrsg.), JNPÖ 17 (1998), S.)

Schaumburg, Harald: „Das Leistungsfähigkeitsprinzip im internationalen Steuerrecht", in: Die Steuerrechtsordnung in der Diskussion, Festschrift für Klaus Tipke zum 70. Geburtstag, herausgegeben von *Joachim Lang*, Köln 1995, S. 125 bis 151 (zit.: *H. Schaumburg*, in: Lang (Hrsg.), FS Tipke, S.)

Schaumburg, Harald (Hrsg.): Internationales Steuerrecht – Außensteuerrecht, Doppelbesteuerungsrecht, 4. Auflage, Köln 2017 (zit.: *Bearbeiter/in*, in: Schaumburg (Hrsg.), Internationales Steuerrecht, 4. Aufl. 2017, Rn.)

Schaumburg, Harald / Englisch, Joachim (Hrsg.): Europäisches Steuerrecht, Köln 2015 (zit.: *Bearbeiter/in*, in: Schaumburg/Englisch (Hrsg.), Europäisches Steuerrecht, Rn.)

Scheffler, Wolfram: „Gemeinsame konsolidierte Steuerbemessungsgrundlage (CCTB) in der EU – Das Ende der Steuerplanung mit Verrechnungspreisen?", in: Konzernbesteuerung, herausgegeben von *Andreas Oestreicher*, Herne (u.a.) 2005, S. 305 bis 331 (zit.: *W. Scheffler*, in: Oestreicher (Hrsg.), Konzernbesteuerung, S.)

Scheffler, Wolfram: „Grenzüberschreitende Verlustverrechnung – Nachversteuerungsmethode im Vergleich zum geltenden Recht und zur konsolidierten Körperschaftsteuer-Bemessungsgrundlage", in: Betriebswirtschaftliche Forschung und Praxis, Zeitschrift, Bochum 2005, S. 156 bis 175 (zit.: *W. Scheffler*, in: BFuP 2005, S.)

Schienke-Ohletz, Tanja / Kühn, Michal F.: „ATADUmsG: Außensteuerliche Hinzurechnungsbesteuerung und EU-Recht im Licht aktueller Entwicklungen", in: Praxis Internationale Steuerberatung, Zeitschrift, Würzburg 2021, S. 009 bis 015 (zit.: *T. Schienke-Ohletz/M.F. Kühn*, in: PIStB 2021, S.)

Schlücke, Katharina: Die Umsetzung von EuGH-Entscheidungen in das deutsche Steuerrecht – das Beispiel der Betriebsstättenverluste, Dissertationsschrift (Universität Köln 2013), Schriftenreihe: Steuerwissenschaftliche Schriften (Band 47), Baden-Baden 2014 (zit.: *K. Schlücke*, Die Umsetzung von EuGH-Entscheidungen in das deutsche Steuerrecht, S.)

Schmidt, Jean: L' impôt – Politique et technique, 2. Auflage, Paris 1995 (zit.: *J. Schmidt*, L'impôt, 2. Aufl. 1995, S.)

Schmidt, Volker / Schwind, Heike: „Ausgewählte Änderungen des AStG durch das JStG 2008 – Reaktion auf die Rechtsprechung von EuGH und BFH", in: Neue Wirtschafts-Briefe für Steuer- und Wirtschaftsrecht, Zeitschrift, Herne 2008, S. 723 bis 730 (zit.: *V. Schmidt/H. Schwind*, in: NWB 2008, S.)

Schmitt, Carl: Der Leviathan in der Staatslehre des Thomas Hobbes – Sinn und Fehlschlag eines politischen Symbols, Hamburg 1938 (zit.: *C. Schmitt*, Der Leviathan in der Staatslehre des Thomas Hobbes, S.)

Schmitthoff, Clive M.: „Systemdenken und Fallrecht in der Entwicklung des englischen Privatrechts“, in: JuristenZeitung, Zeitschrift, Tübingen 1967, S. 1 bis 6 (zit.: *C.M. Schmitthoff*, in: JZ 1967, S.)

Schmoeckel, Mathias / Rückert, Joachim / Zimmermann, Reinhard (Hrsg.): Historisch-kritischer Kommentar zum BGB, Gesetzeskommentar, Band 2: Schuldrecht – Allgemeiner Teil, Teil 1: Vor §§ 241–304, Tübingen 2007 (zit.: *Bearbeiter/in*, in: Schmoeckel/Rückert/Zimmermann (Hrsg.), Historisch-kritischer Kommentar zum BGB, Bd. II/1, § Rn.)

Schnapp, Friedrich E.: Logik für Juristen – Die Grundlagen der Denklehre und der Rechtsanwendung, Schriftenreihe: Vahlen Jura, 7. Auflage, München 2016 (zit.: *F.E. Schnapp*, Logik für Juristen, 7. Aufl. 2016, S.)

Schnitger, Arne / Nitzschke, Dirk / Gebhardt, Ronald: „Anmerkungen zu den Vorgaben für die Hinzurechnungsbesteuerung nach der sog. ‚Anti-BEPS-Richtlinie‘ – Systematische Würdigung der Implikationen für den deutschen Rechtskreis“, in: Internationales Steuerrecht, Zeitschrift, München (u.a.) 2016, S. 960 bis 975 (zit.: *A. Schnitger/D. Nitzschke/R. Gebhardt*, in: IStR 2016, S.)

Schockweiler, Fernand: „Die richterliche Kontrollfunktion: Umfang und Grenzen in Bezug auf den Europäischen Gerichtshof“, in: Europarecht, Zeitschrift, Baden-Baden (u.a.) 1995, S. 191 bis 201 (zit.: *F. Schockweiler*, in: EuR 1995, S.)

Schön, Wolfgang: „Gestaltungsmißbrauch im europäischen Steuerrecht“, in: Internationales Steuerrecht, Zeitschrift, München (u.a.) 1996, Beilage zu Heft 2, S. 1 bis 16 (zit.: *W. Schön*, in: IStR-Beihefter 2/1996, S.)

Schön, Wolfgang: „Der ‚Wettbewerb‘ der europäischen Steuerordnungen als Rechtsproblem“, in: Europa- und verfassungsrechtliche Grenzen der Unternehmensbesteuerung, Konferenzschrift, herausgegeben von *Jürgen Pelka* (i.A. der Deutschen Steuerjuristischen Gesellschaft e.V.), Schriftenreihe: Veröffentlichungen der Deutschen Steuerjuristischen Gesellschaft e.V. (Band 23), Köln 2000, S. 191 bis 226 (zit.: *W. Schön*, in: Pelka (Hrsg.), DStJG 23 (2000), S.)

Schön, Wolfgang: „Der ‚Rechtsmissbrauch‘ im Europäischen Gesellschaftsrecht“, in: Festschrift für Herbert Wiedemann zum 70. Geburtstag, herausgegeben von *Rolf Wank, Heribert Hirte, Kaspar Frey, Holger Fleischer* und *Gregor Thüsing*, München 2002, S. 1271 bis 1295 (zit.: *W. Schön*, in: Wank/Hirte/Frey/Fleischer/Thüsing (Hrsg.), FS Wiedemann, S.)

Schön, Wolfgang: „Abuse of rights and European tax law", in: Comparative Perspectives on Revenue Law, Essays in Honour of John Tiley (Festschrift), herausgegeben von *John A. Jones*, *Peter Harris* und *David Oliver*, Cambridge (u.a.) 2008, S. 75 bis 98 (zit.: *W. Schön*, in: Jones/Harris/Oliver (Hrsg.), FS Tiley, S.)

Schön, Wolfgang: „Rechtsmissbrauch und Europäisches Steuerrecht", in: Festschrift für Wolfram Reiss zum 65. Geburtstag, herausgegeben von *Paul Kirchhof* und *Hans Nieskens*, Köln 2008, S. 571 bis 596 (zit.: *W. Schön*, in: Kirchhof/Nieskens (Hrsg.), FS Reiss, S.)

Schön, Wolfgang: „Deutsche Hinzurechnungsbesteuerung und Europäische Grundfreiheiten", in: Internationales Steuerrecht, Zeitschrift, München (u.a.) 2013, Beilage zu Heft 6, S. 3 bis 23 (zit.: *W. Schön*, in: IStR-Beihefter 6/2013, S.)

Schön, Wolfgang: „EU-Aktionsplan zur Unternehmensbesteuerung: Ein Weg zu größerer Fairness und Effizienz in der Steuerpolitik?", in: ifo Schnelldienst, Zeitschrift, München 2015, Heft 15, S. 3 bis 5 (zit.: *W. Schön*, in: ifo Schnelldienst 15/2015, S.)

Schön, Wolfgang: „Neutrality and Territoriality – Competing or Converging Concepts in European Tax Law?", in: Bulletin for International Taxation, Zeitschrift, Amsterdam 2015, S. 271 bis 293 (zit.: *W. Schön*, in: BIT 2015, S.)

Schön, Wolfgang: „Die USA nach der Steuerreform – Wettbewerber oder Experimentallabor?", in: Internationales Steuerrecht, Zeitschrift, München (u.a.) 2018, S. 125 bis 126 (zit.: *W. Schön*, in: IStR 2018, S.)

Schönfeld, Jens: Hinzurechnungsbesteuerung und Europäisches Gemeinschaftsrecht, Dissertationsschrift (Universität Bonn 2004), Schriftenreihe: Rechtsordnung und Steuerwesen (Band 33), Köln 2005 (zit.: *J. Schönfeld*, Hinzurechnungsbesteuerung und Europäisches Gemeinschaftsrecht, S.)

Schönfeld, Jens: „Hinzurechnungsbesteuerung und Anti-Tax-Avoidance-Directive", in: Internationales Steuerrecht, Zeitschrift, München (u.a.) 2017, S. 721 bis 729 (zit.: *J. Schönfeld*, in: IStR 2017, S.)

Schönfeld, Jens: „Grenzüberschreitende Leistungsbeziehungen im Konzern", in: Europäisches Steuerrecht, Konferenzschrift, herausgegeben von *Michael Lang* (i.A. der Deutschen Steuerjuristischen Gesellschaft e.V.), Schriftenreihe: Veröffentlichungen der Deutschen Steuerjuristischen Gesellschaft e.V. (Band 41), Köln 2018, S. 493 bis 526 (zit.: *J. Schönfeld*, in: Lang (Hrsg.), DStJG 41 (2018), S.)

Schönfeld, Jens: „BMF entscheidet zur Anwendung von § 50d Abs. 3 EStG nach ‚Deister Holding' – Eine erste Kurzanalyse", in: Internationales Steuerrecht, Zeitschrift, München (u.a.) 2018, S. 325 bis 328 (zit.: *J. Schönfeld*, in: IStR 2018, S.)

Schönfeld, Jens / Ditz, Xaver (Hrsg.): Doppelbesteuerungsabkommen, Gesetzeskommentar, Köln 2013 (zit.: *Bearbeiter/in*, in: Schönfeld/Ditz (Hrsg.), DBA, Art. Rn.)

Schönfeld, Jens / Zinowsky, Tim / Rieck, Jan: „Die US-Steuerreform – Überblick über die wichtigsten Neuregelungen für Unternehmen", in: Internationales Steuerrecht, Zeitschrift, München (u.a.) 2018, S. 127 bis 134 (zit.: *J. Schönfeld/T. Zinowsky/J. Rieke*, in: IStR 2018, S.)

Schreiber, Ulrich: „Unternehmensbesteuerung im Binnenmarkt. Angleichung der Gewinnermittlung und des Satzes der Körperschaftsteuer?", in: Steuer und Wirtschaft, Zeitschrift, Köln (u.a.) 2004, S. 212 bis 226 (zit.: *U. Schreiber*, in: StuW 2004, S.)

Schroeder, Werner: „Vom Brüsseler Kampf gegen den Tabakrauch – 2. Teil", in: Europäische Zeitschrift für Wirtschaftsrecht, Zeitschrift, München (u.a.) 2001, S. 489 bis 495 (zit.: *W. Schroeder*, in: EuZW 2001, S.)

Schulze, Reiner / Seif, Ulrike: Einführung, in: Richterrecht und Rechtsfortbildung in der Europäischen Rechtsgemeinschaft, herausgegeben von *Reiner Schulze* und *Ulrike Seif*, Tübingen 2003, S. 1 bis 23 (zit.: *R. Schulze/U. Seif*, in: Schulze/Seif (Hrsg.), Richterrecht und Rechtsfortbildung in der Europäischen Rechtsgemeinschaft, S.)

Schulze, Reiner / Zuleeg, Manfred / Kadelbach, Stefan (Hrsg.): Europarecht – Handbuch für die deutsche Rechtspraxis, 3. Auflage, Baden-Baden 2015 (zit.: *Bearbeiter/in*, in: Schulze/Zuleeg/Kadelbach (Hrsg.), Europarecht, 3. Aufl. 2015, § Rn.)

Schulze-Brachmann, Arno: „Totalitäts- oder Territorialitätsprinzip? – Ein Beitrag zum Doppelbesteuerungsrecht", in: Steuer und Wirtschaft, Zeitschrift, Köln (u.a.) 1964, S. 589 bis 626 (zit.: *A. Schulze-Brachmann*, in: StuW 1964, S.)

Schumpeter, Joseph A.: Kapitalismus, Sozialismus und Demokratie, Schriftenreihe: Mensch und Gesellschaft (Band 7), 1. Auflage, Bern 1946 (zit.: *J.A. Schumpeter*, Kapitalismus, Sozialismus und Demokratie, 1. Aufl. 1946, S.)

Schumpeter, Joseph A.: Capitalism, Socialism and Democracy, 2. Auflage, New York (u.a.) 1947 (zit.: *J.A. Schumpeter*, Capitalism, Socialism and Democracy, 2. Aufl. 1947, S.)

Schurig, Klaus: „Die Gesetzesumgehung im Privatrecht – Eine Studie mit kollisionsrechtlichen und rechtsvergleichenden Aspekten", in: Festschrift für Murad Ferid zum 80. Geburtstag (am 11. April 1988), herausgegeben von *Andreas Heldrich* und *Hans J. Sonnenberger*, Frankfurt a.M. 1988, S. 375 bis 422 (zit.: *K. Schurig*, in: Heldrich/Sonnenberger (Hrsg.), FS Ferid, S.)

Schwartz, Ivo E.: „Zur Konzeption der Rechtsangleichung in der Europäischen Wirtschaftsgemeinschaft", in: Probleme des europäischen Rechts, Festschrift für Walter Hallstein zum 65. Geburtstag, herausgegeben von *Ernst von Caemmerer*, *Hans-Jürgen Schlochauer* und *Ernst Steindorff*, Frankfurt a.M. 1966, S. 474 bis 514 (zit.: *I.E. Schwartz*, in: v. Caemmerer/Schlochauer/Steindorff (Hrsg.), FS Hallstein, S.)

Schwartz, Ivo E.: „EG-Kompetenz für das Verbot der Tabakwerbung?", in: Archiv für Presserecht, Zeitschrift, München (u.a.) 1998, S. 553 bis 564 (zit.: *I.E. Schwartz*, in: AfP 1998, S.)

Schwarze, Jürgen: Europäisches Verwaltungsrecht – Entstehung und Entwicklung im Rahmen der Europäischen Gemeinschaft, 2. Auflage, Baden-Baden 2005 (zit.: *J. Schwarze*, Europäisches Verwaltungsrecht, 2. Aufl. 2005, S.)

Schwarze, Jürgen: „Zwischen Tradition und Zukunft: Die Rolle allgemeiner Rechtsgrundsätze im Recht der Europäischen Union", in: Deutsches Verwaltungsblatt, Zeitschrift, Köln 2011, S. 721 bis 727 (zit.: *J. Schwarze*, in: DVBl. 2011, S.)

Schwarze, Jürgen / Becker, Ulrich / Hatje, Armin / Schoo, Johann (Hrsg.): EU-Kommentar, 4. Auflage, Baden-Baden (u.a.) 2019 (zit.: *Bearbeiter/in*, in: Schwarze (Hrsg.), EU-Kommentar, 4. Aufl. 2019, Art. Gesetz Rn.)

Schwarze, Jürgen / Müller-Graff, Peter-Christian: Vorwort, in: Das Binnenmarktrecht als Daueraufgabe, herausgegeben von *Armin Hatje*, Schriftenreihe: Europarecht-Beiheft (Band 1/2002), Baden-Baden 2002, S. 3 (zit.: *J. Schwarze/P.-Ch. Müller-Graff*, in: Hatje (Hrsg.), EuR-Beiheft 1/2002, S.)

Schweitzer, Michael / Hummer, Waldemar: Europarecht, Schriftenreihe: Juristische Lernbücher (Band 16), 5. Auflage, Neuwied (u.a.) 1996 (zit.: *M. Schweitzer/W. Hummer*, Europarecht, 5. Aufl. 1996, S. Rn.)

Seer, Roman: Verständigungen in Steuerverfahren, Habilitationsschrift (Universität Köln 1996), Köln 1996 (zit.: *R. Seer*, Verständigungen in Steuerverfahren, S.)

Seer, Roman: „Die unternehmensteuerlichen Pläne der Bundesregierung", in: GmbH-Rundschau, Zeitschrift, Saarbrücken (u.a.) 2014, S. 505 bis 512 (zit.: *R. Seer*, in: GmbHR 2014, S.)

Segerstrom, Paul S. / Anant, T. C. A. / Dinopoulus, Elias: „A Schumpeterian Model of the Product Life Cycle", in: The American Economic Review, Zeitschrift, Band 80, Nashville (u.a.) 1990, S. 1077 bis 1091 (zit.: *P.S. Segerstrom/T.C.A. Anant/E. Dinopoulus*, in: AERev. 80 (1990), S.)

Seidel, Martin: „Löhne und Steuern im Systemwettbewerb der Mitgliedstaaten der Europäischen Union", in: Rechtsstaatliche Ordnung Europas, Gedächtnisschrift für Albert Bleckmann, herausgegeben von *Eckart Klein*, *Stefan U. Pieper* und *Georg Ress*, Köln (u.a.) 2007, S. 365 bis 388 (zit.: *M. Seidel*, in: Klein/Pieper/Ress (Hrsg.), GS Bleckmann, S.)

Seiler, Christian: Der einheitliche Parlamentsvorbehalt, Dissertationsschrift (Universität Heidelberg 1999), Schriftenreihe: Schriften zum öffentlichen Recht (Band 825), Berlin 2000 (zit.: *Ch. Seiler*, Der einheitliche Parlamentsvorbehalt, S.)

Seiler, Christian: „Gutachten F", in: Verhandlungen des 66. Deutschen Juristentages (Stuttgart 2006), Band 1: Gutachten, herausgegeben von der ständigen Deputation des Deutschen Juristentages e.V., München 2006, S. F7 bis F70 (zit.: *Ch. Seiler*, in: Verhandlungen des 66. Deutschen Juristentages, Bd. I, S.)

Selling, Heinz-Jürgen: „Ausländische Holding-, Vermögens- und Dienstleistungsgesellschaften im Licht des § 42 AO", in: Recht der internationalen Wirtschaft, Zeitschrift, Frankfurt a.M. (u.a.) 1991, S. 235 bis 241 (zit.: *H.-J. Selling*, in: RIW 1991, S.)

Seyr, Sibylle: Der effet utile in der Rechtsprechung des EuGH, Dissertationsschrift (Universität Göttingen 2006/2007), Schriftenreihe: Schriften zum Europäischen Recht (Band 135), Berlin 2008 (zit.: *S. Seyr*, Der effet utile in der Rechtsprechung des EuGH, S.)

Shaviro, Daniel: „Why Worldwide Welfare as a Normative Standard in U.S. Tax Policy?", in: Tax Law Review, Zeitschrift, Band 60, Buffalo (u.a.) 2007, S. 155 bis 178 (zit.: *D. Shaviro*, in: TLRev. 60 (2007), S.)

Sieker, Susanne: Umgehungsgeschäfte – Typische Strukturen und Mechanismen ihrer Bekämpfung, Habilitationsschrift (Universität Berlin 2000), Schriftenreihe: Jus Privatum (Band 56), Tübingen 2001 (zit.: *S. Sieker*, Umgehungsgeschäfte, S.)

Simon, Herbert A.: „Rationality as Process and as Product of Thought", in: The American Economic Review, Zeitschrift, Band 68, Nashville (u.a.) 1978, S. 1 bis 16 (zit.: *H.A. Simon*, in: AERev. 68 (1978), S.)

Simpson, Edwin: „Is There a Role for a European Principle Prohibiting Abuse of Law in the Field of Personal Taxation? A Comment", in: Prohibition of Abuse of Law – A New General Principle of EU Law?, herausgegeben von *Rita de la Feria* und *Stefan Vogenauer*, Schriftenreihe: Studies of the Oxford Institute of European and Comparative Law (Band 13), Oxford (u.a.) 2011, S. 485 bis 492 (zit.: *E. Simpson*, in: de la Feria/Vogenauer (Hrsg.), Prohibition of Abuse of Laws, S.)

Sinn, Hans-Werner: „How much Europe? Subsidiarity, Centralization, and Fiscal Competition", in: Scottish Journal of Political Economy, Zeitschrift, Band 41, Oxford (u.a.) 1994, S. 85 bis 107 (zit.: *H.-W. Sinn*, in: SJoPE 41 (1994), S.)

Sinn, Hans-Werner: „Implikationen der vier Grundfreiheiten für eine nationale Fiskalpolitik", in: Wirtschaftsdienst, Zeitschrift, Band 75, Baden-Baden (u.a.) 1995, S. 240 bis 249 (zit.: *H.-W. Sinn*, in: Wirtschaftsdienst 75 (1995), S.)

Sinn, Hans-Werner: „Das Selektionsprinzip und der Systemwettbewerb", in: Fiskalföderalismus in Europa, herausgegeben von *Alois Oberhauser*, Berlin 1997, S. 9 bis 60 (zit.: *H.-W. Sinn*, in: Oberhauser (Hrsg.), Fiskalföderalismus in Europa, S.)

Sinn, Hans-Werner: „The selection principle and market failure in systems competition", in: Journal of Public Economics, Zeitschrift, Band 66, Amsterdam (u.a.) 1997, S. 247 bis 274 (zit.: *H.-W. Sinn*, in: JPE 66 (1997), S.)

Sinn, Stefan: „The Taming of Leviathan – Competition Among Governments", in: Constitutional Political Economy, Zeitschrift, Band 3, Dordrecht (u.a.) 1992, S. 177 bis 196 (zit.: *St. Sinn*, in: CPE 3 (1992), S.)

Smith, Adam: An Inquiry into the Nature and Causes of the Wealth of Nations, Band 2, London 1776 (zit.: *A. Smith*, An Inquiry into the Nature and Causes of the Wealth of Nations, Bd. II, S. GldPkt.)

Snell, Jukka: „The Notion of and a General Test for Abuse of Rights: Some Normative Reflections“, in: Prohibition of Abuse of Law – A New General Principle of EU Law?, herausgegeben von *Rita de la Feria* und *Stefan Vogenauer*, Schriftenreihe: Studies of the Oxford Institute of European and Comparative Law (Band 13), Oxford (u.a.) 2011, S. 219 bis 231 (zit.: *J. Snell*, in: de la Feria/Vogenauer (Hrsg.), Prohibition of Abuse of Laws, S.)

Snidal, Duncan: „Coordination versus Prisoners' Dilemma: Implications for International Cooperation and Regimes“, in: The American Political Science Review, Zeitschrift, Band 79, New York 1985, S. 923 bis 942 (zit.: *D. Snidal*, in: APSRev. 79 (1985), S.)

Söffing, Günter: „Die Steuerumgehung und die Figur des Gesamtplans“, in: Betriebs-Berater, Zeitschrift, Frankfurt a.M. (u.a.) 2004, S. 2777 bis 2787 (zit.: *G. Söffing*, in: BB 2004, S.)

Soergel, Hans-Theodor (Begr.): Bürgerliches Gesetzbuch, Gesetzeskommentar, herausgegeben von *Wolfgang Siebert*, Band 2: Schuldrecht (§§ 241–432), 12. Auflage, Stuttgart 1990 (zit.: *Bearbeiter/in*, in: Soergel (Begr.), BGB, Bd. II, 12. Aufl. 1990, § Rn.)

Soergel, Hans-Theodor (Begr.): Bürgerliches Gesetzbuch, Gesetzeskommentar, herausgegeben von *Wolfgang Siebert*, Band 2: Allgemeiner Teil 2 (§§ 104–240), 13. Auflage, Stuttgart 1999 (zit.: *Bearbeiter/in*, in: Soergel (Begr.), BGB, Bd. II, 13. Aufl. 1999, § Rn.)

Solow, Robert M.: „A Contribution to the Theory of Economic Growth“, in: The Quarterly Journal of Economics, Zeitschrift, Band 70, Oxford (u.a.) 1956, S. 65 bis 94 (zit.: *R.M. Solow*, in: QJE 70 (1956), S.)

Sonnenberger, Hans J.: „Treu und Glauben – ein supranationaler Grundsatz? Deutsch-französische Schwierigkeiten der Annäherung“, in: Festschrift für Walter Odersky zum 65. Geburtstag (am 17. Juli 1996), herausgegeben von *Reinhard Böttcher, Götz Hueck* und *Burkhard Jähnke*, Berlin (u.a.) 1996, S. 703 bis 721 (zit.: *H.J. Sonnenberger*, in: Böttcher/Hueck/Jähnke (Hrsg.), FS Odersky, S.)

Sørensen, Karsten E.: „Abuse of rights in Community law: A principle of substance or merely rhetoric?“, in: Common Market Law Review, Zeitschrift, Band 43, Den Haag (u.a.) 2006, S. 423 bis 459 (zit.: *K.E. Sørensen*, in: CMLRev. 43 (2006), S.)

Sørensen, Peter B.: „To harmonise or not to harmonise?“, in: CESifo Forum, Zeitschrift, München 2002, Heft 1, S. 31 bis 35 (zit.: *P.B. Sørensen*, in: CESifo Forum 1/2002, S.)

Sørensen, Peter B.: „Company Tax Reform in the European Union“, in: International Tax and Public Finance, Zeitschrift, Band 11, New York (u.a.) 2004, S. 91 bis 115 (zit.: *P.B. Sørensen*, in: ITPF 11 (2004), S.)

Spengel, Christoph: Internationale Unternehmensbesteuerung in der Europäischen Union – Steuerwirkungsanalyse, empirische Befunde, Reformüberlegungen, Habilitationsschrift (Universität Mannheim 2002), Düsseldorf 2003 (zit.: *Ch. Spengel*, Internationale Unternehmensbesteuerung in der Europäischen Union, S.)

Spengel, Christoph / Braunagel, Ralf U.: „EU-Recht und Harmonisierung der Konzernbesteuerung in Europa“, in: Steuer und Wirtschaft, Zeitschrift, Köln (u.a.) 2006, S. 34 bis 49 (zit.: *Ch. Spengel/R.U. Braunagel*, in: StuW 2006, S.)

Spengel, Christoph / Eggert, Wolfgang: „Nachtrag: Sollte die Unternehmensbesteuerung innerhalb der EU harmonisiert werden?“, in: ifo Schnelldienst, Zeitschrift, München 2004, Heft 13, S. 3 bis 8 (zit.: *Ch. Spengel/W. Eggert*, in: ifo Schnelldienst 13/2004, S.)

Spengel, Christoph / Ortmann-Babel, Martina / Zinn, Benedikt / Matenaer, Sebastian: „Gemeinsame Konsolidierte KSt-Bemessungsgrundlage (GK(K)B) und steuerliche Gewinnermittlung in den EU-Mitgliedstaaten, der Schweiz und den USA – Eine vergleichende und quantitative Analyse“, in: Der Betrieb, Zeitschrift, Düsseldorf (u.a.) 2013, Beilage 2, S. 1 bis 16 (zit.: *Ch. Spengel/M. Ortmann-Babel/B. Zinn/S. Matenaer*, in: DB-Beilage 2/2013, S.)

Spengel, Christoph / Stutzenberger, Kathrin: „Widersprüche zwischen Anti-Tax Avoidance Directive (ATAD), länderbezogenem Berichtswesen (CbCR) und Wiederauflage einer Gemeinsamen (Konsolidierten) Körperschaftsteuer-Bemessungsgrundlage (GK(K)B)“, in: Internationales Steuerrecht, Zeitschrift, München (u.a.) 2018, S. 37 bis 44 (zit.: *Ch. Spengel/K. Stutzenberger*, in: IStR 2018, S.)

Spindler, Wolfgang: „Der ‚Gesamtplan‘ in der Rechtsprechung des BFH“, in: Deutsches Steuerrecht, Zeitschrift, München (u.a.) 2005, S. 1 bis 5 (zit.: *W. Spindler*, in: DStR 2005, S.)

Starck, Boris / Roland, Henri / Boyer, Laurent: Obligations, Band 1: Responsabilité délictuelle, 5. Auflage, Paris 1996 (zit.: *B. Starck/H. Roland/L. Boyer*, Obligations, Bd. I, 5. Aufl. 1996, Rn.)

Staringer, Claus: „Missbrauchsbekämpfung, Aufteilung der Besteuerungshoheit und Kohärenz in der Rechtsprechung des EuGH“, in: Europäisches Steuerrecht, Konferenzschrift, herausgegeben von *Michael Lang* (i.A. der Deutschen Steuerjuristischen Gesellschaft e.V.), Schriftenreihe: Veröffentlichungen der Deutschen Steuerjuristischen Gesellschaft e.V. (Band 41), Köln 2018, S. 365 bis 381 (zit.: *C. Staringer*, in: Lang (Hrsg.), DStJG 41 (2018), S.)

Staudinger, Julius von (Begr.): Bürgerlichen Gesetzbuch mit Einführungsgesetz und Nebengesetzen, Gesetzeskommentar, Band 2: Recht der Schuldverhältnisse, Teil 1b: § 242, 11. Auflage, Berlin 1961 (zit.: *Bearbeiter/in*, in: v. Staudinger (Begr.), BGB, Bd. II/1b, 11. Aufl. 1961, § Rn.)

Staudinger, Julius von (Begr.): Bürgerlichen Gesetzbuch mit Einführungsgesetz und Nebengesetzen, Gesetzeskommentar, Band 2: Recht der Schuldverhältnisse: §§ 241–243 (Treu und Glauben), Berlin 2015 (zit.: *Bearbeiter/in*, in: v. Staudinger (Begr.), BGB, Bd. II, 2015, § Rn.)

Stein, Arthur A.: „Coordination and Collaboration: Regimes in an Anarchic World“, in: International Organization, Zeitschrift, Band 36, Cambridge/Massachusetts 1982, S. 299 bis 324 (zit.: *A.A. Stein*, in: IO 36 (1982), S.)

Stein, Peter G.: Römisches Recht und Europa – Die Geschichte einer Rechtskultur, Schriftenreihe: Europäische Geschichte (Band 60102), Frankfurt a.M. 1996 (zit.: *P.G. Stein*, Römisches Recht und Europa, S.)

Stein, Torsten: „Richterrecht wie anderswo auch? – Der Gerichtshof der Europäischen Gemeinschaften als ‚Integrationsmotor‘“, in: Richterliche Rechtsfortbildung: Erscheinungsformen, Auftrag und Grenzen, Festschrift der Juristischen Fakultät zur 600-Jahr-Feier der Ruprecht-Karls-Universität Heidelberg, herausgegeben von der Ruprecht-Karls-Universität Heidelberg (Juristische Fakultät), Heidelberg 1986, S. 619 bis 641 (zit.: *T. Stein*, in: FS Universität Heidelberg, S.)

Steudle, Mirko: Der Rechtsmißbrauch im Arbeitsrecht – Dargestellt unter besonderer Berücksichtigung der Rechtsprechung zum Urlaubs- und Ruhegehaltsrecht, Dissertationsschrift (Universität Göttingen 1972), Göttingen 1972 (zit.: *M. Steudle*, Der Rechtsmißbrauch im Arbeitsrecht, S.)

Steuerreformkommission: „Der Bericht der Steuerreform-Kommission zum Außensteuerrecht“, in: Der Betrieb, Zeitschrift, Düsseldorf (u.a.) 1970, S. 2329 bis 2338 (zit.: *Steuerreformkommission*, in: DB 1970, S.)

Steuerreformkommission: Gutachten der Steuerreformkommission 1971, Schriftenreihe: Schriftenreihe des Bundesministeriums der Finanzen (Band 17), Bonn 1971 (zit.: *Steuerreformkommission*, Gutachten der Steuerreformkommission 1971, S.)

Stolterfoht, Joachim N.: „Rechtsanwendung und Rechtsetzung durch Lohnsteuerrichtlinien", in: Grenzen der Rechtsfortbildung durch Rechtsprechung und Verwaltungsvorschriften im Steuerrecht, Konferenzschrift, herausgegeben von *Klaus Tipke* (i.A. der Deutschen Steuerjuristischen Gesellschaft e.V.), Schriftenreihe: Veröffentlichungen der Deutschen Steuerjuristischen Gesellschaft e.V. (Band 5), Köln 1982, S. 271 bis 300 (zit.: *J.N. Stolterfoht*, in: Tipke (Hrsg.), DStJG 5 (1982), S.)

Straubhaar, Thomas: „Unternehmen und Staaten: Internationaler Leistungswettbewerb der immobilen um die mobilen Faktoren – Neue Maßstäbe für innerstaatliche Strukturänderungen?", in: Rechtsstaat – Finanzverfassung – Globalisierung – Neue Balance zwischen Staat und Bürger, Konferenzschrift, herausgegeben von *Friedhelm Hilterhaus* und *Rupert Scholz*, Schriftenreihe: Veröffentlichungen der Hanns-Martin-Schleyer-Stiftung (Band 51), Köln 1998, S. 37 bis 44 (zit.: *Th. Straubhaar*, in: Hilterhaus/Scholz (Hrsg.), Rechtsstaat – Finanzverfassung – Globalisierung, S.)

Streinz, Rudolf: Bundesverfassungsgerichtlicher Grundrechtsschutz und Europäisches Gemeinschaftsrecht – Die Überprüfung grundrechtsbeschränkender deutscher Begründungs- und Vollzugsakte von Europäischem Gemeinschaftsrecht durch das Bundesverfassungsgericht, Habilitationsschrift (Universität Passau 1987), Schriftenreihe: Studien und Materialien zur Verfassungsgerichtsbarkeit (Band 41), Baden-Baden 1989 (zit.: *R. Streinz*, Bundesverfassungsgerichtlicher Grundrechtsschutz und Europäisches Gemeinschaftsrecht, S.)

Streinz, Rudolf (Hrsg.): EUV/EGV, Gesetzeskommentar, Schriftenreihe: Beck'sche Kurz-Kommentare (Band 57), 1. Auflage, München 2003 (zit.: *Bearbeiter/in*, in: Streinz (Hrsg.), EUV/EGV, 1. Aufl. 2003, Art. Gesetz Rn.)

Streinz, Rudolf: Europarecht, 10. Auflage, Heidelberg 2016 (zit.: *R. Streinz*, Europarecht, 10. Aufl. 2016, Rn.)

Streinz, Rudolf (Hrsg.): EUV/AEUV, Gesetzeskommentar, Schriftenreihe: Beck'sche Kurz-Kommentare (Band 57), 3. Auflage, München 2018 (zit.: *Bearbeiter/in*, in: Streinz (Hrsg.), EUV/AEUV, 3. Aufl. 2018, Art./Präambel Gesetz Rn.)

Streit, Manfred E. / Kiwit, Daniel: „Zur Theorie des Systemwettbewerbs", in: Systemwettbewerb als Herausforderung an Politik und Theorie, herausgegeben von *Manfred E. Streit* und *Michael Wohlgemuth*, Schriftenreihe: Contributiones Jenenses (Band 7), Baden-Baden 1999, S. 13 bis 48 (zit.: *M.E. Streit/ D. Kiwit*, in: Streit/Wohlgemuth (Hrsg.), Systemwettbewerb als Herausforderung an Politik und Theorie, S.)

Strunk, Günther / Kaminski, Bert / Köhler, Stefan (Hrsg.): Außensteuergesetz, Doppelbesteuerungsabkommen, Gesetzeskommentar, Loseblattsammlung, Bonn (u.a.) seit 2004, Stand: bis zur 52. Ergänzungslieferung Mai 2019 (zit.: *Bearbeiter/in*, in: Strunk/Kaminski/Köhler (Hrsg.), AStG/DBA, 52. EL 2019, § Gesetz Rn.)

Stürner, Michael: „Common Law, Civil Law und Europäisches Privatrecht – Zur Angleichung methodischer Ansätze in den Gemeinschaftsrechtsordnungen", in: Europäisches Privatrecht – Über die Verknüpfung von nationalem und Gemeinschaftsrecht, Konferenzschrift, herausgegeben von *Andrea Tietze, Mary-Rose McGuire, Christian Bendel, Lorenz Kähler, Nicole Nickel, Barbara Reich, Kathrin Sachse* und *Eileen Wehling* (i.A. der Gesellschaft Junger Zivilrechtswissenschaftler e.V.), Schriftenreihe: Tagung der Gesellschaft Junger Zivilrechtswissenschaftler e.V. (Band 15) / Jahrbuch junger Zivilrechtswissenschaftler (Band 2004), Stuttgart (u.a.) 2005, S. 79 bis 98 (zit.: *M. Stürner*, in: Tietze/McGuire/Bendel/Kähler/Nickel/Reich/Sachse/Wehling (Hrsg.), GJZ 15 (2005), S.)

Styles, Scott C.: „The Rule of Parliament: Statutory Interpretation after Pepper v Hart", in: Oxford Journal of Legal Studies, Zeitschrift, Band 14, London 1994, S. 151 bis 158 (zit.: *S.C. Styles*, in: OJLS 14 (1994), S.)

Sunstein, Cass R.: „Interpreting Statutes in the Regulatory State", in: Harvard Law Review, Zeitschrift, Band 103, Cambridge/Massachusetts (u.a.) 1989, S. 405 bis 508 (zit.: *C.R. Sunstein*, in: HLRev. 103 (1989), S.)

Tadelis, Steve: Game Theory – An Introduction, Princeton (u.a.) 2013 (zit.: *St. Tadelis*, Game Theory, S.)

Tallberg, Jonas: „Delegation to Supranational Institutions: Why, How, and with What Consequences?", in: West European Politics, Zeitschrift, Band 25, Basingstoke (u.a.) 2002, S. 23 bis 46 (zit.: *J. Tallberg*, in: WEP 25 (2002), S.)

Tanzer, Michael: „Der Gesamtplan im Rahmen steuerlicher Tatbestände“, in: Gestaltungsfreiheit und Gestaltungsmissbrauch im Steuerrecht, Konferenzschrift, herausgegeben von *Rainer Hüttemann* (i.A. der Deutschen Steuerjuristischen Gesellschaft e.V.), Schriftenreihe: Veröffentlichungen der Deutschen Steuerjuristischen Gesellschaft e.V. (Band 33), Köln 2010, S. 189 bis 209 (zit.: *M. Tanzer*, in: Hüttemann (Hrsg.), DStJG 33 (2010), S.)

Taylor, Paul: „Functionalism: the approach of David Mitrany“, in: Frameworks for International Co-operation, herausgegeben von *A. J. R. Groom* und *Paul Taylor*, London 1990, S. 125 bis 138 (zit.: *P. Taylor*, in: Groom/Taylor (Hrsg.), Frameworks for International Co-operation, S.)

Teichmann, Arndt: Die Gesetzesumgehung, Dissertationsschrift (Universität Göttingen 1961), Schriftenreihe: Göttinger rechtswissenschaftliche Studien (Band 46), Göttingen 1962 (zit.: *A. Teichmann*, Die Gesetzesumgehung, S.)

Terré, François / Simler, Philippe / Lequette, Yves / Chénedé, François: Droit civil – Les obligations, 12. Auflage, Paris 2019 (zit.: *F. Terré/Ph. Simler/Y. Lequette/F. Chénedé*, Droit civil, 12. Aufl. 2019, Rn.)

Thiel, Jochen: „Der fortschreitende Einfluss des EuGH auf die Ertragsbesteuerung der Unternehmen – Aktuelle Urteile und anhängige Verfahren“, in: Der Betrieb, Zeitschrift, Düsseldorf (u.a.) 2004, S. 2603 bis 2609 (zit.: *J. Thiel*, in: DB 2004, S.)

Thiel, Servaas van: Free Movement of Persons and Income Tax Law – The European Court in Search of Principles, Dissertationsschrift (Universität Rotterdam 2001), Schriftenreihe: IBFD Doctoral Series (Band 3), Amsterdam 2002 (zit.: *S. v. Thiel*, Free Movement of Persons and Income Tax Law, S.)

Thiele, Philipp J.: Steuerrechtliche Auskünfte und Zusagen – Ein Rechtsvergleich zwischen den Auskunftssystemen Deutschlands, der Niederlande und des Vereinigten Königreichs de lege lata und de lege ferenda, Dissertationsschrift (Universität Osnabrück 2015/2016), Schriftenreihe: Veröffentlichungen zum Steuerrecht (Band 4), Tübingen 2016 (zit.: *Ph.J. Thiele*, Steuerrechtliche Auskünfte und Zusagen, S.)

Thömmes, Otmar: „Missbrauch und Missbrauchsverhütung aus EG-rechtlicher Sicht“, in: Körperschaftsteuer, Internationales Steuerrecht, Doppelbesteuerung, Festschrift für Franz Wassermeyer zum 65. Geburtstag, herausgegeben von *Rudolf Gocke, Dietmar Gosch* und *Michael Lang*, München 2005, S. 207 bis 240 (zit.: *O. Thömmes,* in: Gocke/Gosch/Lang (Hrsg.), FS Wassermeyer, S.)

Tiebout, Charles M.: „A Pure Theory of Local Expenditures“, in: Journal of Political Economy, Zeitschrift, Band 64, Chicago 1956, S. 416 bis 424 (zit.: *Ch.M. Tiebout*, in: JoPE 64 (1956), S.)

Tipke, Klaus: Steuergerechtigkeit in Theorie und Praxis – Vom politischen Schlagwort zum Rechtsbegriff und zur praktischen Anwendung, Köln 1981 (zit.: *K. Tipke*, Steuergerechtigkeit in Theorie und Praxis, S.)

Tipke, Klaus: Die Steuerrechtsordnung, Band 1: Wissenschaftsorganisatorische, systematische und grundrechtlich-rechtsstaatliche Grundlagen, 2. Auflage, Köln 2000 (zit.: *K. Tipke*, Steuerrechtsordnung, Bd. I, 2. Aufl. 2000, S.)

Tipke, Klaus: Die Steuerrechtsordnung, Band 3: Steuerrechtswissenschaft, Steuergesetzgebung, Steuervollzug, Steuerrechtsschutz, Steuerreformbestrebungen, 2. Auflage, Köln 2012 (zit.: *K. Tipke*, Steuerrechtsordnung, Bd. III, 2. Aufl. 2012, S.)

Tipke, Klaus / Kruse, Heinrich W. (Begr.): Abgabenordnung und Finanzgerichtsordnung, Gesetzeskommentar, herausgegeben von *Peter Brandis*, *Roman Seer*, *Klaus-Dieter Drüen*, *Matthias Loose* und *Marcel Krumm*, Loseblattsammlung, Köln seit 1980, Stand: bis zur 156. Ergänzungslieferung Mai 2019 (zit.: *Bearbeiter/in*, in: Tipke/Kruse (Begr.), AO/FGO, 156. EL 2019, § Gesetz Rn.)

Tipke, Klaus / Lang, Joachim (Hrsg.): Steuerrecht, 23. Auflage, Köln 2018 (zit.: *Bearbeiter/in*, in: Tipke/Lang (Hrsg.), Steuerrecht, 23. Aufl. 2018, § Rn.)

Tomuschat, Christian: „Gerichte als Geiselnehmer“, in: Frankfurter Allgemeine Zeitung, Zeitung, Frankfurt a.M. 2010, Ausgabe Nr. 304 (30. Dezember 2010), S. 6 (zit.: *Ch. Tomuschat*, in: FAZ v. 30.12.2010, S.)

Trefler, Daniel: „The Long and Short of the Canada-U.S. Free Trade Agreement“, in: The American Economic Review, Zeitschrift, Band 94, Nashville (u.a.) 2004, S. 870 bis 895 (zit.: *D. Trefler*, in: AERev. 94 (2004), S.)

Triantafyllou, Dimitris: „Abuse of rights vs. primacy?“, in: Common Market Law Review, Zeitschrift, Band 36, Den Haag (u.a.) 1999, S. 157 bis 164 (zit.: *D. Triantafyllou*, in: CMLRev. 36 (1999), S.)

Tridimas, Takis: „Abuse of Rights in EU Law: Some Reflections with Particular Reference to Financial Law“, in: Prohibition of Abuse of Law – A New General Principle of EU Law?, herausgegeben von *Rita de la Feria* und *Stefan Vogenauer*, Schriftenreihe: Studies of the Oxford Institute of European and Comparative Law (Band 13), Oxford (u.a.) 2011, S. 169 bis 191 (zit.: *T. Tridimas*, in: de la Feria/Vogenauer (Hrsg.), Prohibition of Abuse of Laws, S.)

Trstenjak, Verica / Beysen, Erwin: „Das Prinzip der Verhältnismäßigkeit in der Unionsrechtsordnung“, in: Europarecht, Zeitschrift, Baden-Baden (u.a.) 2012, S. 265 bis 284 (zit.: *V. Trstenjak/E. Beysen*, in: EuR 2012, S.)

Tsouroufiis, Andreas: Die Harmonisierung der Körperschaftsteuer in der Europäischen Union, Dissertationsschrift (Universität Osnabrück 1997), Schriftenreihe: Europäische Hochschulschriften (Band 2194), Frankfurt a.M. (u.a.) 1997 (zit.: *A. Tsouroufiis*, Die Harmonisierung der Körperschaftsteuer in der Europäischen Union, S.)

Turot, Jérôme: „Réalisme fiscal, abus de droit et opposabilité à l'administration des actes juridiques (ou l'abus de droit rampant)“, in: Revue de jurisprudence fiscale, Zeitschrift, Paris 1989, S. 458 bis 463 (zit.: *J. Turot*, in: RJF 1989, S.)

Uckmar, Victor: „Generalbericht“, in: Steuervermeidung – Steuerhinterziehung, Konferenzschrift, herausgegeben von der International Fiscal Association, Schriftenreihe: Cahiers de droit fiscal international (Band 68a), Deventer (u.a.) 1983, S. 99 bis 146 (zit.: *V. Uckmar*, in: CDFI 68a (1983), S.)

Valta, Matthias: Das Internationale Steuerrecht zwischen Effizienz, Gerechtigkeit und Entwicklungshilfe, Dissertationsschrift (Universität Heidelberg 2012), Schriftenreihe: Heidelberger rechtswissenschaftliche Abhandlungen (Band 12), Tübingen 2014 (zit.: *M. Valta*, Das Internationale Steuerrecht zwischen Effizienz, Gerechtigkeit und Entwicklungshilfe, S.)

VanderWolk, Jefferson: „Purposive Interpretation of Tax Statutes: Recent UK Decisions on Tax Avoidance Transactions“, in: Bulletin for International Taxation, Zeitschrift, Amsterdam 2002, S. 70 bis 76 (zit.: *J. VanderWolk*, in: BIT 2002, S.)

VanderWolk, Jefferson: „Tax Avoidance and the Courts: Recent Case Law in the United Kingdom“, in: Bulletin for International Taxation, Zeitschrift, Amsterdam 2003, S. 223 bis 229 (zit.: *J. VanderWolk*, in: BIT 2003, S.)

Vanistendael, Frans: „The ECJ at the Crossroads: Balancing Tax Sovereignty against the Imperatives of the Single Market“, in: European Taxation, Zeitschrift, Amsterdam 2006, S. 413 bis 420 (zit.: *F. Vanistendael*, in: ET 2006, S.)

Vanistendael, Frans: „Halifax and Cadbury Schweppes: one single European theory of abuse in tax law?“, in: EC Tax Review, Zeitschrift, Band 15, Dordrecht (u.a.) 2006, S. 192 bis 195 (zit.: *F. Vanistendael*, in: ECTRev. 15 (2006), S.)

Vanistendael, Frans: „Does the ECJ have the power of interpretation to build a tax system compatible with the fundamental freedoms?“, in: EC Tax Review, Zeitschrift, Band 17, Dordrecht (u.a.) 2008, S. 52 bis 66 (zit.: *F. Vanistendael*, in: ECTRev. 17 (2008), S.)

Vascega, Marius / Thiel, Servaas van: „The CCCTB Proposal: The Next Step towards Corporate Tax Harmonization in the European Union?“, in: European Taxation, Zeitschrift, Amsterdam 2011, S. 374 bis 382 (zit.: *M. Vascega/ S. v. Thiel*, in: ET 2011, S.)

Vedder, Christoph / Heintschel von Heinegg, Wolff (Hrsg.): Europäisches Unionsrecht, Gesetzeskommentar, Schriftenreihe: Nomos Kommentar, 2. Auflage, Baden-Baden (u.a.) 2018 (zit.: *Bearbeiter/in*, in: Vedder/Heintschel v. Heinegg (Hrsg.), Europäisches Unionsrecht, 2. Aufl. 2018, Art./Präambel Gesetz Rn.)

Vidal, José: Essai d'une théorie générale de la fraude en droit français – Le principe „fraus omnia corrumpit“, Dissertationsschrift (Universität Toulouse 1956), Paris 1957 (zit.: *J. Vidal*, Essai d'une théorie générale de la fraude en droit français, S.)

Vlaanderen, Paul: „Why Exempt Foreign Business Profits?“, in: Tax Notes International, Zeitschrift, Band 25, Falls Church (u.a.) 2002, S. 1095 bis 1103 (zit.: *P. Vlaanderen*, in: TNI 25 (2002), S.)

Vogel, Klaus: „Die Besteuerung von Auslandseinkünften – Prinzipien und Praxis“, in: Grundfragen des internationalen Steuerrechts, Konferenzschrift, herausgegeben von *Klaus Vogel* (i.A. der Deutschen Steuerjuristischen Gesellschaft e.V.), Schriftenreihe: Veröffentlichungen der Deutschen Steuerjuristischen Gesellschaft e.V. (Band 8), Köln 1985, S. 3 bis 31 (zit.: *K. Vogel*, in: Vogel (Hrsg.), DStJG 8 (1985), S.)

Vogel, Klaus: „Worldwide vs. Source Taxation of Income – A Review and Reevaluation of Arguments (Part 2)“, in: Intertax, Zeitschrift, London 1988, S. 310 bis 320 (zit.: *K. Vogel*, in: Intertax 1988, S.)

Vogel, Klaus: „Harmonisierung des Internationalen Steuerrechts in Europa als Alternative zur Harmonisierung des (materiellen) Körperschaftsteuerrechts“, in: Steuer und Wirtschaft, Zeitschrift, Köln (u.a.) 1993, S. 380 bis 388 (zit.: *K. Vogel*, in: StuW 1993, S.)

Vogel, Klaus: „Über ‚Besteuerungsrechte' und über das Leistungsfähigkeitsprinzip im Internationalen Steuerrecht", in: Steuerrecht, Verfassungsrecht, Finanzpolitik, Festschrift für Franz Klein, herausgegeben von *Paul Kirchhof, Klaus Offerhaus* und *Horst Schöberle*, Köln 1994, S. 361 bis 376 (zit.: *K. Vogel*, in: Kirchhof/Offerhaus/Schöberle (Hrsg.), FS Klein, S.)

Vogel, Klaus: „Künstlergesellschaften und Steuerumgehung", in: Steuer und Wirtschaft, Zeitschrift, Köln (u.a.) 1996, S. 248 bis 251 (zit.: *K. Vogel*, in: StuW 1996, S.)

Vogel, Klaus: „Internationales Steuerrecht", in: Deutsche Steuer-Zeitung, Zeitschrift, Bonn (u.a.) 1997, S. 269 bis 281 (zit.: *K. Vogel*, in: DStZ 1997, S.)

Vogel, Klaus / Lehner, Moris (Hrsg.): Doppelbesteuerungsabkommen, Gesetzeskommentar, 6. Auflage, München 2015 (zit.: *Bearbeiter/in*, in: Vogel/Lehner (Hrsg.), DBA, 6. Aufl. 2015, Kapitel/Art. Rn.)

Vogenauer, Stefan: Die Auslegung von Gesetzen in England und auf dem Kontinent – Eine vergleichende Untersuchung der Rechtsprechung und ihrer historischen Grundlagen, Band 1, Schriftenreihe: Beiträge zum ausländischen und internationalen Privatrecht (Band 72.1), Tübingen 2001 (zit.: *St. Vogenauer*, Die Auslegung von Gesetzen in England und auf dem Kontinent, Bd. I, S.)

Vogenauer, Stefan: Die Auslegung von Gesetzen in England und auf dem Kontinent – Eine vergleichende Untersuchung der Rechtsprechung und ihrer historischen Grundlagen, Band 2, Schriftenreihe: Beiträge zum ausländischen und internationalen Privatrecht (Band 72.2), Tübingen 2001 (zit.: *St. Vogenauer*, Die Auslegung von Gesetzen in England und auf dem Kontinent, Bd. II, S.)

Vogenauer, Stefan: „The Prohibition of Abuse of Law: An Emerging General Principle of EU Law", in: Prohibition of Abuse of Law – A New General Principle of EU Law?, herausgegeben von *Rita de la Feria* und *Stefan Vogenauer*, Schriftenreihe: Studies of the Oxford Institute of European and Comparative Law (Band 13), Oxford (u.a.) 2011, S. 521 bis 571 (zit.: *St. Vogenauer*, in: de la Feria/Vogenauer (Hrsg.), Prohibition of Abuse of Laws, S.)

Voyame, Joseph / Cottier, Bertil / Rocha, Bolívar: „Abuse of rights in comparative law", in: Abuse of rights and equivalent concepts – The principle and its present day application, herausgegeben von dem Europarat, Luxemburg 1990 (zit.: *J. Voyame/B. Cottier/B. Rocha*, in: Abuse of rights and equivalent concepts, S.)

Wagner, Matthias: Das Konzept der Mindestharmonisierung, Dissertationsschrift (Universität Bayreuth 1999), Schriftenreihe: Schriften zum Europäischen Recht (Band 70), Berlin 2001 (zit.: *M. Wagner*, Das Konzept der Mindestharmonisierung, S.)

Walter, Konrad F.: Rechtsfortbildung durch den EuGH – Eine rechtsmethodische Untersuchung ausgehend von der deutschen und französischen Methodenlehre, Dissertationsschrift (Universität Göttingen 2007), Schriftenreihe: Schriften zum Europäischen Recht (Band 142), Berlin 2009 (zit.: *K.F. Walter*, Rechtsfortbildung durch den EuGH, S.)

Wank, Rolf: Die juristische Begriffsbildung, Habilitationsschrift (Universität Köln 1982/1983), Schriftenreihe: Schriften des Instituts für Arbeits- und Wirtschaftsrecht der Universität zu Köln (Band 48.1), München 1985 (zit.: *R. Wank*, Die juristische Begriffsbildung, S.)

Wassermann, Rudolf (Hrsg.): Bürgerliches Gesetzbuch, Gesetzeskommentar, Band 2: Allgemeines Schuldrecht (§§ 241–432), Schriftenreihe: Reihe Alternativkommentare, Neuwied 1980 (zit.: *Bearbeiter/in*, in: Wassermann (Hrsg.), Alternativkommentar zum BGB, Bd. II, § Rn.)

Wassermeyer, Franz / Kaeser, Christian / Schwenke, Michael / Drüen Klaus-Dieter (Hrsg.): Doppelbesteuerung, Gesetzeskommentar, Band 1: Kommentierung OECD-MA, Schriftenreihe: Beck'sche Steuerkommentare, Loseblattsammlung, München seit 1966, Stand: bis zur 145. Ergänzungslieferung März 2019 (zit.: *Bearbeiter/in*, in: Wassermeyer (Hrsg.), DBA, Bd. I, 145. EL 2019, Art. Abkommen Rn.)

Weber, Dennis: „A closer look at the general anti-abuse clause in the Parent-Subsidiary Directive and the Merger Directive", in: EC Tax Review, Zeitschrift, Band 5, Dordrecht (u.a.) 1996, S. 63 bis 69 (zit.: *D. Weber*, in: ECTRev. 5 (1996), S.)

Weber, Dennis: „Abuse of Law" – Anmerkung zum Urteil des EuGH vom 14. Dezember 2000 (Rs. C-110/99 – „Emsland-Stärke"), in: Legal Issues of Economic Integration, Zeitschrift, Band 31, Den Haag 2004, S. 43 bis 55 (zit.: *D. Weber*, in: LIEI 31 (2004), S.)

Weber, Dennis: „In Search of a (New) Equilibrium Between Tax Sovereignty and the Freedom of Movement Within the EC", in: Intertax, Zeitschrift, London 2006, S. 585 bis 616 (zit.: *D. Weber*, in: Intertax 2006, S.)

Weber, Dennis: „Abuse of Law in the Context of Indirect Taxation: Why We Need the Subjective Intention Test, When is Combating Abuse an Obligation and Other Comments“, in: Prohibition of Abuse of Law – A New General Principle of EU Law?, herausgegeben von *Rita de la Feria* und *Stefan Vogenauer*, Schriftenreihe: Studies of the Oxford Institute of European and Comparative Law (Band 13), Oxford (u.a.) 2011, S. 395 bis 406 (zit.: *D. Weber*, in: de la Feria/Vogenauer (Hrsg.), Prohibition of Abuse of Laws, S.)

Weber, Dennis: „Abuse of Law in European Tax Law: An Overview and Some Recent Trends in the Direct and Indirect Tax Case Law of the ECJ (Part 1)“, in: European Taxation, Zeitschrift, Amsterdam 2013, S. 251 bis 264 (zit.: *D. Weber*, in: ET 2013, S.)

Weber, Dennis: „Abuse of Law in European Tax Law: An Overview and Some Recent Trends in the Direct and Indirect Tax Case Law of the ECJ (Part 2)“, in: European Taxation, Zeitschrift, Amsterdam 2013, S. 313 bis 328 (zit.: *D. Weber*, in: ET 2013, S.)

Weber-Fas, Rudolf: Staatsverträge im Internationalen Steuerrecht – Zur Rechtsnatur, Geschichte und Funktion der deutschen Doppelbesteuerungsabkommen, Tübingen 1982 (zit.: *R. Weber-Fas*, Staatsverträge im Internationalen Steuerrecht, S.)

Weber-Grellet, Heinrich: „Auf den Schultern von Larenz – Demokratischrechtsstaatliche Rechtsanwendung und Rechtsfortbildung im Steuerrecht“, in: Deutsches Steuerrecht, Zeitschrift, München (u.a.) 1991, S. 438 bis 445 (zit.: *H. Weber-Grellet*, in: DStR 1991, S.)

Weber-Grellet, Heinrich: „Fairneß, Aufklärung und Transparenz: Wege zu einer leistungsgerechten Besteuerung“, in: Steuer und Wirtschaft, Zeitschrift, Köln (u.a.) 1999, S. 311 bis 320 (zit.: *H. Weber-Grellet*, in: StuW 1999, S.)

Weber-Grellet, Heinrich: Steuern im modernen Verfassungsstaat – Funktionen, Prinzipien und Strukturen des Steuerstaats und des Steuerrechts, Habilitationsschrift (Universität Münster 2001), Köln 2001 (zit.: *H. Weber-Grellet*, Steuern im modernen Verfassungsstaat, S.)

Weiner, Joann M.: „Would Introducing Formula Apportionment in the European Union Be a Dream Come True or the EU's Worst Nightmare?“, in: ifo Studien, Zeitschrift, München 2002, S. 519 bis 532 (zit.: *J.M. Weiner*, in: ifo Studien 2002, S.)

Weiser, Benedikt: Rechtsprechung und Rechtssetzung auf dem Gebiet der direkten Besteuerung in der Europäischen Union – Freistellung oder Anrechnung, Dissertationsschrift (Universität Bremen 1998), Schriftenreihe: Europäische Hochschulschriften (Band 2520), Frankfurt a.M. (u.a.) 1998 (zit.: *B. Weiser*, Rechtsprechung und Rechtssetzung auf dem Gebiet der direkten Besteuerung in der Europäischen Union, S.)

Wellisch, Dietmar: Dezentrale Finanzpolitik bei hoher Mobilität, Habilitationsschrift (Universität Dortmund 1994), Schriftenreihe: Schriften zur angewandten Wirtschaftsforschung (Band 69), Tübingen 1995 (zit.: *D. Wellisch*, Dezentrale Finanzpolitik bei hoher Mobilität, S.)

Wellisch, Dietmar: „Maßstäbe zur indirekten Gewinnaufteilung im Rahmen einer neuen Konzernbesteuerung in der EU: Möglichkeiten und Grenzen", in: Steuer und Wirtschaft, Zeitschrift, Köln (u.a.) 2004, S. 267 bis 276 (zit.: *D. Wellisch*, in: StuW 2004, S.)

Wendt, Otto H. G.: „Die exceptio doli generalis im heutigen Recht oder Treu und Glauben im Recht der Schuldverhältnisse", in: Archiv für die civilistische Praxis, Zeitschrift, Band 100, Tübingen 1906, S. 1 bis 417 (zit.: *O.H.G. Wendt*, in: AcP 100 (1906), S.)

Westerhoff, Rudolf: Gesetzesumgehung und Gesetzeserschleichung, Dissertationsschrift (Universität Hamburg 1966), Hamburg 1966 (zit.: *R. Westerhoff*, Gesetzesumgehung und Gesetzeserschleichung, S.)

Whittaker, Simon / Zimmermann, Reinhard: „Good faith in European contract law: surveying the legal landscape", in: Good Faith in European Contract Law, herausgegeben von *Reinhard Zimmermann* und *Simon Whittaker*, Cambridge (u.a.) 2000, S. 7 bis 62 (zit.: *S. Whittaker/R. Zimmermann*, in: Zimmermann/Whittaker (Hrsg.), Good Faith in European Contract Law, S.)

Widmann, Werner: „Das Mehrwertsteuersystem ist kein Selbstbedienungsladen" – Anmerkung zu den Urteilen des EuGH vom 21. Februar 2006 (Rs. C-255, 419/02, 223/03 – „Halifax" / „University of Huddersfield" / „BUPA"), in: Deutsches Steuerrecht, Zeitschrift, München (u.a.) 2006, S. 736 bis 739 (zit.: *W. Widmann*, in: DStR 2006, S.)

Wieacker, Franz: Zur rechtstheoretischen Präzisierung des Paragraphen 242 BGB, Schriftenreihe: Recht und Staat in Geschichte und Gegenwart (Band 193/194), Tübingen 1956 (zit.: *F. Wieacker*, Zur rechtstheoretischen Präzisierung des § 242 BGB, S.)

Wieacker, Franz: Römische Rechtsgeschichte – Einleitung, Quellenkunde, Frühzeit und Republik, Schriftenreihe: Handbuch der Altertumswissenschaft (Teil 3, Band 1, Abschnitt 1), München 1988 (zit.: *F. Wieacker*, Römische Rechtsgeschichte I, S.)

Wienbracke, Mike: „Die Genese fiskalischen Misstrauens – Von § 5 RAO 1919 zu § 42 AO i. d. F. des JStG 2008“, in: Der Betrieb, Zeitschrift, Düsseldorf (u.a.) 2008, S. 664 bis 669 (zit.: *M. Wienbracke*, in: DB 2008, S.)

Wilde, Maarten de: „Tax Competition within the European Union – Is the CCCTB Directive a Solution?“, in: Erasmus Law Review, Zeitschrift, Band 7, Rotterdam (u.a.) 2014, S. 24 bis 38, abrufbar unter: *http://www.erasmuslawreview.nl/tijdschrift/ELR/2014/1/ELR-D-13-00013.pdf* (zit.: *M. de Wilde*, in: ELRev. 7 (2014), S.)

Wilke, Ulrich: „Fraus legis europaea – § 42 AO im Unionsrecht“, in: Umsatzsteuer-Rundschau, Zeitschrift, Köln 2011, S. 925 bis 931 (zit.: *U. Wilke*, in: UR 2011, S.)

Windisch, Rupert: „Globalisierung, Systemwettbewerb und Steuerpolitik“, in: Probleme der Besteuerung, Band 2, Konferenzschrift, herausgegeben von *Norbert Andel*, Schriftenreihe: Schriften des Vereins für Socialpolitik (Band 259, Teil 2), Berlin 1999, S. 127 bis 174 (zit.: *R. Windisch*, in: Andel (Hrsg.), Probleme der Besteuerung II, S.)

Winkelmann, Marion: Steuerumgehung durch die Einschaltung ausländischer Kapitalgesellschaften – Eine Untersuchung des Normenkonkurrenzverhältnisses zwischen § 42 AO und den §§ 7 ff. AStG sowie § 50 d Absatz 1a EStG, Dissertationsschrift (Universität Mannheim 1996), Schriftenreihe: Mannheimer Beiträge zum öffentlichen Recht und Steuerrecht (Band 14), Frankfurt a.M. (u.a.) 1997 (zit.: *M. Winkelmann*, Steuerumgehung durch die Einschaltung ausländischer Kapitalgesellschaften, S.)

Wissenschaftlicher Beirat beim Bundesministerium der Finanzen: Einheitliche Bemessungsgrundlage der Körperschaftsteuer in der Europäischen Union, Berlin 2007, abrufbar unter: *https://www.bundesfinanzministerium.de/Content/DE/Standardartikel/Ministerium/Geschaeftsbereich/Wissenschaftlicher_Beirat/Gutachten_und_Stellungnahmen/Ausgewaehlte_Texte/0703231a3003.pdf* (zit.: *Wissenschaftlicher Beirat beim BMF*, Einheitliche Bemessungsgrundlage der Körperschaftsteuer in der Europäischen Union, S.)

Woerner, Lothar: „Die Steuerrechtsprechung zwischen Gesetzeskonkretisierung, Gesetzesfortbildung und Gesetzeskorrektur“, in: Grenzen der Rechtsfortbildung durch Rechtsprechung und Verwaltungsvorschriften im Steuerrecht, Konferenzschrift, herausgegeben von *Klaus Tipke* (i.A. der Deutschen Steuerjuristischen Gesellschaft e.V.), Schriftenreihe: Veröffentlichungen der Deutschen Steuerjuristischen Gesellschaft e.V. (Band 5), Köln 1982, S. 23 bis 51 (zit.: *L. Woerner*, in: Tipke (Hrsg.), DStJG 5 (1982), S.)

Wolf, Manfred / Neuner, Jörg: Allgemeiner Teil des Bürgerlichen Rechts, begründet von *Karl Larenz*, 11. Auflage, München 2016 (zit.: *M. Wolf/J. Neuner*, Allgemeiner Teil des Bürgerlichen Rechts, 11. Aufl. 2016, § Rn.)

Woodward, Richard: The Organisation for Economic Co-operation and Development (OECD), Schriftenreihe: Routledge Global Institutions (Band 35), London (u.a.) 2009 (zit.: *R. Woodward*, The Organisation for Economic Co-operation and Development, S.)

Zalasiński, Adam: „Some Basic Aspects of the Concept of Abuse in the Tax Case Law of the European Court of Justice“, in: Intertax, Zeitschrift, London 2008, S. 156 bis 167 (zit.: *A. Zalasiński*, in: Intertax 2008, S.)

Zangl, Bernhard: Interessen auf zwei Ebenen – Internationale Regime in der Agrarhandels-, Währungs- und Walfangpolitik, Dissertationsschrift (Universität Bremen 1998), Schriftenreihe: Weltpolitik im 21. Jahrhundert (Band 1), Baden-Baden 1999 (zit.: *B. Zangl*, Interessen auf zwei Ebenen, S.)

Zimmermann, Annette: Das Rechtsmißbrauchsverbot im Recht der Europäischen Gemeinschaften, Dissertationsschrift (Universität Konstanz 2001), Schriftenreihe: Schriftenreihe zum Staats- und Verwaltungsrecht (Band 1), Münster 2002 (zit.: *A. Zimmermann*, Das Rechtsmißbrauchsverbot im Recht der Europäischen Gemeinschaften, S.)

Zimmermann, Reinhard: The Law of Obligations – Roman Foundations of the Civilian Tradition, Kapstadt (u.a.) 1993 (zit.: *R. Zimmermann*, The Law of Obligations, S.)

Zinowsky, Tim / Ellenrieder, Benedikt: „Innovative Besteuerung des Foreign-Derived Intangible Income als Ergebnis der US-Steuerreform – Präferenzregelung iSd Lizenzschranke?“, in: Internationales Steuerrecht, Zeitschrift, München (u.a.) 2018, S. 134 bis 142 (zit.: *T. Zinowsky/B. Ellenrieder*, in: IStR 2018, S.)

Zippelius, Reinhold: „Der Gleichheitssatz – 1. Bericht“, in: Der Gleichheitssatz. Gesetzesgestaltung und Gesetzesanwendung im Leistungsrecht, Konferenzschrift, Schriftenreihe: Veröffentlichungen der Vereinigung der Deutschen Staatsrechtslehrer (Band 47), Berlin (u.a.) 1989, S. 7 bis 36 (zit.: *R. Zippelius*, in: VVDStRL 47 (1989), S.)

Zodrow, George R. / Mieszkowski, Peter: „Pigou, Tiebout, Property Taxation, and the Underprovision of Local Public Goods“, in: Journal of Urban Economics, Zeitschrift, Band 19, Orlando (u.a.) 1986, S. 356 bis 370 (zit.: *G.R. Zodrow/P. Mieszkowski*, in: JoUE 19 (1986), S.)

Zorn, Nikolaus: „Rechtsangleichungskompetenzen des Rates der Europäischen Gemeinschaften für die Besteuerung von Unternehmen“, in: Europa- und verfassungsrechtliche Grenzen der Unternehmensbesteuerung, Konferenzschrift, herausgegeben von *Jürgen Pelka* (i.A. der Deutschen Steuerjuristischen Gesellschaft e.V.), Schriftenreihe: Veröffentlichungen der Deutschen Steuerjuristischen Gesellschaft e.V. (Band 23), Köln 2000, S. 227 bis 262 (zit.: *N. Zorn*, in: Pelka (Hrsg.), DStJG 23 (2000), S.)

Zuber, Barbara: Anknüpfungsmerkmale und Reichweite der internationalen Besteuerung – Eine normative Analyse unter Berücksichtigung der Personensteuern in der BRD und in den USA, Dissertationsschrift (Universität Mannheim 1991), Schriftenreihe: Betriebswirtschaft aktuell (Band 6), Hamburg 1991 (zit.: *B. Zuber*, Anknüpfungsmerkmale und Reichweite der internationalen Besteuerung, S.)

Zürn, Michael: Interessen und Institutionen in der internationalen Politik – Grundlegung und Anwendungen des situationsstrukturellen Ansatzes, Dissertationsschrift (Universität Tübingen 1992), Opladen 1992 (zit.: *M. Zürn*, Interessen und Institutionen in der internationalen Politik, S.)

Zuleeg, Manfred: „Die Wirtschaftsverfassung der Europäischen Gemeinschaften“, in: Wirtschafts- und gesellschaftspolitische Ordnungsprobleme der Europäischen Gemeinschaften, Konferenzschrift, Schriftenreihe: Schriftenreihe des Arbeitskreises Europäische Integration e.V. (Band 1), Baden-Baden 1978, S. 73 bis 100 (zit.: *M. Zuleeg*, in: Wirtschafts- und gesellschaftspolitische Ordnungsprobleme der Europäischen Gemeinschaften, S.)

Zweigert, Konrad: „Grundsatzfragen der europäischen Rechtsangleichung, ihrer Schöpfung und Sicherung“, in: Vom deutschen zum europäischen Recht, Festschrift für Hans Dölle, herausgegeben von *Ernst von Caemmerer, Arthur Nikisch* und *Konrad Zweigert*, Band 2: Internationales Recht, Kollisionsrecht und internationales Zivilprozessrecht / Europäisches Recht, Tübingen 1963, S. 401 bis 418 (zit.: *K. Zweigert*, in: Caemmerer/Nikisch/Zweigert (Hrsg.), FS Dölle, Bd. II, S.)

Zweigert, Konrad / Kötz, Hein: Einführung in die Rechtsvergleichung – Auf dem Gebiete des Privatrechts, 3. Auflage, Tübingen 1996 (zit.: *K. Zweigert/H. Kötz*, Einführung in die Rechtsvergleichung, 3. Aufl. 1996, S.)

Personen- und Sachwortregister

www.ingramcontent.com/pod-product-compliance
Ingram Content Group UK Ltd.
Pitfield, Milton Keynes, MK11 3LW, UK
UKHW021129041026
8980IPUK00034B/1422

9 783631 854600